21世纪普通高等教育
法 学 系 列 教 材

中国刑法学分论

主　编　林　维　石经海
副主编　陈小彪　张武举

撰稿人　（以撰写章节先后为序）
石经海　陈小彪　丁胜明　刘湘廉
蔡　英　骆　多　张武举

中国人民大学出版社
·北京·

本书顾问

陈忠林　梅传强　朱建华

李永升　王利荣　蒋　林

作者简介

林维：法学博士，西南政法大学党委副书记、校长，法学院教授、博士研究生导师；兼任中国犯罪学学会副会长、中国法学会案例法学研究会副会长、中国刑法学研究会常务理事和中国刑法学研究会国际刑法学分会副主席等职；北京市精品课程“刑法学”学术带头人。本教材主编，拟定编写要旨和提纲，审定和统改书稿。

石经海：法学博士，西南政法大学法学院教授、博士研究生导师、刑法学科带头人；兼任中国犯罪学学会副会长、中国刑法学研究会常务理事等职；教育部首批国家级线下一流本科课程“刑法学总论”负责人。本教材主编，撰写第一章、第二章、第十四章、第十五章和第十六章。

陈小彪：法学博士，西南政法大学法学院副教授、硕士研究生导师；兼任中国犯罪学学会理事；曾任西南政法大学法学院刑法教研室副主任。本教材副主编，撰写第三章、第四章和第五章。

丁胜明：法学博士，西南政法大学法学院教授、博士研究生导师、刑法教研室主任；教育部首批国家级线下一流本科课程“刑法学总论”核心成员。撰写第六章。

刘湘廉：法学学士，西南政法大学法学院副教授、硕士研究生导师；曾任西南政法大学法学院刑法教研室副主任；教育部首批国家级线下一流本科课程“刑法学总论”核心成员。撰写第七章。

蔡英：法学博士，西南政法大学法学院副教授、硕士研究生导师。撰写第八章。

骆多：法学博士，西南政法大学法学院讲师、硕士研究生导师；教育部首批国家级线下一流本科课程“刑法学总论”核心成员。撰写第九章。

张武举：法学博士，西南政法大学法学院副教授、硕士研究生导师。本教材副主编，撰写第十章、第十一章、第十二章和第十三章。

编写说明

为贯彻党的二十大精神，深入学习贯彻习近平法治思想，加强新时代法学教育和法学理论研究，2023年2月中共中央办公厅、国务院办公厅印发了《关于加强新时代法学教育和法学理论研究的意见》，要求“坚持以习近平法治思想为统领，通过抓好核心教材、编好主干教材、开发新形态教材等，构建中国特色法学教材体系”，推进“充分反映全面依法治国发展成就”的中国法学系列教材建设。有鉴于此，西南政法大学刑法学科组织编写本教材《中国刑法学分论》。

本教材编写坚持如下原则：(1) 立足于立德树人的法治人才培养。本教材坚持以马克思主义法学思想、中国特色社会主义法治理论、习近平法治思想为指导，坚持立德树人、德法兼修，既着眼于学生刑法学知识水平的提高，也致力于学生思想道德素养的培养。(2) 立足于中国特色的本土实际。本教材不做西方理论的“搬运工”，紧紧围绕新时代全面依法治国实践，构建扎根中国文化、立足中国国情、解决中国问题的自主话语体系、教学体系和教材体系，反对用域外刑法理论学说“裁剪”我国的刑法实践。(3) 立足于马克思主义的科学原理。本教材坚持马克思主义的历史思维、系统思维和辩证思维等唯物辩证法原理，坚持并合主义的刑罚正当性根据，坚持个体与整体、主观与客观、形式与实质相统一原理，反对静止、孤立、片面地分析、理解和适用刑法。(4) 立足于学以致用的司法实践。本教材致力阐述的刑法学理论，能够基于中国刑事立法、中国法律体系、中国法治体系，能够科学解释刑事立法，能够切实指导刑法适用和解决定罪量刑中的实际问题。(5) 立足于基本理论的学习重心。本教材将基本理论作为学习和驾驭相应内容的重中之重，对传统刑法学教学中不够重视的刑法学分论概述性内容作了较为充实的阐述，便于学生对各部分内容的深入学习和驾驭把握，避免直奔刑法规定的注释性刑法教学所带来的囫囵吞枣和知其然不知其所以然。

本教材也是对西南政法大学等政法院校刑法学教材建设的传承与发展。就西南政法大学而言，一直以来就有重视刑法学教材建设的传统。(1) 早在新中国开启法学教育之初，就组织编写了《中华人民共和国刑法总则讲义（初稿）》(1957年)、《中华人民共和国刑法教学提纲》(1964年) 等刑法学教材。(2) 在1979年《刑法》施行期间，先后组织编写了《刑法总论》(邓又天、曾宪信、马克昌、伍柳村、董鑫编写，司法部第六期全国法律专业刑法师资进修班教学用书，西南政法学院刑法教研室1985年印)、《罪刑各论》(王作富、赵长青编写，司法部第六期全国法律专业刑法师资进修班教学用书，西南政法学院刑法教研室1985年印)、《中国刑法总论》(邓又天主编，四川人民出版社1989年版)、《中国刑法分论》(董鑫主编，四川人民出版社1989年版)、《刑法学教程》(李培泽主编，成都科技大学出版社1995年版)、《中国特别刑法通论》(朱启昌、李永升主编，重庆大学出版社1996年版）等教材。（3）1997年《刑法》全面修订后，先后组织编写了《新编刑法学》（赵长青主编，西南师范大学出版社1997年版）、《刑法学》（赵长青主编，全国重点政法院校系列教材，法律出版社2000年版）、《刑法（总论）》（陈忠林主编，21世纪中国高校法学系列教材，中国人民大学出版社2003年初版，2007年、2010年、2011年、2016年、2019年修订、《刑法（分论）》（陈忠林主编，21世纪中国高校法学系列教材，中国人民大学出版社2003年初版，2007年、2011年、2016年、2019年修订）、《刑法学》（陈忠林主编，高等学校法学核心课程教材系列，法律出版社2006年版）、《刑法总论》（陈忠林主编，全国高等学校法学专业基础系列教材，高等教育出版社2007年版）、《刑法分论》（陈忠林主编，全国高等学校法学专业基础系列教材，高等教育出版社2007年版）、《刑法总论》（李永升主编，新阶梯卓越法律人才培养系列教材，法律出版社2011年初版，2016年修订）、《刑法分论》（朱建华主编，新阶梯卓越法律人才培养系列教材，法律出版社2011年初版，2016年和2018年两次修订）、《刑法实务教程》（梅传强、李邦友主编，应用型高级法律人才系列教材/法律硕士精品系列教材，中国人民大学出版社2013年第1版、2023年第2版）、《刑事疑难案例实务教程》（石经海、余捷主编，应用型高级法律人才系列教材，中国人民大学出版社2013年版）、《刑法重点问题案例实务教程》（石经海、张波主编，法律硕士精品系列教材，中国人民大学出版社，即将出版）。（4）国家级一流课程建设的“双万计划”实施时期，组织编写了《刑法总论导学教程》（石经海、刘湘廉主编，国家级一流课程建设成果与配套用书，法律出版社2021年版）、《刑法分论导学教程》（石经海、卢有学主编，国家级一流课程建设成果与配套用书，法律出版社2023年版）、《中国刑法学总论》（石经海主编，21世纪普通高等教育法学系列教材，中国人民大学出版社2023年版）。本教材《中国刑法学分论》是在以上三本教材的基础上，结合西南政法大学刑法学科主持的教育部首批国家级线下一流本科课程“刑法学总论”的建设成果和重庆市高校一流本科课程“刑法学分论”的建设成果编写而成。

本教材由主编、副主编拟定编写提纲，经全体编写者集体讨论后，由各编写者执笔完成初稿，再组织专家团队对稿件进行审阅并提出修改意见，在执笔人反复修改的基础上，最后由主编统改定稿。在编写过程中，西南政法大学的刘湘廉、陈小彪、张武举、蔡英、丁胜明、骆多等老师承担了稿件的多次审阅工作。

受理论水平和认知能力所限，书中难免存在不足甚至错误之处，恳请读者批评指正。

编著者

2024年2月

目　录

第一编

刑法学分论与刑法分则的基本问题

第一章 刑法学分论的基本问题

内容导读

刑法学分论概述是刑法学分论的入门性内容，是深入学习刑法学分论、准确把握和正确适用刑法分则的基础性、统揽性内容，主要包括刑法学分论的概念和理论体系、刑法分则与总则关系、具体犯罪的条文结构、刑法分则条文的适用方法等基础性和原理性内容。

第一节　刑法学分论概述

一、刑法学分论的基本界定

刑法学，是以刑法及其规制的犯罪和法律后果为研究对象，并由此形成包括刑法学总论和刑法学分论的规范性刑法理论体系。

刑法学分论的理论体系，以罪名为主线，包括概论、定罪和量刑三个方面的内容。第一个方面的内容为“刑法学分论概论”，是刑法学分论的总览和宏观体系部分，主要介绍和强调刑法学分论和刑法分则的一些重要的概述性内容，包括刑法学分论的刑法学地位，以及后面要讲的刑法学分论的理论体系、刑法学分论的学习方法、刑法分则与总则的关系、具体犯罪的条文结构和刑法分则条文的适用方法等内容。这些内容作为刑法学分论学习的入门性内容，不能不重视。第二个方面的内容为“具体犯罪的定罪”，主要是介绍刑法关于具体罪名的基本犯、加重犯和减轻犯的构成特征以及对构成要件的理解和适用，包括其中的疑难争议问题。这是刑法学分论学习的主体内容，但要注意的是，对任何犯罪的构成特征的理解，都要将其放在犯罪构成的“有机整体”而不是“总和”中，也就是对每个特征的理解和适用都要结合其他构成特征。否则，不仅会对很多问题都无法理解和解释，而且会由此产生诸多疑难争议问题。第三个方面的内容为“具体犯罪的量刑”，主要是具体罪名的基本犯、加重犯和减轻犯所对应的法定刑幅度的特点及其适用问题。这些方面内容的学习告诉我们，定罪不是定到罪名就可以了，定罪需要定到罪名下的基本犯或加重犯或减轻犯（除非立法对某个罪名没有设置加重犯或减轻犯），并由此为量刑确定相应的法定刑幅度，量刑以此为起始标准，根据相应的量刑情节调节法定刑并最终确定宣告刑和执行刑。这个方面的内容，是刑法学分论教学中比较容易轻视的问题，其结果不仅导致量刑实践缺乏必要的理论支持，而且使得量刑探索和具体犯罪量刑走向机械化和片面化。

需要重视的是，虽然刑法学总论主要基于刑法总则的规定，但在对几乎所有内容的讨论中，都离不开刑法分则的相应规定，如刑法总则关于刑法任务、犯罪概念的规定中，都是以刑法分则关于罪名的具体规定为对象的。同理，虽然刑法学分论主要基于刑法分则的规定，但无论是立法上所有抽象个罪的成立条件设置，还是司法上具体个罪的定性处罚裁量，都离不开刑法总则的所有相关规定，以及刑法分则的其他相关规定。离开了刑法总则规定的刑法学分论，无论是关于犯罪的定性还是处罚，都是不完整和片面的。

二、刑法学分论的教学体系

在我国刑法学上，刑法学分论教材的教学体系，通常是按十大类同类客体犯罪和“刑法学分论概述”共 11 个部分构建的，且都按现行刑法立法的类罪次顺排列，具体是：刑法学分论概述，危害国家安全罪，危害公共安全罪，破坏社会主义市场经济秩序罪，侵犯公民人身权利、民主权利罪，侵犯财产罪，妨害社会管理秩序罪，危害国防利益罪，贪污贿赂罪，渎职罪，军人违反职责罪。这个通常的理论体系，其优点是与刑法典立法体系相对应，在对应刑法分则条文上相对较为直观明了，但也存在刑法学分论体系的类型化不足、不能很好地对接刑事诉讼等实务活动的问题。

为贯彻落实党的二十大报告关于“深入实施马克思主义理论研究和建设工程，加快构建中国特色哲学社会科学学科体系、学术体系、话语体系”精神，以及中共中央办公厅、国务院办公厅《关于加强新时代法学教育和法学理论研究的意见》关于“构建中国自主的法学知识体系”和“紧紧围绕新时代全面依法治国实践，切实加强扎根中国文化、立足中国国情、解决中国问题”的“法学教学体系”等意见要求，本教材的教学体系，试立足于马克思主义的基本原理和刑法治理现代化的基本精神，与刑事诉讼活动的通常职权分工和相关刑事政策相结合，从分论概论、国家安全、治安管理、经济管理和公职职务等五个方面，将刑法学分论的教学体系划分为“刑法学分论与刑法分则的基本问题”“国家安全类犯罪”“治安管理类犯罪”“经济管理类犯罪”“公职职务类犯罪”五编十六章。其中，第一编包括“刑法学分论的基本问题”“刑法分则的基础问题”，是刑法学分论学习中需重点把握的基础性、入门性内容；第二编包括“危害国家安全罪”“危害国防利益罪”“军人违反职责罪”，是将危害国家安全、危害国防利益和违反军人职责等方面分别由国家安全机关、国防管理部门、军事机关等管辖的犯罪归结为“国家安全类”犯罪大类予以系统介绍与学习，以更好地培养学生的国家安全意识、国防保障意识和军事保障意识；第三编包括“危害公共安全罪”“侵犯公民人身权利、民主权利罪”“侵犯财产罪”“妨害社会管理秩序罪”，基本上都是当前公安机关所管辖的“治安”类案件所对应的犯罪，也是日常最为常见、与民生保障最为直接相关的犯罪；第四编包括“商品、知产类经济管理犯罪”“走私、税收类经济管理犯罪”“金融类经济管理犯罪”“企业、市场类经济管理犯罪”，是当前公安机关侦查所管辖的犯罪，也是需重点关注如何贯彻民营企业保护等政策的犯罪；第五编包括“公职职务类犯罪概述”“贪污贿赂罪”“渎职罪”，将当前国家监察机关和检察机关管辖的国家公职人员职务犯罪归结为一类予以系统介绍与学习，以利于学生较为完整地把握和远离公职类职务犯罪。

在以上教学体系中，除了第一编“刑法学分论与刑法分则的基本问题”和第五编第一章“公职职务类犯罪概述”，其他的每章/节内容均分别从“概述”“重点罪名”“其他罪名”三个维度阐述或介绍。其中，类罪的“概述”包括本类罪的概念、共性特征和共性上的关键知识点；类罪中的“重点罪名”包括各重点罪名的概念、主要构成特征、认定中需重点注意的问题和处罚方面的主要或重点内容；类罪中的“其他罪名”只作一般性介绍。如此教学体系的编排，是基于共性与个性、重点与一般、打击与治理的理念，使刑法学分论的内容与学习，能够既有共性理论提炼又有个性实践应用，既突出学习的重点又讲求罪名的全覆盖，既立足于分则的具体犯罪又强调与总论理论的对接和应用，既要合法合理定罪量刑又要将基于定罪量刑的打击手段融入犯罪治理的现代化体系中。其中，基于定罪量刑的犯罪现代化治理，是指基于国家治理体系和治理能力现代化理念，将各犯罪的定罪量刑评价纳入刑法治理体系和治理能力现代化的有机体系中，在刑事政策的指导下，理性地定罪与科学地量刑，避免出现为了定罪量刑而定罪量刑的刑法工具主义情形，真正推动刑法治理现代化的实现。

基于以上教学体系，我们在刑法学分论的学习中，要学会透彻地理解和严谨地表述具体犯罪的构成特征。例如，对于何为故意杀人罪的犯罪客体，就不能简单地将其界定为特定公民的生命权。这是因为，按照刑法学总论关于犯罪客体的理论，犯罪客体是为刑法所保护而为犯罪行为所侵害的社会关系，有一般客体、同类客体和直接客体之分，这意味着，故意杀人罪的犯罪客体，在一般客体上是决定该行为是否成立犯罪的为刑法所保护而为犯罪行为所侵害的社会关系整体，在同类客体上是为刑法所保护而为犯罪行为所侵害的公民的生命健康权，在直接客体上是为刑法所保护而为犯罪行为所侵害的特定公民的生命权。

同时，按刑法学总论关于犯罪构成的理论，所谓犯罪构成即犯罪成立的法律评价体系，是各构成要件的“有机整体”，而不是“总和”。这就意味着，刑法分则条文规定不是一个完整刑法规范（只是特别规定）。一个完整的刑法评价规范，需要基于具体犯罪的定罪和量刑事实，结合刑法总则和分则的所有相关规定，才能形成。例如醉驾型危险驾驶罪的定罪规范，仅有《刑法》第 133 条之一是不可以的，必需根据案件的具体情况，结合《刑法》第 13 条关于犯罪定义的规定、第 14 条关于犯罪故意的规定、第 12 条关于刑法溯及力的规定、第 21 条关于紧急避险的规定，以及《刑法》第 133 条关于交通肇事罪的规定、第 114 条关于以危险方法危害公共安全罪的规定等，才能形成是否成立危险驾驶罪的刑法规范评价体系。因此，把握刑法分论的教学体系是避免断章取义地理解和适用刑法分则条文的需要。

第二节　刑法学分论的学习方法

处理好刑法总论与分论、法条和法理、规范与案例三对关系，既是学好刑法学总论的基本方法，也是学好刑法学分论的基本方法。

一、刑法学分论学习中的刑法总、分论关系处理

显然，我们在学习刑法分论时，一定要特别重视刑法学总论与分论的关系。这既是马克思主义系统论原理和系统思维的要求与体现，也对避免断章取义地理解和适用刑法分则条文至关重要。从表面上，处理好这个关系比较容易，但在具体学习和把握上，还是有相当难度的。下面我们从定罪和量刑两个方面，提示大家在学习刑法学分论时，要特别注意如下四点：

第一，要从犯罪构成要件是各要件的“有机整体”而不是“总和”来理解和对待各构成特征。我们在学习刑法总论时，特别强调了犯罪构成不是各要件的“总和”，而是各要件的“有机整体”。我们对犯罪构成要件关系的理解，从早期的“总和”到现在的“有机整体”，这是刑法学的一个重大突破，也是对马克思主义系统论原理的有效贯彻与重要体现。这意味着，我们在理解和把握具体犯罪的单个构成特征时，不能脱离其他构成特征予以孤立地理解和评价，而应结合其他特征的内容，进行“你中有我、我中有你”的有机体系评价。例如，对于何为贪污贿赂罪的犯罪主体的理解和认定，需要结合其他构成要件；离开其他构成特征，国家工作人员并非就一定是贪污贿赂罪的犯罪主体，非国家工作人员也并非就一定不是贪污贿赂罪的犯罪主体。

第二，不要脱离刑法学总论关于概念的界定去理解和对待具体犯罪。例如，何为强奸罪的直接客体？只有结合刑法学总论关于犯罪直接客体的界定，才能给出正确和完整的理解。在绝大多数刑法教材和我们通常的教学中，一般把强奸罪的犯罪客体界定为妇女性的不可侵犯权和幼女的身心健康。可事实上，这个理解是不完整的，甚至是片面的。至少不能据此解释，为何在夫妻关系正常存续期间，丈夫用暴力、胁迫或其他手段与妻子发生性关系，一般不认定为强奸罪。但是，如果真正结合贯彻刑法学总论关于犯罪客体的界定，那么强奸罪的犯罪客体就应当被界定为，受刑法保护而为犯罪行为所侵害的妇女性的不可侵犯权和幼女的身心健康。基于这个界定，妇女性的不可侵犯权和幼女的身心健康，并非当然是强奸罪的犯罪客体；只有它们在受刑法保护而为犯罪行为所侵害时，才成为犯罪客体。这样，因为夫妻关系正常存续期间的两性关系是夫妻关系的组成部分，而虽然丈夫用了暴力、胁迫或其他手段与不愿意发生性关系的妻子发生了性关系，也虽然丈夫采用的这个暴力、胁迫或其他手段在达到刑法标准时要以故意伤害罪或虐待罪追诉，但一般不适用强奸罪对丈夫定罪处刑。

第三，不要脱离刑法总论想当然地以某些术语认定犯罪。例如，在理论上和实践中，往往出现将数额犯、结果犯和行为犯作为犯罪成立与否的标准，认为没有达到刑法分则或司法解释规定的数额犯的数额、没有出现刑法分则或司法解释规定的结果犯的结果，就不是犯罪；认为只要完成刑法分则或司法解释规定的行为犯的行为，就一定是犯罪。其实，这是脱离刑法学总论和刑法总则规定的重大误区，因为：这里的数额犯的“数额”、结果犯的“结果”和行为犯的“行为”，都只是犯罪构成的客观方面的要件要素，而不是这些犯罪成立的全部要件，更不是这些犯罪构成要件的“有机整体”，在这些犯罪是直接故意犯罪时，按刑法关于故意犯罪的未完成形态规定，没有达到以上数额、没有出现以上结果、没有完成以上行为，同样可能是犯罪的未遂、预备或中止，除非属于

“情节显著轻微危害不大的，不认为是犯罪”。相反，即使是完成了行为犯的行为，但若该行为的情节，可以被评价为“情节显著轻微危害不大的”，也不能认定为犯罪。

第四，要基于刑法学总论的量刑原理理解和正确对待具体犯罪的量刑情节，否则，就会陷入案件量刑情节的不全面或片面适用的误区。我们学习刑法学总论时都知道，根据《刑法》第 61 条关于量刑根据（也就是量刑一般原则）、第 5 条关于罪刑相适应原则等的规定，凡是反映了犯罪行为的社会危害性大小和犯罪人人身危险性大小的事实，都是案件的法定或酌定量刑情节。这样，我们在对具体犯罪量刑时，就要提取和适用案件所具有的所有法定和酌定量刑情节，否则，也会导致量刑的既不合理也不合法。

二、刑法学分论学习中的法理与法条关系处理

这主要是基于法理并以“点”“面”结合方法去把握刑法分论的内容。刑法分论实际上是以包括刑法分则条文在内的刑法所有法律规定为研究对象和内容的。其中，仅刑法分则（含修正案）就有 400 多个法律条文，这些条文规定了近 500 个罪名和 1 000 多个法定刑幅度。而且，这些条文、罪名和法定刑的理解与适用，又涉及刑法总则、分则的几乎所有规定及其相应理论。这意味着，不基于刑法理论和“点”“面”结合方法，是很难学好和把握刑法分论内容的。在此，我们建议，将这些众多的犯罪划分为重点罪名与其他罪名，通过“点”“面”结合方法予以重点把握和一般把握。具体可以是，将刑法分论的内容分为三大基本方面，分类分层次去学习：第一个方面是重点学习与把握各类犯罪的基本理论，包括把握这类犯罪的概念、特点、共性上的关键知识点；第二个方面是重点学习与把握各类犯罪重点罪名，包括把握这些犯罪的个性化构成特征、认定上的重点疑难问题和需要特别注意的刑罚方法（如法定刑设置的特点、是否有死刑等）；第三个方面是一般性把握重点罪名以外的其他犯罪罪名，主要是熟知这些犯罪的罪名以及个性化构成特征与刑罚设置。

三、刑法学分论学习中的规范与案例关系处理

这主要是要结合案例才能具体化地理解和把握刑法分则的规范。刑法规范是规定可以做什么或不可以做什么，或者评价一个行为是什么和如何处理的行为规则或评价规则。它与刑法条文不是一一对应的关系，往往需要多个相关刑法条文才能形成一个特定行为定罪量刑的刑法规范。如评价故意杀人罪的刑法规范，就涉及《刑法》第 232 条、第 13 条、第 14 条、第 17 条等所有相关刑法条文。刑法规范的以上特点决定了评价一个行为的刑法规范是什么，难以一概而论，需要基于特定案件或案例，才能较为具体和直观地找到相应法律条文。因此，学习刑法分论，要取得良好的学习效果，需要结合一定的相关案件或案例，避免学习的盲目和空洞。

所涉法律条文及司法文件

1.《刑法》第 1～101 条、第 102～451 条的规范体系

2.《刑法》第114条、第115条，第133条、第133条之一，第232条

思考题

1. 基于刑法总则和分则的体系化规定，琢磨刑法分则关于某个犯罪规定与分则其他规定和总则规定的内在关系，并回答刑法分则关于某个犯罪的规定依照罪刑法定原则是不是可以单独适用和予以定罪量刑评价？

2. 在学习刑法分论时，如何理解和把握法理与法条的关系？

3. 在学习刑法分论时，如何理解和把握规范与案例的关系？

第二章 刑法分则的基础问题

第一节　刑法分则的体系以及其与总则的关系

正确理解刑法分则的体系及其与总则的关系，是正确理解和适用刑法分则法律条文的基础和前提。对这个基础性和前提性问题的理解和适用存在偏差，必定带来对刑法分则法律条文的理解和适用的片面，继而带来个案的不完整法律适用和对罪刑法定原则的违反。

一、刑法分则的规范体系

刑法分则体系，是指刑法分则规范按一定规则进行排列组合的逻辑顺序。刑法分则体系因各国法律传统、法律意识、指导思想等不同而体现出各自不同的特点。我国刑法典分则主要按犯罪侵犯的同类客体将犯罪分为十章，即危害国家安全罪，危害公共安全罪，破坏社会主义市场经济秩序罪，侵犯公民人身权利、民主权利罪，侵犯财产罪，妨害社会管理秩序罪，危害国防利益罪，贪污贿赂罪，渎职罪，军人违反职责罪。除“破坏社会主义市场经济秩序罪”和“妨害社会管理秩序罪”两章下分了节以外，其余各章均未分节。不管是各章的先后次序还是章内个罪的先后次序，主要采由重到轻规则进行排列，也考虑了行为对象的同类性、犯罪主体的同类性质或行为内在的逻辑顺序。如将危害最重的“危害国家安全罪”“危害公共安全罪”放在前两章。“侵犯公民人身权利、民主权利罪”一章中，将故意杀人罪放在最前面，将过失致人死亡罪作为侵犯生命权的犯罪紧随其后；在“侵犯财产罪”一章中，也是把最严重的抢劫罪放在最前面。

二、刑法分则与总则的关系

在这里需要特别注意的是，刑法总则与分则关系并不是一般与具体的关系，而是一般规定与特别规定的关系。也就是，刑法分则规定不是刑法总则规定的具体化，而只是对具体犯罪的定罪要件和量刑基准等所作的特别规定，也即刑法总则是关于犯罪和刑事责任的“一般规定”，刑法分则是关于具体犯罪罪状及其法定刑配置的“特别规定”。从立法来看，刑法分则关于罪名条文的规定并不是一个完整的刑法规范。

首先，用以进行个案定罪量刑评价的刑法分则条文规定，需总则视情况予以“补充”。例如，《刑法》第 232 条关于故意杀人罪的规定，即“故意杀人的，处死刑、无期徒刑或者十年以上有期徒刑；情节较轻的，处三年以上十年以下有期徒刑”，只规定了部分定罪要件和量刑因素，需要刑法总则的规定对其犯罪主体、死刑执行制度、剥夺政治权利、没收财产、有期徒刑的上限、拘役等定罪要件和量刑因素予以补充。

其次，用以进行个案定罪量刑评价的刑法分则条文规定，需总则视情况予以“限制”。例如，《刑法》第 170 条规定的伪造货币罪，采用的是“伪造货币的，处三年以上十年以下有期徒刑”这一所谓行为犯立法模式，但这并不意味着，行为人伪造 1 元货币也应构成伪造货币罪。按《刑法》第 13 条关于“情节显著轻微危害不大的，不认为是犯罪”的规定，必需予以限制。对此，2000 年最高人民法院《关于审理伪造货币等案件具体应用法律若干问题的解释》第 1 条也作出了相应明确规定，要求伪造货币的总面额在 2 000 元或 200 张（枚）以上，才依照《刑法》第 170 条规定予以追诉。

最后，用以进行个案定罪量刑评价的刑法分则条文规定，需总则视情况予以“修正”。例如，《刑法》第 202 条规定，“以暴力、威胁方法拒不缴纳税款的，处三年以下……情节严重的，处三年以上七年以下有期徒刑……”对以残忍的暴力方法拒不缴纳税款，致税务人员重伤的，若按刑法分则的以上规定，只能认定为抗税罪和至多处 7 年有期徒刑。显然，这无法做到罪刑相适应，需要刑法总则关于罪刑相适应原则的规定（第 5 条），即“刑罚的轻重，应当与犯罪分子所犯罪行和承担的刑事责任相适应”予以修正（转化犯），即按故意伤害罪定性和处 3 年以上 10 年以下有期徒刑，甚至 10 年以上有期徒刑、无期徒刑或者死刑。对于甲乙合谋抢丙财物，按分工，甲故意伤害致丙重伤，乙抢夺丙财物数额较大，若按刑法分则规定，对甲乙只能分别认定为故意伤害罪和抢夺罪，只有基于《刑法》第 25 条规定，即“共同犯罪是指二人以上共同故意犯罪”，才能将甲乙的行为认定为抢劫罪。在以上意义上说，无论是基于罪刑相适应原则规定而作出一般罪或特别罪的定性，还是基于共同犯罪规定而给予的第三个罪名的定性，都是刑法总则对刑法分则的罪的修正。这一点，其实是刑法中所有修正的犯罪形态（共同犯罪形态、故意犯罪过程中的未完成形态和罪数形态）的基本要求和体现。除此之外，刑法总则还具有对刑法分则所规定的法定刑的修正功能。例如，《刑法》第 37 条规定，“对于犯罪情节轻微不需要判处刑罚的，可以免予刑事处罚”，从而使刑法分则关于法定刑条文的规定失去“给予刑罚处罚”的意义；根据《刑法》第 63 条的规定，对于“犯罪分子具有本法规定的减轻处罚情节的，应当在法定刑以下判处刑罚”，或者“犯罪分子虽然不具有本法规定的减轻处罚情节，但是根据案件的特殊情况，经最高人民法院核准，也可以在法定刑以下判处刑罚”，从而使刑法分则关于某个犯罪规定的法定刑变成了在下一个法定刑幅度内裁处。

综上，刑法分则关于罪状和法定刑条文的规定，在实质上并不是对该犯罪定性处罚法律适用的完整刑法规范，需要刑法总则规定予以指导，并在刑法分则规定不符合总则规定时，由总则规定对分则规定予以补充、限制和修正。刑法总则对分则的“指导”关系与功能，并不是抽象的和形式上的，有其具体的内容，即基于具体个案的完整法律适用需要而由总则规定对分则规定予以补充、限制甚至修正。

同时，以上刑法分则关于罪状和法定刑条文规定的规范实质及刑法分则与刑法总则的关系原理表明，罪刑法定中的“法”也并不是刑法的某个规定，而是基于个罪个案情况的所有相关刑法规定。由此决定了，定罪量刑的合法与否，并非孤立地取决于刑法分则关于罪状和法定刑的某个规定，而取决于刑法总则、分则关系下个案的完整法律适用，即应综合地取决于刑法总则和刑法分则的所有相关规定。这具体表现为基于个案定罪量刑所需要和所具有的相关法律规定所形成的个案法律评价体系（系统），包括个案犯罪成立（定罪）法律评价体系和个案刑事责任大小裁量（量刑）法律评价体系。

第二节　具体犯罪的条文结构

刑法分则关于具体犯罪的条文结构，通常包括罪名、罪状和法定刑三部分。

一、罪名

罪名，就是犯罪的名称，是对某个或某类犯罪共同特征的高度概括。罪名的功能主要在于在对不同犯罪进行名称上的区分，并便于司法适用和文书表达。

罪名按不同的分类标准，有不同的种类。对罪名问题的学习，主要是把握罪名的种类及其各自的内涵。在这里，大家要学会从罪名的分类标准去理解和界定各种罪名的含义，并将它们区分开来。在刑法理论上，罪名通常有如下三种分类。

（一）按确定的主体不同，罪名可分为法定罪名、司法罪名和学理罪名

法定罪名，是指刑法分则条文中明确规定的罪名或由立法机关专门对刑法各条的罪名作出规定的罪名。这是许多国家的刑法立法模式。在我国刑法典中，只在极少数条文中明确规定了罪名，如第 382 条明确了贪污罪罪名、第 384 条规定了挪用公款罪罪名、第 385 条明确了受贿罪罪名、第 389 条规定了行贿罪罪名。

司法罪名，是指在适用刑法条文时直接由司法机关确定的罪名或由司法机关以司法解释方式确定的罪名。在我国，中华人民共和国成立后至 1997 年以前，罪名是直接由司法机关在办理具体案件适用刑法时确定，从而带来较为突出的罪名确定不一致问题。1997 年刑法典修改颁布后，就一直由最高人民法院和最高人民检察院单独或联合以司法解释形式确定罪名。据统计，至 2023 年《刑法修正案（十二）》，我国已有近 490 个司法罪名。

学理罪名，是指学者等对刑法条款规定的犯罪所概括的罪名。此种罪名，虽然不具法律效力，但对司法机关发布司法罪名具有重要的参考价值。

（二）按是某类犯罪还是某个犯罪的名称，罪名可分为类罪名与具体罪名

类罪名，是指某类犯罪所共有的名称。《刑法》分则的十章名称就是 10 个类罪名名称，另外，“破坏社会主义市场经济秩序罪”和“妨害社会管理秩序罪”又分别有 8 节和 9 节，就是分别有 8 个和 9 个次类罪名。

具体罪名，是指每一个具体犯罪的名称。我国现行刑法以司法解释确定的近 490 个罪名，都是具体罪名。具体罪名在立法上设置在相应的类罪名下，供司法实践和法律文书使用。

（三）按罪名与刑法分则条文的关系不同，罪名可分为单一罪名、选择罪名、并列罪名和概括罪名

单一罪名，是指刑法分则条文对一个犯罪的规定中只有一种犯罪行为和一个罪名的

情况。我国刑法中的大多数罪名都属于这种情况。如《刑法》第 232 条的故意杀人罪、第 234 条的故意伤害罪、第 264 条的盗窃罪、第 383 条的贪污罪，都是一个条文规定一种犯罪行为只有一个罪名。

选择罪名，是指刑法分则条文对一个犯罪规定了不同的行为手段或不同的行为对象，具体可根据行为人对行为手段或行为对象的实施情况确定相应罪名的情况。选择罪名有三个突出特点：一是选择的方式有行为手段的选择与行为对象的选择之分。如《刑法》第 141 条规定的生产、销售、提供假药，就是行为手段的选择；第 240 条规定的拐卖妇女、儿童，就是行为对象的选择；第 127 条规定的盗窃、抢夺枪支、弹药、爆炸物，就是既有行为手段又有行为对象的选择。二是选择罪名可以根据行为人具体实施犯罪的行为手段与行为对象情况，确定给其定罪的罪名。如在行为人只实施了盗窃枪支行为时，就定一个盗窃枪支罪；在行为人既实施了盗窃枪支行为又实施了盗窃弹药行为时，就定一个盗窃枪支、弹药罪；在行为人既实施了盗窃枪支行为又实施了抢夺弹药行为时，就定一个盗窃、抢夺枪支、弹药罪。三是行为人实施的选择罪名内的数个行为手段和行为对象的行为，只定一个罪，不实施数罪并罚。

并列罪名，是指在同一个刑法条文的同一款或不同款中并列规定了两个以上犯罪且它们共用一个法定刑的情况。如《刑法》第 114 条的放火罪、决水罪、爆炸罪、投放危险物质罪和以危险方法危害公共安全罪，即是一个法律条文的规定中有共用一个法定刑的五个罪名，属于并列罪名①；又如第 194 条第 1 款和第 2 款分别规定了票据诈骗罪和金融凭证诈骗罪，二者共用一个法定刑，也是并列罪名。② 并列罪名也有三个突出特点：一是在同一条文中规定有不同罪名，二是这些罪名共用一个法定刑，三是在行为人实施了其中的数个行为时需要进行数罪并罚。

概括罪名，是指刑法分则条文对一个犯罪的规定中，有多种不同的犯罪行为而只规定为一个罪名的情况。如《刑法》第 224 条规定的合同诈骗罪，涉及五种不同的合同诈骗行为，但这五种行为都只确定为合同诈骗罪这一个罪名。③ 据此，概括罪名与单一罪名

---

① 《刑法》第 114 条规定：放火、决水、爆炸以及投放毒害性、放射性、传染病病原体等物质或者以其他危险方法危害公共安全，尚未造成严重后果的，处 3 年以上 10 年以下有期徒刑。

② 《刑法》第 194 条第 1 款关于票据诈骗罪的规定为：有下列情形之一，进行金融票据诈骗活动，数额较大的，处 5 年以下有期徒刑或者拘役，并处 2 万元以上 20 万元以下罚金；数额巨大或者有其他严重情节的，处 5 年以上 10 年以下有期徒刑，并处 5 万元以上 50 万元以下罚金；数额特别巨大或者有其他特别严重情节的，处 10 年以上有期徒刑或者无期徒刑，并处 5 万元以上 50 万元以下罚金或者没收财产：（1）明知是伪造、变造的汇票、本票、支票而使用的；（2）明知是作废的汇票、本票、支票而使用的；（3）冒用他人的汇票、本票、支票的；（4）签发空头支票或者与其预留印鉴不符的支票，骗取财物的；（5）汇票、本票的出票人签发无资金保证的汇票、本票或者在出票时作虚假记载，骗取财物的。第 2 款关于金融凭证诈骗罪的规定为：使用伪造、变造的委托收款凭证、汇款凭证、银行存单等其他银行结算凭证的，依照前款的规定处罚。

③ 《刑法》第 224 条关于合同诈骗罪的规定为：有下列情形之一，以非法占有为目的，在签订、履行合同过程中，骗取对方当事人财物，数额较大的，处 3 年以下有期徒刑或者拘役，并处或者单处罚金；数额巨大或者有其他严重情节的，处 3 年以上 10 年以下有期徒刑，并处罚金；数额特别巨大或者有其他特别严重情节的，处 10 年以上有期徒刑或者无期徒刑，并处罚金或者没收财产：（1）以虚构的单位或者冒用他人名义签订合同的；（2）以伪造、变造、作废的票据或者其他虚假的产权证明作担保的；（3）没有实际履行能力，以先履行小额合同或者部分履行合同的方法，诱骗对方当事人继续签订和履行合同的；（4）收受对方当事人给付的货物、货款、预付款或者担保财产后逃匿的；（5）以其他方法骗取对方当事人财物的。

的相同点主要在于，都只有一个罪名；不同点主要在于，前者是多种犯罪行为，后者是一种犯罪行为。概括罪名与选择罪名的相同点主要在于，都有数种犯罪行为，都只定一个罪名，都不实行数罪并罚；不同点主要在于，前者的一个罪名是固定的，后者的一个罪名是根据行为人具体实施情况确定并在选择的行为手段或行为对象上不是固定的。概括罪名与并列罪名的相同点主要在于，都有数种犯罪行为；不同点主要在于，前者只有一个罪名，行为人实施了概括罪名内的数种犯罪行为，不存在数罪并罚的情形；后者有数个罪名，行为人实施了并列罪名中的数个犯罪行为，要数罪并罚。

二、罪状

罪状，有狭义和广义之分。狭义的罪状是刑法分则条文中就某个罪名的基本犯、加重犯或减轻犯的某些特别构成要件所作的规定。广义的罪状是结合刑法总则、分则关于具体犯罪成立所需的所有犯罪构成要件的具体描述。以上狭义罪状与广义罪状的关系表明，刑法分则条文关于罪状的规定，并不是犯罪成立的全部构成要件，只是关于具体犯罪成立的特别要件。这个“特别要件”，要成为犯罪成立的构成要件，需要与刑法总则规定的其他要件形成一个规范评价的有机体系。这意味着，刑法分则关于罪状的规定，不是一个完整的定罪评价规范，不能予以孤立适用，而应放在具体犯罪定罪的法律评价体系中作出限制、补充甚至修正的有机整体评价，才具有具体犯罪定罪评价的资格和功能。在通常情况下，所谓罪状都是指以上狭义的罪状。本书在没有特别提示的情况下，所谓的罪状也都是这个狭义上的。

在罪状与罪名的关系上，刑法分则条文规定的罪状与罪名并非一一对应关系。基于对具体犯罪分级惩处的需要，具体罪名中往往设置了两个或两个以上的罪状，它们分别是具体罪名的基本犯、加重犯或减轻犯的特别构成要件，是这些不同轻重犯罪形态的犯罪构成的有机组成部分，具体是它们分别对应的普通的犯罪构成、加重的犯罪构成或减轻的犯罪构成的有机组成部分。

在理论上和实践中，不能将加重犯和减轻犯的加重或减轻定罪情节与加重或减轻的量刑情节相混淆。前者是加重犯和减轻犯的罪状组成部分，是用来定罪的；后者是根据法定刑幅度进行加重处罚或减轻处罚调节的，是用来量刑的。这一点通常为学界和实务界所忽视或误读。量刑情节与罪状相区别的关键标志是，量刑情节在立法上是与从重、从轻、减轻、免除等量刑功能连在一起的，而罪状是与法定刑连在一起的。也就是，当某个描述后是法定刑时，则它一定不是量刑情节，而是属于罪状的定罪情节。在我国现行刑法中，是没有加重处罚的量刑情节的。[①] 如故意伤害罪中的“重伤”、强奸罪中的“轮奸”，都不是加重处罚的量刑情节，而只是这些结果加重犯或情节加重犯的加重定罪

① 作为量刑情节的加重处罚是在法定刑幅度之上予以处罚，与作为量刑情节的减轻处罚相对应。1981 年全国人民代表大会常务委员会颁布的《关于处理逃跑或者重新犯罪的劳改犯和劳教人员的决定》（现已失效）对此做了规定，即“劳改犯逃跑后又犯罪的，从重或者加重处罚”，“劳教人员、劳改罪犯对检举人、被害人和有关的司法工作人员以及制止违法犯罪行为的干部、群众行凶报复的，按照其所犯罪行的法律规定，从重或者加重处罚”。为体现罪刑法定原则的人权保障精神，现行《刑法》在 1997 年全面修订时并未将以上决定中的“加重处罚”规定加以吸收，也就是现行刑法中不存在加重处罚的量刑情节。

情节。

在我国刑法立法上，按分则条文对总则性犯罪构成要件以外的特别要件描述的详略，总则性犯罪构成要件以外特别要件的认定是否要参考刑法其他条文或其他法律、法规等的不同，可将罪状分为以下四种：

一是简单罪状。它是指只对罪状作罪名表述相同描述的罪状。如我国《刑法》第232条规定的故意杀人罪、第234条规定的故意伤害罪等。简单罪状虽然使法条简明扼要，但通常只适用于传统的自然犯。

二是叙明罪状。它是指对罪状作超过罪名表述的具体描述的罪状。我国刑法分则大多数罪名采用的是叙明罪状。采用叙明罪状的犯罪多是法定犯，需要对犯罪客体、犯罪主体、犯罪主观方面等共性以外的犯罪客观要件进行较为详细明确的描述。但对叙明罪状的判断和认定，并不能简单地以描述内容字数多少为标准，而应看是否描述了罪名表述以外的内容。如果在描述上有超出罪名表述的内容，那么即使这个描述仍很简单，也是叙明罪状。

三是引证罪状。它是指以刑法其他条文或本条的其他款项规定来说明犯罪构成要件的罪状。如《刑法》第119条第2款规定过失损坏交通工具罪、过失损坏交通设施罪、过失损坏电力设备罪、过失损坏易燃易爆设备罪的罪状就是引证罪状，是否符合犯罪构成要件还要看这些犯罪行为是否符合第1款的规定。引证罪状主要用于与故意犯罪对应罪名的过失犯罪。

四是空白罪状。它是指其犯罪构成要件规定在其他法律法规中的罪状。如1979年《刑法》第117条关于投机倒把罪的“违反金融、外汇、金银、工商管理法规，投机倒把，情节严重的”罪状规定，就是空白罪状。这里的“违反金融、外汇、金银、工商管理法规”，需要司法人员在认定行为是否构成投机倒把罪时，根据金融、外汇、金银、工商管理法规的具体规定，来认定其行为是否属于投机倒把、是否属于情节严重。采空白罪状的罪名一般也是法定犯。这类犯罪的罪状，会随着其相应的行政管理、经济管理等法律法规的变化而变化。不过，我国现行刑法并无纯粹的空白罪状，空白罪状的采用往往要与叙明罪状结合使用。如《刑法》第342条规定的非法占用农用地罪：“违反土地管理法规，非法占用耕地、林地等农用地，改变被占用土地用途，数量较大，造成耕地、林地等农用地大量毁坏的，处……”前面的“违反土地管理法规”就属于空白罪状，后面的“非法占用耕地、林地等农用地，改变被占用土地用途，数量较大，造成耕地、林地等农用地大量毁坏的”就属于叙明罪状。

另外，按具体罪名规定的罪状种类个数不同，罪状还有单一罪状与混合罪状之分。所谓单一罪状，是指刑法条文仅采用简单罪状、叙明罪状、引证罪状、空白罪状中的一种方式对犯罪的基本构成要件特征进行描述的情形。如《刑法》第232条规定的“故意杀人的，处……”自然犯的罪状大多属于这种情形。所谓混合罪状，是指刑法条文同时采用简单罪状、叙明罪状、引证罪状、空白罪状中的两种以上方式对犯罪的基本构成要件特征进行描述的情形。其通常表现是，同一基本罪状中既有空白罪状，又有叙明罪状。如《刑法》第345条第2款规定的“违反森林法的规定，滥伐森林或者其他林木，数量较大的，处……”《刑法》第343条规定的“违反矿产资源法的规定，未取得采矿许可证擅自采矿，擅自进入国家规划矿区、对国民经济具有重要价值的矿区和他人矿区范围采矿，或者擅自开采国家规定实行保护性开采的特定矿种，经责令停止开采后拒不停止开采，造成矿产资源破坏的，处……”都是既规定有空白罪状，又规定有叙明罪状。在刑法立法上，法定犯往往采用的是混合罪状。

三、法定刑

法定刑，是指分则条文对具体犯罪规定如何处罚的刑种和刑度规定。法定刑有抽象法定刑和法定刑幅度之分，分别是针对某个罪名和该罪名下的基本犯、加重犯或减轻犯而言的。据此，一个罪名只有一个抽象的法定刑，但因立法对该罪名的基本犯、加重犯或减轻犯设置而可能有多个法定刑幅度。如《刑法》第 232 条关于故意杀人罪的规定，因有基本犯和减轻犯的设置，而有分别对应其基本犯的法定刑幅度即“死刑、无期徒刑或者十年以上有期徒刑”，以及对应其减轻犯的法定刑幅度即“三年以上十年以下有期徒刑”。又如《刑法》第 234 条关于故意伤害罪的规定，因立法设置了基本犯（故意伤害他人的）、第一档加重犯（故意伤害他人身体致人重伤的）和第二档加重犯（故意伤害他人身体致人死亡或者以特别残忍手段致人重伤造成严重残疾的）三种情况，共配置了“三年以下有期徒刑、拘役或者管制”、“三年以上十年以下有期徒刑”和“十年以上有期徒刑、无期徒刑或者死刑”三个法定刑幅度。

法定刑按刑种和刑度是否确定，可以分为绝对确定法定刑、绝对不确定法定刑、相对（不）确定法定刑三种。

绝对确定法定刑是指对具体犯罪只规定了一种刑种，并没有刑度幅度，法官无自由裁量权的法定刑。如我国《刑法》第 121 条关于劫持航空器罪的后段规定：“致人重伤、死亡或者使航空器遭受严重破坏的，处死刑”。不过，因为我国的死刑还设置了死缓制度，因而这也不是严格意义上的绝对确定的法定刑。

绝对不确定法定刑是指既不规定刑种也不规定刑度幅度，而只规定“给予刑事处罚”“从严惩处”“追究刑事责任”等的法定刑。在我国现行刑法典中不存在这种规定。但在附属刑法中，用的几乎都是这种。也正因为此，我国的附属刑法不能作为裁判规范，只能作为行为规范。

相对（不）确定法定刑是指规定了具体的刑种和一定的刑度幅度的法定刑。这种法定刑给了法官一定的自由裁量权，法官可以根据案件的不同情况在法律规定的幅度内选择与犯罪的社会危害程度、人身危险性相适应的刑种和刑度，相对科学合理，为当代各国刑法所采用。我国现行刑法除个别罪的特殊情况外均采用这种法定刑。

在我国的刑法立法上，基于量刑情节制度的功能，对法定刑的运行做了分级规定。这包括：《刑法》第 62 条关于法定或酌定从重或从轻处罚的情节性规定，要求在作为量刑基准的法定刑幅度内裁处；《刑法》第 63 条关于法定或酌定减轻处罚情节的运行规定，要求在作为量刑基准的法定刑的下一个或几个量刑幅度内裁处[①]；《刑法》第 37 条关于法

① 根据《刑法》第 63 条的规定，法定减轻处罚只能在法定刑幅度的下一个幅度内裁处；酌定减轻处罚可以是下一个或几个量刑幅度内裁处。

定或酌定免除刑罚处罚情节的运行规定，要求不作刑罚裁处，只单纯宣告有罪或仅作非刑罚处罚的裁量。另外还包括《刑法》第 69 条等关于数罪并罚的规定，要求先针对案件个罪分别定罪和分别宣告裁处的刑罚，即宣告刑，再依数罪并罚的原则决定拟移交执行的刑罚，即执行刑；《刑法》第 41 条、第 44 条和第 47 条等关于刑期折抵制度的规定，要求先行羁押 1 日折抵行为人全案判处的管制 2 日和拘役、有期徒刑 1 日；《刑法》第 72 条等关于缓刑制度的规定，要求对全案被判处拘役和 3 年以下有期徒刑的犯罪人在一定条件下适用缓刑。这是刑法关于法院裁处拟移交执行的执行刑的制度规定。

以上刑法立法规定，实际上是规定了在对具体犯罪定罪为量刑相应确定法定刑后，根据免除处罚、减轻处罚、从轻处罚、从重处罚的量刑情节规定和数罪并罚、刑期折抵、缓刑等量刑制度规定，分别作出“免刑”“处断刑”“宣告刑”“执行刑”的要求。其中，所谓处断刑，现行刑法上是指审判时，根据该罪的情况，在法律上或裁判上存在加重[①]或减轻处罚的量刑情节时，对法定刑所作出的变更，也就是确定下一个法定刑幅度为从轻、从重处罚情节的起始标准。所谓宣告刑，是指法官在审理具体案件时，对具体犯罪判决宣告的应当执行的刑罚。在裁量根据上，它以法定或酌定从轻或从重处罚情节为根据。在裁量方法上，它依“不具有这种从重情节或从轻情节”具体地确定“从轻”“从重”在具体个罪宣告刑裁量中的相对位置与作用力大小。宣告刑之所以实际上只以法定或酌定从轻或从重处罚情节为根据，是因为，在现行刑法关于量刑情节的“从重”“从轻”“减轻”“免除”处罚的四种功能中，因“减轻”“免除”处罚情节分别为处断刑和免刑的裁量根据，以及数罪并罚、刑期折抵、缓刑等量刑制度为下文探讨的执行刑的裁量根据。同时，宣告刑只能是针对具体个罪作出，实践中将宣告刑作为“综合考虑全案情况”确定的认知与制度构建，是违背刑法规定的。宣告刑的“评价”，不是事先为某个从重或从轻量刑情节寻找“量刑基准点”（量刑起点）再分别对其裁量，而是像中医“望闻问切”那样，由法官对所有从重或从轻情节先做社会危害性和人身危险性大小的报应与预防的综合性评析，再做裁量。其中，个案具体个罪所具有的所有从重或从轻处罚情节，都要放在整个宣告刑评价系统中进行社会危害性和人身危险性大小考量，包括各情节间的关系与逆向功能情节间的社会危害性和人身危险性大小，最终基于法官自己的知识、经验、良知和所有法律的相关规定作出宣告刑裁处。所谓执行刑，是指在宣告刑基础上或在原执行刑基础上，基于数罪并罚、刑期折抵、缓刑、减刑、假释等刑罚制度裁处的拟交执行阶段执行的刑罚。执行刑并不是刑罚的执行。刑罚的执行属于行刑阶段的任务，并不是在量刑的阶段进行，也不是量刑的任务。根据《刑法》第 69 条的规定，宣告刑并不是当然地拟移交执行的刑罚；拟移交执行的刑罚是在宣告刑基础上，针对全案的数罪、先行羁押和其他相关量刑事实基于数罪并罚制度、刑期折抵制度、缓刑等制度裁处的执行刑。根据《刑法》第 41 条、第 44 条和第 47 条以及《监察法》第 44 条和《行政处罚法》第 28 条等的规定，行为人具有刑事诉讼上的刑事拘留、逮捕和监察调查上的留置、行政处罚上的行政拘留、各诉讼程序违反上的司法拘留等“先行羁押”的，羁押 1 日折抵管制 2 日、折抵拘役和有期徒刑 1 日。这里的刑期折抵，是根据先行羁押的特定事实使宣

① 如前所述，在我国现行刑法上不存在。

告刑形成执行刑的裁量。对于缓刑，其是基于全案的社会危害性较小（案件性质）和人身危险性较小（有悔罪表现，没有再犯罪的危险）的因素，根据《刑法》第 72 条等关于缓刑的制度性规定作出，不是针对具体个罪的宣告刑，而是在宣告刑基础上综合全案量刑事实所作出的执行刑。

第三节　刑法分则条文的适用方法

刑法分则条文的适用方法是有很多方面的，其中，刑法分则条文的体系化的适用方法、法律拟制与注意规定的适用方法，是需重点把握的内容。

一、刑法分则条文的体系化适用

在刑法分则条文的法律适用上，需特别注意的是，不能孤立地对照某个条文对某个行为予以定罪量刑，而应结合刑法总则、分则的所有相关规定，基于犯罪成立法律评价体系和量刑法律评价体系，进行体系化适用。

（一）具体犯罪定罪的系统化法律适用

具体犯罪的定罪，需要基于刑法总则、分则关于某个具体犯罪成立的评价体系，来理解和适用刑法分则关于具体犯罪轻重形态定罪的规定。这既包括《刑法》第 13 条关于犯罪成立的三个基本特征（基本条件）的规定，也包括与这三个基本特征相对应的刑法总则、分则关于基本的犯罪构成、修正的犯罪构成和各排除性事项的规定，是基于具体个案的定罪事实和定罪情节的所有相应法律规定。例如，对于甲乙丙有分工的共同盗窃未遂的犯罪成立，不是符合刑法总则、分则关于盗窃罪的犯罪构成规定，而是符合作为修正犯罪构成的共同犯罪形态和未完成形态的刑法规定。而且，如果本案属于中华人民共和国公民在我国领域外实施的最高刑为 3 年以下有期徒刑的情况，那么还要根据我国《刑法》关于属人原则的规定而可以不予追究；如果本案的甲乙丙分别为本案的主犯、从犯和胁从犯且分别是 18 周岁、17 周岁和 16 周岁，那么丙还可能要适用《刑法》第 13 条关于“情节显著轻微危害不大的”的规定而不被评价为犯罪。

司法上具体犯罪的定罪法律适用，不是只适用刑法分则的相应特定罪名规定，而是要基于具体个案的定罪事实和定罪情节所对应的所有刑法规定，作出有机整体性评价。孤立地适用刑法分则关于某个特定罪名的规定，其实只是适用了这个特定罪名的客观方面或主观方面的罪状规定，没有适用该罪成立的全部规定，不是该罪成立的犯罪构成要件的有机整体评价。

同时，从定罪与量刑的关系来看，定罪不只是要定到罪名，而是要为量刑确定作为量刑起始标准的法定刑幅度。这意味着，定罪要定到该罪名的基本犯、加重犯或减轻犯。这些轻重犯罪形态，与犯罪构成中普通的犯罪构成、加重的犯罪构成和减轻的犯罪构成的分类相对应。在立法对某个罪名做了基本犯、加重犯和减轻犯的划分时，定罪就要定到这些轻重不同的犯罪形态，从而为具体犯罪量刑相应确定作为量刑起始标准的法定刑幅度。例如，对于故意伤害行为，若伤害是轻伤，则定罪就定为本罪的基本犯，相应确定的作为量刑起始标准的法定刑幅度为“处三年以下有期徒刑、拘役或管制”；若伤害为一般重伤，则定罪就定为本罪的第一档加重犯，相应确定法定刑幅度“处三年以上十年以下有期徒刑”为量刑起始标准；若伤害“致人死亡或者以特别残忍手段致人重伤造成严重残疾的”，则定罪就定为本罪第二档加重犯，相应确定“处十年以上有期徒刑、无期徒刑或者死刑”的法定刑幅度作为量刑的起始标准。又如，对于故意杀人行为，若行为不属于“情节较轻”，则定本罪的基本犯，相应确定的法定刑幅度为“处死刑、无期徒刑或者十年以上有期徒刑”；若行为属于“情节较轻”，则定本罪的减轻犯，相应确定的法定刑幅度为“处三年以上十年以下有期徒刑”。

（二）具体犯罪量刑的系统化法律适用

具体犯罪的量刑，需要基于刑法总则、分则关于某个具体犯罪量刑的评价体系来理解和适用刑法分则关于轻重犯罪形态量刑的规定。这既包括《刑法》第 61 条关于量刑一般原则（量刑根据）的总体性规定，也包括与此相对应的刑法总则、分则关于刑法基本原则、刑罚适用制度和各法定、酌定量刑情节的规定，这是基于具体个案的量刑事实和量刑情节的所有相应法律规定。例如，甲乙均为掌握项目审批权的公职人员，甲向办事的困难户索要 3 万元好处费，否则就拖着，不给审批；乙为办事的富商快速合法合规地办理了审批，事后富商送乙 30 万元感谢费。在这里，虽然甲收受财物的数额只有乙的 1/10，但因其主观恶性更大而量刑会更重。这是因为，将量刑事实依法评价为量刑情节时，不是孤立地看客观方面的数额（数量）等情形，而是要根据主客观方面进行有机整体评价。

二、法律拟制与注意规定的法律适用

（一）法律拟制的概念与法律适用

法律拟制，又称法定拟制，在刑法意义上，是指将原本不符合刑法的相关规定的行为也以该规定论处的刑法制度。其在刑法上的表述标志通常是“依照……的规定定罪处罚”“以……论处”“视为”。例如，《刑法》第 269 条规定的“犯盗窃、诈骗、抢夺罪，为窝藏赃物、抗拒抓捕或者毁灭罪证而当场使用暴力或者以暴力相威胁的，依照本法第二百六十三条规定定罪处罚”，其作为法律拟制，是将原本并不符合《刑法》第 263 条等关于抢劫罪构成要件相关规定但与抢劫罪有相同的法律效果的以上行为，规定以抢劫罪论处。又如，《刑法》第 267 条第 2 款规定，“携带凶器抢夺的，依照本法第二百六十三条规定定罪处罚”。作为法律拟制，这里的“携带凶器抢夺”本与《刑法》第 263 条规定的抢劫罪在行为方式上并不完全相同，原本并不符合抢劫罪的构成要件，但因该行为与抢劫罪有相同的法律效果而规定按抢劫罪定罪处罚。

法律拟制的突出特点在于：其一，将原本不符合刑法相关规定的情形，以刑法明文规定的形式按相关规定论处，否则，在没有该法律拟制规定的情况下，就只能按法律的原本规定定罪处罚。例如，如果没有《刑法》第 267 条第 2 款的法律拟制，那么对于单纯携带凶器抢夺的行为，就只能认定为抢夺罪，而不能认定为抢劫罪。其二，法律拟制仅适用于刑法所限定的情形。对于类似情形，如果没有法律拟制规定，就不得类比拟制规定处理。例如，刑法没有规定携带凶器盗窃、诈骗的行为以抢劫罪论处，故不得将携带凶器抢夺以抢劫罪论处的规定，类推适用于携带凶器盗窃、诈骗的情形。其三，法律拟制的理由是从立法技术视角使那些具有相同法律实质效果的情形符合适用刑法平等和罪刑相适应原则。例如，携带凶器抢夺的行为与抢劫罪的行为，在法律实质效果上具有显而易见的相同性，应通过法律拟制对携带凶器抢夺的行为以抢劫罪定罪处罚。

（二）注意规定的概念与法律适用

注意规定是指在刑法已作基本规定的前提下，刑法分则条文仍在具体条文中作出规定，以提示司法工作人员注意，避免忽略这个规定适用的刑法制度。例如，《刑法》第382条第3款规定："与前两款所列人员勾结，伙同贪污的，以共犯论处"。

注意规定的突出特点表现为：其一，注意规定只具有提示性，并没有对基本规定作出任何修正与补充。这是区分注意规定与法律拟制的关键：修正或补充了相关规定或基本规定的是法律拟制，只具有提示性并没有对基本规定作出任何修正与补充的是注意规定。这意味着，注意规定只是对相关规定内容的重申，即使不设置这个注意规定，也会按《刑法》的基本规定处理相应事项。例如，《刑法》第382条第3款规定的"与前两款所列人员勾结，伙同贪污的，以共犯论处"，作为注意规定，即使没有该规定，司法人员也会按共同犯罪的规定予以正确定罪处刑，这个规定只是引起司法工作人员的注意，避免对一般公民与国家工作人员共同贪污的以盗窃、诈骗等罪论处。又如，《刑法》第253条第2款规定，邮政工作人员私自开拆或者隐匿、毁弃邮件、电报"而窃取财物的，依照本法第二百六十四条规定定罪从重处罚"，即邮政工作人员私自开拆、隐匿、毁弃邮件、电报并从中窃取财物的，按照盗窃罪论处；第384条第2款规定，"挪用用于救灾、抢险、防汛、优抚、扶贫、移民、救济款物归个人使用的"，按照挪用公款罪论处，并"从重处罚"。这些情形下因这些特殊主体实施的行为危害性更大而规定要"从重处罚"。其二，注意规定并非仅适用于刑法所特别规定的情形。例如，《刑法》第247条规定，"致人伤残、死亡的，依照本法第二百三十四条、第二百三十二条规定定罪从重处罚"。按罪刑相适应原则等的规定，如此要求是理所当然，其所蕴含的机理本就是刑法的基本规定，可以在刑法中普遍适用。其三，注意规定的目的，是帮助司法人员从实质上基于适用刑法平等和罪刑相适应原则等规则，理解和适用刑法分则的具体规定，避免引起不必要的分歧和法律适用错误。

所涉法律条文及司法文件

1.《刑法》第1～101条、第102～451条的规范体系

2.《刑法》第41条，第44条，第47条，第62条，第63条，第69条，第72条，第114条、第115条，第119条，第121条，第127条，第133条、第133条之一，第140条，第141条，第149条，第170条，第194条，第202条，第232条，第233条，第234条，第235条，第240条，第247条，第253条，第264条，第266条，第267条，第269条，第342条，第343条，第345条，第382条，第383条，第384条，第385条，第389条

思考题

1. 刑法分论与刑法分则有何不同？在实务中，是按刑法分论的理论还是刑法分则的规范定罪量刑？

2. 具体犯罪的条文结构通常是如何组成的？我国刑法分则关于具体犯罪的条文结构的规定有何特点？

3. 何为罪名？在我国刑法上，罪名可以按哪些标准分为哪些种类？各种类的含义和分类意义何在？

4. 何为罪状？在我国刑法上，罪状可以按哪些标准分为哪些种类？各种类的含义和分类意义何在？

5. 何为法定刑？在我国刑法上，法定刑可以按哪些标准分为哪些种类？各种类的含义和分类意义何在？

6. 如何基于刑法分则条文在刑法中的体系化存在对定罪和量刑进行体系化的法律适用与规范评价？

7. 何为法条竞合和法条竞合犯？法条竞合犯与想象竞合犯的法律适用有何不同？

8. 何为法律拟制和注意规定？它们的法律适用规则有何不同？

第二编

国家安全类犯罪

第三章

危害国家安全罪

内容导读

本编所述“国家安全类犯罪”特指《刑法》分则中狭义上危害国家安全、国防利益等类罪，包括第一章“危害国家安全罪”、第七章“危害国防利益罪”和第十章“军人违反职责罪”，并未包括其他类犯罪中涉国家安全的具体犯罪。在危害国家安全罪类犯罪的学习中，需重点关注危害国家安全罪的概念及构成要件，分裂国家罪的基本特征，武装叛乱、暴乱罪的概念及构成要件，煽动颠覆国家政权罪的基本特征，间谍罪的客观行为方式。

第一节　危害国家安全罪概述

一、危害国家安全罪的概念

危害国家安全罪是指行为人故意实施的危害中华人民共和国国家主权、领土完整、国家政权和社会主义制度安全的行为。

这是我国现行刑法中性质最严重、危害最大的一类犯罪。其作为类罪名，是由我国1979年《刑法》分则第一章所规定的“反革命罪”修改而来的。反革命罪这一罪名在我国沿用已久，它对于巩固人民民主专政的国家政权和社会主义制度，维护国家安全，都曾起到过巨大的历史作用。但是，随着我国改革开放的深入发展，国家政治、经济和社会情况的发展变化，反革命罪这一罪名的适用在司法实践中遇到了一些新情况、新问题。现行刑法将反革命罪改为危害国家安全罪，具体是“考虑到我们国家已经从革命时期进入到集中力量进行社会主义现代化建设的历史新时期，宪法确立了中国共产党对国家事务的领导作用，从国家体制和保卫国家整体利益考虑，从法律角度来看，对危害中华人民共和国的犯罪行为，规定适用危害国家安全罪比适用反革命罪更为合适。这也就是为了完善我国的刑事法律制度”[1]。

二、危害国家安全罪的共同特征

该类罪具有如下共同构成特征。

---

① 王汉斌1997年3月6日在全国人大八届五次会议上作的《关于〈中华人民共和国刑法〉（修订草案）的说明》。

1. 犯罪客体是中华人民共和国的国家安全。国家安全是国家赖以存在和发展的政治基础与物质基础的安全之总和。对于一个国家来说，国家主权是否独立；领土是否完整，不受威胁；国家是否统一；民族是否团结；政权和政治制度是否稳固等，无不关系着国家的前途和命运。因此，在任何国家，国家安全都始终是刑法加以保护的重要客体。我国刑法当然也不例外。由于危害国家安全罪的社会危害性极大，在我国刑法分则中是最严重的犯罪，因此，本章所规定的犯罪被列为分则之首。

危害国家安全罪侵犯的客体是我国的国家安全。国家安全有广义和狭义之分。广义的国家安全，按《国家安全法》第 2 条的规定，是指“国家政权、主权、统一和领土完整、人民福祉、经济社会可持续发展和国家其他重大利益相对处于没有危险和不受内外威胁的状态，以及保障持续安全状态的能力”。维护国家安全，是新中国成立以来的持久工作。第 3 条规定，国家安全工作，“应当坚持总体国家安全观，以人民安全为宗旨，以政治安全为根本，以经济安全为基础，以军事、文化、社会安全为保障，以促进国际安全为依托，维护各领域国家安全，构建国家安全体系，走中国特色国家安全道路”。据此，广义的国家安全，主要包括人民安全、政治安全、经济安全、军事安全、文化安全、社会安全等方面的内容，既包括政治安全、国土安全、军事安全等传统安全领域，也包括经济安全、文化安全、社会安全、科技安全、网络安全、生态安全、资源安全、核安全和海外利益安全等非传统安全领域。① 狭义的国家安全，是特指我国主权、领土完整与安全，人民民主专政的政权和社会主义制度的安全及其他国家利益的安全，是《刑法》关于危害国家安全罪一章在具体犯罪中所规定的，与国家存在和发展直接相关的国家安全。②

2. 犯罪的客观方面为行为人实施了危害中华人民共和国国家安全的行为。危害中华人民共和国国家安全的行为，包括作为和不作为。根据《刑法》之规定，其具体内容就是指《刑法》第 102 条至第 112 条所规定的各种犯罪行为，即背叛国家，分裂国家，煽动分裂国家，武装叛乱、暴乱，颠覆国家政权，煽动颠覆国家政权，资助危害国家安全犯罪活动，投敌叛变，叛逃，间谍，为境外的机构、组织、人员窃取、刺探、收买、非法提供国家机密、情报，资敌等行为。对于以上规定的各种具体危害国家安全的行为，只要行为人实施了其中之一的，就具备了危害国家安全罪的客观要件。因此，是否具有危害国家安全的行为，是区分罪与非罪以及危害国家安全罪与其他犯罪的界限。

需要注意的是，由于危害国家安全罪在我国《刑法》分则所规定的各种犯罪中是性质最严重、危害性最大的一类犯罪，因此，对于该类犯罪在客观上只要实施了刑法所规定的各种具体犯罪行为即可，而不需要行为人的犯罪行为对国家安全造成实际的危害结果，即构成犯罪既遂。特别是直接危害到国家生死存亡的犯罪，如背叛国家，分裂国家，武装叛乱、暴乱，颠覆国家政权等，不仅在分则中规定处罚这些犯罪的实行行为，而且还直接规定处罚有关犯罪行为的勾结、组织、策划、煽动、教唆、帮助行为，把有关案件行为的共谋、预备、教唆、帮助行为实行行为化，对此，无须适用犯罪的未完成形态

① 《总体国家安全观干部读本》编委会．总体国家安全观干部读本．北京：人民出版社，2016：31.

② 周光权．刑法各论．4 版．北京：中国人民大学出版社，2021：606.

和共犯的一般规定，而直接依据分则条文认定处罚。①

3. 犯罪的主体必须是达到法定年龄，具有刑事责任能力的人。本类犯罪的主体，大多数是由一般主体构成，即对于大多数危害国家安全罪来说，不论是中国公民，还是外国公民或者是无国籍人，凡是符合犯罪主体条件的，均可以构成该类犯罪的主体。但是，已满 14 周岁不满 16 周岁的未成年人，根据《刑法》第 17 条第 2 款的规定，不能构成本类犯罪。对于少数危害国家安全罪的主体范围在立法上有严格的限制，如背叛国家罪、投敌叛变罪的主体只限于中国公民，叛逃罪的主体只限于中国公民中的国家机关工作人员和其他掌握国家秘密的国家工作人员。根据《刑法》第 107 条的规定，境内外机构、组织资助实施背叛国家、分裂国家、煽动分裂国家、武装叛乱、暴乱、颠覆国家政权、煽动颠覆国家政权犯罪的，只对直接责任人员以资助危害国家安全犯罪活动罪论处，对于本罪，是否属于单位犯罪，存在争议。从条文的规定来看，承认该罪属于单位犯罪②，只是单罚制更合适。

4. 犯罪的主观方面只能出于故意，即行为人明知自己的行为会给国家安全造成严重的危害，并且希望或放任这一结果的发生。也就是说，危害国家安全罪在主观方面不仅包括直接故意，还包括间接故意。从司法实践的角度来看，尽管绝大多数危害国家安全的犯罪在主观上持的是希望的心理态度，但是也不能完全排除少数犯罪中有时确实存在放任的心理态度。例如，有的人为了出国、贪财或者恋色等而实施的危害国家安全的行为，尽管行为人在某些情况下并非希望危害国家安全的犯罪结果发生，但却往往持的是一种听之任之的心理态度，对于这种情况，亦应按照危害国家安全罪进行定性处罚。这是因为，我国刑法中所规定的危害国家安全罪只要求是故意即可，而没有特定目的限制，摒弃了间接故意不能构成危害国家安全罪/反革命罪的传统观点，使间接故意成为危害国家安全罪的罪过形式之一。此外，直接故意与间接故意同属于故意犯罪的范畴，倘若对同一犯罪行为，仅因为故意类型不同，一种给予定罪判刑，另一种则不予追究刑事责任，对于维护国家安全显然是不利的。因此，危害国家安全罪在主观上把间接故意包括进来，可以更好地打击各种危害国家安全的犯罪活动，从而更有力地维护国家主权和尊严。

第二节　危害国家安全罪的重点罪名

一、背叛国家罪

（一）概念和主要特征

背叛国家罪，是指行为人勾结外国或者境外机构、组织、个人，危害中华人民共和国主权、领土完整和安全的行为。

本罪的直接客体是为刑法所保护而为犯罪行为所侵害的中华人民共和国主权、领土完整和安全。国家主权，是指国家独立自主地处理自己内外事务、管理自己国家的权力。

① 王作富．刑法分则实务研究：上．5 版．北京：中国方正出版社，2013：2.

② 高铭暄，马克昌．中国刑法解释：上卷．北京：中国社会科学出版社，2005：942.

领土是国家赖以存在的物质条件，领土完整是国家主权的重要组成部分。领土完整不完全是地理意义上的概念，而主要是指国家领土的完整性，即凡属国家领土，均不能丢失，不能被分裂、肢解，不能被侵占。中华人民共和国的国家主权和国家领土的完整及不受侵犯，是我国国家安全的最重要的内容之一。

本罪的犯罪客观方面为行为人实施了勾结外国或者境外机构、组织、个人，危害中华人民共和国主权、领土完整和安全的行为。所谓勾结外国，是指行为人通过各种方式与外国政府、政党、政治集团、社会势力或相关的代表人物或个人联络，进行危害国家主权、领土完整和安全的组织、策划等活动。所谓勾结境外机构、组织、个人，是指与境外机构、组织、个人密谋策划，进行危害国家安全的犯罪活动。在这里，“境外机构”，是指中国边境以外的国家或地区的官方性组织；“境外组织”，是指中国边境以外的国家或地区的社会性团体等；“境外个人”，是指外国公民、无国籍人以及外籍华人等。所谓危害中华人民共和国主权、领土完整和安全的行为，通常是指与外国签订丧权辱国的条约，出卖国家主权；或者出卖国家领土，破坏领土完整；或者与外国通谋或者合谋，制造两国争端，甚至串通外国向我国发动侵略战争，危害国家安全等。

一般来讲，背叛国家罪在客观上是由前后紧密相连的两个方面的行为构成的，勾结外国或者境外机构、组织、个人是构成本罪的客观前提和手段，而危害国家主权、领土完整和安全的行为则是构成本罪特定的客观内容和要求。只有上述两方面的内容有机地结合在一起，才能构成本罪的全部客观要件。由于背叛国家罪是一种性质最为严重、危害性最大的危害国家安全的犯罪，因此，本罪的成立，不以行为人的行为已经造成了对国家主权、领土完整和安全的实际危害为条件，而是只要求行为人实施了刑法所规定的构成该罪的客观行为即可。也就是说，只要行为人实施了勾结外国或者境外机构、组织、个人，危害中华人民共和国主权、领土完整和安全的行为，不管是采取何种方式进行勾结，也不管其犯罪行为有无发生实际危害结果，均已构成本罪的既遂。

本罪的犯罪主体是特殊主体，只能是已满 16 周岁、具有刑事责任能力的中国公民。由于背叛国家罪的实质是违反了国民对国家的忠诚义务，其行为是对祖国的背信行为①，所以外国人和无国籍人不能构成本罪的主体。

本罪的犯罪主观方面只能出于直接故意，即行为人明知自己勾结外国或者境外机构、组织、个人的行为会危害中华人民共和国主权、领土完整和安全，并且希望这种结果发生。间接故意和过失不可能构成这种犯罪。

（二）处罚

根据《刑法》第 102 条、第 113 条、第 56 条第 1 款之规定，犯背叛国家罪的，处无期徒刑或者 10 年以上有期徒刑；对国家和人民危害特别严重，情节特别恶劣的，可以判处死刑。根据《刑法》第 56 条第 1 款、第 113 条第 2 款等的规定，犯本罪的，除单处剥夺政治权利者外还应当附加剥夺政治权利，并且可以并处没收财产。

---

① 高铭暄，马克昌．中国刑法解释：上卷．北京：中国社会科学出版社，2005：921.

二、分裂国家罪

（一）概念和主要特征

分裂国家罪，是指行为人组织、策划、实施各种分裂国家的活动，企图破坏我国各民族相互团结、国家统一的行为。

本罪的直接客体是为刑法所保护而为犯罪行为所侵害的国家的统一。国家的统一，是指由国家的所有部分连接而成的统一整体。从国际法的角度来看，国家由定居的居民、确定的领土、政权组织、主权构成。保护国家的统一，就是对构成国家要素的完整性与统一性的保护。国家的统一是国家安全和国家主权的重要象征，任何一个政府只有在保障国家统一的前提下，才能合法有效地实现对国家事务的管理和控制。国家统一对于国家政权的安全、社会秩序的保障及人民利益的保护，都极其重要，任何破坏国家统一的行为，都是刑法重点打击的对象。

本罪的犯罪客观方面为组织、策划、实施分裂国家、破坏国家统一的行为。所谓组织，是指行为人为了分裂国家而按一定的形式将分散的人集合起来，使之具有一定的系统性或者整体性。这里的“组织”既包括犯罪预备过程中的组织行为，也包括犯罪实行过程中的组织行为。所谓策划，是指行为人为了分裂国家而暗中进行密谋、筹划，如制定计划、方案等。所谓实施，是指行为人已经着手并正式开始实行分裂国家的行为。所谓分裂国家、破坏国家统一，是指把统一的中华民族、中华人民共和国分裂成几个部分或者使一部分分离出去，或者分裂我国统一的多民族国家，破坏民族团结、制造民族分裂，具体包括另立中央政府、另立其他国家、拒绝中央政府的领导和其他分裂国家的行为。[①] 值得注意的是，由于本罪性质非常严重，因此，构成本罪，只要行为人在客观上实施了分裂国家的行为即可，而不需要有实际危害结果的发生。

本罪的犯罪主体是一般主体，凡是年满 16 周岁，具有刑事责任能力的人，均可以构成本罪的主体，包括中国公民、外国人与无国籍人。本罪是必要共同犯罪，犯罪主体包括首要分子、罪行重大者、积极参加者和其他参加者。从司法实践的角度来看，本罪的组织策划者特别是首要分子和罪行重大者多为窃据党和国家领导权的野心家和有一定社会地位与社会影响的知名人物以及某些反动的民族分裂主义分子。

本罪的犯罪主观方面只能是故意，过失不能构成本罪。

（二）犯罪认定

1. 本罪罪与非罪的界限。本罪属于最严重的犯罪之一，一般情况下，只要有参与分裂国家的行为，即为既遂，且极少存在因情节轻微不成立犯罪的情形。本罪属于必要共同犯罪，其他参加者虽然参与实施了一定行为，但对分裂国家行为的实质性质缺乏认识的，或者由于对国家的民族政策、地方政策不理解，而实施一些错误行为，在主观上没有分裂国家、破坏国家统一故意的，或者被胁迫参加且所起作用甚微的，可以按照《刑法》第 13 条但书来处理，即不作为犯罪。刑法不处罚阴谋犯[②]，如果行为人出于狭隘民

---

① 高铭暄，马克昌．中国刑法解释：上卷．北京：中国社会科学出版社，2005：924.

② 周光权．刑法各论．4 版．北京：中国人民大学出版社，2021：607.

族主义或者地方主义情绪，在思想上附和、倾向于民族或者地方分裂主义分子，但是没有参加组织、策划、实施分裂国家、破坏国家统一的活动的，亦不应认定为分裂国家罪。

2. 本罪与背叛国家罪的界限。分裂国家的行为从广义上来讲也属于一种背叛国家的行为，但由于刑法将这一方面的行为已经从背叛国家的行为中独立出来，因此，对于这两种犯罪应注意划清它们之间的界限。二者的主要区别在于：(1) 犯罪客体不同。前者侵犯的客体是国家的统一；后者侵犯的客体为中华人民共和国主权、领土完整和安全。虽然前者与后者都涉及对国家领土完整的危害，但前者对国家领土的危害，是将我国的一部分领土分离出去，制造地方“独立”的割据局面，实质上是以破坏国家统一形式来危害国家安全；而背叛国家罪对国家领土的危害，则是向外国出卖国家主权，出让国家领土，或者策动外国向我国发动侵略战争，侵占我国领土，实质上是以出卖国家主权，出让国家领土或者破坏国家领土安全的形式来危害国家安全。(2) 客观方面不同。前者在客观上表现为组织、策划、实施各种分裂国家的活动，企图破坏我国各民族相互团结、国家统一的行为；后者在客观上表现为行为人实施了勾结外国或者境外机构、组织、个人，危害中华人民共和国主权、领土完整和安全的行为。(3) 犯罪主体不同。前者的主体是一般主体；而后者的主体只能是特殊主体，即中国公民。(4) 犯罪的主观内容不同。虽然二者都是故意犯罪，但二者故意的内容不同，前者以分裂国家、破坏国家统一为故意的内容；而后者则以危害国家主权、领土完整和安全为故意的内容。

（三）处罚

根据《刑法》第 103 条第 1 款、第 113 条、第 106 条、第 56 条第 1 款之规定，犯分裂国家罪的，对首要分子或者罪行重大的，处无期徒刑或者 10 年以上有期徒刑；对积极参加的，处 3 年以上 10 年以下有期徒刑；对其他参加的，处 3 年以下有期徒刑、拘役、管制或者剥夺政治权利；对国家和人民危害特别严重、情节特别恶劣的，可以判处死刑。与境外机构、组织、个人相勾结，实施本罪的，依照前述规定从重处罚。根据《刑法》第 56 条第 1 款、第 113 条第 2 款等的规定，犯本罪的，除单处剥夺政治权利者外还应当附加剥夺政治权利，并且可以并处没收财产。

三、武装叛乱、暴乱罪

（一）概念和主要特征

武装叛乱、暴乱罪，是指行为人组织、策划、实施武装叛乱或者武装暴乱的行为。

本罪的直接客体是为刑法所保护而为犯罪行为所侵害的人民民主专政的国家政权和社会主义制度。由于武装叛乱、武装暴乱将其矛头直接指向人民民主专政的国家政权和社会主义制度，并且采取武装对抗的方式，因而对国家安全具有严重的危害性。

本罪的犯罪客观方面为行为人实行了组织、策划、实施武装叛乱或者武装暴乱的行为。所谓组织，是指行为人为了发动武装叛乱或者武装暴乱而按照一定方式将分散的人员集中起来使之形成一定的系统性或者整体性。所谓策划，是指行为人为了发动武装叛乱或者武装暴乱而暗中进行密谋、筹划。所谓实施，是指行为人已经着手，正式开始实行武装叛乱或者武装暴乱的活动。所谓武装叛乱，是指以投靠境外组织或境外敌对势力为背景或者意图投靠境外组织或者境外敌对势力，而采取武装对抗的形式，反叛国家和政府的行为。所谓武装暴乱，是指采取武装的形式，进行暴力骚乱，与国家和政府对抗的行为。[①] 以上各方面的行为，只要行为人实施了其中之一的，即可构成本罪。至于行为人所实施的武装叛乱或者武装暴乱活动是否造成了实际危害结果，对于构成本罪不发生影响。

本罪的犯罪主体为一般主体。凡是年满16周岁，具有刑事责任能力的人，均可以构成本罪的主体。1997年《刑法》对于本罪的主要修改在于犯罪主体的扩大，原来只能由国家工作人员、武装部队、人民警察、民兵构成的犯罪，扩展为一般公民。[②]

本罪的犯罪主观方面只能是直接故意，且以推翻国家政权和破坏社会主义制度为故意内容。

（二）犯罪认定

1. 本罪罪与非罪的界限。认定武装叛乱、暴乱罪主要应把握两点：一是行为人在主观上具有推翻人民民主专政的国家政权和社会主义制度的故意；二是行为人实施了使用武装的形式公然同国家和政府对抗的行为。只有二者同时具备，才能以武装叛乱、暴乱罪论处。在司法实践中，特别应当注意划清的是本罪与群众闹事的界限。群众闹事的行为，虽然有时也会出现聚众冲击国家机关、殴打国家机关工作人员、毁坏财物等情况，但它不是用武装的形式同国家和政府相对抗。另外，群众闹事，常常是由于群众对国家的某些政策不理解，或者提出某些要求未得到满足，或者由于某些工作人员对问题处理不当，致使矛盾激化，发生聚众闹事。但是参加闹事的群众绝大多数不具有推翻国家政权的犯罪目的。尽管在群众闹事时，会混入个别具有危害国家安全意图的犯罪分子或者其他分子，但是应当把他们同参加闹事的群众严格区分开来。

2. 本罪的既遂与未遂的界限。武装叛乱、暴乱罪在客观上包括组织、策划和实施三个方面的行为，三种行为已包括犯罪的预备行为和实行行为在内。区分本罪的既遂与未遂，既不能以是否进行密谋筹划为标准，也不能以是否造成严重后果为标准，而只能以武装叛乱或者暴乱这一实行行为是否着手为标准。凡是着手实施了武装叛乱或者暴乱行为的即为既遂；反之，在着手以后武装叛乱或者暴乱尚未开始以前因某种客观原因的障碍而没有成功的，则为未遂。

3. 本罪的一罪与数罪的界限。在武装叛乱或者暴乱实施的过程中，犯罪分子往往同时实施杀人、放火、爆炸、抢劫公私财物、扰乱社会秩序等破坏活动，由于这些行为均属于本罪客观方面的表现形式的重要组成部分，因此，在定罪时不应数罪并罚，只按本罪定性处罚即可。但是，如果有的行为人在武装叛乱或者暴乱之外还犯有其他罪行，或

---

① 对于何为武装叛乱、何为武装暴乱，核心问题有二：一是何谓武装，武装是否必须使用热武器特别是军用武器，使用管制刀具、钢管铁棍等冷兵器是否属于武装？二是是否必须严格区分以及如何区分叛乱与暴乱？对于前者，我们认为，虽然热武器具有更高的危险性，但是，有组织的持有冷兵器的暴徒，其危险性并不低，同样具有高致伤、致命的属性。因此，武装的界定不应局限于武器的种类，判断的核心与实质应该基于武装者的危害国家安全之组织性、集聚性与高危险性。对于后者，从语义的角度来讲，二者主要是通过判断是否具有叛变的性质来区分“叛乱”与“暴乱”，但就司法实践而言，本罪属于选择性罪名，只要具有叛乱或者暴乱之一即可，因此，无须过度拘泥于二者的界分。

② 付立忠、刘晓彬．论危害国家安全罪．法学杂志，1997（3）：15.

者在实施暴乱、叛乱过程中针对普通居民实施杀人、放火、抢劫、强奸等与实现危害国家安全的政治目的没有关联性的犯罪[①]，则应当实行数罪并罚。

（三）处罚

根据《刑法》第104条、第113条、第106条、第56条第1款之规定，犯武装叛乱、暴乱罪的，对首要分子或者罪行重大的，处无期徒刑或者10年以上有期徒刑；对积极参加的，处3年以上10年以下有期徒刑；对其他参加的，处3年以下有期徒刑、拘役、管制或者剥夺政治权利；策动、胁迫、勾引、收买国家机关工作人员、武装部队人员、人民警察、民兵犯本罪的，依照前述规定从重处罚；对国家和人民危害特别严重，情节特别恶劣的，可以判处死刑。与境外机构、组织、个人相勾结，实施本罪的，依照前述规定从重处罚。根据《刑法》第56条第1款、第113条第2款等的规定，犯本罪的，除单处剥夺政治权利者外还应当附加剥夺政治权利，并且可以并处没收财产。

四、颠覆国家政权罪

（一）概念和主要特征

颠覆国家政权罪，是指行为人组织、策划、实施颠覆国家政权、推翻社会主义制度的行为。

本罪的直接客体是为刑法所保护而为犯罪行为所侵害的我国人民民主专政的国家政权和社会主义制度。人民民主专政的国家政权就是我国的国体，即以工人阶级为领导的、以工农联盟为基础的人民民主专政的国家政权。至于社会主义制度，是指建立在公有制为主、多种所有制并存这一经济基础之上的社会制度，它主要包括有中国特色的政治、经济、文化、教育和军事制度等方面的内容。人民民主专政的国家政权和社会主义制度虽然各有其特定的内涵，然而它们二者是紧密联系、不可随意分割的。

本罪的犯罪客观方面为行为人实行了组织、策划、实施颠覆国家政权、推翻社会主义制度的行为。本罪在客观上的行为方式有组织、策划、实施三种，以上三种行为方式，只要行为人实施了其中之一，即可构成犯罪，而不需要全部具备。所谓颠覆，意指颠倒、倒翻、倾败，引申有灭亡之意。[②] 推翻与颠覆大意一致，即都是指我国人民民主专政的国家政权和社会主义制度不复存在。至于采取何种具体手段，在所不论，无论是暴力推翻，还是和平演变，无论是公开的还是秘密的，也无论是针对中央政权还是地方政权，只要其行为是要达到使国家政权的性质发生改变，就可以认为是颠覆或推翻的行为。[③] 需指出的是，只要行为人实施了颠覆国家政权、推翻社会主义制度的行为，即可构成本罪，至于行为人的行为是否已经造成颠覆国家政权、推翻社会主义制度的实际危害后果，不影响本罪的成立。

本罪的犯罪主体属于一般主体。凡是年满16周岁，具有刑事责任能力的人，均可以构成本罪的主体。但是从司法实践的角度来看，本罪的主体主要是在中央和地方窃据党

---

① 周光权．刑法各论．4版．北京：中国人民大学出版社，2021：609.

② 辞海（缩印本）．上海．上海辞书出版社，1989：2084.

③ 高铭暄，马克昌．中国刑法解释：上卷．北京：中国社会科学出版社，2005：935.

和国家重要职务的野心家、阴谋家。

本罪的犯罪主观方面只能是直接故意，即行为人明知自己实施的是颠覆国家政权、推翻社会主义制度的犯罪行为并且决意而为之。间接故意和过失不可能构成本罪。

（二）处罚

根据《刑法》第105条第1款、第106条、第56条第1款、第113条第2款之规定，犯颠覆国家政权罪的，对首要分子或者罪行重大的，处无期徒刑或者10年以上有期徒刑；对积极参加的，处3年以上10年以下有期徒刑；对其他参加的，处3年以下有期徒刑、拘役、管制或者剥夺政治权利。与境外机构、组织、个人相勾结，实施本罪的，依照前述规定从重处罚。根据《刑法》第56条第1款、第113条第2款等的规定，犯本罪的，除单处剥夺政治权利者外还应当附加剥夺政治权利，并且可以并处没收财产。

五、叛逃罪

（一）概念和主要特征

叛逃罪，是指国家机关工作人员或者其他掌握国家秘密的国家工作人员在履行公务期间，擅离岗位，叛逃境外或者在境外叛逃的行为。

本罪的直接客体是为刑法所保护而为犯罪行为所侵害的中华人民共和国的国家安全。

本罪的犯罪客观方面为行为人在履行公务期间，擅离岗位，叛逃境外或者在境外叛逃的行为。行为人叛逃的时间必须是在履行公务期间。所谓履行公务期间，是指国家工作人员在任职期间，如在境内履行职责、从事公务期间，或者在境外因公进行访问考察、参加会议或在我驻外机构工作期间等。所谓擅离岗位，是指未经批准，私自离开工作岗位。所谓叛逃，即叛变出逃，投靠境外组织或机构，境外组织或机构指敌我性质不明的组织或机构，包括外国驻我国大使馆、领事馆。如果行为人投靠的组织或机构是敌对组织或机构，则应认定为投敌行为。叛逃境外，是指行为人通过非法途径出境投奔境外组织或机构；在境外叛逃，是指行为人合法出境后在境外投奔境外组织或机构。如果行为人没有投奔境外组织或机构的行为，不能认定为叛逃行为。《刑法修正案（八）》删除了“危害中华人民共和国安全”的规定，基于此，本罪仅从《刑法》分则条文来看属于行为犯，只要行为人实施了叛逃的行为，即成立本罪既遂。

本罪的犯罪主体属于特殊主体，即国家机关工作人员和掌握国家秘密的国家工作人员。

本罪的犯罪主观方面只能出于故意。过失不能构成本罪。

（二）认定

1. 本罪罪与非罪的界限。关键在于考察行为人在主观上有无叛逃的目的，客观上是否实施了叛逃的行为。如果国家机关工作人员在境外履行公务期间，由于受到境外机构、组织、个人的阻挠，或者遇到其他难以克服的客观障碍，而被迫滞留境外，或仅仅是滞留不归但并未投奔境外组织或机构，则不能构成本罪。

2. 本罪与背叛国家罪的界限。叛逃罪就其本质而言，也是一种背叛国家的行为，但由于刑法是将这两种犯罪分开加以规定的，因此它们就属于两种性质不同的犯罪。二者的区别是：（1）客观行为方式不同。前者是行为人在履行公务期间，擅离岗位，叛逃境外或者在境外叛逃的行为；而后者则是行为人勾结外国或者境外机构、组织、个人，危害中华人民共和国主权、领土完整和安全的行为。（2）犯罪主体不同。前者的犯罪主体是特殊主体，即只能是国家机关工作人员和掌握国家秘密的国家工作人员；而后者的主体虽然也是特殊主体，但其主体范围较之前者要广得多，它不仅包括国家工作人员，还包括一般中国公民。

3. 本罪与投敌叛变罪的界限。这两种犯罪在本质上都带有背叛国家的性质，在客观上都具有叛变的行为，在主观上都属于故意犯罪的范畴。它们之间的区别是：（1）客观行为表现方式不同。前者是行为人在履行公务期间，擅离岗位，叛逃境外或者在境外叛逃的行为；后者是行为人背叛国家、投奔敌方，或者在被捕、被俘后投降敌人，进行危害国家安全活动的行为。（2）实施叛变行为的时间要求不同。前者只能发生在国家工作人员履行公务期间；而后者可以发生在任何时间。（3）犯罪主体不同。前者的主体是特殊主体，只能由国家机关工作人员和掌握国家秘密的国家工作人员才能构成；后者的犯罪主体虽然也是特殊主体，但只要是年满 16 周岁、具有刑事责任能力的中国公民均可以构成。（4）主观故意的内容不同。前者的行为人在主观上不具有投奔或者投降敌人的目的；而后者的行为人在主观上则必须具有这种犯罪目的。

4. 本罪的一罪与数罪的界限。如果行为人因实施了其他犯罪，为了逃避法律制裁而叛逃的，应认定为其他犯罪与本罪，数罪并罚。如果行为人为叛逃而进行犯罪，则应区别对待：如行为人采取犯罪手段（例如伪造公文、证件、印章等）叛逃境外的，属于牵连犯，从一重罪处断；如叛逃前，为了取悦境外组织或机构，而实施更为严重的危害国家安全的犯罪，则宜以数罪并罚。如果行为人叛逃后又实施危害国家安全的行为，应该数罪并罚。

（三）处罚

根据《刑法》第 109 条、第 113 条第 2 款、第 56 条第 1 款之规定，犯叛逃罪的，处 5 年以下有期徒刑、拘役、管制或者剥夺政治权利；情节严重的，处 5 年以上 10 年以下有期徒刑。掌握国家秘密的国家工作人员犯本罪的，从重处罚。根据《刑法》第 56 条第 1 款、第 113 条第 2 款等的规定，犯本罪的，除单处剥夺政治权利者外还应当附加剥夺政治权利，并且可以并处没收财产。

六、间谍罪

（一）概念和主要特征

间谍罪，是指行为人参加间谍组织或者接受间谍组织及其代理人的任务以及为敌人指示轰击目标的行为。

关于间谍行为，《反间谍法》第 4 条规定：“本法所称间谍行为，是指下列行为：（一）间谍组织及其代理人实施或者指使、资助他人实施，或者境内外机构、组织、个人与其相勾结实施的危害中华人民共和国国家安全的活动；（二）参加间谍组织或者接受间谍组织及其代理人的任务，或者投靠间谍组织及其代理人；（三）间谍组织及其代理人以外的其他境外机构、组织、个人实施或者指使、资助他人实施，或者境内机构、组织、个人与其相勾结实施的窃取、刺探、收买、非法提供国家秘密、情报以及其他关系国家安全和利益的文件、数据、资料、物品，或者策动、引诱、胁迫、收买国家工作人员叛变的活动；（四）间谍组织及其代理人实施或者指使、资助他人实施，或者境内外机构、组织、个人与其相勾结实施针对国家机关、涉密单位或者关键信息基础设施等的网络攻击、侵入、干扰、控制、破坏等活动；（五）为敌人指示攻击目标；（六）进行其他间谍活动。”《反间谍法》对间谍行为的解释属于最广义的解释，刑法关于间谍罪的规定属于狭义的解释。

本罪的直接客体是为刑法所保护而为犯罪行为所侵害的中华人民共和国国家安全。间谍活动的犯罪对象，主要是关系着国家安全的国家秘密或情报，当然也可能涉及例如暗杀、爆炸、培植代理人等。所谓国家秘密，是指关系到我国国家安全和利益的，依照法定程序确定的，在一定时间内只限一定范围的人知悉的事项。“情报”有广义与狭义之分。广义的情报包括国家秘密在内；狭义的情报仅指除国家秘密之外的，涉及国家的政治、经济、军事、外交、科技等方面尚未公开或者不宜公开的内部情况、信息和资料等。间谍罪的行为人，主要是通过刺探、窃取我国的国家秘密或情报，甚至爆炸、暗杀、培植代理人等行为危害我国的国家安全。

本罪的犯罪客观方面为行为人参加间谍组织或者接受间谍组织及其代理人的任务或者为敌人指示轰击目标的行为。具体而言，本罪在客观上有以下三种行为：一是参加间谍组织。“间谍组织”，是指外国政府或者境外的敌对势力建立的旨在搜集我国情报，进行颠覆破坏活动等，危害我国国家安全和利益的组织。“参加间谍组织”，是指行为人履行一定的手续，加入间谍组织，成为间谍组织的成员。二是接受间谍组织及其代理人的任务。“接受间谍组织及其代理人的任务”，是指接受间谍组织及其代理人的派遣、命令、指使或委托，执行窃取、刺探我国情报，建立间谍网络，或者颠覆破坏等任务。这里所说的间谍组织的“代理人”，是指受间谍组织或者其成员的指使、委托、资助，而又授意、指使他人进行危害中华人民共和国国家安全活动的人。凡是接受间谍组织及其代理人的任务的，不论其是否参加了间谍组织，即可构成本罪。三是为敌人指示轰击目标。这里所说的“敌人”，主要是指战时与我方交战的敌对国或者敌方，也包括非交战时采用轰击方式袭击我国领土的敌国或敌方。“指示轰击目标”，是指为敌人指明、显示其所轰炸、袭击的我方目标的方位、特征以及出现的时间、路线等。指示轰击目标的手段多种多样，如发电报、打电话、写信、点火堆、放信号弹等。不论行为人采取何种手段，也不论指示的目标是否有误，造成的危害结果如何，均不影响本罪的成立。

本罪的犯罪主体是一般主体，即达到了刑事责任年龄，具有刑事责任能力的自然人。

本罪的犯罪主观方面只能是故意。至于行为人在主观上的犯罪动机如何，不影响本罪的成立。

（二）犯罪认定

1. 本罪罪与非罪的界限。这关键在于考察行为人在主观上是否具有从事间谍行为的故意，在客观上是否实施了危害我国国家安全的间谍行为。如果行为人在主观上不具有明知，在客观上没有实施危害国家安全的行为，则不构成本罪。因此，对于因受欺骗，不明真相而加入间谍组织，未实施危害我国国家安全的间谍活动的，不应该认定为犯罪，更不能以间谍罪论处。对于在间谍组织中从事勤杂、医务、传达等单纯行政性事务工作，而未履行加入间谍组织手续，也未进行任何间谍活动的，不应认定为犯罪。

2. 本罪与叛逃罪的界限。它们二者之间的主要区别是：(1) 犯罪主体不同。前者是一般主体；后者是特殊主体，即只能由国家机关工作人员和掌握国家秘密的国家工作人员才能构成。(2) 客观行为表现不同。前者在客观上表现为行为人参加间谍组织或者接受间谍组织及其代理人的任务以及为敌人指示轰击目标的行为；后者在客观上表现为行为人在履行公务期间，擅离岗位，叛逃境外或者在境外叛逃的行为。由于从立法上看，叛逃行为并不包括间谍行为，因此，如果行为人叛逃后，又参加间谍组织，或者接受间谍组织或者其代理人的任务的，应当实行数罪并罚。

(三) 处罚

根据《刑法》第110条、第113条、第56条第1款之规定，犯间谍罪的，处10年以上有期徒刑或者无期徒刑；情节较轻的，处3年以上10年以下有期徒刑；对国家和人民危害特别严重、情节特别恶劣的，可以判处死刑。根据《刑法》第56条第1款、第113条第2款等的规定，犯本罪的，除单处剥夺政治权利者外还应当附加剥夺政治权利，并且可以并处没收财产。

此外，《反间谍法》第55条第1款规定："实施间谍行为，有自首或者立功表现的，可以从轻、减轻或者免除处罚；有重大立功表现的，给予奖励。"第2款规定："在境外受胁迫或者受诱骗参加间谍组织、敌对组织，从事危害中华人民共和国国家安全的活动，及时向中华人民共和国驻外机构如实说明情况，或者入境后直接或者通过所在单位及时向国家安全机关如实说明情况，并有悔改表现的，可以不予追究。"

第三节　危害国家安全罪的其他罪名

一、煽动分裂国家罪

根据《刑法》第103条第2款的规定，煽动分裂国家罪，是指行为人以分裂国家为目的，煽动他人实施分裂国家、破坏国家统一的行为。这里的"煽动"是怂恿、鼓动、号召等。行为表现形式是多种多样的，既可以是口头的，如发表分裂国家的演讲、呼喊分裂国家的口号等；也可以是书面的，如张贴、散发带有分裂国家内容的标语、传单等。煽动分裂国家罪仅从刑法分则条文来看属于行为犯，只要行为人实施了煽动分裂国家、破坏国家统一的行为，即可构成本罪。犯罪主观方面必须是直接故意，且以分裂国家为目的。根据《刑法》第103条第2款、第106条的规定，与境外机构、组织、个人相勾结，实施本罪的，依照前述规定从重处罚。根据《刑法》第56条第1款、第113条第2款等的规定，犯本罪的，除单处剥夺政治权利者外还应当附加剥夺政治权利，并且可以并处没收财产。

二、煽动颠覆国家政权罪

根据《刑法》第105条的规定，煽动颠覆国家政权罪，是指行为人以造谣、诽谤或者其他方式煽动颠覆国家政权、推翻社会主义制度的行为。所谓造谣，是指行为人为了达到颠覆国家政权、推翻社会主义制度的目的而捏造某些诋毁政府声誉的虚假消息来迷惑群众。所谓诽谤，是指行为人凭空编造某些虚假情况或者情节在社会上加以散布，借以诋毁政府声誉或者败坏政府领导人的人格和名誉。所谓其他方式，是指除造谣和诽谤这两种行为方式以外的其他煽动行为，诸如发表颠覆国家政权的演讲、散布带有颠覆国家政权色彩的标语、传单等。以上三方面的行为方式，只要行为人实施了其中之一，即可作为本罪加以处理，至于行为人的行为有无造成实际的危害后果以及被煽动人是否听信煽动，对于构成本罪不发生影响。本罪的犯罪主观方面只能是直接故意，且以颠覆国家政权、推翻社会主义制度为主观故意的特定内容。如果行为人所实施的煽动行为不是以颠覆国家政权为特定的内容，则不能作为本罪予以处理。

本罪与危害国家安全罪教唆犯都有教唆的性质，但又有不同。它们的区别是：(1) 主观故意内容不同。前者主观故意的内容是确定的，即以颠覆国家政权、推翻社会主义制度为内容；而后者主观故意的内容则是不确定的，只能依教唆人所教唆的具体犯罪的内容而定。(2) 犯罪形态不同。前者只要行为人实施了法定的煽动行为，不管被煽动人是否接受了教唆，均构成犯罪既遂；后者的既遂与否，则完全以被教唆人为转移，被教唆人犯了被教唆之罪的为既遂，被教唆人未犯被教唆之罪的为未遂。(3) 罪名与法定刑不同。前者是独立的罪名，又具有独立的法定刑，只要依照《刑法》第105条第2款所规定的罪名和法定刑适用即可；而后者没有自己独立的罪名和法定刑，只能依教唆人所教唆的某一具体犯罪进行定罪处罚。

根据《刑法》第105条第2款、第106条的规定，犯本罪的，处5年以下有期徒刑、拘役、管制或者剥夺政治权利；首要分子或者罪行重大的，处5年以上有期徒刑。与境外机构、组织、个人相勾结，实施本罪的，依照前述规定从重处罚。根据《刑法》第56条第1款、第113条第2款等的规定，犯本罪的，除单处剥夺政治权利者外还应当附加剥夺政治权利，并且可以并处没收财产。

三、资助危害国家安全犯罪活动罪

根据《刑法》第107条的规定，资助危害国家安全犯罪活动罪，是指境内外机构、组织或者个人资助实施背叛国家罪，分裂国家罪，煽动分裂国家罪，武装叛乱、暴乱罪，颠覆国家政权罪，煽动颠覆国家政权罪的行为。所谓资助，是指向实施特定的危害国家安全犯罪活动的境内外机构、组织或者个人提供经费、场所和物资。资助的对象即被资助人只能是实施了刑法所规定的背叛国家罪，分裂国家罪，煽动分裂国家罪，武装叛乱、暴乱罪，颠覆国家政权罪，煽动颠覆国家政权罪的境内外机构、组织或者个人。本罪是一个独立的罪名，凡是资助刑法中所规定的背叛国家罪，分裂国家罪，煽动分裂国家罪，武装叛乱、暴乱罪，颠覆国家政权罪，煽动颠覆国家政权罪犯罪活动的，一律依照本罪处理。如果行为人资助的是刑法所规定的上述犯罪以外的其他危害国家安全的犯罪，则只能视为该种犯罪的帮助犯，依照共同犯罪的有关规定进行处理。如果行为人在实施资助上述犯罪活动之外，又实施其他危害国家安全的犯罪的，则应当实行数罪并罚。根据《刑法》第107条的规定，犯本罪的，对直接责任人员，处5年以下有期徒刑、拘役、管制或者剥夺政治权利；情节严重的，处5年以上有期徒刑。根据《刑法》第56条第1款、第113条第2款等规定，犯本罪的，除单处剥夺政治权利者外还应当附加剥夺政治权利，并且可以并处没收财产。

四、投敌叛变罪

根据《刑法》第108条的规定，投敌叛变罪，是指中国公民背叛国家、投奔敌方，或者在被捕、被俘后投降敌人，进行危害国家安全活动的行为。投敌叛变主要是指投奔国内外的敌对势力，既可以是自己主动投奔敌人营垒，也可以是被教唆投奔敌人营垒或者在被捕、被俘以后经不住考验而投降敌人。既可以是投奔敌人控制区，也可以是与敌人建立关系后接受敌人任务潜伏在我内部进行危害国家安全的活动[①]，还可以是投奔与我为敌的国家驻我使、领馆。只要行为人的行为符合上述行为之一的，都可以构成本罪。本罪的犯罪主体属于特殊主体，即只能是具有中华人民共和国国籍的人才能构成，外国人、无国籍人可能成为本罪的教唆犯或者帮助犯。本罪的犯罪主观方面只能是直接故意，即行为人明知自己的行为是投敌叛变的行为，并且决意而为之。间接故意和过失不可能构成本罪。

投敌叛变罪就其本质而言，也是一种背叛国家的行为，但由于刑法将本罪与背叛国家罪是作为两种不同的犯罪来加以规定的，因此应注意分清它们之间的界限。它们二者之间的区别主要表现在：（1）犯罪故意的内容不同。前者是为了投奔敌人或者投降敌人后进行危害国家安全的犯罪活动；而后者则是勾结外国或者境外机构、组织、个人，企图危害国家的主权、领土完整和安全。（2）客观行为方式不同。前者是背叛国家、投奔敌方，或者在被捕、被俘后投降敌人，进行危害国家安全活动的行为；后者是勾结外国或者境外机构、组织、个人，危害中华人民共和国主权、领土完整和安全的行为。

本罪与投降罪的区别在于：（1）犯罪客观方面不同。投敌叛变罪表现为投入敌人营垒为敌人效力，或被敌人捕获、俘虏后投降敌人，实施危害国家安全的行为；投降罪则是在战场上，行为人自动放下武器投降敌人。（2）犯罪主体不同。投敌叛变罪的犯罪主体是中国公民，投降罪的犯罪主体是参战军人中具有武器使用能力的人。

根据《刑法》第108条、第113条的规定，犯本罪的，处3年以上10年以下有期徒刑；情节严重或者带领武装部队人员、人民警察、民兵投敌叛变的，处10年以上有期徒刑或者无期徒刑；对国家和人民危害特别严重、情节特别恶劣的，可以判处死刑。根据《刑法》第56条第1款、第113条第2款等的规定，犯本罪的，除单处剥夺政治权利者

---

① 对于在敌人策动下，身在我方而暗中加入敌人阵营，为敌人提供情报的行为，是否也属于投敌叛变，存在一定争议。持肯定观点的可参见陶驷驹．中国新刑法通论．北京：群众出版社，1997：436；持否定观点的，则主张认定为间谍罪更为合适，参见王作富．刑法分则实务研究．5版．北京：中国方正出版社，2013：9。

外还应当附加剥夺政治权利，并且可以并处没收财产。

五、为境外窃取、刺探、收买、非法提供国家秘密、情报罪

根据《刑法》第111条的规定，为境外窃取、刺探、收买、非法提供国家秘密、情报罪，是指行为人故意为境外机构、组织、人员窃取、刺探、收买、非法提供国家秘密或者情报的行为。构成本罪的客观要素有以下三个方面：（1）行为人非法获取或提供的对象是国家秘密或者情报。（2）行为人采取的犯罪方法仅限于窃取、刺探、收买、非法提供四种，且只要行为人实施了其中之一，即可构成本罪。（3）行为人服务的对象必须是境外的机构、组织、人员。本罪与间谍罪在犯罪的主观罪过形式和客观表现形式上有相似之处，但在接受间谍组织及其代理人的任务，为其搜集国家秘密、情报时容易混淆：本罪是为境外的机构、组织、人员非法获取或者提供国家秘密或者情报，而后者是为间谍组织及其代理人搜集或者提供情报。

根据《刑法》第111条的规定，犯本罪的，处5年以上10年以下有期徒刑；情节特别严重的，处10年以上有期徒刑或者无期徒刑；情节较轻的，处5年以下有期徒刑、拘役、管制或者剥夺政治权利。根据《刑法》第56条第1款、第113条第2款等的规定，犯本罪的，除单处剥夺政治权利者外还应当附加剥夺政治权利，并且可以并处没收财产。

六、资敌罪

根据《刑法》第112条的规定，资敌罪，是指行为人在战时故意向敌人提供武器装备、军用物资予以资助的行为。本罪的犯罪客观方面为：（1）行为人资助的对象必须是敌人，即只能是国内外的反动政治力量和武装力量。（2）行为人资助的内容必须是武器装备、军用物资。（3）行为人资助的行为只能发生于战时。所谓战时，根据《刑法》的有关规定，是指国家宣布进入战争状态、部队受领作战任务或者遭敌突然袭击时以及部队执行戒严任务或者处置突发性暴力事件时。根据《刑法》第56条第1款、第113条第2款等的规定，犯本罪的，除单处剥夺政治权利者外还应当附加剥夺政治权利，并且可以并处没收财产。

所涉法律条文及司法文件

1.《中华人民共和国国家安全法》第1～83条（2015年7月1日）

2.《中华人民共和国反间谍法》第1～39条（2023年4月26日）

3.《中华人民共和国香港特别行政区维护国家安全法》第20～23条、第29～30条（2020年6月30日）

4.《中华人民共和国刑法》第56条、第66条、第102～113条

5. 最高人民法院《关于审理非法出版物刑事案件具体应用法律若干问题的解释》第1条（1998年12月17日）

6. 最高人民法院《关于审理为境外窃取、刺探、收买、非法提供国家秘密、情报案

件具体应用法律若干问题的解释》(2001 年 1 月 17 日)

7. 最高人民法院、最高人民检察院《关于办理妨害预防、控制突发传染病疫情等灾害的刑事案件具体应用法律若干问题的解释》第 10 条第 2 款(2003 年 5 月 14 日)

8. 最高人民法院、最高人民检察院《关于办理组织、利用邪教组织破坏法律实施等刑事案件适用法律若干问题的解释》第 10 条(2017 年 1 月 25 日)

思考题

1. 危害国家安全罪的概念与特征是什么?危害国家安全罪与其他普通刑事犯罪的区别是什么?

2. 外国人或无国籍人能否构成危害国家安全罪的共犯?如果能,外国人或无国籍人能构成本章哪些罪的共犯?

3. 我国刑法对危害国家安全罪从重处罚的表现有哪些?对于危害国家的犯罪分子是否应当无一例外地附加剥夺政治权利?

4. 如何区分背叛国家罪与分裂国家罪?

5. 对在武装叛乱、暴乱过程中实施故意杀人、故意伤害、强奸、抢劫等行为的,应当如何认定?

6. 武装叛乱和武装暴乱有何区别?在武装叛乱、暴乱过程中实施故意杀人、故意伤害、强奸、抢劫等行为的,应当如何定性?

7. 如何区分煽动分裂国家罪与分裂国家罪的共犯?

8.《刑法修正案(八)》对叛逃罪做了哪些修改?这些修改的意义何在?

9. 间谍罪的行为方式有哪些?2023 年修订的《反间谍法》对本罪的认定有哪些变化?

10. 对实施资助危害国家安全犯罪活动罪的行为进行资助应如何定性?

11. 为境外窃取、刺探、收买、非法提供国家秘密、情报罪与非法获取国家秘密罪及故意泄露国家秘密罪的区别是什么?

第四章 危害国防利益罪

内容导读

本类犯罪重点关注：危害国防利益罪的概念和特征，阻碍军人执行职务罪的概念和特征，破坏武器装备、军事设施、军事通信罪的概念和特征，冒充军人招摇撞骗罪的概念和特征。

第一节 危害国防利益罪概述

一、危害国防利益罪的概念和特征

危害国防利益罪，是指违反国防法规，故意或过失实施危害国防利益，依照法律应当负刑事责任的行为。本类罪名系 1997 年修订《刑法》时新增设的类罪，主要基于与国防方面的法律相衔接以及增强刑法分则罪名科学分类之考虑。[①] 本类犯罪具有如下构成特征：

1. 本类犯罪的直接客体是为刑法所保护而为犯罪行为所侵害的中华人民共和国的国防利益。所谓国防利益，是指国家为提高国防物质基础建设水平，加强国防管理，防备和抵御侵略与颠覆国家政权的行为，捍卫国家主权、领土完整和安全，维护部队声誉而享有的进行军事及与军事有关的建设和斗争等活动的排他性的利益。其具体包括作战利益与军事行动利益，国防自身安全，武装力量建设，国防物质基础，军事斗争，国防管理秩序等。

2. 本类犯罪在客观方面表现为，实施了违反国防法规，危害国防利益的行为。危害国防利益的犯罪行为具体表现为，危害部队内部秩序的犯罪行为、危害部队物质基础的犯罪行为、危害国防建设活动的犯罪行为、危害部队良好声誉的犯罪行为等类型。就危害国防利益罪的行为方式来说，有的表现为作为，有的表现为不作为，有的则只能在战时才能构成。根据《刑法》第 451 条的规定，所谓战时，是指国家宣布进入战争状态、部队受领作战任务或者遭敌突然袭击时。部队执行戒严任务或者处置突发性暴力事件时，也以战时论。

3. 危害国防利益罪的主体多为一般主体，即达到刑事责任年龄、具备刑事责任能力的自然人，且一般是非军人。但也有少数罪，只能由特殊主体构成，如《刑法》第 374

① 高铭暄．新中国刑事立法文献资料总揽：下．北京：中国人民公安大学出版社，1998：2824－2826.

条规定的接送不合格兵员罪等。此外，单位也可成为某些危害国防利益罪的犯罪主体，如《刑法》第 370 条规定的故意提供不合格武器装备、军事设施罪等。

4. 本类犯罪的主观方面，除过失损坏武器装备、军事设施、军事通信罪，过失提供不合格武器装备、军事设施罪外，其他危害国防利益罪只能由故意构成。

二、危害国防利益罪的类型

危害国防利益罪作为一个类罪名，包括 23 个具体犯罪。根据危害国防利益行为构成犯罪的时间是否限于战时，可大体将危害国防利益罪分为以下两类：

1. 战时危害国防利益的犯罪。这类犯罪以“战时”实施为条件与构成要件，具体包括：战时拒绝、逃避征召、军事训练罪；战时拒绝、逃避服役罪；战时故意提供虚假敌情罪；战时造谣扰乱军心罪；战时窝藏逃离部队军人罪；战时拒绝、故意延误军事订货罪；战时拒绝军事征收、征用罪。

2. 普通危害国防利益的犯罪。这类犯罪不以“战时”实施为条件，但“战时”往往是法定或酌定从重情节。这类犯罪具体包括：阻碍军人执行职务罪；阻碍军事行动罪；破坏武器装备、军事设施、军事通信罪；过失损坏武器装备、军事设施、军事通信罪；故意提供不合格武器装备、军事设施罪；过失提供不合格武器装备、军事设施罪；聚众冲击军事禁区罪；聚众扰乱军事管理区秩序罪；冒充军人招摇撞骗罪；煽动军人逃离部队罪；雇用逃离部队军人罪；接送不合格兵员罪；伪造、变造、买卖武装部队公文、证件、印章罪；盗窃、抢夺武装部队公文、证件、印章罪；非法生产、买卖武装部队制式服装罪；伪造、盗窃、买卖、非法提供、非法使用武装部队专用标志罪。

第二节　危害国防利益罪的重点罪名

一、阻碍军人执行职务罪

（一）概念和主要特征

阻碍军人执行职务罪，是指行为人以暴力、威胁方法阻碍军人依法执行职务的行为。

本罪的直接客体是为刑法所保护而为犯罪行为所侵害的军人依法执行职务的活动。犯罪对象必须是正在依法执行职务的军人。所谓军人，依照《刑法》第 450 条的解释，是指中国人民解放军的现役军官、文职干部、士兵以及具有军籍的学员和中国人民武装警察部队的现役警官、文职干部、士兵及具有军籍的学员以及文职人员、执行军事任务的预备役人员和其他人员。预备役人员，是指编入民兵组织或者经过登记服预备役的公民；其他人员，是指在军队和武装警察部队的机关、部队、院校、医院、基地、仓库等队列单位和事业单位工作的正式职员、工人以及临时征用或者受委托执行军事任务的地方人员。已经复员、退伍的军人，由于其不再履行军事职责，不属于本罪侵害对象。①

---

① 高铭暄，马克昌．中国刑法解释：下卷．北京：中国社会科学出版社，2005：2601.

本罪的犯罪客观方面为以暴力、威胁方法阻碍军人依法执行职务的行为。首先，行为人必须使用了暴力、威胁的方法。所谓暴力，是指对依法执行职务的军人的人身进行袭击或者强制的方法，通常表现为攻击、殴打、伤害、捆绑、拘禁等有形力，同时还包括用酒灌醉、用药物麻醉等无形力。所谓威胁，是指行为人以杀伤身体、毁坏名誉、揭穿隐私等手段相胁迫，实行精神强制，使军人产生恐惧心理，不能或无法履行职责、执行职务。至于威胁是直接还是间接，不影响本罪的成立。其次，行为的指向必须是正在依法执行职务的军人。依法执行职务需同时符合以下条件：一是军人执行职务的行为必须是在该军人职务权限之内，二是军人必须具有实施该职务行为的具体的职务权限，三是军人的职务行为必须具备法律规定的必备重要条件、方式和程序。[①] 如果针对的不是正在执行职务的军人的，不构成本罪。如果行为人实施的暴力、威胁行为与军人执行职务没有关系，则不能成立本罪。阻碍军人的非法行为的，不能以本罪论处。需要强调的是，阻碍军人执行职务罪仅从刑法分则条文来看属于行为犯，不以造成严重后果为必要。

本罪的犯罪主体是一般主体。凡年满 16 周岁、具备刑事责任能力的自然人，均可成为本罪主体。

本罪的主观方面为故意。行为人阻碍军人执行职务的动机、目的如何，不影响定罪。过失不构成本罪。

（二）犯罪认定

1. 阻碍军人执行职务罪与相关犯罪的区别

（1）阻碍军人执行职务罪与妨害公务罪的区别。两罪在犯罪客观方面、犯罪主体、犯罪主观方面均存在相同或相似之处。二者的区别在于侵犯的客体与对象不同：其一，阻碍军人执行职务罪侵犯的同类客体是国防利益，直接客体是军人依法执行职务的活动；妨害公务罪的同类客体是社会管理秩序，直接客体是国家工作人员依法执行职务的活动。其二，阻碍军人执行职务罪的犯罪对象是正在依法执行职务的军人，妨害公务罪的犯罪对象则是正在执行职务的国家工作人员。阻碍军人执行职务罪与妨害公务罪存在法条竞合关系时，根据特别法优于普通法的原则，对阻碍军人依法执行职务的行为应当一律以本罪论处。其三，客观方面不尽相同。阻碍军人执行职务罪必须是暴力、威胁方法；妨害公务罪中的阻碍国家安全机关、公安机关依法执行国家安全工作任务的行为，只要是故意的，不论是否使用了暴力、威胁方法，只要造成了严重后果，即构成妨害公务罪。

（2）阻碍军人执行职务罪与阻碍执行军事职务罪的区别。两罪在直接客体、客观方面、主观方面均存在相同或相似之处。区别主要在于：首先，犯罪主体不同。前者通常为非军人；后者为具有现役军人身份的军职人员。其次，犯罪对象不同。前者主要侵害的是正在依法执行职务的现役军人，包括指挥人员和普通士兵；后者侵害的则是正在执行职务的军事指挥人员或者正在值班、值勤的军人。最后，同类客体不同。前者的同类客体是国防利益，后者的同类客体是军事利益。

2. 阻碍军人执行职务罪的罪数问题

（1）使用暴力方法阻碍军人执行职务罪，致使军人轻伤的，应以本罪论处；故意致

---

① 高铭暄，马克昌．中国刑法解释：下卷．北京：中国社会科学出版社，2005：2603.

军人重伤、死亡的，直接按故意伤害罪、故意杀人罪定罪处罚；过失致军人重伤、死亡的或者犯本罪时抢夺、抢劫军人枪支及其他武器装备的，应该按照想象竞合犯的处罚原则处理，即对行为人从一重罪处断。

（2）走私人员以暴力、威胁方法阻碍边防军人依法缉私的，应对行为人按走私犯罪与阻碍军人执行职务罪进行并罚。

（三）处罚

根据《刑法》第368条第1款的规定，犯本罪的，处3年以下有期徒刑、拘役、管制或者罚金。

二、聚众冲击军事禁区罪

（一）概念和主要特征

聚众冲击军事禁区罪，是指违反法律规定，聚众冲击军事禁区，严重扰乱军事禁区秩序的行为。

本罪的直接客体是为刑法所保护而为犯罪行为所侵害的军事禁区的管理秩序。犯罪对象是军事禁区，包括禁区内的军事设施、各种建筑、自然环境、周围设置的障碍物等。根据《中华人民共和国军事设施保护法》之规定，所谓军事禁区，是指设有重要军事设施或者军事设施安全保密要求高、具有重大危险因素，需要国家采取特殊措施加以重点保护，依照法定程序和标准划定的军事区域。军事禁区由国务院和中央军事委员会确定，或者由有关军事机关根据国务院和中央军事委员会的规定确定。其边界通常设有醒目的标志。

本罪的犯罪客观方面为聚众冲击军事禁区，严重扰乱军事禁区秩序的行为。具体而言包括三个层次的内容：一是本罪只能以聚众的方式实施。聚众，是指纠集多人实施犯罪行为，一般应当是纠集三人以上。二是本罪须是聚众冲击军事禁区的行为。聚众冲击，是指在首要分子的纠集下，多人强行冲闯军事禁区、包围军事禁区、袭击军事禁区、阻塞军事禁区或者实施其他破坏军事禁区正常秩序的行为。三是必须严重扰乱军事禁区秩序。所谓严重扰乱军事禁区秩序，是指严重干扰、破坏军事禁区的管理，致使作战、战备、训练、科研等正常工作无法进行。

本罪的犯罪主体是一般主体，但本罪系聚众犯罪，不过，本罪只处罚聚众冲击军事禁区的首要分子和积极参加者，其他参加者不成立本罪。

本罪的主观方面是故意。

（二）犯罪认定

1. 本罪罪与非罪的界限

对于本罪罪与非罪的界限，主要考虑以下因素：一是区别首要分子、积极参加者与其他参加者，其他参加者不成立本罪；二是充分重视行为的动机、起因，要注意区别群众闹事与聚众冲击军事禁区罪。

2. 本罪与他罪的界限

一是本罪与聚众扰乱社会秩序罪的区别。二者在客观方面、犯罪主体、主观方面较为相似，主要区别在于犯罪对象的不同。本罪侵犯的对象是军事禁区，而后者侵犯的对象是工厂、学校、科研单位等。如果当一行为同时触犯了二罪时，应依特别法优于普通法之原则，优先适用特别法，即认定为聚众冲击军事禁区罪。

二是本罪与聚众冲击国家机关罪的区别。二者在客观方面、犯罪主体、主观方面相似，主要区别在于犯罪对象的不同。本罪侵犯的对象是军事禁区，而后者侵犯的是国家机关工作区。

（三）处罚

根据《刑法》第 371 条第 1 款的规定，犯本罪的，对首要分子，处 5 年以上 10 年以下有期徒刑；对其他积极参加的，处 5 年以下有期徒刑、拘役、管制或者剥夺政治权利。

三、冒充军人招摇撞骗罪

（一）概念和主要特征

冒充军人招摇撞骗罪，是指行为人为谋取非法利益，假冒军人身份进行招摇撞骗的行为。

本罪的直接客体是为刑法所保护而为犯罪行为所侵害的军队的声誉及其正常活动。

本罪的犯罪客观方面为行为人假冒军人身份进行招摇撞骗的行为。假冒军人身份主要包括四种情况：一是非军人冒充军人；二是级别较低的军人冒充级别较高的军人（不排除相反情形）；三是一般部门的军人冒充要害部门的军人（也不排除相反情形）；四是此类军人冒充彼类军人（如陆军人员冒充空军人员）。[①] 招摇撞骗，即假借军人身份进行炫耀、蒙骗。

本罪的犯罪主体为一般主体。

本罪的主观方面为故意，行为人系为谋取非法利益，如果行为人并无谋取非法利益之动机，而是基于善良动机，如甲路遇他人行凶，无法敢制止，甲挺身而出，声称自己系军人，召集路人共同制服行凶者，则该行为不成立犯罪。

（二）犯罪认定

1. 本罪与招摇撞骗罪的界限

二者的区别在于：（1）侵犯的客体不同。本罪侵犯的是军队的声誉及其正常活动；后者侵犯的是国家机关的威信和正常活动。（2）冒充的对象不同。本罪冒充的是军人，后者冒充的是国家机关工作人员。从理论上来看，二者属于法条竞合，同时符合的，应依特别法优于普通法的适用原则，优先适用本罪。

2. 本罪与诈骗罪的界限

当冒充军人招摇撞骗谋取的是一定的财产利益时，其与诈骗罪的行为人的犯罪目的是一致的。但是，二者依然具有严格的区别，主要在于：（1）侵犯的客体不同。本罪侵犯的是军队的声誉及其正常活动；后者侵犯的是公私财物所有权。（2）犯罪的手段不同。本罪的犯罪手段仅限于冒充军人身份或职务进行，后者则并无此种限制。（3）犯罪目的

① 张明楷．刑法学：下．6 版．北京：法律出版社，2021：1548.

不同。本罪的犯罪目的是追求非法利益，不限于财物，而后者则系出于非法占有公私财物的目的。(4) 构成犯罪有无数额限制不同。本罪对骗取数额并无要求，后者则要求数额较大。如果行为人的行为同时符合了二罪，则属于想象竞合，应从一重罪处断。

(三) 处罚

根据《刑法》第 372 条的规定，犯本罪的，处 3 年以下有期徒刑、拘役、管制或者剥夺政治权利；情节严重的，处 3 年以上 10 年以下有期徒刑。

第三节　危害国防利益罪的其他罪名

一、战时危害国防利益犯罪的其他罪名

(一) 战时拒绝、逃避征召、军事训练罪

根据《刑法》第 376 条第 1 款的规定，战时拒绝、逃避征召、军事训练罪，是指预备役人员战时拒绝、逃避征召或者军事训练，情节严重的行为。本罪在客观上表现为：首先，行为必须发生在战时。所谓"战时"，根据《刑法》第 451 条的规定，是指国家宣布进入战争状态、部队受领作战任务或者遭敌突然袭击时。部队执行戒严任务或者处置突发性暴力事件时，以战时论。其次，行为必须表现为拒绝、逃避征召或者军事训练。最后，成立本罪还必须情节严重。本罪的主体为特殊主体，即只有具备预备役人员身份的人，方能构成本罪。所谓"预备役人员"，根据《兵役法》的规定，是指预编到现役部队或者编入预备役部队服预备役的人员。根据《刑法》第 376 条第 1 款的规定，犯本罪的，处 3 年以下有期徒刑或者拘役。

(二) 战时拒绝、逃避服役罪

根据《刑法》第 376 条第 2 款的规定，战时拒绝、逃避服役罪，是指公民战时拒绝、逃避服役，情节严重的行为。此罪只能在"战时"构成。"情节严重"，是指抗拒、逃避服役行为严重，如使用暴力、威胁方法抗拒，采用自伤等手段逃避服役等。本罪的主体为符合《兵役法》规定的应征公民。根据《刑法》第 376 条第 2 款的规定，犯本罪的，处 2 年以下有期徒刑或者拘役。

(三) 战时故意提供虚假敌情罪

根据《刑法》第 377 条的规定，战时故意提供虚假敌情罪，是指行为人战时故意向武装部队提供虚假敌情，造成严重后果的行为。本罪在客观上表现为：首先，行为必须是发生在战时。其次，行为表现为向武装部队提供虚假敌情。行为人主观上以为是虚假的情报，客观上向武装部队提供了真实情报的，不可能造成严重后果，不属于"虚假"敌情。最后，行为必须造成了严重后果。本罪的主体为一般主体，但对于军人在战时提供虚假敌情的，应按照特别法优于普通法的原则处理，认定为谎报军情罪。根据《刑法》第 377 条的规定，犯本罪的，处 3 年以上 10 年以下有期徒刑；造成特别严重后果的，处 10 年以上有期徒刑或者无期徒刑。

(四) 战时造谣扰乱军心罪

根据《刑法》第 378 条的规定，战时造谣扰乱军心罪，是指战时故意制造谣言，向

武装部队散布，扰乱军心的行为。本罪在客观上表现为战时造谣惑众、扰乱军心的行为。行为人意图扰乱军心而于战时实施造谣惑众的行为，即可构成本罪。本罪的主体只限于非现役军人。现役军人在战时造谣惑众的，依特别法优于普通法的原则处理，应认定为战时造谣惑众罪。根据《刑法》第 378 条的规定，犯本罪的，处 3 年以下有期徒刑、拘役或者管制；情节严重的，处 3 年以上 10 年以下有期徒刑。

（五）战时窝藏逃离部队军人罪

根据《刑法》第 379 条的规定，战时窝藏逃离部队军人罪，是指战时明知是逃离部队的军人而为其提供隐藏处所、财物，情节严重的行为。本罪的对象是逃离部队的军人。本罪在客观上表现为在战时为逃离部队的军人提供隐藏处所或者财物，情节严重的行为。本罪的主体为自然人一般主体。根据《刑法》第 379 条的规定，犯本罪的，处 3 年以下有期徒刑或者拘役。

（六）战时拒绝、故意延误军事订货罪

根据《刑法》第 380 条的规定，战时拒绝、故意延误军事订货罪，是指承担国防科研、生产任务或者国家向其进行军事订货的单位，在战时拒绝或故意延误军事订货，情节严重的行为。本罪的主体只能是承担国防科研、生产任务或者国家向其进行军事订货的单位。根据《刑法》第 380 条的规定，犯本罪的，对单位判处罚金，并对其直接负责的主管人员和其他直接责任人员，处 5 年以下有期徒刑或者拘役；造成严重后果的，处 5 年以上有期徒刑。

（七）战时拒绝军事征收、征用罪

根据《刑法》第 381 条的规定，战时拒绝军事征收、征用罪，是指公民违反国防义务，战时拒绝军事征收、征用，情节严重的行为。本罪在客观上无论是否采取暴力、胁迫手段，只要是战时拒绝军事征收、征用，情节严重的，即构成本罪。本罪的主体为自然人一般主体，单位不能构成本罪。单位拒绝军事征收、征用的，应以自然人犯罪对其直接责任人员进行定罪处罚。根据《刑法》第 381 条的规定，犯本罪的，处 3 年以下有期徒刑或者拘役。

二、普通危害国防利益犯罪的其他罪名

（一）阻碍军事行动罪

根据《刑法》第 368 条第 2 款的规定，阻碍军事行动罪，是指故意阻碍武装部队军事行动，造成严重后果的行为。这里的“军事行动”，既包括作战、军事演习等行动，也包括抢险救灾等非战争军事行动。由此，本罪既可以是平时危害国防利益犯罪的犯罪，也可以是战时危害国防利益犯罪的犯罪。这里的“故意阻碍”，不限于暴力、威胁手段，也可以是故意设置各种障碍、制造各种困难的行为表现。这里的“造成严重后果”，是指造成贻误战机、作战部署作出重大调整、灾害扩大、人员伤亡等。根据《刑法》第 368 条第 2 款的规定，犯本罪的，处 5 年以下有期徒刑或者拘役。

（二）破坏武器装备、军事设施、军事通信罪

根据《刑法》第 369 条第 1 款、第 3 款的规定，破坏武器装备、军事设施、军事通

信罪，是指故意破坏武器装备、军事设施、军事通信的行为。本罪的犯罪对象是武器装备、军事设施、军事通信。武器装备，是指武装部队用于实施和保障作战行动的武器、武器系统和军事技术器材。军事设施，是指国家直接用于军事目的的建筑、场地和设备。军事通信，是指武装部队为实施指挥或者武器控制而运用各种通信手段进行的信息传递活动。本罪在主观方面表现为故意，即明知是武器装备、军事设施或者军事通信而故意破坏。根据《刑法》第369条第1款、第3款的规定，犯本罪的，处3年以下有期徒刑、拘役或者管制；破坏重要武器装备、军事设施、军事通信的，处3年以上10年以下有期徒刑；情节特别严重的，处10年以上有期徒刑、无期徒刑或者死刑；战时犯以上犯罪的，从重处罚。

（三）过失损坏武器装备、军事设施、军事通信罪

根据《刑法》第369条第2款、第3款的规定，过失损坏武器装备、军事设施、军事通信罪，是指过失破坏武器装备、军事设施、军事通信，危害国防利益，造成严重后果的行为。本罪侵犯的对象是军队战斗力的物质保障。本罪的客观方面为过失损坏武器装备、军事设施、军事通信，造成严重后果的行为。根据《刑法》第369条第2款、第3款的规定，犯本罪的，造成严重后果的，处3年以下有期徒刑或者拘役；造成特别严重后果的，处3年以上7年以下有期徒刑；战时犯本罪的，按以上规定从重处罚。

（四）故意提供不合格武器装备、军事设施罪

根据《刑法》第370条第1款、第3款的规定，故意提供不合格武器装备、军事设施罪，是指明知是不合格的武器装备、军事设施而故意提供给武装部队的行为。根据《刑法》分则条文的规定，本罪为行为犯，只要行为人实施了向武装部队提供不合格武器装备、军事设施的行为，即可构成本罪的既遂。根据《刑法》第370条第1款、第3款的规定，犯本罪的，处5年以下有期徒刑或者拘役；情节严重的，处5年以上10年以下有期徒刑；情节特别严重的，处10年以上有期徒刑、无期徒刑或者死刑。单位犯故意提供不合格武器装备、军事设施罪的，对单位判处罚金，并对其直接负责的主管人员和其他直接责任人员，依照本罪规定处罚。

（五）过失提供不合格武器装备、军事设施罪

根据《刑法》第370条第2款的规定，过失提供不合格武器装备、军事设施罪，是指将不合格的武器装备、军事设施过失地提供给武装部队，造成严重后果的行为。本罪侵犯的客体是国家的武器装备、军事设施的管理制度以及国家安全。本罪的主体为自然人一般主体。根据《刑法》第370条第2款的规定，犯本罪的，处3年以下有期徒刑或者拘役；造成特别严重后果的，处3年以上7年以下有期徒刑。

（六）聚众扰乱军事管理区秩序罪

根据《刑法》第371条第2款的规定，聚众扰乱军事管理区秩序罪，是指聚众扰乱军事管理区秩序，情节严重，致使军事管理区工作无法进行，造成严重损失的行为。本罪的主体是聚众扰乱军事管理区的首要分子和积极参加者。根据《刑法》第371条第2款的规定，犯本罪的，对首要分子，处3年以上7年以下有期徒刑；对其他积极参加的，处3年以下有期徒刑、拘役、管制或者剥夺政治权利。

（七）煽动军人逃离部队罪

根据《刑法》第373条的规定，煽动军人逃离部队罪，是指非军职人员唆使、鼓动服役的军职人员脱离部队，情节严重的行为。本罪侵犯的客体是军队对军人的管理制度。本罪的客观方面为煽动军人逃离部队，情节严重的行为。本罪的主体为一般主体。根据《刑法》第373条的规定，犯本罪的，处3年以下有期徒刑、拘役或者管制。

（八）雇用逃离部队军人罪

根据《刑法》第373条的规定，雇用逃离部队军人罪，是指明知是逃离部队的军人而雇用，情节严重的行为。本罪的主体为一般主体。本罪的主观方面表现为故意。根据《刑法》第373条的规定，犯本罪的，处3年以下有期徒刑、拘役或者管制。

（九）接送不合格兵员罪

根据《刑法》第374条的规定，接送不合格兵员罪，是指接送兵员的工作人员在征兵工作中徇私舞弊，将不符合条件的应征公民接送进部队，情节严重的行为。本罪主体是特殊主体，即必须是具有在接送兵员工作中负有接送兵员职责的工作人员。根据《刑法》第374条的规定，犯本罪的，处3年以下有期徒刑或者拘役；造成特别严重后果的，处3年以上7年以下有期徒刑。

（十）伪造、变造、买卖武装部队公文、证件、印章罪

根据《刑法》第375条第1款的规定，伪造、变造、买卖武装部队公文、证件、印章罪，是指行为人故意伪造、变造、买卖武装部队公文、证件、印章的行为。所谓“武装部队”，是指中国人民解放军的现役部队、武装警察部队及预备役部队，但不包括民兵组织。本罪是选择性罪名，同时以一种或多种行为侵害一种或多种对象的，只按一罪处理，不进行数罪并罚。

（十一）盗窃、抢夺武装部队公文、证件、印章罪

根据《刑法》第375条第1款的规定，盗窃、抢夺武装部队公文、证件、印章罪，是指行为人秘密窃取、公然夺取武装部队公文、证件、印章的行为。本罪的主观方面是故意，并且具有非法获取公文、证件、印章的目的。根据《刑法》第375条第1款的规定，犯本罪的，处3年以下有期徒刑、拘役、管制或者剥夺政治权利；情节严重的，处3年以上10年以下有期徒刑。

（十二）非法生产、买卖武装部队制式服装罪

根据《刑法》第375条第2款的规定，非法生产、买卖武装部队制式服装罪，是指行为人违反国家法律、法规的规定，非法生产、买卖武装部队制式服装，情节严重的行为。本罪的主体可以是个人，也可以是单位。根据《刑法》第375条第2款的规定，犯本罪的，处3年以下有期徒刑、拘役或者管制，并处或者单处罚金。单位犯非法生产、买卖武装部队制式服装罪的，对单位判处罚金，并对其直接负责的主管人员和其他直接责任人员，依照本条法定刑处罚。

（十三）伪造、盗窃、买卖、非法提供、非法使用武装部队专用标志罪

根据《刑法》第375条第3款的规定，伪造、盗窃、买卖、非法提供、非法使用武装部队专用标志罪，是指行为人违反国家法律、法规的规定，伪造、盗窃、买卖、非法

提供、非法使用武装部队专用标志，情节严重的行为。本罪的主体可以是个人，也可以是单位。根据《刑法》第375条第3款的规定，犯本罪的，处3年以下有期徒刑、拘役或者管制，并处或者单处罚金；情节特别严重的，处3年以上7年以下有期徒刑，并处罚金。单位犯伪造、盗窃、买卖、非法提供、非法使用武装部队专用标志罪的，对单位判处罚金，并对其直接负责的主管人员和其他直接责任人员，依照本条法定刑处罚。

所涉法律条文及司法文件

1. 《刑法》第368～381条

2. 最高人民法院《关于审理危害军事通信刑事案件具体应用法律若干问题的解释》（2007年6月29日）

3. 最高人民法院、最高人民检察院《关于办理妨害武装部队制式服装、车辆号牌管理秩序等刑事案件等刑事案件具体应用法律若干问题的解释》（2011年8月1日）

思考题

1. 危害国防利益罪的概念与特征是什么？有哪些重点罪名和疑难问题？

2. 阻碍军人执行职务罪与妨害公务罪、阻碍军事行动罪、阻碍执行军事职务罪有何异同？

3. 故意提供不合格武器装备、军事设施罪与生产、销售伪劣产品罪有何异同？

4. 聚众冲击军事禁区罪与聚众扰乱军事管理区秩序罪、聚众冲击国家机关罪有何异同？

5. 如何区分破坏武器装备、军事装备、军事通信罪与相关犯罪的界限？

6. 冒充军人招摇撞骗罪与冒充国家工作人员招摇撞骗罪、诈骗罪有何异同？

第五章 军人违反职责罪

内容导读

本类犯罪重点关注：军人违反职责罪的概念和共同特征，战时临阵脱逃罪的概念和特征，武器装备肇事罪的概念和特征，军人叛逃罪和逃离部队罪的概念和特征。

第一节 军人违反职责罪概述

一、军人违反职责罪的概念和特征

军人违反职责罪，是指军人违反职责，危害国家军事利益，依照法律应当受刑罚处罚的行为。

本类罪的共同构成特征如下。

1. 这类犯罪侵犯的客体是国家的军事利益。国家的军事利益，是指国家在国防和武装力量建设、战争的装备与实施、军队物资保障、军事科学研究等方面的利益。军人违反职责必然危害国家的军事利益，这种危害既可以表现为已造成了一定的损害结果，也可以表现为足以造成某些损害结果。

2. 这类犯罪的客观方面为军人违反职责，实施了危害国家军事利益的行为。军人职责是军人根据国家的法律、军队的法令以及自己的职务所必须承担的责任和应当履行的义务，分为一般职责和具体职责。军人违反职责罪的行为方式多数表现为作为，如逃离部队罪；也有少数犯罪表现为不作为，如遗弃伤病军人罪；还有少数犯罪作为或不作为均可构成，如战时违抗命令罪。

3. 这类犯罪的主体是军职人员。主要分为两类：第一，现役军人，即中国人民解放军和中国人民武装警察部队的现役军官（警官）、文职干部、士兵及具有军籍的学员。第二，执行军事任务的预备役人员和其他人员。预备役人员，是指编入民兵组织或者经过登记服预备役的地方人员。

4. 这类犯罪在主观方面表现为故意或者过失。多数犯罪是出于故意，如战时违抗命令罪，隐瞒、谎报军情罪，投降罪等；少数犯罪是出于过失，如过失泄露军事机密罪、遗失武器装备罪等。

二、军人违反职责罪的类型

军人违反职责罪按不同的标准可以进行不同的分类。按照犯罪时间来划分，可以将军人违反职责罪分为战时军人违反职责罪和普通军人违反职责罪。

战时军人违反职责罪包括以下10种犯罪：战时违抗命令罪，投降罪，战时临阵脱逃罪，违令作战消极罪，拒不救援友邻部队罪，战时造谣惑众罪，战时自伤罪，遗弃伤病军人罪，战时拒不救治伤病军人罪，战时残害居民、掠夺居民财物罪。

普通军人违反职责罪是刑法明确规定的，并非“战时”才成立的犯罪，包括以下21种犯罪：隐瞒、谎报军情罪，拒传、假传军令罪，擅离、玩忽军事职守罪，阻碍执行军事职务罪，指使部属违反职责罪，军人叛逃罪，非法获取军事秘密罪，为境外窃取、刺探、收买、非法提供军事秘密罪，故意泄露军事秘密罪，过失泄露军事秘密罪，逃离部队罪，武器装备肇事罪，擅自改变武器装备编配用途罪，盗窃、抢夺武器装备、军用物资罪，非法出卖、转让武器装备罪，遗弃武器装备罪，遗失武器装备罪，擅自出卖、转让军队房地产罪，虐待部属罪，私放俘虏罪，虐待俘虏罪。

第二节　军人违反职责罪的重点罪名

一、军人叛逃罪

（一）概念和主要特征

军人叛逃罪，是指军人在履行公务期间，擅离岗位，叛逃境外或者在境外叛逃，危害国家军事利益的行为。

本罪的直接客体是为刑法所保护而为军人叛逃行为所侵害的国防安全秩序。

本罪的客观方面为军人在履行公务期间，擅离岗位，叛逃境外或者在境外叛逃，危害国家军事利益的行为。

本罪的犯罪主体是军人。

本罪的主观方面是故意。

（二）军人叛逃罪与叛逃罪的区别

《刑法》对两罪的规定存在部分法条竞合关系。军人叛逃罪和叛逃罪的客观行为方式具有一致性，即都是行为主体在履行公务期间擅离岗位，叛逃境外或在境外叛逃。不同之处在于，军人叛逃罪的主体是军人，而叛逃罪的主体是国家机关工作人员或者掌握国家秘密的国家工作人员；军人叛逃罪所危及的是国家军事利益，而叛逃罪危害的是国家安全。

（三）处罚

根据《刑法》第430条的规定，犯本罪的，处5年以下有期徒刑或者拘役；情节严重的，处5年以上有期徒刑。驾驶航空器、舰船叛逃的，或者有其他特别严重情节的，处10年以上有期徒刑、无期徒刑或者死刑。

二、非法获取军事秘密罪

（一）概念和主要特征

非法获取军事秘密罪，是指军人以窃取、刺探、收买方法，非法获取军事秘密的行为。

本罪的直接客体是为刑法所保护而为非法获取军事秘密行为所侵害的国防安全。

本罪的客观方面为以窃取、刺探、收买方法，非法获取军事秘密的行为。军事秘密，是指关系国防安全和军事利益，依照规定的权限和程序确定，在一定时间内只限一定范围的人员知悉的事项。内容包括：（1）国防和武装力量建设规划及其实施情况；（2）军事部署，作战、训练以及处置突发事件等军事行动中需要控制知悉范围的事项；（3）军事情报及其来源，军事通信、信息对抗以及其他特种业务的手段、能力，密码以及有关资料；（4）武装力量的组织编制，部队的任务、实力、状态等情况中需要控制知悉范围的事项，特殊单位以及师级以下部队的番号；（5）国防动员计划及其实施情况；（6）武器装备的研制、生产、配备情况和补充、维修能力，特种军事装备的战术技术性能；（7）军事学术和国防科学技术研究的重要项目、成果及其应用情况中需要控制知悉范围的事项；（8）军队政治工作中不宜公开的事项；（9）国防费分配和使用的具体事项，军事物资的筹措、生产、供应和储备等情况中需要控制知悉范围的事项；（10）军事设施及其保护情况中不宜公开的事项；（11）对外军事交流与合作中不宜公开的事项；（12）其他需要保密的事项。

本罪的犯罪主体是军人。

本罪的主观方面是故意。

（二）非法获取军事秘密罪与非法获取国家秘密罪的界限

二者的区别主要在于：（1）主体不同。非法获取军事秘密罪的主体只能是军人，非法获取国家秘密罪的主体不限于军人。（2）对象不同。非法获取军事秘密罪的行为人获取的只能是军事秘密，非法获取国家秘密罪的行为人获取的不仅可以是国家的军事秘密，也可以是非军事秘密。

（三）处罚

根据《刑法》第431条的规定，犯本罪的，处5年以下有期徒刑；情节严重的，处5年以上10年以下有期徒刑；情节特别严重的，处10年以上有期徒刑。

三、逃离部队罪

（一）概念和主要特征

逃离部队罪，是指军人违反兵役法规，逃离部队，情节严重的行为。

本罪的直接客体是为刑法所保护而为逃离部队行为所侵害的国家兵役制度。

本罪的客观方面为违反兵役法规，逃离部队，情节严重的行为。违反兵役法规，是指违反国防法、兵役法和军队条令条例以及其他有关兵役方面的法律规定。逃离部队，是指擅自离开部队或者经批准外出逾期拒不归队的行为。所谓情节严重，是指：（1）逃离部队持续时间达3个月以上或者3次以上或者累计时间达6个月以上的；（2）担负重要职责的人员逃离部队的；（3）策动3人以上或者胁迫他人逃离部队的；（4）在执行重大任务期间逃离部队的；（5）携带武器装备逃离部队的；（6）有其他情节严重行为的。特别注意的是，根据最高人民法院、最高人民检察院《关于对军人非战时逃离部队的行为能否定罪处罚问题的批复》（2000年12月5日）之规定，军人违反兵役法规，在非战时逃离部队，情节严重的，同样成立本罪。换句话说，本罪的成立并不以“战时”为必要。

本罪的犯罪主体是军人。

本罪的主观方面是故意。

（二）本罪与他罪的界限

1. 逃离部队罪与战时临阵脱逃罪的区别

二者的区别在于：（1）时间要求不同。前者不要求发生在战时，后者要求为战时。（2）情节要求不同。前者要求情节严重才成立犯罪，后者并无限制。（3）具体情形不同。前者在任何情形下逃离部队都可能构成犯罪，后者脱逃必须与作战有关。

2. 逃离部队罪与擅离军事职守罪的区别

二者的区别在于：（1）主体不同。前者主体是任何军人，后者主体只能是指挥人员和值班、值勤人员。（2）客观行为不同。前者是逃离部队，后者是擅离指挥、值班和值勤岗位。（3）犯罪成立条件不同。前者是情节犯，后者是结果犯。

（三）处罚

根据《刑法》第435条的规定，犯本罪的，处3年以下有期徒刑或者拘役。战时犯本罪的，处3年以上7年以下有期徒刑。

第三节　军人违反职责罪的其他罪名

一、战时军人违反职责罪的其他罪名

（一）战时违抗命令罪

根据《刑法》第421条的规定，战时违抗命令罪，是指军人在战时对上级的命令、指示故意违抗、拒不执行，对作战造成危害的行为。本罪的客观方面为违背、抗拒首长、上级职权范围内的命令，包括拒绝接受命令、拒不执行命令，或者不按照命令的具体要求行动等行为。本罪的主体是接受命令或指示的军人。本罪的主观方面是故意，即明知是上级的命令而予以违抗，拒不执行。犯本罪的，处3年以上10年以下有期徒刑；致使战斗、战役遭受重大损失的，处10年以上有期徒刑、无期徒刑或者死刑。

（二）投降罪

根据《刑法》第423条的规定，投降罪，是指军人在战场上贪生怕死，自动放下武器投降敌人的行为。本罪的主体是直接参战的军人，非参战军人不能构成本罪。本罪的主观方面是故意。投降罪的行为人一般具有畏敌避战、贪生怕死的动机。根据《刑法》

第423条的规定，犯本罪的，处3年以上10年以下有期徒刑，情节严重的，处10年以上有期徒刑或者无期徒刑；投降后为敌人效劳的，处10年以上有期徒刑、无期徒刑或者死刑。

（三）战时临阵脱逃罪

根据《刑法》第424条的规定，战时临阵脱逃罪，是指军人在战斗中或者在接受作战任务后，逃离战斗岗位的行为。本罪的主观方面是故意。脱逃的动机大多是贪生怕死、畏敌避战，也有的是消极保存实力。犯本罪的，处3年以下有期徒刑；情节严重的，处3年以上10年以下有期徒刑；致使战斗、战役遭受重大损失的，处10年以上有期徒刑、无期徒刑或者死刑。

（四）违令作战消极罪

根据《刑法》第428条的规定，违令作战消极罪，是指军事指挥人员违抗命令，临阵畏缩，作战消极，造成严重后果的行为。严重后果，是指造成我军重大损失、贻误战机等情况。违抗命令，临阵畏缩，作战消极，是指在作战中故意违背、抗拒执行首长、上级的命令，面临战斗任务而畏难怕险，怯战怠战，行动消极。本罪的主体是部队中的各级指挥人员，即具有一定权力的军人，普通士兵不是本罪的主体。本罪的主观方面是故意，行为人一般有贪生怕死的动机。犯本罪的，处5年以下有期徒刑；致使战斗、战役遭受重大损失的或者有其他特别严重情节的，处5年以上有期徒刑。

（五）拒不救援友邻部队罪

根据《刑法》第429条的规定，拒不救援友邻部队罪，是指指挥人员在战场上明知友邻部队处境危急请求救援，能够救援而不救援，致使友邻部队遭受重大损失的行为。能够救援而不救援，是指根据当时自己部队（分队）所处的环境、作战能力及所担负的任务，有条件组织救援却没有组织救援的行为。本罪的主体是部队的各级指挥人员，即对部队负有领导职责的军人，属于特殊主体。本罪的主观方面是故意，即明知友邻部队处境危急请求救援而故意不救援。犯本罪的，处5年以下有期徒刑。

（六）战时造谣惑众罪

根据《刑法》第433条的规定，战时造谣惑众罪，是指军人战时造谣惑众、动摇军心的行为。造谣惑众，动摇军心，是指故意编造、散布谣言，煽动怯战、厌战或者恐怖情绪，蛊惑官兵，造成或者足以造成部队情绪恐慌、士气不振、军心涣散的行为。犯本罪的，处3年以下有期徒刑；情节严重的，处3年以上10年以下有期徒刑；情节特别严重的，处10年以上有期徒刑或者无期徒刑。

（七）战时自伤罪

根据《刑法》第434条的规定，战时自伤罪，是指军人战时自伤身体，逃避军事义务的行为。逃避军事义务，是指逃避临战准备、作战行动、战场勤务和其他作战保障任务等与作战有关的义务。本罪的主体是参战的军官和战士，其他人员不构成本罪的主体。本罪的主观方面是直接故意。其动机可能多种多样，但都具有逃避军事义务的目的。犯本罪的，处3年以下有期徒刑；情节严重的，处3年以上7年以下有期徒刑。

（八）遗弃伤病军人罪

根据《刑法》第444条的规定，遗弃伤病军人罪，是指军人在战场上故意遗弃伤病军人，情节恶劣的行为。本罪的客体是军队的作战利益，包括伤病军人的被救护权利。“情节恶劣”，是指：(1) 为挟嫌报复而遗弃伤病军人的；(2) 遗弃伤病军人 3 人以上的；(3) 导致伤病军人死亡、失踪、被俘的；(4) 有其他恶劣情节的。本罪的主体是对伤病军人负有救护任务的直接责任人员。其他非直接责任人员在战场上有能力救护而不救护，虽应受道德谴责，但不构成本罪。犯本罪的，对直接责任人员，处 5 年以下有期徒刑。

（九）战时拒不救治伤病军人罪

《刑法》第 445 条的规定，战时拒不救治伤病军人罪，是指战时在救护治疗职位上的军人，有条件救治而不救治危重伤病军人的行为。有条件救治而拒不救治，是指根据伤病军人的伤情或者病情，结合救护人员的技术水平、医疗单位的医疗条件及当时的客观环境等因素，能够给予救治而拒绝抢救、治疗的情形。本罪的主体是负有救护、治疗职责的人员，如军医、护理人员等，属于特殊主体。本罪的主观方面是故意，即在战时明知是有条件救治而拒不救治。犯本罪的，处 5 年以下有期徒刑或者拘役；造成伤病军人严重伤残、死亡或者有其他严重情节的，处 5 年以上 10 年以下有期徒刑。

（十）战时残害居民、掠夺居民财物罪

根据《刑法》第 446 条的规定，战时残害居民、掠夺居民财物罪，是指战时在军事行动区，残害无辜居民或者掠夺无辜居民财物的行为。这些行为必须发生在战时，而且必须在军事行动地区。无辜居民，是指对我军无敌对行动的平民。战时残害居民一般表现为：(1) 故意造成无辜居民死亡、重伤或者轻伤 3 人以上的；(2) 强奸无辜居民的；(3) 故意损毁无辜居民财物价值 5 000 元以上，或者手段恶劣、后果严重的。战时掠夺居民财物，一般是指：(1) 抢劫无辜居民财物的；(2) 抢夺无辜居民财物价值 2 000 元以上，或者不满规定数额，但手段恶劣、后果严重的。本罪的主体是在军事行动地区的参战军人。犯本罪的，处 5 年以下有期徒刑；情节严重的，处 5 年以上 10 年以下有期徒刑；情节特别严重的，处 10 年以上有期徒刑、无期徒刑或者死刑。

二、普通军人违反职责罪的其他罪名

（一）隐瞒、谎报军情罪

根据《刑法》第 422 条的规定，隐瞒、谎报军情罪，是指军人故意隐瞒、谎报军情，对作战造成危害的行为。犯本罪的，处 3 年以上 10 年以下有期徒刑；致使战斗、战役遭受重大损失的，处 10 年以上有期徒刑、无期徒刑或者死刑。

（二）拒传、假传军令罪

根据《刑法》第 422 条的规定，拒传、假传军令罪，是指军人拒绝传递军令或者故意传递虚假的军令，对作战造成危害的行为。犯本罪的，处 3 年以上 10 年以下有期徒刑；致使战斗、战役遭受重大损失的，处 10 年以上有期徒刑、无期徒刑或者死刑。

（三）擅离、玩忽军事职守罪

根据《刑法》第 425 条的规定，擅离、玩忽军事职守罪，是指部队的指挥人员和值班、值勤人员擅自离开正在执行职务的工作岗位，或对待本职工作不认真、不负责因而造成严重后果的行为。本罪的主体是部队的指挥人员和正在值班、值勤的人员。指挥人员，是指对部队或者部属负有组织、领导、管理职责的人员；专业主管人员在其业务管理范围内，视为指挥人员。值班人员，是指军队各单位、各部门为保持指挥或者履行职责不间断而设立的、负责处理本单位、本部门特定事务的人员。值勤人员，是指正在担任警卫、巡逻、观察、纠察、押运等勤务，或者作战勤务工作的人员。本罪的主观方面是过失。犯本罪的，处3年以下有期徒刑或者拘役；造成特别严重后果的，处3年以上7年以下有期徒刑。战时犯本罪的，处5年以上有期徒刑。

（四）阻碍执行军事职务罪

根据《刑法》第426条的规定，阻碍执行军事职务罪，是指军人以暴力、威胁方法，阻碍指挥人员或者值班、值勤人员执行职务的行为。本罪与阻碍军人执行职务罪的区别表现在：一是犯罪主体不同，阻碍军人执行职务罪的主体是除军人以外的自然人，而本罪的主体则是所有军人，属于特殊主体；二是犯罪对象不同，前罪中行为人所针对的对象是正在依法执行职务的军人，包括指挥人员和普通士兵，而后罪的对象主要是军队中的指挥、值勤或值班人员。犯本罪的，处5年以下有期徒刑或者拘役；情节严重的，处5年以上10年以下有期徒刑；情节特别严重的，处10年以上有期徒刑或者无期徒刑。战时从重处罚。

（五）指使部属违反职责罪

根据《刑法》第427条的规定，指使部属违反职责罪，是指军人滥用职权，指使部属进行违反职责的活动，造成严重后果的行为。本罪的客观方面为滥用职权，即过分地或非法地行使自己掌握的权力，指使部属进行违反职责的活动，造成严重后果的行为。本罪的主体是军队中有权指挥他人的人员。犯本罪的，处5年以下有期徒刑或者拘役；情节特别严重的，处5年以上10年以下有期徒刑。

（六）为境外窃取、刺探、收买、非法提供军事秘密罪

根据《刑法》第431条第2款的规定，为境外窃取、刺探、收买、非法提供军事秘密罪，是指军人为境外窃取、刺探、收买、非法提供军事秘密的行为。犯本罪的，处5年以上10年以下有期徒刑；情节严重的，处10年以上有期徒刑、无期徒刑或者死刑。

（七）故意泄露军事秘密罪

根据《刑法》第432条的规定，故意泄露军事秘密罪，是指军人违反保守国家秘密法规，故意泄露军事秘密，情节严重的行为。本罪与《刑法》第398条故意泄露国家秘密罪存在法条竞合关系，前罪可以被囊括于后罪中，根据特别法优于普通法的处理原则，当军人故意泄露军事秘密时，应优先适用前罪，即以故意泄露军事秘密罪定罪处罚。犯本罪的，处5年以下有期徒刑或者拘役；情节特别严重的，处5年以上10年以下有期徒刑。战时犯本罪的，处5年以上10年以下有期徒刑。情节特别严重的，处10年以上有期徒刑或者无期徒刑。

（八）过失泄露军事秘密罪

根据《刑法》第432条的规定，过失泄露军事秘密罪，是指军人违反保守国家秘密法规，过失泄露军事秘密，情节严重的行为。本罪的客观方面为违反保守国家秘密法规，过失泄露军事秘密，情节严重的行为。犯本罪的，处5年以下有期徒刑或者拘役；情节

特别严重的，处5年以上10年以下有期徒刑。战时犯本罪的，处5年以上10年以下有期徒刑。情节特别严重的，处10年以上有期徒刑或者无期徒刑。

（九）武器装备肇事罪

根据《刑法》第436条的规定，武器装备肇事罪，是指军人违反武器装备使用规定，情节严重，因而发生责任事故，致人重伤、死亡或者造成其他严重的后果的行为。本罪的客观方面为：（1）影响重大任务完成的；（2）造成死亡1人以上，或者重伤2人以上，或者轻伤3人以上的；（3）造成武器装备、军事设施、军用物资或者其他财产损毁，直接经济损失30万元以上，或者直接经济损失、间接经济损失合计150万元以上的；（4）严重损害国家和军队声誉，造成恶劣影响的；（5）造成其他严重后果的。本罪的主体是军人。本罪的主观方面是过失。犯本罪的，处3年以下有期徒刑或者拘役；后果特别严重的，处3年以上7年以下有期徒刑。

（十）擅自改变武器装备编配用途罪

根据《刑法》第437条的规定，擅自改变武器装备编配用途罪，是指军人违反武器装备管理规定，擅自改变武器的编配用途，造成严重后果的行为。所谓严重后果，一般是指：（1）造成重大任务不能完成或者迟缓完成的；（2）造成重大人员伤亡的；（3）造成武器装备、军事设施、军用物资或者其他财产损毁，经济损失严重的；（4）造成其他严重后果的。犯本罪的，处3年以下有期徒刑或者拘役；造成特别严重后果的，处3年以上7年以下有期徒刑。

（十一）盗窃、抢夺武器装备、军用物资罪

根据《刑法》第438条的规定，盗窃、抢夺武器装备、军用物资罪，是指采用盗窃或者抢夺的方式，非法占有武器装备或者军用物资的行为。盗窃武器装备，是指以非法占有为目的，秘密窃取武器装备或者军用物资的行为；抢夺武器装备，是指以非法占有为目的，乘人不备，公然夺取武器装备或者军用物资的行为。犯本罪的，处5年以下有期徒刑或者拘役；情节严重的，处5年以上10年以下有期徒刑；情节特别严重的，处10年以上有期徒刑、无期徒刑或者死刑。

（十二）非法出卖、转让武器装备罪

根据《刑法》第439条的规定，非法出卖、转让武器装备罪，是指违反军队武器装备管理规定，出卖、转让军队武器装备的行为。出卖、转让，是指违反武器装备管理规定，未经有权机关批准，擅自用武器装备换取金钱、财物或者其他利益，或者将武器装备馈赠他人的行为。本罪的主体是军人。犯本罪的，处3年以上10年以下有期徒刑；出卖、转让大量武器装备或者有其他特别严重情节的，处10年以上有期徒刑、无期徒刑或者死刑。

（十三）遗弃武器装备罪

根据《刑法》第440条的规定，遗弃武器装备罪，是指负有履行保管武器装备义务的军人违抗命令，遗弃武器装备的行为。本罪的主体是军人。犯本罪的，处5年以下有期徒刑或者拘役；遗弃重要或大量武器装备的，或者有其他严重情节的，处5年以上有期徒刑。

（十四）遗失武器装备罪

根据《刑法》第441条的规定，遗失武器装备罪，是指军人遗失武器装备，不及时报告或者有其他严重情节的行为。所谓其他严重情节，是指遗失武器装备严重影响重大任务完成的；给人民群众生命财产安全造成严重危害的；遗失的武器装备被敌人或者境外的机构、组织和人员或者国内恐怖组织和人员利用，造成严重后果或者恶劣影响的；遗失的武器装备数量多、价值高的；战时遗失的；等等。本罪的主观方面是过失。其不报告行为虽存故意，但这一客观要件从属于遗失武器装备的行为，是对意识武器装备的行为是否构成犯罪的限制性条件，因而不是本罪在客观方面的基本内容，故而本罪的主观特征是过失。犯本罪的，处3年以下有期徒刑或者拘役。

（十五）擅自出卖、转让军队房地产罪

根据《刑法》第442条的规定，擅自出卖、转让军队房地产罪，是指军人违反军队房地产管理规定，擅自出卖、转让军队房地产，情节严重的行为。军队房地产，是指依法由军队使用管理的土地及其地上地下用于营房保障的建筑物、构筑物、附属设施设备，以及其他附着物。所谓情节严重，一般是指：（1）擅自出卖、转让军队房地产价值30万元以上的；（2）擅自出卖、转让军队房地产给境外的机构、组织、人员的；（3）擅自出卖、转让军队房地产严重影响部队正常战备、训练、工作、生活和完成军事任务的；（4）擅自出卖、转让军队房地产给军事设施安全造成严重危害的；（5）有其他情节严重行为的。本罪的主体是军队各单位的主管人员和负有房地产管理职责的人员，属于军人违反职责罪中的特殊主体。犯本罪的，对直接责任人员处3年以下有期徒刑或者拘役；情节特别严重的，处3年以上10年以下有期徒刑。

（十六）虐待部属罪

根据《刑法》第443条的规定，虐待部属罪，是指军人滥用职权，虐待部属，情节恶劣，致人重伤或者造成其他严重后果的行为。虐待部属，是指采取殴打、体罚、冻饿或者其他有损身心健康的手段，折磨、摧残部属的行为。情节恶劣，是指虐待手段残酷的；虐待3人以上的；虐待部属3次以上的；虐待伤病残部属的；等等。其他严重后果，是指部属不堪忍受虐待而自杀、自残造成重伤或者精神失常的；诱发其他案件、事故的；导致部属1人逃离部队3次以上，或者2人以上逃离部队的；造成恶劣影响的；等等。本罪的主体是部队中的各级首长和有权指挥他人的军人。犯本罪的，处5年以下有期徒刑或者拘役；致人死亡的，处5年以上有期徒刑。

（十七）私放俘虏罪

根据《刑法》第447条的规定，私放俘虏罪，是指行为人非法将俘虏放走的行为。本罪的主体是军人。犯本罪的，处5年以下有期徒刑；私放重要俘虏、私放俘虏多人或者有其他严重情节的，处5年以上有期徒刑。

（十八）虐待俘虏罪

根据《刑法》第448条的规定，虐待俘虏罪，是指虐待俘虏，情节恶劣的行为。所谓情节严重主要包括：（1）指挥人员虐待俘虏的；（2）虐待俘虏3人以上，或者虐待俘虏3次以上的；（3）虐待俘虏手段特别残忍的；（4）虐待伤病俘虏的；（5）导致俘虏自杀、逃跑等严重后果的；（6）造成恶劣影响的；（7）有其他恶劣情节的。本罪的主体是军人。犯本罪的，处3年以下有期徒刑。

所涉法律条文及司法文件

1.《刑法》第420～451条

2. 最高人民法院、最高人民检察院《关于对军人非战时逃离部队的行为能否定罪处罚问题的批复》（2000年12月5日）

3. 最高人民检察院、解放军总政治部《军人违反职责罪案件立案标准的规定》（2013年2月26日）

思考题

1. 军人违反职责罪的概念与特征是什么？有哪些重点罪名和疑难问题？
2. 军人叛逃罪的构成特征是什么？其与叛逃罪应当如何区分？
3. 什么是武器装备肇事罪？此罪与擅自改变武器装备编配用途罪有何区别？
4. 故意泄露军事秘密罪和故意泄露国家秘密罪如何区分？
5. 战时临阵脱逃罪的构成特征是什么？其与逃离部队罪如何区分？
6. 军人违反职责罪与危害国家安全罪中的类似行为应如何区分？
7. 战时缓刑有何特点？与刑法总则规定的缓刑制度是什么关系？

第三编

治安管理类犯罪

第六章 危害公共安全罪

内容导读

本类罪是危害公共安全犯罪，因此，构成本类犯罪，都需要以危害公共安全为前提。公共安全和公民个人的安全并非对立关系，危害公共安全的同时侵犯公民人身、财产权利的，属于危害公共安全罪与相关犯罪的想象竞合。本类罪中不少个罪的规定中存在空白罪状，需要注意行政法律法规与刑法规范的衔接。

第一节 危害公共安全罪概述

一、危害公共安全罪的概念

危害公共安全罪是指故意或者过失地实施危及不特定多数人的生命、健康或者重大公私财产安全的行为。危害公共安全罪严重破坏社会治安秩序，威胁公民的生命、健康和财产安全，因而是社会危害性较大的一类犯罪。本类罪被规定在《刑法》分则第二章，也体现出立法者对此类犯罪严重危害性的重视。

二、危害公共安全罪的共性特征

作为类罪名，危害公共安全罪的犯罪构成具有如下共性特征。

本类犯罪的直接客体是为刑法所保护而为各危害公共安全行为所侵害的公共安全。关于公共安全的含义，通说认为是指不特定多数人的生命、健康和重大公私财产的安全。关于该客体的理解，需要注意以下几个方面：（1）行为是否具有危害公共安全的性质，要站在事前立场而非事后立场判断。比如，违章驾驶交通肇事致一人死亡的，从事后立场来看只是侵害了特定一个人的生命，但站在事前来看，该肇事行为完全有可能造成不特定多数人的生命、健康和财产的损害，因而构成交通肇事罪而非单纯的过失致人死亡罪。（2）公共安全的内容，是不特定多数人的生命、健康和重大公私财产的安全。需要注意的是，该安全同时具有“不特定”和“多数人”的性质，如果是针对特定、不特定的某个人或者特定的多数人，则有可能构成侵犯人身权或财产权的相关犯罪，而不涉及危害公共安全罪。例如，A幼儿园园长为了陷害B幼儿园，在其门口放置一杯有毒酸奶，随机性地导致某儿童饮用酸奶后死亡的，只构成故意杀人罪，这种情形在刑法上被称为择一的故意。又如，在一次犯罪中将仇家一家五口人灭门的，构成故意杀人罪，而非本章的危害公共安全罪。(3) 公共安全和个人安全并非对立关系，在侵犯公共安全的同时也侵犯了个人安全的，属于想象竞合犯。例如，实施爆炸行为导致多人死亡的，同时构成爆炸罪和故意杀人罪，形成想象竞合，应当择一重罪论处。

本类犯罪的客观方面为实施危害公共安全的行为。危害公共安全的行为包含多种类型，具体来看，可以概括为以危险方法危害公共安全，破坏公共设备和设施，实施恐怖活动，涉及枪支、弹药、爆炸物、核材料等危险物品的行为以及重大安全事故。上述行为之所以被认为具有巨大危险性，是由其客观特征决定的。有些是其行为本身具有巨大的危险性，如放火、爆炸、投放危险物质；有些是因侵害的对象特殊而危及公共安全，如火车、汽车、电车、船只、航空器、枪支、弹药、爆炸物；有些是因在特定的场合、时间、地点实施的行为，如交通肇事，重大责任事故，非法携带枪支、弹药、管制刀具、危险物品进入公共场所或者公共交通工具等。从行为方式来看，上述危害公共安全的行为可以以作为的方式实施，也可以以不作为的方式实施。从结果来看，本章的犯罪既有实害犯，比如第 115 条第 1 款的犯罪，也有具体危险犯，比如第 115 条第 2 款的犯罪，还有抽象危险犯，比如非法持有、私藏枪支、弹药罪。

本类犯罪的主体既有一般主体，也有特殊主体，大多数罪名属于非身份犯，比如放火罪、爆炸罪、交通肇事罪等，少数罪名属于身份犯，比如非法出租、出借枪支罪的主体为依法配备、配置枪支的人员，重大飞行事故罪的主体为民用航空活动的空勤人员和地面人员。本类罪名既包含纯正的自然人犯罪，如决水罪、投放危险物质罪，也包含纯正的单位犯罪，比如工程重大安全事故罪，还包括不纯正的单位犯罪，比如非法制造、买卖、运输、储存危险物质罪。根据《刑法》第 17 条的规定，已满 14 周岁、不满 16 周岁的人，对放火、爆炸、投放危险物质罪应当负刑事责任。

本类的犯罪既包含故意犯罪，也包含过失犯罪。比如，放火罪、爆炸罪等属于典型的故意犯罪，交通肇事罪、重大安全事故罪属于典型的过失犯罪。需要注意的是，本章部分罪名的罪过形式存在争议，比如，危险驾驶罪到底是故意犯罪还是过失犯罪，理论上存在不同意见。另外，就过失犯罪而言，本章重大安全事故类犯罪中大量涉及监督过失问题，需要特别注意。

三、危害公共安全罪的种类

根据我国《刑法》分则第二章的规定，危害公共安全罪共有 52 个罪名，具体可以分为以下类型：

1. 以危险方法危害公共安全的犯罪，包括放火罪、决水罪、爆炸罪、投放危险物质罪、以危险方法危害公共安全罪、失火罪、过失决水罪、过失爆炸罪、过失投放危险物质罪、过失以危险方法危害公共安全罪。

2. 破坏公共设备、设施的犯罪，包括破坏交通工具罪，破坏交通设施罪，破坏电力设备罪，破坏易燃易爆设备罪，过失损坏交通工具罪，过失损坏交通设施罪，过失损坏电力设备罪，过失损坏易燃易爆设备罪，破坏广播电视设施、公用电信设施罪，过失损坏广播电视设施、公用电信设施罪。

3. 恐怖活动犯罪，包括组织、领导、参加恐怖活动组织罪，帮助恐怖活动罪，准备实施恐怖活动罪，宣扬恐怖主义、极端主义、煽动实施恐怖活动罪，利用极端主义破坏法律实施罪，强制穿戴宣扬恐怖主义、极端主义服饰、标志罪，非法持有宣扬恐怖主义、极端主义物品罪，劫持航空器罪，劫持船只、汽车罪，暴力危及飞行安全罪。

4. 涉及枪支、弹药、爆炸物、核材料等危险物品的犯罪，包括非法制造、买卖、运输、邮寄、储存枪支、弹药、爆炸物罪，非法制造、买卖、运输、储存危险物质罪，违规制造、销售枪支罪，盗窃、抢夺枪支、弹药、爆炸物、危险物质罪，抢劫枪支、弹药、爆炸物、危险物质罪，非法持有、私藏枪支、弹药罪，非法出租、出借枪支罪，丢失枪支不报罪，非法携带枪支、弹药、管制刀具、危险物品危及公共安全罪。

5. 重大安全事故的犯罪，包括重大飞行事故罪，铁路运营安全事故罪，交通肇事罪，危险驾驶罪，重大责任事故罪，强令、组织他人违章冒险作业罪，重大劳动安全事故罪，大型群众性活动重大安全事故罪，危险物品肇事罪，工程重大安全事故罪，教育设施重大责任事故罪，消防责任事故罪，不报、谎报安全事故罪。

第二节　危害公共安全罪的重点罪名

一、放火罪

（一）概念与主要构成特征

放火罪是指故意放火焚烧公私财物，危害公共安全的行为。

本罪主体是一般主体，根据我国《刑法》第 17 条第 2 款的规定，已满 14 周岁、具有辨认能力和控制能力的人均可成为本罪主体。

本罪行为是放火危害公共安全的行为。所谓放火，是指使对象物燃烧的行为。只要使对象物燃烧的，便属于放火行为，至于如何使对象物燃烧则没有限制。因而本罪可以以作为的方式实施，也可以以不作为的方式实施。可以是直接使对象物燃烧，也可以是通过媒介物使对象物燃烧，还可以通过既存的火力引燃对象物。

本罪不是财产犯罪，其燃烧的对象物不限于财物，也包括财物之外的其他物质。由于本罪是危害公共安全的犯罪，因此引燃对象物的行为必须具有危害公共安全的性质。对独门独户的房屋纵火的，可能构成故意杀人罪或者故意毁坏财物罪等，但一般不能构成本罪。对财物放火时，无论该财物是自己的财物还是他人的财物，只要足以危害公共安全，就构成本罪。如果对他人财物放火但不足以危害公共安全，可能构成故意毁坏财物罪；如果对自己财物放火但不足以危害公共安全，由于存在被害人承诺，不构成犯罪。

《刑法》第 114 条规定的放火罪属于具体危险犯，表现为实施放火行为，“危害公共安全，尚未造成严重后果的”，也构成犯罪；《刑法》第115条规定的放火罪属于实害犯，需要“致人重伤、死亡或者使公私财产遭受重大损失”，才构成犯罪既遂。

本罪的罪过形式是故意。

（二）犯罪认定

1. 妨害救火行为的定性

在火灾发生之际，以隐匿或者损坏救火工具等方式妨害救火的行为，在一些国外刑法中被独立规定为妨害救火罪[①]，但我国并无类似的规定，因而需要讨论此类行为的性质。毫无疑问，此类行为并非积极地引发火灾，不属于作为形式的放火；在行为人并无阻止火灾义务的情况下，也难以认定行为人构成不作为的放火罪。我国相关司法解释将此类行为认定为以危险方法危害公共安全罪，我们认为这种定性是合适的。

2. 本罪的既遂标准

关于本罪的既遂标准问题，国外刑法中大体存在着“独立燃烧说”和“用途丧失说”的对立。[②] 在我国刑法上并不存在这样的对立。这表现在，我国《刑法》第114条规定的是具体危险犯，其具体危险结果则应是“致人重伤、死亡或者使公私财产遭受重大损失的危险”，一旦发生“致人重伤、死亡或者使公私财产遭受重大损失的危险”，就属于第114条放火罪的既遂；第115条第1款规定的是实害犯，要求的实害为“致人重伤、死亡或者使公私财产遭受重大损失”，一旦发生“致人重伤、死亡或者使公私财产遭受重大损失”结果，就属于第115条第1款放火罪的既遂。反之，如果行为人实施了放火行为，但在造成具体危险之前自动放弃犯罪、防止火灾发生的，属于第114条放火罪的中止；在因意志以外的原因连具体的危险都没有发生之时，则属于第114条放火罪的未遂。

问题是，如果行为人实施放火行为意图“致人重伤、死亡或者使公私财产遭受重大损失”，并且已经造成了具体危险，但尚未造成上述实害结果之时，自动放弃犯罪，防止实害结果发生，或者实害结果因意志以外的原因未发生之时，如何定性？我们认为，既然已经发生了具体的危险，那么首先可以肯定第114条放火罪的既遂，同时，如果自动放弃犯罪，防止实害结果发生，则属于第115条第1款放火罪的中止犯，此时构成第114条放火罪的既遂和第115条第1款放火罪中止的想象竞合，择一重罪处罚；同理，如果实害结果是因意志以外的原因而没有发生，则属于第114条放火罪的既遂和第115条第1款放火罪未遂的想象竞合，择一重罪处罚。

3. 第114条和第115条放火罪的关系

第114条放火罪和第115条放火罪是具体危险犯与实害犯的关系，同时，由于实害结果相对于具体危险来说属于加重结果，因此，两者也可以视为基本犯与结果加重犯的关系。问题是，第115条的放火罪是否包含了过失的结果加重犯？换言之，如果主观上对造成火灾的具体危险有认识，但并无“致人重伤、死亡或者使公私财产遭受重大损失”的意图，客观上却发生了这一实害结果时，是否能够适用第115条来处理？这一问题存

---

① 参见《日本刑法》第114条。

② 黎宏．刑法学各论．北京：法律出版社，2016：19.

在争议，但在“杭州保姆纵火案”中[①]，法院采取了肯定的立场，承认了第115条中包含过失的结果加重犯。

4. 本罪与相关犯罪的关系

放火行为可能导致多种结果，其中包含了公共安全的侵害、人身伤亡和财产损失等。只要放火行为造成了危害公共安全的具体危险或者实害，就构成放火罪；如果公共安全的损害具体体现为人身的伤亡，则还构成故意杀人罪、故意伤害罪等；如果公共安全的损害具体体现为财产的损失，则还构成故意毁坏财物罪、破坏生产经营罪等。放火罪与上述犯罪之间并非排斥关系，如果同时符合放火罪和上述多个罪名的犯罪构成，则属于想象竞合，应当择一重罪处罚。

在行为人实施了其他犯罪之后为了销毁罪证而放火，或者为了骗取保险金而放火的情形中，若同时符合放火罪和其他犯罪的犯罪构成，则应当实行数罪并罚。

（三）处罚

根据《刑法》第114条和第115条第1款的规定，犯本罪，尚未造成严重后果的，处3年以上10年以下有期徒刑；致人重伤、死亡或者使公私财产遭受重大损失的，处10年以上有期徒刑、无期徒刑或者死刑。

二、投放危险物质罪

（一）概念与主要构成特征

投放危险物质罪是指故意投放毒害性、放射性、传染病病原体等物质，危害公共安全的行为。

本罪主体是一般主体，根据我国《刑法》第17条第2款的规定，已满14周岁、具有辨认能力和控制能力的人均可成为本罪主体。

本罪行为是投放毒害性、放射性、传染病病原体等物质，危害公共安全的行为。

本罪行为投放的是毒害性、放射性、传染病病原体等物质，包含固体、液体和气体形态。所谓毒害性物质，指的是能致人、畜伤亡的毒性物质，如氰化钾、砒霜、敌敌畏、毒鼠强等；所谓放射性物质，是指含有镭、铀、钴等放射性元素的物质；所谓传染病病原体，是指对人体有害、能致人伤亡的病毒和细菌等微生物，如非典病毒、鼠疫杆菌、立克次体、寄生虫等等。

本罪是危害公共安全的犯罪，因而要求本罪行为具有危害公共安全的性质。一般而言，本罪行为表现为将危险物质投放于供不特定或多数人食用、饮用的食品、饮料中，

---

① 被告人莫某晶长期沉迷赌博，身负高额债务。2016年9月，莫某晶到杭州的被害人朱某贞夫妇家从事住家保姆工作。2017年3月至同年6月21日，莫某晶为筹集赌资，多次窃取朱某贞家财物，并找借口向朱借款，上述钱款均被莫赌博输光。同年6月21日晚，莫某晶为继续筹集赌资，决定采取在朱某贞家中放火再帮助灭火的方式骗取朱的感激，以便再向朱借钱。22日4时55分许，莫某晶在朱某贞家客厅用打火机点燃书本，引燃客厅沙发、窗帘等易燃物品，导致火势迅速蔓延，造成屋内的朱某贞及其三名未成年子女共四人被困火场，吸入一氧化碳中毒死亡，并造成该1 802室和邻近房屋部分设施损毁。此外，莫某晶在浙江省绍兴市、上海市从事住家保姆工作期间，多次盗窃雇主等人的财物。2018年2月9日，杭州市中级人民法院以放火罪判处被告人莫某晶死刑，剥夺政治权利终身；以盗窃罪，判处其有期徒刑5年，并处罚金人民币1万元，二罪并罚，决定执行死刑，剥夺政治权利终身，并处罚金人民币1万元。

或将危险物质投放于供人、畜等使用的河流、池塘、水井中，或释放危险物质，如在公共场所释放放射性物质、传染病病原体或有毒气体。如果不具有危害公共安全的性质，如针对特定或不特定的一个人，或针对特定多数人投放危险物质的，不构成投放危险物质罪，但可能构成故意伤害罪、故意杀人罪等。例如，在“复旦大学投毒案”中，行为人只针对特定个人实施投毒行为，因而只构成故意杀人罪。

《刑法》第114条规定，实施投放危险物质的行为，“危害公共安全，尚未造成严重后果的”也构成犯罪，因此就第114条的投放危险物质罪而言，属于具体危险犯；同时，成立第115条的投放危险物质罪，则需要“致人重伤、死亡或者使公私财产遭受重大损失”，因此该条规定的投放危险物质罪属于实害犯。

本罪的罪过形式是故意。

（二）犯罪认定

《刑法》第291条之一规定，投放虚假的爆炸性、毒害性、放射性、传染病病原体等物质，严重扰乱社会秩序的行为，构成投放虚假危险物质罪。该罪侵犯的是社会管理秩序，投放的是虚假的危险物质，而本罪侵犯的是公共安全，投放的是真实的危险物质，因而两罪存在本质的区别。

《刑法》第144条规定，在生产、销售的食品中掺入有毒、有害的非食品原料的，或者销售明知掺有有毒、有害的非食品原料的食品的，构成生产、销售有毒、有害食品罪。由于该罪生产、销售的有毒、有害食品面向的是不特定的消费者，因而有可能给公共安全带来危险。当生产、销售有毒、有害食品，同时符合生产、销售有毒、有害食品罪和投放危险物质罪的犯罪构成时，属于两罪的想象竞合，应当择一重罪处罚。

本罪与盗窃罪，销售有毒、有害食品罪的牵连情况。这种情况是指行为人为牟取非法利益，采取投放危险物质手段将禽畜毒死后盗走而后出售的情况。该种情形下，应以三罪的牵连犯论处，从一重处断，因本罪一般情况下法定刑高于后二罪，故应以本罪论处，对其盗窃行为和销售有毒有害食品行为作为量刑情节考虑。

《刑法》第338条规定，违反国家规定，排放、倾倒或者处置有放射性的废物、含传染病病原体的废物、有毒物质或者其他有害物质，严重污染环境的，构成污染环境罪。实施此种行为时，也可能给公共安全带来危害，此时便构成污染环境罪与投放危险物质罪的想象竞合，应当择一重罪处罚。

（三）处罚

根据《刑法》第114条和第115条第1款规定，犯本罪，尚未造成严重后果的，处3年以上10年以下有期徒刑；致人重伤、死亡或者使公私财产遭受重大损失的，处10年以上有期徒刑、无期徒刑或者死刑。

三、以危险方法危害公共安全罪

（一）概念与主要构成特征

以危险方法危害公共安全罪是指故意使用放火、爆炸、决水、投放危险物质以外的且危险性与前述手段相当的，能够造成不特定多数人伤亡或使公私财产遭受广泛损坏的其他危险方法，危害公共安全的行为。

本罪主体是一般主体，已满 16 周岁、具有辨认能力和控制能力的人均可成为本罪主体。

本罪行为是使用放火、决水、爆炸、投放危险物质以外的危险方法危害公共安全的行为。由于立法采取了“其他危险方法”这样兜底式的表述方式，因此对于“其他危险方法”的解释要遵循同类解释规则，换言之，只有性质上达到与放火、决水、爆炸、投放危险物质同等危险程度的方法，才可以被认定为这里的“其他危险方法”。

《刑法》第 114 条规定，以其他危险方法危害公共安全的行为，“尚未造成严重后果的”，也构成犯罪，因此就第 114 条的以危险方法危害公共安全罪而言，属于具体危险犯；同时，成立第 115 条的以危险方法危害公共安全罪，则需要“致人重伤、死亡或者使公私财产遭受重大损失”，因此该条规定的以危险方法危害公共安全罪属于实害犯。

本罪的罪过形式是故意。

（二）犯罪认定

1. “其他危险方法”的认定

在本罪认定过程中，主要难点在于对“其他危险方法”的理解。这里所谓的“其他危险方法”并非指一切能够危及公共安全的行为手段，而是具有方法本身的危险性（广泛的杀伤性、破坏性）、方法的独立性（不须借助于特殊的外部条件）和危害的相当性（与放火、决水、爆炸、投放危险物质等行为的危害相当）的危险方法，如私设电网、驾车冲向人群、持枪朝人群扫射等。单纯造成多数人心理恐慌或者其他轻微后果，不足以造成《刑法》第 114 条、第 115 条第 1 款规定的具体的公共危险或者侵害结果的行为，不应被认定为以危险方法危害公共安全罪。其认定，具体需要注意以下几个方面：

第一，“其他危险方法”与放火、决水、爆炸、投放危险物质是并列关系，这就要求只能将达到与放火、决水、爆炸、投放危险物质同等危险程度的行为认定为本罪，而不能将一切对公共安全有一定危险，但又未达到上述程度的行为认定为本罪。比如，实践中经常发生的盗窃消防设施的铜芯的行为，此类行为无疑对公共安全有一定的危险，但此种危险是较为缓和的危险，未达到与放火、决水等行为同等的程度，因此不能认定为本罪，应认定为盗窃罪。

第二，“其他危险方法”是第 114 条和第 115 条的兜底条款，而不是所有危害公共安全罪的兜底条款。对于以其他罪名定罪符合罪刑法定原则、能够罪刑相适应的行为，不宜认定为本罪。比如，对于实践中经常发生的盗窃下水道井盖的行为，可以按照破坏交通设施罪定罪，此时就不宜按照本罪论处；又如，为了给自己的修车铺揽活，而在道路上放置钉子的行为，宜认定为破坏交通设施罪，而不宜认定为本罪。

第三，与放火、决水、爆炸、投放危险物质类似，“其他危险方法”需要满足“一次实施就足以致人重伤、死亡或者使公私财产遭受重大损失”的特征，因此，对于在公共场所用弹弓随机打人的行为，在公共场所连续杀伤随机目标的行为（无差别杀人行为），使用带有艾滋病病毒的针头随机扎人的行为等，由于不符合上述特征，不应认定为本罪，可以根据案件的具体情况认定为寻衅滋事罪、故意伤害罪、故意杀人罪等等。

第四，本罪是侵犯公共安全的犯罪，而非单纯侵犯社会秩序的犯罪，不能将社会秩序的混乱、对公众心理的侵害评价为对公共安全的侵害。因此，在高空抛物案件中，如果行为只是可能对不特定的个别人造成侵害，比如只是从高层向下扔一块砖头，即便此种行为造成了公众的恐慌、社会秩序的混乱，也不能认定为本罪，应当依据概括的故意的原理，认定为故意伤害罪、故意杀人罪等，对于社会秩序的侵犯，符合条件时可以按照寻衅滋事罪处理。

第五，根据司法实践及相关司法解释的规定，以下行为中明知自己的行为可能导致危害社会的结果并且希望或放任这些结果发生的，可以认定为以危险方法危害公共安全罪：（1）破坏矿井通风设备；（2）在具有瓦斯爆炸高度危险的情况下，下令多人下井采煤；（3）在火灾现场破坏消防器材；（4）在多人通行的场所私设电网；（5）恐怖分子的自杀式袭击；（6）邪教组织成员在公共场所自焚、自爆；（7）故意传播突发传染病病原体（如非典病毒）。

2. 本罪与交通领域相关犯罪的关系

公共交通安全是公共安全的重要领域，对公共交通安全进行侵害，达到放火、爆炸等行为同等程度的，可以评价为本罪中的“其他危险方法”。因此，（1）高速公路上逆向高速行驶，（2）驾驶汽车在道路上横冲直撞，（3）在高速公路桥上用石头砸高速公路上高速行驶的汽车，（4）在公路上飙车互相挤撞，（5）在公路上碰瓷，（6）对正在驾驶的公交车司机施以暴力，（7）公交车司机离开驾驶席与人斗殴等行为，在符合条件时都有可能被认定为以危险方法危害公共安全罪。

需要说明的是，以危险方法危害公共安全罪与危险驾驶罪、交通肇事罪不是排斥关系，例如，只要实施了《刑法》第 133 条之一的醉酒驾驶、竞速行驶行为，便构成危险驾驶罪，一旦上述行为造成了交通肇事的结果，符合《刑法》第 133 条规定，便升级为交通肇事罪，如果上述行为达到了放火、爆炸等同等危险的程度，如醉酒后在道路上驾车横冲直撞、驾驶机动车竞速行驶并在车流量较多的地方相互碰撞等，就可能构成以危险方法危害公共安全罪。此时，上述罪名之间便形成了想象竞合关系，应当择一重罪处罚。

（三）处罚

根据《刑法》第 114 条和第 115 条第 1 款的规定，犯本罪，尚未造成严重后果的，处 3 年以上 10 年以下有期徒刑；致人重伤、死亡或者使公私财产遭受重大损失的，处 10 年以上有期徒刑、无期徒刑或者死刑。

四、破坏交通工具罪

（一）概念与主要构成特征

破坏交通工具罪是指故意破坏正在使用中的火车、汽车、电车、船只、航空器，足以使其发生倾覆、毁坏危险，尚未造成严重后果或已经造成严重后果的行为。

本罪主体是一般主体，已满 16 周岁、具有辨认能力和控制能力的人均可成为本罪主体。

本罪行为是破坏火车、汽车、电车、船只、航空器，足以使火车、汽车、电车、船只、航空器发生倾覆、毁坏危险的行为。随着自动驾驶技术的进步，对于修改软件程序、破坏机动车自动驾驶系统的行为，也应当以本罪论处。

本罪的对象是火车、汽车、电车、船只、航空器。对拖拉机一般要扩大解释为汽车，对具有公共运输功能的缆车一般要扩大解释为电车，但破坏自行车、人力三轮车、马车等非机动交通工具的，由于不足以危害公共安全，一般不以本罪论处，符合条件时可以按照故意毁坏财物罪等罪处罚。由于本罪是危害公共安全的犯罪，所以要求本罪涉及的交通工具处于正在行驶、航行、飞行或者随时可以交付使用的状态。

《刑法》第116条规定，破坏交通工具的行为，“足以使火车、汽车、电车、船只、航空器发生倾覆、毁坏危险，尚未造成严重后果的”，也构成犯罪，因此就第116条的破坏交通工具罪而言，其属于具体危险犯；此外，成立第119条的破坏交通工具罪，则需要“造成严重后果”，因此该条规定的破坏交通工具罪属于实害犯。

本罪的罪过形式是故意。

（二）犯罪认定

交通工具本身也是一种财物，因此需要讨论破坏交通工具罪与盗窃罪、故意毁坏财物罪的关系。由于本罪是危害公共安全的犯罪，因而要求破坏行为具有危害公共安全的性质。因此，单纯将车窗砸坏的，不构成本罪，可能构成故意毁坏财物罪；将车辆整体烧毁的，也只构成故意毁坏财物罪；盗窃车辆轮胎，导致车辆无法上路行驶的，可能构成盗窃罪，但不构成本罪。不过，本罪与盗窃罪、故意毁坏财物罪不是排斥关系，盗窃、毁坏关涉交通安全的重要零件，同时足以使交通工具发生倾覆、毁坏危险的，同时构成本罪与盗窃罪或故意毁坏财物罪的想象竞合，应当择一重罪论处。

（三）处罚

根据《刑法》第116条、第119条第1款的规定，犯本罪的，足以使交通工具发生倾覆、毁坏危险，尚未造成严重后果的，处3年以上10年以下有期徒刑；造成严重后果的，处10年以上有期徒刑、无期徒刑或者死刑。

五、组织、领导、参加恐怖组织罪

（一）概念与主要构成特征

组织、领导、参加恐怖组织罪是指组织、领导或参加恐怖活动组织的行为。

本罪主体是一般主体，已满16周岁、具有辨认能力和控制能力的人均可成为本罪主体。

本罪行为是组织、领导、参加恐怖活动组织。恐怖主义，是指通过暴力、破坏、恐吓等手段，制造社会恐慌、危害公共安全、侵犯公民人身财产权利，或者胁迫国家机关、国际组织，以实现其政治、意识形态等目的的主张和行为。根据我国《反恐怖主义法》的规定，恐怖活动主要包含以下几种类型：（1）组织、策划、准备实施、实施造成或者意图造成人员伤亡、重大财产损失、公共设施损坏、社会秩序混乱等严重社会危害的活动的；（2）宣扬恐怖主义，煽动实施恐怖活动，或者非法持有宣扬恐怖主义的物品，强制他人在公共场所穿戴宣扬恐怖主义的服饰、标志的；（3）组织、领导、参加恐怖活动组织的；（4）为恐怖活动组织、恐怖活动人员、实施恐怖活动或者恐怖活动培训提供信息、资金、物资、劳务、技术、场所等支持、协助、便利的；（5）其他恐怖活动。

本罪所称的恐怖活动组织，是指三人以上为实施上述恐怖活动而组成的犯罪组织。本罪的行为类型包含组织、领导和参加三种形式。组织，是指设立、组建恐怖活动组织；领导，是指策划、决定、指挥恐怖活动组织的具体活动；参加，是指加入恐怖活动组织，成为该组织成员。行为人实施组织、领导、参加行为之一的，便成立本罪，无论事后是否实施了具体的恐怖活动，都不影响本罪的成立。

本罪的罪过形式是故意。

（二）犯罪认定

从我国恐怖主义的实际情况来看，恐怖活动组织的政治主张中可能包含了分裂国家、颠覆国家政权的内容，该组织实施的活动中也可能包含了分裂国家、颠覆国家政权的行为。但需要注意的是，本罪处罚的组织、领导、参加恐怖活动组织的行为是以恐怖活动组织本身为对象的组织、领导、参加行为，因此，实施本罪行为，又实施了分裂国家罪、煽动分裂国家罪、颠覆国家政权罪、煽动颠覆国家政权罪的，一般应当数罪并罚。

恐怖活动组织实施的恐怖活动，一般体现为爆炸、放火、暗杀、投放危险物质等，组织、领导、参加恐怖活动组织和实施上述具体的恐怖活动是两种不同的行为，因此，构成本罪，又因实施具体恐怖活动构成杀人、爆炸、绑架等犯罪的，应当依照数罪并罚的规定处罚。

（三）处罚

根据《刑法》第120条的规定，犯本罪的，处10年以上有期徒刑或者无期徒刑，并处没收财产；积极参加的，处3年以上10年以下有期徒刑，并处罚金；其他参加的，处3年以下有期徒刑、拘役、管制或者剥夺政治权利，可以并处罚金。犯前款罪并实施杀人、爆炸、绑架等犯罪的，依照数罪并罚的规定处罚。

六、宣扬恐怖主义、极端主义、煽动实施恐怖活动罪

（一）概念与主要构成特征

宣扬恐怖主义、极端主义、煽动实施恐怖活动罪，是指以制作、散发宣扬恐怖主义、极端主义的图书、音频视频资料或者其他物品，或者通过讲授、发布信息等方式宣扬恐怖主义、极端主义的，或者煽动实施恐怖活动的行为。

本罪是为了从源头上遏止和打击“地下讲经班”等宣传、煽动恐怖主义、极端主义的行为。其具体行为方式可以分为两种。

一是宣扬恐怖主义、极端主义的行为。

根据2001年6月15日我国和哈萨克斯坦、吉尔吉斯斯坦、俄罗斯、塔吉克斯坦和乌兹别克斯坦共同签署的《打击恐怖主义、分裂主义和极端主义上海公约》，恐怖主义是指各有关反恐方面的国际公约、条约规定的任何恐怖犯罪行为以及致使平民或武装冲突情况下未积极参与军事行动的任何其他人员死亡或对其造成重大人身伤害、对物质目标造成重大损失的任何其他行为，以及组织、策划、共谋、教唆上述活动的行为，而此类

行为因其性质或背景可认定为恐吓居民、破坏公共安全或强制政权机关或国际组织以实施或不实施某种行为，并且是依各方国内法应追究刑事责任的任何行为。极端主义是指旨在使用暴力夺取政权、执掌政权或改变国家宪法体制，通过暴力手段侵犯公共安全，包括为达到上述目的组织或参加非法武装团伙，并且依各方国内法应追究刑事责任的任何行为。

宣扬即广泛传布，通常分为两种具体方式：（1）以制作、散发宣扬恐怖主义、极端主义的图书、音频视频资料或者其他物品的方式进行宣扬恐怖主义和极端主义。这里的“制作”通常包括生产、录制、摄制、编写、改写、加工、剪辑、绘制、刻印、排版、印刷、洗印、修订上述物品的行为。（2）通过讲授、发布信息等方式宣扬恐怖主义和极端主义。讲授是指通过各种方式、各种平台对特定或不特定的对象讲解教授宣扬恐怖主义和极端主义的思想、理论、事例和技能等。发布是指将思想、观点、文章和意见等通过报纸、书刊或者公众演讲等形式公之于众。此种方式即通过发布信息的方式宣扬恐怖主义和极端主义思想、理论、事例和技能等。

二是煽动实施恐怖活动的行为。煽动即“怂恿、鼓动”，煽动还可以被界定为“鼓动（别人去做坏事或者不应该做的事）”。煽动实施恐怖活动是指怂恿、鼓动他人去实施恐怖活动。至于他人是否实际接受并继而实施恐怖活动，在所不论。

（二）犯罪认定

本罪的既遂与未遂。本罪中的宣扬和煽动原本是恐怖活动犯罪的预备行为，立法考虑到该种行为的法益侵害性大，故而将预备行为实行行为化，按照刑法理论通说，该罪的既遂形态属于举动犯，即行为人只要有为实施恐怖活动而进行各种准备的行为即构成既遂，因此，本罪并无未遂形态。

本罪的罪数形态。本罪通常是具体恐怖活动的预备行为，因此，如果行为人在准备之后，实施了其他具体的恐怖活动行为，预备行为被实行行为所吸收，仅成立具体的恐怖活动犯罪，不宜数罪并罚。

（三）处罚

根据《刑法》第 120 条之三的规定，犯本罪的，处 5 年以下有期徒刑、拘役、管制或者剥夺政治权利，并处罚金；情节严重的，处 5 年以上有期徒刑，并处罚金或者没收财产。

七、劫持航空器罪

（一）概念与主要构成特征

劫持航空器罪，是指以暴力、胁迫或者其他方法劫持航空器，危害航空运输安全的行为。劫持航空器的犯罪是一种具有严重社会危害性的国际性犯罪。在联合国及国际民航组织和世界各国的共同努力下，先后制定了三个关于反对空中劫持的国际公约，即《东京公约》《海牙公约》《蒙特利尔公约》。这三个国际公约要求各缔约国对于劫持航空器的犯罪行为给予严惩，对于保障国际航空器的安全及其设施起到了重要的积极作用。1997 年《刑法》修订时，吸收了 1979 年《刑法》第 100 条和全国人大常委会《关于惩治劫持航空器犯罪分子的决定》的有关内容，在“危害公共安全罪”一章中专条规定了劫持航空器罪。

本罪的直接客体是刑法所保护而为犯罪行为所侵害的航空运输安全，即不特定多数旅客人身、财产以及航空器的安全。本罪侵犯的对象必须是使用中的航空器。关于航空器范围，我国刑法未对此作出明确规定。我们认为，这里的航空器应为所有的航空器，包括民用航空器和国家航空器。其一，在国际航空法上，国家航空器的法律地位等问题极为复杂，很难将之与民用航空器划出一个清晰的界限。其二，一国民用航空器或者国家航空器进入或飞越他国领空均须事先得到主权国的许可，将航空器划分为民用航空器与国家航空器已没有多大意义。其三，仅将民用航空器作为劫持航空器犯罪的对象，不利于惩治航空运输犯罪，不利于在当前国际上恐怖主义势力嚣张、劫持航空器犯罪频发的情况下与劫持航空器犯罪作斗争。

本罪在客观方面表现为以暴力、胁迫或者其他方法劫持航空器的行为。这里的暴力，是指对航空器实施物理袭击，或对机上成员如驾驶员、空服人员或乘客等实施捆绑、殴打、伤害、监禁、扣押等危害人身安全和人身自由，使他人不能、不敢或不知反抗的强力行为。这里的胁迫，是指行为人采取以暴力或其他任何恐吓之内容进行逼迫挟持，以对他人实行精神强制，使人心生恐惧而不敢反抗的行为，包括以实施暴力为内容的胁迫，也包括非暴力的胁迫，如行为人以揭发机长或其他机组人员的严重犯罪行为相胁迫等。“其他方法”是一种概括性的规定，通过概念中“暴力”“胁迫”这样的例示性规定，可以首先明确，无论“其他方法”是什么样的方法，它在性质上必定具有暴力和胁迫方法的本质。“其他方法”应该是除暴力、胁迫之外的其他使人不能、不敢或不知反抗的方法，简言之，是能够排除他人反抗的方法，如趁机长不备在其饮用水中投放麻醉药使其饮用后丧失反抗能力等。这里的劫持，是指行为人按照自己的意志，实际控制航空器的行为。如自己控制航空器、强迫航空器改变飞行路线、强迫航空器改变着陆地点等。这里的“正在飞行中”，根据《海牙公约》的规定，是指“航空器从装载完毕，机舱外部各门均已关闭时起，直至打开任一机舱门以便卸载时为止”；航空器被迫降落时，“在主管当局接管对该航空器及其所载人员和财产的责任前，应被认为仍在飞行中”。

本罪的主体为一般主体。凡已满 16 周岁并具备刑事责任能力的人均可成为本罪主体。

本罪的主观方面表现为故意，而且必须是直接故意，主观上具有强行控制航空器的目的，间接故意不可能构成本罪。至于行为人劫持航空器的动机，可以是多种多样的，但不影响本罪的成立。

（二）犯罪的认定

1. 本罪的既遂与未遂。

区分本罪的既遂与未遂，应以行为人着手实施劫持行为后，是否已经实际控制了该航空器为区分标准。实际控制了的为该罪的既遂，未能控制该航空器的为未遂。

2. 本罪与暴力危及飞行安全罪的界限。

两罪侵犯的直接客体都是航空器的飞行安全，且一般都是在飞行中的航空器内实施的。两者的主要区别是：（1）主观方面不同。劫持航空器罪的犯罪行为人对航空器上的人员使用暴力，其目的在于劫持航空器；暴力危及飞行安全罪的犯罪行为人对正在飞行中的航空器上的人员使用暴力，只有危及民用航空器飞行安全的故意，而无劫持航空器的故意和目的。（2）客观方面表现不同。暴力危及飞行安全罪的犯罪行为人是对正在飞行中的航空器上的人员使用暴力，其犯罪行为只能发生在正在飞行中的航空器内，犯罪对象是航空器上的人员，犯罪手段仅限于暴力；而劫持航空器罪的犯罪行为人是对正在使用中或正在飞行中的航空器本身和机上人员使用暴力、胁迫或其他方法，其包括正在使用中如停机待用的航空器，犯罪对象包括对航空器本身和机上人员，犯罪手段也不限于暴力。（3）构成犯罪的要求不同。暴力危及飞行安全罪的犯罪行为人对正在飞行中的航空器上的人员使用暴力，必须危及飞行安全；劫持航空器罪的犯罪行为人只要实施了劫持行为即构成犯罪。当然，如果行为人出于劫持航空器的目的，对正在飞行中的航空器上的人员如驾驶员使用暴力，危及飞行安全的，则是一行为同时触犯两个罪名，属于想象竞合犯，既触犯了暴力危及飞行安全罪的罪名，又触犯了劫持航空器罪的罪名，应从一重罪即劫持航空器罪论处。

（三）处罚

根据《刑法》第121条的规定，犯本罪的，处10年以上有期徒刑或者无期徒刑；致人重伤、死亡或者使航空器遭受严重破坏的，处死刑。

八、非法制造、买卖、运输、邮寄、储存枪支、弹药、爆炸物罪

（一）概念与主要构成特征

非法制造、买卖、运输、邮寄、储存枪支、弹药、爆炸物罪是指未经国家有关部门许可，违反枪支、弹药、爆炸物的管理制度，非法制造、买卖、运输、邮寄、储存枪支、弹药、爆炸物，危害公共安全的行为。本罪为选择性罪名，包括行为方式和行为对象的选择。

本罪主体包含自然人一般主体和单位一般主体，就自然人而言，已满16周岁、具有辨认能力和控制能力的人均可成为本罪主体。

本罪行为是，违反国家有关枪支、弹药、爆炸物管理法规，擅自制造、买卖、运输、邮寄、储存枪支、弹药、爆炸物。

根据《枪支管理法》的规定，枪支，是指以火药或者压缩气体等为动力，利用管状器具发射金属弹丸或者其他物质，足以致人伤亡或者丧失知觉的各种枪支。基于当然解释的原理，以火药为动力发射弹药的大口径武器，也属于枪支。需要注意的是，虽然《枪支管理法》禁止制造、销售仿真枪，但仿真枪不属于本条所述的枪支。爆炸物，是指具有较大爆破性或杀伤性的爆炸物，既包括军用的爆炸物，如地雷、炸弹、手榴弹，也包括《民用爆炸物品安全管理条例》所列的爆破器材。

本罪的行为类型包含制造、买卖、运输、邮寄、储存。制造，是指未经国家许可擅自制造（包括改装、配装）枪支、弹药、爆炸物。买卖，是指违反有关法规，购买或者出售枪支、弹药、爆炸物。运输，是指违反有关法规，转移枪支、弹药、爆炸物的存放地点。邮寄，是指违反有关法规，通过邮政部门寄递枪支、弹药、爆炸物。根据《关于

审理非法制造、买卖、运输枪支、弹药、爆炸物等刑事案件具体应用法律若干问题的解释》(以下简称《枪支案件解释》),储存,是指明知是他人非法制造、买卖、运输、邮寄的枪支、弹药而为其存放的行为,或者非法存放爆炸物的行为。

本罪的罪过形式为故意。

(二)犯罪认定

1. 构成本罪的具体标准。根据《枪支案件解释》第1条的规定,有下列情形之一的,以本罪论处:(1)非法制造、买卖、运输、邮寄、储存军用枪支1支以上的;(2)非法制造、买卖、运输、邮寄、储存以火药为动力发射枪弹的非军用枪支1支以上或者以压缩气体等为动力的其他非军用枪支2支以上的;(3)非法制造、买卖、运输、邮寄、储存军用子弹10发以上、气枪铅弹500发以上或者其他非军用子弹100发以上的;(4)非法制造、买卖、运输、邮寄、储存手榴弹1枚以上的;(5)非法制造、买卖、运输、邮寄、储存爆炸装置的;(6)非法制造、买卖、运输、邮寄、储存炸药、发射药、黑火药1 000克以上或者烟火药3 000克以上、雷管30枚以上或者导火索、导爆索30米以上的;(7)具有生产爆炸物品资格的单位不按照规定的品种制造,或者具有销售、使用爆炸物品资格的单位超过限额买卖 炸药、发射药、黑火药10千克以上或者烟火药30千克以上、雷管300枚以上或者导火索、导爆索300米以上的;(8)多次非法制造、买卖、运输、邮寄、储存弹药、爆炸物的;(9)虽未达到上述最低数量标准,但具有造成严重后果等其他恶劣情节的。

本罪所涉及的危险物品,特别是爆炸物,在我国也大量被运用于民用场合,实践中也发生过诸如"非遗传人制造爆炸物案"[①] 等由于制造烟花或修路用的雷管等而被认定为本罪的案件。但是,对于刑法分则犯罪的认定也必须在刑法总则的指导下进行,因此,行为人确因合法生产、生活所需,非法制造、买卖、运输枪支、弹药、爆炸物,数量较小,没有造成危害后果的,应当根据《刑法》第13条但书的规定,不宜认定为本罪。

2. 关于"枪支"的认定。刑法中规定了有关枪支的犯罪,却并未规定枪支的具体认定标准。在司法实践中,对于枪支都是根据《公安机关涉案枪支弹药性能鉴定工作规定》来认定的。根据该规定:(1)凡是制式枪支、弹药,无论是否能够完成击发动作,一律认定为枪支、弹药。(2)凡是能发射制式弹药的非制式枪支(包括自制、改制枪支),一律认定为枪支。(3)对不能发射制式弹药的非制式枪支,按照《枪支致伤力的法庭科学鉴定判据》(GA/T 718—2007)的规定,当所发射弹丸的枪口比动能大于等于1.8焦耳/平方厘米时,一律认定为枪支。然而,上述第(3)种类型中规定的标准,因"天津大妈

---

① 公诉机关指控,2016年2月19日,被告人杨某申(79岁)因村里办庙会,组织部分村民非法制造烟花,当场查获用于制造"梨花瓶"的烟火药15千克,"梨花瓶"成品200个以及其他原料和工具,经鉴定,该火药具有爆燃性。一审法院以非法制造爆炸物罪,判处有期徒刑4年零6个月。二审法院认为,上诉人杨某申违反国家爆炸物管理法律法规,未经有关部门批准,其行为已构成非法制造爆炸物罪,但考虑到杨某申作为非遗传承人,其制造烟火药的目的是履行法定传承义务,在庙会进行烟火表演,其制造烟火药的行为未造成实际危害后果,犯罪时已年满75周岁以上等特殊情况,以非法制造爆炸物罪判处免予刑事处罚。据悉,河北省"五道古火会"是以燃放烟火庆祝丰收的民俗活动,2011年被列入河北省非物质文化遗产名录,传承人杨某申主持操办"五道古火会"活动已有20余年,并成为省、市级非物质文化遗产项目代表性传承人。

气枪案”引发了巨大的争议。刑法上的枪支是否必须依据行政法律规范来认定，在理论上涉及如何理解法秩序统一性原理的问题。[①] 在“天津大妈气枪案”之后，最高人民法院、最高人民检察院颁布了《关于涉以压缩气体为动力的枪支、气枪铅弹刑事案件定罪量刑问题的批复》，该批复规定，对于非法制造、买卖、运输、邮寄、储存、持有、私藏、走私以压缩气体为动力且枪口比动能较低的枪支的行为，在决定是否追究刑事责任以及如何裁量刑罚时，不仅应当考虑涉案枪支的数量，而且应当充分考虑涉案枪支的外观、材质、发射物、购买场所和渠道、价格、用途、致伤力大小、是否易于通过改制提升致伤力，以及行为人的主观认知、动机目的、一贯表现、违法所得、是否规避调查等情节，综合评估社会危害性，坚持主客观相统一，确保罪刑相适应。显然，最高人民法院、最高人民检察院并未否定公安部《公安机关涉案枪支弹药性能鉴定工作规定》在司法活动中作为枪支认定标准的地位，只是认为即便被认定为枪支，也需要考虑其他因素综合认定是否追究刑事责任以及如何裁量刑罚。

3. 根据《枪支案件解释》，非法储存，是指明知是他人非法制造、买卖、运输、邮寄的枪支、弹药而为其存放的行为，或者非法存放爆炸物的行为。于是，构成非法储存枪支、弹药罪，需要与制造、买卖、运输、邮寄相关，否则只能构成非法持有、私藏枪支、弹药罪；而构成非法储存爆炸物罪，则不需要与上述行为相关。由于刑法还另外规定了非法持有、私藏枪支、弹药罪，而没有规定非法持有、私藏爆炸物罪，所以司法解释上述规定的目的在于区分非法持有、私藏行为与非法储存行为。但是，本罪与非法持有、私藏枪支、弹药罪的法定刑相差悬殊，为实现罪刑均衡，对于非法持有、私藏大量枪支、弹药的行为，即便与制造、买卖、运输、邮寄无关，也应当按照非法储存枪支、弹药罪处理。

4.《刑法》第 151 条单独规定了走私武器、弹药罪，但没有规定走私爆炸物罪，因此，对于走私枪支、弹药的行为，就不再认定为非法运输、邮寄枪支、弹药罪；但对于走私爆炸物的行为，则应当认定为非法运输、邮寄爆炸物罪。

（三）处罚

根据《刑法》第 125 条第 1 款的规定，犯本罪的，处 3 年以上 10 年以下有期徒刑；情节严重的，处 10 年以上有期徒刑、无期徒刑或者死刑。单位犯本罪的，对单位判处罚金，并对其直接负责的主管人员和其他责任人员，依照上述法定刑处罚。

九、交通肇事罪

（一）概念与主要构成特征

交通肇事罪是指违反交通运输管理法规，因而发生重大事故，致人重伤、死亡或致使公私财产遭受重大损失的行为。

本罪主体是一般主体，已满 16 周岁、具有辨认能力和控制能力的人均可成为本罪主体。需要注意的是，本罪不是身份犯。（1）公路、水上运输的驾驶人员，自然可以成为

---

① 王钢．非法持有枪支罪的司法认定．中国法学，2017（4）．

本罪主体。(2)公路、水上运输的交通管理人员，如调度员、引导员等，也能成为本罪主体。(3)航空人员、铁路职工以外的人员造成重大飞行事故或铁路运营事故的，构成本罪。(4)乘客在车辆、船舶行驶、航行过程中不当地干扰正常的驾驶活动，导致交通事故的，构成本罪。(5)行人不当地干扰正常的交通运输活动，如非法闯红灯导致车辆追尾、倾覆的，在公路上乞讨、碰瓷引发交通事故的，构成本罪。除上述交通运输活动的直接参与者之外，交通运输活动的间接参与者也能构成本罪：(1)根据《关于审理交通肇事刑事案件具体应用法律若干问题的解释》(以下简称《交通案件解释》)，单位主管人员、机动车辆所有人或者机动车辆承包人指使、强令他人违章驾驶造成重大交通事故的，以交通肇事罪定罪处罚。因此，单位主管人员、机动车辆所有人或者机动车辆承包人也能成为本罪主体。这一规定的依据背后是监督过失理论。(2)基于监督过失理论，其他对公共交通参与者的行为负有监督义务的人，也能成为本罪主体，比如，租车后将车辆交给无驾驶执照的人驾驶的、车主将自己的车辆借给醉酒的人驾驶的，都可能构成本罪。

本罪规定了三档法定刑，分别对应着本罪的基本犯、第一档加重犯和第二档加重犯。

1. 本罪基本犯的行为和结果是，违反交通运输管理法规，因而发生重大事故，致人重伤、死亡或者使公私财产遭受重大损失。“违反交通运输管理法规”属于空白罪状，这里的交通运输管理法规，主要指公路、水上交通运输中的各种交通规则、操作规程、劳动纪律等，同时也包括铁路、航空交通运输中的各种管理法规。违反交通运输管理法规就已经构成了行政责任，但要上升为刑事责任，还需要发生致人重伤、死亡或者使公私财产遭受重大损失的结果。

根据《交通案件解释》的规定，违反交通运输管理法规，发生重大交通事故，在分清事故责任的基础上，定罪处罚。交通肇事具有下列情形之一的，构成本罪的基本犯：(1)死亡1人或者重伤3人以上，负事故全部或者主要责任的。(2)死亡3人以上，负事故同等责任的。(3)造成公共财产或者他人财产直接损失，负事故全部或者主要责任，无能力赔偿数额在30万元以上的。(4)交通肇事致1人以上重伤，负事故全部或者主要责任，并具有下列情形之一的，以交通肇事罪定罪处罚：1)酒后、吸食毒品后驾驶机动车辆的；2)无驾驶资格驾驶机动车辆的；3)明知是安全装置不全或者安全机件失灵的机动车辆而驾驶的；4)明知是无牌证或者已报废的机动车辆而驾驶的；5)严重超载驾驶的；6)为逃避法律追究逃离事故现场的。

2. 本罪第一档加重犯对应的行为是，交通运输肇事后逃逸或者有其他特别恶劣情节。根据《交通案件解释》，(1)交通运输肇事后逃逸，是指在符合基本犯成立条件的第(1)(2)(3)和第(4)的1)～5)这些情形之一的基础上，在发生交通事故后，为逃避法律追究而逃跑的行为。(2)其他特别恶劣情节包括：1)死亡2人以上或者重伤5人以上，负事故全部或者主要责任的；2)死亡6人以上，负事故同等责任的；3)造成公共财产或者他人财产直接损失，负事故全部或者主要责任，无能力赔偿数额在60万元以上的。

3. 本罪第二档加重犯对应的行为和结果是，交通运输肇事后，因逃逸致人死亡。根据《交通案件解释》，“因逃逸致人死亡”，是指行为人在交通肇事后为逃避法律追究而逃跑，致使被害人因得不到救助而死亡的情形。

本罪的罪过形式为过失。需要特别注意的是，发生交通事故的原因往往比较复杂，在很多场合，虽然客观上发生了交通事故，但行为人对事故的发生并没有预见可能性，此时应当作为意外事件处理。在本罪的认定中，应当避免结果责任的不当倾向。

（二）犯罪认定

1. 本罪发生的领域

构成本罪，要求发生在公共交通领域，一般来说，主要是指公路和水上交通领域，但也包含航空和铁路运输领域。航空人员、铁路职工以外的人员造成重大飞行事故或铁路运营事故的，也构成本罪。但在公共交通领域以外的领域发生事故的，则不能构成本罪。《交通案件解释》也规定，在公共交通管理的范围外，驾驶机动车辆或者使用其他交通工具致人伤亡或者致使公共财产或者他人财产遭受重大损失，构成犯罪的，分别依照重大责任事故罪、重大劳动安全事故罪、过失致人死亡罪等定罪处罚。比如，在封闭的工地内，因叉车、吊车操作不当引发事故的，不以本罪论处，应当视情形认定为重大责任事故罪等。

2. 本罪三种“逃逸”的关系

结合刑法和《交通案件解释》的规定，本罪犯罪构成中有三处涉及“逃逸”，分别是（1）作为基本犯成立条件的“交通肇事致1人以上重伤，负事故全部或者主要责任，为逃避法律追究逃离事故现场”；（2）作为法定刑升格条件的“交通运输肇事后逃逸”；（3）作为法定刑升格条件的“因逃逸致人死亡”。需要注意的是，一旦“逃逸”作为基本犯的成立条件，便不得再将其当作加重犯的量刑情节，否则便违反了禁止重复评价原则。比如，甲交通肇事（负全部责任）致乙重伤后逃逸，此时只构成本罪的基本犯，不得将逃逸作为加重犯“处3年以上7年以下有期徒刑”的量刑情节；但是，甲因酒驾交通肇事（负全部责任）致乙重伤后又逃逸的，因为酒驾致乙重伤本来就已经构成交通肇事罪的基本犯，此时便可以将逃逸作为加重犯“处3年以上7年以下有期徒刑”的量刑情节予以定性处罚。

3. 本罪与相关犯罪的关系

（1）本罪与过失致人重伤、过失致人死亡罪的界限。就交通肇事罪的基本犯而言，可能同时触犯过失致人重伤罪、过失致人死亡罪，由于本罪属于特殊法条，因而不再单独认定为过失致人重伤罪、过失致人死亡罪。本罪和过失致人重伤罪、过失致人死亡罪都是过失犯罪，都造成他人重伤、死亡的结果。区分它们的关键在于发生的场合不同。本罪致人重伤、死亡或使公私财产遭受重大损失的结果必须发生在公共交通管理范围以内的交通运输过程中，在公共交通管理范围以外，因行为人驾驶车辆或其他交通行为不慎发生伤亡事故的，通常应定过失致人重伤罪、过失致人死亡罪。另外，两者侵犯的客体不同：前者属于危害公共安全的犯罪，侵犯的客体是交通安全；而后者属于侵犯公民人身权利的犯罪，侵犯的客体是他人的生命、健康权。基于以上不同，在交通肇事致一人重伤，负事故全部或主要责任，但欠缺《交通案件解释》第2条第2款的六种情形的场合，因为不符合交通肇事罪的最低成立条件而不构成交通肇事罪，但对于致人重伤的结果，可以评价为过失致人重伤罪。

（2）本罪与重大责任事故罪的界限。两者都导致重大事故，主观上都是过失，但两者的区别也是明显的：一是两者所侵犯的客体不同。本罪侵犯的客体是交通运输安全，而重大责任事故罪侵犯的则是生产、作业的安全。二是两者发生的范围不同。本罪是发生在公共交通运输过程中，而重大责任事故罪则发生在生产、作业过程中。三是两者违反的规章制度也不同。本罪违反的是交通运输管理法规，而重大责任事故罪违反的是与生产、作业有关的安全管理规定。四是两者主体不同。本罪的犯罪主体是一般主体，凡是与交通运输安全有关的人员均可构成本罪的主体，而重大责任事故罪的主体则只能是从事生产、作业的人员。

（3）本罪向故意杀人罪或故意伤害罪的转化。《交通案件解释》第 6 条规定：行为人在交通肇事后为逃避法律追究，将被害人带离事故现场后隐藏或者遗弃，致使被害人无法得到救助而死亡或者严重残疾的，应当分别依照《刑法》第 232 条、第 234 条第 2 款的规定，以故意杀人罪或者故意伤害罪定罪处罚。由此，交通肇事罪转化为故意杀人罪、故意伤害罪的条件是：第一，行为人的动机是逃避法律追究，但对被害人的死亡或者重伤结果，行为人是具有犯罪故意的，即希望或者放任这种结果发生。第二，客观行为是将被害人带离事故现场后隐藏或者遗弃。这里的隐藏，是指藏匿在杂草丛中等不易被人发现的处所；遗弃，是指舍弃在偏僻之处，使被害人无法获得救助。第三，客观上存在致人死亡或者严重残疾的结果。在具备上述三种条件的情况下，行为人应以故意杀人罪、故意伤害罪定罪处罚。因此，行为人在交通肇事后为逃避法律追究，将被害人带离事故现场后隐藏或者遗弃，致使被害人无法得到救助而死亡或者严重残疾的，应当以故意杀人罪或者故意伤害罪定罪处罚，然后与交通肇事罪实行并罚。

4. 交通肇事罪共犯的特殊规定

《交通案件解释》第 5 条第 2 款规定，“交通肇事后，单位主管人员、机动车辆所有人、承包人或者乘车人指使肇事人逃逸，致使被害人因得不到救助而死亡的，以交通肇事罪的共犯论处”。第 7 条规定：“单位主管人员、机动车辆所有人或者机动车辆承包人指使、强令他人违章驾驶造成重大交通事故，具有本解释第二条规定情形之一的，以交通肇事罪定罪处罚。”我国《刑法》第 25 条规定，“共同犯罪是指二人以上共同故意犯罪。二人以上共同过失犯罪，不以共同犯罪论处；应当负刑事责任的，按照他们所犯的罪分别处罚。”因此，上述解释的合理性存在疑问。对此，司法解释制定者的解释是：“不可否认，司机肇事引发交通事故是过失的，对肇事行为不存在按照共犯处罚的问题。但是，鉴于《刑法》第 133 条将这种（交通肇事后逃逸——引者注）故意实施的行为规定为交通肇事罪加重处罚的情节，而且在肇事后逃逸的问题上，肇事人主观上是故意的，其他人指使其逃逸，具有共同的故意，而且逃逸行为与被害人死亡具有因果关系，符合共犯的构成条件。”①

（三）处罚

依据《刑法》第 133 条的规定，犯本罪的，处 3 年以下有期徒刑或者拘役；交通运输肇事后逃逸或者有其他特别恶劣情节的，处 3 年以上 7 年以下有期徒刑；因逃逸致人死亡的，处 7 年以上有期徒刑。

---

① 最高人民法院研究室．2000—2001 年司法解释及其理解与适用．北京：法律出版社，2002：167.

十、危险驾驶罪

（一）概念与主要构成特征

危险驾驶罪是指在道路上驾驶机动车追逐竞驶，情节恶劣的，或者在道路上醉酒驾驶机动车的，或者从事校车业务或旅客运输，严重超过额定乘员载客，或者严重超过规定时速行驶的，或者违反危险化学品安全管理规定运输危险化学品，危及公共安全的行为。

本罪包含了四种不同类型的行为方式，其主体都是一般主体，但行为类型存在较大差异，因而需要分别进行讨论。

1. 追逐竞驶，情节恶劣

追逐竞驶，是指行为人在道路上高速、超速行驶，随意追逐、超越其他车辆，频繁、突然并线，近距离驶入其他车辆之前的危险驾驶行为。追逐竞驶型危险驾驶罪是抽象危险犯，但构成此类危险驾驶罪，不仅要具有抽象的危险，还要求情节恶劣。此类危险驾驶罪的责任形式是故意。认定此类危险驾驶罪时需要注意以下几点：（1）追逐竞驶以高速、超速驾驶为前提，缓慢驾驶的行为不可能成立本罪。但是，本罪不是超速驾驶罪，单纯的高速驾驶或者超速驾驶，并不必然成立本罪。（2）追逐竞驶既可能是二人以上基于意思联络实施，也可能是单个人实施。驾驶人员出于竞技、追求刺激、斗气或者其他动机，在道路上曲折穿行、快速追赶行驶的，也属于追逐竞驶。

2. 醉酒驾驶机动车

醉酒驾驶，是指在醉酒状态下在道路上驾驶机动车的行为。醉驾型危险驾驶罪是抽象危险犯。醉驾型危险驾驶罪的罪过形式存在争议，但一般认为是故意。①

醉驾型危险驾驶罪在司法实践中是高发犯罪，需要注意的是，虽然此类危险驾驶罪在刑法分则条文上是抽象危险犯，但并非只要是驾驶人员的血液酒精含量达到规定的标准就成立本罪。最高人民法院、最高人民检察院、公安部、司法部于2023年12月13日出台了《关于办理醉酒危险驾驶刑事案件的意见》（高检发办字〔2023〕187号）（以下简称《醉驾案件意见》），其基于《刑法》关于“情节显著轻微危害不大”而“不认为是犯罪”等规定，改变了以前严格要求的“在道路上驾驶机动车，血液酒精含量达到80毫克/100毫升以上的，属于醉酒驾驶机动车，以危险驾驶罪定罪处罚”的做法，要求“血液酒精含量达到80毫克/100毫升以上的，公安机关应当依照刑事诉讼法和本意见的规定决定是否立案。对情节显著轻微、危害不大，不认为是犯罪的，不予立案”，具体包括“血液酒精含量不满150毫克/100毫升的”“出于急救伤病人员等紧急情况驾驶机动车，且不构成紧急避险的”“在居民小区、停车场等场所因挪车、停车入位等短距离驾驶机动车的”“由他人驾驶至居民小区、停车场等场所短距离接替驾驶停放机动车的，或者为了交由他人驾驶，自居民小区、停车场等场所短距离驶出的”“其他情节显著轻微的情形”。显然，一方面，如此规定是合理和正确的；但另一方面，其中关于“血液酒精含量不满

① 张明楷．危险驾驶罪的基本问题．政法论坛，2012（6）；冯军．论《刑法》第133条之一的规范目的及其适用．中国法学，2011（5）；梁根林．《刑法》第133条之一第2款的法教义学分析．法学，2015（3）.

150 毫克/100 毫升的”的情形，也应结合案件的具体情节予以理解和适用，在综合案件情节不能评价为“情节显著轻微、危害不大”的情形下，还是应当予以立案追诉的。[①]

同时，《醉驾案件意见》基于《刑法》第 37 条关于“免予刑事处罚”等规定也明确要求进一步合理控制醉驾案入罪数量过多问题，即“对公安机关移送审查起诉的醉驾案件，人民检察院综合考虑犯罪嫌疑人驾驶的动机和目的、醉酒程度、机动车类型、道路情况、行驶时间、速度、距离以及认罪悔罪表现等因素，认为属于犯罪情节轻微的，依照刑法第三十七条、刑事诉讼法第一百七十七条第二款的规定处理。”“对犯罪嫌疑人、被告人决定不起诉或者免予刑事处罚的，可以根据案件的不同情况，予以训诫或者责令具结悔过、赔礼道歉、赔偿损失，需要给予行政处罚、处分的，移送有关主管机关处理。”

3. 从事校车业务或者旅客运输，严重超过额定乘员载客，或者严重超过规定时速行驶

本类型危险驾驶罪属于抽象危险犯，其罪过形式是故意。

根据 2012 年 4 月 5 日国务院公布的《校车安全管理条例》的规定，所谓校车，是指依照本条例取得使用许可，用于接送接受义务教育的学生上下学的 7 座以上的载客汽车，也包括在省、自治区、直辖市人民政府规定的过渡期限内可以使用取得校车标牌的其他载客汽车。所谓从事校车业务，即指利用前述载客汽车接送义务教育学生的行为，其接送对象只能是正在接受义务教育的初中和小学学生。但是根据《校车安全管理条例》附则之规定，对确因特殊情况不能由监护人或者其委托的成年人接送，需要使用车辆集中接送的，应当使用按照专用校车国家标准设计和制造的幼儿专用校车，遵守本条例校车安全管理的规定。因此，集中接送幼儿的专用校车，亦属于校车。至于接送高中学生、大中专院校学生的车辆，则应属于旅客运输的车辆。

本罪中之从事旅客运输，仅指道路旅客运输经营（简称道路客运），不包括水上、铁路和航空旅客运输。根据国务院颁布的《中华人民共和国道路运输条例》以及交通运输部颁布的《道路旅客运输及客运站管理规定》之规定，所谓道路客运经营，是指使用客车运送旅客、为社会公众提供服务、具有商业性质的道路客运活动，包括班车（加班车）客运、包车客运、旅游客运。从事客运必须使用与其经营业务相适应并经检测合格的客车。出租汽车客运、城市公共汽车客运另有规定，不属于本罪中的从事旅客运输。

无论是校车业务还是旅客运输，均有严格的核定载员额度和行驶速度，严禁超员、超速。一般的超员、超速行为不成立本罪，只有严重超员、超速的行为才成立本罪。本项构成中，超员、超速必须达到严重程度。依据道路交通安全违法行为的严重程度，一次记分的分值为：12 分、6 分、3 分、2 分、1 分五种。一次性扣 12 分的，应该属于本项中的严重程度，包括：驾驶营运客车（不包括公共汽车）、校车载人超过核定人数 20%以上的；驾驶中型以上载客汽车、校车在高速公路、城市快速路上行驶超过规定时速 20%以上或者在高速公路、城市快速路以外的道路上行驶超过规定时速 50%以上的。

根据刑法规定，机动车所有人、管理人对严重超员、超速行驶负有直接责任的，以

① 石经海、肖靖雯．论醉驾行为限制入罪的应有实体路径．人民法院报，2023－12－28：5.

本罪论处。需要注意的是，由于此类危险驾驶罪是故意犯罪，因此，所谓“机动车所有人、管理人对严重超员、超速行驶负有直接责任”，是指机动车所有人、管理人负故意的责任。例如，机动车所有人、管理人强令、指使驾驶人员超员、超速行驶的，或者明知驾驶人员超员、超速行驶而放任的，应以本罪论处。

4. 违反危险化学品安全管理规定运输危险化学品，危及公共安全

违规运输危险化学品，是指违反危险化学品安全管理规定运输危险化学品，危及公共安全的行为。本类型的危险驾驶罪属于具体危险犯，其责任形式是故意。

危险化学品，是指具有毒害、腐蚀、爆炸、易燃等性质的化学品。“违反危险化学品安全管理规定”属于空白罪状，需要根据《危险化学品安全管理条例》来认定。比如，该条例规定，从事危险化学品道路运输的，应当取得危险货物道路运输许可，并向相关管理部门办理登记手续；危险化学品道路运输企业应当配备专职安全管理人员；危险化学品道路运输企业的驾驶人员、装卸管理人员、押运人员、申报人员、集装箱装箱现场检查员应当经交通运输主管部门考核合格，取得从业资格；运输危险化学品，应当根据危险化学品的危险特性采取相应的安全防护措施，并配备必要的防护用品和应急救援器材；等等。违反上述条例的规定，并且危及公共安全的，成立本罪。

根据刑法规定，机动车所有人、管理人对于违规运输危险化学品的行为负有直接责任的，以本罪论处。这里的负有直接责任也是指故意责任。

（二）犯罪认定

本罪与交通肇事罪不是排斥关系，因危险驾驶行为导致发生交通事故，符合交通肇事罪的犯罪构成时，便同时成立交通肇事罪。此时交通肇事罪可以视为危险驾驶罪的结果加重犯，直接按照交通肇事罪定罪处罚即可。需要注意的是，将交通肇事罪视为危险驾驶罪的结果加重犯时，以交通事故的发生与危险驾驶行为有直接的因果关系为前提，不符合该条件时，便不能形成结果加重犯，而应当数罪并罚。比如，行为人违规运输危险化学品，交通事故并非因为危险化学品引起，而是因为驾驶人超速引起的，则应当以危险驾驶罪和交通肇事罪数罪并罚。

本罪与以危险方法危害公共安全罪也不是排斥关系。实施危险驾驶行为，其行为性质达到放火、决水、爆炸、投放危险物质同等程度的危险的（如醉酒后超高速行驶或逆向行驶），便同时构成《刑法》第114条的以危险方法危害公共安全罪，形成想象竞合，应当择一重罪处罚。

（三）处罚

根据《刑法》第133条之一的规定，犯本罪的，处拘役，并处罚金。构成本罪，同时构成其他犯罪的，依照处罚较重的规定定罪处罚。

根据《醉驾案件意见》的规定，醉驾具有下列情形之一，尚不构成其他犯罪的，从重处理：(1) 造成交通事故且负事故全部或者主要责任的；(2) 造成交通事故后逃逸的；(3) 未取得机动车驾驶证驾驶汽车的；(4) 严重超员、超载、超速驾驶的；(5) 服用国家规定管制的精神药品或者麻醉药品后驾驶的；(6) 驾驶机动车从事客运活动且载有乘客的；(7) 驾驶机动车从事校车业务且载有师生的；(8) 在高速公路上驾驶的；(9) 驾驶重型载货汽车的；(10) 运输危险化学品、危险货物的；(11) 逃避、阻碍公安机关依

法检查的；（12）实施威胁、打击报复、引诱、贿买证人、鉴定人等人员或者毁灭、伪造证据等妨害司法行为的；（13）2年内曾因饮酒后驾驶机动车被查获或者受过行政处罚的；（14）5年内曾因危险驾驶行为被判决有罪或者作相对不起诉的；（15）其他需要从重处理的情形。

十一、妨害安全驾驶罪

（一）概念与主要构成特征

妨害安全驾驶罪是指对行驶中的公共交通工具的驾驶人员使用暴力或者抢控驾驶操纵装置，干扰公共交通工具正常行驶，危及公共安全的行为。

本罪包含了两种不同类型的犯罪构成，其行为类型存在较大差异，因而需要分别进行讨论。

1. 对行驶中的公共交通工具的驾驶人员使用暴力或者抢控驾驶操纵装置

本种情形的犯罪主体是一般主体，即已满16周岁、具有辨认能力和控制能力的人均可成为本罪主体。

本种情形的犯罪行为是，对行驶中的公共交通工具的驾驶人员使用暴力或者抢控驾驶操纵装置，干扰公共交通工具正常行驶，危及公共安全。

本种情形的犯罪行为要求发生在行驶中的公共交通工具上，因此，发生在非行驶状态中的公共交通工具上和非公共交通工具上的暴力等行为，不构成本罪。本罪行为要求针对驾驶人员或者驾驶操纵装置实施，因此，针对公共交通工具的售票员或乘客实施暴力的，或者针对公共交通工具的其他部分如车窗、座椅实施暴力的，不构成本罪。本罪行为类型包含两种：一是对驾驶人员实施暴力，二是抢控驾驶操纵装置。对驾驶人员实施暴力的行为只要干扰公共交通工具正常行驶、危及公共安全，便构成本罪，不要求达到具有压制性的程度。抢控操纵装置，主要是指抢控方向盘、档杆等控制车辆启停、方向、速度等的操纵装置。

构成本种情形的犯罪，要求犯罪行为干扰了公共交通工具正常行驶、危及公共安全，这一结果性的要求意味着本罪是具体危险犯。

本种情形的犯罪罪过形式为故意。需要注意的是，肇事结果不是本罪的构成要素，所以，在因为实施本罪行为导致肇事结果的场合，只要行为人认识到自己在对行驶中的公共交通工具的驾驶人员使用暴力或者抢控驾驶操纵装置，便构成本罪，不要求行为人对肇事结果具有希望或者放任的态度。

2. 行驶中的公共交通工具的驾驶人员擅离职守，与他人互殴或者殴打他人

本种情形的犯罪是身份犯，其主体限于行驶中的公共交通工具的驾驶人员，因而不包含售票员。

本种情形的犯罪行为是，行驶中的公共交通工具的驾驶人员擅离职守，与他人互殴或者殴打他人，危及公共安全。

本种情形的犯罪同样要求发生在行驶中的公共交通工具上，且行为人正处在驾驶公共交通工具的状态中。因此，当驾驶人员受到攻击，在将车辆停稳熄火之后与他人互殴

或殴打他人的，不应按照本罪论处。构成本罪，要求驾驶人员擅离职守，与他人互殴或者殴打他人。所谓擅离职守，不要求驾驶员离开驾驶席，只要其未能按照交通规则和职责要求谨慎、安全驾驶，不按照安全的操作规程操作，便属于擅离职守。驾驶人员与他人互殴或者单方面殴打他人的，都构成本罪。

本种情形的犯罪的成立，要求行为危及公共安全，因此本罪是具体危险犯。

本种情形的犯罪罪过形式为故意。

（二）犯罪认定

刑法设置前述第二种情形的犯罪，意味着立法者对公共交通工具的驾驶人员赋予了保障车辆行驶安全的高度义务，即便驾驶人员在驾驶状态中受到攻击，也不能擅离职守与他人互殴，而应当将车辆、乘客和其他公共交通参与者的安全放在首位。当然，这并不意味着，驾驶人员因为其身份便丧失了在遭受攻击时进行正当防卫的权利，而是说，如果防卫行为可能造成公共安全的危险，而避免这种危险又是驾驶人员的义务，则其防卫的方式应当受到限制，因此，当驾驶人员受到攻击时，其应当首先选择安全的位置将车辆停稳熄火，而后再行使正当防卫的权利制止不法侵害。

本罪是具体危险犯，不要求发生实害结果。一旦发生实害结果，造成车辆损毁、车上或路面人员伤亡的，则可能进一步构成交通肇事罪、故意毁坏财物罪、故意伤害罪、故意杀人罪；如果在车辆高速行驶、车流量较大或人员密集的场合实施本罪行为，则可能给公共安全带来放火、爆炸等同等的高度危险，此时便还可能成立以危险方法危害公共安全罪。本罪与上述犯罪之间都不是排斥关系，根据《刑法》第 133 条之二第 3 款的规定，同时构成本罪与上述犯罪的，按照想象竞合犯的规则，择一重罪论处。

（三）处罚

根据《刑法》第 133 条之二的规定，犯本罪的，处 1 年以下有期徒刑、拘役或者管制，并处或者单处罚金。构成本罪，同时构成其他犯罪的，依照处罚较重的规定定罪处罚。

十二、重大责任事故罪

（一）概念与主要构成特征

重大责任事故罪是指在生产、作业中违反有关安全管理规定，因而发生重大伤亡事故或造成其他严重后果的行为。

本罪主体是一般主体，即已满 16 周岁、具有辨认能力和控制能力的人均可成为本罪主体，在司法实践中，一般是对生产、作业负有组织、指挥或者管理职责的负责人、管理人员、实际控制人、投资人等人员，以及直接从事生产、作业的人员。

本罪的行为和结果是，在生产、作业中实施违反有关安全管理规定，因而发生重大伤亡事故或者造成其他严重后果。构成本罪，要求事故发生在生产、作业活动中。违反有关安全管理规定则是引发事故的直接原因。所谓安全管理规定，是指和保障生产作业安全有关的劳动纪律、操作规程和劳动保护法规，如《安全生产法》《劳动法》《特种设备安全监察条例》等法律、法规中对有关安全生产的规定。根据《关于办理危害生产安全刑事案件适用法律若干问题的解释》(以下简称《安全案件解释》),具有下列情形之一的,应当认定为“发生重大伤亡事故或者造成其他严重后果”:(1)造成死亡1人以上,或者重伤3人以上的;(2)造成直接经济损失100万元以上的;(3)其他造成严重后果或者重大安全事故的情形。

本罪的责任形式为过失。

(二)犯罪认定

本罪与失火罪,过失爆炸罪,危险物品肇事罪,强令、组织他人违章冒险作业罪等罪名之间均非排斥关系,一行为同时符合本罪与上述罪名的犯罪构成之时,形成想象竞合,应当择一重罪处罚。

(三)处罚

根据《刑法》第134条第1款的规定,犯本罪的,处3年以下有期徒刑或者拘役;情节特别恶劣的,处3年以上7年以下有期徒刑。根据《安全案件解释》的规定,具有下列情形之一的,属于情节特别恶劣:(1)造成死亡3人以上或者重伤10人以上,负事故主要责任的;(2)造成直接经济损失500万元以上,负事故主要责任的;(3)其他造成特别严重后果、情节特别恶劣或者后果特别严重的情形。

十三、强令、组织他人违章冒险作业罪

(一)概念与主要构成特征

强令、组织他人违章冒险作业罪是指强令他人违章冒险作业,或者明知存在重大事故隐患而不排除,仍冒险组织作业,因而发生重大伤亡事故或者造成其他严重后果的行为。

本罪主体是一般主体,即已满16周岁、具有辨认能力和控制能力的人均可成为本罪主体,在司法实践中,一般是对生产、作业负有组织、指挥或者管理职责的负责人、管理人员、实际控制人、投资人等人员。

本罪的行为和结果是,强令他人违章冒险作业,或者明知存在重大事故隐患而不排除,仍冒险组织作业,因而发生重大伤亡事故或者造成其他严重后果。本罪的行为有两种类型:(1)强令他人违章冒险作业。“强令”,包括利用职权、地位命令、指使他人,也包括采取威胁等方式逼迫他人;“违章”,是指违反生产、作业中有关安全管理的规定;“冒险”,是指对人的生命、身体存在的客观危险。根据《安全案件解释》,明知存在事故隐患、继续作业存在危险,仍然违反有关安全管理的规定,实施下列行为之一的,应当认定为“强令他人违章冒险作业”:1)利用组织、指挥、管理职权,强制他人违章作业的;2)采取威逼、胁迫、恐吓等手段,强制他人违章作业的;3)故意掩盖事故隐患,组织他人违章作业的;4)其他强令他人违章作业的行为。(2)明知存在重大事故隐患而不排除,仍冒险组织作业。以此种方式构成本罪时,要求客观上存在重大事故隐患,行为人有义务排除该隐患但不排除,并且仍然冒险组织作业。此种行为类型,不以“强令”为前提,但以明知存在重大事故隐患而不排除为前提。

以上述两种类型的行为构成本罪时,都要求“发生重大伤亡事故或者造成其他严重后果”。根据《安全案件解释》,具有下列情形之一的,应当认定为“发生重大伤亡事故

或者造成其他严重后果"：（1）造成死亡 1 人以上，或者重伤 3 人以上的；（2）造成直接经济损失 100 万元以上的；（3）造成其他严重后果或者重大安全事故的情形。

本罪的罪过形式是过失。需要注意的是，就第一种行为类型而言，行为人对于"强令他人违章冒险作业"是有认识的，对于第二种行为类型而言，行为人对于"存在重大事故隐患而不排除，仍冒险组织作业"是有认识的。本罪的罪过形式之所以是过失，是因为行为人对于"发生重大伤亡事故或者造成其他严重后果"并非希望或放任。

（二）犯罪认定

本罪与失火罪、过失爆炸罪、危险物品肇事罪、重大责任事故罪等罪名之间均非排斥关系，一行为同时符合本罪与上述罪名的犯罪构成之时，形成想象竞合，应当择一重罪处罚。

（三）处罚

根据《刑法》第 134 条第 2 款的规定，犯本罪的，处 5 年以下有期徒刑或者拘役；情节特别恶劣的，处 5 年以上有期徒刑。根据《安全案件解释》的规定，具有下列情形之一的，属于情节特别恶劣：（1）造成死亡 3 人以上或者重伤 10 人以上，负事故主要责任的；（2）造成直接经济损失 500 万元以上，负事故主要责任的；（3）其他造成特别严重后果、情节特别恶劣或者后果特别严重的情形。

十四、危险作业罪

（一）概念与主要构成特征

危险作业罪是指在生产、作业中违反有关安全管理的规定，有高度危险生产作业活动，具有发生重大伤亡事故或者其他严重后果的现实危险的行为。

本罪主体是一般主体，即已满 16 周岁、具有辨认能力和控制能力的人均可成为本罪主体，在司法实践中，一般是与生产、作业有关的人员。

本罪的行为和结果是，在生产、作业中违反有关安全管理的规定，导致重大伤亡事故或者其他严重后果的现实危险。构成本罪，要求在生产、作业中违反有关安全管理的规定，但并非所有违反有关安全管理规定的行为都构成本罪，必须符合以下情形之一：（1）关闭、破坏直接关系生产安全的监控、报警、防护、救生设备、设施，或者篡改、隐瞒、销毁其相关数据、信息的；（2）因存在重大事故隐患被依法责令停产停业、停止施工、停止使用有关设备、设施、场所或者立即采取排除危险的整改措施，而拒不执行的；（3）涉及安全生产的事项未经依法批准或者许可，擅自从事矿山开采、金属冶炼、建筑施工，以及危险物品生产、经营、储存等高度危险的生产作业活动的。本罪是具体危险犯，要求上述行为具有产生重大伤亡事故或者其他严重后果的现实危险。

本罪的罪过形式是故意。成立本罪，要求行为人明知自己违反了有关安全管理的规定。

（二）犯罪认定

本罪是具体危险犯，不要求发生实害结果。一旦实施本罪行为，并且发生了实害结果，则有可能还构成重大责任事故罪、重大劳动安全事故罪、危险物品肇事罪等等。本罪与这些罪名并非排斥关系，一行为同时符合本罪与上述罪名的犯罪构成之时，形成想象竞合，应当择一重罪处罚。

（三）处罚

根据《刑法》第134条之一的规定，犯本罪的，处1年以下有期徒刑、拘役或者管制。

第三节　危害公共安全罪的其他罪名

一、以危险方法危害公共安全犯罪的其他罪名

（一）决水罪

根据《刑法》第114条和第115条第1款的规定，决水罪是指故意破坏水利设施，造成水患，危害公共安全的行为。所谓决水，就是指一切足以使水溢横流、泛滥成灾的行为。决水既可以作为的方式实施，如以破坏水闸、阻塞水道等方式对水利设施加以破坏，使水流失控、发生水患；也可以表现为不作为，如不开放泄洪闸门等，但是行为人必须具有特定的作为义务，并且有能力履行这种义务而不履行的，才构成本罪。无论采哪种决水的手段，只要是利用水的作用来危害公共安全，即可构成本罪，如使用爆炸的方法炸毁堤坝决水，其行为性质仍是决水罪而非爆炸罪。犯本罪的，尚未造成严重后果的，属于本罪的危险犯，处3年以上10年以下有期徒刑；致人重伤、死亡或者使公私财产遭受重大损失的，属于本罪的实害犯，处10年以上有期徒刑、无期徒刑或者死刑。

（二）爆炸罪

根据《刑法》第114条和第115条第1款的规定，爆炸罪即故意使用爆炸的方法，致不特定多数人死伤、破坏公共建筑或者其他公私财物，危害公共安全的行为。此种行为既可以表现为作为，如引爆雷管、炸药以及自制的各种爆炸装置；也可以表现为不作为，如锅炉工故意不给锅炉加水致其发生爆炸。行为人使用的爆炸物品，主要是炸药、手榴弹、雷管、地雷以及自制的各种爆炸装置。无论使用何种爆炸物，采用何种爆炸方式，只要危害公共安全，即可构成本罪。如果爆炸行为是针对特定个人的生命健康和财产安全实施而不危及公共安全，应根据刑法有关规定定罪。如果爆炸行为又触犯其他罪名或者爆炸行为作为其他犯罪的方法时，则分别依想象竞合犯、法条竞合和牵连犯处断。2017年1月最高人民法院、最高人民检察院《关于办理组织、利用邪教组织破坏法律实施等刑事案件适用法律若干问题的解释》第12条规定，邪教组织人员以自焚、自爆或者其他危险方法危害公共安全的，依照《刑法》第114条、第115条的规定，以放火罪、爆炸罪、以危险方法危害公共安全罪等定罪处罚。犯本罪的，尚未造成严重后果的，属于本罪的危险犯，处3年以上10年以下有期徒刑；致人重伤、死亡或者使公私财产遭受重大损失的，属于本罪的实害犯，处10年以上有期徒刑、无期徒刑或者死刑。

（三）过失决水罪

根据《刑法》第115条第2款的规定，过失决水罪是指过失破坏了水利设施，引起

水患，危害公共安全，致人重伤、死亡或使公私财产遭受重大损失的行为。这里的过失是指一般过失而非业务过失，如果负责防洪的工作人员在工作中严重不负责任或擅离职守，过失引起水灾致人重伤、死亡或使重大公私财产遭受重大损失，不构成本罪，而以责任事故犯罪或玩忽职守罪处理。犯本罪的，处3年以上7年以下有期徒刑；情节较轻的，处3年以下有期徒刑或拘役。

（四）过失爆炸罪

根据《刑法》第115条第2款的规定，过失爆炸罪是指过失引发爆炸致人重伤、死亡或使公私财产遭受重大损失，危害公共安全的行为。犯本罪的，处3年以上7年以下有期徒刑；情节较轻的，处3年以下有期徒刑或拘役。

（五）过失投放危险物质罪

根据《刑法》第115条第2款的规定，过失投放危险物质罪，是指过失投放毒害性、放射性、传染病病原体等物质，造成严重后果，危害公共安全的行为。在本罪的认定中，需要注意本罪与危险物品肇事罪、重大环境污染事故罪的界限。犯本罪的，处3年以上7年以下有期徒刑；情节较轻的，处3年以下有期徒刑或拘役。

（六）过失以危险方法危害公共安全罪

根据《刑法》第115条第2款的规定，过失以危险方法危害公共安全罪，是指行为人过失地以危险方法危害公共安全，致人重伤、死亡或使公私财产遭受重大损失的行为。犯本罪的，处3年以上7年以下有期徒刑；情节较轻的，处3年以下有期徒刑或者拘役。

二、破坏公共设备、设施犯罪的其他罪名

（一）过失损坏交通工具罪

根据《刑法》第119条第2款的规定，过失损坏交通工具罪，是指过失损坏火车、汽车、电车、船只、航空器，危害交通运输安全，造成严重后果的行为。这里的“严重后果”，是指使交通工具倾覆、毁坏，致人重伤、死亡或使公私财产遭受重大损失；过失损坏交通工具尚未造成严重后果的，不构成本罪。犯本罪的，处3年以上7年以下有期徒刑；情节较轻的，处3年以下有期徒刑或者拘役。

（二）破坏交通设施罪

根据《刑法》第117条、第119条第1款的规定，破坏交通设施罪，是指故意破坏轨道、桥梁、隧道、公路、机场、航道、灯塔、标志或者进行其他破坏活动，足以使火车、汽车、电车、船只、航空器发生倾覆、毁坏危险或者已经造成严重后果的行为。本罪的犯罪对象是正在使用中的与公共交通运输安全有关的交通设施，而不是正在建设中或者处于维修之中或者与公共交通运输安全无关的交通设施，如乡间小道上只能通行行人或自行车的桥梁。这里的“破坏行为”，是指该行为使交通设施的功能损坏，包括使之缺损和添加的行为。这里的“其他破坏行为”，是指那些虽没有直接破坏交通设施，但其行为本身足以使交通工具发生倾覆、毁坏危险的破坏活动，如乱发指示信号、故意提供错误的天气预报等。

《刑法》第117条规定的本罪行为方式为危险犯，其既遂不以严重的危害后果为要

件，只要行为人实施的破坏交通设施的行为足以使交通工具发生倾覆、毁坏的危险，即可构成本罪的既遂。当然如果行为实施的过程中由于行为人意志以外的原因而未能实施完毕或者危险尚未形成，可以成立本罪的未遂。

本罪与盗窃罪的界限主要在于是否危害公共安全。以非法占有为目的盗窃铁路上的枕木或者偷割使用中的铁路专用电缆，若严重威胁交通运输安全，构成盗窃罪与破坏交通设施罪的想象竞合犯，应择一重罪按破坏交通设施罪定罪处罚；若没有危及公共交通运输的安全，则只是一般的盗窃行为，数额较大的，按盗窃罪定罪处罚。

犯本罪的，尚未造成严重后果的，处 3 年以上 10 年以下有期徒刑；造成严重后果的，处 10 年以上有期徒刑、无期徒刑或者死刑。

（三）过失损坏交通设施罪

根据《刑法》第 119 条第 2 款的规定，过失损坏交通设施罪，是指过失损坏轨道、桥梁、隧道、公路、机场、航道、灯塔等交通设施，危害交通运输安全，已造成严重后果，危害公共安全的行为。“已经造成严重后果”，是指已实际造成交通工具倾覆、毁坏的重大公私财产损失或多人伤亡的后果。虽有损坏交通设施的行为但未造成严重后果的，不构成本罪。犯本罪的，处 3 年以上 7 年以下有期徒刑；情节较轻的，处 3 年以下有期徒刑或拘役。

（四）破坏电力设备罪

根据《刑法》第 118 条、第 119 条第 1 款的规定，破坏电力设备罪，是指故意破坏电力设备，危害公共安全，尚未造成严重后果或者造成严重后果的行为。破坏电力设备的社会危害性不仅在于破坏电力设备的正常功能，还在于其往往引起爆炸、起火、触电等事故，从而危及不特定多数人的生命财产安全。

这里的“正在使用中”，一般理解是正在运行中或正在通电中。但有两种情况即使未通电也被认为正在使用中：（1）已经架设完毕交付电力部门验收的（虽然架设完毕，但尚未交付电力部门验收的，不认为是正在使用中的）；（2）已经通电使用，只是由于枯水季节或电力不足等原因而暂停使用的电力设备。其破坏行为在大多数情况下表现为作为，如使用放火、爆炸的方法破坏电力设备，剪割、拆卸、窃取电力设备等；在少数情况下也可以表现为不作为，如电力设备的检修人员在检修电力设备的过程中，对已发现出现了故障的电力设备不予维修的行为。

本罪与故意毁坏财物罪的主要区别，表现在以下四个方面：（1）犯罪客体不同。前者的犯罪客体是公共电力安全，而后者的犯罪客体是公私财物所有权。（2）犯罪对象不同。前者的犯罪对象是正在使用中的电力设备，而后者的犯罪对象则是一切公私财物，不仅仅限于电力设备。（3）犯罪客观方面不同。前者的破坏行为可以是毁坏电力设备或者其他破坏行为，包括窃取电力设备的行为，而后者只能是毁坏行为。（4）犯罪形态不同。本罪是危险犯，足以发生危害公用电力设备安全的就构成犯罪，而后者是情节犯，故意毁坏公私财物情节严重的才构成犯罪。因此，在实践中如行为人破坏的是正在使用中的电力设备且足以危及公共安全时，构成破坏电力设备罪，如不足以危及公共安全，但情节严重或数额较大的，则视情况构成故意毁坏财物罪或盗窃罪；如破坏的是非正在使用中的电力设备，情节严重或数额较大的，视情况构成故意毁坏财物罪或盗窃罪。

本罪与破坏生产经营罪的主要区别，表现在以下五个方面：（1）犯罪客体不同。前者的犯罪客体是公共电力安全，而后者的犯罪客体是复杂客体，既侵犯了生产经营活动的正常发展，又侵犯了公私财物所有权。（2）犯罪对象不同。前者的犯罪对象是正在使用中的电力设备，而后者的犯罪对象则是生产经营设备和耕畜等，不仅仅限于电力设备。（3）犯罪客观方面不同。前者表现为破坏电力设备，危害公共安全的行为，后者表现为毁坏机器设备、残害耕畜或者以其他方法破坏生产经营的行为。（4）犯罪形态不同。前者为危险犯，后者为行为犯。（5）犯罪主观方面不同。前者不需要特定的犯罪目的，而后者具备泄愤报复或者其他个人目的。

犯本罪尚未造成严重后果的，处 3 年以上 10 年以下有期徒刑；造成严重后果的，处 10 以上有期徒刑、无期徒刑或死刑。

（五）过失损坏电力设备罪

根据《刑法》第 119 条第 2 款的规定，过失损坏电力设备罪，是指过失损坏电力设备，危害公共电力安全，造成严重后果的行为。犯本罪的，处 3 年以上 7 年以下有期徒刑；情节较轻的，处 3 年以下有期徒刑或拘役。

（六）破坏易燃易爆设备罪

根据《刑法》第 118 条和第 119 条第 1 款的规定，破坏易燃易爆设备罪，是指故意破坏燃气或其他易燃易爆设备，足以造成或已经造成严重后果，危害公共安全的行为。本罪的犯罪对象是正在使用中的燃气等易燃易爆设备。燃气设备主要指煤气、液化气、天然气等燃气生产、运输、使用的输送管道等设备；其他易燃易爆设备主要是指燃气设备以外的易燃易爆设备，如油田的油井、油库、输油管道，但不包括易燃易爆物品本身。

“正在使用中”是指经过验收或投入使用后的易燃易爆设备，而不包括库存的、废弃不用的、正在安装和修理的设备。2007 年 1 月 15 日公布的最高人民法院、最高人民检察院《关于办理盗窃油气、破坏油气设备等刑事案件具体应用法律若干问题的解释》明确规定，在实施盗窃油气等行为过程中，采用切割、打孔、撬砸、拆卸、开关等手段破坏正在使用的油气设备的，属于《刑法》第 118 条规定的“破坏燃气或者其他易燃易爆设备”的行为，也即正在使用中的油田输油管道属于《刑法》规定的“正在使用的易燃易爆设备”。

本罪与盗窃罪的主要区别为犯罪对象和犯罪客体不同。第一，被盗窃的易燃易爆设备是否正在使用中，如果不是就不存在危害公共安全的可能性，应依盗窃罪认定。反之就依本罪认定。第二，破坏行为是否足以危害公共安全。如果破坏行为足以危及公共安全，则构成本罪。如果行为人采取破坏性手段窃取正在使用中的易燃易爆设备，足以危及公共安全，则同时构成本罪与盗窃罪，属于想象竞合犯，从一重罪处断。

犯本罪尚未造成严重后果的，处 3 年以上 10 年以下有期徒刑；造成严重后果的，处 10 年以上有期徒刑、无期徒刑或死刑。

（七）过失损坏易燃易爆设备罪

根据《刑法》第 119 条第 2 款的规定，过失损坏易燃易爆设备罪，是指由于行为人的过失使易燃易爆设备受到损坏，以致造成严重后果，危害公共安全的行为。犯本罪的，处 3 年以上 7 年以下有期徒刑；情节较轻的，处 3 年以下有期徒刑或拘役。

（八）破坏广播电视设施、公用电信设施罪

根据《刑法》第124条第1款的规定，破坏广播电视设施、公用电信设施罪，是指故意破坏正在使用中的广播电视设施、公用电信设施，危害公共安全的行为。本罪的客体是公共通讯、信息传播的公共安全。犯罪对象只能是正在使用中、已交付使用的关系公共安全的广播电视设施和公用电信设施。前者主要是指发射无线电广播信号的台站，传播新闻信息的电视台发射台、转播台和电视台的接收电视图像的设备以及有线广播电视传播覆盖设施等；后者主要是指无线电发报设施、设备，电话交换局、台、站和无线电通讯网络、微波、监测、传真电信设备，卫星电信的发射与接收点讯号的设备以及用于航海、航空的无线电通讯、导航设备、设施等。

本罪的破坏行为是多种多样的，可以表现为作为，如割断线路、拔走电杆、损坏机器、拆毁重要机件等；也可以表现为不作为。破坏行为一般可以分为两种情况：一是使广播电视设施、公用电信设施受到物理上的毁损；二是使广播电视设施、公用电信设施丧失应有性能。最高人民法院2004年12月30日发布的《关于审理破坏公用电信设施刑事案件具体应用法律若干问题的解释》规定，采用截断通信线路、损毁通信设备或者删除、修改、增加电信网计算机信息系统中存储、处理或者传输的数据和应用程序等手段，故意破坏正在使用的公用电信设施的行为，亦属于本罪构成要件的行为。2011年6月7日公布的最高人民法院《关于审理破坏广播电视设施等刑事案件具体应用法律若干问题的解释》又规定，采取拆卸、毁坏设备，剪割缆线，删除、修改、增加广播电视设备系统中存储、处理、传输的数据和应用程序，非法占用频率等手段，均属于破坏广播电视设施的行为。

如何判断破坏广播电视设施、公用电信设施的行为危害了公共安全呢？2011年6月7日最高人民法院公布的《关于审理破坏广播电视设施等刑事案件具体应用法律若干问题的解释》明确规定：（1）造成救灾、抢险、防汛和灾害预警等重大公共信息无法发布的；（2）造成县级、地市（设区的市）级广播电视台中直接关系节目播出的设施无法使用，信号无法播出的；（3）造成省级以上广播电视传输网内的设施无法使用，地市（设区的市）级广播电视传输网内的设施无法使用3小时以上，县级广播电视传输网内的设施无法使用12小时以上，信号无法传输的；（4）其他危害公共安全的情形。具有下列情形之一的，则属于“造成严重后果”：（1）造成救灾、抢险、防汛和灾害预警等重大公共信息无法发布，因此贻误排除险情或者疏导群众，致使1人以上死亡、3人以上重伤或者财产损失50万元以上，或者引起严重社会恐慌、社会秩序混乱的；（2）造成省级以上广播电视台中直接关系节目播出的设施无法使用，信号无法播出的；（3）造成省级以上广播电视传输网内的设施无法使用3小时以上，地市（设区的市）级广播电视传输网内的设施无法使用12小时以上，县级广播电视传输网内的设施无法使用48小时以上，信号无法传输的；（4）造成其他严重后果的。

犯本罪的，危害公共安全的，处3年以上7年以下有期徒刑；造成严重后果的，处7年以上有期徒刑。

（九）过失损坏广播电视设施、公用电信设施罪

根据《刑法》第124条的规定，过失损坏广播电视设施、公用电信设施罪，是指过

失损坏广播电视设施、公用电信设施，造成严重后果，危害公共安全的行为。犯本罪的，处 3 年以上 7 年以下有期徒刑；情节较轻的，处 3 年以下有期徒刑或拘役。

三、恐怖活动犯罪的其他罪名

（一）帮助恐怖活动罪

根据《刑法》第 120 条之一的规定，帮助恐怖活动罪，是指自然人或单位故意资助恐怖活动组织、实施恐怖活动的个人的，或者资助恐怖活动培训的，或者为恐怖活动组织、实施恐怖活动或者恐怖活动培训招募、运送人员的行为。该罪是我国为履行承诺的国际义务而在《刑法修正案（三）》增加的并在《刑法修正案（九）》中进行了修改的一个罪名。资助的具体方式和时间没有限制，但仅限于物资帮助，而不包括在精神上予以鼓励。如果超过了资助范围，并故意参与恐怖活动组织或与个人一起实施组织、领导行为，策划、实施恐怖犯罪活动，应以相关犯罪的共犯论处。所谓“资助恐怖活动培训”，是指明知他人在为恐怖活动进行培训而提供资助。所谓“为恐怖活动组织、实施恐怖活动或者恐怖活动培训招募、运送人员”，是指明知是恐怖活动组织、实施恐怖活动或者恐怖活动培训而为其招募、运送人员的行为。本罪的主观方面是故意，并且是以对帮助对象及其行为的明知为条件，要求行为人认识到所资助的对象是恐怖活动组织、实施恐怖活动的个人，或者明知所帮助的对象是实施恐怖活动培训行为的人。犯本罪的，处 5 年以下有期徒刑、拘役、管制或者剥夺政治权利，并处罚金；情节严重的，处 5 年以上有期徒刑，并处罚金或者没收财产。单位犯本罪的，对单位判处罚金，并对其直接负责的主管人员和其他直接责任人员，依照前述规定处罚。

（二）准备实施恐怖活动罪

根据《刑法》第 120 条之二的规定，准备实施恐怖活动罪，是指为实施恐怖活动准备凶器、危险物品或者其他工具的，或者组织恐怖活动培训或积极参加恐怖活动培训的，或者为实施恐怖活动与境外恐怖活动组织或人员联络的，以及为实施恐怖活动进行策划或其他准备的行为。该罪是我国为履行承诺的国际义务而在《刑法修正案（九）》中增加的一个罪名。

本罪的行为方式，具体包括以下四种：一是为实施恐怖活动准备凶器、危险物品或者其他工具的。根据 2000 年 11 月 22 日最高人民法院公布的《关于审理抢劫案件具体应用法律若干问题的解释》的解释，凶器可以分为枪支、爆炸物、管制刀具等国家禁止个人携带的器械（性质上的凶器）和为了实施犯罪所用的其他器械（用法上的凶器）。本罪的凶器亦可作此界定。根据《安全生产法》第 117 条的规定，危险物品，是指易燃易爆物品、危险化学品、放射性物品等能够危及人身安全和财产安全的物品。危险物品主要是由于其化学、物理或者毒性特性使其在生产、储存、装卸、运输过程中，容易导致火灾、爆炸或者中毒危险，可能引起人身伤亡、财产损害。所谓其他工具，是指和凶器、危险物品功能、性质相当的，用于实施恐怖活动的各种器具。二是组织恐怖活动培训或者积极参加恐怖活动培训的。为组织恐怖活动培训，是指为了组织恐怖活动而对他人进行知识、技能、信息、信念和管理训诫等训练活动；积极参加恐怖活动培训，是指明知他人系在进行为恐怖活动而组织的培训活动却积极参加的。三是为实施恐怖活动与境外恐怖活动组织或者人员联络的。其是指为了实施恐怖活动，而与境外（包括国外和我国港、澳、台地区）的恐怖活动组织及其成员、实施恐怖活动的个人进行接洽和联系的行为。四是为实施恐怖活动进行策划或者其他准备的。所谓策划，是指为实施恐怖活动而进行的秘密谋划、商议对策、制定行动方案等行为。其他准备，是指除《刑法》第120条之二第1款前三项以及策划之外的为实施恐怖活动而进行的各项准备活动，包括联络境内恐怖活动组织及其成员、境内恐怖活动个人等行为。

本罪是故意犯罪，行为人需要具有明知。如果行为人不知他人是为了实施恐怖活动，而是被欺骗进行活动的，一般不作为犯罪。比如行为人误认为是某种学术知识方面的培训而参加的，则不宜认定为本罪。如果行为人虽然被欺骗参加，但是发现后不退出，则可以构成本罪。

根据《刑法》第120条之二第2款的规定，有本罪犯罪行为，同时构成其他犯罪的，依照处罚较重的规定定罪处罚。本罪是具体恐怖活动的预备行为，因此，如果行为人在准备之后，实施了其他具体的恐怖活动行为，预备行为被实行行为所吸收，成立具体的恐怖活动犯罪，并无未遂形态，行为人只要为实施恐怖活动而进行各种准备行为即构成既遂。

犯本罪的，处5年以下有期徒刑、拘役、管制或者剥夺政治权利，并处罚金；情节严重的，处5年以上有期徒刑，并处罚金或者没收财产。

（三）利用极端主义破坏法律实施罪

根据《刑法》第120条之四的规定，利用极端主义破坏法律实施罪，是指利用极端主义煽动、胁迫群众破坏国家法律确立的婚姻、司法、教育、社会管理等制度实施的行为。胁迫是指精神强制，即以对被害人实施某种侵害行为相威胁，使其产生恐惧而被迫服从行为人的意志。破坏国家法律实施，主要是指利用极端主义进行宣传煽动或者胁迫，使群众抗拒国家法律（应指广义的法律）确立的婚姻、司法、教育、社会管理等具体制度的实施，动摇我国的法律秩序，包括积极的暴力抗拒行为和消极的不遵守、不履行法定作为义务的行为。犯本罪的，处3年以下有期徒刑、拘役或者管制，并处罚金；情节严重的，处3年以上7年以下有期徒刑，并处罚金；情节特别严重的，处7年以上有期徒刑，并处罚金或者没收财产。

（四）强制穿戴宣扬恐怖主义、极端主义服饰、标志罪

根据《刑法》第120条之五的规定，强制穿戴宣扬恐怖主义、极端主义服饰、标志罪，是指以暴力、胁迫等方式强制他人在公共场所穿着、佩戴宣扬恐怖主义、极端主义服饰、标志的行为。在公共场所穿戴宣扬恐怖主义、极端主义的服饰和标志是恐怖主义、极端主义宣扬的重要手段。构成本罪，要求的手段是采用了暴力、胁迫或其他与暴力、胁迫等同的方式，强迫他人在公共场所穿着、佩戴宣扬恐怖主义、极端主义服饰、标志。所谓的穿着，是指所穿的衣服及所佩的装饰品；而佩戴，则是指插戴、佩挂。所谓服饰，是指装饰人体的物品总称，包括服装、鞋、帽、袜子、手套、围巾、领带、提包、阳伞、发饰等。所谓标志，是指表明事物特征的记号。它以单纯、显著、易识别的物象、图形或文字符号为直观语言，除表示什么、代替什么之外，还具有表达意义、情感和指令行

动等作用。对于用针刺等方式在皮肤上制作宣扬恐怖主义、极端主义的文身，我们认为也属于本罪的行为方式。所谓的公共场所，是指供公众从事社会生活的各种场所的总称，包括公众可以相对自由出入的现实世界和虚拟世界。本罪中的他人既可以是陌生的他人，亦可以是熟悉的他人甚至是行为人的近亲属。本罪中，只限定宣扬恐怖主义和极端主义，邪教不在此内；或者，至少从该条可能具有的文意中理解，在其他要件符合的情况下，强迫他人穿着邪教服饰或佩戴邪教标志的，不构成本罪，除非将邪教理解为极端主义之一种。本罪的主观方面只能是故意，且只能是直接故意。犯本罪的，处 3 年以下有期徒刑、拘役或者管制，并处罚金。

（五）非法持有宣扬恐怖主义、极端主义物品罪

根据《刑法》第 120 条之六的规定，非法持有宣扬恐怖主义、极端主义物品罪，是指明知是宣扬恐怖主义、极端主义的图书、音频视频资料或者其他物品而非法持有，情节严重的行为。非法持有，是指违反国家法律规定实际支配和控制，至于宣扬恐怖主义、极端主义物品的来源在所不论，但是，如果是行为人自己制作或者是为了宣扬恐怖主义、极端主义而持有该类物品，则应构成宣扬恐怖主义、极端主义罪而非本罪。另外，成立本罪需要达到情节严重。情节严重主要是指持有的数量较大、致使扩散范围较大、因为非法持有行为受过行政处罚等等情形。本罪的主观方面是故意，必须明知是宣扬恐怖主义、极端主义的物品而非法持有。如果行为人确实不知是宣扬恐怖主义、极端主义的物品而持有，则不构成犯罪。犯本罪的，处 3 年以下有期徒刑、拘役或者管制，并处或者单处罚金。

（六）劫持船只、汽车罪

根据《刑法》第 122 条的规定，劫持船只、汽车罪，是指以暴力、胁迫或者其他方法劫持船只、汽车，危害公共安全的行为。暴力，是指对船只、汽车上的人员，特别是驾驶人员、售票人员，实施捆绑、殴打、伤害等行为，迫使船只、汽车改变方向或自己亲自控制；胁迫，是对上述人员施以精神恐吓和强制，如以炸车、船相威胁，使驾驶、操纵人员不敢反抗，听凭其指挥或自己亲自操纵驾驶；其他方法，是指上述暴力、胁迫方法以外的任何其他劫持方法，如使用麻醉品将驾驶人员致醉、致昏等，使驾驶人员处于不能反抗或不知反抗的状态，从而达到劫持船只、汽车的目的。本罪的犯罪对象只能是正在使用中的船只、汽车，劫持船只、汽车以外的其他交通工具，如航空器、火车，不构成本罪。本罪是选择性罪名，司法实践中应当根据劫持的对象是船只还是汽车分别认定为劫持船只罪或劫持汽车罪。犯本罪的，处 5 年以上 10 年以下有期徒刑；造成严重后果的，处 10 年以上有期徒刑或无期徒刑。

（七）暴力危及飞行安全罪

根据《刑法》第 123 条的规定，暴力危及飞行安全罪，是指对飞行中的航空器上的人员使用暴力，危及飞行安全，尚未造成或者已经造成严重后果的行为。这里的暴力，是指直接对人身实行打击或者强制，并须达到足以危及飞行安全的程度。行为人使用的是非暴力方法诸如胁迫的方法，或者只是一般推撞打架、口角争斗而不足以危及飞行安全的，则不构成本罪。行为人必须是对正在飞行中的航空器上的人员（包括机组人员和乘客）使用暴力，危及飞行中航空器的飞行安全。这里的飞行中的航空器与劫持航空器

罪中的飞行中的航空器为同义。构成本罪，不以造成严重后果为必要，只要行为人的行为使飞行中的航空器的安全处于危险状态，即构成犯罪（危险犯），并不要求有实际的严重后果发生，造成严重后果的，则以结果加重犯论处。

本罪和破坏交通工具罪都是故意犯罪，并且都有可能危及飞行安全。它们的区别主要在于：（1）犯罪对象不同。本罪的犯罪对象为航空器上的人员，包括机组人员、乘客和其他任何人员；破坏交通工具罪的犯罪对象为交通工具本身，如破坏航空器的发动机等。（2）犯罪客观方面不同。本罪是对正在飞行中的航空器上的人员使用暴力；破坏交通工具罪破坏的是正在使用中的航空器，包括航空器停机待用的，不限于正在飞行中的航空器，且破坏的手段也不限于暴力。

本罪与重大飞行事故罪的界限。重大飞行事故罪是指航空人员违反规章制度，致使发生重大飞行事故，造成严重后果的行为。两者的区别是：（1）犯罪主体不同。暴力危及飞行安全罪的犯罪主体是一般主体，任何处于正在飞行中的航空器上的人员包括机组人员和乘客都可成为该罪的犯罪主体；重大飞行事故罪的犯罪主体是特殊主体，即只能是航空人员包括从事航空活动的空勤人员和地面人员。（2）主观方面不同。暴力危及飞行安全罪只能由故意构成；重大飞行事故罪的行为人在主观上只能是过失。（3）客观方面不同。暴力危及飞行安全罪表现为行为人对正在飞行中的航空器上的人员使用暴力，危及飞行安全的行为；重大飞行事故罪则表现为航空人员违反规章制度，因而发生重大飞行事故造成严重后果的行为。（4）对严重后果的要求不同。构成重大飞行事故罪必须造成严重后果；暴力危及飞行安全罪并不以发生严重后果为构成要件，只要足以危及飞行安全即可构成本罪。

犯本罪尚未造成严重后果的，处5年以下有期徒刑或者拘役；造成严重后果的，处5年以上有期徒刑。

（八）非法制造、买卖、运输、储存危险物质罪

根据《刑法》第125条的规定，非法制造、买卖、运输、储存危险物质罪，是指非法制造、买卖、运输、储存毒害性、放射性、传染病病原体等危险物质，危害公共安全的行为。犯本罪的，处3年以上10年以下有期徒刑；情节严重的，处10年以上有期徒刑、无期徒刑或死刑。单位犯本罪的，对单位判处罚金，并对其直接负责的主管人员和其他直接责任人员依照上述规定处罚。

四、涉枪支、弹药、爆炸物、核材料等危险物品犯罪的其他罪名

（一）违规制造、销售枪支罪

根据《刑法》第126条的规定，违规制造、销售枪支罪，是指被依法指定、确定的枪支制造企业、销售企业违反枪支管理规定，擅自制造、销售枪支的行为。其行为方式具体包括三种：（1）超过限额或不按规定的品种制造、配售枪支。这种行为是指枪支制造、销售企业以非法出售枪支获取非法利润为目的，超过国家有关主管部门下达的生产或者配套程度的数量指标或者任务，或者枪支制造企业未按照国家规定的技术标准生产枪支或者枪支销售企业未按照国家规定的品种、型号配售枪支而擅自制造、配售枪支。

(2) 制造无号、重号、假号的枪支。这种行为是指枪支制造企业在制造枪支过程中，为进行非法销售，制造没有编号或者重复编号或者虚假编号的枪支，以逃避枪支制造管理。(3) 非法销售枪支或在境内销售为出口制造的枪支。这种行为是指违反枪支管理规定销售枪支，或者将为出口制造的枪支，在境内销售牟利。本罪的主体是特殊主体，是纯正的单位犯罪，即依法被指定、确定的枪支制造企业、销售企业。其他企业及个人非法制造、销售枪支的，构成非法制造、买卖枪支罪。本罪的主观方面表现为故意，并且其制造、配售枪支行为均以非法销售为目的。犯本罪的，对单位判处罚金，并对其直接负责的主管人员和其他直接责任人员处 5 年以下有期徒刑；情节严重的，处 5 年以上 10 年以下有期徒刑；情节特别严重的，处 10 年以上有期徒刑或无期徒刑。

(二) 盗窃、抢夺枪支、弹药、爆炸物、危险物质罪

根据《刑法》第 127 条的规定，盗窃、抢夺枪支、弹药、爆炸物、危险物质罪，是指以非法占有为目的，秘密窃取或公然夺取枪支、弹药、爆炸物、危险物质，危害公共安全的行为。本罪在主观方面表现为故意，且需以明知对象为枪支、弹药、爆炸物和危险物质而窃取或夺取的，方能构成本罪；如果行为人并不明知该特定对象而实施盗窃、抢夺行为的，不构成本罪，可以构成《刑法》第 264 条之盗窃罪或《刑法》第 267 条之抢夺罪。犯本罪的，处 3 年以上 10 年以下有期徒刑；情节严重的，处 10 年以上有期徒刑、无期徒刑或死刑。盗窃、抢夺国家机关、军警人员、民兵的枪支、弹药、爆炸物的，处 10 年以上有期徒刑、无期徒刑或死刑。

(三) 抢劫枪支、弹药、爆炸物、危险物质罪

根据《刑法》第 127 条第 2 款的规定，抢劫枪支、弹药、爆炸物、危险物质罪，是指以非法占有为目的，以暴力、胁迫或者其他方法抢劫枪支、弹药、爆炸物或者抢劫毒害性、放射性、传染病病原体等危险物质，危害公共安全的行为。犯本罪的，处 10 年以上有期徒刑、无期徒刑或死刑。

(四) 非法持有、私藏枪支、弹药罪

根据《刑法》第 128 条第 1 款的规定，非法持有、私藏枪支、弹药罪，指违反枪支、弹药的管理规定，非法持有、私藏枪支、弹药的行为。根据最高人民法院 2009 年 11 月 16 日发布的《关于审理非法制造、买卖、运输、枪支、弹药、爆炸物等刑事案件具体应用法律若干问题的解释》第 8 条的规定，“非法持有”，是指不符合配备、配置枪支、弹药条件的人员，违反枪支管理法律、法规的规定，擅自持有枪支、弹药的行为。“私藏”，是指依法配备、配置枪支、弹药的人员，在配备、配置枪支、弹药的条件消除后，违反枪支管理法律、法规的规定，私自藏匿所配备、配置的枪支、弹药且拒不交出的行为。本罪的主观方面表现为故意，即行为人明知是枪支、弹药且自己不符合配备、配置条件或者已经消除配备、配置条件而非法持有、私藏。犯本罪的，处 3 年以下有期徒刑、拘役或管制；情节严重的，处 3 年以上 7 年以下有期徒刑。

(五) 非法出租、出借枪支罪

根据《刑法》第 128 条的规定，非法出租、出借枪支罪，是指依法配备公务用枪的人员或单位，违反枪支管理法规，私自出租、出借枪支的，或者依法配置枪支的人员和单位，违反枪支管理法规，私自出租、出借枪支，造成严重后果的行为。“出租”指以非

法牟利为目的，将自己或单位配备的公务用枪、自己或单位配置的民用枪支租给他人的行为。“出借”指无偿地将自己或单位配备的公务用枪、自己或单位配置的民用枪支借给他人的行为。依法配备公务用枪的人员或单位，违反枪支管理法规，只要私自出租、出借枪支，即可构成本罪；而依法配置枪支的人员和单位，违反枪支管理法规，私自出租、出借枪支，以造成严重后果为犯罪的成立条件。本罪的主体是特殊主体，即依法配备公务用枪的人员和单位、依法配置枪支的人员和单位。依法配备公务用枪的人员，是指公安机关、国家安全机关、监狱的人民警察，人民法院、人民检察院的司法警察和担负案件侦查任务的检察人员，海关缉私人员，以及在依法履行职责时确有必要使用枪支的人员。依法配置枪支的人员，是指依法配置各种民用枪支的人员。犯本罪的，处 3 年以下有期徒刑、拘役或管制；情节严重的，处 3 年以上 7 年以下有期徒刑。单位犯本罪的，对单位判处罚金，并对其直接负责的主管人员和其他直接责任人员，按照上述规定处罚。

（六）丢失枪支不报罪

根据《刑法》第 129 条的规定，丢失枪支不报罪，是指依法配备公务用枪的人员丢失枪支不及时报告，造成严重后果的行为。本罪的主观方面表现为过失。这里说的过失只是针对所造成的严重后果而言的。犯本罪的，处 3 年以下有期徒刑或拘役。

（七）非法携带枪支、弹药、管制刀具、危险物品危及公共安全罪

根据《刑法》第 130 条的规定，非法携带枪支、弹药、管制刀具、危险物品危及公共安全罪，是指违反法律规定，未经有关部门批准，私自携带枪支、弹药、管制刀具及爆炸性、易燃性、放射性、毒害性、腐蚀性物品，进入公共场所或公共交通工具，危及公共安全，情节严重的行为。本罪在主观方面表现为故意，即行为人明知是枪支、弹药、管制刀具及危险物品而故意携带进入公共场所或公共交通工具。犯本罪的，处 3 年以下有期徒刑、拘役或管制。

五、重大安全事故犯罪的其他罪名

（一）重大飞行事故罪

根据《刑法》第 131 条的规定，重大飞行事故罪，是指航空人员违反规章制度，致使发生重大飞行事故，造成严重后果的行为。本罪是过失犯罪，以发生重大的飞行责任事故为必要的构成要件。违反规章制度的行为并未造成重大飞行事故或造成的飞行事故并非重大的，均不成立本罪。

本罪与暴力危及飞行安全罪的界限。两者的主要区别体现在以下四个方面：(1) 客观方面不同。本罪表现为违反规章制度，致使发生重大飞行事故，造成严重后果的行为；后者则表现为对飞行中的航空器上的人员使用暴力，危及飞行安全的行为。(2) 犯罪的主体不同。本罪的主体为特殊主体，仅限于航空人员；后者的主体为一般主体。(3) 构成犯罪的要求不同。本罪是实害犯，必须发生重大的飞行事故或严重后果方可构成本罪；后者是危险犯，犯罪的成立不要求发生实际的严重后果。(4) 犯罪的主观方面不同。本罪的主观方面是过失；后者的主观方面则是故意。

犯本罪的，处 3 年以下有期徒刑或拘役；造成飞机坠毁或人员死亡的，处 3 年以上 7

年以下有期徒刑。

（二）铁路运营安全事故罪

根据《刑法》第132条的规定，铁路运营安全事故罪，是指铁路职工违反规章制度，致使发生铁路运营安全事故，造成严重后果的行为。本罪的客体是铁路运营安全。本罪在客观方面表现为违反国家有关部门规定的保障铁路运营安全的各种规章制度，致使发生重大铁路运营安全事故，造成严重后果的行为。本罪的主体是特殊主体，即仅限于与铁路运营安全有关的铁路职工。本罪在主观方面表现为过失。犯本罪的，处3年以下有期徒刑或拘役；造成特别严重后果的，处3年以上7年以下有期徒刑。

（三）重大劳动安全事故罪

根据《刑法》第135条的规定，重大劳动安全事故罪，是指安全生产设施或者安全生产条件不符合国家规定，因而发生重大伤亡事故或造成其他严重后果的行为。根据2008年6月25日最高人民检察院、公安部《关于公安机关管辖的刑事案件立案追诉标准的规定（一）》第10条的规定，安全生产设施或者安全生产条件不符合国家规定，涉嫌下列情形之一的，应予立案追诉：（1）造成死亡1人以上，或者重伤3人以上的；（2）造成直接经济损失50万元以上的；（3）发生矿山生产安全事故，造成直接经济损失100万元以上的；（4）其他造成严重后果的情形。本罪的主体是特殊主体，即生产单位的主管人员与直接负责安全设施和条件的人员。本罪在主观方面为过失。犯本罪的，对直接责任人员处3年以下有期徒刑或拘役；情节特别恶劣的，处3年以上7年以下有期徒刑。

（四）大型群众性活动重大安全事故罪

根据《刑法》第135条之一的规定，大型群众性活动重大安全事故罪，是指举办大型群众性活动违反安全管理规定，因而发生重大伤亡事故或者造成其他严重后果的行为。根据2008年6月25日最高人民检察院、公安部《关于公安机关管辖的刑事案件立案追诉标准的规定（一）》第11条的规定，举办大型群众性活动违反安全管理规定，涉嫌下列情形之一的，应予立案追诉：（1）造成死亡1人以上，或者重伤3人以上的；（2）造成直接经济损失50万元以上的；（3）其他造成严重后果的情形。本罪的主体是特殊主体，即大型群众性活动的组织者，既可以是个人也可以是单位。本罪在主观方面表现为过失。犯本罪的，对直接负责的主管人员和其他直接责任人员，处3年以下有期徒刑或者拘役；情节特别恶劣的，处3年以上7年以下有期徒刑。

（五）危险物品肇事罪

根据《刑法》第136条的规定，危险物品肇事罪，是指违反爆炸性、易燃性、放射性、毒害性、腐蚀性物品的管理规定，在生产、储存、运输、使用中发生重大事故，造成严重后果的行为。这里的严重后果，是指发生火灾、爆炸、中毒等事故，造成人员伤亡或者公私财产遭受重大损失。根据2008年6月25日最高人民检察院、公安部《关于公安机关管辖的刑事案件立案追诉标准的规定（一）》第12条的规定，违反爆炸性、易燃性、放射性、毒害性、腐蚀性物品的管理规定，在生产、储存、运输、使用中发生重大事故，涉嫌下列情形之一的，应予立案追诉：（1）造成死亡1人以上，或者重伤3人以上的；（2）造成直接经济损失50万元以上的；（3）其他造成严重后果的情形。本罪的主体是一般主体。本罪在主观方面表现为过失。犯本罪的，处3年以下有期徒刑或者拘役；后果特别严重的，处 3 年以上 7 年以下有期徒刑。

（六）工程重大安全事故罪

根据《刑法》第 137 条的规定，工程重大安全事故罪，是指建设单位、设计单位、施工单位、工程监理单位违反国家规定，降低工程质量标准，造成重大安全事故的行为。根据 2008 年 6 月 25 日最高人民检察院、公安部《关于公安机关管辖的刑事案件立案追诉标准的规定（一）》第 13 条的规定，建设单位、设计单位、施工单位、工程监理单位违反国家规定，降低工程质量标准，涉嫌下列情形之一的，应予立案追诉：（1）造成死亡 1 人以上，或者重伤 3 人以上的；（2）造成直接经济损失 50 万元以上的；（3）其他造成严重后果的情形。本罪的主体是特殊主体，即建设单位、设计单位、施工单位、工程监理单位。本罪在主观方面表现为过失。犯本罪的，对直接责任人员处 5 年以下有期徒刑或者拘役，并处罚金；后果特别严重的，处 5 年以上 10 年以下有期徒刑，并处罚金。

（七）教育设施重大安全事故罪

根据《刑法》第 138 条的规定，教育设施重大安全事故罪，是指学校或其他教育机构的直接责任人员，明知校舍或教育教学设施有危险，而不采取措施或不及时报告，致使发生重大伤亡事故的行为。根据 2008 年 6 月 25 日最高人民检察院、公安部《关于公安机关管辖的刑事案件立案追诉标准的规定（一）》第 14 条的规定，明知校舍或教育教学设施有危险，而不采取措施或不及时报告，涉嫌下列情形之一的，应予立案追诉：（1）造成死亡 1 人以上、重伤 3 人以上或者轻伤 10 人以上的；（2）其他致使发生重大伤亡事故的情形。本罪的主体是特殊主体，即对校舍、教育教学设施安全负有直接责任的人员。本罪在主观方面表现为过失。犯本罪的，对直接责任人员，处 3 年以下有期徒刑或者拘役；后果特别严重的，处 3 年以上 7 年以下有期徒刑。

（八）消防责任事故罪

根据《刑法》第 139 条的规定，消防责任事故罪，是指违反消防管理法规，经消防监督管理机构通知采取改正措施而拒绝执行，造成严重后果的行为。根据 2008 年 6 月 25 日最高人民检察院、公安部《关于公安机关管辖的刑事案件立案追诉标准的规定（一）》第 15 条的规定，违反消防管理法规，经消防监督机构通知采取改正措施而拒绝执行，涉嫌下列情形之一的，应予立案追诉：（1）造成死亡 1 人以上，或者重伤 3 人以上的；（2）造成直接经济损失 50 万元以上的；（3）造成森林火灾，过火有林地面积 2 公顷以上，或者过火疏林地、灌木林地、未成林地、苗圃地面积 4 公顷以上的；（4）其他造成严重后果的情形。本罪的主体是特殊主体，即负有防火安全职责的直接责任人员。本罪在主观方面表现为过失，包括疏忽大意的过失和过于自信的过失。犯本罪的，对直接责任人员处 3 年以下有期徒刑或者拘役；后果特别严重的，处 3 年以上 7 年以下有期徒刑。

（九）不报、谎报安全事故罪

根据《刑法》第 139 条之一的规定，不报、谎报安全事故罪，是指负有报告职责的人员，在安全事故发生后，不报或谎报事故情况，贻误事故抢救，情节严重的行为。根据 2015 年 12 月最高人民法院、最高人民检察院《关于办理危害生产安全刑事案件适用法律若干问题的解释》第 8 条的规定，在安全事故发生后，负有报告职责的人员不报或者谎报事故情况，贻误事故抢救，具有下列情形之一的，应当认定为《刑法》第 139 条之一规定的“情节严重”：（1）导致事故后果扩大，增加死亡 1 人以上，或者增加重伤 3 人以上，或者增加直接经济损失 100 万元以上的。（2）实施下列行为之一，致使不能及时有效开展事故抢救的：决定不报、迟报、谎报事故情况或者指使、串通有关人员不报、迟报、谎报事故情况的；在事故抢救期间擅离职守或者逃匿的；伪造、破坏事故现场，或者转移、藏匿、毁灭遇难人员尸体，或者转移、藏匿受伤人员的；毁灭、伪造、隐匿与事故有关的图纸、记录、计算机数据等资料以及其他证据的。（3）其他情节严重的情形。具有下列情形之一的，应当认定为《刑法》第 139 条之一规定的“情节特别严重”：（1）导致事故后果扩大，增加死亡 3 人以上，或者增加重伤 10 人以上，或者增加直接经济损失 500 万元以上的；（2）采用暴力、胁迫、命令等方式阻止他人报告事故情况，导致事故后果扩大的；（3）其他情节特别严重的情形。本罪的主体是特殊主体，只能是负有报告安全事故职责的人员，即矿山生产经营单位的负责人、实际控制人，负责生产经营管理的投资人以及其他负有报告职责的人员。本罪在主观方面表现为故意，即明知应该在安全事故发生后及时向有关机关或部门报告而故意不报或谎报事故情况。犯本罪的，处 3 年以下有期徒刑或者拘役；情节特别严重的，处 3 年以上 7 年以下有期徒刑。

所涉法律条文及司法文件

1. 最高人民检察院《关于将公务用枪用作借债质押的行为如何适用法律问题的批复》（1998 年 11 月 3 日）

2. 最高人民法院《关于审理交通肇事刑事案件具体应用法律若干问题的解释》（2000 年 11 月 21 日）

3. 国务院办公厅《关于进一步加强民用爆炸物品安全管理的通知》（2002 年 9 月 30 日）

4. 最高人民法院、最高人民检察院《关于办理妨害预防、控制突发传染病疫情等灾害的刑事案件具体应用法律若干问题的解释》（2003 年 5 月 15 日）

5. 最高人民法院、最高人民检察院《关于办理非法制造、买卖、运输、储存毒鼠强等禁用剧毒化学品刑事案件具体应用法律若干问题的解释》（2003 年 10 月 1 日）

6. 最高人民检察院法律政策研究室《关于非法制造、买卖、运输、储存以火药为动力发射弹药的大口径武器的行为如何适用法律问题的答复》（2004 年 11 月 3 日）

7. 最高人民法院《关于审理破坏公用电信设施刑事案件具体应用法律若干问题的解释》（2005 年 1 月 11 日）

8. 最高人民法院、最高人民检察院《关于办理盗窃油气、破坏油气设备等刑事案件具体应用法律若干问题的解释》（2007 年 1 月 19 日）

9. 最高人民法院《关于审理破坏电力设备刑事案件具体应用法律若干问题的解释》（2007 年 8 月 21 日）

10. 最高人民检察院、公安部《关于公安机关管辖的刑事案件立案追诉标准的规定

（一）》（2008 年 6 月 25 日）

11. 最高人民法院《关于印发醉酒驾车犯罪法律适用问题指导意见及相关典型案例的通知》（2009 年 9 月 11 日）

12. 最高人民法院《关于审理非法制造、买卖、运输枪支、弹药、爆炸物等刑事案件具体应用法律若干问题的解释》（2010 年 1 月 1 日）

13. 最高人民法院《关于审理破坏广播电视设施等刑事案件具体应用法律若干问题的解释》（2011 年 6 月 13 日）

14.《车辆驾驶人员血液、呼气酒精含量阈值与检验标准》（2011 年 7 月 1 日）[附：国家标准化管理委员会《关于批准发布 GB 19522—2010〈车辆驾驶人员血液、呼气酒精含量阈值与检验〉国家标准第 1 号修改单的公告》（2017 年第 3 号）]

15. 最高人民法院、最高人民检察院、公安部、国家安全监管总局《关于依法加强对涉嫌犯罪的非法生产经营烟花爆竹行为刑事责任追究的通知》（2012 年 9 月 6 日）

16. 最高人民法院、最高人民检察院、公安部、司法部《关于办理醉酒危险驾驶刑事案件的意见》（2023 年 12 月 28 日）

17. 最高人民法院、最高人民检察院《关于办理危害生产安全刑事案件适用法律若干问题的解释》（2015 年 12 月 16 日）

18. 最高人民法院、最高人民检察院、公安部、司法部《关于办理恐怖活动和极端主义犯罪案件适用法律若干问题的意见》（2018 年 3 月 16 日）

思考题

1. 公共安全中的“公共”如何理解？
2. 《刑法》第 114 条和第 115 条第 1 款之间是何种关系？
3. 如何理解以危险方法危害公共安全罪中的“其他危险方法”？
4. 刑法上枪支的认定是否必须遵循行政法律法规的规定？
5. 交通肇事罪中的三种“逃逸”是何种关系？
6. 是否只要是血液酒精含量达到 80mg/100ml 并驾驶机动车的，就构成危险驾驶罪？

第七章 侵犯公民人身权利、民主权利罪

内容导读

本类罪重点关注如下问题：故意杀人罪、故意伤害罪、强奸罪的构成特征及认定中应当注意的问题，强奸罪加重情节的认定，绑架罪的构成特征及其与非法拘禁罪的界限，拐卖妇女、儿童罪的构成特征及其提高法定刑情节的认定，收买被拐卖的妇女、儿童罪的构成特征及罪数认定，诽谤罪、侵犯公民个人信息罪、虐待罪的构成特征及认定中应注意的问题。

第一节 侵犯公民人身权利、民主权利罪概述

一、侵犯公民人身权利、民主权利罪的概念

侵犯公民人身权利、民主权利罪是指故意或者过失地侵犯公民的人身权利、民主权利以及与人身有直接关系的其他权利，依法应受刑罚处罚的行为。

我国刑法规定的侵犯公民人身权利、民主权利罪，实际包括了侵犯公民人身权利的犯罪、侵犯公民民主权利的犯罪与破坏婚姻家庭生活的犯罪。因为考虑到人身权利与民主权利之间的紧密联系、破坏婚姻家庭生活的犯罪本质上也主要是对公民人身权利的侵犯，所以将它们都规定在《刑法》分则的第四章里。

侵犯公民人身权利、民主权利罪是常见、多发的一类犯罪，这类犯罪所包括的罪名较多，不同罪的社会危害性程度差异大，如故意杀人罪，强奸罪，绑架罪，拐卖妇女、儿童罪等的法定最高刑为死刑，而侵犯通信自由罪的法定最高刑只是有期徒刑1年。但是，从总体上看，这一类犯罪的性质严重，其中的很多犯罪不仅严重侵害公民的人身安全，还严重危害社会治安，因而其中许多犯罪如故意杀人，强奸，绑架，拐卖妇女、儿童犯罪等历来是我国刑法重点打击的犯罪。

二、侵犯公民人身权利、民主权利罪的共同特征

侵犯公民人身权利、民主权利罪具有以下共同特征：

（1）侵犯的同类客体是我国刑法所保护的公民的人身权利、民主权利以及与人身直接有关的其他权利。侵犯这些权利是这类犯罪的实质所在，也是这类犯罪区别于其他类

型犯罪的一个主要标志。人身权利，是指公民依法享有的与其人身不可分离的权利。这类权利不具有经济内容、与人身密不可分、只有权利人本人才享有，具体包括生命权、健康权、性的自主权、人身自由权、人格权、名誉权、婚姻自由权等。民主权利，是指公民依法享有的参与国家管理和社会政治活动的权利，主要包括选举权与被选举权、控告权、申诉权、批评权、举报权、宗教信仰自由权、少数民族保留本民族风俗习惯的权利、通信自由权利等。与人身直接有关的其他权利，主要包括住宅不受侵犯权、个人信息不受侵犯权、劳动权、受扶养权等。

本类罪的有些犯罪侵犯的是复杂客体，如诬告陷害罪、刑讯逼供罪、暴力取证罪等，既侵犯了公民的人身权利，又侵犯了司法机关的正常活动秩序，但由于这些犯罪是以侵犯人身权利为主要内容的，所以，《刑法》将其规定在这一章中。

（2）本类罪的客观方面为以各种方法侵犯公民的人身权利、民主权利以及其他与人身直接有关的权利的行为。这里所说的“侵犯”，包括剥夺、破坏、妨害、限制等行为。就犯罪行为的表现形式而言，这类罪中的大多数只能以作为的方式实施，如强奸罪、绑架罪、侮辱罪、诽谤罪、诬告陷害罪等；也有少数犯罪既可以作为的方式实施，也可以不作为的方式实施，如故意杀人罪、故意伤害罪等，而遗弃罪是一种纯正的不作为犯罪，只能以不作为方式实施。

（3）本类犯罪的主体，大多数为一般主体，也有几种罪的犯罪主体是特殊主体，如刑讯逼供罪、暴力取证罪、虐待被监管人罪的主体就只能是司法工作人员；非法剥夺公民宗教信仰自由罪、侵犯少数民族风俗习惯罪、报复陷害罪的主体，只能是国家机关工作人员；私自开拆、隐匿、毁弃邮件、电报罪的主体只能是邮政工作人员；打击报复会计、统计人员罪的主体只能是公司、企业、事业单位、机关、团体的领导人；虐待罪的主体是与被害人共同生活的家庭成员；虐待被监护、看护人罪的主体是对被害人负有监护或看护职责的人员或单位；遗弃罪的主体是对被害人负有扶养义务的人；不具有这种特定身份的人就只能成为该罪的共犯。

本类犯罪中有个别罪的犯罪主体还可以是单位，如强迫劳动罪，侵犯公民个人信息罪，虐待被监护、看护人罪。

本类犯罪主体的刑事责任年龄一般为16周岁，但依《刑法》第17条规定，已满14周岁不满16周岁的人，犯故意杀人、故意伤害致人重伤或者死亡、强奸罪，应当负刑事责任；已满12周岁不满14周岁的人，犯故意杀人、故意伤害罪，致人死亡或者以特别残忍手段致人重伤造成严重残疾，情节恶劣，经最高人民检察院核准追诉的，应当负刑事责任。

（4）关于本类犯罪的主观方面，只有过失致人死亡罪、过失致人重伤罪是由过失构成的，其他各罪都是由故意构成；有个别罪还要求行为人必须具有特定的犯罪目的才能构成，如拐卖妇女、儿童罪的成立要求以出卖为目的，诬告陷害罪的成立要求有意图使他人受到刑事追究的目的。

三、侵犯公民人身权利、民主权利罪的种类

《刑法》分则第四章规定的侵犯公民人身权利、民主权利罪，从第232条至第262条

之二，共38条、43个罪名。具体可分为以下几类：

（1）侵犯公民生命权利的犯罪，包括：故意杀人罪，过失致人死亡罪。

（2）侵犯公民健康权利的犯罪，包括：故意伤害罪，组织出卖人体器官罪，过失致人重伤罪，虐待被监护、看护人罪。

（3）侵犯公民性自主权利的犯罪，包括：强奸罪，负有照护职责人员性侵罪，强制猥亵、侮辱罪，猥亵儿童罪。

（4）侵犯公民人身自由及其他自由权利的犯罪，包括：非法拘禁罪，绑架罪，拐卖妇女、儿童罪，收买被拐卖的妇女、儿童罪，聚众阻碍解救被收买的妇女、儿童罪，诬告陷害罪，强迫劳动罪，雇用童工从事危重劳动罪，非法搜查罪，非法侵入住宅罪，侵犯公民个人信息罪，组织残疾人、儿童乞讨罪，组织未成年人进行违反治安管理活动罪。

（5）侵犯人格、名誉的犯罪，包括：侮辱罪，诽谤罪，煽动民族仇恨、民族歧视罪，出版歧视、侮辱少数民族作品罪。

（6）侵犯民主权利的犯罪，包括：侵犯通信自由罪，私自开拆、隐匿、毁弃邮件、电报罪，破坏选举罪。

（7）妨害婚姻家庭关系的犯罪，包括：暴力干涉婚姻自由罪，重婚罪，破坏军婚罪，虐待罪，遗弃罪，拐骗儿童罪。

（8）渎职滥权侵害公民权利的犯罪，包括：刑讯逼供罪，暴力取证罪，虐待被监管人罪，非法剥夺公民宗教信仰自由罪，侵犯少数民族风俗习惯罪，报复陷害罪，打击报复会计、统计人员罪。

第二节　侵犯公民人身权利、民主权利罪的重点罪名

一、故意杀人罪

（一）概念与构成特征

故意杀人罪是指故意非法剥夺他人生命的行为。

本罪的直接客体是刑法所保护而为故意杀人行为所侵害的他人生命权。生命权是公民最基本的权利，是行使其他一切权利的客观基础和前提。故意杀人罪侵犯了刑法所保护的公民的生命权，是危害最严重的侵犯公民人身权利的犯罪。犯罪对象是具有生命的自然人。人的生命权利始于出生，终于死亡。

犯罪客观方面是非法剥夺他人生命的行为，即杀人行为。首先，必须有剥夺他人生命的行为，其特点是直接或间接作用于他人的肌体，使其生命在自然死亡之前终结。这里的“他人”，包括植物人，但是否包括人工智能的法律拟制主体，尚需理论上进一步研究。剥夺他人生命的方式，既可以是作为，如刀砍、绳勒、拳击、枪击等，也可以是不作为，如负有救助义务的人见死不救致人死亡的情形。至于具有民法上抚养、扶养义务的人见死不救致人死亡的情形，是否成立剥夺他人生命的方式，理论上有不同观点。我们认为，这要考察民法上抚养、扶养义务的具体规定内容，若这些内容不属于生命等人

身权益保护方面，就不能简单地认定为成立剥夺他人生命的方式。剥夺他人生命的具体手段可以是多种多样的，但如果行为人使用放火、爆炸、投放危险物质等危险方法杀人并同时危害公共安全的，按照理论界通说，应以相应的危害公共安全罪论处。其次，剥夺他人生命的行为必须是非法的。如果是合法地剥夺他人生命，如依法执行命令处决死刑犯、符合法定条件的正当防卫杀死不法侵害人等，则不构成犯罪。成立故意杀人罪不要求必须发生他人死亡的结果：如果发生了他人死亡的结果，成立故意杀人罪的既遂；没有发生他人死亡的结果，应根据案件的不同情况，分别以故意杀人罪的未遂、中止或者预备论定。

犯罪主观方面是非法剥夺他人生命的故意，包括直接故意和间接故意。故意杀人的动机多种多样，动机不同，不影响故意杀人罪的成立，但能影响量刑的轻重。

（二）犯罪认定

1. 关于出生与死亡的认定标准问题。这直接关系到对故意杀人罪的准确认定。按照我国理论界的通说，人的出生标准采用“独立呼吸说”，即胎儿脱离母体后开始独立呼吸为生命开始。人的死亡标准传统观点是“心死亡说”，即人的心跳、呼吸停止不可恢复为生命终结；但随着医学科学的发展，自 20 世纪中期以来，“脑死亡”的概念逐渐为大家所认知并得到了不少支持，其主张将包括大脑、小脑与脑干在内脑的全部功能不可逆的全部丧失作为死亡的标准。根据《人体器官移植条例》的有关规定，在医疗实践中已采用脑死亡的判断标准，但在司法实践中我国仍是采用“心死亡说”。

2. 根据《刑法》第 238、247、248、289、292 条的规定，对于非法拘禁使用暴力致人死亡的，刑讯逼供或者暴力取证致人死亡的、虐待被监管人致人死亡的、聚众“打砸抢”致人死亡的、聚众斗殴致人死亡的，均应以故意杀人罪定罪处罚。

根据《刑法》第 234 条之一的规定，未经本人同意摘取其器官，或者摘取不满 18 周岁的人的器官，或者强迫、欺骗他人捐献器官，因而造成器官被摘取人死亡的，以故意杀人罪定罪处罚。

3. 对与自杀有关的案件应具体分析，区别处理。自杀是自杀者结束自己生命的行为。在我国，自杀行为本身并不构成犯罪。但是，引起、促成自杀的原因比较复杂，其中有的人对他人的自杀应承担故意杀人罪的刑事责任。下面就涉及刑事责任的几种情况作简略归纳。

（1）相约自杀，即二人以上相互约定自愿共同自杀的情形。相约自杀主要有以下几种情况：一是各方相约共同自杀，各方均自杀身亡的，自然不存在刑事责任问题。二是各方相约共同自杀，一方未对他方实施教唆、帮助或者诱使行为，虽然相约行为对各方起到精神支持作用，自杀未死的一方也不应对他方的自杀身亡负刑事责任。三是各方相约共同自杀，一方为自杀提供条件，他方利用这一条件自杀身亡，而提供条件者自杀未遂，通常对提供自杀条件者一方应以故意杀人罪论处，但可考虑从轻处罚。四是相约共同自杀，由其中一方杀死对方，继而自杀未遂的，则应对先杀死他人而后自杀者以故意杀人罪论处，但可以考虑从轻处罚。五是以相约共同自杀为名，诱骗他人自杀的，对诱骗者应以故意杀人罪论处。

（2）引起他人自杀，即行为人所实施的某种行为引起他人自杀身亡。实践中主要有以下情形：一是行为人的正当行为引起他人自杀的，不存在刑事责任问题。二是行为人的错误行为或者轻微违法行为引起他人自杀的，也不存在刑事责任问题。三是行为人的严重违法行为引起他人自杀，将严重违法行为与引起他人自杀的后果进行综合评价，达到了犯罪的社会危害程度时，应当追究刑事责任。但由于此种情况下行为人并没有非法剥夺他人生命的故意，不构成故意杀人罪，而应以其严重违法行为的本来法律性质定罪，引起他人自杀只能作为对其严重违法行为是否定罪的一个情节。如侮辱、诽谤他人引起自杀的，引起自杀就成为判定情节严重的一个重要因素，从而对行为人可以以侮辱罪、诽谤罪论处。四是行为人的犯罪行为引起他人自杀，如强奸、非法拘禁、暴力干涉他人婚姻自由等引起他人自杀。在这种情况下，由于行为人主观上并没有非法剥夺他人生命的故意，因而不能认定为故意杀人罪，对其仍应按先前的犯罪行为定罪，将引起他人自杀的情况作为一个从重处罚或者适用较重法定刑的情节考虑。五是行为人有非法剥夺他人生命的故意，并凭借某种权势或者以暴力、胁迫、诱骗等手段促使他人自杀。这是典型的借被害人之手杀死被害人的“借刀杀人”行为，应以故意杀人罪论处。六是教唆或者帮助他人自杀。教唆他人自杀，是指行为人在网络上或线下以引诱、鼓励、怂恿等方法使没有自杀意图的人产生自杀决意，实施自杀行为。帮助他人自杀，是指在他人已有自杀意图的情况下，帮助他人实现自杀意图。由于在这两种情形中教唆者、帮助者主观上有非法剥夺他人生命的故意，在客观上其教唆、帮助行为对于自杀者的死亡结果具有原因力，包括在《刑法》第 232 条规定的故意杀人行为之中，所以，对这种教唆者、帮助者应以故意杀人罪论处，但可以从轻处罚。七是故意设置圈套或陷阱，或者利用被害人年幼无知或精神失常，或者对被害人进行精神控制，而引导其在无意中走向自杀性的死亡。此种情况下，由于行为人主观上有非法剥夺他人生命的故意，客观上直接造成被害人死亡的结果但只是以陷阱等造成被害人自杀之假象，因而，对行为人应以故意杀人罪论处。如将双目失明的人带至一悬崖边，故意指引其走下悬崖，致使其坠崖死亡。

4. 关于受嘱托杀人及“安乐死”的定性问题。受嘱托杀人，是指接受已有死亡决意的人的嘱托而故意直接将其杀死的行为。这种行为从广义上讲也是一种帮助自杀行为，但与前述帮助他人自杀不同，它是直接实施剥夺他人生命的行为，而不是仅仅给他人的自杀予以帮助。由于人的生命权利是最重要的权利，而且与家人、社会联系密切，牵涉家庭、社会一系列的权利义务关系而受到法律的严格保护，因而受嘱托杀人也为法律所不允许，对此行为应以故意杀人罪论处，但可考虑从轻处罚。

“安乐死”，也称无痛苦死亡，一般是指应身患不治之症，精神、肉体极度痛苦的病人的请求，实施促使其提前、迅速无痛苦死亡的行为。其实质也是一种受嘱托杀人行为。现已有个别国家将“安乐死”合法化，如荷兰。我国也有学者对其合法化问题进行了较深入的理论探讨，但在立法上尚未承认其为合法的当前，实施“安乐死”仍是非法的，对其应以故意杀人罪定性，但可根据案件的具体情况予以从宽处罚。

5. 对“大义灭亲”行为，应以故意杀人罪论处。这里所说的“大义灭亲”，是指行为人故意非法地杀死有违法犯罪行为的亲属的行为。这种行为看似“为社会除害”，实为破坏国家法治并侵犯公民人身权利的行为。我国不承认“家法”，对一切违法犯罪分子都应交由有关行政执法机关或司法机关处理。私自处死违法犯罪亲属的，同样构成故意杀人罪，但量刑时可以适当从宽处罚。符合正当防卫的，不在此列。

（三）处罚

依照《刑法》第232条的规定，犯本罪的，处死刑、无期徒刑或者10年以上有期徒刑；犯本罪，情节较轻的，处3年以上10年以下有期徒刑。所谓“情节较轻”，通常是指当场基于义愤杀人、受嘱托杀人、因受被害人长期迫害而杀人、帮助自杀、“大义灭亲”杀人等。

二、过失致人死亡罪

（一）概念与构成特征

过失致人死亡罪是指因过失致他人死亡的行为。

犯罪客观方面是过失致人死亡的行为，并且该行为实际上造成了他人死亡的结果。过失致人死亡的行为，主要表现为在日常生活中，由于缺乏必要的谨慎，对他人的生命安全没有予以应有的关注，以致造成他人死亡，如开玩笑失手致人死亡。至于是当场致人死亡，还是经抢救无效死亡，对本罪的成立没有影响。

犯罪主观方面是过失，包括疏忽大意的过失和过于自信的过失。

（二）犯罪认定

1. 过失致人死亡罪与过失引起他人死亡的其他犯罪的界限。《刑法》分则规定的一些过失犯罪，如失火罪、过失爆炸罪、重大飞行事故罪、交通肇事罪、重大责任事故罪、重大劳动安全事故罪、医疗事故罪、玩忽职守罪等，也往往发生引起他人死亡的结果。但它们都是因为危害公共安全或者是业务过失而导致他人死亡的结果。规定这些犯罪的刑法条文与规定过失致人死亡罪的刑法条文形成特别法条与普通法条的竞合关系，在这种情况下应按特别法条规定论处，不定过失致人死亡罪。《刑法》第233条后段规定的“本法另有规定的，依照规定”正是指的这种情形。

2. 过于自信的过失致人死亡与间接故意杀人的界限。过于自信的过失致人死亡与间接故意杀人有不少相似之处，如都造成了被害人死亡的结果，行为人事前都认识到自己的行为可能造成他人死亡的结果发生，且都不希望这种结果发生。二者的区别主要在于：前者行为人对死亡结果的发生是持轻信能够避免的心理态度，且这种心理态度是以一定的主客观条件为根据的，如行为人本人的能力、经验、知识、技术、行为时的环境等，在客观上通常会表现出积极避免他人死亡结果发生的活动；而后者的行为人对他人死亡结果的发生是持放任的心理态度，主观上没有要依据某些条件避免他人死亡结果发生的意图，客观上没有避免造成他人死亡结果发生的行为表现。

3. 疏忽大意的过失致人死亡与意外事件致人死亡的界限。二者有所相似，如客观上都发生了导致他人死亡的结果，行为人对导致他人死亡的结果的发生都没有预见。二者区别的关键就在于行为人是否应预见自己的行为可能导致他人死亡的结果。这需要根据行为人行为当时的认识能力、所处的客观环境条件等进行分析判断。如果行为人当时应预见而没有预见，则属于疏忽大意的过失致人死亡；如果行为人当时不能预见，则属于意外事件。

（三）处罚

依照《刑法》第233条的规定，犯本罪的，处3年以上7年以下有期徒刑；情节较轻的，处3年以下有期徒刑。这里所说的情节较轻，通常是指被害人自身亦有一定过错或者对被害人进行了积极抢救，等等。

三、故意伤害罪

（一）概念与构成特征

故意伤害罪是指故意非法损害他人身体健康的行为。

本罪的直接客体是刑法所保护而为故意伤害行为所侵害的他人身体健康权。所谓他人身体健康权，是指他人保持其身体组织的完整性与正常机能的权利。犯罪对象是他人。

犯罪客观方面为非法损害他人身体健康的行为。首先，必须有损害他人身体健康的行为，即破坏他人身体组织的完整性而使其相应功能丧失或产生障碍，或使他人器官功能丧失或产生障碍，或身体健康状况恶化，如砍断他人手指，或者使他人丧失听觉、视觉，使他人神经机能失常等。损害他人身体健康的行为通常表现为作为方式，大多以暴力方式实施，具体手段多样，法律并未限定其行为方式与方法。其次，损害他人身体健康的行为必须是非法的，如果是合法行为损害了他人的身体健康，则不构成犯罪，如因正当防卫、紧急避险而伤害他人，因治疗上的需要为病人截肢，体育运动项目中规则所允许的伤害等，都是法律允许的伤害行为，不构成犯罪。最后，本罪的既遂形态是结果犯，只有伤害行为起码致人轻伤的，才认为齐备了故意伤害罪的全部要件要素，才构成本罪的既遂。伤害的结果多种多样，如内伤、外伤，肉体伤害、神经损伤等。

犯罪主体是一般主体。其中，故意伤害致人重伤或者死亡的，为已满14周岁、具有刑事责任能力的人即可构成；故意伤害致人轻伤的，须为已满16周岁、具有刑事责任能力的人才能构成。根据《刑法修正案（十一）》的规定，已满12周岁不满14周岁的人，犯故意伤害罪，致人死亡或者以特别残忍手段致人重伤造成严重残疾，情节恶劣，经最高人民检察院核准追诉的，应当负刑事责任。

犯罪主观方面是非法损害他人身体健康的故意。

（二）犯罪认定

1. 注意区分伤害结果的程度。根据《刑法》规定，故意伤害罪的伤害结果的程度分为轻伤、重伤与伤害致死。这三种情况直接反映了伤害行为的社会危害性程度，因而对量刑具有重要意义。由于伤害致死只要发生被害人死亡的结果即可认定，因而需要特别注意区分的是重伤与轻伤的界限。根据《刑法》第95条的规定，重伤，是指下列三种情形之一：一是使人肢体残废或者毁人容貌的；二是使人丧失听觉、视觉或者其他器官机能的；三是其他对于人身健康有重大伤害的，这是指除上述两种重伤情形之外的在受伤当时危及生命或者在损伤过程中能够引起威胁生命的并发症，以及其他严重影响人体健康的损伤，如颅脑损伤，脊柱、脊髓损伤致偏瘫或截瘫。根据《人体损伤程度鉴定标准》的规定，重伤分为重伤一级与重伤二级。所谓轻伤，是指使人肢体或者容貌损害，听觉、视觉或者其他器官功能部分障碍或者其他对于人身健康有中度伤害的损害。根据《人体损伤程度鉴定标准》的规定，轻伤也分为轻伤一级与轻伤二级。对致人重伤或轻伤的结论，应按照《人体损伤程度鉴定标准》的规定鉴定。

2. 故意伤害罪与一般殴打行为的界限。一般殴打行为是指只是给他人造成暂时性的肉体疼痛，或者使他人神经受到轻微刺激，但不损害他人身体健康的行为。一般殴打行为也可能造成一定的人体损害，如脸肿、鼻腔出血、皮下出血等，但这不属于故意伤害罪中的伤害，通常情况下属于一般违法行为。二者的区别主要在于：（1）客观上造成损害不同。故意伤害罪在客观上通常有造成他人轻伤或重伤或伤害致死的结果；而一般殴打行为在客观上未造成他人身体伤害或只造成轻微伤害。（2）行为人的主观心理态度不同。故意伤害行为人主观上有非法损害他人身体健康的故意；而一般殴打行为人主观上没有非法损害他人身体健康的故意，或不能证明行为人有非法损害他人身体健康的故意。依据我国刑法有关规定，有的殴打行为有可能符合其他犯罪的构成条件，如果符合其他相应罪的成立条件则应按相应的罪论处，如寻衅滋事罪。

3. 根据《刑法》第 238、247、248、289、292、333 条的规定，对非法拘禁使用暴力致人伤残的、刑讯逼供或者暴力取证致人伤残的，虐待被监管人致人伤残的，聚众"打砸抢"致人伤残的，聚众斗殴致人重伤的，非法组织他人卖血或者强迫他人卖血造成他人伤害的，均应以故意伤害罪定罪处罚。

根据《刑法》第 234 条之一的规定，未经本人同意摘取其器官，或者摘取不满 18 周岁的人的器官，或者强迫、欺骗他人捐献器官，因而造成器官被摘取人健康受损的，以故意伤害罪定罪处罚。

4. 故意伤害罪与包含伤害他人身体健康内容的其他犯罪的界限。《刑法》第 234 条规定，"本法另有规定的，依照规定"，即行为人在实施其他犯罪的过程中，伤害他人，刑法另有规定的，应按照有关条文规定定罪量刑。如犯强奸、抢劫、放火、爆炸、投放危险物质等罪致人伤害的，应分别依照相应法条定罪处罚，不以故意伤害罪论处。

5. 故意伤害罪与故意杀人罪的界限。区分此二者的界限，主要是注意区分以下两种情况：一是故意伤害与故意杀人未遂，二是故意伤害致人死亡与故意杀人既遂。区分的关键是行为人的主观故意内容不同。故意伤害行为人主观上只有非法损害他人身体健康的故意；而故意杀人行为人有非法剥夺他人生命的故意。判断行为人的主观故意内容是非法剥夺他人生命还是非法损害他人身体健康，应综合考察案件的各种情况，尤其应考察：发案原因，行为人与被害人的关系，作案的时间、地点与环境，使用的犯罪工具，打击的部位与强度，行为有无节制，犯罪有无预谋及如何预谋，行为人对被害人是否抢救，对被害人死亡之结果所表现出来的态度，等等。不能仅凭行为人供述认定，也不能只从行为或者结果的某一方面来认定。综合全案情况，凡是明显具有非法剥夺他人生命的故意的，应以故意杀人罪论处；凡是明显只有非法损害他人身体健康的故意的，应以故意伤害罪论处。对于那些胆大妄为、动辄行凶、不计后果的侵犯人身案件，通常应按实际造成的结果来确定犯罪行为的性质，即被害人没有死亡的，定故意伤害罪，被害人死亡的，定故意杀人罪。这是因为在这种情况下，造成被害人伤害与死亡的结果都在行为人的故意内容之中，都不违背其本意。有些案件确实难以区分，应适用疑罪从轻的处理原则。

6. 故意伤害致死与过失致人死亡罪的界限。二者在客观上都造成了被害人死亡的结果，行为人主观上对死亡结果的发生均出于过失。区别的关键就在于：故意伤害致死的行为人主观上有非法损害被害人身体健康的故意，但对被害人死亡的结果是过失，属于复杂罪过；而过失致人死亡罪的行为人主观上只对造成被害人死亡的结果有过失，没有非法损害被害人身体健康的故意，属于单一罪过。

（三）处罚

根据《刑法》第234条的规定，犯本罪的，处3年以下有期徒刑、拘役或者管制；犯本罪致人重伤的，处3年以上10年以下有期徒刑；犯本罪致人死亡或者以特别残忍手段致人重伤造成严重残疾的，处10年以上有期徒刑、无期徒刑或者死刑。

四、强奸罪

（一）概念与构成特征

强奸罪是指以暴力、胁迫或者其他手段，违背妇女意志，强行与妇女性交的行为，或者故意与不满14周岁的幼女发生性交的行为。

本罪侵犯的直接客体因侵犯的对象不同而有所不同：侵犯的对象是已满14周岁的女性，则侵犯的直接客体是我国刑法所保护而为强奸行为所侵害的女性性自主权；侵犯的对象是不满14周岁的幼女，则侵犯的直接客体是我国刑法所保护而为强奸行为所侵害的幼女身心健康权。妇女的性自主权利、幼女的心身健康权利只能是有生命的妇女、幼女才享有。因此，明知是女尸而奸淫的，虽然可能构成侮辱尸体罪，但不构成强奸罪。但如果行为人在被害人生前已着手实施强奸的暴力手段而致其死亡，又奸淫其尸体，仍构成强奸罪。

犯罪客观方面为以暴力、胁迫或者其他手段，违背妇女意志，强行与之性交的行为，或者与不满14周岁的幼女发生性交的行为。

（1）以暴力、胁迫或者其他手段，违背妇女意志，强行与之性交的行为。具体包括以下内容：1）行为人与妇女发生性交行为违背了该妇女的意志。所谓违背妇女意志，是指违背了妇女不愿意与行为人性交的真实意思。这又包括两种情形：一是在妇女有意志自由，能自由决定的情况下，未经其同意而违背其意志；二是在妇女无意志自由，不能自由决定的情况下，未经其同意或者已征得其同意，也视为违背该妇女意志。2）行为人使用了暴力、胁迫或者其他手段。行为人使用了这些特定的手段，是性交违背妇女意志的原因，也是强奸行为的外部特征。因此，考察行为人是否使用了这些特定手段，是判断性交是否违背妇女意志的标志。所谓暴力，是指行为人直接对被害妇女的身体实施的、使其不能或不敢反抗的强制手段，如殴打、捆绑、伤害、卡脖子、按倒、强拉硬拽等，但不包括故意杀人。所谓胁迫，是指行为人对被害妇女进行威胁、恫吓，使其不敢反抗，达到精神上的强制的手段。胁迫的核心是足以引起被害妇女的恐惧，使之不敢反抗，从而实现强奸的意图。胁迫的方式多种多样，既可直接对被害妇女进行威胁，也可以通过第三者进行威胁；既可以是口头胁迫，可以是书面胁迫；既可以是以暴力进行胁迫，也可以是以非暴力进行胁迫，如以揭露隐私、败坏名誉相胁迫。所谓其他手段，是指行为人使用暴力、胁迫手段以外的，使被害妇女不知反抗或者不能反抗的手段。这又可以分为两种情形：一是行为人主动实施某种活动，致使被害妇女处于不知反抗或者不能反抗的状态，如用酒灌醉、用药物麻醉，或用催眠术催眠妇女后进行奸淫；二是行为人乘被害妇女处于无意识、无意志状况而不知反抗或不能反抗时对其予以奸淫，如行为人乘被害妇女昏迷、醉酒之机对其予以奸淫，或乘被害妇女熟睡之机冒充其丈夫、情人而对其予以奸淫的。

（2）与不满 14 周岁的幼女发生性交的行为。这是指行为人与不满 14 周岁的幼女发生了性交的行为，至于行为人是否使用了暴力、胁迫或其他手段，以及幼女是否同意，则在所不问。因为，幼女身心发育尚未成熟，缺乏应有的辨别是非的能力，不理解性行为的后果与社会意义，既不具有性同意能力也没有不同意发生性关系的抗拒能力。

本罪的主体是已满 14 周岁，并且有刑事责任能力的人；主要是男性，女性通常不能单独构成本罪，但女性可以因教唆犯、帮助犯、间接正犯而成为强奸的犯罪主体。

犯罪主观方面是直接故意，并有违背妇女意志强行与之性交或者奸淫幼女的目的。

（二）犯罪认定

1. 强奸与通奸的界限。通奸是指有配偶的男女之间或者一方有配偶的男女，基于情感、生理需求而自愿发生的不正当性交行为。从理论上讲，强奸与通奸的界限是非常清晰的：强奸行为人在主观上具有强行奸淫妇女的目的，而作为通奸者之一方的男方在主观上没有强行奸淫妇女的目的，但却与通奸之另一方的妇女具有同样的自愿进行性交的目的；强奸在客观行为方面表现为以暴力、胁迫或者其他手段强行与女方发生性交，通奸是双方自愿进行性交，没有使用强制性手段。但是，在实践中，有的妇女与人通奸，一旦翻脸、关系恶化，或者事情败露后怕丢脸面，担心夫妻关系恶化或恋爱关系破裂，或为了推卸责任，嫁祸于人等，便将通奸说成强奸；也有些强奸行为人为了逃避罪责而将强奸说成是通奸，从而导致强奸与通奸的区别复杂化，有时容易混淆。特别要注意以下几个问题：

（1）求奸未成与强奸未遂的界限。求奸者主观上意欲与妇女通奸，没有强行奸淫的目的；客观上往往表现为口头提出要求，或者拉拉扯扯甚至拥抱猥亵，一旦妇女表示拒绝，便停止自己的行为，而不使用暴力、胁迫等手段强行与妇女发生性交。在区别求奸未成与强奸未遂的界限时，要看：行为人是否使用了暴力、胁迫等强制性手段，行为人是否“适可而止”，行为人为什么停止行为，妇女的态度。不能将求奸过程中的拉扯行为认定为强奸中的暴力手段。

（2）强奸与通奸的相互转化问题。“先强奸后通奸”，即第一次性交是违背妇女意志的，但女方并未告发，而后又多次自愿与该男子发生性交的，对该男子一般不宜再以强奸罪论处。但是，如果后来的多次性交并不是女方自愿的，而是行为人以要将第一次性交的事实张扬出去、败坏妇女名誉等进行威胁、恫吓，迫使妇女继续忍辱屈从的，则对行为人应以强奸罪论处。“先通奸后强奸”的，即男女双方先是通奸，后来女方不愿意继续通奸，而男方仍纠缠不休，强行与该女发生性交的，应以强奸罪论处。

（3）利用特定关系或状况予以胁迫的强奸与双方基于互相利用发生性交行为的界限。对于实践中有的行为人利用教养关系、从属关系或职权，或者以封建迷信、治病为名迫使对方就范从而实施奸淫行为的，应认定其为违背女方意志，属于使用胁迫手段，如以断绝生活来源、解除工作、不性交就会有灭顶之灾、疾病难愈等相威胁，应认定为强奸。对于男女双方互相利用，各有所图，男方利用职权上的优越条件、以某种精神或物质利益引诱女方，女方为谋取私利以自己的身体作为交换条件，从而发生性交的，即使在此过程中男方欺骗了女方，对男方也不能以强奸论。区分此二者的关键在于男方是否利用了特定关系或状况进行了胁迫。

（4）“半推半就”情况下的性交行为的定性问题。“半推半就”是就女方对性交的意志态度而言的，即对男方要求的性交行为，既有不同意的表示——“推”，也有愿意的表示——“就”，它所反映的是一种犹豫不决的矛盾心理，而在女方犹豫不决时，男方实施了奸淫行为。对于这种情况能否认定为强奸，要对双方平时的关系如何，性行为是在什么环境与情况下进行的，性交行为发生后女方的态度怎样，又是在什么情况下告发等事实和情节，认真查清、全面分析。如果当时确系违背了女方的意志，则应认定为强奸；如果不是确系当时违背了女方的意志，“推”只是其羞愧的表示，则不宜认定为强奸。

2. 强奸与未婚男女在恋爱过程中发生的不正当性行为的界限。未婚男女在恋爱过程中自愿发生性交的，只是一种违反道德的不正当性行为，不能以犯罪论处。但是，如果男方明知女方是未满 14 周岁的幼女而与之性交的，应以强奸论；或者使用暴力、胁迫或其他手段强行与女方发生性交，女方执意告发的，应以强奸论。

3. 与女精神病患者或痴呆妇女发生性行为的定性问题。对于这类案件是否应认定为强奸，不应以女方是否对性行为表示了同意为标准来判定，而应在查明以下情况后据实确定：第一，女精神病患者或痴呆妇女病情的轻重以及意识能力与控制能力状况。妇女是否因患精神病或痴呆症而丧失辨认、控制自己行为的能力。第二，行为人是否明知妇女不能辨认、控制自己的行为。对于行为人以暴力、胁迫或者其他手段强行与妇女发生性交的，不论行为人是否明知该妇女是精神病患者或痴呆症患者，均应以强奸罪论定；对于得到了女精神病患者或女痴呆症患者的同意，甚至是在其性挑逗的情况下而与之性交的，则行为人必须明知该妇女是丧失辨认、控制自己行为能力的精神病患者或痴呆症患者而乘机奸淫的，才能以强奸罪论定；如果行为人确实不知道对方是丧失辨认、控制自己行为能力的女精神病患者或女痴呆症患者，甚至是在受到其性挑逗的情况下，与其发生性交的，则不能对行为人以强奸罪论定，因为在这种情况下行为人并没有强奸的故意。

4. 强奸罪的既遂与未遂的界限。按照我国理论界与实务界的通说，本罪的既遂与未遂界限的标志因被害对象的年龄不同而分为两种情况：第一，被害人为已满 14 周岁的女性的，采用插入说，即以男性生殖器插入女性生殖器为强行性交行为的完成，构成强奸既遂；实施了强奸行为因行为人意志以外的原因，而未达到此种程度的，则为未遂。第二，被害人为不满 14 周岁的幼女的，采用接触说，即以男性生殖器接触到幼女的生殖器为奸淫幼女行为的完成，构成强奸既遂；实施了奸淫幼女的行为由于行为人意志以外的原因而未达到此种程度的，则为未遂。

5. 强奸罪与强制猥亵、侮辱罪的界限。此二种犯罪在使用的手段上和侵害的对象上都有所相同，行为人在主观上都有发泄性欲的故意内容，因而容易混淆，尤其是伴随有强制猥亵、侮辱妇女的强奸未遂与强制猥亵、侮辱妇女容易混淆。二者的区别主要在于：一是主观故意内容不同。前者的行为人具有强行与被害人性交的意图；而后者的行为人没有强行与被害人性交的意图。二是客观行为内容有所不同。前者是以强行与被害人性交为其行为的基本内容，并以此来发泄、满足性欲；而后者发泄、满足性欲的行为中不包括强行性交的行为。司法实践中，如果认定强奸行为的证据不足，则只宜认定为强制猥亵、侮辱罪。

6. 强奸罪与负有照护职责人员性侵罪的界限。它们的区别主要在于：一是犯罪主体不同，前者是一般主体，后者是特殊主体即对被害人负有监护、收养、看护、教育、医疗等特殊职责的人员；二是犯罪对象有所不同，前者的犯罪对象是妇女、幼女，后者的犯罪对象限于行为人对其负有监护、收养、看护、教育、医疗等特殊职责的已满 14 周岁不满 16 周岁的未成年女性；三是客观方面的表现有所不同，前者在客观方面表现为以暴力、胁迫或其他方法违背妇女意志，强行与妇女发生性关系的行为，或者奸淫幼女的行为，后者在客观方面表现为行为人与自己所监护、收养、看护、教育、医疗的已满 14 周岁不满 16 周的少女发生性关系，但未使用暴力、胁迫或其他明显违背少女意志的手段。

7. 强奸案中的罪数问题。对于行为人在实施强奸犯罪的手段行为之暴力的过程中，造成被害人重伤、死亡的，对行为人应适用强奸罪中的“致使被害人重伤、死亡”之加重情节进行处罚；对于强奸犯出于灭口、报复等动机，在实施强奸的过程中或者强奸后，杀害或伤害被害人的，则应分别以强奸罪和故意杀人罪或者故意伤害罪论，实行数罪并罚。

8. 关于轮奸的认定问题。“轮奸”是我国刑法规定的可以适用死刑的强奸罪的一个加重情节，它是指两个以上的男子出于共同强奸的故意，在同一段时间内，对同一妇女或者幼女轮流实施强奸或者奸淫的行为。轮奸是共同强奸的一种特殊形式，是最野蛮的强奸犯罪，对被害人的身心健康、人格名誉的危害特别大。

（三）处罚

依照《刑法》第 236 条的规定，犯强奸罪的，处 3 年以上 10 年以下有期徒刑；有下列情形之一的，处 10 年以上有期徒刑、无期徒刑或者死刑：（1）强奸妇女、奸淫幼女情节恶劣的；（2）强奸妇女、奸淫幼女多人的；（3）在公共场所当众强奸妇女、奸淫幼女的；（4）2 人以上轮奸的；（5）奸淫不满 10 周岁的幼女或者造成幼女伤害的；（6）致使被害人重伤、死亡或者造成其他严重后果的。

依据《刑法》第 236 条第 2 款的规定，奸淫不满 14 周岁的幼女的，以强奸论，从重处罚。这意味着，奸淫幼女不是一个罪名，而是强奸罪的从重处罚的法定量刑情节。

五、非法拘禁罪

（一）概念与构成特征

非法拘禁罪是指故意非法剥夺他人人身自由的行为。

本罪的直接客体是为刑法所保护而为非法拘禁行为所侵害的他人人身自由权利，即在法律允许的范围内按照自己的意志决定自己身体行动的自由权利。本罪的对象，可以是任何依法享有人身自由权利的他人。

犯罪客观方面为非法剥夺他人人身自由的行为。首先，行为人必须实施了剥夺他人人身自由的行为，即行为人违背他人意志，强行使他人处于不能按照自己的意志来支配自己的身体活动的状态之中。这通常表现为两类情形：一是直接拘束他人身体，如捆绑、用药物麻醉等；二是间接拘束他人身体，剥夺其身体活动自由，即将他人关押于一定场所使其不能或难以离开或逃出。至于剥夺他人人身自由的具体方法，则可以是多种多样的，既可以是暴力、胁迫手段，也可以是欺骗手段；既可以是有形的方法，如绑架他人，也可以是无形的方法，如趁他人洗澡时将其衣物全部拿走。非法拘禁属于典型的持续犯，持续时间的长短，不影响行为的性质，通常也不影响本罪的成立。其次，剥夺他人人身自由的行为必须是非法的。这主要表现为两种情形：一是无剥夺他人人身自由职权的人，非法对他人实行拘禁；二是有拘禁他人职权的人滥用职权，不遵守法律规定或者违反法定条件与程序，非法剥夺他人人身自由，或者使他人不能及时恢复人身自由。

犯罪主观方面是故意，实践中，大多表现为直接故意，但也可以是间接故意。

（二）犯罪认定

1. 罪与非罪的界限。主要应注意四点：一是一切合法的拘束他人的行为不能以犯罪论，如公安人员依法对醉酒者采取临时处置将其约束至酒醒，精神病医院的医生对有杀人或自杀危险的精神病患者采取必要的管束措施，监护人依法行使监护权，管束被监护人；二是过失拘禁他人，不构成犯罪；三是依法拘捕犯罪嫌疑人但手续不完备的，不构成本罪；四是非法拘禁的时间过于短暂，情节显著轻微危害不大的，应不以犯罪论处。

2. 依照《刑法》第238条第3款的规定，为索取债务非法扣押、拘禁他人的，依照非法拘禁罪定罪处罚，且索取的债务不受合法、非法的限制。

3. 非法拘禁致人重伤、死亡与故意伤害罪、故意杀人罪的界限。根据《刑法》第238条第2款的规定，在非法拘禁过程中，在没有使用暴力的情况下，致使被害人重伤、死亡的，定非法拘禁罪；如果是使用暴力致使被害人伤残、死亡的，则构成故意伤害罪、故意杀人罪。

（三）处罚

依照《刑法》第238条的规定，犯非法拘禁罪的，处3年以下有期徒刑、拘役、管制或者剥夺政治权利；具有殴打、侮辱情节的，从重处罚；致人重伤的，处3年以上10年以下有期徒刑；致人死亡的，处10年以上有期徒刑；国家机关工作人员利用职权犯本罪的，从重处罚。

六、绑架罪

（一）概念与构成特征

绑架罪是指以勒索财物为目的绑架他人，或者绑架他人作为人质的行为。

本罪的直接客体是刑法所保护而为绑架行为所侵害的复杂客体，包括我国刑法所保护的他人的人身自由权利、健康权利、生命权与财产权利。以勒索财物为目的绑架人质的行为，首先就侵犯了被绑架者的人身自由，甚至健康、生命权利，而其又向被绑架者的关系人勒索财物，就又侵犯了他人的财产所有权；出于其他目的绑架他人作为人质的，只侵犯了人质的人身自由及健康、生命权利。

客观方面为，行为人使用了暴力、胁迫或者其他方法劫持他人或使他人处于自己的实力控制之下的行为。

绑架行为就其客观外在表现而言，实际上就是非法拘禁，是行为人违背被绑架者或其监护人的意志，非法控制被绑架者而使其丧失人身自由。绑架的手段多种多样，概括起来有三类：一是暴力，即对被害人实施的使其不能反抗、不敢反抗或来不及反抗的人身强制，如捆绑、殴打、伤害、强行架走等；二是胁迫，即对被害人实施的以将要杀害、伤害等进行威胁、恫吓使其不敢反抗的精神强制；三是其他方法，即除暴力、胁迫以外的，旨在将他人身体置于行为人的实力控制之下，非法剥夺其人身自由的方法，如用酒灌醉、用药物麻醉、或乘被害人昏睡、昏迷之机，将被害人置于自己的实力控制之下，或者以欺骗手段将被害人置于自己的实力控制之下。

绑架行为就其内容而言，并不是单纯的非法拘禁，而是行为人基于一定的目的绑架他人为人质，并以继续扣押人质或者杀害、伤害人质等对被绑架人的亲属或其他利害关系人或有关单位进行要挟，勒令被绑架者的亲属或其他利害关系人或有关单位在一定时间内交付一定财产，或满足其另外的某种要求，以换取人质。但根据《刑法》第 239 条的规定，只要行为人实施了绑架人质的行为即成立本罪，而行为人是否实施了以人质要挟相关人员或单位，勒令相关人员或单位在一定时间内交付一定财产或满足其另外的某种要求，以换取人质的行为，则不影响本罪的成立。

主观方面是直接故意。根据《刑法》的规定，本罪的犯罪目的分为两种情况：一是勒索财物；二是除勒索财物、索取债务或者出卖妇女、儿童以外的，获取其他利益的目的，如政治目的、逃避司法机关的刑事追诉等。

（二）犯罪认定

1. 本罪的既遂与未遂的界限。本罪仅从刑法分则条文来看属于行为犯，只要行为人实施了绑架他人的行为并达到实际控制人质，使人质丧失人身自由的程度，即成立犯罪既遂；如果行为人虽然实施了绑架他人的行为，但由于其意志以外的原因并未实际控制人质的人身自由的，则是犯罪未遂。

2. 正确认定偷盗婴幼儿行为的犯罪性质。按照我国刑法规定，对于偷盗婴幼儿的案件应根据行为人偷盗婴幼儿的不同目的分别定罪：(1) 以勒索财物为目的偷盗婴幼儿的，定绑架罪；(2) 以出卖为目的偷盗婴幼儿的，定拐卖儿童罪；(3) 基于收养目的偷盗婴幼儿的，定拐骗儿童罪；(4) 出于索取债务的目的偷盗婴幼儿的，定非法拘禁罪。根据有关司法解释，婴幼儿是指不满 6 周岁的儿童。

3. 绑架罪与非法拘禁罪的界限。二者的区别主要在于：一是主观故意内容不同。前者是以勒索财物为目的，或者除勒索财物、索取债务、出卖以外的，获取其他利益的目的；而后者只是故意非法剥夺他人人身自由。二是客观方面有所不同。于前者通常既有绑架人质的行为，又有勒索财物或要求获取其他利益的行为，剥夺被害人的人身自由既是绑架的手段又是其当然结果；而于后者一般只有非法剥夺他人人身自由的行为，除因索取债务的情况外，既没有勒索财物的行为，也没有要求其他利益的行为。前者只能以作为方式实施；后者主要是以作为方式实施，但也可以不作为方式实施。三是犯罪客体有所不同。前者主要侵犯了被害人的人身自由，但还可能侵犯被害人的健康权、生命权以及财产所有权；而后者只是侵犯了被害人的人身自由权。

4. 绑架案中的罪数界限。绑架案的行为人实施了绑架他人的行为后，在一段时间内控制住被害人，甚至使用暴力手段殴打、伤害、杀害被绑架人，这就使绑架罪与非法拘禁罪、故意伤害罪、故意杀人罪等发生了某种联系。具体认定时应注意：第一，行为人绑架人质后，为了向相关人员或单位索要财物或获取其他某种利益，对被绑架人施以拘禁，这又触犯了非法拘禁罪。非法拘禁既是实施绑架的手段，也是绑架的当然结果，此时，对行为人只应以绑架罪论处。第二，行为人实施绑架行为往往使用暴力手段或者为使被绑架者屈服而对其予以殴打，造成被害人伤亡，这又触犯了故意伤害罪或故意杀人罪，与绑架罪相牵连，处理时以绑架罪从重处罚，致人伤亡的情节是从重处罚的根据。第三，行为人绑架被害人以后，基于某种原因又将被害人杀害的，则又构成了故意杀人罪，但立法上并未将其规定为两个罪实行并罚，而是将故意杀人包容于绑架罪之中，使绑架罪成了包容犯，对行为人只以绑架罪一罪论处。

（三）处罚

依照《刑法》第 239 条的规定，犯绑架罪的，处 10 年以上有期徒刑或者无期徒刑，并处罚金或者没收财产；情节较轻的，处 5 年以上 10 年以下有期徒刑，并处罚金；杀害被绑架人的，或者故意伤害被绑架人，致人重伤、死亡的，处无期徒刑或者死刑，并处没收财产。

七、拐卖妇女、儿童罪

（一）概念与构成特征

拐卖妇女、儿童罪是指以出卖为目的，拐骗、绑架、收买、贩卖、接送、中转妇女、儿童的行为。

本罪的直接客体是复杂客体，包括我国刑法所保护而为拐卖妇女、儿童行为所侵害的妇女、儿童的人格尊严、人身自由，以及被害人的婚姻、家庭关系。犯罪对象是妇女、儿童。妇女是指已满 14 周岁的女性，儿童是指不满 14 周岁的男、女。

犯罪客观方面为行为人实施了拐卖妇女、儿童的行为，即行为人以出卖为目的，拐骗、绑架、收买、贩卖、接送、中转妇女、儿童或者偷盗婴幼儿的行为。“拐骗”，是指行为人使用欺骗、利诱等非强制性手段，将妇女、儿童置于自己的控制之下的行为；“绑架”，是指行为人使用暴力、胁迫或者其他方法劫持妇女、儿童或者使妇女、儿童处于自己的实力控制之下的行为；“收买”，是指行为人为了以更高的价格出卖而以一定的钱物先从他处买下妇女、儿童的行为；“贩卖”，是指行为人将自己控制的妇女、儿童出卖给他人换取钱财的行为；“接送”“中转”，是指在拐卖妇女、儿童的共同犯罪过程中，分工实施隐匿、移送、接转被拐卖的妇女、儿童的行为；“偷盗婴幼儿”，是指以不让婴幼儿的监护人知道的方式，弄走婴幼儿的行为。

犯罪主观方面是直接故意，而且必须有出卖的目的。行为人出卖妇女、儿童的最终目的是“营利”。至于行为人是否出卖了以及是否“营利”，不影响本罪的成立。

（二）犯罪认定

1. 拐卖妇女罪与借介绍婚姻索取财物行为的界限。借介绍婚姻索取财物，是指行为人借为男女双方做婚姻介绍人之机，向其中一方或者双方索取一定财物的行为。显然，这是一般违法行为，不构成犯罪。二者的区别主要在于：一是前者把妇女作为商品出卖，所获取的财物是被害妇女的“身价”；后者是将一方介绍给另一方，索取“介绍费”或“报酬”。二是前者通常是先拐骗妇女，再寻找买主，标价出卖，或先找买主，再拐骗妇女；后者通常是受人之托，为他人物色婚姻对象，待婚事谈成，再索要财物。三是前者通常违背妇女意志；后者介绍婚姻并不违背妇女意志。

2. 拐卖妇女罪与买卖婚姻行为的界限。拐卖妇女与买卖婚姻有所相似。买卖婚姻是指女方家长或监护人向男方索取财物作为结婚的条件。二者的区别主要在于：一是前者将妇女当作商品出卖，侵犯的客体是妇女的人格尊严和人身自由；后者是将妇女的婚姻当作获取钱财的机会，侵犯的客体是妇女婚姻自由权利。二是前者一般是当场讲价当场成交，一手交钱一手交人的“商品”交易；后者则是通过订立“婚约”，或履行“婚约”前双方就结婚条件讨价还价，达成协议，双方到期履约完婚。三是前者通常表现为以拐骗、绑架、收买等方式使被害人脱离家庭而置于自己的控制之下，然后予以贩卖；后者被买卖婚姻的当事人不一定离开家庭，多数是强迫包办，利用婚姻索要钱财。依照我国刑法，买卖婚姻行为本身并不构成犯罪，但在买卖婚姻过程中，对婚姻当事人实施暴力强制的，则可构成暴力干涉婚姻自由罪。

3. 拐卖儿童罪与拐骗儿童罪的界限。二者的犯罪对象一样，侵犯的客体有所相同，行为方式上都可以表现为欺骗手段。二者区别的关键在于主观目的不同：前者是以出卖为目的；而后者不是以出卖为目的，通常是为了供自己或他人收养或奴役。

4. 拐卖妇女、儿童罪与绑架罪的界限。二者在客观方面有所相同，如拐卖妇女、儿童罪可以绑架为手段；绑架罪可以表现为绑架妇女、儿童，偷盗婴幼儿，还常常有获取财物的行为。二者的区别主要在于：一是犯罪对象不同。前者的犯罪对象仅限于妇女、儿童；而后者的犯罪对象可以是任何人。二是主观目的不同。前者以出卖为目的；而后者以勒索财物为目的，或者以获取除勒索财物、索取债权、出卖目的以外的其他利益为目的。三是获取的利益及其方式不同。于前者是将妇女、儿童出卖获取钱财；而于后者是向人质的亲属或其他利害关系人或有关单位要挟，可以是为钱财，也可以是为其他利益。

5. 卖亲案的定性问题。卖亲案件，是指父母卖子女、丈夫卖妻子、子女卖母亲、兄弟卖姐妹等亲属卖亲属的案件。对这类案件，应根据不同情况，区别对待：对于以非法获利为目的出卖自己的亲属的，应以拐卖妇女、儿童罪论处；对于受生活所迫或封建思想影响或出于其他遗弃意图而出卖自己亲属，符合遗弃罪的构成要件的，应以遗弃罪论处；对于与亲属共谋，把亲属卖给他人，得款项后双双潜逃的，即俗称的“放飞鸽”，骗得款项数额较大的，对其都应以诈骗罪论处。

6. 拐卖妇女、儿童案中的罪数问题。对此应特别注意：

（1）我国刑法规定的拐卖犯罪的行为表现有六种之多，即拐骗、绑架、收买、贩卖、接送、中转，拐卖的对象包括妇女和儿童，根据刑法规定，只要行为人实施了上述六种行为之一的，即构成本罪；行为人同时实施了上述诸行为的，或者既拐卖妇女，又拐卖儿童的，也只认定为一罪，不以数罪论处。

（2）实践中，拐卖妇女、儿童的案件，行为人常伴有其他犯罪行为，对此是否以数罪论，应根据《刑法》规定，分别情况处理：1）在拐卖妇女、儿童过程中，为了控制被害人而使用暴力致人重伤、死亡的，奸淫被拐卖的妇女或者诱骗、强迫其卖淫的，只以拐卖妇女、儿童罪一罪论处。2）在拐卖妇女、儿童过程中，行为人又临时起意，出于报复或者灭口等而故意杀害、伤害、猥亵、侮辱被害人，构成其他犯罪的，应予以数罪并罚。

（三）处罚

依照《刑法》第 240 条的规定，犯拐卖妇女、儿童罪的，分三个量刑幅度处罚：

1. 情节一般的，处 5 年以上 10 年以下有期徒刑，并处罚金。

2. 有下列情形之一的，处 10 年以上有期徒刑或者无期徒刑，并处罚金或者没收财产：（1）拐卖妇女、儿童集团的首要分子；（2）拐卖妇女、儿童 3 人以上的；（3）奸淫被拐卖的妇女的；（4）诱骗、强迫被拐卖的妇女卖淫或者将被拐卖的妇女卖给他人迫使其卖淫的；（5）以出卖为目的，使用暴力、胁迫或者麻醉方法绑架妇女、儿童的；（6）以出卖为目的，偷盗婴幼儿的；（7）造成被拐卖的妇女、儿童或者其亲属重伤、死亡或者其他严重后果的；（8）将妇女、儿童卖往境外的。

3. 情节特别严重的，处死刑，并处没收财产。

八、诽谤罪

（一）概念与构成特征

诽谤罪是指捏造并散布某种事实，贬损他人的人格、名誉，情节严重的行为。

本罪的直接客体是刑法所保护而为犯罪行为所侵害的我国刑法所保护的他人人格权、名誉权。人格权、名誉权是公民人身权利的重要组成部分。所谓人格，是指一个人作为权利、义务主体的资格，是社会对人的道德品质的评价；所谓名誉，是指人在社会上的声誉。我国公民的人格和名誉不仅受到民法的保护，也受到刑法的保护。

犯罪客观方面为捏造并散布某种事实，贬损他人的人格、名誉，情节严重的行为。具体内容包括：（1）捏造贬损他人人格、名誉的事实的行为。捏造，就是无中生有、凭空杜撰虚假事实。（2）散布所捏造的事实的行为。散布，就是将所捏造的内容以文字、图画或语言等方式扩散，使相当范围内的人知晓。（3）必须是针对特定的自然人进行的。特定的自然人，既可以是一人，也可以是多人。特定的人并不要求必须指名道姓或点出真名实姓，只要了解被害人的人根据所捏造、散布的事实、情节等具体情况足以推知被害人具体是谁即可。（4）诽谤行为必须达到情节严重。诽谤罪是情节犯，只有情节严重的诽谤行为才构成诽谤罪。“情节严重”，主要是指下列情况：手段恶劣的；动机卑鄙的；造成严重后果或者恶劣影响的；等等。

犯罪主观方面只能是直接故意，并具有贬损他人人格、名誉的目的。

（二）犯罪认定

1. 合法行为与诽谤行为的界限。在现实生活中，合法的舆论监督、举报行为、善意的批评行为往往也会对这些行为对象的工作或生活中的评价造成一定的负面影响，但这并非诽谤行为，行为人是遵循相应的法律、法规或组织内部的规定实施的，他们主观上没有贬损他人人格、名誉的目的，客观上也没有捏造事实进行散布，对此不能认定为诽谤行为。

2. 网络诽谤行为的认定。根据最高人民法院、最高人民检察院《关于办理利用信息网络实施诽谤等刑事案件适用法律若干问题的解释》的规定，以下情形也应认定为诽谤行为：（1）捏造损害他人名誉的事实，在信息网络上散布，或者组织、指使人员在信息网络上散布的；（2）将信息网络上涉及他人的原始信息内容篡改为损害他人名誉的事实，在信息网络上散布，或者组织、指使人员在信息网络上散布的；（3）明知是捏造的损害他人名誉的事实，在信息网络上散布，情节恶劣的。

3. 诽谤罪与诽谤一般违法行为的界限。二者区分的关键在于诽谤行为是否达到“情节严重”，未达“情节严重”的，被害人可以向有关机关要求追究行为人的民事、行政违法责任。

4. 诽谤罪与侮辱罪的界限。二者在犯罪主体、客体及主观方面都有相同或相似之处，二者的区别主要在于：（1）前者只能以语言、文字等非暴力方法实施，不可能以暴力方法实施；而后者既可以使用语言、文字等非暴力方法，也可以使用暴力方法。（2）前者没有要求公然实施，而后者要求公然实施。（3）于前者必须有捏造并散布足以贬损他人人格、名誉的虚假事实的行为，而于后者并不要求捏造贬损他人人格、名誉的事实。

5. 诽谤罪与诬告陷害罪的界限。二者在主体、客观行为表现与主观方面都有所相同或相似。二者的区别主要在于：（1）犯罪客体不同。前者只侵犯了被害人的人格、名誉权，而后者既侵犯了被害人的人身权利，又扰乱了司法机关的正常活动。（2）客观方面有所不同。前者表现为捏造并散布贬损他人人格、名誉的事实的行为，而后者表现为捏造他人犯罪事实并向司法机关或有关单位告发的行为。（3）犯罪目的不同。前者行为人是以贬损他人人格、名誉为目的，而后者行为人是以使他人受刑事追究为目的。如果行为人虽然捏造他人犯罪事实，但并不告发，而是私下散布，旨在贬损他人名誉，则只能构成诽谤罪。

（三）处罚

依照《刑法》第246条的规定，犯本罪的，处3年以下有期徒刑、拘役、管制或者剥夺政治权利。诽谤罪属于亲告罪，除严重危害社会秩序和国家利益的外，告诉的才处理。如果行为人是通过信息网络实施本罪，被害人向人民法院告诉，但提供证据确有困难的，人民法院可以要求公安机关提供协助。

九、侵犯公民个人信息罪

（一）概念与构成特征

侵犯公民个人信息罪是指违反国家有关规定，向他人出售或者提供公民个人信息，情节严重的行为，以及以窃取或者以其他方法非法获取公民个人信息的行为。

本罪的直接客体是刑法所保护而为犯罪行为所侵害的公民个人信息安全权。根据《民法典》第1034条的规定，所谓“公民个人信息”，是指以电子或者其他方式记录的能够单独或者与其他信息结合识别特定自然人的各种信息，包括自然人的姓名、出生日期、身份证件号码、生物识别信息、住址、电话号码、电子邮箱、健康信息、行踪信息等。

犯罪客观方面为两种行为。一是违反国家有关规定，向他人出售或者提供公民个人信息，情节严重的。所谓违反国家有关规定，是指违反国家有关保护公民个人信息方面的规定，如有关身份证、与金融有关的个人信息、医疗信息、有关电信、房屋登记、车辆登记、住宿登记等方面的规定。同时，其客观行为表现为将公民个人信息予以出售或者没有根据地向他人提供。其提供的对象应该是没有合法权利获得这种信息的个人或者单位。且这种出售与提供行为必须是情节严重。“情节严重”应依所出售或者非法提供的信息的数量、对当事人的影响、信息本身的重要性程度等进行判断。二是窃取或者以其他方法非法获取公民个人信息。所谓“窃取”即行为人采用自以为公民个人信息拥有者不知道的手段秘密取得公民的个人信息；所谓“其他方法非法获取”是指除窃取以外的其他一切非法方法，如骗取、收购、贿买甚至以暴力方法强行取得等。

犯罪主体是一般主体，包括自然人犯罪一般主体即已满16周岁并具有刑事责任能力的人，以及单位一般主体。如果违反国家规定，将在履行职责或者提供服务过程中获得的公民个人信息，出售或者提供给他人的，属于从重处罚的情节。

犯罪主观方面是故意，过失不能构成本罪。

（二）犯罪认定

1. 罪与非罪的界限。一是注意合法与非法的界限。依照国家有关法律规定，一些单位及其工作人员在履行职责或提供服务的过程中，需要或能够获取公民个人信息的，不能认定为犯罪，但这些单位及其工作人员对所获取或知晓的公民个人信息有保密的义务。二是要准确把握侵犯公民个人信息行为情节是否严重，未达情节严重的，只是一般违法行为。

2. 侵犯公民个人信息案中的罪数问题。（1）以非法方法获取公民个人信息的，如果其非法方法又构成其他犯罪，如侵犯通信自由罪，私自开拆、隐匿、毁弃邮件、电报罪，非法使用窃听、窃照专用器材罪，非法侵入计算机信息系统罪，则形成了牵连犯，除法律有明确规定的外，宜从一重罪处断。（2）非法出售公民个人信息又触犯非法经营罪，形成了想象竞合犯的，以一重罪处断。（3）非法获取公民个人信息后，又利用这些信息实施其他犯罪活动的，应当数罪并罚。

（三）处罚

根据《刑法》第253条之一的规定，对自然人犯本罪的，处3年以下有期徒刑或者拘役，并处或者单处罚金；情节特别严重的，处3年以上7年以下有期徒刑，并处罚金。违反国家规定，将在履行职责或者提供服务过程中获得的公民个人信息，出售或者提供给他人的，按照上述处罚标准从重处罚。单位犯该罪的，对单位判处罚金，并对其直接负责的主管人员和其他直接责任人员，依照上述规定处罚。

十、虐待罪

（一）概念与构成特征

虐待罪是指对共同生活的家庭成员，经常以打骂、冻饿、禁闭、强迫过度劳动、有病不给治疗、限制人身自由等手段，从肉体上、精神上进行摧残、折磨，情节恶劣的行为。

本罪的直接客体是刑法所保护而为犯罪行为所侵害的复杂客体，包括我国刑法所保护的共同生活的家庭成员在家庭生活中的平等权利和人身权利。

犯罪客观方面为，经常性地对共同生活的家庭成员进行各种肉体上、精神上的摧残、折磨，情节恶劣的行为。具体内容包括：（1）虐待的对象只能是与行为人共同生活的家庭成员。所谓家庭成员，是指基于婚姻关系、血缘关系、收养关系而在同一家庭生活的成员。（2）虐待行为的内容是对被害人进行肉体上的摧残、精神上的折磨。虐待的手段多种多样，如殴打、捆绑、针扎、冻饿、限制行动自由、侮骂、讥讽、强迫过度劳动等。虐待的行为方式既可以表现为作为，也可以表现为不作为。（3）对被害人的摧残、折磨必须具有经常性、连续性、一贯性。偶尔的打骂、冻饿等虐待行为，不能构成本罪。（4）虐待行为必须情节恶劣。情节恶劣与否，通常应综合行为人虐待的手段、时间长短、对象、结果、社会影响、动机等因素。情节恶劣主要表现为虐待手段残酷，持续时间长，动机卑劣，虐待年老、年幼、残疾者，等等。

犯罪主体为特殊主体，只能是与被害人共同生活在一个家庭之中的成员。需注意的是对“共同生活”的判断不能以“一起共同居住”作为唯一标准。

犯罪主观方面只能是直接故意。

（二）犯罪认定

1. 罪与非罪的界限。（1）虐待行为与非虐待行为的界限。虐待行为是行为人有意识地、经常性地对被害人进行肉体上、精神上的摧残、折磨的行为，因而，对于因教育子女方法简单粗暴或家庭矛盾导致的动辄打骂的行为，由于并非行为人故意摧残、折磨家庭成员，不能以虐待行为论，更不能以虐待罪论处。（2）虐待罪与一般虐待行为的界限。二者区分的关键就在于是否情节恶劣，只有情节恶劣的虐待行为才构成犯罪，不够情节恶劣的，则只是一般虐待行为，不构成犯罪。

2. 虐待罪与虐待被监护、看护人罪的界限。二者的主要区别在于：（1）犯罪对象不同。于前者是与行为人共同生活的家庭成员，于后者是行为人所监护或看护的未成年人、老年人、患病的人、残疾人。（2）犯罪主体不同。于前者仅限于自然人，且须是与被害人共同生活的家庭成员，行为人通常是利用其在家庭生活中的优势地位实施犯罪；于后者是对被害人负有监护或看护职责的人员或单位。

3. 虐待罪与故意伤害罪、故意杀人罪的界限。行为人在实施虐待犯罪过程中，可能导致被害人重伤、死亡的结果，此种情况下虐待罪与故意伤害罪、故意杀人罪就有所相似。它们的区别主要在于：（1）故意内容不同。前者行为人在主观上只有从肉体上、精神上摧残、折磨被害人的虐待故意，虽然虐待行为也可能导致被害人重伤或者死亡，但这只是虐待行为过失引起的，并不是行为人希望或放任的结果；而后二者的行为人主观上有非法损害被害人身体健康的故意或非法剥夺被害人生命的故意。（2）在客观上，前者之虐待行为具有经常性、连续性、一贯性，单纯的一次举动不能构成；而后二者通常表现为一次行动即能构成犯罪。（3）犯罪主体不同。前者是特殊主体，行为人与被害人共同生活在同一家庭之中，二者之间具有特定的亲属关系；而后二者的主体是一般主体。因此，如果行为人基于伤害或者杀人的故意，非法伤害或杀害他人（包括行为人的家庭成员），即使行为不是一次完成的，对行为人也应以故意伤害罪或故意杀人罪论处；如果行为人基于虐待的故意，在实施虐待的过程中过失致被害人重伤、死亡或导致被害人因不堪忍受而自残、自杀身亡的，对行为人仍应以虐待罪论处，这属于结果加重犯；如果行为人在情节恶劣的经常性虐待过程中，其中一次产生伤害或杀害被害人的故意，而实施伤害或杀害行为，则应构成虐待罪与故意伤害罪或故意杀人罪，应予以两罪并罚。

4. 虐待罪与遗弃罪的界限。这两种罪通常都是以家庭成员为犯罪对象，主观上都是故意，客观上的行为表现也有些交叉容易混淆。其主要区别在于：（1）侵害的对象不同。前者侵犯的对象可以是任何家庭成员；后者侵害的对象只限于年老、年幼、患病或其他没有独立生活能力的人。（2）客观表现不同。前者主要是采积极摧残、折磨的作为方式；后者客观上表现为拒绝履行扶养义务，表现为不作为的方式。（3）犯罪的目的不同。前者的目的是给被害人造成肉体上和精神上的痛苦；后者的目的是逃避法律规定的扶养义务。

（三）处罚

依照《刑法》第 260 条的规定，犯本罪的，处 2 年以下有期徒刑、拘役或者管制（基本犯）；致使被害人重伤、死亡的，处 2 年以上 7 年以下有期徒刑（加重犯）。其中，对于基本犯，必须是告诉的才处理；对于加重犯，不适用“告诉才处理”的规定。

第三节　侵犯公民人身权利、民主权利罪的其他罪名

一、侵犯公民健康权利犯罪的其他罪名

（一）组织出卖人体器官罪

根据《刑法》第 234 条之一的规定，组织出卖人体器官罪是指行为人组织 18 周岁以上的他人出卖人体器官的行为。这一犯罪是《刑法修正案（八）》增设的犯罪。本罪侵害的客体是刑法所保护的他人的身体健康权利。犯罪客观方面是组织出卖人体器官，即采用各种方式促使他人出卖人体器官的行为。出卖的是人体器官，即人体中由多种组织构成的能行使特定功能的结构单位，如心脏、肝脏、肾脏等，包括相应器官的全部或部分。犯罪对象只能是已满 18 周岁的他人，且必须取得出卖者本人的同意。未经本人同意摘取其器官，或者摘取不满 18 周岁的人的器官（即使出卖者同意），或者强迫、欺骗他人捐献器官的，依照《刑法》第 234 条、第 232 条规定，即按照故意伤害罪、故意杀人罪定罪处罚。违背本人生前意愿摘取其尸体器官，或者本人生前未表示同意，违反国家规定，

违背其近亲属意愿摘取其尸体器官的，应按照盗窃、侮辱尸体罪定罪处罚。本罪的主体是出卖人体器官的组织者，被组织者不构成本罪。本罪在主观方面表现为直接故意。犯本罪的，处5年以下有期徒刑，并处罚金；情节严重的，处5年以上有期徒刑，并处罚金或者没收财产。

（二）过失致人重伤罪

根据《刑法》第235条的规定，过失致人重伤罪是指由于行为人的过失，致他人重伤，而刑法又没有另外规定的行为。本罪的客观方面为行为人的行为给他人的身体造成了重伤。这里的重伤，是指符合《刑法》第95条和《人体损伤程度鉴定标准》规定要求的重伤，否则不能构成本罪。过失造成轻伤的，不作为犯罪处理，但应承担民事赔偿责任。按本条关于“刑法另有规定的，依照规定”的规定，这里的重伤是指刑法分则条文中没作另外规定的，如果分则条文中把某种行为造成的重伤结果作为其他犯罪的构成要件或结果加重犯的构成要件，则该重伤行为也不能构成过失致人重伤罪。本罪的主体为自然人一般主体，且只能是已满16岁的具有刑事责任能力的人才能成为本罪的主体。在主观方面，行为人对于自己的行为造成他人重伤，是出于过失。犯本罪的，处3年以下有期徒刑或者拘役。

（三）虐待被监护、看护人罪

根据《刑法》第260条之一的规定，虐待被监护、看护人罪是指对未成年人、老年人、患病的人、残疾人等负有监护、看护职责的人虐待被监护、看护的人，情节恶劣的行为。这是《刑法修正案（九）》新增设的犯罪。本罪的犯罪客体是刑法所保护的被监护、看护的人的人身权利、身心健康权利。其犯罪对象是被监护、看护的未成年人、老年人、患病的人、残疾人等处于被监护、看护中的特殊人员。客观上必须是实施了虐待行为，并且情节恶劣。犯罪主体是特殊主体，即对上述未成年人、老年人、患病的人、残疾人等负有监护、看护职责的人或者单位，如幼儿园的保育人员、学校的教师、养老院的看护人员、医院的医护人员及上述单位等。自然人犯本罪的，处3年以下有期徒刑或者拘役。单位犯本罪的，对单位判处罚金，并对其直接负责的主管人员和其他直接责任人员，依照上述标准处罚。如果实施上述虐待行为同时构成其他犯罪的，依照处罚较重的规定定罪处罚。

二、侵犯公民性自主权利犯罪的其他罪名

（一）负有照护职责人员性侵罪

根据《刑法》第236条之一的规定，负有照护职责人员性侵罪是指对已满14周岁不满16周岁的未成年女性负有监护、收养、看护、教育、医疗等特殊职责的人员，与该未成年女性发生性关系的行为。这是《刑法修正案（十一）》增设的罪名。本罪的主体是特殊主体即限于对被害人负有监护、收养、看护、教育、医疗等特殊职责的人员；客观方面为行为人与自己所监护、收养、看护、教育、医疗等负有照护职责的已满14周岁不满16周岁的少女发生性关系，但未使用暴力、胁迫或其他明显违背少女意志的手段。如果行为人使用了暴力、胁迫或其他违背所照护对象意愿的手段与之发生性关系，应构成强

奸罪。犯本罪的，处 3 年以下有期徒刑；情节恶劣的，处 3 年以上 10 年以下有期徒刑。该条第 2 款还规定，有第 1 款行为，同时又构成强奸罪的，依照处罚较重的规定定罪处罚。

（二）强制猥亵、侮辱罪

根据《刑法》第 237 条第 1 款、第 2 款规定，强制猥亵、侮辱罪是指以暴力、胁迫或者其他方法强制猥亵他人或者侮辱妇女的行为。本罪侵犯的客体是刑法所保护的他人的人格尊严、身心健康和社会公德。本罪的客观方面为以暴力、胁迫或者其他方法强制猥亵他人或者侮辱妇女的行为。所谓猥亵，是指对他人采用下流无耻的淫秽动作；所谓侮辱，是指采取使妇女人格或名誉受到损害，蒙受耻辱的行为。本罪的犯罪对象因行为方式的不同而有所不同：强制猥亵的对象是他人，包括妇女和男性，因为猥亵儿童的行为另定猥亵儿童罪，故本罪的犯罪对象不包括儿童。而强制侮辱的对象只能是妇女。本罪在方法上要求是采用暴力、胁迫或者其他强制方法，因此，采用非强制的方法猥亵他人或经他人同意的猥亵行为，不能构成本罪。本罪的主体是自然人一般主体，即已满 16 周岁并具有刑事责任能力的自然人。本罪在主观方面是出于故意，即行为人明知自己的行为在侵犯他人或妇女的人格尊严，败坏社会公德，而出于下流的心理，仍决意实施。在针对女性被害对象时，行为人主观上不是出于强行奸淫的意图，否则构成强奸罪。犯本罪的，处 5 年以下有期徒刑或者拘役；聚众或者在公共场所当众强制猥亵他人或者侮辱妇女的，或者有其他恶劣情节的，处 5 年以上有期徒刑。

（三）猥亵儿童罪

根据《刑法》第 237 条第 3 款的规定，猥亵儿童罪是指对不满 14 周岁的儿童实施猥亵的行为。本罪侵犯的客体是刑法所保护的儿童的人格尊严和身心健康。本罪在客观方面为以任何方法猥亵儿童的行为。本罪的犯罪对象是儿童，即不满 14 周岁的男、女。本罪的主体是自然人一般主体。本罪在主观方面只能是直接故意，即行为人明知其猥亵儿童的非法性质而仍积极实施这种行为。但应注意，在男性行为人猥亵幼女的故意内容中不能包含奸淫的内容，否则构成强奸罪。犯本罪的，处 5 年以下有期徒刑；有下列情形之一的，处 5 年以上有期徒刑：（1）猥亵儿童多人或者多次的；（2）聚众猥亵儿童的，或者在公共场所当众猥亵儿童，情节恶劣的；（3）造成儿童伤害或者其他严重后果的；（4）猥亵手段恶劣或者有其他恶劣情节的。

三、侵犯公民人身自由及其他自由权利犯罪的其他罪名

（一）收买被拐卖的妇女、儿童罪

根据《刑法》第 241 条的规定，收买被拐卖的妇女、儿童罪是指行为人不以出卖为目的，收买被拐卖的妇女、儿童的行为。本罪侵犯的客体是刑法所保护的妇女、儿童的人身自由权利。本罪的客观方面为收买被拐卖的妇女、儿童的行为。本罪在主观方面只能是出于故意，且无出卖被收买人的目的，即行为人明知是被拐卖的妇女、儿童而故意加以收买。如果行为人以出卖为目的而收买被拐卖的妇女、儿童，或者虽然在收买时没有出卖的目的但收买后又将其出卖，则应以拐卖妇女、儿童罪论处。犯本罪的，处 3 年

以下有期徒刑、拘役或者管制。如果行为人在收买被拐卖的妇女、儿童以后，强行与其发生性关系，或者非法剥夺、限制其人身自由，或者有伤害、侮辱等犯罪行为，应构成数罪，进行数罪并罚。

（二）聚众阻碍解救被收买的妇女、儿童罪

根据《刑法》第242条第2款的规定，聚众阻碍解救被收买的妇女、儿童罪是指首要分子聚集多人，阻碍国家机关工作人员解救被收买的妇女、儿童的行为。本罪侵犯的客体是刑法所保护的被收买妇女、儿童的人身自由权和国家机关工作人员解救被收买的妇女、儿童的公务活动。本罪的客观方面为聚众阻碍国家机关工作人员解救被收买的妇女、儿童的行为。本罪的主体是聚众阻碍国家机关工作人员解救被收买的妇女、儿童行为的首要分子。在该犯罪活动中不是首要分子的，不能构成本罪，但可以构成妨害公务罪。本罪在主观方面只能是出于故意，即行为人明知是国家机关工作人员在依法执行解救被收买的妇女、儿童行为而阻挠。犯本罪的，处5年以下有期徒刑或者拘役。

（三）诬告陷害罪

根据《刑法》第243条的规定，诬告陷害罪是指捏造事实陷害他人，向有关机关作虚假告发，意图使他人受刑事处分的行为。本罪侵犯的客体是刑法所保护的他人的人身权利和司法机关的正常活动。本罪的客观方面为行为人实施了捏造犯罪事实，向有关国家机关进行告发的行为，其具体内容应包括：第一，必须有捏造他人犯罪事实的行为。第二，必须向国家有关机关作虚假告发。第三，必须有特定的对象。第四，诬告陷害行为情节严重的才构成犯罪。本罪的犯罪主体是一般自然人主体，即已满16周岁并具有刑事责任能力的自然人，但如果诬告陷害者具有国家机关工作人员的身份，则是从重处罚的法定情节。本罪在主观方面必须是出于故意，其目的是使他人受到刑事追究。犯本罪的，处3年以下有期徒刑、拘役或者管制；造成严重后果的，处3年以上10年以下有期徒刑。所谓“严重后果”，一般是指因为诬告而实际导致了对被诬告者进行了刑事追究，或给被诬告人的身心造成了极其严重的影响，或者因为诬告给国家机关的形象、声誉造成了极为恶劣的影响，或者严重干扰了国家司法机关的正常活动等。

（四）强迫劳动罪

根据《刑法》第244条的规定，强迫劳动罪是指以暴力、威胁或限制人身自由的方法强迫他人劳动的行为，或者明知他人实施强迫劳动行为而为其招募、运送人员或有其他协助强迫他人劳动的行为。本罪侵犯的客体是刑法所保护的公民选择职业的权利和正当的休息权利。本罪的客观方面为以暴力、威胁或限制人身自由的方法强迫他人劳动的行为，或者明知他人实施强迫劳动行为而为其招募、运送人员或有其他协助强迫他人劳动的行为。本罪的主体包括自然人和单位。本罪在主观方面是故意，即对招募、运送及其他协助强迫他人劳动者对行为人强迫他人劳动的行为是明知的。自然人犯本罪的，处3年以下有期徒刑或者拘役，并处罚金；情节严重的，处3年以上10年以下有期徒刑。单位犯本罪的，对单位处以罚金，并对其直接负责的主管人员和其他直接责任人员，依照上述标准处罚。

（五）雇用童工从事危重劳动罪

根据《刑法》第244条之一的规定，雇用童工从事危重劳动罪是指违反劳动管理法规，雇用未满16周岁的未成年人从事超强度的体力劳动，或者从事高空、井下作业，或者在爆炸性、易燃性、放射性、毒害性等危险环境下从事劳动，情节严重的行为。这是《刑法修正案（四）》增设的罪名。本罪侵犯的客体是刑法所保护的未成年人的健康权利及人身安全权利。本罪的客观方面为雇用未满16周岁的未成年人从事超强度的体力劳动，或者从事高空、井下作业，或者在爆炸性、易燃性、放射性、毒害性等危险环境下从事劳动，情节严重的行为。所谓"超强度体力劳动"，结合国务院《禁止使用童工规定》第11条的规定，应指"国家规定的第四级体力劳动强度的劳动"；所谓从事高空、井下作业，是指从事地下（包括隧道）、采矿、空中架设、检修线路、高层建筑建设或清洗等作业；所谓"在危险环境中从事劳动"是指在爆炸性、易然性、放射性、毒害性等环境下从事劳动。本罪的主体为雇用童工从事危重劳动的用人单位或个体工商户的直接责任人员。本罪的主观方面为故意。犯本罪的，对直接责任人员处3年以下有期徒刑或者拘役，并处罚金；情节特别严重的，处3年以上7年以下有期徒刑，并处罚金。

（六）非法搜查罪

根据《刑法》第245条的规定，非法搜查罪是指未经法定机关批准，擅自非法对他人的身体或者住宅进行搜查的行为。本罪侵犯的客体是刑法所保护的他人的人身权利或与人身权利有关的住宅不受非法侵犯的权利。本罪的客观方面为实施了非法搜查他人身体或住宅的行为。本罪的犯罪主体是一般主体，既可以是国家工作人员，也可以是普通群众。本罪在主观方面表现为故意。犯本罪的，处3年以下有期徒刑或者拘役。司法工作人员滥用职权，犯非法搜查罪的，从重处罚。

（七）非法侵入住宅罪

根据《刑法》第245条的规定，非法侵入住宅罪是指非法强行闯入他人住宅，或者经要求退出仍拒不退出，影响他人正常生活和居住安全的行为。本罪侵犯的客体是刑法所保护的公民的住宅不受非法侵犯的权利。本罪的客观方面为实施了非法侵入他人住宅的行为，具体表现为非法强行闯入他人住宅，或者虽因正当理由进入他人住宅但非法滞留拒不退出。本罪的主体是一般自然人主体。本罪的主观方面是故意。犯本罪的，处3年以下有期徒刑或者拘役。司法工作人员滥用职权犯本罪的，从重处罚。

（八）组织残疾人、儿童乞讨罪

根据《刑法》第262条之一的规定，组织残疾人、儿童乞讨罪是指以暴力、胁迫手段组织残疾人或者不满14周岁的未成年人乞讨的行为。这是《刑法修正案（六）》增设的犯罪。本罪的犯罪客体是刑法所保护的残疾人和不满14周岁的未成年人的身心健康及尊严。本罪的客观方面为以暴力、胁迫手段组织残疾人或者不满14周岁的未成年人从事乞讨行为。这里的"组织"，是指策划、指挥、招揽、引诱、拉拢、胁迫、安排、控制等，而不宜理解为成立一个组织。本罪的主体是一般主体。本罪的主观方面只能是故意。犯本罪的，处3年以下有期徒刑或者拘役，并处罚金；情节严重的，处3年以上7年以下有期徒刑，并处罚金。

（九）组织未成年人进行违反治安管理活动罪

根据《刑法》第262条之二的规定，组织未成年人进行违反治安管理活动罪是指组织未成年人进行盗窃、诈骗、抢夺、敲诈勒索等违反治安管理活动的行为。这是《刑法修正案（七）》增设的犯罪。本罪的客观方面为组织未成年人进行盗窃、诈骗、抢夺、敲诈勒索等违反治安管理活动的行为。如果未成年人的行为客观上达到犯罪的标准，对组织者应以相应犯罪的间接正犯处理。如果所组织的未成年人实施的行为依法构成犯罪，则对组织者应以相应犯罪的共犯论处。对这里的“组织”，应理解为策划、指挥、招揽、引诱、拉拢、胁迫、安排、控制等，而不宜理解为成立一个组织。本罪的犯罪主体为一般主体。本罪在主观方面只能表现为故意。犯本罪的，处 3 年以下有期徒刑或者拘役，并处罚金；情节严重的，处 3 年以上 7 年以下有期徒刑，并处罚金。

四、侵犯人格、名誉犯罪的其他罪名

（一）侮辱罪

根据《刑法》第 246 条第 1 款的规定，侮辱罪是指以暴力或者其他方法，公然贬低他人人格，破坏他人名誉，情节严重的行为。本罪侵犯的客体是刑法所保护的他人的人格和名誉权利。本罪的主观方面是故意，并具有贬低他人人格、破坏他人名誉的目的。如果不具有此目的，而是进行正当的批评指责或无意识地实施了有损于他人人格、名誉的行为，不能认定为侮辱罪。本罪与强制猥亵、侮辱罪有所近似，二者的主要区别在于：一是犯罪对象的差别。后者侮辱的对象仅限于妇女，而前者的犯罪对象则没有限制。二是方法手段的要求不同。强制猥亵、侮辱罪在方法手段上要求采用暴力、胁迫或者其他强制方法；而侮辱罪的侮辱行为则不限于强制方法，它既可以采用暴力方法，也可以采用言词、文字的方法。三是对危害结果的要求不一样。根据法律规定，强制猥亵、侮辱罪，并不要求造成严重后果或情节严重作为构成要件，行为人只要实施了以暴力、胁迫或者其他方法强制猥亵、侮辱的行为，即可以构成强制猥亵、侮辱罪；而侮辱行为必须是情节严重的才能构成侮辱罪。四是犯罪的目的不同。强制猥亵、侮辱罪的目的是寻欢作乐，追求低级下流的精神刺激；而侮辱罪的目的则是要损害被害人的人格、名誉，常出于打击报复的动机。犯本罪的，处 3 年以下有期徒刑、拘役、管制或者剥夺政治权利。根据《刑法》第 246 条第 2 款的规定，本罪是告诉才处理的犯罪，但是严重危害社会秩序和国家利益的除外。如果行为人通过信息网络实施侮辱行为，被害人向人民法院告诉，但提供证据确有困难，人民法院可以要求公安机关提供协助。

（二）煽动民族仇恨、民族歧视罪

根据《刑法》第 249 条的规定，煽动民族仇恨、民族歧视罪是指以破坏民族团结、民族平等的故意，煽动民族仇恨、民族歧视，情节严重的行为。所谓“民族仇恨”，是指不同民族之间基于政治、文化传统、历史、风俗习惯、经济发展等方面的差异而产生的仇恨和对立情绪。所谓“民族歧视”，是指不同民族之间基于上述差异而产生的偏见和轻蔑。所谓“煽动”，是指以造谣、诽谤、怂恿、挑唆等方式鼓动宣传对某一民族的仇恨和歧视，以期他人也同样地产生对该民族仇恨和歧视的情绪、态度。犯本罪的，处 3 年以下有期徒刑、拘役、管制或者剥夺政治权利；情节特别严重的，处 3 年以上 10 年以下有期徒刑。

（三）出版歧视、侮辱少数民族作品罪

根据《刑法》第250条的规定，出版歧视、侮辱少数民族作品罪是指在出版物中刊载歧视、侮辱少数民族的内容，情节恶劣，造成严重后果的行为。本罪的客观方面为在出版物中刊载歧视、侮辱少数民族的内容，情节恶劣，造成严重后果的行为。本罪主体是在出版物中刊载歧视、侮辱少数民族内容的直接责任人员，主要是从事书刊、音像制品等出版物的编辑、撰稿、发行等工作的人员。本罪的主观方面是故意。犯本罪的，处3年以下有期徒刑、拘役或者管制。

五、侵犯民主权利犯罪的其他罪名

（一）侵犯通信自由罪

根据《刑法》第252条的规定，侵犯通信自由罪是指故意隐匿、毁弃或者非法开拆他人信件，侵犯公民通信自由权利，情节严重的行为。本罪的客观方面为非法隐匿、毁弃或者非法开拆他人信件的行为，并且情节严重。本罪的主体是一般主体，即除邮电工作人员以外的已满16周岁、具有刑事责任能力的人。本罪的主观方面是故意。犯本罪的，处1年以下有期徒刑或者拘役。

（二）私自开拆、隐匿、毁弃邮件、电报罪

根据《刑法》第253条的规定，私自开拆、隐匿、毁弃邮件、电报罪是指邮政工作人员利用工作上的便利，私自开拆或者隐匿、毁弃邮件、电报的行为。本罪的主体是特殊主体，限于邮政工作人员，包括邮政部门的干部以及营业员、分拣员、投递员、接发员、押运员、汇总员、邮政代办人员和乡邮员等。本罪的主观方面是故意。但要注意的是，本罪的故意内容中不包含通过开拆、隐匿、毁弃邮件、电报而窃取财物的内容，如果是以窃取财物为目的妨害邮电通讯的，则依法应认定为盗窃罪并从重处罚。犯本罪的，处2年以下有期徒刑或者拘役。

（三）破坏选举罪

根据《刑法》第256条的规定，破坏选举罪是指在选举各级人民代表大会代表和国家机关领导人员时，以暴力、威胁、欺骗、贿赂、伪造选举文件、虚报选举票数等手段，破坏选举或者妨害选民和代表自由行使选举权和被选举权，情节严重的行为。本罪侵犯的客体是刑法所保护的我国《宪法》和选举法所规定的公民的选举权利和选举工作的正常秩序。破坏选举的行为主要表现在两个方面：一是破坏选举工作的正常进行，即在选举工作中采用暴力、威胁、欺骗、贿赂、伪造选举文件、虚报选举票数等手段；二是妨害选民和代表自由行使选举权和被选举权，如阻止选民投票、禁止某人参选、冲击选举场所、破坏选举设施等。破坏选举的行为必须是情节严重的才构成犯罪。本罪的主体是一般自然人主体，既可以是一般公民，也可以是参加选举工作的工作人员。但某些破坏选举的行为，如虚报选举票数的行为，只有参加选举工作的有关人员才能实施。本罪的主观方面是故意，即行为人明知自己的行为会给选举工作造成危害结果而有意进行破坏。犯破坏选举罪的，处3年以下有期徒刑、拘役或者剥夺政治权利。

六、妨害婚姻家庭关系犯罪的其他罪名

（一）暴力干涉婚姻自由罪

根据《刑法》第257条的规定，暴力干涉婚姻自由罪是指使用暴力方法干涉他人结婚自由和离婚自由的行为。本罪侵犯的客体是复杂客体。它既侵犯了刑法所保护的公民的人身权利，包括公民的人身健康甚至生命权利，又侵犯了刑法所保护的公民的婚姻自由权利，包括结婚自由和离婚自由的权利。本罪的主观方面只能是故意。犯本罪的，处2年以下有期徒刑或者拘役，但这必须是被害人向人民法院告诉即提出控告的才处理。犯本罪而致使被害人死亡的，由于危害后果严重，因而不适用“告诉才处理”的规定，同时适用《刑法》第257条第2款规定的法定刑，处2年以上7年以下有期徒刑。

（二）重婚罪

根据《刑法》第258条的规定，重婚罪是指有配偶而又结婚的，或者明知他人有配偶而与之结婚的行为。本罪侵犯的客体是刑法所保护的一夫一妻制度，即本罪破坏了当事人一方或双方的婚姻关系。本罪的主体是特定的两种人：一是重婚者，即有配偶并且没有解除婚姻关系，又与他人结婚的人，即男子有妻，女子有夫，又与他人结婚的人；二是相婚者，即虽然自己没有配偶但明知对方有配偶而与之结婚的。本罪的主观方面只能是故意，过失不构成本罪。如果一方因受骗不知对方已有配偶而与之结婚，受骗一方不构成重婚罪。犯本罪的，处2年以下有期徒刑或者拘役。

（三）破坏军婚罪

根据《刑法》第259条第1款的规定，破坏军婚罪是指明知对方是现役军人的配偶而与之同居或者结婚的行为。本罪侵害的客体是刑法所保护的现役军人的婚姻关系。本罪的客观方面为与现役军人的配偶同居或者结婚的行为。本罪的主体是一般主体。本罪的主观方面是故意，即明知对方是现役军人的配偶而与之同居或者结婚。犯本罪的，处3年以下有期徒刑或者拘役。该条第2款规定，利用职权、从属关系，以胁迫手段奸淫现役军人的妻子的，依照本法第236条的规定定罪处罚，即以强奸罪定罪处罚。

（四）遗弃罪

根据《刑法》第261条的规定，遗弃罪是指对于年老、年幼、患病或者其他没有独立生活能力的人，负有扶养义务而拒绝扶养，情节恶劣的行为。本罪侵犯的客体是刑法所保护的年老、年幼、患病或者其他没有独立生活能力的人的人身权利和家庭成员之间互相扶养的权利义务关系。本罪所侵害的对象仅限于年老、年幼、患病或者其他没有独立生活能力的人。所谓没有独立生活能力的人，是指不具备或者丧失劳动能力无生活来源而需要他人照顾等情况的人。本罪的客观方面表现为行为人负有扶养义务而拒绝扶养，情节恶劣的行为。所谓负有扶养义务，是指行为人对年老、年幼、患病或者其他没有独立生活能力的人，依法负有对上述被扶养人在经济、生活等方面予以供给、照顾、帮助，以维护其正常生活的义务。本罪的主体是自然人特殊主体，即必须是对被遗弃的人负有法律上的扶养义务而且具有履行义务能力的人。本罪的主观方面是故意，即行为人明知自己应当履行扶养义务，也有实际履行的能力，而拒绝扶养。如果行为人为了逃避履行

扶养义务而置被害人于死地，则构成故意杀人罪。犯本罪的，处5年以下有期徒刑、拘役或者管制。

（五）拐骗儿童罪

根据《刑法》第262条的规定，拐骗儿童罪是指以蒙骗、利诱或者其他方法，使不满14周岁的未成年人脱离家庭或监护人的行为。本罪的客观方面为采取暴力、绑架、蒙骗、利诱或者其他方法，致使不满14周岁的未成年人脱离家庭或监护人的行为。本罪的主体是自然人一般主体。本罪的主观方面是故意，其目的一般是自己收养或者供自己使唤或奴役。如果行为人是为了出卖儿童，则应构成拐卖儿童罪；如果行为人是为了勒索赎金，则应成立绑架罪。犯本罪的，处5年以下有期徒刑或者拘役。

七、渎职滥权侵害公民权利犯罪的其他罪名

（一）刑讯逼供罪

根据《刑法》第247条的规定，刑讯逼供罪是指司法工作人员对犯罪嫌疑人、被告人使用肉刑或者变相肉刑逼取口供的行为。本罪侵犯的直接客体是刑法所保护而为犯罪行为所侵害的公民的人身权利和司法机关的正常活动。客观方面为实施了对犯罪嫌疑人、被告人使用肉刑或变相肉刑，逼取口供的行为。如果刑讯逼供致人伤残、死亡，则构成故意伤害罪、故意杀人罪。本罪的主体是特殊主体，只能是司法工作人员。本罪的主观方面只能是故意，并且以逼取口供为目的。犯本罪的，处3年以下有期徒刑或者拘役；实施刑讯逼供而致人伤残、死亡的，按故意伤害罪、故意杀人罪定罪，并从重处罚，即其为从重处罚的法定量刑情节。

（二）暴力取证罪

根据《刑法》第247条的规定，暴力取证罪是指司法工作人员使用暴力逼取证人证言的行为。本罪的客观方面为司法工作人员对证人使用暴力逼取证人证言的行为。本罪的主体为特殊主体，只能是司法工作人员。本罪的主观方面是故意，并且以逼取证人证言为目的。犯本罪的，处3年以下有期徒刑或者拘役；实施暴力逼取证人证言而致人伤残、死亡的，按故意伤害罪、故意杀人罪定罪，并从重处罚，即其为从重处罚的法定量刑情节。

（三）虐待被监管人罪

根据《刑法》第248条的规定，虐待被监管人罪是指监狱、拘留所、看守所等监管机构的监管人员对被监管人进行殴打或者体罚虐待，情节严重的行为，或者监狱、拘留所、看守所等监管机构的监管人员，指使被监管人殴打、体罚虐待其他被监管人的行为。本罪侵犯的客体是刑法所保护的被监管人的人身权利和监管秩序。本罪的客观方面为对被监管人进行殴打或者体罚虐待，情节严重的行为，或者指使被监管人殴打、体罚虐待其他被监管人的行为。本罪的主体是特殊主体，即仅限于监狱、拘留所、看守所等监管机构的监管人员。本罪的主观方面是故意。犯本罪的，处3年以下有期徒刑或者拘役；情节特别严重的，处3年以上10年以下有期徒刑。致人伤残、死亡的，依照故意伤害罪、故意杀人罪的规定从重处罚，即其为从重处罚的法定量刑情节。监管人员指使被监

管人殴打或者体罚虐待其他被监管人的，依照上述规定进行处罚。

（四）非法剥夺公民宗教信仰自由罪

根据《刑法》第251条的规定，非法剥夺公民宗教信仰自由罪是指国家机关工作人员非法剥夺公民的宗教信仰自由，情节严重的行为。本罪侵犯的客体是刑法所保护的公民的宗教信仰自由权利。犯本罪的，处2年以下有期徒刑或者拘役。

（五）侵犯少数民族风俗习惯罪

根据《刑法》第251条的规定，侵犯少数民族风俗习惯罪是指国家机关工作人员非法干涉、破坏少数民族的风俗习惯，情节严重的行为。本罪侵犯的客体是刑法所保护的少数民族保持和改革本民族的风俗习惯的权利。犯本罪的，处2年以下有期徒刑或者拘役。

（六）报复陷害罪

根据《刑法》第254条的规定，报复陷害罪是指国家机关工作人员滥用职权、假公济私，对控告人、申诉人、批评人、举报人实行报复陷害的行为。本罪侵犯的客体是刑法所保护的公民的控告权、申诉权、批评监督权和举报权。本罪的主观方面是故意，而且只能是直接故意，即行为人明知自己的行为是在报复陷害他人，而仍追求这种结果出现。犯本罪的，处2年以下有期徒刑或者拘役；情节严重的，处2年以上7年以下有期徒刑。

（七）打击报复会计、统计人员罪

根据《刑法》第255条的规定，打击报复会计、统计人员罪是指公司、企业、事业单位、机关、团体的领导人，对依法履行职责、抵制违反会计法、统计法行为的会计、统计人员实行打击报复，情节恶劣的行为。本罪的主体是自然人特殊主体，即公司、企业、事业单位、机关、团体的领导人。本罪的主观方面只能是直接故意，并且具有打击报复他人的目的。犯本罪的，处3年以下有期徒刑或者拘役。

所涉法律条文及司法文件

1.《刑法》第232～262条之二、第95条

2. 最高人民法院、最高人民检察院、公安部、国家安全部、司法部《人体损伤程度鉴定标准》(2014年1月1日)

3. 最高人民法院《关于抢劫过程中故意杀人案件如何定罪问题的批复》(2001年5月23日)

4. 最高人民法院、最高人民检察院《关于办理组织、利用邪教组织破坏法律实施等刑事案件适用法律若干问题的解释》(2017年1月25日)

5. 最高人民法院《关于审理交通肇事刑事案件具体应用法律若干问题的解释》第6条、第8条(2000年11月15日)

6. 最高人民法院、最高人民检察院、公安部、司法部《关于办理性侵害未成年人刑事案件的意见》(2023年5月24日)

7. 最高人民法院、最高人民检察院《关于办理强奸、猥亵未成年人刑事案件适用法律若干问题的解释》(2023年5月24日)

8. 最高人民法院《关于对为索取法律不予保护的债务非法拘禁他人行为如何定罪问题的解释》(2000年7月13日)

9. 最高人民法院《关于对在绑架过程中以暴力、胁迫等手段当场劫取被害人财物的行为如何适用法律问题的答复》(2001年11月8日)

10. 最高人民法院、最高人民检察院、公安部、司法部《关于依法惩治拐卖妇女儿童犯罪的意见》(2010年3月15日)

11. 最高人民法院《关于审理拐卖妇女儿童犯罪案件具体应用法律若干问题的解释》(2016年12月21日)

12. 公安部《关于严格依法办理侮辱诽谤案件的通知》(2009年4月3日)

13. 最高人民法院、最高人民法院《关于办理利用信息网络实施诽谤等刑事案件适用法律若干问题的解释》(2013年9月6日)

14. 最高人民法院、最高人民检察院、公安部《关于依法惩治网络暴力违法犯罪的指导意见》(2023年9月20日)

15. 最高人民法院、最高人民检察院、公安部《关于依法惩处侵害公民个人信息犯罪活动的通知》(2013年4月23日)

16. 最高人民法院、最高人民检察院《关于办理侵犯公民个人信息刑事案件适用法律若干问题的解释》(2017年5月8日)

17. 最高人民检察院《关于渎职侵权犯罪案件立案标准的规定》(2006年7月26日)中关于国家机关工作人员利用职权实施的侵犯公民人身权利、民主权利犯罪案件部分

18. 最高人民法院《关于审理未成年人刑事案件具体应用法律若干问题的解释》第6条(2006年1月11日)

19. 最高人民法院《关于审理非法出版物刑事案件具体应用法律若干问题的解释》(1998年12月17日)

20. 最高人民检察院《关于强制隔离戒毒所工作人员能否成为虐待被监管人罪主体问题的批复》(2015年2月15日)

21. 最高人民法院、最高人民检察院、公安部、司法部《关于依法办理家庭暴力犯罪案件的意见》(2015年3月2日)

思考题

1. 如何区分以放火、爆炸、投放危险物质方法实施的故意杀人罪、故意伤害罪与放火罪、爆炸罪、投放危险物质罪?

2. 如何区分故意伤害(致人死亡)罪与过失致人死亡罪?如何区分故意杀人(未遂)罪与故意伤害罪?如何区分故意杀人(既遂)罪与故意伤害(致死)罪?

3. 如何认定强奸罪的提高法定刑情节?如何区分强奸罪的未遂行为与强制猥亵、侮

辱罪？

4. 如何区分遗弃罪中的致人死亡行为、虐待罪中的致人死亡行为与故意杀人罪？

5. 如何区分非法拘禁罪与绑架罪？在非法拘禁他人过程中转化为故意杀人罪、故意伤害罪的法定条件是什么？

6. 绑架他人的行为可能触犯我国刑法中的哪些罪名？

7. 如何认定拐卖妇女、儿童案中的罪数？

8. 如何区分诽谤罪与侮辱罪、诬告陷害罪、报复陷害罪的界限？

9. 何谓侵犯公民个人信息罪中的“个人信息”？如何理解侵犯公民个人信息罪的行为方式？如何确定侵犯公民个人信息犯罪案件中的罪数？

10. 如何理解虐待罪的客观行为与主观故意内容？如何区分虐待罪与虐待被监管人罪，虐待被监护、看护人罪？如何区分故意伤害罪、故意杀人罪、遗弃罪？

第八章 侵犯财产罪

内容导读

本章重点学习内容：侵犯财产罪的犯罪客体与犯罪对象；抢劫罪的构成特征与加重处罚情节；盗窃罪的构成特征及与相关犯罪的区别；诈骗罪的客观要件，以及与盗窃罪、其他诈骗类犯罪的关系和区别；抢夺罪的客观要件，以及与盗窃罪、抢劫罪的区别；侵占罪的犯罪对象，及与盗窃罪、诈骗罪、敲诈勒索罪的区别；职务侵占罪的客观要件，以及与盗窃罪、贪污罪的区别；挪用特定款物罪的犯罪对象，以及与挪用公款罪的区别；敲诈勒索罪的构成特征，及与抢劫罪、诈骗罪、绑架罪的区别；故意毁坏财物罪与破坏生产经营罪的区别。

第一节 侵犯财产罪概述

一、侵犯财产罪的概念

财产是社会生活的物质基础。侵犯财产罪是人类社会最古老的犯罪类型和当代社会最常见的犯罪形式。根据我国刑法的规定，侵犯财产罪是指故意非法占有、挪用、毁坏公私财产的行为。

二、侵犯财产罪的共同特征

（一）侵犯财产罪的犯罪客体

传统刑法理论认为本类罪侵犯的同类客体是公私财产的所有权。除挪用型的两个罪名外，该章的犯罪侵犯公私财产所有权的占有、使用、收益、处分全部权能，挪用特定款物罪和挪用资金罪只侵犯所有权中的占有、使用、收益权能。但近年来理论界有不少观点认为本类罪的客体除所有权外，还包括财产占有权。也有的学者认为，财产犯的法益首先是财产所有权及其他本权，其次是需要通过法定程序改变现状（恢复应有状态）的占有；但在非法占有的情况下，相当于本权者恢复权利的行为而言，该占有不是财产犯的法益。这里的“财产所有权”可以根据民法确定，即包括财产的占有权、使用权、收益权与处分权。

侵犯财产罪的犯罪客体直接影响各种行为的性质认定。占有说虽意在对实务中一些富有争议的案件给出更为合理的解释，比如，以不法手段取回或者夺回自己所有而又由他人占有之物的，第三者窃取或者骗取他人无权占有的赃物或者违禁品的，债权人使用胁迫手段实现自己债权的，但是，一方面占有说存在可能扩大处罚范围的问题，另一方面传统的所有权说也并不会造成刑法保护的不周延，而且，这些富有争议案件的解决出路，并非只有改造传统侵犯财产犯罪客体这一种方式。

第一，占有权并不一定由财产的所有权人享有，所有权与占有权分离是常态，分离时，对占有权的侵犯同样侵犯了所有权，因为对占有权的侵犯终归会侵犯公私财产所有权，不管是他人非法占有的还是合法占有的财物均不属于行为人所有之物，刑法关注的、制止的是行为人对不属于其本人所有的财物非法占有、挪用、毁损等。即使是他人非法占有的财物也会有其合法的所有权人，行为人对该财产占有权的侵犯也侵犯公私财产所有权。说本类罪侵犯财产所有权，也是从行为人针对的犯罪对象不属于行为人本人所有财物、行为人有侵犯他人财物所有权故意而言，并非针对财产实际占有人是否有所有权而言。

第二，侵犯财产罪是侵犯他人的财产利益的行为。如果行为人以自己所有之物为行为对象，客观上也并未造成他人财产的真正损失，则依据没有危害就没有犯罪的基本观念，窃回、骗回、勒索回自己的被他人非法占有的财物，不应该作为侵犯财产犯罪处理。

第三，占有型侵犯财产罪中，行为人构成犯罪，必须主观上出于“非法占有他人财物的故意”。行为人客观上虽然实施了盗窃、诈骗、勒索、强抢、夺取等行为，但行为人的目的不是非法占有他人的财物，而是取回自己的被他人占有之物或者自认为是自己所有的而被他人占有之物，则行为人主观上缺乏非法占有他人财物的故意，因而一般不能构成非法占有型侵犯财产罪，比如：因恋爱纠纷采取暴力手段抢回送出的彩礼；为索取债务非法扣押、拘禁他人；仅以所输赌资或所赢赌债为抢劫对象；借物人盗回借出的财物；所有人盗回被司法机关暂时扣押的财物；等等。

第四，如认为占有权也可成为本类罪的客体，可能会不适当地扩大本类罪的犯罪圈或违反罪刑相适应原则。例如对所有人盗回被司法机关暂时扣押的财物的要定盗窃罪，借物人盗回借出的财物的要定盗窃罪，因恋爱纠纷采暴力手段抢回送出的财物的要定抢劫罪，以暴力、非法拘禁方式索债的要定绑架罪。值得注意的是，所有权人采取非法手段取回自己财物与非法侵犯他人财物的社会危害程度差异很大，如果不问缘由，不考虑行为发生的前因后果，不考察行为人真正的主观目的，而仅以客观行为方式符合盗窃罪、抢劫罪等的规定，而将这些案件与社会上典型的盗窃、抢劫案件等量齐观，既不符合人们的常识、常情，也会导致量刑过重，不符合罪刑相适应原则。

第五，采所有权说并不会放纵犯罪。所有人以非法手段取回自己的财物，未向合法占有人索赔的或合法占有人未主动赔偿的，首先因其客观上并未造成他人财产权利的损害，不构成非法占有型侵犯财产犯罪。其次，如果行为人采取的手段行为侵害人身、财产利益，则构成什么罪定什么罪，如故意伤害、故意毁损财物等。在有些情况下，还可能构成非法处置查封、扣押、冻结的财产罪。如行为人隐瞒自己已取回财物的事实又向合法占有人索要财物或在合法占有人赔偿财物时收取财物，则实质为虚构事实或隐瞒真相，可构成诈骗罪。

(二) 侵犯财产罪的犯罪客观方面

1. 犯罪对象

侵犯财产罪的犯罪对象，是公私财产所有权的物质表现，即公私财物。公私财物的具体种类多种多样，从不同角度可以分为多种类型。依所有权主体的不同，可以分为公共财产与公民私人所有的财产；从其存在的物理形态分，可分为有形财产与无形财产；从用途分，可分为生产资料与生活资料；从能否被移动的角度，可分为动产和不动产；从法律是否允许持有角度，可分为违禁品与非违禁品；从取得财产的手段分，可分为合法取得的财产和非法取得的财产。公私财物的存在形态虽然多种多样，但要成为侵犯财产罪的犯罪对象，必须具有以下共同特征：

第一，具有经济价值。有些物品对特定人意义重大，价值无可估量，但缺乏客观的、社会公认的经济价值，则不能成为本类罪的犯罪对象。比如，某人珍藏的父母遗像、恋人书信。

第二，须为有主物。无主物或被所有人抛弃的财物不能成为本类罪的对象。如数人在垃圾场抢夺倒出的垃圾中的有用物不构成抢夺罪或抢劫罪，但已为人先占的抛弃物则重新成了有主物，他人非法取得或毁损也可构成本类罪。地下、水下埋藏的矿藏、文物，土地上的野生植物、他人的遗忘物、他人违法犯罪所得的赃物不是无主物，侵犯这些财物同样可以构成本章犯罪。

第三，能为人所控制。即使有交换价值，但不能为人控制，也不能成为本类罪的对象，如地球内部深处人类无法开采的矿物质，地球以外的天体上之物质，空气、阳光等等。

虚拟物品如网络游戏币、游戏装备等，是否属于刑法中的“财物”？理论上多有观点认为只要虚拟物品具备财物的三个内在属性，即可成为盗窃罪等的犯罪对象，相关判决也佐证了这一观点。但若窃取他人吉祥 QQ 号码转卖牟利，一方面 QQ 号码不具备财物属性，另一方面窃取他人 QQ 号码侵犯的主要是他人的通信自由权利，所以不宜以盗窃罪定性。

本类罪的犯罪对象是否包括财产性利益？理论和实践多持肯定态度。所谓财产性利益，一般认为指可以用货币计算但要通过某种程序才能兑现其经济价值的物品和利益，如股权、矿权、知识产权、生态环境权等具有财产属性的权利，包括财产的积极增加和财产的消极减少。

2. 行为方式

实践中侵犯财产罪的具体行为表现方式是多种多样的，概括起来，主要有以下三种方式：

第一，占有公私财物。占有，是主体对财物的实际控制，不同于一时的接触财物。行为人并不以取得财物的占有权为满足，而是旨在通过非法占有达到实际排除他人控制、自己能够实际控制财物的程度，从而像财物所有人那样，排他地行使对财物的各项权能。占有不限于占为己有，还包括将财物转归第三人占有。行为人非法取得财物后是据为己有还是转归他人占有，属于非法占有后对财物的处分问题，不影响其非法占有的性质。抢劫罪、盗窃罪、诈骗罪、抢夺罪、聚众哄抢罪、侵占罪、职务侵占罪、敲诈勒索罪及拒不支付劳动报酬罪均属此列。拒不支付劳动报酬罪的行为人本应支付给劳动者报酬而故意不予支付，实质上是对劳动者报酬的非法占有。

第二，挪用公私财物。挪用是指行为人违反法律或规章制度的规定，将财物挪为己用、借贷给他人或作他种用途使用。这类犯罪有挪用资金罪和挪用特定款物罪。

非法占有与非法挪用的区别在于，“非法占有”的行为人不仅在客观上达到实际控制财物的事实状态，而且行为人还以此使公私财物完全脱离原所有人、持有人的控制、支配范围，从而实现对该财物的非法使用、收益、处分。而“非法挪用”的行为人并不是为了永久占有、控制财物，而只是实质上改变了款物的用途予以非法使用。

第三，毁坏公私财物。毁坏是指将财物毁灭或损坏，使财产的价值全部丧失或使财产价值、效用降低，这类犯罪有故意毁坏财物罪、破坏生产经营罪。

需要注意的是，绝大多数侵犯财产犯罪都属于只能以作为方式实施的犯罪，但破坏生产经营罪则不仅可以作为方式实施，以不作为方式实施的，也可构成。如基于泄愤报复的个人目的，故意对已经发现的机器故障不予维修从而造成生产经营活动被迫停顿或者造成重大损失。拒不支付劳动报酬罪则只能以不作为方式实施，其本质在于行为人负有支付劳动报酬的义务，有能力支付而拒绝支付，违背法律的要求和期待。

3. 犯罪数额、情节、后果

抢劫罪、破坏生产经营罪定罪条件无数额或情节要求；挪用特定款物罪要求情节严重、致使国家和人民群众利益遭受重大损害；盗窃罪、抢夺罪、敲诈勒索罪、挪用资金罪、故意毁坏财物罪一般要求数额较大；其余的犯罪均要求数额较大，但数额较大的标准因不同的罪名而不同。

（三）侵犯财产罪的犯罪主体特征

就主体的范围看，除拒不支付劳动报酬罪单位和自然人均可构成外，其余罪只有自然人才能构成。就主体的身份看，除职务侵占罪、挪用资金罪、挪用特定款物罪的主体是特殊主体外，其他的均为一般主体。就自然人主体年龄看，抢劫罪的主体要年满 14 周岁，其他罪的均要年满 16 周岁。

（四）侵犯财产罪的犯罪主观方面

本章 13 个犯罪均为故意犯罪。以非法占有为目的的犯罪，如抢劫罪、盗窃罪、诈骗罪、抢夺罪、聚众哄抢罪、侵占罪、职务侵占罪、敲诈勒索罪，该目的的有无是决定罪和非罪的关键要素之一。一般认为，“非法占有目的”，是指行为人对不属于自己的财产，以利用财物经济价值的意思将公私财产非法占有，排除他人的财产所有权、建立自己对财物的新的占有关系。第一，行为对象是自己的财产，或者是与行为人有密切关系的财产，行为人系事出有因占有这些财产，难以认定行为人主观上具有非法占有他人财物的故意；第二，行为人要有利用财物经济价值的目的，这就将其与以毁损为目的而暂时占有的故意毁坏型侵犯财产罪区别开来；第三，行为人不打算归还，如打算归还则属于挪用、占用，而非占有。

以非法使用为目的的犯罪，如挪用资金罪、挪用特定款物罪，行为人主观上是打算归还财产的。故意毁坏财物罪、破坏生产经营罪的行为人主观上是以故意毁损财产或以破坏生产经营为目的。

第二节　侵犯财产罪的重点罪名

一、抢劫罪

（一）概念与构成特征

抢劫罪是指以非法占有为目的，以对财物的所有人、保管人或其他在场人当场实施暴力、以当场实施暴力相威胁，或者采用其他当场侵犯人身的方法，迫使被害人当场交出财物或者当场夺走其财物的行为。这一概念突出强调抢劫罪手段行为和目的行为两个“当场”的特点，缺少其中任何一个“当场”，都不能构成抢劫罪。

本罪的直接客体是复杂客体。其中，刑法所保护而为抢劫行为所侵害的公私财产所有权是主要客体，刑法所保护而为抢劫行为所侵害的被害人人身权是次要客体。取财必须通过侵犯人身的手段方式进行，这既是抢劫罪区别于其他财产犯罪的显著特征，也意味着本次要客体并非可有可无，同时也意味着抢劫罪的社会危害性远大于其他财产犯罪的。

犯罪客观方面为行为人采用暴力、胁迫或其他方法强行当场劫取公私财物。

（1）暴力。

抢劫罪的暴力，是指对被害人人身实施的强力打击和强制行为，其外延包括捆绑、殴打、卡颈、按倒、扭抱、伤害直至杀害等程度不同的表现形式。暴力必须当场实施，且是作为强行非法占有他人财物的手段行为而加以实施的。

抢劫罪的暴力是否必须达到足以排除被害人反抗的程度？通常认为，只有足以危害被害人生命与健康的行为才能被界定为抢劫罪的暴力，没有达到此种程度的暴力取财行为只能被定性为抢夺罪，如被告人将被害人抱住而由其他被告人夺走财物，将被害人绊倒或按倒或掌击被害人手臂致其钱包掉落并趁机捡起钱包逃跑，由于暴力程度轻微，只能构成抢夺罪。虽然最高人民法院《关于审理抢劫、抢夺刑事案件适用法律若干问题的意见》（法发〔2005〕8号）第10条要求：“抢劫罪侵犯的是复杂客体，既侵犯财产权利又侵犯人身权利，具备劫取财物或者造成他人轻伤以上后果两者之一的，均属抢劫既遂；既未劫取财物，又未造成他人人身伤害后果的，属抢劫未遂”，但这并不意味着那些不具有“不能反抗、不知反抗、不敢反抗”的所谓暴力也成立抢劫罪。

（2）胁迫。

抢劫罪的胁迫，是指对被害人以当场实施暴力相威胁，对被害人实施精神强制，迫使其产生恐惧不敢反抗，行为人进而获取财物。抢劫罪的胁迫区别于其他犯罪胁迫的特点在于：第一，胁迫内容必须具有暴力性。非暴力内容的胁迫不构成抢劫罪。第二，胁迫行为实施的当场性。胁迫是面对财物所有人、持有人、保管人、其他关系密切在场人等直接发出，而不是借助写信、打电话、让他人转达等方式间接实施。第三，胁迫内容付诸实施的当场性。在行为人发出的以暴力为后盾的胁迫中，同时包含了如果被害人不答应其非法占有财物的要求就要当场实施某种暴力的内容，至于行为人实际上能不能当场兑现其暴力威胁内容，则在所不问。第四，胁迫的对象仅限于被害人本人，同时在场的可以认定为共同被害人。

胁迫必须表现为积极的恐吓行为，多为赤裸裸的语言或者动作，也可表现为隐形的、默示的胁迫，但同样不宜添加“必须达到使人不敢抗拒”的程度限制。

（3）其他方法。

抢劫罪的其他方法，是指暴力或暴力威胁以外的造成被害人不知反抗或不能反抗且对人身有侵害的方法，如药物麻醉、用酒灌醉、使用催眠术或者用毒药毒昏、将被害人强力禁闭等。如果被害人不知反抗或不能反抗的状态不是行为人造成的，行为人仅利用了被害人因自身或第三方原因等而陷入不知反抗或不能反抗状态取财的，不构成抢劫罪。

另外，按我国刑法通说，作为抢劫罪犯罪对象的财物只能是动产。如果通过暴力、威胁手段强行赶走屋主、霸占房产，能否构成抢劫罪？一般认为，由于不动产所有权取得必须要在有关管理部门履行过户登记手续，不符合抢劫罪当场非法占有公私财物的特征，因此不宜构成抢劫罪。但若将不动产变为动产，如强行拆下部分劫走，则可能构成抢劫罪或者故意毁坏财物罪等。欠条等财产性利益能否成为抢劫罪犯罪对象？实践中以暴力、威胁方式抢得欠条后销毁，或使用暴力、威胁方式强迫并不欠债的他人写下欠条，如何定性多有争议。多数观点认为，如果欠条不是证明双方债权债务关系的唯一凭证，则抢得欠条并不必然导致债权灭失，债权人还可通过其他方式主张和实现其债权，这种情况下抢劫欠条不构成抢劫罪。但若欠条是双方债权债务关系唯一证明，欠条灭失则债权人彻底无法主张债权，则行为人抢劫欠条相当于当场抢走欠条所载同等金额的财产，应以抢劫罪定罪处罚。

犯罪主体是自然人一般主体，年满 14 周岁、精神正常的自然人应对其抢劫犯罪承担罪责。根据 2006 年最高人民法院《关于审理未成年人刑事案件具体应用法律若干问题的解释》的规定，已满 14 周岁不满 16 周岁的人使用轻微暴力或者威胁，强行索要其他未成年人随身携带的生活、学习用品或者钱财数量不大，且未造成被害人轻微伤以上或者不敢正常到校学习、生活等危害后果的，不认为是犯罪。已满 16 周岁不满 18 周岁的人实施前述行为的，一般也不认为是犯罪。已满 14 周岁不满 16 周岁的未成年人不构成转化型抢劫罪。

犯罪主观方面为故意，并具有非法占有他人财物的目的。

（二）犯罪认定

1. 抢劫罪的罪与非罪界限

从刑法规定看，构成该罪不要求达一定的数额或情节，但并非任何情况下只要有抢劫行为就构成犯罪。按《刑法》第 13 条但书“情节显著轻微危害不大的不认为是犯罪”的规定和最高人民法院审理未成年人犯罪案件的有关司法解释，如作案人系未满 16 周岁的未成年人，又系偶犯或初犯，或者未使用暴力抢劫少量财物等，就可认定属于情节显著轻微危害不大，不以犯罪论处。

2. 抢劫罪的加重犯理解与适用

抢劫罪的加重犯较为复杂，既有结果加重，又有情节加重。

（1）入户抢劫。

入户抢劫的理论争议大，实践疑难多。结合多个司法解释，认定“入户抢劫”需要把握以下条件：

1）户的内涵和外延。

“户”在这里是指住所，其特征表现为供他人家庭生活和与外界相对隔离两个方面，前者为功能特征，后者为场所特征。封闭的院落、牧民的帐篷、渔民作为家庭生活场所的渔船、为生活租用的房屋，都是刑法意义上的“户”。一般情况下，集体宿舍、旅店宾馆、临时搭建工棚等不应认定为“户”，但在特定情况下，如果确实具有上述两个特征的，也可以认定为“户”。商住两用、前店后院的房屋，如果是在营业时间，显然不具备“户”的场所特征与功能特征，如果是在非营业时间，则应认定为“户”。如果户的两个特征并不十分明显，一般应排除在外，如户主尚未入住或正在装修的私人住宅，固定值班人员长期居住的单位门卫室，即将或正在关门的前店后院式房屋等等。对于独门独院的，只要行为人进入院落则视为“入户”，不能将“入户”限制解释为“入室”。

2）“入户”目的非法。

进入他人户内须以侵害户内人员的人身、财产为目的，入户后实施抢劫，包括入户实施盗窃、诈骗等犯罪而转化为抢劫的，应当认定为“入户抢劫”，以此区别于在户抢劫。抢劫行为虽然发生在户内，但行为人不以实施抢劫等犯罪为目的进入他人住所，而是因访友办事等原因经户内人员允许入户后，在户内临时起意实施抢劫的，不属于“入户抢劫”。

3）暴力或者暴力胁迫行为必须发生在户内。

入户实施盗窃被发现，行为人为窝藏赃物、抗拒抓捕或者毁灭罪证而当场使用暴力或者以暴力相威胁的，如果暴力或者暴力胁迫行为发生在户内，可以认定为“入户抢劫”；如果发生在户外，不能认定为“入户抢劫”。

（2）在公共交通工具上抢劫。

对此，多个司法解释作了规定，包括2000年最高人民法院《关于审理抢劫案件具体应用法律若干问题的解释》、2005年最高人民法院《关于审理抢劫、抢夺刑事案件适用法律若干问题的意见》和2016年最高人民法院《关于审理抢劫刑事案件适用法律若干问题的指导意见》。综合以上司法解释，对这一加重情节的理解需要注意以下内容：

1）公共交通工具的界定。“公共交通工具”，包括从事旅客运输的各种公共汽车，大、中型出租车，火车，地铁，轻轨，轮船，飞机等，不含小型出租车。对于虽不具有商业营运执照，但实际从事旅客运输的大、中型交通工具，可认定为“公共交通工具”。接送职工的单位班车、接送师生的校车等大、中型交通工具，视为“公共交通工具”。

2）公共交通工具的状态。限于正在运营中的大、中型公共交通工具。在未运营中的大、中型公共交通工具上针对司售、乘务人员抢劫的，或者在小型出租车上抢劫的，不属于“在公共交通工具上抢劫 ”。

3）在公共交通工具上的界定。这既包括行为人本身在公共交通工具上并实施抢劫，也包括对公共交通工具加以拦截后实施抢劫。

（3）抢劫银行或者其他金融机构。

依据2000年最高人民法院《关于审理抢劫案件具体应用法律若干问题的解释》，“抢劫银行或者其他金融机构”，是指抢劫银行或者其他金融机构的经营资金、有价证券和客户的资金等，不包括抢劫金融机构的办公用品、其工作人员的个人财产、交通工具等。抢劫正在使用中的银行或者其他金融机构的运钞车的，视为“抢劫银行或者其他金融机构”。

（4）多次抢劫或者抢劫数额巨大。

结合司法解释，多次抢劫是指抢劫三次以上。对“多次抢劫”的认定，应以行为人实施的每一次抢劫行为均已构成犯罪为前提，综合考虑犯罪故意的产生、犯罪行为实施的时间、地点等因素，客观分析、认定。对于行为人基于一个犯意实施犯罪的，如在同一地点同时对在场的多人实施抢劫的；或基于同一犯意在同一地点实施连续抢劫犯罪的，如在同一地点连续地对途经此地的多人进行抢劫；或在一次犯罪中对一栋居民楼房中的几户居民连续实施入户抢劫的，一般应认定为一次犯罪。数额巨大的标准，参照各地确定的盗窃罪数额巨大的认定标准执行。

（5）抢劫致人重伤、死亡。

抢劫致人重伤、死亡，是指行为人在抢劫过程中或劫财以前故意或过失直接致被害人重伤或死亡，不包括被害人自杀或因被抢劫受轻伤在医治时介入其他人罪过行为或因自然灾害直接致重伤或死亡。行为人主观上对行为造成他人重伤、死亡存在故意或者过失，客观上抢劫行为直接造成重伤、死亡结果的发生，或者是重伤、死亡结果出现的直接诱因，如暴力抢劫引发被害人严重心脏病发作死亡。死伤对象多为被害人本人，也可能是误伤、误杀共犯或无辜第三人，如在入户抢劫后逃跑过程中遇其他住户上楼而一把推倒致其摔死。

（6）冒充军警人员抢劫。

军警人员指现役军人、武警、公安民警、法警。所谓冒充，是指行为人通过着装、声称、出示证件等让被害人知道行为人是军警人员的行为。依据 2016 年最高人民法院《关于审理抢劫罪刑事案件适用法律若干问题的指导意见》，认定“冒充军警人员抢劫”，要注重对行为人是否穿着军警制服、携带枪支、是否出示军警证件等情节进行综合审查，判断是否足以使他人误以为是军警人员。对于行为人仅穿着类似军警的服装或仅以言语宣称系军警人员但未携带枪支，也未出示军警证件而实施抢劫的，要结合抢劫地点、时间、暴力或威胁的具体情形，依照常人判断标准，确定是否认定为“冒充军警人员抢劫”。军警人员利用自身的真实身份实施抢劫的，不认定为“冒充军警人员抢劫”，应按相应抢劫罪的基本犯、加重犯定罪和相应法定刑幅度从重处罚。

（7）持枪抢劫。

此处的“枪”系《枪支管理法》中所指的枪支。持假枪抢劫不能被认定为持枪抢劫。“持枪抢劫”是指行为人使用枪支或向被害人显示持有、佩带的枪支进行抢劫的行为。虽携带枪支但并未显示或未以其他方式让被害人知道的，不属于持枪抢劫。

（8）抢劫军用物资或者抢险、救灾、救济物资。

军用物资，是指供武装部队使用的物资，不包括警用物资，也不包括枪支、弹药、爆炸物。抢劫部队枪支、弹药的，应依《刑法》第 127 条第 2 款以抢劫枪支、弹药、爆炸物罪论处。抢险、救灾、救济物资，是指该物资已经确定上述用途，或者正在用于上述用途。

如行为人在抢劫时主观上并不明知是上述特定用途的物资，能不能适用抢劫罪加重情节量刑？有观点认为，量刑情节的认定只看客观事实，无须考察行为人主观上明知与否。我们认为，主客观相统一事实上是影响定罪量刑的一个基本原则，在刑法对“抢劫军用物资或者抢险、救灾、救济物资”设置非常严重的法定刑刑种和刑度的情况下，从罪刑相适应原则角度考虑，理应体现出行为人对刑法保护价值强烈的对抗态度，只有主观上明知是上述特定物资而决意行抢的时候，才应承受10年以上有期徒刑、无期徒刑或者死刑的刑罚否定评价。

3. 抢劫罪既遂与未遂的标准

关于抢劫罪的既遂与未遂，刑法理论上有“财物占有说”“人身侵犯说”“双重结果说”“基本情节和加重情节区别对待说”等不同观点。依据2005年最高人民法院《关于审理抢劫、抢夺刑事案件适用法律若干问题的意见》，既遂标准采取“劫取财物或者造成他人轻伤以上后果择一说”，未遂标准采取“双重后果均未发生说”。

抢劫罪八种加重情节有无未遂？除第四项之“抢劫数额巨大”、第五项“抢劫致人重伤、死亡”以外，其余加重情节都存在犯罪未遂可能。

4. 抢劫特定财物的处理

抢劫毒品、假币、淫秽物品等违禁品的，以抢劫罪定性，将数量作为量刑情节考虑；抢劫违禁品以后又实施其他犯罪的，数罪并罚。抢劫赌资、犯罪所得赃款赃物，以抢劫罪定性；但若仅以其所输赌资或所赢赌债为抢劫对象的，一般不以本罪论处；构成其他犯罪的，如故意伤害罪、非法拘禁罪、侮辱罪等，依刑法的相关规定处理。

抢劫家庭成员或近亲属财物，如为个人使用，一般不以抢劫罪处理；构成其他犯罪的，依据刑法的相关规定处理。但若教唆或者伙同他人采取暴力、胁迫等手段劫取家庭成员或近亲属财产的，可以抢劫罪定罪处罚。

5. 此罪与彼罪的界限

（1）抢劫罪与故意杀人罪的界限。

为当场立即劫取动产而预谋故意杀人，或者在劫取财物过程中，为制服被害人反抗而故意杀人的，杀人行为是抢劫罪暴力的极端表现，系为取财目的服务的手段行为，因而构成抢劫罪。如果在抢劫后为灭口而故意杀人，此时杀人行为并不服务于取财的目的行为，应以抢劫罪和故意杀人罪数罪并罚。

为图财而先杀人，事后取财的，如为多分遗产而先杀死其中一个继承人，因杀人行为和取财行为发生了较大的时空分离，缺乏“两个当场”的特征，只能单独评价其构成故意杀人罪。

（2）抢劫罪与绑架罪的界限。

以勒索财物为目的绑架他人时易与本罪混淆，此时二者的区别主要是客观行为特征的不同。第一，犯罪对象不同。绑架罪中的人质与交付财物者是不同的被害人，抢劫罪中一般情况下被强制的人与被取财人是同一被害人；有时也系不同一的被害人，但被强制的人与被劫财者在同一现场、二被害人之间有特殊密切关系。第二，人身强制和取财的时空是否分离不同。绑架罪中对人身的强制和取财肯定是在不同的空间，一般也是在不同的时间，即时空是分离的，而在抢劫罪中，强制与取财在时空上具有同一性，即必须是在对被害人人身强制的同一现场和时间取财。第三，犯罪对象财物是否可以是不动产不同。抢劫罪只限于动产，而绑架罪勒索的财物既可以是动产也可以是不动产。第四，行为特点不同，绑架罪是以人质的生命、健康安危为筹码，向与人质有密切关系的人索财或提出其他非法要求，而抢劫罪是对被害人以暴力、胁迫或其他方法当场立即劫财。另外，按司法解释的意见，绑架过程中又当场劫取被害人随身携带财物的，同时触犯绑架罪和抢劫罪两罪名，应择一重罪定罪处罚。

（3）抢劫罪与寻衅滋事罪的界限。

从主观目的看，前者行为人一般只具有非法占有他人财物的目的，后者行为人主观上还具有逞强好胜和通过强拿硬要来填补其精神空虚等目的。从手段及程度看，前者行为人以暴力、胁迫等方式作为劫取他人财物的手段，而后者行为人客观上一般不以严重侵犯他人人身权利的方法强拿硬要财物。

（4）抢劫罪与强迫交易罪的界限。

主要表现在：第一，二者侵犯客体不同。前者侵犯财产权利和人身权利，后者侵犯自愿、等价有偿的市场交易秩序和人身权利。第二，犯罪主体不同。前者是14周岁以上的自然人，后者是16周岁以上从事经营或真实从事交易活动的自然人，单位也可构成，经营活动具有多次反复、长期从事或打算反复、长期从事的特征，如行为人并非经营交易者却假装经营交易者而以极少财物强制他人交付财物的，构成抢劫罪。第三，主观目的不同。前者行为人以采强制方法非法占有他人财物为目的，后者以强迫他人买卖商品或强迫他人提供或接受服务，从而获取不法利润或少支付对价金为目的。第四，客观要件不同。抢劫罪的手段除暴力、威胁外还有其他方法，构成犯罪无须情节严重；而强迫交易行为是以暴力或威胁手段强买、强卖商品或者强迫他人提供或接受服务，构成犯罪需要情节严重。

另外，当行为人是自然人且有交易的外观使两罪难以区别时，看行为人是否是市场上从事经营或真实交易活动的主体，商品、服务与同类商品或服务的差价是否过于悬殊来认定。如行为人是从事经营或真实进行交易活动的市场主体，有真实的经营或交易活动而不是以此为幌子，且其提供的商品或服务或所出的对价与正常价不过于悬殊，则构成强迫交易罪不构成抢劫罪，反之构成抢劫罪。

（三）转化型抢劫罪

《刑法》第269条规定，“犯盗窃、诈骗、抢夺罪，为窝藏赃物、抗拒抓捕或者毁灭罪证而当场使用暴力或者以暴力相威胁的”，以抢劫罪定罪处罚，这就是刑法规定的转化型抢劫罪。构成转化型抢劫罪必须同时符合以下条件。

1. 前提条件

“犯盗窃、诈骗、抢夺罪”，是适用转化型抢劫罪的前提条件。在理解该前提时，有以下几个问题需要明确：

（1）此处的“盗窃、诈骗、抢夺罪”，不宜理解为泛指一切以盗窃、诈骗、抢夺方法实施的违法犯罪，而应恪守立法原意、遵循体系解释，理解为仅限于《刑法》分则第五章所规定的盗窃罪、诈骗罪和抢夺罪。如在盗伐林木过程中暴力抗法造成执法人员伤亡，应以盗伐林木罪与妨害公务罪或故意伤害罪、故意杀人罪数罪并罚。

（2）此处的“盗窃、诈骗、抢夺罪”，不应理解为盗窃、诈骗、抢夺数额分别达到较大程度构成相应的盗窃罪、诈骗罪、抢夺罪，而应理解为行为人主观上有犯盗窃罪、诈骗罪、抢夺罪的故意，客观上实施了盗窃、诈骗、抢夺行为。但若盗窃、诈骗、抢夺行为既未达到“数额较大”，当场使用暴力或者以暴力相威胁其情节又较轻，总体判断行为危害不大的，一般不以犯罪论处。盗窃、诈骗、抢夺行为虽未达到“数额较大”，但具有下列情节之一的，可依照《刑法》第 269 条的规定，以抢劫罪定罪处罚：1）盗窃、诈骗、抢夺接近“数额较大”标准的；2）入户或在公共交通工具上盗窃、诈骗、抢夺后在户外或交通工具外实施上述行为的；3）使用暴力致人轻微伤以上后果的；4）使用凶器或以凶器相威胁的；5）具有其他严重情节的。

2. 客观条件

行为人在先行实施盗窃、诈骗、抢夺行为后，还必须“当场实施暴力或以暴力相威胁”，这是转化型抢劫罪的客观条件。此处“当场”，一般指盗窃、诈骗、抢夺行为的现场，如在现场即被发现或者刚一离开现场即被发现而立即开展追捕，追捕过程中的场所也视为当场。

3. 主观条件

当场实施暴力或以暴力相威胁的目的，在于“窝藏赃物、抗拒抓捕或者毁灭罪证”，这是转化型抢劫罪的主观条件。窝藏赃物，意指防护已经到手的赃物不被追回；抗拒抓捕，即为抗拒被害人及其他人包括执法人员的抓捕；毁灭罪证，是指毁坏或者使犯盗窃、诈骗、抢夺犯罪行为的证据灭失，证据的种类，以刑事诉讼法规定的范围为限。以上三种目的可能同时存在，也可能或居其一。如果行为人逃跑时无实施暴力的故意，并非出于三种特定目的之一，而是过失将他人冲撞倒地致伤亡或毁损财物，则不应认定为转化型抢劫罪。

（四）“携带凶器抢夺”的认定

《刑法》第 267 条第 2 款规定，携带凶器抢夺的，依照抢劫罪定罪处罚。关于此处的“携带凶器抢夺”，最高人民法院 2000 年《关于审理抢劫案件具体应用法律若干问题的解释》和 2005 年《关于审理抢劫、抢夺刑事案件适用法律若干问题的意见》的规定都完全一致，即“携带凶器抢夺”是指行为人随身携带枪支、爆炸物、管制刀具等国家禁止个人携带的器械进行抢夺或者为了实施犯罪而携带其他器械进行抢夺的行为。具体理解如下：

第一，行为人在抢夺时随身携带枪支、爆炸物、管制刀具等国家禁止个人携带的器械。这种情况下，无论行为人主观上基于何种原因携带上述器械，也不论行为人是不是打算在抢夺不成时使用上述器械，都属于“携带凶器抢夺”，适用《刑法》第 267 条第 2 款，构成抢劫罪。

第二，行为人在抢夺时随身携带国家禁止个人携带器械以外的其他器械。在这种情况下，行为人主观上必须是为了犯罪携带上述器械，若非出于实施犯罪的目的，仅仅是事后查明客观上带有器械，不能适用《刑法》第 267 条第 2 款。

“携带”仅指行为人在抢夺时带有凶器，若将随身携带凶器有意加以显示、能为被害人察觉到的，或者直接使用凶器实施暴力或者胁迫，则直接适用《刑法》第263条规定的抢劫罪定罪处罚。行为人携带凶器抢夺后，在逃跑过程中为窝藏赃物、抗拒抓捕或者毁灭罪证而当场使用暴力或者以暴力相威胁的，适用《刑法》第267条第2款的规定。

（五）处罚

《刑法》第263条规定，犯本罪的，处3年以上10年以下有期徒刑，并处罚金；有下列八种情形之一的，处10年以上有期徒刑、无期徒刑或者死刑，并处罚金或者没收财产：（1）入户抢劫的；（2）在公共交通工具上抢劫的；（3）抢劫银行或者其他金融机构的；（4）多次抢劫或者抢劫数额巨大的；（5）抢劫致人重伤、死亡的；（6）冒充军警人员抢劫的；（7）持枪抢劫的；（8）抢劫军用物资或者抢险、救灾、救济物资的。

二、抢夺罪

（一）概念与主要构成特征

抢夺罪是指以非法占有为目的，不使用暴力、胁迫等人身强制方法，公然夺取公私财物数额较大，或者多次抢夺的行为。

本罪的直接犯罪客体为刑法所保护而为抢夺行为所侵害的公私财产所有权。尽管行为人对财物施加物理强制力时可能会伤及人身，但行为人主观上并无通过对人身施加强力而取财的故意，造成人身伤亡属于随机客体，与没有造成人身伤亡的抢夺行为相比，其危害更重，应作为量刑从重情节评价。本罪对象只能是动产，对不动产上可分离的附属物拆下夺走的，也构成本罪。对特定对象抢夺若刑法另行规定有罪名，如明知是枪支弹药、爆炸物而抢夺的构成抢夺枪支、弹药、爆炸物罪，不构成本罪。

犯罪客观方面为公然夺取数额较大的公私财物或多次抢夺的行为。公然夺取财物且不使用侵犯人身的暴力、胁迫手段，是抢夺罪在客观方面与盗窃罪、抢劫罪的显著区别之一。具体而言，理解抢夺罪的"公然夺取"，应把握以下几个方面：

（1）夺取财物的行为是公然实施的。"公然"并不是说抢夺只能发生在公共场合或者当着众人的面实施，而应理解为行为人在财物所有人或者保管人在场的情况下，当着财物所有人或者保管人的面或者采用可以立即使其发觉的方法夺取财物。其中，有的是直接从财物所有人或保管人手中或者身上用力拉拽夺走财物，有的是拿起放在被害人身边的财物转身就跑。如果行为人对财物所有人或者保管人发生误认，应以行为人主观上认识到的内容作为定性的依据。此外，"公然"是行为人主观上自认为的"公然"，如果自认为取财行为在当时不会被发觉，则不属于抢夺罪的"公然"，而是盗窃罪的"秘密"性表现。

（2）公然夺取财物不以暴力、胁迫等侵犯人身权利为手段。行为人夺取的财物，处在被害人的直接控制或者视线控制中，行为人对财物直接施加强力，而不是对被害人实施暴力、胁迫等手段，通过强力夺取直接改变财物的占有状态。在公然夺取财物过程中，可能会造成被害人的人身伤亡。但一方面，这种结果的出现并不能成为变抢夺为抢劫的条件，而是属于抢夺过程中出现的加重后果；另一方面，出现人身伤亡后果的，也无须单独评价其构成过失致人重伤罪或过失致人死亡罪。根据2013年最高人民法院、最高人民检察院《关于办理抢夺刑事案件适用法律若干问题的解释》（以下简称《抢夺解释》）

的规定，抢夺中致人轻伤，则抢夺“数额较大”的标准在1 000元至3 000元标准的50%确定；抢夺致人重伤，应认定为抢夺具有“其他严重情节”，适用中间档量刑幅度；抢夺致人死亡，应认定为具有“其他特别严重情节”，适用第三档量刑幅度。

（3）乘人不备并非抢夺的客观必备要件。有观点认为，抢夺一定是乘人不备进行的，如果在被害人有防备的情况下取财，则属于抢劫。这种观点将乘人不备绝对化，既无理论根据也无实践基础。从实践看，大部分的抢夺犯罪的确是在乘人不备的情况下发生的，但是也有一些案件，被害人对可能发生的侵害已经有所意识、有所防备，行为人甚至也明确知道这一点，即使如此，行为人还是依靠强力夺取财物。就明知被害人有所防备而言，难以成立盗窃犯罪，就直接依靠强力取财而言，难以评价为抢劫罪。从理论上说，只要不通过当场侵犯人身的方式取财，而是当着财物所有人或者保管人的面或者采用可以立即使其发觉的方法夺取财物，都属于公然夺取财物，符合抢夺的特点。

本罪的犯罪主观方面为公然夺取财物，具体是行为人主观上明知财物就在被害人控制之下，但仍决心直接强力取财的一种决意，其直接地表现了行为人对他人财产权利的一种公开蔑视和对抗态度。如果不是为了公然强力占有他人财物，而是为了戏弄、逗乐、临时急用等目的夺得财物后又归还他人，或者出于逞强耍横的动机强拿他人财物，或者为了抵债而夺取债务人的财物，都不宜以抢夺罪定性，而应根据情况不同区别对待，要么属于民事财产纠纷，要么可能构成其他犯罪。

（二）犯罪认定

1. 抢夺罪的罪与非罪的界限

“数额较大”是抢夺行为罪与非罪区分的重要界限。在理解把握这一标准的时候，需要注意：第一，数额较大是构成抢夺罪的必要标准，但不是唯一标准。具有《抢夺解释》第5条规定的四种情形之一的，可以认定为犯罪情节轻微，不起诉或者免予刑事处罚；必要时，由有关部门依法予以行政处罚。第二，即使数额没有达到较大标准，具有《抢夺解释》第2条规定的十种情形之一的，也可作为犯罪处理。

2. 抢夺罪与相关犯罪的区分

（1）抢夺罪与抢劫罪的区分。

理论上看，抢夺罪与抢劫罪在犯罪构成多个方面存在不同：在犯罪客体上，抢劫罪侵犯的是复杂客体，抢夺罪侵犯的是单一客体；在犯罪客观方面，抢夺罪表现为公然夺取财物，抢劫罪则必定表现为通过侵犯人身的手段当场劫取财物；在犯罪主体上，抢夺罪的主体是自然人一般犯罪主体，抢劫罪的主体则是年满14周岁的自然人；在犯罪主观方面，因客观行为方式的不同，故意的具体内容也有显著区别。

当行为人意在取财，客观上又造成了人身伤亡的时候，应注意区分：

第一，行为人强力直接作用的对象究竟是人身还是财物。抢劫罪的暴力须施加于被害人人身，通过侵犯人身从而达到取财目的；抢夺罪中的行为人，将强力直接作用于行为人携带、控制的财物，在拉拽财物的过程中，由于用力过猛、被害人站立不稳等原因，可能会使人身造成伤亡。抢夺罪中的人身伤亡属于加重量刑的法定条件，依轻伤、重伤、死亡结果的不同，分别对应抢夺罪的三档量刑幅度。

第二，飞车抢夺案件的处理。利用行驶的机动车抢夺有时会致人伤亡，此时对行为人定罪常引起争议，如行为人驾驶机动车夺包，因包带缠在被害人身上，机动车拖挂被害人致其伤亡。区分两罪的关键，还是看行为人对被害人人身遭受暴力是故意还是过失，明知自己的行为可能会造成被害人人身伤亡仍然决意行抢属于抢劫，无故意则系抢夺。依据 2013 年《抢夺解释》第 6 条规定："驾驶机动车、非机动车夺取他人财物，具有下列情形之一的，应当以抢劫罪定罪处罚：（一）夺取他人财物时因被害人不放手而强行夺取的；（二）驾驶车辆逼挤、撞击或者强行逼倒他人夺取财物的；（三）明知会致人伤亡仍然强行夺取并放任造成财物持有人轻伤以上后果的。"

（2）抢夺罪与盗窃罪的区分。

一般情况下，两罪之间的区别显而易见。但随着"公开盗窃"观点的提出，学界聚讼纷争，需要辨析。对盗窃罪秘密性的理解，应与人们的日常生活经验、通常理解、常识和历史传统相适应。除了在客观方面"秘密性"与"公然性"的区别，两罪在主观方面呈现的特点也不同。行为人秘密窃取他人财物，在主观态度上是想避开与被害人的意志交锋和对抗，有所忌惮，想在被害人不知情的情况下，悄悄占有他人财物；行为人公然夺取他人财物，在主观态度上是明知财物所有人、保管人等会目睹或者即刻就能发现其夺财行为，但不想避开与被害人的意志交锋，而是公开地表现出主观意志的对抗性，无所忌惮，反映出对他人财产权利的一种不加掩饰的蔑视态度。

采用平和手段将未被他人紧密随身携带的财物占有，究竟构成盗窃还是抢夺，主要取决于：第一，证据支撑行为人主观上是想偷窃还是抢夺；第二，针对（实际的或者行为人自认为的）财物所有人或者保管人来说，行为人主观上认识到自己是在秘密取财还是公然取财，行为人有无认识到已经为被害人发觉，还是始终自认为取财是不为人知的。如果行为人明知被害人因患病、醉酒等原因而丧失或者基本丧失防护财物能力但神志清醒，或者利用他人不能有效阻拦、反抗的客观条件，如利用售货员在柜台内、旅客在列车内等不能即刻发现或阻止的不利条件，当着被害人的面拿起财物就跑且数额较大，理应定性为抢夺罪。如果本来是秘密取财，但在翻找财物过程中被屋主发现而苦苦哀求行为人不要将财物拿走，行为人不屑一顾继续翻找最终取财数额较大，从始至终没有对人身施加暴力、暴力胁迫等，则一方面不构成抢劫罪，另一方面，因盗窃的秘密性被中断，转而采用公然的方式取财，因此不能构成盗窃罪，而应评价为抢夺罪。

（三）处罚

依《刑法》第 267 条之规定，犯本罪，数额较大或者多次抢夺的，处 3 年以下有期徒刑、拘役或者管制，并处或者单处罚金；数额巨大或者有其他严重情节的，处 3 年以上 10 年以下有期徒刑，并处罚金；数额特别巨大或者有其他特别严重情节的，处 10 年以上有期徒刑或者无期徒刑，并处罚金或者没收财产。

三、敲诈勒索罪

（一）概念与主要构成特征

根据《刑法》第 274 条的规定，敲诈勒索罪，指采用威胁或要挟方法使他人产生精神恐惧而被迫交付财物，数额较大或者多次敲诈勒索的行为。

犯罪客观方面的手段是对被害人实施威胁、要挟。威胁指以将来或在其他现场对被害人本人、与其关系密切的亲友人身实施暴力相恐吓，或毁坏被害人财物相恐吓，如杀害、伤害、绑架、拘禁，烧毁房屋、砸毁汽车等。要挟指以揭发被害人隐私、损害其名誉等相恐吓，如揭发被害人违法犯罪行为、不正当两性关系、身体精神疾患、历史污点等。威胁、要挟的目的，是使被害人产生精神恐惧，不敢拒绝行为人索要财物的要求。如，行为人以不雅视频相要挟，使他人陷入心理恐惧，进而向他人提出借款要求并在还款期满后有能力归还而不归还的，是以借款名义行强索他人财物之实，应以敲诈勒索罪论处。

这里的威胁、要挟，既可以直接面对被害人发出，也可以通过第三人转达，通过书信邮件或其他即时通讯方式等传递。威胁、要挟的内容可真实，也可虚假。威胁、要挟的对象，既可以是财物所有人、保管人本人，也可以是他们的亲属，或者与之有密切关系、利害关系的人。索要的财物既可以是被害人本人所有或保管的财物，也可以是不属于被害人的财物。威胁、要挟与财物的交付可以同时同地（当场暴力、暴力胁迫除外），也可以时空分离，如数天后或在其他地方交付财物。财物可交付给行为人本人，也可交付给行为人指定的第三人。威胁、要挟行为与被害人交付财物之间需有因果关系，威胁、要挟行为使被害人产生了精神恐惧，从而不得不交付财物。

依据 2013 年最高人民法院、最高人民检察院《关于办理敲诈勒索刑事案件适用法律若干问题的解释》（以下简称《敲诈勒索罪解释》），敲诈勒索公私财物价值 2 000 元至 5 000 元以上属于数额较大，具有该解释第 2 条规定的七种情形之一，“数额较大”的标准可以按上述标准的 50%确定。“多次敲诈勒索”以 2 年内敲诈勒索 3 次以上为认定标准。

犯罪主观方面表现为直接故意，且以非法占有财物为目的，行为人希望以威胁、要挟方式迫使他人交付财物。如果行为人是为了追回自己被他人非法取得的合法财物，客观上虽然有威胁、要挟行为，但主观目的不在于非法占有他人财物，因而不构成本罪。若行为人是为了催促对方当事人偿还已经到期而拒不偿还的债务，属于民事纠纷中的不当行为，也不应构成本罪，但若索要数额远超债务数额，且已经达到数额较大标准，可以本罪论处。

行为人客观上虽然实施了威胁、要挟行为，但其主观目的不在于非法占有他人财物，而是出于其他目的，比如为晋级、入党、被扣奖金、被降级或开除，或为与对方保持恋爱关系、婚姻关系、不正当性关系等实施恐吓，不能以敲诈勒索罪论处。

（二）犯罪认定

1. 敲诈勒索罪的罪与非罪的界限

（1）根据《敲诈勒索罪解释》第 5 条的规定，敲诈勒索数额较大，行为人认罪、悔罪，退赃、退赔，并具有下列四种情形之一的，可以认定为犯罪情节轻微，不起诉或者免予刑事处罚，由有关部门依法予以行政处罚：1）具有法定从宽处罚情节的；2）没有参与分赃或者获赃较少且不是主犯的；3）被害人谅解的；4）其他情节轻微、危害不大的。

（2）敲诈勒索近亲属的财物，获得谅解的，一般不认为是犯罪；认定为犯罪的，应当酌情从宽处理。

被害人对敲诈勒索的发生存在过错的，根据被害人过错程度和案件其他情况，可以对行为人酌情从宽处理；情节显著轻微危害不大的，不认为是犯罪。

2. 敲诈勒索罪与抢劫罪的区别

当行为人采用暴力、威胁方法进行敲诈勒索时易与抢劫罪相混淆，二者区别在于：

第一，威胁施加暴力针对的对象不同。本罪的威胁可以对人也可对财物，后者只能对人实施暴力相威胁。若对财物实施暴力毁坏，目的要使被害人感知到有人身危险的存在，则属于隐形的暴力胁迫，应构成抢劫罪。如行为人用木棒将被害人电视机砸坏，称："拿钱来！"若被害人不交财物则人身面临暴力，故构成抢劫罪。如行为人用木棒将被害人电视机砸坏，称："拿钱来！不拿钱我还要砸你电冰箱！"则应评价为敲诈勒索罪。

第二，威胁实施暴力的时间、地点不同。本罪是以将来或在其他现场实施暴力相威胁，抢劫罪是以当场立即实施暴力相威胁。

第三，威胁与取财时空是否同一不同。抢劫罪的暴力威胁与取财行为时空肯定是同一的，具有"两个当场"的特征，而本罪暴力威胁与交付财物时空可同一也可分离，如暴力威胁后被害人数天后交付财物构成本罪。

第四，威胁是否必须当面不同。抢劫罪的暴力威胁必须当面直接公开发出，而本罪的威胁可以当面也可不当面进行，如通过他人带话、通过网络、电话等实施。

3. 敲诈勒索罪与绑架罪中绑架勒索行为的界限

敲诈勒索罪属于侵犯财产权利的犯罪，绑架罪属于侵犯人身权利的犯罪。两罪客体的不同决定了其分属不同的犯罪范畴。从理论上看，两罪的区别是较为明显的：第一，危害行为不同。本罪以将要实施侵害相威胁，后罪则通过绑架人质，以人质安危为要挟，逼迫其亲友等交出赎金。第二，取得财物的途径不同。本罪行为人一般直接从被害人手中取得财物，而后罪行为人则从被绑架人亲友等处获得财物。

行为人并未绑架他人作为人质，而是将他人哄骗到别处，继而向所谓"人质"亲友打电话谎称已经绑架被害人，要求对方支付数额较大的赎金。因客观上不存在绑架他人作为人质的事实，行为人不构成绑架罪，"人质"亲友因精神恐惧不得已交付财物的，行为人构成敲诈勒索罪。行为人基于各种原因已经杀死被害人，又对被害人亲友等谎称已经绑架被害人，向其勒索赎金，同样因缺少绑架他人作为人质这一必备要件，不可能构成绑架罪，应以敲诈勒索罪论处。

4. 敲诈勒索罪与诈骗罪的区别

二者的一般区别在于：第一，侵犯客体不同。敲诈勒索罪侵犯的是双重客体，既有财产权利也有人身权利，而诈骗罪者只侵犯财产权利。第二，客观行为不同。敲诈勒索罪必须是以威胁、要挟方法造成被害人恐惧而不得不交付财物，诈骗罪是编造虚假事实、隐瞒事实真相让被害人信以为真而自动交付或处分财物。第三，行为人主观上对所采取手段的故意内容不同。敲诈勒索罪行为人希望造成被害人精神恐惧而不得不交付财物，诈骗罪行为人希望被害人相信自己的谎言、上当受骗而自动交付或处分财物。

当行为人用以要挟的内容是虚构事实但又造成被害人精神恐惧而交付或处分财物时，其极易与诈骗罪混淆。区分的要点在于：首先，看被害人交付财物是基于轻信受骗自动交付财物还是基于精神恐惧被迫交付财物。其次，看行为人主观是要挟制服对方的故意还是欺骗对方让其上当受骗的故意。最后，看其要挟内容是否足以让社会一般人也产生精神恐惧被迫交付财物，如是，则定本罪。如行为人假装被他人小轿车撞倒碰瓷，行为人提出若给 2 000 元就私了，不给就报警，或不给就告发司机酒后驾车、无照驾车、要其赔偿更高的医疗费等，司机并不相信自己车撞到了行为人，但权衡利弊后给付 2 000 元私了，因司机并非主要是相信了自己撞到人而是怕自己酒后驾车、无照驾车之事到警察处受罚更重而交付财物，故行为人构成敲诈勒索罪而非诈骗罪。

5. 维权中索要不当赔偿行为的处理

实践中常发生因本人或亲人被伤害、被强奸或购买到假冒伪劣商品等，行为人要求不当赔偿的情况，这种行为是否构成犯罪，是否应以敲诈勒索罪定性，争议颇大。

考虑到维权索赔多事出有因，是否构成犯罪不能一概而论：其一，看行为人要挟对方的事实是否违法，若要“向各大媒体曝光”“告官要其坐牢”，均不违法，即使故意要求不当赔偿，也仅属于维权纠纷，不宜以犯罪论处。但若行为人宣称：“不给赔偿就砸店！”“不给赔偿我就强奸你妻子！”明显已经超出一般人所认识到的正当合理维权的范围和限度，如果同时索要赔偿数额巨大，也不排除可以敲诈勒索罪定性。其二，要看行为人主观上是否明知自己无权要求过度赔偿，如行为人的确有合理根据认为自己要求高价赔偿合理合法，天经地义，此时行为人主观上缺乏非法占有目的，不宜以犯罪论处。其三，看其索取的赔偿是否符合常识、常理、常情，是否远远超过常情或远超过法律规定的赔偿数额，如不是，则一般不构成犯罪。

（三）处罚

根据《刑法》第 274 条的规定，犯本罪的，处 3 年以下有期徒刑、拘役或者管制，并处或者单处罚金；数额巨大或者有其他严重情节的，处 3 年以上 10 年以下有期徒刑，并处罚金；数额特别巨大或者有其他特别严重情节的，处 10 年以上有期徒刑，并处罚金。

四、盗窃罪

（一）概念与主要构成特征

盗窃罪是指以非法占有为目的，秘密窃取公私财物数额较大或多次盗窃、入户盗窃、携带凶器盗窃、扒窃公私财物的行为。《刑法修正案（八）》对本罪的客观方面进行了修正，增加了“入户盗窃、携带凶器盗窃、扒窃”成立盗窃罪的规定，并删去了“盗窃金融机构，数额特别巨大的”“盗窃珍贵文物，情节严重的”要处“无期徒刑或者死刑，并处没收财产”的规定，从而在立法上彻底废除了盗窃罪的死刑。

本罪的直接客体为刑法所保护而为盗窃行为所侵害的公私财产所有权。作为犯罪对象的公私财物，除应具备财物具有经济价值、能够被人们通过秘密手段利用支配或转移等共通属性，还有以下特殊属性：

（1）从财物的法律规定来看，盗窃对象应当是除刑法特别规定外的他人财产。如明知是枪支、弹药、爆炸物、军用物资、国有档案、正在生长的林木、技术成果、尸体、古人类化石、古动物化石等而实施盗窃，不构成普通盗窃罪，构成相应特殊盗窃类犯罪。

（2）从盗窃对象的归属状态看，盗窃对象应为被他人占有的财物。占有在一般情况下意味着财物处于他人管领、控制之下，主观上有占有的意思，客观上有占有的行为，人财处于较密切空间联系。特殊情况下，须结合社会观念进行判断。如藏在祖屋中墙壁内、地下的财物，第三人遗忘在房主家的财物，他人埋藏在有人管理场所地下的财物，野外的家养动物，路边停放的汽车，摊晾在公路上的农作物等等，按照一般社会观念，也都属于有主之物，处在他人有效控制之下，因此秘密窃取上述财物也可构成盗窃罪。

(3) 从财物的法律属性看，既包括合法财物，也包括违禁品和赃款赃物。

本罪的犯罪客观方面为行为人采用秘密窃取的方法获取数额较大的公私财物或多次盗窃、入户盗窃、携带凶器盗窃、扒窃的行为。

1)“秘密”窃取。

秘密窃取财物是盗窃罪区别于其他财产犯罪的显著客观区别。所谓秘密窃取，是指行为人采取自认为不被被害人发现的方式取财。盗窃罪的“秘密”具有三个属性：第一，秘密具有主观性。只要行为人主观上自认为是秘密的，即使客观上已经被被害人察觉或密切注视，都不影响秘密性的成立。第二，秘密具有针对性。盗窃罪的秘密性是针对财物所有人、占有人、持有人、保管人而言的，因此即使其他人都有所发觉，只要上述人员并不知情，仍然成立盗窃罪的秘密性。第三，秘密具有贯彻始终性。盗窃罪的秘密必须贯穿取财的始终，若在秘密取财的过程中被发现，转而采用暴力、胁迫等方式取财，秘密性被打破，不应构成盗窃罪，而要根据具体情况评价为其他侵财犯罪。

2) 数额较大。

根据2013年最高人民法院、最高人民检察院《关于办理盗窃刑事案件适用法律若干问题的解释》(以下简称《盗窃罪解释》)，盗窃公私财物价值1 000元至3 000元以上，属于盗窃数额较大，各高级人民法院可以根据自己地区经济发展状况在此幅度内制定自己的数额较大的标准。

3) 多次盗窃。

2年内盗窃三次以上的，应当认定为“多次盗窃”。根据2016年最高人民检察院法律政策研究室《关于〈关于多次盗窃中的“次”如何认定的法律适用请示〉的答复意见》，多次盗窃中“次”的判断，可以参照2005年最高人民法院《关于审理抢劫、抢夺刑事案件适用法律若干问题的意见》中多次抢劫的规定认定。但多次盗窃与多次抢劫必定有所不同，实践中应结合具体案件的具体情况，从主观方面考量行为人是基于一个盗窃的故意，还是多个盗窃的故意；同时，更需要结合客观方面的行为方式，实施行为的条件，以及行为所造成的后果等来综合判断。

4) 入户盗窃、携带凶器盗窃。

对盗窃罪中的“入户”“携带凶器”的理解，与对抢劫罪中的“入户”“携带凶器”的理解没有本质不同。非法进入供他人家庭生活、与外界相对隔离的住所盗窃的，应当认定为“入户盗窃”。携带枪支、爆炸物、管制刀具等国家禁止个人携带的器械盗窃，或者为了实施违法犯罪携带其他足以危害他人人身安全的器械盗窃的，应当认定为“携带凶器盗窃”。入户盗窃，不仅侵犯财产权利，而且破坏他人居住安宁，严重威胁到居住安全。行为人携带凶器盗窃，往往有恃无恐，一旦被发现或被抓捕，会使用凶器反抗，这种行为以暴力为后盾，不仅侵犯他人的财产，也严重威胁他人人身安全。正因如此，入户盗窃、携带凶器盗窃无须数额较大就可构成本罪。

5）扒窃。

“扒窃”，是指在公共场所或者公共交通工具上盗窃他人随身携带的财物。“公共场所”主要指车站、码头、广场、商场、影剧院、集贸市场等，公共交通工具指正在运营中的大中型旅客运输机动交通工具。公共场所具有开放性和人员的不特定性，公共交通工具载客量大，流动性强，扒窃行为往往采取掏兜、割包等手法，技术性强，扒窃行为人多为屡抓屡放的惯犯，不仅侵害财产权利，更严重侵犯人身安全，使公民感到人人自危从而降低社会安全感。正因如此，理论上，扒窃无须数额较大就可构成犯罪，但具体的某一扒窃行为是否构成犯罪，还应综合全案情况具体分析，以刑法总则关于犯罪概念及但书的规定为指引和约束。

犯罪主体为自然人一般主体，单位不构成该罪。如单位领导集体研究决定或法定代表人决定安排职工为单位利益而盗窃公私财物的，应以盗窃罪追究组织者、指使者、直接实施者的刑事责任。

犯罪主观方面为直接故意，且具有非法占有数额较大公私财物或通过多次盗窃、入户盗窃、携带凶器盗窃、扒窃非法占有公私财物的目的。具体来说，盗窃罪主观方面的认定中应注意以下几个问题：

（1）盗窃罪犯罪目的的理解与认定。

在司法实践中，通常把盗窃罪的主观方面表述为“直接故意，且以非法占有为目的”，对“数额较大或者多次盗窃、入户盗窃、携带凶器盗窃、扒窃”一般仅作客观要件来把握，较少从主观要件方面去考虑，这是不符合主客观相统一原理的，也会造成诸如“天价葡萄案”“天价苹果案”等案件在适用法律问题上的偏差。如果不考虑行为人主观上故意的认识内容，仅根据客观上被盗财物价值较大或巨大而认定其属于“盗窃数额较大”“盗窃数额巨大”，构成盗窃罪，就容易犯客观归罪的错误。相反，如果不考虑行为人主观故意的认识内容，仅根据客观上被盗财物价值不大而排除其构成盗窃罪，就容易放纵犯罪，把一部分应追究刑事责任的盗窃未遂当作一般违法行为来处理。

（2）“以非法占有为目的”的认定。

刑法之“占有”与民法之作为所有权权能之一的“占有”有显著区别。“非法占有”，意指行为人以财物所有人的意思，意欲建立其对财物的有效管领、控制，排除其他人对财物的干涉。

盗窃罪中的“非法占有”，不仅仅是占为己有，还可以为他人占有，还包括转送、无偿提供给他人占有。占有不一定要妥善保管和物尽其用，秘密窃取财物得手后，也可抛弃、毁坏财物。质言之，通过秘密窃取获得对他人财物的控制后，如何利用、处分财物，不影响非法占有目的的认定。但是，仅以使用为目的的盗用行为，因缺乏非法占有目的，一般不构成盗窃罪。

（二）犯罪认定

1. 盗窃罪罪与非罪的界限

（1）数额较大的标准与认定。

根据2013年《盗窃罪解释》，在执行“数额较大”标准时，需要注意：第一，盗窃公私财物，具有该解释第 2 条规定的八种情形之一的，“数额较大”的标准可以按照一般标准的 50％确定。第二，盗窃公私财物达到数额较大标准，行为人认罪、悔罪，退赃、退赔，具有该解释第 7 条规定的四种情形之一，情节轻微的，可以不起诉或者免予刑事处罚；必要时，由有关部门予以行政处罚。第三，盗窃毒品等违禁品，应当按照盗窃罪处理的，根据情节轻重量刑。

（2）扒窃是否一律入罪。

从刑法规定看，扒窃有其特殊的危害性，故并不以数额较大为构成犯罪的必备条件。但是，这并不意味着无论扒窃多少，即使没有扒窃得财，扒窃行为也应一律作为犯罪处理。盗窃罪作为常见多发的财产犯罪，侵犯财产的数额大小仍然是决定行为客观危害大小的重要标准之一，不应忽视。对扒窃行为之罪与非罪的把握，一方面要以刑法总则关于犯罪概念及但书的规定为指引和制约，另一方面也要注意协调一般违法行为与犯罪行为之间的关系，避免刑法的过度扩张。

2. 盗窃罪的既遂与未遂

盗窃罪的既遂与未遂划分标准争议较大，有接触说、转移说、藏匿说、失控说、控制说、失控加控制说、损失说等理论主张。

通常情况下，被害人对财物失控即意味着行为人获得对财物的控制，但也可能发生分离，即被害人虽然失去对财物的控制，但行为人也未获得对财物的实际控制，如行为人将财物从被害人房中窗户扔下楼，行为人未及下楼，财物被路过的人捡走。这种情况下，失控说与控制说的结论完全不同，因而探讨区分失控说与控制说显得尤为必要。

失控说侧重于从被害人角度认定盗窃既遂，因盗窃行为已使被害人财产所有权遭受侵害。但若依据通行的犯罪构成要件齐备标准来判断，盗窃罪犯罪既遂的客观标志，应是行为人客观上通过秘密窃取实现了对财物的非法占有、实际控制。这里的“实际控制”，不受时间长短影响，更不要求行为人实际上已经利用了该财物，而仅指行为人能够在事实上支配该财物。此外，比较来看，2003 年《全国法院审理经济犯罪案件工作座谈会纪要》将贪污罪犯罪既遂确定为国家工作人员实际控制了财产，为追求刑法公平公正，盗窃罪犯罪既遂也应采控制说为宜。

控制说意味着行为人已经实际占有了该财物，也即该财物已经脱离了受害人的控制范围。具体如何判断？通常情况下应根据被盗财物的性质、体积、重量、被盗地点范围大小、是否封闭、是否被他人即时发现、行为人是否就在现场居住或办公等因素综合衡量。如对一些体积较大的物品，只有转移到原物主的有效控制之外，方为脱离控制范围，但对一些体积较小的物品如货币、戒指、手表、手机等，一般只要窃离原处、到手，即为既遂。

3. 盗窃特殊对象的认定

盗窃信用卡、增值税专用发票或者可以用于骗取出口退税、抵扣税款的发票，或者邮政工作人员私自开拆、隐匿、毁弃邮件电报而从中窃取财物的，根据《刑法》第 196 条第 2 款、第 210 条第 1 款、第 253 条第 2 款规定，以盗窃罪定罪处罚。盗窃商业秘密，根据《刑法》第 219 条的规定，以侵犯商业秘密罪定罪处罚。

偷开他人机动车的，按照下列规定处理：（1）偷开机动车，导致车辆丢失的，以盗窃罪定罪处罚。（2）为盗窃其他财物，偷开机动车作为犯罪工具使用后非法占有车辆，或者将车辆遗弃导致丢失的，被盗车辆的价值计入盗窃数额。（3）为实施其他犯罪，偷开机动车作为犯罪工具使用后非法占有车辆，或者将车辆遗弃导致丢失的，以盗窃罪和其他犯罪数罪并罚；将车辆送回未造成丢失的，按照其所实施的其他犯罪从重处罚。

4. 盗窃罪与相关犯罪的区别

（1）盗窃罪与破坏电力设备罪及破坏广播电视设施、公用电信设施罪。

盗窃使用中的电力设备、广播电视设施、公用电信设施，同时构成盗窃罪和破坏电力设备罪，破坏广播电视设施、公用电信设施罪的，属于想象竞合，择一重罪处罚。如上述设备并非正在使用中，行为人所盗设备数额较大，以盗窃罪一罪认定。若针对正在使用中的上述设备实施盗窃，虽然价值不大，但危及公共安全，以上述危害公共安全类犯罪一罪处理。

（2）盗窃罪与故意毁坏财物罪的界限。

盗窃公私财物并造成财物损毁的，按照下列规定处理：1）采用破坏性手段盗窃公私财物，造成其他财物损毁的，以盗窃罪从重处罚；同时构成盗窃罪和故意毁坏财物罪等其他犯罪的，择一重罪从重处罚。2）实施盗窃犯罪后，为掩盖罪行或者报复等，故意毁坏其他财物构成犯罪的，以盗窃罪和构成的其他犯罪如故意毁坏财物罪、放火罪等数罪并罚。3）盗窃行为未构成犯罪，但损毁财物构成故意毁坏财物罪等其他犯罪的，以其他犯罪定罪处罚。

（三）处罚

《刑法》第 264 条根据盗窃罪的不同数额和情节，规定了三个档次的量刑幅度：盗窃数额较大或多次盗窃、入户盗窃、携带凶器盗窃、扒窃的，处 3 年以下有期徒刑、拘役或者管制，并处或单处罚金；数额巨大或者有其他严重情节的，处 3 年以上 10 年以下有期徒刑，并处罚金；数额特别巨大或者有其他特别严重情节的，处 10 年以上有期徒刑或者无期徒刑，并处罚金或者没收财产。

因犯盗窃罪，依法判处罚金刑的，应当在 1 000 元以上盗窃数额的二倍以下判处罚金；没有盗窃数额或者盗窃数额无法计算的，应当在 1 000 元以上 10 万元以下判处罚金。

五、诈骗罪

（一）概念与主要构成特征

诈骗罪是指以非法占有为目的，采用虚构事实或隐瞒真相的欺骗方法，骗取公私财物数额较大的行为。

犯罪的直接客体是刑法所保护而为诈骗行为所侵害的公私财产所有权。这里的公私财产包括动产和不动产。骗取不法原因给付等能否构成本罪？所谓骗取不法原因给付，是指采用欺骗手段让对方交付财物，但依法而言被害人的此种交付是不法交付，不具有返还请求权。如谎称卖淫骗取嫖资后逃走，谎称其认识某领导而骗取他人行贿款项后消失等，此类案件中虽然被害人行为涉嫌违法或犯罪，但行为人通过欺骗行为使他人陷入错误认识从而仿佛“自愿”交付钱财，客观上骗取了他人财产，造成了他人财产损失，如不定罪，则难以制止“黑吃黑”现象，且这些财物依法应收归国有，故其同样侵犯了公私财产所有权，可以诈骗罪论处。

本罪的犯罪客观方面为，行为人采取虚构事实或者隐瞒真相的欺骗方法，使受害人陷入错误认识，仿佛“自愿”地交付财物，行为人进而骗取数额较大的公私财物。诈骗罪在客观方面的行为环环相扣，具有以下内在逻辑：

（1）行为人实施了欺骗行为。

欺骗行为，即客观上采取了虚构事实、隐瞒真相的手段。所谓虚构事实，是指以语言、文字或行为编造并不存在的事实或者夸大事实，使被害人信以为真。所谓隐瞒真相，是指掩盖客观存在的事实，故意使被害人不知情、不了解。虚构事实表现为积极的作为，而隐瞒真相既可以是作为，也可以是消极的不作为。虚构事实与隐瞒真相两者如影随形，无法完全割裂。虚构了事实，意味着必然隐瞒真相；隐瞒真相，往往需要虚构事实。虚构事实与隐瞒真相目的相同，不管采用何种具体方法，都意在让被害人上当受骗，陷入处分财产的认识错误，并作出行为人所希望的财产处分，“自愿”交付财物。

（2）欺骗行为使对方产生错误认识。

错误认识，是指人们的主观认识与客观实际不相符合的情况。不管是完全陷入错误认识，还是将信将疑，都是行为人欺骗行为导致，不影响诈骗犯罪成立。如果受骗者不是因为被行为人的欺骗行为产生错误认识，而是基于其他原因给付财物，属于诈骗罪的犯罪未遂。幼儿、严重精神病患者因缺乏对事物的正确认知能力，不能成为欺骗对象。此外，受骗者必须具有处分财产的权限，其错误认识才有可能进一步发展为实际的财产处分行为。

（3）受骗人基于错误认识而处分财产。

受骗人陷入错误认识后，实施了行为人所希望的财产处分行为。处分财产的方式，既可以是直接交付，即将处于自己占有之下的财物转移给行为人占有，也可以是承诺行为人取得财产，承诺转移财产，或者承诺免除债务，不收取应收取的财物或不收回应收回的财物。

受骗人在处分财物时必须具有处分能力和处分意识。行为人从无知幼儿手中骗财或从精神病患者手中骗财，构成盗窃罪而非诈骗罪。所谓处分意识，是指受骗人认识到自己已将某种财产转移给行为人或第三人占有。若缺乏处分意识，一般不能构成诈骗罪。如甲假装在商场买钻石戒指进行试戴，当售货员接待其他顾客时，甲趁机溜走。由于售货员缺乏明确的处分意识，甲不可能构成诈骗罪，只能以抢夺罪定罪处罚。

（4）行为人获得数额较大的财物或财产性利益。

欺骗行为使受骗人处分财产后，行为人获得了他人财物或财产性利益，这既是行为人实施诈骗行为的目的，也是诈骗行为的当然结果。获得财产的类型，既可以是财产的积极增加，也可以是财产的消极减少，如免除债务或者应缴规费。

（5）被害人遭受财产损失。

一般情况下，诈骗行为使他人陷入错误认识，受骗人与被害人角色统一，遭受了实际财产损失。但是，在三角诈骗的情况下，被骗而交付财物的人不一定是财产损失者。当财物的交付者与财物的损失者发生分离时，构成三角诈骗。如，行为人到被害人家中谎称是受主人之托来家中取财物，保姆知道行为人是主人朋友，信以为真，将财物交给行为人，财产损失人系雇主，受骗人、处分财物人是保姆，这属于三角诈骗。又如，行为人故意制造交通事故后隐瞒真相，致使公安交警部门认定被害人承担事故全部或主要责任，被害人为此支付赔偿款。再如，行为人侵入单位内部未联网的计算机人事系统篡改他人工资账号，导致公司财务基于错误认识将本应发给单位员工的工资款汇入行为人银行卡账户，行为人非法占有他人工资款。

需要注意的是，并非所有被骗交付财物的人和被害人分离都属于三角诈骗，只有交付财物的人具有处分财物之权利的，才属三角诈骗，如其无处分财物的权利，则不是诈骗而是盗窃。比如，行为人冒充物主要洗衣店工人去被害人屋门口取晾晒的高级西服熨烫，受骗工人取走晾晒衣服熨烫后将衣服交给行为人；行为人对开锁匠谎称房门钥匙丢失要其打开房门，行为人当着开锁匠面取走房东的财物，于上述情形，尽管洗衣店工人、开锁匠也受了骗，洗衣店工人还交付了财物，但因其对财物无处分权利，其行为性质属于盗窃而非诈骗。

强调被害人遭受财产损失属于诈骗行为逻辑之最后一环，除了存在三角诈骗的特殊情况，还应排除客观上貌似诈骗实则不具备“被害人遭受财产损失”这一要素的行为。比如，以欺骗方法取得对方不法占有的自己所有的财物，既无行为人“通过欺骗行为非法占有他人财物的故意”，被骗人也并未遭受真正的财产损失，因而行为人不构成诈骗罪。同理，债权人为了实现到期债权使用了欺骗方法的，也不构成诈骗罪。

以上五项要素为通常情况下诈骗犯罪的行为逻辑，前后衔接，因果分明。但是，上述行为逻辑的顺序也不是一成不变的，也可能是行为人先合法获得财物，产生非法占有故意，在非法占有故意支配下虚构事实、隐瞒事实真相让被害人不收回财物，被害人轻信行为人谎言，因轻信作出不收回财物的意思表示。如行为人在借用后产生非法占有故意，假称财物已毁损、遗失、被盗窃，被害人信以为真，向行为人表态放弃收回财物。此外，也可能是行为人应当支付对价，但行为人虚构事实、隐瞒真相，让被害人无法收取行为人应支付的对价。比如，虚构事实，待店主交付商品后，谎称未带钱，在回家取钱途中趁店主不备溜走。

数额较大是构成本罪的必备要件，依据 2011 年最高人民法院、最高人民检察院《关于办理诈骗刑事案件具体应用法律若干问题的解释》（以下简称《诈骗罪解释》），数额较大以 3 000 元至 10 000 元以上为标准。对于多次诈骗，以后骗财物归还先诈骗财物的，以最终未归还数额认定。

本罪的犯罪主观方面表现为直接故意，且以非法占有他人财物为目的。行为人尽管采用欺诈方法非法取得了他人财物或非法使用了他人财物，但确能证实行为人无非法占有公私财产目的，而是“借鸡生蛋”，即暂时占用、打算归还的，不构成此罪。

从实践看，行为人非法占有他人财物的犯罪目的，可以产生在以下三个时间段中：

（1）行为前。

（2）行为过程中。行为人在采取欺骗手段取得他人财物的当时，并没有非法占有他人财物的故意，但是后来基于客观情况变化等原因，产生了非法占有他人财物的故意。比如，甲对朋友乙谎称借钱 20 万元做股票短线稳赚不赔并可支付高额利息，实际上甲是想借钱去放高利贷。由于想借钱的人已经借到了钱，甲于是产生了占有这20万元借款的故意，并对乙谎称股票投资血本无归。乙看在朋友的情面上，最终放弃了对这20万元借款的追索。

(3) 行为后。行为人在占有他人财物时并没有实施欺骗行为，也没有非法占有他人财物的故意，但后来主观意志发生了变化，意图非法占有他人财物，并采用欺骗手段不归还其占有的他人财物。比如，甲借乙的车去机场送朋友，但因违章停车致使车辆被交警拖走，甲以为车辆被盗即告诉了乙，乙看在朋友情面上表示不再追索该车。后甲找到车，并将车卖出，得款15万元。

(二) 犯罪认定

1. 诈骗罪罪与非罪的界限

(1) 诈骗罪与民事欺诈行为的界限。

是否达到数额较大是一般民事欺诈行为与诈骗罪在客观方面的重要区分标准。行为人虽然使用欺骗方法取得他人财物，但主观上并无非法占有他人财物的故意，后因客观原因不能归还，属于借贷纠纷，应仔细甄别。

(2) 诈骗罪的数额认定。

如何认定诈骗犯罪数额，理论上与实践中争议较大，主要形成了“主观说”“所得说”“交付说”“侵害说”“双重标准说”等观点，其中，“双重标准说”近年来得到更多支持，也与司法解释的相关内容保持一致。

所谓“双重标准说”，即认为诈骗犯罪的不同形态数额应坚持不同的定罪标准，在诈骗犯罪既遂的情况下，诈骗数额是受害人实际交付的数额；在诈骗未遂的情况下，诈骗数额是行为人主观上希望骗到的财物数额。在“拆东墙补西墙”的情况下，以行为人最终未归还的数额作为认定标准，行为人已经归还、支付的数额，不应计算在内。

2. 诈骗罪既遂与未遂

诈骗罪既遂与未遂的标准，理论上有“失控说”“占有说”“控制说”等观点分歧。一般认为，不论是根据刑法总则关于犯罪未遂的规定并结合诈骗罪的构成特征，还是根据以非法占有为目的的财产类犯罪的共性特征，诈骗罪的既遂标准都应采取控制说。实际控制财物，并不一定实际占有了他人财物，特别是随着科技现代化及交易结算电子化、网络化的发展，行为人能够控制他人财物不一定与实际占有他人财物同步。至于控制时间的长短与是否利用财物、如何利用财物，不影响犯罪既遂的认定。

近年来，电信网络诈骗犯罪猖獗。实施电信网络诈骗犯罪，致被害人失去对被骗钱款的实际控制、行为人实际骗得财物的，以诈骗罪既遂定罪处罚。一般情形下，诈骗款项转出后即时到账构成既遂。但随着银行自助设备、第三方支付平台陆续推出“延时到账”“撤销转账”等功能，被害人通过自助设备、第三方支付平台向行为人指定账户转账，可在规定时间内撤销转账，资金并未实时转出。此种情形下被害人并未对被骗款项完全失去控制，而行为人亦未取得实际控制，应当认定为未遂。

利用发送短信、拨打电话、互联网等电信技术手段对不特定多数人实施诈骗，诈骗数额难以查证，行为人发送诈骗信息5 000条以上，或者拨打诈骗电话500人次以上，或者在互联网上发布诈骗信息的页面浏览量累计5 000次以上，或者诈骗手段恶劣、危害严重的，应当认定为诈骗“其他严重情节”，以诈骗罪未遂定罪处罚。

3. 诈骗罪与相关犯罪的区分

（1）诈骗罪与盗窃罪的区别。

一般情况下，二者容易区分，但当行为人既骗又盗的时候则极易混淆。如冒充和尚称他人子女有血光之灾要他人交出钱供神、替其作“法事”免灾，待被害人不注意之时将钱调包后逃走；冒充购衣试穿悄悄溜走，将被害人骗离财物现场取走财物等。区别的关键在于被害人是否有交付或处分转移占有财物的意思。前述情况或是行为人在财物还处在被害人的控制之下秘密取财，或是骗得被害人离去后秘密取财，被害人均无交付财物、转移占有的意思，欺骗只是为秘密窃取财物创造便利条件，故不构成诈骗罪，只能认定为盗窃罪。

行为人利用信息网络，诱骗他人点击虚假链接而实际通过预先植入的计算机程序窃取财物构成犯罪的，以盗窃罪定罪处罚。虚构可供交易的商品或者服务，欺骗他人点击付款链接而骗取财物构成犯罪的，由于受害人在行为人的欺骗行为之下陷入错误认识，并有意识地作出了处分财产的行为，因此应以诈骗罪定罪处罚。

（2）诈骗罪与赌博罪的区别。

行为人出于非法占有他人财物的目的，采取虚构事实、隐瞒真相、设置圈套的方法诱使他人参加赌博，并以欺诈手段控制赌局的输赢结果，如利用特定赌具（如透视扑克牌、特制隐形眼镜）等作弊手段控制赌博输赢，从而骗取他人财物数额较大的，其行为本质属于以赌博形式掩盖诈骗实质，构成诈骗罪。

（3）诈骗罪与其他诈骗类犯罪的区分。

1）诈骗罪与合同诈骗罪的界限。

诈骗罪也可以签订、履行合同的方式进行，因而诈骗罪与合同诈骗罪极易混淆。其区别在于：第一，侵犯客体不同。诈骗罪只侵害财产权利，合同诈骗罪不仅侵犯财产所有权，还侵犯市场秩序。第二，犯罪主体不同。只有自然人才能成为诈骗罪的犯罪主体，而合同诈骗罪的犯罪主体除了自然人，还有单位。当由自然人实施时，合同诈骗罪中的行为人一般以生产经营者身份出现。所谓生产经营者，是指打算反复从事生产经营活动并以此为职业之人。此点是由合同诈骗罪侵犯的是市场秩序决定的，表明行为人是市场主体或以市场主体身份出现。第三，犯罪客观要件不同。诈骗罪一般不以签订、履行合同方式诈骗，合同诈骗罪必须是在签订、履行合同过程中骗取合同项下的财产。如均以签订、履行合同方式进行诈骗，则二者合同性质不同。诈骗罪中的合同不是市场交易主体之间发生交易关系的合同，如公民双方日常生活中偶尔发生的买卖关系，若行为人以急需用钱低价出卖自有住房为名，与他人签订合同，骗取买家预付定金，此为诈骗罪，不属于合同诈骗罪；合同诈骗罪中的合同发生在生产、流通过程中，双方或有一方是以生产者、经营者的面貌出现，双方签订合同，反映了市场流通中的市场交易关系。从合同形式看，本罪一般不签订书面合同，后者一般要签订书面合同。

2）诈骗罪与金融诈骗罪的区别。

第一，侵犯客体不同。后者除侵犯公私财产权外还要侵犯金融秩序。第二，客观要件不同。诈骗罪是发生在日常生活领域的犯罪，行为人不通过金融机构或利用金融工具或从事金融活动；后者发生在生产或流通过程中，且行为人要通过金融机构或利用金融工具或从事金融活动进行诈骗。本罪定罪数额起点低，后者按司法解释，定罪起点远高于本罪，最低也为5 000元以上，高的达10万元以上。第三，犯罪主体不同，本罪只能由自然人构成，后者除贷款诈骗罪、信用卡诈骗罪、有价证券诈骗罪只能由自然人构成外，其余单位、自然人均可以构成。但金融诈骗罪中的金融凭证诈骗罪、有价证券诈骗罪之行为人冒用真实有效的金融凭证、有价证券，不构成金融诈骗罪，如行为人骗得他人的金融凭证、有价证券使用，则构成本罪。

行为人实施金融诈骗，但其犯罪数额未达到金融诈骗罪的定罪标准，却达到或超过诈骗罪的定罪标准，这种情况下究竟应否以诈骗罪追究刑事责任？理论与实践中对该问题争议颇大。有观点认为，既然诈骗罪与金融诈骗罪之间是法条竞合关系，而且基于《刑法》第266条“本法另有规定的，依照规定”的规定，则只能以金融诈骗罪的定罪标准作为认定犯罪与否的唯一标准，不能降格认定为诈骗罪。另有观点认为，基于两者的法条竞合关系，如果没有把金融诈骗罪从诈骗罪当中分离出去，这些行为都可以诈骗罪来处理，因此虽然不能构成金融诈骗罪，但是可以认定为诈骗罪。辨析上述观点，若以诈骗罪作为处理金融诈骗的兜底罪名，虽能够严密法网，但金融诈骗罪设立数额较大的罪与非罪标准将形同虚设，且以诈骗罪定性并不能完全评价其同时侵犯金融秩序的危害，因此，降格处理恐不可取。

3）诈骗罪与招摇撞骗罪的区分。

两罪存在交叉竞合。冒充国家机关工作人员进行诈骗，同时构成诈骗罪和招摇撞骗罪的，依照处罚较重的规定定罪处罚。

4）诈骗罪与虚假诉讼罪的关系。

《刑法修正案（九）》增设了虚假诉讼罪，但同时规定：实施诉讼欺诈“非法占有他人财产或者逃避合法债务，又构成其他犯罪的，依照处罚较重的规定定罪从重处罚”。即侵财型虚假诉讼同时也构成诈骗，当以诈骗罪认定量刑更重时，侵财型虚假诉讼行为同样以诈骗罪定处。

（三）处罚

《刑法》第266条规定：诈骗公私财物，数额较大的，处3年以下有期徒刑、拘役或者管制，并处或者单处罚金；数额巨大或者有其他严重情节的，处3年以上10年以下有期徒刑，并处罚金；数额特别巨大或者有其他特别严重情节的，处10年以上有期徒刑或者无期徒刑，并处罚金或者没收财产。

六、侵占罪

（一）概念与主要构成特征

侵占罪是指将代为保管的他人财物非法占为己有，数额较大，拒不退还，或将他人的遗忘物或者埋藏物非法占为己有，数额较大，拒不交出的行为。

本罪的犯罪客观方面为将自己业已合法持有的他人财物非法占为己有，数额较大，拒不退还，拒不交出的行为。这里的“他人”，既包括自然人，也包括单位。这里的“公私财产”可以是动产或不动产，以及有形财产。至于是否包括作为知识产权的无形财产，例如，专利权、商标权、著作权以及商业秘密等，除其有形的载体外，通常不能成为侵占的对象。① 这里的“拒不退还、拒不交出”，是不是侵占罪在客观方面的独立必备要素？有观点认为，非法占有行为的表现就是拒不退还、拒不交出，因此缺乏独立意义。有的观点则认为，拒不退还、拒不交出是构成侵占罪的客观必备要素，客观上要以被害人要求退还或交出为前提，行为人则实施了明示或默示的拒不退还、拒不交出的行为。考虑到本罪属绝对的自诉案件，不存在无被害人要求行为人退还或交出的情况，故还是要求被害人主张后，行为人拒不退还或拒不交出的，才构成犯罪。这里的“拒不退还、拒不交出的时间界限”，有作出不交出、不退还意思表示时，案件受理时，一审终审前，二审终审前多种观点。比较而言，案件受理时较为合理。只要在案件受理时已退还或已交出，未造成被害人财产实际损失，动用刑罚的必要性就不是很大。但如将时间界线过于延后会使案件定性处于不确定状态，浪费司法资源。这里的“数额较大”，是构成本罪的必备要件，目前无司法解释规定本罪定罪起点，一般认为本罪行为人主观恶性小于盗窃、诈骗等其他侵财性犯罪，故其定罪起点应高于盗窃、诈骗等罪，以与故意毁坏财物罪大体相当为宜。

本罪的犯罪主观方面为明知其合法持有的是他人的财物，应当退还、应当交出而故意不退还、不交出，意图非法占为已有。非法占有目的是在合法占有他人财物之后才产生的，若在合法占有他人财物之前就产生了非法占有他人财物的故意，如以欺骗等方式让他人将其财物委托行为人保管，并以此占有财物拒不退还，则不构成侵占罪，应定性为诈骗罪。此外，如果缺乏非法占有目的，虽然客观上有扣押被害人财物拒不交出的行为，行为人的目的却在于以此要求对方履行其应当履行的义务，本质上属于民事纠纷，不构成本罪。

（二）犯罪认定

1. 本罪犯罪对象的理解与适用

（1）代为保管的他人财物。

“代为保管”是一个客观事实，产生这种事实的原因是多方面的。比如，基于最典型的委托关系，委托人将财物交付给行为人予以保管；基于租赁关系，承租人负有妥善保管租赁物的义务；基于借用关系，借用人负有保管借用物的义务；基于质押或留置等担保关系，质权人或留置权人负有保管质押物留置物的义务；基于无因管理，行为人负有返还他人财物的义务；等等。

以上物由被害人明确转移占有给行为人，或依据社会观念属于行为人代为保管。如有证据证明，虽然物主无明确交付占有的意思，但其与行为人有高度信任关系，被害人自愿将财物置于行为人控制之下，可以推定行为人对物主财物形成了事实上的代为保管关系。如某老板要下车办事，因司机为自己开车多年，视司机为自己的亲信，老板将自己放有巨款的包放在司机身旁的座位上下车办事。司机见包中有巨款，自己家中急需用钱，将包取走，用掉包中的巨额财物后拒不归还。此包就属于按社会观念的代为保管物。

① 王作富．刑法分则实务研究．5版．北京：中国方正出版社，2013：987.

但如车主将钱包放在车后备厢中将车交给洗车人洗车，洗车人将后备厢中财物盗走就不构成侵占罪，因车主与洗车工并无高度信任关系，按社会观念看，车主将车交给洗车工是让其洗车而非将车中财物交洗车工代为保管，故洗车工的行为是盗窃。

（2）他人的遗忘物。

何谓“遗忘物”？“遗忘物”与“遗失物”有无区别？学界对此聚讼不休。经过多年争议，现在一般认为，遗忘物是他人有意将财物放置于某处，因疏忽忘记拿走，暂时脱离被害人占有之物。遗失物则是非出于财物所有人或保管人的意思偶然丧失占有之物，其脱离物主控制的时间较长，一般不知失落何地，也不容易找回。

遗忘物与遗失物的区分标准主观色彩浓厚，不容易把握，且会造成实质上的处罚不公正，但在罪刑法定原则的制约下，目前不宜将遗失物作为侵占罪的犯罪对象。

（3）他人的埋藏物。

所谓埋藏物，是指埋藏于地下、水中之物。由于民法中对埋藏物也有规定，因此关于刑法中的埋藏物如何理解，就有三种观点：其一，认为刑法中的埋藏物与民法中的埋藏物同义，都指埋藏于地下的所有人不明的应归国家所有的财物；其二，认为刑法中的埋藏物是指除了所有人不明的埋藏物以外的其他可查明合法所有人的埋藏物；其三，认为刑法中的埋藏物不论有主物还是无主物都包括在内，也不论埋藏物最终所有权归属。

应该看到，刑法上的埋藏物与民法上的埋藏物概念和范围不尽相同。民法中关于埋藏物的规定主要是为了解决权利归属的问题，而刑法上所说的埋藏物，是为了解决侵占不归行为人所有的埋藏物的刑事责任问题。从该角度出发，刑法中作为侵占罪对象的埋藏物，是指但凡不归行为人所有的埋藏于地下的财物，不论埋藏时间多久，不论所有人是否明确，不论最终归属是个人还是国家，不论财物本身是什么种类和存在形态，只要不是出于明知而盗窃的目的，而是在对地面挖掘时，偶然发现地下埋藏物，行为人明知不归自己所有，应当交出而拒不交出，据为己有，数额较大的，就构成侵占罪。

（4）非法财物能否成为侵占罪的对象。

对此，理论上争议较大。实践中，较为常见的如将代为保管的他人犯罪所得及其收益据为己有，或将代为保管的他人用于犯罪之物（如用于行贿的财物、用于赌博的钱款、用于犯罪的工具等）据为己有，拒不退还。以上情形，要么因为委托人对财物不具有所有权，要么因为委托人不具有返还请求权，而行为人纵然有上述侵占行为，也不可能侵害他人的财产权利，不能构成侵占罪。如对于非法占有代为保管的他人犯罪所得的情形，若行为人主观上不明知代为保管的是他人犯罪所得之物，客观上将该财物据为己有拒不退还，只能以侵占罪认定；若行为人事先与委托人通谋，待委托人实施犯罪之后将犯罪所得交付行为人保管或出售，则行为人与委托人构成相应共同犯罪；若行为人明知系他人犯罪所得财物仍代为保管或代为出售，非法占有财物或出售所得，拒不退还的，其行为重点在于对正常司法活动的妨害，应评价为掩饰、隐瞒犯罪所得、犯罪所得收益罪。

2. 侵占罪与盗窃罪的区别

侵占罪与盗窃罪在犯罪客体、犯罪主体、非法占有的主观目的以及构成犯罪需要数额较大等方面存在诸多共同点。侵占罪与盗窃罪如何区分，是理论上与实务中的长久争议难题。

两罪的关键区别在于：侵占罪的行为人在产生非法占有目的之前就已经在客观上控制着他人的财物，而盗窃罪的行为人则是在非法占有目的产生以后，通过秘密窃取方式获得对他人财物的控制。具体而言，可从以下方面区分两罪：

第一，行为人与犯罪对象的关系不同。盗窃罪中的财物，原本处在被害人的有效控制之下，行为人通过秘密窃取的方式，（意欲）改变了财物的占有状态，变他人控制为行为人自己控制；而侵占罪中的财物，在行为人意欲非法占有时，已经处在行为人的合法持有、控制之下，行为人在被害人要求归还、交出财物的时候，拒不退还、拒不交出，从而非法占有他人财物。

第二，行为人在主观方面的意志特点也有所不同。在盗窃犯罪中，行为人秘密窃取，就是在主观上有意回避、刻意绕开被害人的意志，不想与之发生意志冲撞、对抗，不想使被害人知道正是行为人自己窃取了其财物。而在侵占犯罪中，行为人先前合法持有他人之物是公开的，当被害人失去对财物的控制时，非常清楚自己的财物被谁控制和占有，当行为人拒不退还、拒不交出他人财物时，在主观上完全不在乎、不介意其占有他人财物的事实被暴露，为了达到非法占有他人财物的目的，行为人有意要与被害人意志发生正面冲撞、对抗。

3. 侵占罪与诈骗罪的区别

一般情况下，两罪的区别是较为清楚的。值得注意的是行为人以欺骗的方法非法占有代为保管的他人财物的行为定性。例如，在代为保管他人的财物后，谎称财物被盗、遗失，拒不退还财物，使被害人信以为真，放弃索要财物，进而达到非法占有他人财物的目的。在这类案件中，行为人先前占有他人财物并不是其欺骗行为导致的结果，而是被害人出于完全信任自愿地交付财物，行为人在合法占有他人财物后，才实施欺骗行为使被害人放弃追索财物，完全符合侵占罪合法持有后转为非法占有的客观特点，应以侵占罪论处。

（三）处罚

根据《刑法》第 270 条的规定，犯本罪若数额较大，处 2 年以下有期徒刑、拘役或者罚金；数额巨大或者有其他严重情节的，处 2 年以上 5 年以下有期徒刑，并处罚金。

七、职务侵占罪

（一）概念与主要构成特征

职务侵占罪是指公司、企业或其他单位的工作人员利用职务上的便利，将本单位财物非法占为己有，数额较大的行为。

犯罪的直接客体是刑法所保护而为职务侵占行为所侵害的公司、企业或其他单位财产所有权。这里的“财产”，包括行为人所在单位的动产或不动产，也包括电、煤气等无形财产。尽管所有权不属于本单位，但在本单位管理、使用或者运输中的他人财产，也以本单位财产论。“公司、企业”包括行为人通过虚假验资骗取工商营业执照成立的“三无”企业，个人独资企业、宗教活动场所、居民小组，都属于职务侵占罪中所指“其他单位”。

本罪的犯罪客观方面为行为人利用职务上的便利，将本单位财物非法占为己有，数额较大的行为。所谓利用职务上的便利，指利用自身在单位拥有的职权，或者利用自身因执行职务而获取的主管、管理、经手本单位财物的便利条件。当名义职务与实际职务范围不一致时，应以实际职务范围为标准，判断行为人是否利用了职务之便。主管，是指对本单位财物有调拨、安排、决定财物去向的权力。管理，是指对本单位财物有保管、处理、使用的权力。经手，是指因工作需要临时占有控制本单位的财物。职务侵占的手段有侵吞、骗取、窃取等方式。数额较大、数额巨大的起点，根据 2016 年最高人民法院、最高人民检察院《关于办理贪污贿赂刑事案件适用法律若干问题的解释》第 11 条第 1 款的规定，以贪污罪、受贿罪相对应的数额标准规定的 2 倍、5 倍执行。具体而言，职务侵占 6 万元属于数额较大，100 万元属于数额巨大。

本罪的犯罪主体是公司、企业及其他单位的人员。由于刑法规定国有公司、企业或者其他国有单位中从事公务的人员和国有公司、企业或者其他国有单位委派到非国有公司、企业以及其他单位从事公务的人员有本罪行为的，以贪污罪定罪处罚，故本罪的公司、企业一般是非国有的公司、企业，或国有公司、企业及其他单位中的非国家工作人员。

用工合同到期后没有续签合同的情况下，原单位工作人员只要仍在实际行使管理职责，就符合职务侵占罪的主体要件。单位的临时工能否成为职务侵占罪的主体，关键在于临时工在非法占有单位财物时是否利用了职务上的便利，而不是行为人在单位的“身份”。临时工只要利用了单位赋予的主管、管理、经手本单位财物的权力，也可以成为职务侵占罪的主体。

（二）犯罪认定

1. 职务侵占罪与盗窃罪、诈骗罪的区别

第一，犯罪对象不同。本罪只能是本单位的财物或以本单位财物论的财物，后二者不只限于本单位的财物。第二，犯罪主体不同。本罪是自然人特殊主体，只能是公司、企业及其他单位的人员，后二者不要求一定是单位人员，系自然人一般主体。第三，客观要件不同。本罪取财时必须利用职务上的便利窃取或骗取本单位财物，后二者不需此点，有时行为人也事先因工作的方便条件得知财物存放、护财人员信息等，但取财时并未利用职务之便，则不构成本罪。公司、企业及其他单位的司机、送货员、工人等劳务人员利用经手本单位财物便利将原材料、货物、产品等窃取、骗取的，可构成职务侵占罪。

2. 职务侵占罪与贪污罪的区别

从某种程度上说，职务侵占罪是公司、企业人员针对本单位财物的“贪污罪”。两罪在犯罪客观方面都表现为行为人利用职务上的便利占有一定数额的财物。两罪的区别在于：第一，犯罪客体不同。本罪侵犯的是公司、企业、其他单位的财产所有权，贪污罪侵犯的是公共财产所有权。第二，犯罪对象不同。本罪针对的是公司、企业或其他单位的财物，贪污罪针对的是公共财产。第三，犯罪主体不同。本罪主体为公司、企业、其他单位中的非国家工作人员，贪污罪的主体只能是国家工作人员。在国有资本控股、参股的股份公司中从事管理工作的人员，除受国家机关、国有公司、企业、事业单位委派从事公务的以外，不属于国家工作人员。村委会等村基层组织人员只要不是在协助乡、镇政府从事土地征收补偿费的管理工作，其身份就不是国家工作人员。村民小组组长一般情况下并非“其他依照法律从事公务的人员”，不属于国家工作人员，对其利用职务便利非法占有村民小组集体财产的行为，应以职务侵占罪论处。

（三）处罚

根据《刑法》第271条的规定，犯本罪的，处3年以下有期徒刑或者拘役，并处罚金；数额巨大的，处3年以上10年以下有期徒刑，并处罚金；数额特别巨大的，处10年以上有期徒刑或者无期徒刑，并处罚金。

八、挪用资金罪

（一）概念与主要构成特征

挪用资金罪，指公司、企业或者其他单位的工作人员，利用职务上的便利，挪用本单位资金归个人使用或者借贷给他人，数额较大、超过3个月未还的，或者虽未超过3个月，但数额较大、进行营利活动的，或者进行非法活动的行为。

本罪的直接客体是刑法所保护而为挪用资金行为所侵害的单位财产所有权中占有、使用、收益权。资金一般表现为货币，还包括外汇、股票、支票、国库券和债券等有价证券或金融凭证，其本身就是货币资金的书面表现形式，甚至在一定范围和条件下程度不同地发挥着货币的职能作用。福利彩票是国家为筹集社会福利事业发展资金，特许中国福利彩票发行中心垄断发行的有价凭证。受福利彩票发行机构委托，在彩票投注站代销福利彩票的非国家工作人员，以不交纳彩票投注金的方式擅自打印并获取彩票，是侵犯彩票发行机构管理的社会公益性财产的行为，应以挪用资金罪论处。非国家工作人员利用职务之便，将退休职工养老保险金挪归个人使用，也应以挪用资金罪论处。

资金只能是本单位的资金或处于本单位使用、管理之中的他人资金。对于在经济往来中所涉及的暂收、预收、暂存其他单位或个人的款项、物品，或者对方支付的货款、交付的货物等，如接收人已以单位名义履行接收手续的，所接受的财物，应视为该单位资产，其中的资金部分，也可成为挪用资金罪的犯罪对象。根据2000年最高人民检察院《关于挪用尚未注册成立公司资金的行为适用法律问题的批复》，挪用尚未注册成立的公司在银行开设的临时账户上的资金，也构成本罪。

本罪客观方面为行为人利用职务上的便利，挪用本单位资金归个人使用或者借贷给他人，数额较大、超过3个月未还的，或者虽未超过3个月，但数额较大、进行营利活动的，或者进行非法活动的行为。

对挪用资金“归个人使用”或借贷给他人的理解，考虑到挪用资金罪是从挪用公款罪分离出来的罪名，均属于职务犯罪，只是因为犯罪主体不同另立罪名以便在刑罚上有区别，故2002年全国人大常委会对挪用公款罪中的挪用公款归个人使用的解释可以适用于本罪。且最高人民检察院、公安部《关于公安机关管辖的刑事案件立案追诉标准的规定（二）》对挪用资金罪作了与人大立法解释相同的解释。按此解释，有下列情形之一的，属于挪用资金“归个人使用”：（1）将本单位资金供本人、亲友或者其他自然人使用的；(2) 以个人名义将本单位资金供其他单位使用的；(3) 个人决定以单位名义将本单位资金供其他单位使用，谋取个人利益的。但如为了单位利益借贷给他人，单位从中获取了利益的，即使借给自然人使用也不宜定罪。因为本罪的本质是将单位公款供私人使用，如为单位利益而挪用，则不属于私用。

挪用资金的用途不同，构成犯罪的条件也不同。根据2016年最高人民法院、最高人民检察院《关于办理贪污贿赂刑事案件适用法律若干问题的解释》第11条第2款的规定，挪用资金罪“数额较大”“数额巨大”以及“进行非法活动”情形的数额起点，按照该解释关于挪用公款罪“数额较大”“情节严重”以及“进行非法活动”的数额标准规定的2倍执行。具体而言，挪用本单位资金归个人使用，进行非法活动，数额在6万以上的，或者挪用本单位资金归个人使用，进行营利活动或者超过3个月未还，数额在10万元以上的，应当追究刑事责任。

本罪的犯罪主体认定标准和依据与职务侵占罪的犯罪主体认定标准和依据相同。需要注意的是，挪用资金罪中的“其他单位”，包括村民小组和村委会。村民小组组长利用职务便利，擅自将集体财产为他人担保贷款，可构成挪用资金罪。村委会成员利用职务之便，挪用村宅基地出让金和村提留款归个人使用，也可构成挪用资金罪。

本罪的犯罪主观方面为直接故意，具有非法使用本单位款项的目的。行为人以非法使用为目的，暂时使用打算归还；若行为人挪用时打算归还，挪用后改变主意不打算归还，如卷款逃跑、隐藏所挪用的资金，毁灭、涂改、伪造会计凭证、账目等，则表明行为人已具有非法占有目的，可构成职务侵占罪。

（二）犯罪认定

最高人民法院于2000年作出《关于对受委托管理、经营国有财产人员挪用国有资金行为如何定罪问题的批复》，明确规定：对于受国家机关、国有公司、企业、事业单位、人民团体委托，管理、经营国有财产的非国家工作人员，利用职务上的便利，挪用国有资金归个人使用构成犯罪的，应当依照挪用资金罪定罪处罚。

（三）处罚

根据《刑法》第272条的规定，犯本罪的，处3年以下有期徒刑或者拘役；挪用本单位资金数额巨大的，处3年以上7年以下有期徒刑；数额特别巨大的，处7年以上有期徒刑。

九、拒不支付劳动报酬罪

（一）概念与构成特征

拒不支付劳动报酬罪是指以转移财产、逃匿等方法逃避支付劳动者的劳动报酬或者有能力支付而不支付劳动者的劳动报酬，数额较大，经政府有关部门责令支付仍不支付的行为。

本罪的直接客体是刑法所保护而为拒不支付劳动报酬行为所侵害的劳动者按时足额获取劳动报酬的权利。本权利也属于财产权。这里的劳动报酬，是指用人单位依据国家有关规定或劳动合同的约定，以货币形式直接支付给本单位劳动者的酬金。其范围不限于工资，包括计时工资、计件工资、奖金、津贴和补贴、延长工作时间的工资报酬及特殊情况下支付的工资，以及单位支付给劳动者个人的社会保险福利费用，劳动保护方面的费用如解毒剂、清凉饮料费，以及按规定未列入工资总额的各种劳动报酬及其他劳动收入等。

转移财产，是指为逃避支付劳动报酬故意将单位或行为人个人经营收益财产转移出法定的账户或常规存放地点，以使行政机关、司法机关或者被欠薪者无法查找到。逃匿指行为人逃跑隐匿到不被劳动者或有关单位发现之地。转移财产、逃匿的目的均是逃避支付劳动报酬。“等”指转移财产、逃匿以外的方法，如将财产赠送给他人、无根据地提前归还债务、将财产故意毁坏或大肆挥霍等。根据2013年最高人民法院《关于审理拒不支付劳动报酬刑事案件适用法律若干问题的解释》，下列情形应认定为“以转移财产、逃匿等方法逃避支付劳动者的劳动报酬”：（1）隐匿财产、恶意清偿、虚构债务、虚假破产、虚假倒闭或者以其他方法转移、处分财产的；（2）逃跑、藏匿的；（3）隐匿、销毁或者篡改账目、职工名册、工资支付记录、考勤记录等与劳动报酬相关的材料的；（4）以其他方法逃避支付劳动报酬的。

“有能力支付而不支付”指无转移财产、逃匿等行为，经调查有事实证明用人单位有资金支付劳动者报酬但拒不支付。经人力资源社会保障部门或者政府其他有关部门依法以限期整改指令书、行政处理决定书等文书责令支付劳动者的劳动报酬后，在指定的期限内仍不支付的，属于“经政府有关部门责令支付仍不支付”，但有证据证明行为人有正当理由未知悉责令支付或者未及时支付劳动报酬的除外。行为人逃匿，无法将责令支付文书送交其本人、同住成年家属或者所在单位负责收件的人的，如果有关部门已通过在行为人的住所地、生产经营场所等地张贴责令支付文书等方式责令支付，并采用拍照、录像等方式记录的，应当视为“经政府有关部门责令支付”。

数额较大，是指拒不支付一名劳动者3个月以上的劳动报酬且数额在5 000元至2万元以上的；或者拒不支付10名以上劳动者的劳动报酬且数额累计在3万元至10万元以上的。各省、自治区、直辖市高级人民法院可以根据本地区经济社会发展状况，在前述数额幅度内，研究确定本地区执行的具体数额标准，报最高人民法院备案。

本罪主体是负有向劳动者支付劳动报酬义务的自然人、单位。此处的自然人或用人单位，既包括系合法用工主体的单位或自然人，也包括不具备用工主体资格的单位或者自然人，还包括名义不属于单位股东或负责人，但系用人单位实际控制人的自然人。在建筑施工领域，普遍存在工程总承包企业违法发包、分包给不具有用工主体资格的组织或个人的现象。一般情况下，由工程总承包企业承担清偿被欠薪的责任，但如总承包企业已经将工程款支付给小包工头，小包工头却未支付给劳动者，甚至携款潜逃，此时不宜再追究总承包企业的欠薪罪责，而应追究小包工头欠薪的刑事责任。不具备用工主体资格的单位或者自然人违法用工拒不支付劳动者报酬，且经政府有关部门责令支付后逃匿的，即使工程总承包商垫付劳动报酬，也不影响追究其欠薪罪责。从文义来看，任何单位均可能发生拖欠劳动者的劳动报酬，在理论上任何单位均可以构成本罪的主体，但从实践中的情况看，多为非国有企业。

（二）犯罪认定

对于本罪的罪与非罪的界限把握，在实践中主要应查明：其一，行为人欠薪的原因是什么；其二，拖欠的数额是否达较大标准；其三，是否经政府有关部门责令支付仍不支付。按上述解释，拒不支付劳动报酬，尚未造成严重后果，在刑事立案前支付劳动者的劳动报酬并依法承担相应赔偿责任的，可以认定为情节显著轻微危害不大，不认为是犯罪。

（三）处罚

根据《刑法》第 276 条之一的规定，犯本罪的，处 3 年以下有期徒刑或者拘役，并处或者单处罚金；造成严重后果的，处 3 年以上 7 年以下有期徒刑，并处罚金。单位犯本罪的，对单位判处罚金，并对其直接负责的主管人员和其他直接责任人员，依照前述规定处罚。有前述行为，尚未造成严重后果，在提起公诉前支付劳动者的劳动报酬，并依法承担相应赔偿责任的，可以减轻或者免除处罚。

第三节　侵犯财产罪的其他罪名

一、聚众哄抢罪

根据《刑法》第 268 条的规定，聚众哄抢罪是指聚众哄抢公私财物，数额较大或者有其他严重情节的行为。本罪的客观方面为邀约、策划、指挥多人或积极参与多人一拥而上哄抢公私财物数额较大或者有其他严重情节的行为。所谓哄抢，一是具有公然性，二是抢夺者人数众多但不对被害人人身实施暴力。具有公然性是指当被害人面公开进行，由于抢夺者人数众多，一拥而上，被害人无能力护财。只对财物有强力而不对被害人人身实施暴力方属于哄抢，如对被害人人身施加暴力则构成抢劫罪。具体表现为，为首者既可邀约、策划、指挥，也可实施哄抢行为，积极参加者则有多人一拥而上共同哄抢公私财物。犯本罪的，对首要分子和积极参加的，处 3 年以下有期徒刑、拘役或者管制，并处罚金；数额巨大或者有其他特别严重情节的，处 3 年以上 10 年以下有期徒刑，并处罚金。

二、挪用特定款物罪

根据《刑法》第 273 条的规定，挪用特定款物罪是指挪用用于救灾、抢险、防汛、优抚、扶贫、移民、救济款物，情节严重，致使国家和人民群众利益遭受重大损害的行为。挪用特定款物罪的犯罪客体是公共财产所有权和国家对特定款物的专款专用财经管理制度。犯罪对象只能是救灾、抢险、防汛、优抚、扶贫、移民、救济款物，既包括货币形态的款，又包括实物形态的物；既包括属于救济款物的失业保障基金和下岗职工基本生活保障资金，也包括用于预防、控制突发传染病疫情等灾害的救灾、优抚、救济等款物。但退休职工养老保险金、中国人民银行给予商业银行发放民族贸易和民族用品生产贷款的利息补贴，不属于特定款物。犯本罪的，对直接责任人员，处 3 年以下有期徒刑或者拘役；情节特别严重的，处 3 年以上 7 年以下有期徒刑。

三、故意毁坏财物罪

根据《刑法》第 275 条的规定，故意毁坏财物罪是指故意毁灭、损坏公私财物，数额较大或者有其他严重情节的行为。这里的“毁灭”，是指对财物灭失或者全部损坏，使其不存在或者虽然存在但已丧失全部使用价值。这里的“损坏”，是指使财物受到破坏，从而使财物部分地丧失价值或者使用价值。如，将他人笼中圈养的名贵鸟类放走使之一去不回、将他人价值十几万元的翡翠玉石等物扔进大海，虽然财物在物理上、外观上没有造成任何损害变化，但被害人已经彻底丧失对这些财物的占有，客观上造成了数额较大的财产损失，这种使他人财物灭失的行为，也应理解为毁坏的一种方式。这里的“财物”，包括他人持有的非法所得或用于犯罪的物品，但不包括另有罪名规定的，如正在使用中的交通工具、交通设施、电力设备、易燃易爆设备、广播电视设施、公用电信设施（为破坏交通工具罪，破坏交通设施罪，破坏电力设备罪，破坏易燃易爆设备罪，破坏广播电视设施、公用电信设施罪所保护），国家机关公文、证件、印章（为毁灭国家机关公文、证件、印章罪所保护），界碑、界桩或者永久性测量标志（为破坏界碑、界桩罪，破坏永久性测量标志罪所保护），国家保护的珍贵文物、被确定为全国重点文物保护单位、省级文物保护单位的文物、国家保护的名胜古迹（为故意损毁文物罪或故意损毁名胜古迹罪所保护），武器装备、军事设施、军事通信（为破坏武器装备、军事设施、军事通信罪所保护）。犯本罪的，处 3 年以下有期徒刑、拘役或者罚金；数额巨大或者有其他特别严重情节的，处 3 年以上 7 年以下有期徒刑。

四、破坏生产经营罪

根据《刑法》第 276 条的规定，破坏生产经营罪是指由于泄愤报复或者其他个人目的，毁坏机器设备、残害耕畜或者以其他方法破坏生产经营的行为。本罪的犯罪客体是公司、企业、事业单位等单位正常的生产、经营秩序，同时也侵犯公私财产所有权。破坏对象在种类上没有具体限制，既可以是以实物形态存在的物品，如机器设备、耕畜、控制系统、供电系统等，也可以是网络交易中的正常经营秩序和商誉。如行为人出于报复和获利目的，在某网站某网店恶意大量购买商品或服务，导致该网络交易卖家被网络交易平台认定为虚假交易进而被采取商品搜索降权的管控措施，造成该卖家遭受重大经济损失的，也可认定为破坏生产经营罪。但需要注意，破坏的对象必须是与生产经营活动有较为密切联系的物品，可以是直接用于生产经营活动的，也可以是作为辅助设施或外围设施而存在的。这里的“其他方法”，是指除毁坏机器设备、残害耕畜以外的、破坏生产经营的方法，只要客观上使生产经营活动不能正常进行或者已经进行的生产经营活动归于失败，即可认定。常见的其他方法有：破坏电力系统，制造断电、停电事故；破坏种子、秧苗；毁坏庄稼、果树；制造质量事故或者设备事故；修改图纸、原料配方资料、改动设计数据等。当行为人出于破坏他人生产经营的目的实施故意毁坏他人财物的行为，不仅毁坏财物数额较大，而且客观上还造成正常生产经营活动无法进行，属于想象竞合犯，可择一重罪处断。犯本罪的，处 3 年以下有期徒刑、拘役或者管制；情节严重的，处 3 年以上 7 年以下有期徒刑。

所涉法律条文及司法文件

1.《刑法》第 263 条至第 276 条之一、第 253 条、第 210 条第 2 款，《刑法修正案（八）》第 39～41 条，《刑法修正案（九）》第 20 条

2. 2000 年最高人民法院《关于审理抢劫案件具体应用法律若干问题的解释》

3. 2001 年最高人民法院《关于抢劫过程中故意杀人案件如何定罪问题的批复》

4. 2005 年最高人民法院《关于审理抢劫、抢夺刑事案件适用法律若干问题的意见》

5. 2006 年最高人民法院《关于审理未成年人刑事案件具体应用法律若干问题的解释》

6. 2016 年最高人民法院《关于审理抢劫刑事案件适用法律若干问题的指导意见》

7. 2000 年最高人民法院《关于审理扰乱电信市场管理秩序案件具体应用法律若干问题的解释》

8. 2013 年最高人民法院、最高人民检察院《关于办理盗窃刑事案件适用法律若干问题的解释》

9. 2016 年最高人民检察院法律政策研究室《〈关于多次盗窃中的“次”如何认定的法律适用请示〉的答复意见》

10. 2014 年全国人民代表大会常务委员会《关于〈中华人民共和国刑法〉第二百六十六条的解释》

11. 2011 年最高人民法院、最高人民检察院《关于办理诈骗刑事案件具体应用法律若干问题的解释》

12. 2016 年最高人民法院、最高人民检察院、公安部《关于办理电信网络诈骗等刑事案件适用法律若干问题的意见》

13. 2018 年最高人民检察院《检察机关办理电信网络诈骗案件指引》

14. 2013 年最高人民法院、最高人民检察院《关于办理抢夺刑事案件适用法律若干问题的解释》

15. 2022 年最高人民检察院、公安部《关于公安机关管辖的刑事案件立案追诉标准的规定（二）》

16. 2000 年最高人民法院《关于审理贪污、职务侵占案件如何认定共同犯罪几个问题的解释》

17. 2001 年最高人民法院《关于在国有资本控股、参股的股份有限公司中从事管理工作的人员利用职务便利非法占有本公司财物如何定罪问题的批复》

18. 2004 年公安部经济犯罪侦查局《关于宗教活动场所工作人员能否构成职务侵占或挪用资金犯罪主体的批复》

19. 2005 年公安部经济犯罪侦查局《关于对非法占有他人股权是否构成职务侵占罪问题的工作意见》

20. 2016 年最高人民法院、最高人民检察院《关于办理贪污贿赂刑事案件适用法律

若干问题的解释》

21. 2000年最高人民法院《关于对受委托管理、经营国有财产人员挪用国有资金行为如何定罪问题的批复》

22. 2000年最高人民检察院《关于挪用尚未注册成立公司资金的行为适用法律问题的批复》

23. 2004年全国人民代表大会常务委员会法制工作委员会刑法室《关于挪用资金罪有关问题的答复》

24. 2013年最高人民法院、最高人民检察院《关于办理敲诈勒索刑事案件适用法律若干问题的解释》

25. 2013年最高人民法院、最高人民检察院《关于办理利用信息网络实施诽谤等刑事案件适用法律若干问题的解释》

26. 2004年最高人民法院《关于审理破坏公用电信设施刑事案件具体应用法律若干问题的解释》

27. 2008年最高人民检察院、公安部《关于公安机关管辖的刑事案件立案追诉标准的规定（一）》

28. 2013年最高人民法院《关于审理拒不支付劳动报酬刑事案件适用法律若干问题的解释》

思考题

1. 如何理解侵犯财产罪中的“财产”“非法占有目的”？

2. 抢劫罪的理论根基是什么？如何理解抢劫罪的“两个当场”、八种加重定罪情节、转化型抢劫的构成条件？抢劫罪的次要客体是人身权利，这是不是意味着它可有可无，无关轻重？

3. 如何理解盗窃罪的“秘密窃取”？“入户盗窃、携带凶器盗窃、扒窃”立法为什么未做入罪数额要求？“扒窃”是否一律入罪？盗窃Q币、游戏点卡、QQ号码等出售牟利，是否一律构成盗窃罪？“失控说”“控制说”在盗窃罪既未遂问题上如何取舍？以破坏性手段盗窃如何处理？

4. 对诈骗罪的客观行为逻辑如何理解？行为人既骗又盗时如何定性？

5. “乘人不备”是不是抢夺罪的客观必备特征？理论上的“公开盗窃”与我国刑法上的抢夺罪是什么关系？“携带凶器”抢夺如何界定？

6. 如何理解侵占罪的犯罪对象？窃取“封缄物”如何定性？

7. 职务侵占罪与盗窃罪如何区分？在国有资本控股、参股的股份有限公司中从事管理工作的人员利用职务便利非法占有本公司财物应如何定性？

8. 挪用特定款物罪和挪用公款罪的关键区别是什么？

9. 敲诈勒索罪与抢劫罪、绑架罪如何区分？

10. 故意毁坏财物罪与破坏生产经营罪如何区分？

第九章
妨害社会管理秩序罪

内容导读

本章重点学习：妨害公务罪与相关犯罪的界限与罪数问题；袭警罪的特征及司法认定；招摇撞骗罪与诈骗罪的联系和区别；聚众扰乱社会秩序罪的特征及司法认定；寻衅滋事罪的特征及司法认定；组织、领导、参加黑社会性质组织罪的特征及司法认定；伪证罪的特征以及其与相关犯罪的界限；窝藏、包庇罪与掩饰、隐瞒犯罪所得、犯罪所得收益罪的界分问题；医疗事故罪、非法行医罪的特征以及其与相关犯罪的界限；污染环境罪的特征以及其与相关犯罪的界限；走私、贩卖、运输、制造毒品罪的特征及司法认定；传播淫秽物品罪的特征及司法认定。

第一节　妨害社会管理秩序罪概述

一、妨害社会管理秩序罪的概念

妨害社会管理秩序罪是指妨害国家机关对日常社会生活的管理活动，破坏社会秩序，达到严重程度，依法应当受到刑罚处罚的行为。平稳良好的社会秩序以及国家对社会的有效管理，是开展其他各项事业的基础和保证，也是国家赖以存在和发展的前提条件。因此，我国历来十分重视对社会秩序的管理，并运用刑法惩治严重破坏社会管理秩序的犯罪行为，以实现社会的稳定和国家的长治久安。我国《刑法》第 2 条便明确规定，中华人民共和国刑法的任务，是运用刑罚同一切犯罪行为作斗争，维护社会秩序、经济秩序，保障社会主义建设事业的顺利进行。

但是，我们也应注意到，社会管理是兼具政治学、社会学、管理学等多学科的重大命题，其终极使命在于通过搭建良性、合理的体制机制，运用综合有效的举措、方法，从而形成井然、和谐、有序的社会秩序和状态；刑法只是社会防卫的最后一道防线，不能夸大和迷信其在社会治理中所发挥的作用，只有不断提升国家治理能力和治理体系的现代化水平，方可实现社会秩序的良好运行和国家的长治久安。

二、妨害社会管理秩序罪的共同特征

本类罪的直接客体是刑法所保护而为相关犯罪行为侵害的社会管理秩序。社会管理

秩序有广义和狭义的区分，广义的社会管理秩序是指国家在对社会生活各方面进行管理过程中形成的整体有序状态，等同于社会秩序；狭义的社会管理秩序，是指国家在管理社会的过程中所形成的社会某些方面的有序状态，譬如公共秩序、司法秩序、国（边）境管理秩序、文物管理秩序、公共卫生秩序、环境资源管理秩序、社会治安管理秩序和文化市场管理秩序等。事实上，任何犯罪都在一定程度上破坏了社会管理秩序，但是由于刑法对侵害或者破坏国家安全、社会公共安全、市场经济秩序、人身权利、婚姻家庭关系、公私财产等犯罪行为已经通过分则其他章节做了详细规定，故而本类罪名所侵犯的社会管理秩序，是指狭义上的社会管理秩序，即国家对社会生活进行管理，在上述方面以外所形成的动态、有序、平衡的社会管理秩序。

本类罪的主体，既包括自然人主体，也包括单位主体，其中不少罪名只有有特殊身份的人才能构成。例如，伪证罪的主体只能是刑事诉讼中的证人、鉴定人、记录人、翻译人，医疗事故罪的主体只能是医务人员；又如，破坏环境资源保护罪以及制作、贩卖、传播淫秽物品罪中的所有犯罪，自然人和单位均可构成。值得注意的是，贩卖毒品罪的刑事责任年龄为 14 周岁，若相对刑事责任年龄的未成年人同时实施或参与了其他毒品犯罪，也只能追究本罪的刑事责任。

本类罪的主观方面绝大多数是故意，少数为过失。例如，过失损毁文物罪、医疗事故罪等只有过失才能构成。此外，本类很多罪名以特定的犯罪目的作为主观构成要素，例如赌博罪要求以营利为目的，倒卖文物罪以及制作、复制、出版、贩卖、传播淫秽物品牟利罪等要求以牟利为目的。

本类罪的客观方面表现为违反社会秩序管理法规，妨害国家对社会的管理活动，破坏社会有序状态，达到严重程度的各种危害行为。这里的社会秩序管理法规，是指具有较强的行业或部门针对性的社会管理方面的法律、法规，即国家立法机关制定的法律和国务院及其各部门颁布、制定的行政法规、实施办法或细则等，例如《出境入境管理法》《文物保护法》《环境保护法》《麻醉药品和精神药品管理条例》等。由于社会秩序管理所涉相关法律法规内容众多，刑法不可能将其全部纳入刑法条文，因此本章犯罪有些是空白罪状，在适用时应当对相关法律、法规有准确、系统的理解和掌握。于本章犯罪而言，作为和不作为都可以构成，但是妨害社会管理秩序的行为均需达到严重程度方能入罪，不能随意降低入罪门槛，混淆行政违法和犯罪行为之间的界限。

三、妨害社会管理秩序罪的具体种类

由于社会管理秩序所涉内容繁多，相应的犯罪行为表现复杂，因此，本章所涉罪名庞杂、条文繁多，立法及司法解释丰茂，需要认真予以掌握。

根据犯罪行为所侵犯社会管理秩序的不同类型，《刑法》分则第六章将相关犯罪分为 9 节，分别是：（1）扰乱公共秩序罪；（2）妨害司法罪；（3）妨害国（边）境管理罪；（4）妨害文物管理罪；（5）危害公共卫生罪；（6）破坏环境资源保护罪；（7）走私、贩卖、运输、制造毒品罪；（8）组织、强迫、引诱、容留、介绍卖淫罪；（9）制作、贩卖、

传播淫秽物品罪。①

第二节　妨害社会管理秩序罪的重点罪名

一、妨害公务罪

（一）概念与主要构成特征

妨害公务罪是指以暴力、胁迫，阻碍国家机关工作人员、人大代表、红十字会工作人员依法执行职务或履行职责，或者故意阻碍国家安全机关、公安机关执行国家安全任务，虽未使用暴力，但造成严重后果的行为。

本罪的直接客体是刑法所保护而为妨害公务行为所侵害的国家机关工作人员、人大代表和红十字会工作人员执行公务活动的正常秩序。由于妨害公务罪的客体是公务活动的正常秩序，因此妨碍上述人员非公务的行为或者超越职权、滥用职权或者违反法定程序的所谓“公务”活动的，则不构成本罪。

本罪的客观方面表现为行为人以暴力、威胁的方法阻碍国家机关工作人员、人大代表依法执行职务，或者在自然灾害、突发事件中以暴力、威胁的方法阻碍红十字会工作人员依法履行职责，或者虽然没有使用暴力、威胁的方法，但是故意以其他手段阻碍国家安全机关与公安机关工作人员依法执行国家安全任务，造成严重后果。

所谓暴力，是指对相关人员或物不法行使有形力，即广义的暴力，其既可以通过徒手实施，也可以借助某种工具实施；既可以直接针对有关人员的身体实施，也可以针对有关物品实施。常见形式有殴打、围攻、冲砸、强行留置、毁坏执勤所用交通工具、通讯设备等。所谓威胁，是指以杀害、伤害、毁坏财物、败坏名誉等相要挟，对依法执行公务的有关人员进行精神强制，迫使后者不敢执行或者不敢正确执行职务的行为。

根据行为对象和结果要求的不同，本罪可以分为四种构成类型：

（1）以暴力、威胁的方法，阻碍国家机关工作人员依法执行职务。国家机关工作人员的范围包括我国各级立法机关、行政机关、司法机关中从事公务的人员；从现实出发，还包括中国共产党的各级机关、中国人民政治协商会议的各级机关中从事公务的人员。根据司法解释，对于以暴力、威胁方法阻碍国有事业单位人员依照法律、行政法规的规定执行行政执法职务的，或者以暴力、威胁方法阻碍国家机关中受委托从事行政执法活动的事业编制人员执行行政执法职务的，也应以妨害公务罪论处。

（2）以暴力、威胁的方法阻碍人大代表依法履行职责。根据《全国人民代表大会

① 2020年12月26日通过的《刑法修正案（十一）》对本章相关内容进行了修改，调整和新增了14个罪名，分别是：袭警罪，冒名顶替罪，高空抛物罪，催收非法债务罪，侵害英雄烈士名誉、荣誉罪，组织参与国（境）外赌博罪，妨害传染病防治罪，非法采集人类遗传资源、走私人类遗传资源材料罪，非法植入基因编辑、克隆胚胎罪，污染环境罪，非法捕猎、收购、运输、出售陆生野生动物罪，破坏自然保护地罪，非法引进、释放、丢弃外来入侵物种罪，妨害兴奋剂管理罪。需要指出的是，这些调整和新增的罪名是刑法积极回应社会管理需要的体现，严密了刑事法网、完善了罪名体系，对打击遏制相关犯罪行为发挥了重要作用；但是本次新增的部分罪名在适用中还存在一定的争议，这需要我们不断深化理论认识、总结实践经验，对其进行进一步的完善。

和地方各级人民代表大会代表法》第5条第1款的规定，人大代表依法在本级人民代表大会会议期间的工作和在本级人民代表大会闭会期间的活动，都应理解为执行代表职务，常见的如选民联系、检查、视察等，对此以暴力、威胁方式加以阻止，可构成犯罪。

（3）以暴力、威胁方法阻碍红十字会工作人员依法履行职责。由于在自然灾害和突发事件中，红十字会对伤病人员和其他受害者救助的工作职责具有特殊的公益性和紧迫性，因此刑法将其纳入公务秩序的保障范围，规定在自然灾害和突然事件中，以暴力、威胁的方式阻碍红十字会工作人员依法履行职责的，构成犯罪。

（4）故意阻碍国家安全机关、公安机关依法执行国家安全工作任务，造成严重后果。与前三种类型不同，其不要求行为人以暴力或威胁的方式阻碍执行国家安全任务，但是要求造成严重后果。所谓的“严重后果”，主要是指国家安全机关和公安机关执行国家安全工作任务受到严重妨害，如犯罪嫌疑人逃逸、侦查线索中断、犯罪证据灭失、赃款赃物转移、造成恶劣政治影响等。行为人使用暴力、胁迫的方式阻碍有关机关执行国家安全任务，尚未造成严重后果的，则可以适用《刑法》第277条第1款的规定。

本罪的主体为自然人一般主体。凡是年满16周岁、具有刑事责任能力的自然人均可构成本罪。行为人与国家机关工作人员的职务行为有无特定关系，或者本人是否为国家机关工作人员，在所不问。

本罪的主观方面为故意。这里的故意，是指明知对方是正在依法执行公务的国家机关工作人员、人大代表或者红十字会工作人员，仍欲实施暴力、威胁等方式加以阻碍的主观心理状态。

（二）犯罪认定

日常生活中，行政相对人或人民群众因为对某些管理措施不理解、不满意，而与公务执行人员发生争吵、推搡、拉扯等行为的，应当正确疏导，不应认定为本罪；有正当理由的人在要求有关部门解决问题时，因情绪激动而与国家机关工作人员产生肢体冲突、顶撞行为的，也不宜定为本罪。值得注意的是，若行为人确实不知对方正在执行公务或者误认为对方正在进行违法行为，则不能构成本罪，应按照事实认识错误的原则处理。

本罪的认定还应当注意罪数竞合的情况。除了第277条以外，《刑法》还规定了其他妨害公务的罪名，例如第202条的抗税罪，第242条的聚众阻碍解救被收买的妇女、儿童罪，第290条的聚众冲击国家机关罪等，这些法条与第277条形成了法条竞合关系，应按照特殊法条优于普通法条、重法条优于轻法条的适用原则进行处理。如果行为人使用暴力妨害公务，故意造成有关人员伤害、死亡等结果，或者以抢夺有关人员枪支的方式阻碍公务执行，均属于本罪与故意伤害罪，故意杀人罪，以及抢夺枪支、弹药罪的想象竞合，应择一重罪论处。

（三）处罚

根据《刑法》第277条的规定，犯本罪的，处3年以下有期徒刑、拘役、管制或者罚金。

二、袭警罪

（一）概念与主要构成特征

在依法履职过程中，人民警察遭受违法犯罪分子暴力侵害、打击报复的事件时有发生，一些犯罪分子气焰嚣张、手段残忍，甚至出现预谋性、聚众性袭警案件，不仅危害民警人身安全，更严重损害国家法律权威、破坏国家正常管理秩序。为此，《刑法修正案（十一）》修改了《刑法》第 277 条，增设了袭警罪。所谓袭警罪，是指暴力袭击正在依法执行职务的人民警察的行为。

本罪所侵犯的客体是复杂客体：一是刑法所保护而为袭警行为所侵害的人民警察人身安全，二是刑法所保护而为袭警行为所侵害的执行公务有效性和权威。两者缺一不可。

本罪客观方面表现为暴力袭击正在依法执行职务的人民警察，或者使用枪支、管制刀具，或者以驾驶机动车撞击等手段，严重危及其人身安全的行为。由于刑法条文对于暴力袭击的方式、程度等缺乏具体描述，因此理论上存在争议，我们认为应当结合立法背景与目的，进行合理化解释：

首先，是对“暴力袭击”的理解。袭警罪中的暴力是指直接针对人民警察人身实施的强制力，不包含对物的暴力或者通过物的暴力间接伤害人身的情形，相关规范性文件[①]中对“暴力袭击正在依法执行职务的人民警察”的扩大解释出台于袭警罪独立之前，仅适用于妨害公务罪，否则会造成罪刑之间的不均衡[②]；同时，这里的暴力还应当体现出“袭击”的内涵，即主动与警察对抗，带有攻击性的行为，对于那些为摆脱警察强行控制实施的挣扎性反抗性行为，虽然与民警有肢体冲突甚至轻微抓伤、咬伤民警，但不应认定为本罪的“暴力袭击”。

其次，袭警罪的对象是“正在执行职务的人民警察”。其中，“正在执行职务”，不能简单地等同于“工作时间”，其核心是人民警察实施某个行为时是否体现了职务性，而非是否在上班时间实施，《人民警察法》第 19 条对此予以了肯定；同时，关于“正在执行职务”应当注意职务的合法性与正当性，如果实施《人民警察法》及有关禁令禁止实施的行为时遭受暴力袭击，不宜认定为袭警罪。“人民警察”的范围应与作为前置法的《人民警察法》保持一致，警务辅助人员是面向社会招聘，为公安机关日常运转和警务活动提供辅助支持的非警察身份人员，不具有独立从事执法执勤工作的资格。警务辅助人员单独工作时遭受暴力袭击的，不构成袭警罪；但是，警务辅助人员与警察一同执法时，无论是单独遭受侵害还是共同遭受侵害均构成袭警罪。

最后，是对袭警罪加重行为的理解。根据立法规定，袭警罪的加重行为应当为“使用枪支、管制刀具，或者以驾驶机动车撞击”，或者危害性与之相当的其他手段，例如使用炸药、钢管、铁锤、较大石块等袭击正在执行职务的人民警察；此外，这些加重行为要“严重危及其人身安全”，即对人民警察的身体或者生命造成了现实、紧迫、具体的危

① 参见最高人民法院、最高人民检察院、公安部《关于依法惩治袭警违法犯罪行为的指导意见》。

② 袭警罪加重犯的法定刑（3 年以上 7 年以下有期徒刑）明显高于妨害公务罪的法定刑。

险，但并不要求出现危险现实化之后的实害结果。

本罪的主观方面是故意，具体是指明知是正在执行职务的人民警察，而采取暴力袭击等手段，危及其人身安全，阻碍其执行职务的心理状态。需要强调的是，本罪的故意并不排斥对被害人受伤或死亡结果持放任态度，若造成相应结果，则应根据罪数竞合原理，妥善处理定罪量刑问题。

本罪的主体是自然人一般主体。

（二）犯罪认定

1. 罪与非罪的认定

从目的解释和执法效果来看，刑法增设袭警罪，旨在维护警察执法权威、营造敬畏法律的良好氛围。但司法实践中将推搡、撕扯等轻微肢体冲突且未造成严重后果的袭警行为作为犯罪处理，判处拘役、缓刑等轻缓刑罚，不仅惩治教育效果不好，还影响警察执法形象和良好警民关系。因此，从执法效果上考虑，对于一些暴力程度不高、情节显著轻微、悔改态度明显的袭警行为，应当运用《刑法》总则“但书”条款作出罪处理，不宜泛化打击。

2. 此罪与彼罪的认定

（1）本罪与妨害公务罪的竞合。由于人民警察执行职务也是执行公务的行为，袭警也会造成对公务执行的阻碍，结合立法沿革和规范体系，我们认为袭警罪与妨害公务罪是特殊与一般的关系，成立本罪以符合妨害公务罪构成要件为前提；反之，不符合本罪构成要件的行为则可能构成妨害公务罪。换言之，本罪并不是单纯地暴力袭击正在执行职务的人民警察，而是通过暴力袭击妨害其执行职务；暴力行为在人民警察职务执行完毕后实施的，则不构成本罪。

（2）本罪与故意伤害罪、故意杀人罪的竞合。暴力袭击正在依法执行职务的人民警察，往往会出现导致人民警察受伤或者死亡的结果，当出现人民警察受伤或者死亡的结果时，就会涉及袭警罪与故意伤害罪、故意杀人罪竞合的问题。我们认为：第一，当暴力袭警行为给人民警察造成的伤害尚未达到轻伤时，由于没有达到故意伤害罪的入罪标准，因而只能以袭警罪定罪处罚。第二，当暴力袭警行为给人民警察造成的伤害达到了轻伤但尚未达到重伤时，属于想象竞合，按从一重罪处断规则处理。具体而言，如果符合袭警罪的加重处罚条件，则应当按袭警罪处理，并在升格的法定刑幅度内量刑；如果不符合袭警罪的加重处罚条件，只符合袭警罪的基本犯，从理论上讲，按袭警罪或者故意伤害罪处理都可以，但是为了强调了对人民警察执法权威的特殊保护，按袭警罪定罪处罚更加适宜。第三，当暴力袭警行为给人民警察造成的伤害达到了重伤或者死亡时，故意伤害罪的结果加重犯和故意杀人罪配置的法定刑更重，按想象竞合从一重罪的竞合处断规则，应当以故意伤害罪或者故意杀人罪处理。

（三）处罚

根据《刑法》第277条第5款的规定，犯本罪的，处3年以下有期徒刑、拘役或者管制；使用枪支、管制刀具，或者以驾驶机动车撞击等手段，严重危及其人身安全的，处3年以上7年以下有期徒刑。

三、招摇撞骗罪

（一）概念与主要构成特征

招摇撞骗罪是指为谋取各种利益，冒充国家机关工作人员或者警察到处行骗，损害国家机关的威信、形象和相关公私权益，扰乱社会公共秩序的行为。

本罪侵犯的客体为复杂客体：主要客体为刑法所保护而为招摇撞骗行为所侵害的国家机关威信和社会公共秩序，次要客体包括刑法所保护而为招摇撞骗行为所侵害的各种公私权益。

本罪的客观方面表现为冒充国家机关工作人员或者警察进行招摇撞骗的行为。所谓假冒国家机关工作人员，具体包括三种情况：一是非国家机关工作人员冒充国家机关工作人员，二是此种国家机关工作人员冒充彼种国家机关工作人员，三是低职位的国家机关工作人员冒充高职位的国家机关工作人员。如果行为人冒充的是高干子弟、归国华侨、劳动模范、港澳台商等，则不构成本罪。所谓“招摇”，是指假冒国家机关工作人员进行张扬、炫耀；所谓“撞骗”，是指利用假冒的身份，碰运气般地骗取各种利益的行为。招摇撞骗是复合行为，只有同时具备才会构成本罪。招摇撞骗一般具有多次多处进行的特点，行骗结果具有多样性，一般获取钱财、地位、荣誉、资格、女色等财产性或非财产性利益。

本罪的主体为自然人一般主体。

本罪的主观方面为故意，以获取非法利益为目的不是本罪主观方面的必备要素。

（二）犯罪认定

1. 罪与非罪的认定

虽然本罪条款对于犯罪成立的情节、后果没有特别规定，但如果不是长期、一以贯之地冒充国家机关工作人员、谋取各种利益，情节显著轻微危害不大的，可以不作为犯罪处理。例如，为解决住宿或者购买车船票等偶尔冒充国家机关工作人员，或者为实现合法债权等，不得已冒充国家机关工作人员等情况。

2. 本罪与诈骗罪的界分

理论界有牵连犯说、法条竞合说以及想象竞合说的争议。我们认为，本罪与诈骗罪既不是牵连犯的关系，也不是法条竞合的关系，而是想象竞合的关系。理由在于：第一，牵连犯是指出于一个目的，其方法行为或者结果行为触犯其他罪名的犯罪形态，其本质是两个独立构罪的行为；如果将本罪与诈骗罪理解为牵连犯，则是将“冒充国家机关工作人员”和“骗取财物”理解为两个行为，对“招摇撞骗”的实行行为进行了两次刑法评价，是错误的。第二，法条竞合是指为保护某种法益，法条重复或者交叉规定的情况，其实行行为必然会触及竞合罪名的情况。然而，本罪侵犯的主要客体是国家机关的威信和公共秩序，诈骗罪的客体则是公私财产权益，并非所有招摇撞骗行为均会侵犯财产权益，只有当行为人以骗取他人财物为目的而招摇撞骗时，两者才会发生竞合，属于典型的一行为同时触犯数罪名、侵犯数法益的情况，属于想象竞合犯，应当择一重罪处罚。由于本罪基本犯规定了剥夺政治权利，较诈骗罪的重，故而诈骗数额较大时，定本罪为宜；若数额巨大或者特别巨大，又或者具有其他严重情节或其他特别严重情节时，定诈骗罪更符合罪刑均衡的要求。

3. 本罪与敲诈勒索罪、抢劫罪的界限

如果行为人冒充公安人员或者其他行政执法人员，强行对他人“罚款”或者“没收”财物的时候，我们认为需要分情况予以界定：第一，行为人取得财物主要是靠其冒充的国家机关工作人员身份获得的，应定招摇撞骗罪；第二，行为人虽然冒充了国家机关工作人员的身份，但是获得财物主要是靠“要挟”，则定敲诈勒索罪；第三，行为人虽然冒充了国家机关工作人员的身份，但是却以暴力或者暴力相威胁的方式获得财物，则应当认定为抢劫罪。

4. 本罪的既未遂判断问题

关于本罪，理论上有行为犯和结果犯的争议。[①] 我们认为，招摇撞骗有行政违法和刑事犯罪的区分，只有在行为严重侵害国家机关权威、影响公共秩序的情况下，才会构成犯罪，故而其成立没有既未遂的讨论空间。

（三）处罚

根据《刑法》第 279 条的规定，犯本罪的，处 3 年以下有期徒刑、拘役、管制或者剥夺政治权利；情节严重的，处 3 年以上 10 年以下有期徒刑。冒充人民警察招摇撞骗的，依照前述规定从重处罚。

四、帮助信息网络犯罪活动罪

（一）概念与主要构成特征

帮助信息网络犯罪活动罪是指自然人或者单位明知他人利用信息网络实施犯罪，为其犯罪提供互联网接入、服务器托管、网络存储、通讯传输等技术支持，或者提供广告推广、支付结算等帮助，情节严重的行为。

本罪侵犯的直接客体是刑法所保护而为帮助信息网络犯罪活动行为所侵犯的国家对正常信息网络环境的管理秩序。利用信息网络实施犯罪的行为当然破坏了稳定、健康、有序的信息网络环境。

本罪的客观方面表现为信息网络犯罪提供互联网接入、服务器托管、网络存储、通讯传输等技术支持，或者提供广告推广、支付结算等帮助，情节严重的行为。这里的“情节严重”，根据司法解释[②]，是指：(1) 为 3 个以上对象提供帮助的；(2) 支付结算金额 20 万元以上的；(3) 以投放广告等方式提供资金 5 万元以上的；(4) 违法所得 1 万元以上的；(5) 2 年内曾因非法利用信息网络、帮助信息网络犯罪活动、危害计算机信息系统安全受过行政处罚，又帮助信息网络犯罪活动的；(6) 被帮助对象实施的犯罪造成严重后果的；(7) 其他情节严重的情形。

本罪的主观方面为故意，即明知自己为他人实施的信息网络犯罪提供帮助的行为，

---

① 王作富．刑法分则实务研究：中．3 版．北京：中国方正出版社，2007：1199－1203.

② 参见最高人民法院、最高人民检察院《关于办理非法利用信息网络、帮助信息网络犯罪活动等刑事案件适用法律若干问题的解释》（法释〔2019〕15 号）。

会给国家的信息网络管理秩序造成损害，仍然希望或放任这种危害结果发生的心理态度。这里的明知，既包括行为人明确知道，也应包括行为人应当知道。若行为人具有下列情形，除非有相反证据，可以认定为明知：（1）经监管部门告知后仍然实施有关行为的；（2）接到举报后不履行法定管理职责的；（3）交易价格或者方式明显异常的；（4）提供专门用于违法犯罪的程序、工具或者其他技术支持、帮助的；（5）频繁采用隐蔽上网、加密通信、销毁数据等措施或者使用虚假身份，逃避监管或者规避调查的；（6）为他人逃避监管或者规避调查提供技术支持、帮助的；（7）其他足以认定行为人明知的情形。

本罪的主体为一般主体，包括年满16周岁、具有刑事责任能力的自然人；单位也可成为本罪的主体。

（二）犯罪认定

1. 罪与非罪的认定

本罪究竟是帮助行为正犯化还是特殊帮助犯的独立量刑规则，理论上不无争议。我们认为应当遵循共犯从属性原理，准确认定其成立范围，不枉不纵，在维护网络管理秩序的同时保障经济社会的平稳运行。

第一，行为人对被帮助对象实施或即将实施违法犯罪的事实明知或应当明知，不明知的中立帮助行为不能被评价为本罪。需要注意的是，本罪的“明知”不宜被理解为泛化的“可能性认知”，而应限定为相对具体的认知，但不要求达到确知的程度。例如，网络运营商知道诈骗犯可能利用其提供的互联网接入服务实施诈骗犯罪，但不可能据此要求其停止所有的网络接入服务，否则便以本罪论处。对相对具体的认知要结合一般人的认知水平和行为人的认知能力、相关行为是否违反法律的禁止性规定、行为人是否履行了管理职责、是否逃避监管或者规避调查等综合判断。

第二，对帮助信息犯罪活动罪中的“犯罪”应当做扩大解释，将符合构成要件，但尚未构成犯罪的违法活动涵括在内。例如，只要被帮助者的行为符合构成要件并且违法，不管其是否具有责任能力以及是否具有故意，只要帮助行为与被帮助行为的不法具有因果性，而且只要帮助者明知正犯的行为及其结果，并希望或者放任这种结果的发生，就可以认定本罪的成立。

第三，本罪的认定应当严格把握好宽严相济的刑事政策，准确把握惩治重点，妥善确定从宽范围，以有效促进社会治理。具体而言，对犯罪集团中的组织者、指挥者、策划者、贩卖“两卡”团伙的头目、骨干，利用未成年人、老年人、残疾人等特殊群体实施犯罪，以及为境外电诈集团提供帮助者，要依法严惩；对从事辅助性工作、参与时间段、程度小、发挥作用小的人员依法从宽处理，对初犯、偶犯、未成年人、在校生，要以教育挽救为主。

第四，帮助他人实施信息网络犯罪的行为可能会直接构成某犯罪的实行犯，宜按照相关犯罪进行认定。例如，同他人通谋，为赌博网站担任代理并接受投注的，就构成开设赌场罪的共同实行犯。

2. 此罪与彼罪的认定

帮助他人实施信息网络犯罪的行为可能会直接构成某犯罪的共同犯罪，因此如何认定罪名是实践中的难点。根据《刑法》第287条之二第3款的规定，帮助信息网络犯罪活动，同时构成其他犯罪的，应当择一重罪处断。我们认为，有以下几点应当注意：第一，同时构成其他犯罪意味着只有一个行为，若数行为分别符合第 287 条之二第 1 款、第 2 款的规定，则应当数罪并罚；第二，在认定具体犯罪的共犯时，宜限于“通谋”的情形，例如同他人通谋，为赌博网站担任代理并接受投注的，就构成开设赌场罪的共犯；第三，基于罪名之间的轻重应当根据具体事实和情节妥善比较法定刑，并以罪刑均衡为原则，最终决定选择直接认定为本罪还是具体犯罪的共犯，从而适用从犯等量刑情节。

在实践中，本罪与掩饰、隐瞒犯罪所得、犯罪所得收益罪和洗钱罪的界分问题，是极为复杂的问题。我们认为，这应基于罪刑法定原则的“行为时”要求予以认定。就本罪而言，因其通常本为相应帮助对象的共犯（事前和事中有通谋），而在所有帮助行为完成前（包括提供银行卡转账）都属于本罪的犯罪过程中即本罪的“行为时”，都应认定为本罪；在这“行为时”之后实施的“帮助行为”（事前和事中无通谋），分别基于上游犯罪情况而认定为掩饰、隐瞒犯罪所得、犯罪所得收益罪和洗钱罪。

（三）处罚

根据《刑法》第 287 条之二的规定，犯本罪的，处 3 年以下有期徒刑或者拘役，并处或者单处罚金。单位犯本罪的，对单位判处罚金，并对其直接负责的主管人员和其他直接责任人员，依照前述规定处罚。

五、聚众斗殴罪

（一）概念与主要构成特征

聚众斗殴罪是指聚集多人攻击对方身体或者相互攻击对方身体的行为。

本罪侵犯的直接客体是刑法所保护而为聚众斗殴行为所侵害的社会公共秩序。这里的公共秩序，既包括公共场所的秩序，也包括非公共场所的秩序，即通过法律法规、道德规范、伦理风俗建立并维持的有条不紊的社会生活状态。

本罪的客观方面是行为人通过聚众斗殴的方式，公然藐视法律法规和社会公德，破坏公共秩序。所谓聚众，是指首要分子通过组织、策划、指挥，纠集特定或不特定的多数人于同一时间聚集于同一地点。所谓斗殴，是指多人攻击对方身体或者相互攻击对方身体。既然是聚众斗殴，当然要求多人参与，但并不要求斗殴双方的人数都必须是三人以上。一方三人攻击对方一人的，可认定为聚众斗殴。

本罪的主体为自然人一般主体。根据《刑法》第 292 条的规定，只有聚众斗殴的首要分子和积极参加者才能成为本罪的主体。

本罪的主观方面为故意，行为人的犯罪目的和动机不影响本罪的成立。

（二）犯罪认定

1. 罪与非罪的界限。司法实践中，对于因为群众之间因日常矛盾激化所引发的多人间打斗，以及山区、边区或村寨之间因为生产资源等纠纷而发生的结伙斗殴行为，不宜按照本罪处理。

2. 本罪与故意伤害罪、故意杀人罪的区别。本罪侵犯的主要客体是社会公共秩序，因此聚众斗殴造成他人重伤或死亡结果的，不能被本罪包容评价，应以故意伤害罪或故意杀人罪定罪处罚。但是须注意的是，只能对直接造成重伤、死亡结果的斗殴者和首要分子定罪，若现有证据无法查明致人重伤、死亡的具体行为人，则仅应对首要分子以故意伤害罪、故意杀人罪定罪处罚。

（三）处罚

根据《刑法》第 292 条第 1 款的规定，犯本罪的，处 3 年以下有期徒刑、拘役或者管制。有下列情形之一的，对首要分子和其他积极参加的，处 3 年以上 10 年以下有期徒刑：多次聚众斗殴的；聚众斗殴人数多，规模大，社会影响恶劣的；在公共场所或者交通要道聚众斗殴，造成社会秩序严重混乱的；持械聚众斗殴的。

六、寻衅滋事罪

（一）概念与主要构成特征

寻衅滋事罪是指行为人恣意挑衅，横行霸道，随意殴打、滋扰他人，或者强拿硬要、任意损毁、占用公共财物，情节恶劣，或者在公共场所起哄闹事，造成公共场所秩序严重混乱的行为。

本罪的直接客体是刑法所保护而为寻衅滋事行为所侵害的社会公共秩序。虽然本罪也会造成公民人身权利和财产权利的损失，但是由于本罪是从 1979 年《刑法》第 160 条的流氓罪分离出来的罪名，因此客体仍应限于社会公共秩序为宜，若造成重大人身或财产损失，当由刑法其他相关罪名例如故意伤害罪、抢劫罪等，予以规制。

本罪的客观方面表现为寻衅滋事、破坏社会秩序的行为。所谓寻衅滋事，根据相关司法解释，是指行为人为了寻求刺激、发泄情绪、逞强耍横等，无事生非，实施《刑法》第 293 条规定的行为的情况，具体包括以下四类：

一是随意殴打他人，情节恶劣的。随意殴打的对象，既可以是相识的人，也可以是陌生人，若是出于双方矛盾或其他利害关系，对特定的对象实施殴打，由于不会危及社会公众的安全感，因此不算随意殴打。情节恶劣，根据相关司法解释①，是指对人体造成伤害、持械、多次、对象特殊以及造成被害人精神失常或自杀等情节的。这里的造成伤害应当以轻伤为限，如果造成他人重伤或者死亡，则超出寻衅滋事罪的范围，应当以重罪定罪处罚。

二是追逐、拦截、辱骂、恐吓他人，情节恶劣的。所谓恐吓，由《刑法修正案（八）》增加，意指有意识向被害人展示肌肉、凶器等，以实施暴力相恫吓等。这里的追逐、拦截、辱骂不应包含强制猥亵、侮辱妇女的行为，实践中常常存在追逐辱骂和强制猥亵、侮辱行为并存的现象，应按照想象竞合原理，择一重罪处罚。“情节恶劣”的标准，主要是指严重影响他人正常的工作、生活、生产等。②

---

① 自 2013 年 7 月 22 日起施行的最高人民法院、最高人民检察院《关于办理寻衅滋事刑事案件适用法律若干问题的解释》（法释［2013］18 号）第 2 条、第 3 条、第 4 条、第 5 条对寻衅滋事罪几种主要行为类型的入罪标准进行了较为详细的列举式规定。

② 参见最高人民法院、最高人民检察院《关于办理寻衅滋事刑事案件适用法律若干问题的解释》（法释［2013］18 号）。

三是强拿硬要或者任意毁损、占用公私财物，情节严重的。这里的强拿硬要、占用公私财物主要是指在寻求精神刺激或者蔑视公德等心态的支配下，以蛮不讲理的手段强行索要市场、商店的商品或他人财物，或者随心所欲的破坏、占用公私财物的行为。这里的“情节严重”，主要是指公私财物价值较大，多次强拿硬要或损毁财物等。[①]

其四，在公共场所起哄闹事，造成公共场所秩序严重混乱的。这里的起哄闹事必须具备地点和人群两个因素，即在车站、码头、机场、医院、商场、公园、影剧院、展览会、运动场或者其他公共场所起哄闹事，应当根据公共场所的性质、公共活动的重要程度、公共场所的人数、起哄闹事的时间、公共场所受影响的范围与程度等因素，综合判断是否“造成公共场所秩序严重混乱”。公共场所的性质、公共场所活动的重要程度、进入公共场所的人数、起哄闹事的时间、公共活动受影响的范围与程度等，是判断行为是否造成公共秩序严重混乱的重要资料。

另外，根据相关司法解释，利用信息网络辱骂、恐吓他人，情节恶劣，破坏社会秩序的，以寻衅滋事罪定罪处罚。编造虚假信息，或者明知是编造的虚假信息，在信息网络上散布，或者组织、指使人员在信息网络上散布，起哄闹事，造成公共秩序严重混乱的，也应以寻衅滋事罪定罪处罚。然而，虽然网络空间属于公共空间，但是公共空间并不等于公共场所，后者是指能够供人身体自由进出的处所。故而，司法解释将公共场所的理解扩大到“网络空间”，确有类推解释的嫌疑。

本罪的主体为自然人一般主体。

本罪的主观方面为故意。需要注意的是，传统理论认为本罪从流氓罪分离出来，因此应当具备流氓动机。然而，这种观点近年来已经受到挑战。有观点认为，寻衅滋事罪的主观方面不应包括流氓动机。理由在于：第一，逞强耍横等流氓动机难以证实，还会不当缩小本罪的打击范围；第二，客观行为足以体现本罪的社会危害性，即便没有流氓动机，该行为也值得非难；第三，剔除构罪要素里的流氓动机也不会造成犯罪圈的扩大，因为本罪还有“情节严重”的限制；第四，要区别本罪与故意伤害罪、抢劫罪等罪名，可以根据想象竞合原理妥善处理，不必再以流氓动机为界分。可以说，这种认识是较为合理的。

（二）犯罪认定

1. 罪与非罪的认定

本罪因客观方面涵盖广泛、动机难以把握，并且受刑法万能主义思想的影响，在实践中有扩张适用的不良倾向，应当予以纠正。首先，本罪是对社会秩序的严重破坏，尚未造成社会秩序严重破坏的行为不能被认定为本罪；其次，本罪的认定应当给民事侵权和行政处罚留出空间，在刑法谦抑性原则的指引下，应适当提高寻衅滋事罪的入罪门槛，以便同5年有期徒刑的法定最高刑相匹配；最后，根据相关司法解释，寻衅滋事罪既包含了“无事生非型”行为中“寻求刺激、发泄情绪、逞强耍横等”流氓动机，又包含了因“日常生活中的偶发矛盾”引起的“借故生非型”行为，对后者应当从社会危害性出

① 参见最高人民法院、最高人民检察院《关于办理寻衅滋事刑事案件适用法律若干问题的解释》(法释［2013］18号)。

发，谨慎甄别。

2. 此罪与彼罪的认定

寻衅滋事罪，与故意伤害、敲诈勒索、故意毁坏财物等罪的关系，一直是困扰司法机关的难题。之所以如此，是因为刑法理论与司法机关一直希望在寻衅滋事罪与故意伤害、敲诈勒索、故意毁坏财物等罪之间划出明确的界限；而要划出明确的界限，就必须提出明确的区分标准。其中，是否出于流氓动机被认为是区分寻衅滋事罪与相关犯罪的关键标准。我们认为，刑法理论与司法实践不应当强调此罪与彼罪之间的区别与区分标准，而应注意此罪与彼罪的想象竞合，并根据想象竞合犯的处罚原则，从一重罪处罚。另外，强拿硬要的寻衅滋事行为与抢劫相区分的关键在于主观目的或动机上，前者是流氓动机，后者是以非法占有为目的。

（三）处罚

根据《刑法》第293条的规定，犯本罪的，处5年以下有期徒刑、拘役或者管制。纠集他人多次实施寻衅滋事行为，严重破坏社会秩序的，处5年以上10年以下有期徒刑，可以并处罚金。

七、高空抛物罪

（一）概念与主要构成特征

高空抛物罪是指从建筑物或者其他高空抛掷物品，情节严重的行为。这是《刑法修正案（十一）》新增的罪名，以惩处不断发生的高空抛物事件，维护人民群众合法权益。

本罪侵犯的直接客体是刑法所保护而为高空抛物行为所侵害的公共管理秩序。本罪侵犯的是复杂客体，既包括对社会管理秩序造成直接破坏，也影响人们工作生活的安全。《刑法修正案（十一）》将本罪放置于“妨害社会管理秩序罪”一章中，以公共管理秩序作为本罪的主要直接客体。

本罪的客观方面为从建筑物或者其他高空抛掷物品，情节严重的行为。其中，“建筑物”并非指称所有建筑物，而是具有较高落差的建筑物；在“高空”的判断上，由于刑法或司法解释并未给出具体标准，理论上颇有争议，我们认为，不能机械地以抛物点和水平面的高度差为标准，而是应当综合考虑抛物点的空间位置、结构特征予以判断。

“抛掷”是对行为动作的描述，有两方面的含义：一是从主观方面看，行为人对“抛掷”行为明显存在故意，二是从行为动作看，行为人对物品施加了外部力量。还需注意“抛掷”始于建筑物或高空，站在地面由下往上抛投物品不属于本罪的“抛掷”。

“物品”是指有形物，无形物不可以成为抛掷行为的对象。高空抛物行为之所以能够造成对社会公共秩序的破坏，归根结底是因为该行为本身具有危险性。所以，对这里的“物品”应当做限缩的实质解释，即具有势能转化可能的物品，需结合抛掷高度、形状、硬度、锐度综合认定。

“情节严重”需要根据行为人所抛掷物品的数量、重量、危险程度，抛掷物品的高度，物品坠落场所的人员、财物的现状，以及行为的次数和所造成的结果等进行综合判断。故而，虽然符合高空抛物罪的行为构成，但是没有对公共秩序造成破坏的，不宜认定为本罪。

（二）犯罪的认定

高空抛物的行为在实践中通常同时触发故意伤害罪、故意杀人罪、寻衅滋事罪、故意毁坏财物罪等，应当按照想象竞合，从一重罪处罚。具体包括以下几种情况：（1）故意从高空抛掷燃烧物或者爆炸物，足以或者已经引起火灾或者爆炸，危害公共安全的，应当认定为放火罪、爆炸罪。（2）在高空下有人的情形下，故意实施的高空抛物行为已经致人死亡的，应当认定为故意杀人既遂。（3）在高空下有人的情形下，故意实施的高空抛物行为具有致人死亡的具体危险的，应当认定为故意杀人未遂。（4）在生产、作业中违反有关安全管理的规定，从高空坠落物品，发生重大伤亡事故或者造成其他严重后果的，以重大责任事故罪定罪处罚。强令工人违章高空抛物，因而发生重大伤亡事故或者造成其他严重后果的，以强令违章冒险作业罪论处。（5）故意实施的高空抛物行为，没有致人伤亡的危险，导致财物毁坏，达到数额较大或者情节严重标准的，应当认定为故意毁坏财物罪。（6）故意实施的高空抛物行为，导致他人身体伤害的，认定为故意伤害罪。

（三）处罚

根据《刑法》第 291 条之二的规定，犯本罪的，处 1 年以下有期徒刑、拘役或者管制，并处或者单处罚金。同时构成其他犯罪的，依照处罚较重的规定定罪处罚。

八、组织、领导、参加黑社会性质组织罪

（一）概念与主要构成特征

本罪是指行为人组织、领导、参加以暴力、威胁或其他手段，有组织地进行违法犯罪活动，称霸一方，为非作歹，欺压、残害群众，严重破坏经济、社会生活秩序的黑社会性质组织的行为。由于在我国，明显的、典型的黑社会犯罪还没有出现，但带有黑社会性质的犯罪集团已经出现，因而我国刑事立法予以规制。

本罪侵犯的直接客体为刑法所保护而为组织、领导、参加黑社会性质组织行为所侵害的正常社会管理秩序。

本罪的客观方面表现为组织、领导、参加黑社会性质组织的行为。所谓组织，是指倡导、发起、策划、安排、建立黑社会性质组织的行为。所谓领导，是指在黑社会性质组织中处于领导地位，对该组织的活动进行策划、决策、指挥、协调的行为。一般参加者，是指在黑社会性质组织中，除组织、领导和积极参加者外，其他参加该组织的成员。

黑社会性质组织的认定是准确适用本罪的关键。根据《刑法》第 294 条第 5 款的规定，黑社会性质组织应当同时具备以下特征：

第一，组织特征，即形成较稳定的犯罪组织，人数较多，有明确的组织者、领导者，骨干成员基本固定。其中，所谓“较稳定的犯罪组织”不受具体人数增减的影响，只要组织者、领导者、骨干成员基本固定，组织结构层级清晰便可。所谓人数较多，一般以 10 人以上作为量化标准较为合适，但无上限。

第二，经济特征，即有组织地通过违法犯罪活动或者其他手段获取经济利益，具有一定的经济实力，以支持该组织的活动。黑社会性质组织犯罪的根本目的是追求经济利益、聚敛钱财，只有具备一定的经济实力，其组织才能得以生存和发展。黑社会性质组织敛财常用的违法犯罪手段主要有：组织提供非法商品或服务，例如贩卖毒品、走私、经营色情赌博行业、发放高利贷等；直接实施侵犯财产类犯罪行为，例如从事大规模的盗窃、抢劫、敲诈勒索、强迫交易、强拿硬要，收取所谓的“保护费”等。此外，黑社会性质组织还会通过涉足合法商业领域，通过不正当竞争关系，非法控制垄断某些行业或领域，从而获得经济利益。

第三，手段特征，即以暴力、威胁或者其他手段，有组织地多次进行违法犯罪活动，为非作恶，欺压、残害群众。暴力、威胁色彩虽不明显，但实际是以组织的势力、影响和犯罪能力为依托，以暴力威胁的现实可能性为基础，足以使他人产生恐惧、恐慌进而形成心理强制或者足以影响、限制人身自由、危及人身财产安全或者影响正常生产、工作、生活的“软暴力”手段，属于“其他手段”，包括但不限于所谓的“谈判”“协商”“调解”，以及滋扰、纠缠、哄闹、聚众造势等。

第四，危害性特征，即通过实施违法犯罪活动，或者利用国家工作人员的包庇或者纵容，称霸一方，在一定区域或者行业内，形成非法控制或者重大影响，严重破坏经济、社会生活秩序。

本罪的主体为自然人一般主体，国家机关工作人员组织、领导、参加黑社会性质组织的，应从重处罚。

本罪的主观方面为直接故意，即行为人怀着明确的意图组织或领导黑社会性质组织，或者明知是黑社会性质组织而参加。

（二）犯罪认定

1. 罪与非罪的界限

如果行为人在不知是黑社会性质组织或者被欺骗的情况下参与其中的，不认为是犯罪；但是在知晓后，拒不退出或者参与相关犯罪活动的，仍可构成犯罪。如果参加后没有实施其他违法犯罪活动，或者受蒙蔽、胁迫参加黑社会性质组织，情节轻微的，可以不作为犯罪处理。

2. 黑社会性质组织与其他犯罪组织的界限

本罪的成立必须满足黑社会性质组织的四个构成要件，要注意黑社会性质组织与“恶势力”及“恶势力犯罪集团”的区别。所谓“恶势力”，是指经常纠集在一起，以暴力、威胁或者其他手段，在一定区域或者行业内多次实施违法犯罪活动，为非作恶，欺压百姓，扰乱经济、社会生活秩序，造成较为恶劣的社会影响，但尚未形成黑社会性质组织的违法犯罪组织。所谓“恶势力犯罪集团”，是指符合犯罪集团法定条件的恶势力犯罪组织。实践中应当注意不能随意拔高或者降低黑社会性质组织的认定标准，在从严打击治理黑恶势力犯罪的过程中做到勿枉勿纵。

3. 本罪的罪数问题

根据《刑法》第 294 条第 4 款的规定，组织、领导、参加黑社会性质组织又有其他犯罪行为的，依照数罪并罚的规定处罚。[①] 那么在国家机关工作人员本身为黑社会性质组织成员的情况下，实施包庇、纵容该组织的行为应当如何定罪便成为争议较大的问题。[②] 我们认为，刑法并未将包庇、纵容黑社会性质组织的主体限制在“非黑社会性质组织成员”，故而双重身份并不是成立包庇、纵容黑社会性质组织罪的排除条件，行为人作为组织成员，按照其分工实施了包庇、纵容行为的，应当以本罪和包庇、纵容黑社会性质组织罪数罪并罚。

（三）处罚

根据《刑法》第 294 条第 1 款、第 4 款的规定，犯本罪的，处 7 年以上有期徒刑，并处没收财产；积极参加的，处 3 年以上 7 年以下有期徒刑，可以并处罚金或者没收财产；其他参加的，处 3 年以下有期徒刑、拘役、管制或者剥夺政治权利，可以并处罚金。

需要注意的是，对于组织者、领导者和因犯参加黑社会性质组织罪被判处 5 年以上有期徒刑的积极参加者，可以根据《刑法》第 56 条第 1 款的规定适用附加剥夺政治权利。对于符合《刑法》第 37 条之一规定的组织成员，应当依法禁止其从事相关职业。符合《刑法》第 66 条规定的组织成员，应当认定为累犯，依法从重处罚。对于因有组织的暴力性犯罪被判处死刑缓期执行的黑社会性质组织犯罪分子，可以根据《刑法》第 50 条第 2 款的规定同时决定对其限制减刑。对于因有组织的暴力性犯罪被判处 10 年以上有期徒刑、无期徒刑的黑社会性质组织犯罪分子，应当根据《刑法》第 81 条第 2 款的规定，不得假释。

九、伪证罪

（一）概念与主要构成特征

伪证罪是指在刑事诉讼中，证人、鉴定人、记录人、翻译人对与案件有重要关系的情节，故意作虚假证明、鉴定、记录、翻译，意图陷害他人或者隐匿罪证的行为。

本罪侵犯的直接客体是刑法所保护而为各伪证所侵害的刑事诉讼证明过程的客观真实性和司法公正。

本罪的客观方面表现为刑事诉讼过程中特殊主体做虚假证明、鉴定、记录、翻译，意图陷害他人或者隐匿罪证的行为。本罪所指的刑事诉讼乃从立案到终审裁判生效的所有侦查、起诉、审判的过程，审判程序的类别和管辖级别不影响本罪的成立，但是依照监察程序的监察调查过程则不在本罪范围内。所谓“与案件有重要关系的情节”，是指会直接影响定罪量刑的情节，例如被告人的刑事责任年龄、怀孕情况、自首、立功等等。

---

① 本罪的设置是否有重复评价的嫌疑？理论上历来存在争议。我们认为，组织、领导、参加黑社会性质组织罪是行为犯，即明知是黑社会性质组织而参与或者知晓后拒不退出的行为；这种行为具有对抗正常社会管理秩序、蔑视公权的性质，本身具有一定的法益侵害性，因而本罪的设置从震慑潜在犯罪分子、从严打击涉黑犯罪的角度而言并无不可，我国港澳地区也有类似立法。只不过，对黑社会性质组织的认定依赖具体的犯罪行为，若行为人系偶尔参加该组织的某次犯罪活动，能否被同时评价为数罪，确实涉及针对同一行为数次评价的可能。

② 有观点认为国家机关工作人员组织、领导、参加黑社会性质组织后又实施包庇、纵容行为的，应按照牵连犯的原理，以本罪从重处罚；有观点则认为，包庇、纵容黑社会性质组织的主体只能是非组织成员。马克昌．百罪通论：下卷．北京：北京大学出版社，2014：964。

所谓“虚假证明、鉴定、记录、翻译”，是指以虚构、隐瞒、篡改等各种形式作违背事实真相的证明、鉴定、记录、翻译。

本罪的主体为特殊主体，即只能是刑事诉讼过程中的四类人员：证人、鉴定人、记录人和翻译人。所谓证人，是指向公安、司法机关提供自己在诉讼之外了解到的案件情况的人，谎称自己了解情况的“假证人”也是证人。被害人及非本案侦办人员的警察，就自己所知晓的事实出庭作证的，应当被视作证人。《刑事诉讼法》第62条的相关规定只是证人作证的义务和生理要求，并非成为证人的资格条件。

所谓鉴定人，就是司法机关选定、陈述自己关于某事实的专门知识的人。从我国《刑事诉讼法》第146条、第147条的规定可以看出，我国的鉴定人只能是自然人，而不能是单位。需要注意的是，鉴定人分为司法机关内部附设的专职鉴定人和司法机关临时聘请的鉴定人，专职鉴定人分属于司法机关内部的事业单位，不从事行政或者司法职务，不属于司法工作人员，故而此类人员虚伪陈述的，不构成徇私枉法罪，而构成伪证罪。

所谓记录人，是指在刑事诉讼过程中担任文字记录的人员。本罪中的记录人只限于公安机关、国家安全机关、检察院、法院的记录人员。

所谓翻译人，是指在刑事诉讼中司法机关指派或者聘请担任外国语、民族与或者哑语的诉讼参与人。翻译可以是书面的，也可以是口头或者手势的。

本罪的主观方面为直接故意，目的是陷害他人或者包庇罪犯。所谓陷害，既包括致使无罪的人受到追诉，也包括致使罪轻的人受到重罪的追诉；包庇行为则与之相反。

（二）犯罪认定

1. 罪与非罪的界限

对不影响案件定罪量刑的其他情节做虚假证明、鉴定、记录、翻译，或者因为业务欠缺、记忆错误等原因作出了违反事实的陈述、鉴定或者翻译的，不构成本罪。

2. 本罪与诬告陷害罪的区别

诬告陷害罪发生在刑事诉讼启动前，主体可以是一般人员，行为上表现为向有关机关做虚假告发，目的在于致使他人遭受刑事处罚。因此，诬告陷害罪与本罪在犯罪主体、行为表现、主观目的等方面存在明显的不同。总而言之，以陷害他人为目的，冒充证人做虚假陈述的行为，若发生在刑事诉讼程序开始前，以诬告陷害罪定罪为宜；若发生在刑事诉讼过程中，则按照伪证罪进行处罚。

3. 本罪与包庇毒品犯罪分子罪的界限

两种犯罪都包括行为人做虚假证明的情况，在为犯罪分子隐匿罪证方面较为相似，区别主要在于：本罪的主体是特殊主体，后者的主体是一般主体；包庇对象不同，本罪针对的是刑事诉讼中的未决犯，后者则针对未决犯和已决犯，甚至包括在押服刑人员。

（三）处罚

根据《刑法》第305条的规定，犯本罪的，处3年以下有期徒刑或者拘役；情节严重的，处3年以上7年以下有期徒刑。这里的“情节严重”，主要是指伪证对象为重罪、多次作伪证或多人作伪证、恶意串供翻案、手段动机特别恶劣、造成当事人自杀或精神失常等严重后果的。

十、掩饰、隐瞒犯罪所得、犯罪所得收益罪

（一）概念与主要构成特征

掩饰、隐瞒犯罪所得、犯罪所得收益罪是指行为人明知是犯罪所得及其产生的收益而予以窝藏、转移、收购、代为销售或者以其他方法掩饰、隐瞒的行为。

本罪的直接客体是刑法所保护而为掩饰、隐瞒犯罪所得、犯罪所得收益行为所侵害的司法机关正常的刑事诉讼活动以及被害人的合法权益。

本罪的客观方面表现为行为人实施了窝藏、转移、收购、代为销售或者以其他方法掩饰、隐瞒犯罪所得及其产生的收益的行为。本罪为选择罪名，只要行为人实施了上述任意一项行为，即可构成本罪。所谓犯罪所得，即通过犯罪行为直接获得的财物（包括财产性利益），属于狭义的“赃物”。所谓犯罪所得收益，是指利用犯罪所得财物获得孳息、租金等其他收益，例如将抢劫所得用于投资基金所获的增值，这属于广义的“赃物”。根据2021年修改的最高人民法院《关于审理掩饰、隐瞒犯罪所得、犯罪所得收益刑事案件适用法律若干问题的解释》的规定，本罪中的“其他方法”还包括居间介绍买卖，收受，持有，使用，加工，提供资金账户，协助将财物转换为现金、金融票据、有价证券，协助将资金转移、汇往境外等。需注意的是，如果没有对司法机关的查处追诉活动产生妨害，则不能认定为掩饰、隐瞒的行为，例如知道是赃物而进行价格评估、品质鉴定等。

本罪的主体为一般主体，自然人和单位均可构成。

本罪的主观方面是故意，且要求明知是犯罪所得或者犯罪所得产生的收益。明知的认定，应当结合行为人的认知能力和社会一般观念进行判断，明显违背市场经济规律的交易行为等，可推定行为人的“明知”。根据2009年最高人民法院《关于审理洗钱等刑事案件具体应用法律若干问题的解释》的相关规定，具有下列情形之一的，可以认定被告人明知系犯罪所得及其收益，但有证据证明确实不知道的除外：（1）知道他人从事犯罪活动，协助转换或者转移财物的；（2）没有正当理由，通过非法途径协助转换或者转移财物的；（3）没有正当理由，以明显低于市场的价格收购财物的；（4）没有正当理由，协助转换或者转移财物，收取明显高于市场的“手续费”的；（5）没有正当理由，协助他人将巨额现金散存于多个银行账户或者在不同银行账户之间频繁划转的；（6）协助近亲属或者其他关系密切的人转换或者转移与其职业或者财产状况明显不符的财物的；（7）其他可以认定行为人明知的情形。

（二）犯罪认定

1. 罪与非罪的界限

如果行为人掩饰、隐瞒的犯罪所得及其收益，是源自自己单独犯罪或者同案犯所得，则因缺乏可期待性，不与源头犯罪数罪并罚。上游犯罪尚未依法裁判，但是查证属实的，不影响掩饰、隐瞒犯罪所得、犯罪所得收益的认定；同理，若上游犯罪的行为人因刑事责任年龄等不被追究刑事责任，也不影响本罪的成立。

2. 本罪与洗钱罪的界分

洗钱罪在本质上也是掩饰、隐瞒犯罪所得及其收益的行为，只是洗钱罪仅限于掩饰、

隐瞒毒品犯罪、黑社会性质的组织犯罪、恐怖活动犯罪、走私犯罪、贪污贿赂犯罪、破坏金融管理秩序犯罪、金融诈骗犯罪的所得及其收益，而本罪是针对一切犯罪的犯罪所得及其收益进行掩饰、隐瞒。此外，洗钱罪的表现特征为掩饰、隐瞒相关所得及其收益的性质和来源，而本罪是对犯罪所得及其收益本身的存在进行掩饰、隐瞒。同时构成洗钱罪和本罪的，择一重罪处理。

（三）处罚

根据《刑法》第 312 条的规定，犯本罪的，处 3 年以下有期徒刑、拘役或者管制，并处或者单处罚金；情节严重的，处 3 年以上 7 年以下有期徒刑，并处罚金。单位犯本罪的，对单位判处罚金，并对其直接负责的主管人员和其他直接责任人员，依照上述规定处罚。

十一、组织他人偷越国（边）境罪

（一）概念与主要构成特征

组织他人偷越国（边）境罪是指违反国家出入境管理法规，非法组织他人偷越国（边）境的行为。

本罪的直接客体是刑法所保护而为组织他人偷越国（边）境行为所侵害的国家对国（边）境的正常管理秩序。所谓国境，是指我国与外国的疆界；所谓边境，是指大陆/内地与港澳台地区在行政区划上的交界，以及与邻国尚未划定的由双方实际控制的边境线区域。

本罪的客观方面表现为行为人非法组织他人出入国（边）境的行为。首先，行为人的行为违反了出入国（边）境的有关法律规定，例如违反《中华人民共和国出境入境管理法》等有关入境必须办理相关手续及合法有效证件、通过指定的口岸或者边境检查站进出国（边）境的规定。其次，行为人实施了组织他人偷越国（边）境的行为。所谓组织他人，是指领导、策划、指挥，或者煽动、动员他人的行为。根据 2012 年 12 月 12 日最高人民法院、最高人民检察院《关于办理妨害国（边）境管理刑事案件应用法律若干问题的解释》第 1 条的规定，在首要分子指挥下，实施拉拢、引诱、介绍他人偷越国（边）境等行为的，也应认定为组织他人的行为。值得注意的是，组织者本人是否偷越国（边）境，以及被组织者人数、国籍、出入境方向等，均不影响本罪的成立。实践中，组织他人偷越国（边）境常常表现为以下几种情况：第一，没有出入境证件而出入国（边）境或者逃避接受边防检查的；第二，使用伪造、变造、无效的出入境证件出入国（边）境的；第三，使用他人出入境证件出入国（边）境的；第四，使用以虚假的出入境事由、隐瞒真实身份、冒用他人身份证件等方式骗取的出入境证件出入国（边）境的。

本罪的主体为自然人一般主体。

本罪的主观方面为故意。

（二）犯罪认定

1. 此罪与彼罪的界分

行为人为了帮助犯罪分子逃避法律制裁，组织后者偷越国（边）境的，属于想象竞合犯，在相关包庇犯罪与本罪之间择一重罪处罚；若事先通谋，则是通谋之罪的共犯与本罪的想象竞合，也应当择一重罪处罚。

2. 一罪与数罪的认定

在组织偷越国（边）境的过程中，行为人常有对被组织者实施剥夺或限制人身自由、暴力或威胁的方式抗拒检查，或者造成被组织者重伤或死亡等行为，由于刑法将此作为组织偷越国（边）境罪的加重犯，因而不再数罪并罚或者另定他罪。但是，行为人对被组织者有杀害、伤害、强奸、拐卖等犯罪行为，或者对检察人员有杀害、伤害行为的，已经超出本罪加重犯的评价范围，应当数罪并罚。所以，本罪加重情节中的暴力，仅限于致他人轻伤以下的暴力。

3. 本罪的既未遂的标准问题

根据司法解释，只有被组织者成功越过国（边）境，方能对国（边）境管理秩序构成实际妨害，从而认定为犯罪既遂；若仅有组织行为，但因意志以外的原因未能偷越国（边）境，应以未遂处罚，这同本罪在刑法分则属性上为行为犯的性质并不矛盾。

（三）处罚

根据《刑法》第318条的规定，犯本罪的，处2年以上7年以下有期徒刑，并处罚金。有下列情形之一的，处7年以上有期徒刑或者无期徒刑，并处罚金或者没收财产：第一，组织他人偷越国（边）境集团的首要分子；第二，多次组织他人偷越国（边）境或者组织他人偷越国（边）境人数众多的；第三，造成被组织人重伤、死亡的；第四，剥夺或者限制被组织人人身自由的；第五，以暴力、威胁方法抗拒检查的；第六，违法所得数额巨大的；第七，有其他特别严重情节的。犯本罪并对被组织人有杀害、伤害、强奸、拐卖等犯罪行为，或者对检查人员有杀害、伤害等犯罪行为的，依照数罪并罚的规定处罚。其中，对“多次组织他人”“人数众多”“违法所得数额巨大”的理解，应当以前述2012年司法解释为准。

十二、医疗事故罪

（一）概念与主要构成特征

医疗事故罪是指医务人员严重不负责任，造成就诊人死亡或者严重损害就诊人身体健康的行为。

本罪的直接客体是刑法所保护而为医疗事故行为所侵害的国家医疗管理秩序和就诊人的生命、健康权利。就诊人是指接受治疗疾患、身体健康检查、计划生育治疗等诊疗业务的人员。

本罪的客观方面表现为医务人员严重不负责任，造成就诊人死亡或者严重损害就诊人身体健康的行为。所谓“严重不负责任”，是指医务人员在医疗护理的各个环节中，违反医疗规章制度，不履行或者不正确履行医疗护理职责的行为，具体包括：（1）擅离职守；（2）无正当理由拒绝对危急就诊人实行必要的医疗救治；（3）未经批准擅自开展试验性医疗；（4）严重违反查对、复核制度；（5）使用未经批准使用的药品、消毒药剂、医疗器械；（6）严重违反国家法律法规及有明确规定的诊疗技术规范、常规；（7）其他严重不负责任的情形。

所谓"严重损害就诊人身体健康"，是指造成就诊人严重残疾、重伤、感染艾滋病、病毒性肝炎等难以治愈的疾病或者其他严重损害就诊人身体健康的后果。错开手术部位造成较大创伤、致使严重毁容等，可认定为严重损害就诊人身体健康。

本罪的主体是特殊主体，即医务人员。医务人员是指经过卫生行政部门批准，取得行医资格，从事医疗实践工作的各类医务人员，包括医疗防疫人员（如中医、西医、卫生防疫、寄生虫防治、地方病防治、职业病防治和妇幼保健人员）、药剂人员、护理人员和其他专业技术人员（如检验、理疗、病理、口腔、同位素、放射、营养技术等专业人员）。医务人员所在单位的性质不影响本罪的成立。

本罪的主观方面为过失。行为人若在医疗护理过程中以作为或不作为的方式杀害、伤害就诊人的，应当以故意杀人罪或故意伤害罪定罪论处。

（二）犯罪认定

1. 罪与非罪

医疗事故的发生是医疗事故罪认定的前提，但并不是任何医疗事故的发生都会构成本罪。一方面，未造成就诊人死亡或者身体健康受到严重损害的医疗事故的，不构成本罪，相关责任人可以受到行政处分或者承担侵权责任；另一方面，就诊人死亡或者身体受到严重损害的结果应当与医务人员的严重不负责任具有因果关系，因此，患者体质特殊或病情异常、患者及家属拒绝阻挠救治、现有医学技术无法预料或预防不良后果出现、不可抗力导致损害结果等，都不能定性为医疗事故，更不能认定为本罪。

2. 本罪与重大责任事故罪的区别

两者在客观上都造成了严重后果，主观上亦都是过失，但也存在明显的区别：第一，发生领域不同。本罪发生在医疗活动过程中，后者则发生在生产活动过程中。第二，客体不同。本罪侵犯的是医疗卫生管理制度和就诊人员的生命、健康权利，而后者侵犯的是公共安全。第三，客观方面表现不同。本罪的客观方面是医务人员严重不负责任，违反诊疗护理的规章制度，后者的客观方面则是违反有关安全生产的规章制度和操作规程。第四，主体不同。本罪的主体仅限于医务人员，后者的主体则是直接从事生产、作业的人员。

（三）处罚

根据《刑法》第335条的规定，犯本罪的，处3年以下有期徒刑或者拘役。

十三、污染环境罪

（一）概念和构成要件

污染环境罪是指违反国家规定，排放、倾倒或者处置有放射性的废物、含传染病病原体的废物、有毒物质或者其他有害物质，严重污染环境的行为。

本罪的直接客体是刑法所保护而为污染环境行为所侵害的国家环境保护制度和环境安全。

本罪在客观方面表现为违反国家规定，排放、倾倒或者处置有放射性的废物、含传染病病原体的废物、有毒物质或者其他有害物质，严重污染环境的行为。具体而言，包括以下构成要素：

第一，违法国家规定。所谓国家规定，是指国家有关环境保护的法律规范，例如《环境保护法》《水污染防治法》《大气污染防治法》《海洋环境保护法》《固体废物污染环境防治法》等一系列法律、法规中所确立的环境保护制度。从人类社会的生产生活角度而言，需要以牺牲一定的环境为代价，但是不能超出环境本身能够承载的范围，因此国家制定相关法律法规，对污染物的排放进行了严格限制，超量、超限、超范围的排放、倾倒或者处置行为在行政违法的同时，也可能承担刑事责任。

第二，实施了排放、倾倒或者处置有放射性的废物、含传染病病原体的废物、有毒物质或者其他有害物质。所谓排放，是指将有害物质溢出、泄出、喷出的行为；所谓倾倒，是指利用船舶、航空器、平台或其他运载工具将有害物质倾泻的行为；所谓处置，是指以不再回收的意思采用焚烧、销蚀、掩埋等化学、物理及生物的方式处理有害物质的行为。针对本罪的犯罪对象，刑法采取了列举加概括的方式进行立法，即有放射性的废物、含传染病病原体的废物、有毒物质或者其他有害物质。所谓"放射性的废物"，是指放射性核素含量超过国家规定限值的固体、液体和气体废弃物。"含传染病病原体的废物"，是指含有传染病病菌的污水、粪便等废弃物。所谓"有毒物质"，根据2023年最高人民法院、最高人民检察院《关于办理环境污染刑事案件适用法律若干问题的解释》（以下简称《环境污染解释》）第17条的规定，主要是指：（1）危险废物，即列入国家危险废物名录，或者根据国家规定的危险废物鉴别标准和鉴别方法认定的，具有危险特性的固体废物；（2）《关于持久性有机污染物的斯德哥尔摩公约》附件所列物质；（3）重金属含量超过国家或者地方污染物排放标准的污染物；（4）其他具有毒性，可能污染环境的物质。所谓"其他有害物质"，是指上述废物以外的，列入国家危险废物名录或根据国家规定危险废物鉴别标准和鉴别方法认定的具有危险性的废物。

第三，必须造成了严重污染环境的后果。据2023年最高人民法院、最高人民检察院《关于办理环境污染刑事案件适用法律若干问题的解释》（法释〔2023〕7号）第1条的规定，具有下列情形之一的，应当认定为"严重污染环境"：（1）在饮用水水源保护区、自然保护地核心保护区等依法确定的重点保护区域排放、倾倒、处置有放射性的废物、含传染病病原体的废物、有毒物质的；（2）非法排放、倾倒、处置危险废物3吨以上的；（3）排放、倾倒、处置含铅、汞、镉、铬、砷、铊、锑的污染物，超过国家或者地方污染物排放标准3倍以上的；（4）排放、倾倒、处置含镍、铜、锌、银、钒、锰、钴的污染物，超过国家或者地方污染物排放标准10倍以上的；（5）通过暗管、渗井、渗坑、裂隙、溶洞、灌注、非紧急情况下开启大气应急排放通道等逃避监管的方式排放、倾倒、处置有放射性的废物、含传染病病原体的废物、有毒物质的；（6）2年内曾因在重污染天气预警期间，违反国家规定，超标排放二氧化硫、氮氧化物等实行排放总量控制的大气污染物受过2次以上行政处罚，又实施此类行为的；（7）重点排污单位、实行排污许可重点管理的单位篡改、伪造自动监测数据或者干扰自动监测设施，排放化学需氧量、氨氮、二氧化硫、氮氧化物等污染物的；（8）2年内曾因违反国家规定，排放、倾倒、处置有放射性的废物、含传染病病原体的废物、有毒物质受过2次以上行政处罚，又实施此类行为的；（9）违法所得或者致使公私财产损失30万元以上的；（10）致使乡镇集中式饮用水水源取水中断12小时以上的；（11）其他严重污染环境的情形。

需要注意的是，根据《刑法修正案（十一）》的修改，本罪有加重犯和再加重犯的规定，以体现对重点区域或对象的保护，即污染对象是饮用水水源保护区、自然保护地核心保护区等依法确定的重点保护区，国家确定的重要江河、湖泊水域，永久基本农田的；或者造成多人重伤、严重疾病，或者致人严重残疾、死亡的，为本罪的加重犯，需要加重处罚。

本罪的主体为一般主体，自然人和单位都可构成。

本罪的主观方面既可以是故意也可以是过失。该罪在1997年《刑法》立法时原本是过失犯罪，因《刑法修正案（八）》将第338条原条文中关于"造成重大环境污染事故，致使公私财产遭受重大损失或者人身伤亡的严重后果"的表述修改为了"严重污染环境"，故本罪的罪过形式便不再限于过失。

（二）犯罪认定

1. 罪与非罪的界限

本罪是结果犯，要求出现严重污染环境的危害结果才能成立犯罪。因此，有污染环境的行为，刚达到应当追究刑事责任的标准，但是行为人及时采取措施，防止损失扩大、消除污染，全部赔偿损失，积极修复生态环境，且系初犯，确有悔改表现的，可以认定为情节轻微，不予起诉或者免予刑事处罚；确有必要判处刑罚的，也应当从宽处罚。

2. 本罪与投放危险物质罪、过失投放危险物质罪的界分

本罪行为中有排放、倾倒或者处置有放射性的废物、含传染病病原体的废物、有毒物质或者其他有害物质的行为，同后两罪在犯罪对象上确有重叠，也可能会对公共安全和人民群众的生命健康造成损害，因此存在竞合现象。我们认为，污染环境罪保护国家环境保护管理秩序和生态环境本身，在排放、倾倒或处置危险物质未对公共安全造成直接危险或损害的情况下，应以污染环境罪论处；如果相关行为既严重污染了环境，也直接危害了公共安全，应区分故意或过失而分别与投放危险物质罪、过失投放危险物质罪择一重罪处置。

3. 本罪与重大责任事故罪的区别

两者既有联系也有区别。两者的联系表现在，从事生产作业的人员，因为违反生产规范和操作规程，过失导致危险物质发生爆炸、泄漏、溢出等严重污染环境的情况。此时可能同时触犯污染环境罪和重大责任事故罪。对此，我们认为，当危险物质的爆炸、泄漏等达到污染环境罪的入罪标准时，构成重大责任事故罪和污染环境罪的想象竞合，应当择一重罪处置；当环境污染并未达到污染环境罪的入罪标准时，则按照重大责任事故罪论处。两者的区别也很明显：第一，本罪既可以由自然人构成，也可以由单位构成，而重大责任事故罪只能由自然人构成；第二，本罪的行为不仅限于生产、作业过程中，任何排放、倾倒或者处置有放射性的废物、含传染病病原体的废物、有毒物质或者其他有害物质的行为，都可能构成污染环境罪。

（三）处罚

根据《刑法》第338条、第346条的规定，犯本罪的，处3年以下有期徒刑或者拘

役，并处或者单处罚金；情节严重的，处 3 年以上 7 年以下有期徒刑，并处罚金；有再加重情节的，处 7 年以上有期徒刑，并处罚金。单位犯本罪的，对单位判处罚金，并对其直接负责的主管人员和其他直接责任人员，依照自然人犯本罪的规定处罚。

十四、走私、贩卖、运输、制造毒品罪

（一）概念与主要构成特征

走私、贩卖、运输、制造毒品罪是指违反国家毒品管理法规，走私、贩卖、运输、制造毒品的行为，是典型的选择罪名。

本罪的直接客体是刑法所保护而为走私、贩卖、运输、制造毒品行为所侵害的国家毒品管理制度和公民的身心健康。本罪的犯罪对象是毒品。根据我国《刑法》第 357 条规定，毒品，是指鸦片、海洛因、甲基苯丙胺（冰毒）、吗啡、大麻、可卡因以及国家规定管制的其他能够使人形成瘾癖的麻醉药品和精神药品。①

本罪的客观方面具体表现为违反国家毒品管理法规，走私、贩卖、运输、制造毒品的行为。走私毒品，是指违反海关法规，逃避海关监管，非法运输、携带、邮寄毒品进出国（边）境或者在领海、内海运输、收购、贩卖毒品以及直接向走私毒品的犯罪分子购买毒品等行为。贩卖毒品，是指有偿转让毒品或者以卖出为目的而非法收购毒品的行为。需要注意的是，贩卖毒品可以是公开进行，也可以是秘密进行；可以直接交付，也可以间接交付；可以是获得金钱，也可以是获得其他物质性利益；可以实际获得对价，也可以赊买赊卖。居间介绍毒品交易的行为应以贩卖毒品罪共犯论处，但是单纯为吸毒者寻找、联系贩卖者的，仍属购买行为，不宜认定为贩卖毒品罪的共犯。运输毒品，是指利用交通工具或者随身携带方式，将毒品从这一地点运往另一地点，两地点的空间距离应当有现实意义，但不能超出本国领域范围，否则构成走私毒品罪。制造毒品，是指非法从原植物中提炼毒品或者利用化学分解、合成等方式制成毒品，还包括以改变毒品成分和效用为目的加工、配制毒品的行为，但是单纯地改变毒品外包装或储藏形态的，不是制造。

本罪的主体为自然人一般主体。需要注意的是，年满 14 周岁未满 16 周岁的未成年人，仅对贩卖毒品的行为承担刑事责任。

本罪的主观方面是故意，且明知行为对象是毒品。判断行为人对涉案毒品是否明知，应当结合其具体行为、到案前后表现、供述、社会阅历、智力状况等综合判断，坚持证据原则，有下列情形之一且行为人无法作出合理解释、无证据证明其受人蒙蔽的，应当推定其“明知”：（1）执法人员在口岸、机场、车站、港口和其他检查站点检查时，要求行为人申报为他人携带的物品和其他疑似毒品物，并告知其法律责任，而行为人未如实申报，在其携带的物品中查获毒品的；（2）以伪报、藏匿、伪装等蒙蔽手段，逃避海关、

① 毒品从对人体的中枢神经的作用上看，可分为抑制剂、兴奋剂和致幻剂等三种；从毒品流行的时间顺序上看，可分为传统毒品、合成毒品与新精神活性物质（NPS）。所谓新精神活性物质，是指没有被 1961 年《麻醉品单一公约》和 1971 年《精神药品公约》列管，但具有滥用潜力，可以引起公共健康风险的精神活性物质，由于其化学结构可以人为设计与合成，故又称“策划药”或“实验室化合物”。相比传统毒品和合成毒品，新精神活性物质往往具有更强的精神活性和成瘾性，严重损害滥用者的身体健康，严重危害公共安全，因此世界各国对新精神活性物质普遍进行列管，截至 2024 年 3 月，我国已经列管了 188 种新精神活性物质。

边防等检查，在其携带、运输、邮寄的物品中查获毒品的；（3）执法人员检查时，有逃跑、丢弃携带物品或者逃避、抗拒检查等行为，在其携带或者丢弃的物品中查获毒品的；（4）体内或者贴身隐秘处藏匿毒品的；（5）为获取不同寻常的高额、不等值报酬为他人携带、运输物品，从中查获毒品的；（6）采用高度隐蔽的方式携带、运输物品，从中查获毒品的；（7）采用高度隐蔽的方式交接物品，明显违背合法物品惯常交接方式，从中查获毒品的；（8）行程路线故意绕开检查站点，在其携带、运输的物品中查获毒品的；（9）以虚假身份或者地址办理托运手续，在其托运的物品中查获毒品的；（10）有其他证据足以认定行为人应当知道的。

（二）犯罪认定

1. 罪与非罪

根据《刑法》第 347 条第 1 款的规定，无论涉案毒品数量多少，一律追究刑事责任。多次实施上述行为未经处理的，毒品数量累计计算。对此，以前通常据此规定将所有走私、贩卖、运输、制造毒品行为都认定为犯罪，并通常都适用实刑。然而，这并不符合《刑法》第 13 条、第 37 条的规定和宽严相济的刑事政策精神。为了能够更准确地适用法律和贯彻宽严相济的刑事政策精神，最高人民法院于 2023 年发布的《全国法院毒品案件审判工作会议纪要》（以下简称《昆明会议纪要》）规定，并非所有走私、贩卖、运输、制造毒品行为都是犯罪或都判处刑罚处罚，包括：对于因治疗疾病需要，在自用、合理范围内携带管制的麻精药品进出境，不构成犯罪；对于出于自救、互助性质经营受管制麻精药品的，一般可不作为犯罪；对于不以提炼毒品或非法买卖为目的种植毒品原植物行为，犯罪情节轻微不需要判处刑罚的，可以免于刑事处罚。

2. 此罪与彼罪的问题

对于从贩毒人员住所、车辆等处查获的毒品，一般应认定为其贩卖的毒品。确有证据证明查获的毒品并非贩毒人员用于贩卖，其行为另构成非法持有毒品罪、窝藏毒品罪等其他犯罪的，依法定罪处罚。

用毒品支付劳务报酬、偿还债务或者换取其他财产性利益的，以贩卖毒品罪定罪处罚。用毒品向他人换取毒品用于贩卖的，以贩卖毒品罪定罪处罚；双方以吸食为目的互换毒品，构成非法持有毒品罪等其他犯罪的，依法定罪处罚。

吸毒者因购买、存储毒品被查获，没有证据证明其有实施贩卖毒品等其他犯罪的故意，毒品数量达到《刑法》第 348 条规定的最低数量标准的，以非法持有毒品罪定罪处罚。吸毒者因运输毒品被查获，没有证据证明其有实施贩卖毒品等其他犯罪的故意，毒品数量达到上述最低数量标准的，一般以运输毒品罪定罪处罚。

购毒者接收贩毒者通过物流寄递方式交付的毒品，没有证据证明其有实施贩卖毒品等其他犯罪的故意，毒品数量达到《刑法》第 348 条规定的最低数量标准的，一般以非法持有毒品罪定罪处罚。代收者明知物流寄递的是毒品而代购毒者接收，没有证据证明其与购毒者有实施贩卖毒品等其他犯罪的共同故意，毒品数量达到上述最低数量标准的，对代收者一般以非法持有毒品罪定罪处罚。

关于代购毒品行为的性质认定，《昆明会议纪要》规定：明知他人实施毒品犯罪而为其代购毒品，未从中牟利的，以相关毒品犯罪的共犯论处。代购者加价或者变相加价从中牟利的，以贩卖毒品罪定罪处罚。代购者收取、私自截留部分购毒款、毒品，或者通过在交通、食宿等开销外收取“介绍费”“劳务费”等方式从中牟利的，属于变相加价。代购者从托购者事先联系的贩毒者处，为托购者购买仅用于吸食的毒品，并收取、私自截留少量毒品供自己吸食的，一般不以贩卖毒品罪论处。没有证据证明代购者明知他人实施毒品犯罪而为其代购毒品，代购者亦未从中牟利，代购毒品数量达到《刑法》第348条规定的最低数量标准，代购者因购买、存储毒品被查获的，以非法持有毒品罪定罪处罚；因运输毒品被查获的，一般以运输毒品罪定罪处罚。对于辩称系代购毒品者，应当全面审查其所辩称的托购者、贩毒者身份、购毒目的、毒品价格及其实际获利等情况，综合判断其行为是否属于代购，并依照前述规定处理。向购毒者收取毒资并提供毒品，但购毒者无明确的托购意思表示，又没有其他证据证明存在代购行为的，一般以贩卖毒品罪定罪处罚。

制造毒品，除传统、典型的非法利用毒品原植物直接提炼和用化学方法加工、配制毒品的行为以外，还包括以改变毒品的成分和效用为目的用物理方法加工、配制毒品的行为。为欺骗购毒者或者逃避查缉等，对毒品掺杂使假，通过物理方法使毒品溶解、混合、吸附于某种物质，或者以自用为目的对少量毒品添加其他物质、改变形态的，不认定为制造毒品。

3. 罪数问题

本罪是选择性罪名，对同一宗毒品实施了不同种犯罪行为且有确凿证据证明的，应当按照犯罪行为的性质并列确定罪名，毒品数量不重复计算，不实行数罪并罚。对同一宗毒品可能实施了不同种犯罪行为，但根据证据只能认定其中一种或者几种行为，认定其他行为的证据不属确实、充分的，则按照依法能够认定的行为性质定罪。对不同宗毒品分别实施了不同种犯罪行为的，应对不同行为并列确定罪名，累计毒品数量，不实行数罪并罚。

（三）处罚

根据《刑法》第347条的规定，走私、贩卖、运输、制造毒品，无论数量多少，都应当追究刑事责任，予以刑事处罚。走私、贩卖、运输、制造毒品，有下列情形之一的，处15年有期徒刑、无期徒刑或者死刑，并处没收财产：(1) 走私、贩卖、运输、制造鸦片1 000克以上、海洛因或者甲基苯丙胺50克以上或者其他毒品数量大的；(2) 走私、贩卖、运输、制造毒品集团的首要分子；(3) 武装掩护走私、贩卖、运输、制造毒品的；(4) 以暴力抗拒检查、拘留、逮捕，情节严重的；(5) 参与有组织的国际贩毒活动的。

走私、贩卖、运输、制造鸦片200克以上不满1 000克、海洛因或者甲基苯丙胺10克以上不满50克或者其他毒品数量较大的，处7年以上有期徒刑，并处罚金。走私、贩卖、运输、制造鸦片不满200克、海洛因或者甲基苯丙胺不满10克或者其他少量毒品的，处3年以下有期徒刑、拘役或者管制，并处罚金；情节严重的，处3年以上7年以下有期徒刑，并处罚金。

单位犯走私、贩卖、运输、制造毒品罪的，对单位判处罚金，并对其直接负责的主管人员和其他直接责任人员，依照各该款的规定处罚。利用、教唆未成年人走私、贩卖、运输、制造毒品，或者向未成年人出售毒品的，从重处罚。对多次走私、贩卖、运输、制造毒品，未经处理的，毒品数量累计计算。

另外，根据《刑法》第 349 条第 3 款的规定，缉毒人员或者其他国家机关工作人员掩护、包庇走私、贩卖、运输、制造毒品的犯罪分子且事先通谋的，依照本罪从重处罚；根据《刑法》第 356 条的规定，因犯本罪和非法持有毒品罪被判过刑又犯本罪的，从重处罚。

十五、强迫卖淫罪

（一）概念与主要构成特征

强迫卖淫罪是指使用暴力、胁迫、虐待等强制方法迫使他人卖淫的行为。

本罪的直接客体是刑法所保护而为强迫卖淫行为所侵害的国家对社会风尚的管理秩序和公民的人身权利。其犯罪对象是不特定的公民，既包括女性，也包括男性。

本罪在客观方面表现为使用暴力、胁迫、虐待等强制方法迫使他人卖淫的行为，即违背他人意愿，使用各种强制性手段迫使其从事卖淫活动。这里的暴力，包括殴打、捆绑、拘禁等直接危及人身安全与自由的方法。胁迫，是指以将要实施暴力或者以损害名誉等精神强制方法相威胁、恐吓。虐待，是指以侮辱、冻饿、有病不医治等方法进行摧残、折磨。其他强制手段，是指除暴力、胁迫、虐待以外的对被害人具有强制作用的方法，如用酒灌醉、用药物麻醉等方法。

本罪的主体是自然人一般主体。

本罪的主观方面为故意，是否以营利为目的不影响本罪的成立。

（二）犯罪认定

1. 本罪与组织卖淫罪的界限。第一，两者侵犯的直接客体并不完全相同，本罪还侵犯到了公民的人身权利，而组织卖淫罪则没有。第二，两者的客观方面不同。本罪的客观方面表现为强迫没有卖淫意愿者去卖淫，组织卖淫罪的客观方面则是把自愿卖淫者组织起来进行卖淫。

2. 本罪与强奸罪的区别。第一，两者的犯罪对象不同。本罪的对象是“他人”，包括男性，而强奸罪的犯罪对象只能是女性。第二，本罪所侵犯的是社会风尚和他人的人身权利，强奸罪侵犯的则是妇女的性自主权和幼女的身心健康。需要注意的是，如果行为人在强奸被害人后产生了强迫其卖淫的故意，从而迫使其卖淫，则应当数罪并罚；如果行为人试图以强奸行为消除被害人的贞操意识，从而迫使其卖淫的，则应当按照本罪从重处罚。

（三）处罚

根据《刑法》第 358 条的规定，犯本罪的，处 5 年以上 10 年以下有期徒刑，并处罚金；情节严重的，处 10 年以上有期徒刑或者无期徒刑，并处罚金或者没收财产。强迫未成年人卖淫的，从重处罚。犯本罪的，并有杀害、伤害、强奸、绑架等犯罪行为的，依照数并罚的规定处罚。根据《刑法》第 361 条的规定，旅馆业、饮食服务业、文化娱乐业、出租汽车业等单位的人员，利用本单位的条件，强迫他人卖淫的，按照强迫卖淫罪定罪处罚。上述单位的主要负责人犯本罪的，从重处罚。

十六、制作、复制、出版、贩卖、传播淫秽物品牟利罪

（一）概念与主要构成特征

制作、复制、出版、贩卖、传播淫秽物品牟利罪是指以牟利为目的，制作、复制、出版、贩卖、传播淫秽物品的行为。

本罪的直接客体是刑法所保护而为制作、复制、出版、贩卖、传播淫秽物品牟利行为所侵害的国家对与性道德风尚有关的文化市场管理秩序。本罪的犯罪对象是淫秽物品。所谓淫秽物品，根据《刑法》第 367 条的规定，是指具体描绘性行为或者露骨宣扬色情的诲淫性的书刊、影片、录像带、录音带、图片及其他淫秽物品。有关人体生理、医学知识的科学著作不是淫秽物品。包含有色情内容的有艺术价值的文学、艺术作品不视为淫秽物品。根据 2004 年 9 月 3 日最高人民法院、最高人民检察院《关于办理利用互联网、移动通讯终端、声讯台制作、复制、出版、贩卖、传播淫秽电子信息刑事案件具体应用法律若干问题的解释》（以下简称《淫秽电子信息解释》）第 9 条的规定，《刑法》第 367 条第 1 款规定的“其他淫秽物品”，包括具体描绘性行为或者露骨宣扬色情的诲淫性的视频文件、音频文件、电子刊物、图片、文章、短信息等互联网、移动通讯终端电子信息和声讯台语音信息。有关人体生理、医学知识的电子信息和声讯台语音信息不是淫秽物品。包含色情内容的有艺术价值的电子文学、艺术作品不视为淫秽物品。

本罪的客观方面表现为行为人实施了制作、复制、出版、贩卖、传播淫秽物品的行为。其中，制作是指采用生产、录制、摄取、编著、绘画、印刷等方法创造、生产淫秽物品的行为。复制是指采用复印、翻印、翻拍、拷贝、抄写等方法重复制作淫秽物品的行为。出版是指将淫秽物品编辑加工后，经过复制向公众发行的行为。贩卖是指以各种销售方式有偿转让淫秽物品的行为。传播是指通过播放、陈列、出租等方式使淫秽物品流传的行为。制作、复制、出版、贩卖、传播淫秽物品必须达到一定的数量标准，才能构成犯罪。

本罪的主体是一般主体，既可以是自然人，也可以是单位。

本罪的主观方面是故意，并具有牟利的目的。如果行为人制作、复制、出版、贩卖、传播淫秽物品不是以牟利为目的，则不构成本罪。如果其行为符合其他淫秽物品犯罪成立要件的，应以相应犯罪论处。

（二）犯罪认定

根据 1998 年 12 月 17 日最高人民法院《关于审理非法出版物刑事案件具体应用法律若干问题的解释》（以下简称《非法出版物解释》）第 8 条的规定，具有下列情节之一的，应予定罪处罚：（1）制作、复制、出版淫秽影碟、软件、录像带 50 至 100 张（盒）以上，淫秽音碟、录音带 100 至 200 张（盒）以上，淫秽扑克、书刊、画册 100 至 200 副（册）以上，淫秽照片、画片 500 至 1 000 张以上的；（2）贩卖淫秽影碟、软件、录像带 100 至 200 张（盒）以上，淫秽音碟、录音带 200 至 400 张（盒）以上，淫秽扑克、书刊、画册 200 至 400 副（册）以上，淫秽照片、画片 1 000 至 2 000 张以上的；（3）向他人传播淫秽物品达 200 至 500 人次以上，或者组织播放淫秽影、像达 10 至 20 场次以上

的；(4) 制作、复制、出版、贩卖、传播淫秽物品，获利 5 000 至 1 万元以上的。

此外，根据《淫秽电子信息解释》的规定，以牟利为目的，利用互联网、移动通讯终端制作、复制、出版、贩卖、传播淫秽电子信息，具有下列情形之一的，以本罪处罚：(1) 制作、复制、出版、贩卖、传播淫秽电影、表演、动画等视频文件 20 个以上的；(2) 制作、复制、出版、贩卖、传播淫秽音频文件 100 个以上的；(3) 制作、复制、出版、贩卖、传播淫秽电子刊物、图片、文章、短信息等 200 件以上的；(4) 制作、复制、出版、贩卖、传播的淫秽电子信息，实际被点击数达到 1 万次以上的；(5) 以会员制方式出版、贩卖、传播淫秽电子信息，注册会员达 200 人以上的；(6) 利用淫秽电子信息收取广告费、会员注册费或者其他费用，违法所得 1 万元以上的；(7) 数量或者数额虽未达到第 1 项至第 6 项规定标准，但分别达到其中两项以上标准一半以上的；(8) 造成严重后果的。利用聊天室、论坛、即时通信软件、电子邮件等方式，实施前述行为的，以本罪定罪处罚。

以牟利为目的，通过声讯台传播淫秽语音信息，具有下列情形之一的，对直接负责的主管人员和其他直接责任人员按本罪定罪处罚：(1) 向 100 人次以上传播的；(2) 违法所得 1 万元以上的；(3) 造成严重后果的。

(三) 处罚

根据《刑法》第 363 条第 1 款与第 366 条的规定，犯本罪的，处 3 年以下有期徒刑、拘役或者管制，并处罚金；情节严重的，处 3 年以上 10 年以下有期徒刑，并处罚金；情节特别严重的，处 10 年以上有期徒刑或者无期徒刑，并处罚金或者没收财产。单位犯本罪的，对单位判处罚金，并对其直接负责的主管人员和其他直接责任人员，依照上述规定处罚。

十七、赌博罪

(一) 概念和构成要件

赌博罪，是指以营利为目的，聚众赌博或者以赌博为业的行为。

本罪的直接客体是刑法所保护而为赌博行为所侵害的社会管理秩序和社会风俗。

本罪的客观方面表现为以营利为目的聚众赌博或者以赌博为业的行为。所谓聚众赌博，根据 2005 年最高人民法院、最高人民检察院《关于办理赌博刑事案件具体应用法律若干问题的解释》的规定，是指以营利为目的，有下列情形之一的行为：(1) 组织 3 人以上赌博，抽头渔利数额累计达到 5 000 元以上的；(2) 组织 3 人以上赌博，赌资数额累计达到 5 万元以上的；(3) 组织 3 人以上赌博，参赌人数累计达到 20 人以上的；(4) 组织中华人民共和国公民 10 人以上赴境外赌博，从中收取回扣、介绍费的。中华人民共和国公民在我国领域外周边地区聚众赌博，以吸引中华人民共和国公民为主要客源，构成赌博罪的，可以依照刑法规定追究刑事责任。

所谓以赌博为业，是指以赌博作为牟利手段，反复多次参与赌博、数额较大的行为。赌博所获得的资金多少以及究竟是用于挥霍还是生活消费，并不影响本罪的成立；行为人虽有正当职业，却不务正业，把主要精力放在赌博上，长期在工余时间从事赌博活动，输赢数额巨大的，也视为以赌博为业。值得注意的是，对于明知他人实施赌博犯罪活动，而为其提供资金、计算机网络、通讯、费用结算等直接帮助的，以赌博罪的共犯论处。

本罪的主体为自然人一般主体。

本罪的主观方面为故意，并且行为人具有营利的目的。

（二）犯罪认定

1. 罪与非罪。实践中要将本罪与麻将、扑克等设定筹码、带有射幸性质的群众性娱乐活动区别开来。后者不以营利为目的，也不以赌博为业，其筹码数额要远低于本罪的，因此实践中通常由各地制定标准确定本罪的入罪门槛。同时，赌博方式五花八门、各种各样，认定本罪应当抓住问题的本质，只要是通过偶然性事件，以财物作注比输赢，即有可能构成本罪，例如斗牛、斗鸡、赛马等。

2. 此罪与彼罪。根据司法解释的相关规定，设置圈套诱骗他人参与赌博以此获利的，属于赌博行为，可构成赌博罪；若参与赌博者识破骗局，要求返还财物，设赌者又使用暴力或者暴力相威胁，拒不归还的，应以赌博罪从重处罚；致使参赌者伤害或者死亡的，应以赌博罪和故意伤害罪、故意杀人罪，依法实行数罪并罚。

需要注意的是，博彩行业由国家垄断管理，未经国家批准擅自发行、销售彩票，属于非法经营罪和赌博罪的想象竞合犯，应择一重处理。

（三）处罚

根据《刑法》第303条第1款的规定，犯本罪的，处3年以下有期徒刑、拘役或者管制，并处罚金。根据上述司法解释的规定，对于不以营利为目的，进行带有少量财物输赢的娱乐活动的，不以赌博论处。实施赌博犯罪，有下列情形之一的，从重处罚：（1）具有国家工作人员身份的；（2）组织国家工作人员赴境外赌博的；（3）组织未成年人参与赌博的。赌博犯罪中用作赌注的款物、换取筹码的款物和通过赌博赢取的款物属于赌资。通过计算机网络实施赌博犯罪的，赌资数额可以按照在计算机网络上投注或者赢取的点数乘以每一点实际代表的金额认定。对赌资应当依法予以追缴；对赌博用具、赌博违法所得以及赌博犯罪分子所有的专门用于赌博的资金、交通工具、通讯工具等，应当依法予以没收。

十八、虚假诉讼罪

（一）概念和构成要件

虚假诉讼罪，是指以捏造的事实提起民事诉讼，妨害司法秩序或者严重侵犯他人合法权益的行为。

本罪的直接客体是刑法所保护而为虚假诉讼行为所侵害的司法机关正常活动以及他人的合法权益。

本罪在客观方面表现为行为人以捏造的事实提起民事诉讼，并造成了妨害司法秩序或者严重侵犯他人合法权益的后果。所谓捏造的事实，是指完全凭空编造不存在的事实，如果双方已经存在民事纠纷，当事人只是对相关数额做了虚假或者夸大的陈述，不适用本罪；如果以捏造的事实提起刑事诉讼，情节严重的，直接按照《刑法》第243条的规定，以诬告陷害罪定罪处罚；对于以捏造的事实提起行政诉讼的行为，由于刑法尚无规定，并不承担刑事责任。根据相关司法解释，虚假诉讼一般包括以下要素：（1）以规避法律、法规或国家政策谋取非法利益为目的；（2）双方当事人存在恶意串通；（3）虚构事实；（4）借用合法的民事程序；（5）侵害国家利益、社会公共利益或者案外人的合法权益。

本罪的犯罪主体为一般主体，自然人和单位都可构成。

本罪的主观方面为故意，通常具有非法牟利的目的。

（二）犯罪认定

1. 罪与非罪。本罪属于结果犯，要求虚假诉讼的行为妨害了司法秩序或者严重侵害他人合法权益。根据相关司法解释，虚假诉讼导致下列情形之一的，可构成犯罪：（1）致使人民法院基于捏造的事实采取财产保全或者行为保全措施的；（2）致使人民法院开庭审理，干扰正常司法活动的；（3）致使人民法院基于捏造的事实作出裁判文书、制作财产分配方案，或者立案执行基于捏造的事实作出的仲裁裁决、公证债权文书的；（4）多次以捏造的事实提起民事诉讼的；（5）曾因以捏造的事实提起民事诉讼被采取民事诉讼强制措施或者受过刑事追究的；（6）其他妨害司法秩序或者严重侵害他人合法权益的情形。

2. 罪名竞合的问题。行为人提起虚假诉讼，同时具有非法占有他人财物的目的或逃避合法债务的情形的，构成本罪与诈骗罪的想象竞合，择一重罪处理。

（三）处罚

根据《刑法》第307条之一的规定，犯本罪的，处3年以下有期徒刑、拘役或者管制，并处或者单处罚金；情节严重的，处3年以上7年以下有期徒刑，并处罚金。单位犯本罪的，对单位判处罚金，并对其直接负责的主管人员和其他直接责任人员，依照前述规定处罚。

请注意，本罪有三个从重处罚的法定量刑情节：犯本罪非法占有他人财产或者逃避合法债务又构成其他犯罪的，依照处罚较重的规定定罪从重处罚；司法工作人员利用职权，与他人共同实施本罪的，从重处罚；同时构成其他犯罪的，依照处罚较重的规定定罪从重处罚。

十九、非法行医罪

（一）概念和构成要件

非法行医罪，是指未取得医生执业资格的人擅自从事医疗活动，情节严重的行为。本罪既是情节犯，也是常业犯。

本罪的直接客体是刑法所保护而为非法行医行为所侵害的国家对医务工作管理秩序和就诊人的生命、健康权利。

本罪的客观方面表现为未取得医生执业资格的人实施了非法医疗活动，情节严重的行为。所谓医疗活动，是指运用医学专业知识和技能，为接受医疗者减轻或消除肉体痛苦、克服药物依赖、改善身体健康状况、改变外貌形象等行为，但节育手术等刑法单独规定了罪名的除外；推拿、刮痧等中医理疗行为也不属于本罪所指的医疗行为。由于医疗活动事关人民群众身体健康和生命安全，因此国家规定了较为严格的医疗准入制度，根据2016年12月修正的最高人民法院《关于审理非法行医刑事案件具体应用法律若干问题的解释》的规定，具有下列情形之一的，应认定为非法行医：(1) 未取得或者以非法手段取得医师资格从事医疗活动的；(2) 被依法吊销医师执业证书期间从事医疗活动的；(3) 未取得乡村医生执业证书，从事乡村医疗活动的；(4) 家庭接生员实施家庭接生以外的医疗行为的。所谓情节严重，是指：(1) 造成就诊人轻度残疾、器官组织损伤导致一般功能障碍的；(2) 造成甲类传染病传播、流行或者有传播、流行危险的；(3) 使用假药、劣药或不符合国家规定标准的卫生材料、医疗器械，足以严重危害人体健康的；(4) 非法行医被卫生行政部门行政处罚两次以后，再次非法行医的；(5) 其他情节严重的情形。

本罪的主体为没有取得医生职业资格的自然人。根据《医师法》及相关法律规定，只有依法取得医师资格，经注册在医疗卫生机构中执业的专业医务人员，包括执业医师和执业助理医师，方可从事医疗执业活动，因此两项条件缺一者，均为未取得医生职业资格的人。超出执业许可范围从事医疗活动的医生，也可构成本罪。

本罪的主观方面为故意。需要注意的是，本罪故意的认识内容为行为人明知自己未取得医生职业资格而行医，但是对于造成就诊人身体严重损害或者死亡的结果，只能是过失。

（二）犯罪认定

1. 罪与非罪的界定。本罪是常业犯，且要求非法行医情节严重，因此行为人不以行医为职业或者尚未造成严重后果的均不构成本罪。实践中经常出现行为人利用祖传药方或者民间偏方、土法从事医疗活动的行为，也确实能产生某种治疗效果，此种情况下认定非法行医罪需要格外谨慎，一般认为只有诊疗活动造成他人生命健康严重损害的，才能达到本罪情节严重的定罪标准。

2. 本罪与医疗事故罪的界限。两者都是侵害国家医疗卫生管理秩序和公民生命、健康权益的行为，都有在医疗活动的过程中造成就诊人伤亡的情节，但是两者的区别也很明显，主要有二：第一，主体不同。本罪的主体只能是不具备医疗执业资格的自然人，而医疗事故罪的主体只能是合法从事医疗活动的医务人员。第二，主观方面不同。本罪的主观方面是故意，而医疗事故罪的主观方面是过失。

3. 本罪与其他犯罪的界限。实践中经常出现利用“行医”的名义实施其他犯罪活动的现象，要注意区分和处理。例如通过所谓“义诊”推销假药、劣药，或者隐瞒药品成分、夸大药品疗效而销售真药，在没有造成严重后果的情况下，行为人不构成本罪，但可能构成诈骗罪、销售假药罪或销售劣药罪；反之，则按照想象竞合原理，依照处罚较重的罪名处理。

（三）处罚

根据《刑法》第336条第1款的规定，犯本罪的，处3年以下有期徒刑、拘役或者管制，并处或者单处罚金；严重损害就诊人身体健康的，处3年以上10年以下有期徒刑，并处罚金；造成就诊人死亡的，处10年以上有期徒刑，并处罚金。所谓“严重损害就诊人身体健康”，是指造成就诊人中度以上残疾、器官组织损伤导致严重功能障碍或者造成3名以上就诊人轻度残疾、器官组织损伤导致一般功能障碍的情形。所谓“中度以上残疾、器官组织损伤导致严重功能障碍”，应参照《医疗事故分级标准（试行）》加以认定。

二十、盗伐林木罪

（一）概念和构成要件

盗伐林木罪，是指盗伐森林或者其他林木，数量较大的行为。

本罪的直接客体是刑法所保护而为盗伐林木行为所侵害的国家林业资源的管理制度和国家、集体或公民对林木的所有权。

本罪的犯罪对象是森林和其他林木。本罪的“森林”，是指大面积的原始森林和人造林，包括防护林、用材林、经济林、薪炭林和特种用途林等；“其他林木”，是指小面积的树林和零星树木，包括村民承包的属于国家或集体所有的荒山上种植的林木，以及公民在自留山上的成片林木，但不包括农村农民房前屋后个人所有的零星树木。

本罪的客观方面表现为盗伐森林或者其他林木，数量较大的行为。所谓盗伐，是指以非法占有为目的，擅自砍伐森林或者其他林木的行为。据2023年最高人民法院《关于审理破坏森林资源刑事案件适用法律若干问题的解释》（法释〔2023〕8号）第3条的规定，“盗伐森林或者其他林木”包括以非法占有为目的的以下情形之一：（1）未取得采伐许可证，擅自采伐国家、集体或者他人所有的林木的；（2）违反《森林法》第56条第3款的规定，擅自采伐国家、集体或者他人所有的林木的；（3）在采伐许可证规定的地点以外采伐国家、集体或者他人所有的林木的。该解释第4条规定，“数量较大”的标准是：（1）立木蓄积5立方米以上的；（2）幼树200株以上的；（3）数量虽未分别达到第1项、第2项规定标准，但按相应比例折算合计达到有关标准的；（4）价值2万元以上的。实施前款规定的行为，达到第1项至第4项规定标准10倍、50倍以上的，应当分别认定为《刑法》第345条第1款规定的“数量巨大”“数量特别巨大”。对于实施盗伐林木的行为，所涉林木系风倒、火烧、水毁或者林业有害生物等自然原因死亡或者严重毁损的，在决定应否追究刑事责任和裁量刑罚时，应当从严把握；情节显著轻微危害不大的，不作为犯罪处理。对于不以非法占有为目的，违反森林法的规定，进行开垦、采石、采砂、采土或者其他活动，造成国家、集体或者他人所有的林木毁坏，符合《刑法》第275条规定的，以故意毁坏财物罪定罪处罚。

本罪的主体是一般主体，既可以是自然人，也可以是单位。

本罪的主观方面为故意，即明知是国家、集体或者他人的林木而盗伐，并且行为人具有非法占有的目的。如果行为人以毁坏为目的砍伐国家、集体或者他人的林木，应认定为故意毁坏财物罪。

（二）犯罪认定

关于本罪与盗窃罪的关系，两者存在法条交叉竞合的现象。两者相同之处在于皆有非法占有的目的，且均实施了秘密转移占有的行为；不同之处在于两者犯罪主体不同，本罪自然人、单位均可构成，盗窃罪只能由自然人构成；本罪还侵犯了国家林业资源的管理制度，盗窃罪则只是公私财产权。因此，将林场已经伐下的树木盗走，或者偷伐他人房前屋后零星树木的，只构成盗窃罪。

（三）处罚

根据《刑法》第345条第1款、第4款与第346条的规定，犯本罪的，处3年以下有期徒刑、拘役或者管制，并处或者单处罚金；数量巨大的，处3年以上7年以下有期徒刑，并处罚金；数量特别巨大的，处7年以上有期徒刑，并处罚金。盗伐国家级自然保护区内的森林或者其他林木的，从重处罚。单位犯本罪的，对单位判处罚金，并对其直接负责的主管人员和其他直接责任人员，依照上述规定处罚。

二十一、组织卖淫罪

（一）概念与主要构成特征

组织卖淫罪，是指以招募、雇佣、引诱、容留等方式，纠集、控制他人卖淫的行为。

本罪的直接客体是刑法所保护而为组织卖淫行为所侵害的国家对社会风尚的管理秩序。

本罪的客观方面表现为组织他人卖淫的行为。组织卖淫，是指以招募、雇佣、纠集等手段，管理或者控制3名以上人员从事卖淫活动，从中牟利的行为。组织卖淫通常表现为设置固定场所，控制卖淫者、招揽嫖客的行为；或者没有固定场所，而是通过控制卖淫者有组织地实施性交易的行为。本罪中的“他人”，是指包括男性、女性在内的组织者以外的人员。所谓“卖淫”，是指以营利为目的，与不特定的他人发生性交或变相性交的行为。结合我国目前的司法实践，对口交、肛交应当认定为卖淫行为；替异性手淫、乳交等方式因不符合性交的通常理解，因此不构成本罪。需要注意的是，本罪中被组织的卖淫者应系自愿，若非如此，组织者的行为有可能构成强迫卖淫罪。

本罪的主体为一般主体，即已满16周岁、具有刑事责任能力的自然人。旅馆业、饮食服务业、文化娱乐业、出租汽车业等单位的人员或者负责人，利用本单位的条件，组织他人卖淫的，应认定为组织卖淫罪。

本罪的主观方面是故意。

（二）处罚

根据《刑法》第358条的规定，犯本罪的，处5年以上10年以下有期徒刑，并处罚金；情节严重的，处10年以上有期徒刑或者无期徒刑，并处罚金或者没收财产。组织未成年人卖淫的，从重处罚。犯本罪，并有杀害、伤害、强奸、绑架等犯罪行为的，依照数罪并罚的规定处罚。另外，根据《刑法》第361条的规定，旅馆业、饮食服务业、文化娱乐业、出租汽车业等单位的人员，利用本单位的条件，组织他人卖淫的，依照自然人犯本罪的规定处罚。上述单位的主要负责人犯本罪的，从重处罚，即为本罪的从重处罚法定量刑情节。

第三节 妨害社会管理秩序罪的其他罪名

一、扰乱公共秩序罪的其他罪名

（一）煽动暴力抗拒法律实施罪

根据《刑法》第278条的规定，煽动暴力抗拒法律实施罪是指故意煽惑、挑动群众暴力抗拒国家法律、行政法规实施的行为。所谓煽动，是指针对不特定的人或多数人，以鼓动性的言辞、文字或者图画等，诱导、激发其去实施某种行为。煽动的具体方式可以是撒传单、贴标语、发送电子邮件等，但无论以何种方式进行，煽动的内容必须是蛊惑、挑唆群众以暴力方式抗拒国家法律和行政法规的实施，若号召的内容是通过静坐、请愿、游行来抗拒法律实施的，则不构成本罪。本罪的主观方面是故意，即行为人明知某规范性文件是国家法律或行政法规，而出于某种动机有意识地煽动群众暴力抗拒其实施。如果行为人煽动的内容涉及颠覆国家政权或者分裂国家，则应当构成煽动颠覆国家政权罪或煽动分裂国家罪。所谓国家法律，是指全国人大及其常委会制定的基本法律与基本法律以外的法律。所谓行政法规，是指国务院颁行的行政法规。从罪刑法定原则出发，其不包括国务院各部委制定的行政规章、地方国家机关制定的地方性法规和地方政府规章以及民族自治地方制定的自治条例和单行条例。犯本罪的，处 3 年以下有期徒刑、拘役、管制或者剥夺政治权利；造成严重后果的，处 3 年以上 7 年以下有期徒刑。

（二）伪造、变造、买卖国家机关公文、证件、印章罪

根据《刑法》第 280 条的规定，伪造、变造、买卖国家机关公文、证件、印章罪是指伪造、变造、买卖国家机关公文、证件、印章，破坏国家机关正常管理秩序和信誉的行为。国家机关的公文、证件、印章是其行使职权、管理社会的重要凭证和手段。这里的国家机关，包括各级国家权力机关、党政机关、司法机关、监察机关和军事机关。国家机关的公文，是指以国家机关名义制作，代表本单位联系、指导、处理各种事务的书面文件，如命令、决议、指示、通知、报告、信函、电文、介绍信等，仅有公文固定格式，而无实际内容的纸张等，不属于公文。国家机关的证件，是指国家机关制作颁发的用以证明身份、权利义务关系和有关事实的凭证，如工作证、营业执照等。国家机关的印章，是指刻有国家机关组织名称的公章或者具有某种特殊用途的专用章。伪造是指无制作权的人非法制作；变造是指用涂改、拼接等方式，对真实的国家机关公文、证件、印章进行改制，变更原有的真实内容；买卖是指以财物为对价，买进或者出售上述物品。犯本罪的，处 3 年以下有期徒刑、拘役、管制或者剥夺政治权利，并处罚金；情节严重的，处 3 年以上 10 年以下有期徒刑，并处罚金。

（三）使用虚假身份证件、盗用身份证件罪

根据《刑法》第 280 条之一的规定，使用虚假身份证件、盗用身份证件罪是指行为人在依照国家规定应当提供身份证明的活动中，使用伪造、变造的身份证件或者盗用他人的身份证件，情节严重的行为。所谓身份证件是指能够证明身份的居民身份证、护照、社会保障卡、驾驶证等证件。犯本罪的，处拘役或者管制，并处或者单处罚金。在犯本罪的同时又构成其他犯罪的，依照处罚较重的规定定罪处罚。

（四）冒名顶替罪

根据《刑法》第 280 条之二的规定，冒名顶替罪是指盗用、冒用他人身份，顶替他人取得的高等学历教育入学资格、公务员录用资格、就业安置待遇的行为。本罪侵犯的客体是复杂客体，既侵犯了社会管理秩序，也侵犯了被冒名顶替公民的人身权利。盗用、冒用他人身份，是指盗用、冒用能够证明他人身份的证件、证明文件、身份档案、个人信息等材料，以自己冒充并替代他人的社会或法律地位，行使他人的相关权利。犯本罪

的，处 3 年以下有期徒刑、拘役或者管制，并处罚金。组织、指使他人实施冒名顶替行为的，从重处罚。国家工作人员犯本罪，又构成其他犯罪的，依照数罪并罚的规定处罚。

（五）非法生产、买卖警用装备罪

根据《刑法》第 281 条的规定，非法生产、买卖警用装备罪是指非法生产、买卖人民警察制式服装、车辆号牌等专用标志、警械，情节严重的行为。犯本罪的，处 3 年以下有期徒刑、拘役或者管制，并处或者单处罚金；单位犯本罪的，对单位判处罚金，并对其直接负责的主管人员和其他直接责任人员，依照自然人犯本罪的规定处罚。

（六）非法获取国家秘密罪

根据《刑法》第 282 条第 1 款的规定，非法获取国家秘密罪是指以窃取、刺探、收买等方法，非法取得国家秘密的行为。所谓保密制度，是指国家保密法律、行政法规和规章所要求人们共同遵守的保密规则或行为规范。所谓国家秘密，是指涉及国家安全、国防建设、科学技术以及国家重大决策，依法确定在一定时间内仅限于一定人员知悉的事项，具体包括绝密、机密和秘密三个密级。本罪中的“窃取”“刺探”“收买”等行为与《刑法》第 111 条中的相关行为内涵是一致的。本罪的主观方面为故意。本罪不要求行为人具有特殊目的，也不要求对国家秘密的密级有准确认识，只要认识到犯罪对象可能是国家采取保密措施保护的信息而窃取、刺探、收买的，即可构成本罪。犯本罪的，处 3 年以下有期徒刑、拘役、管制或者剥夺政治权利；情节严重的，处 3 年以上 7 年以下有期徒刑。

（七）非法持有国家绝密、机密文件、资料、物品罪

根据《刑法》第 282 条第 2 款的规定，非法持有国家绝密、机密文件、资料、物品罪是指非法持有国家绝密、机密的文件、资料或者其他物品，拒不说明来源与用途的行为。犯罪对象是国家绝密、机密文件、资料或者其他物品。若行为人“非法持有”后说明了来源与用途，则不构成本罪，若仅说明来源或用途之一，则依然构成本罪。犯本罪的，处 3 年以下有期徒刑、拘役或者管制。

（八）非法生产、销售专用间谍器材、窃听、窃照专用器材罪

根据《刑法》第 283 条的规定，非法生产、销售专用间谍器材、窃听、窃照专用器材罪是指非法生产、销售专用间谍器材或者窃听、窃照专用器材的行为。犯本罪的，处 3 年以下有期徒刑、拘役或者管制，并处或者单处罚金；情节严重的，处 3 年以上 7 年以下有期徒刑，并处罚金。单位犯本罪的，对单位判处罚金，并对其直接负责的主管人员和其他直接责任人员，依照上述规定处罚。

（九）非法使用窃听、窃照专用器材罪

根据《刑法》第 284 条的规定，非法使用窃听、窃照专用器材罪是指非法使用窃听、窃照专用器材，造成严重后果的行为。所谓非法使用，是指无权使用者擅自使用或者有权使用者违反规定使用。犯本罪的，处 2 年以下有期徒刑、拘役或者管制。

（十）组织考试作弊罪

根据《刑法》第 284 条之一的规定，组织考试作弊罪是指在法律规定的国家考试中组织作弊的行为。所谓法律规定的国家考试，仅限于全国人民代表大会及其常务委员会

制定的法律所规定的考试。为他人在法律规定的国家考试中实施组织作弊犯罪提供作弊器材或者其他帮助的，应构成本罪。犯本罪的，处3年以下有期徒刑或者拘役，并处或者单处罚金；情节严重的，处3年以上7年以下有期徒刑，并处罚金。

（十一）非法出售、提供试题、答案罪

根据《刑法》第284条之一的规定，非法出售、提供试题、答案罪是指为实施考试作弊行为，向他人非法出售或者提供法律规定的国家考试的试题、答案的行为。犯本罪的，处3年以下有期徒刑或者拘役，并处或者单处罚金；情节严重的，处3年以上7年以下有期徒刑，并处罚金。

（十二）代替考试罪

根据《刑法》第284条之一第4款的规定，代替考试罪是指代替他人或者让他人代替自己参加法律规定的国家考试的行为。犯本罪的，处拘役或者管制，并处或者单处罚金。

（十三）非法侵入计算机信息系统罪

根据《刑法》第285条第1款的规定，非法入侵计算机信息系统罪是指违法国家规定，侵入国家事务、国防建设、尖端科学技术领域的计算机信息系统的行为。其通常表现为采用破解密码的手段，通过计算机终端擅自侵入计算机信息系统或者进行数据截收的行为。自然人和单位均可以构成本罪。本罪的主观方面表现为故意，即明知是上述属性的计算机信息系统仍然选择进入或者拒不退出。犯本罪的，处3年以下有期徒刑或者拘役。

（十四）非法获取计算机信息系统数据、非法控制计算机信息系统罪

根据《刑法》第285条第2款的规定，非法获取计算机信息系统数据、非法控制计算机信息系统罪是指违反国家规定，侵入国家事务、国防建设、尖端科学技术领域以外的计算机信息系统或者采用其他技术手段，获取该计算机信息系统中存储、处理或者传输的数据，或者对该计算机信息系统实施非法控制，情节严重的行为。所谓侵入，是指未经允许而突破、绕过或解除特定计算机信息系统的安全防护体系，擅自进入该系统的行为。所谓其他技术手段，是指采用侵入以外的技术手段，如利用网关欺骗技术、“后门软件”、开放端口等，不进入他人的计算机信息系统而获取其存储、处理或者传输的数据。所谓非法控制，是指未经允许，违背计算机信息系统合法用户的意愿操作该计算机信息系统或掌握其活动的行为。犯本罪的，处3年以下有期徒刑或者拘役，并处或者单处罚金；情节特别严重的，处3年以上7年以下有期徒刑，并处罚金。单位犯本罪的，对单位判处罚金，并对其直接负责的主管人员和其他直接责任人员，依照上述规定处罚。

（十五）提供侵入、非法控制计算机信息系统程序、工具罪

根据《刑法》第285条第3款的规定，提供侵入、非法控制计算机信息系统程序、工具罪是指提供专门用于侵入、非法控制计算机信息系统的程序、工具，或者明知他人实施侵入，非法控制计算机信息系统的违法犯罪行为而为其提供程序、工具，情节严重的行为。犯本罪的，处3年以下有期徒刑或者拘役，并处或者单处罚金；情节特别严重的，处3年以上7年以下有期徒刑，并处罚金。单位犯本罪的，对单位判处罚金，并对

其直接负责的主管人员和其他直接责任人员，依照上述规定处罚。

（十六）拒不履行信息网络安全管理义务罪

根据《刑法》第286条之一的规定，拒不履行信息网络安全管理义务罪是指网络服务提供者不履行法律、行政法规规定的信息网络安全管理义务，经监管部门责令采取改正措施而拒不改正，具有致使违法信息大量传播等法定严重后果或严重情节的行为。犯本罪的，处3年以下有期徒刑，拘役或者管制，并处或者单处罚金。单位犯本罪的，对单位判处罚金，并对其直接负责的主管人员和其他直接责任人员，依照上述规定处罚。在犯本罪的同时又构成其他犯罪的，依照处罚较重的规定定罪处罚。

（十七）非法利用信息网络罪

根据《刑法》第287条之一的规定，非法利用信息网络罪是指设立用于实施诈骗等违法犯罪活动的网站、通讯群组，或者利用信息网络发布违法犯罪信息，情节严重的行为。所谓违法犯罪，包括诈骗、传授犯罪方法、制作或者销售违禁物品、管制物品等犯罪行为和属于刑法分则规定的行为类型但尚未构成犯罪的违法行为。构成本罪，须具备情节严重的要素。犯本罪的，处3年以下有期徒刑或者拘役，并处或者单处罚金。单位犯本罪的，对单位判处罚金，并对其直接负责的主管人员和其他直接责任人员，依照上述规定处罚。在犯本罪的同时又构成其他犯罪的，依照处罚较重的规定定罪处罚。

（十八）扰乱无线电通讯管理秩序罪

根据《刑法》第288条的规定，扰乱无线电通讯管理秩序罪是指违反国家规定，擅自设置、使用无线电台（站），或者擅自使用无线电频率，干扰无线电通讯秩序，情节严重的行为。根据相关司法解释，违反国家规定，擅自设置、使用无线电台（站），或者擅自占用频率，非法经营国际电信业务或者涉港澳台电信业务进行营利活动，同时构成非法经营罪和本罪的，依照处罚较重的规定定罪处罚。犯本罪的，处3年以下有期徒刑、拘役或者管制，并处或者单处罚金；情节特别严重的，处3年以上7年以下有期徒刑，并处罚金。单位犯本罪的，对单位判处罚金，并对其直接负责的主管人员和其他直接责任人员，依照上述规定处罚。

（十九）聚众扰乱社会秩序罪

根据《刑法》第290条第1款的规定，聚众扰乱社会秩序罪是指聚众扰乱社会秩序，情节严重，致使工作、生产、营业或教学、科研、医疗无法进行，造成严重损失的行为。所谓聚众，是指首要分子通过组织、策划、指挥等方式，纠集特定或者不特定的3人以上的多数人在同一时间共同出现于某一地点的行为。所谓扰乱社会秩序，可以通过暴力方式实施，例如强行闯入企事业单位、人民团体的办公场所，殴打有关工作人员，打砸、损坏公私财物；也可以通过非暴力方式实施，例如在上述场所哄闹、纠缠、辱骂等。犯本罪的，对首要分子，处3年以上7年以下有期徒刑；对其他积极参加的，处3年以下有期徒刑、拘役、管制或者剥夺政治权利。

（二十）聚众冲击国家机关罪

根据《刑法》第290条第2款的规定，聚众冲击国家机关罪是指聚众冲击国家机关，致使国家机关工作无法进行，造成严重损失的行为。聚众冲击国家机关通常表现为冲撞国家机关门禁、包围国家机关驻地、强占国家机关办公场所、堵塞国家机关通道以阻止人员进出等。本罪的主体是自然人一般主体，但是只有首要分子和积极参加者才构成本罪。犯本罪的，对首要分子，处5年以上10年以下有期徒刑；对其他积极参加的，处5年以下有期徒刑、拘役、管制或者剥夺政治权利。

（二十一）扰乱国家机关工作秩序罪

根据《刑法》第290条第3款的规定，扰乱国家机关工作秩序罪是指多次扰乱国家机关工作秩序，经行政处罚后仍不改正，造成严重后果的行为。所谓的多次，通常是指3次以上。所谓扰乱，是指对国家机关正常的工作秩序进行干扰、破坏，既包括暴力性扰乱，例如强行闯入、殴打有关工作人员、打砸毁坏公私财物，也包括非暴力性扰乱，例如在国家机关工作场所哄闹、纠缠、辱骂、威胁等。所谓严重后果，是指行为人的行为造成国家机关无法开展正常工作等情况。需要注意，本罪有行政前置程序，即经过行政处罚仍不改正的，才能构成本罪。犯本罪的，处3年以下有期徒刑、拘役或者管制。

（二十二）组织、资助非法聚集罪

根据《刑法》第290条第4款的规定，组织、资助非法聚集罪是指多次组织、资助他人非法聚集，扰乱社会秩序，情节严重的行为。所谓多次，是指3次及以上，即无论是组织他人非法聚集，还是资助他人非法聚集，构成本罪，均要求在3次及以上。所谓非法聚集，是指非法集合、集中多人在一起。构成本罪，须具备情节严重的要素。本罪的主体为自然人一般主体。本罪的主观方面为故意。犯本罪的，处3年以下有期徒刑、拘役或者管制。

（二十三）聚众扰乱公共场所秩序、交通秩序罪

根据《刑法》第291条的规定，聚众扰乱公共场所秩序、交通秩序罪是指聚众扰乱车站、码头、民用航空站、商场、公园、影剧院、展览会、运动场或者其他公共场所秩序，聚众阻碍交通或者破坏交通秩序，抗拒、阻碍国家治安管理工作人员依法执行职务，情节严重的行为。本罪的成立必须达到情节严重的程度，即聚集人数较多或者扰乱时间较长；经有关部门批评教育、劝阻拒不解散；多次聚众扰乱公共场所、交通要道秩序的；在重大节假日、庆典、重要国事活动期间聚众扰乱的；暴力手段抗拒、阻碍治安管理人员依法执行公务的；造成人员伤亡、严重经济损失和恶劣社会影响等。本罪与聚众扰乱社会秩序罪的区别主要在于发生地点和区域，本罪发生在公共场所和交通要道，后罪发生在国家机关、企事业单位、人民团体周围或者内部。本罪与妨害公务罪属于法条竞合的关系，如果首要分子通过聚众且以暴力、威胁方法抗拒、阻碍国家治安管理人员依法执行职务，应当按本罪处理。犯本罪的，对首要分子，处5年以下有期徒刑、拘役或者管制。

（二十四）投放虚假危险物质罪

根据《刑法》第291条之一第1款的规定，投放虚假危险物质罪是指投放虚假的爆炸性、毒害性、放射性、传染病病原体等物质，严重扰乱社会秩序的行为。本罪的主观方面是故意，行为人须明知自己投放的是虚假的危险物质，过失不构成本罪。犯本罪的，处5年以下有期徒刑、拘役或者管制；造成严重后果的，处5年以上有期徒刑。

（二十五）编造、故意传播虚假恐怖信息罪

根据《刑法》第 291 条之一第 1 款的规定，编造、故意传播虚假恐怖信息罪是指编造爆炸威胁、生化威胁、放射威胁等恐怖信息，或者明知是编造的恐怖信息而故意传播，严重扰乱社会秩序的行为。犯本罪的，处 5 年以下有期徒刑、拘役或者管制；造成严重后果的，处 5 年以上有期徒刑。

（二十六）编造、故意传播虚假信息罪

根据《刑法》第 291 条之一第 2 款的规定，编造、故意传播虚假信息罪是指编造虚假的险情、疫情、灾情、警情，在信息网络或者其他媒体上传播，或者明知是上述虚假信息，故意在信息网络或者其他媒体上传播，严重扰乱社会秩序的行为。犯本罪的，处 3 年以下有期徒刑、拘役或者管制；造成严重后果的，处 3 年以上 7 年以下有期徒刑。

（二十七）催收非法债务罪

根据《刑法》第 293 条之一的规定，催收非法债务罪是指使用暴力、胁迫或者限制他人人身自由、侵入他人住宅抑或恐吓、跟踪、骚扰他人等手段，催收高利放贷等产生的非法债务，情节严重的行为。本罪的客体是社会公共秩序和他人的人身、财产权利。非法债务是指高利贷、赌债、毒债等违法行为产生的债务。实施非法催收债务的行为若同时构成其他犯罪，则依照处罚较重的犯罪定罪处罚。犯本罪的，处 3 年以下有期徒刑、拘役或者管制，并处或者单处罚金。

（二十八）入境发展黑社会组织罪

根据《刑法》第 294 条第 2 款和第 4 款的规定，入境发展黑社会组织罪是指我国境外的黑社会组织人员到我国境内发展组织成员的行为。我国境内指我国主体区域。港、澳、台地区黑社会组织到大陆/内地发展组织成员的，以本罪定罪处罚。对黑社会组织成员进行内部调整等行为，可视为“发展组织成员”。本罪的主体为特殊主体，即行为人须是境外黑社会组织人员。犯本罪的，处 3 年以上 10 年以下有期徒刑。犯本罪又有其他犯罪行为的，依照数罪并罚的规定处罚。

（二十九）包庇、纵容黑社会性质组织罪

根据《刑法》第 294 条第 3 款、第 4 款的规定，包庇、纵容黑社会性质组织罪是指国家机关工作人员包庇黑社会性质的组织，或者纵容黑社会性质的组织进行违法犯罪活动的行为。本罪的客体是复杂客体，亦即本罪既侵害了社会治安管理秩序，又侵犯了司法机关打击黑社会性质组织的正常活动。包庇是指国家机关工作人员为使黑社会性质组织及其成员逃避查禁，而通风报信，隐匿、毁灭、伪造证据，阻止他人作证、检举揭发，指使他人作伪证，帮助逃匿，或者阻挠其他国家机关工作人员依法查禁等行为。包庇不必利用职务上的便利。纵容是指负有查禁义务的国家机关工作人员不依法履行职责，放纵黑社会性质组织进行违法犯罪活动的行为。本罪的主体是特殊主体，即国家机关工作人员。犯本罪的，处 5 年以下有期徒刑；情节严重的，处 5 年以上有期徒刑。犯本罪又有其他犯罪行为的，依照数罪并罚的规定处罚。

（三十）传授犯罪方法罪

根据《刑法》第 295 条的规定，传授犯罪方法罪是指用语言、文字、动作、图像或者其他方式，将犯罪方法传授给他人的行为。所谓犯罪方法，是指同犯罪相关的实行方法、预备方法、反侦查方法和逃避制裁的方法等。传授犯罪方法的形式多种多样，包括口头的、书面的、秘密的、公开的、直接的、间接的，对象不局限于完全刑事责任能力人，未成年人和精神病患者也可以成为本罪的对象。犯本罪的，处5年以下有期徒刑、拘役或者管制；情节严重的，处5年以上10年以下有期徒刑；情节特别严重的，处10年以上有期徒刑或者无期徒刑。

（三十一）非法集会、游行、示威罪

根据《刑法》第296条的规定，非法集会、游行、示威罪是指举行集会、游行、示威，未依照法律规定申请或者申请未获许可，或者未按照主管机关许可的起止时间、地点、路线进行，又拒不服从解散命令，严重破坏社会秩序的行为。本罪的客体是国家对集会、游行、示威的管理制度。本罪的主体为一般主体，但只有集会、游行、示威的负责人和直接责任人员才承担刑事责任。犯本罪的，处5年以下有期徒刑、拘役、管制或者剥夺政治权利。

（三十二）非法携带武器、管制刀具、爆炸物参加集会、游行、示威罪

根据《刑法》第297条的规定，非法携带武器、管制刀具、爆炸物参加集会、游行、示威罪是指违反法律规定，携带武器，管制刀具、爆炸物参加集会、游行、示威的行为。本罪的集会、游行、示威是否属于合法举办的活动，对本罪的成立没有影响。犯本罪的，处3年以下有期徒刑、拘役、管制或者剥夺政治权利。

（三十三）破坏集会、游行、示威罪

根据《刑法》第298条的规定，破坏集会、游行、示威罪是指扰乱、冲击或者以其他方法破坏依法举行的集会、游行、示威，造成公共秩序混乱的行为。本罪的客体是复杂客体，既侵犯了社会公共秩序，又侵犯了公民集会、游行、示威的政治自由权利。本罪是结果犯，必须是行为人的行为造成了公共秩序混乱的危害结果。犯本罪的，处5年以下有期徒刑、拘役、管制或者剥夺政治权利。

（三十四）侮辱国旗、国徽、国歌罪

根据《刑法》第299条的规定，侮辱国旗、国徽、国歌罪是指在公共场合故意以焚烧、毁损、涂划、玷污、践踏等方式侮辱中华人民共和国国旗、国徽的行为或者在公共场合，故意篡改中华人民共和国国歌歌词、曲谱，以歪曲、贬损方式奏唱国歌，或者以其他方式侮辱国歌，情节严重的行为。本罪侵犯的客体是国家尊严，对象是国旗、国徽、国歌。行为人在非公共场合侮辱国旗、国徽、国歌，不构成本罪。犯本罪的，处3年以下有期徒刑、拘役、管制或者剥夺政治权利。

（三十五）侵害英雄烈士名誉、荣誉罪

根据《刑法》第299条之一的规定，侵害英雄烈士名誉、荣誉罪是指侮辱、诽谤或者以其他方式侵害英雄烈士的名誉、荣誉，损害社会公共利益，情节严重的行为。这里的英雄烈士指的是《英雄烈士保护法》所规定的，近代以来为了争取民族独立和人民解放，实现国家富强和人民幸福，促进世界和平和人类进步而毕生奋斗英勇献身的英雄烈士。所谓情节严重，是指侵害行为持续时间长、范围广或者造成严重的不良影响等情形。

犯本罪的，处3年以下有期徒刑、拘役、管制或者剥夺政治权利。

（三十六）组织、利用会道门、邪教组织、利用迷信破坏法律实施罪

根据《刑法》第300条第1款和第3款的规定，组织、利用会道门、邪教组织、利用迷信破坏法律实施罪是指组织和利用会道门、邪教组织或者利用迷信破坏国家法律、行政法规实施的行为。本罪的客体是国家实施法律、行政法规的正常秩序。所谓会道门，泛指封建迷信组织。所谓邪教组织，是指冒用宗教、气功或者其他名义建立，神话、鼓吹首要分子，利用制造、散布迷信邪说等手段蛊惑、蒙骗他人，发展、控制成员，危害社会的非法组织。组织利用会道门、邪教组织、利用迷信奸淫妇女、诈骗钱财的，依照数罪并罚的规定处罚。

（三十七）组织、利用会道门、邪教组织、利用迷信致人重伤、死亡罪

根据《刑法》第300条第2款的规定，组织、利用会道门、邪教组织、利用迷信致人重伤、死亡罪是指组织和利用会道门、邪教组织或者利用迷信蒙骗他人，致人重伤、死亡的行为。本罪侵犯的客体是复杂客体，既侵犯了社会治安秩序，又侵犯了他人的健康权、生命权。本罪的行为具体而言，是指组织和利用会道门、邪教组织、利用迷信制造、散布歪理邪说，蒙骗其成员或者其他人实施绝食、自残、自虐等行为，或者蒙骗病人不接受正常治疗，致人伤残、死亡的情形。组织和利用会道门、邪教组织、利用迷信，指使、胁迫其成员或者其他人实施自杀、自伤行为的，应以故意杀人罪或者故意伤害罪定罪处罚。组织、策划、煽动、教唆、帮助邪教组织人员自杀、自残的，以故意杀人罪或者故意伤害罪定罪处罚。犯本罪的，处3年以上7年以下有期徒刑，并处罚金；情节特别严重的，处7年以上有期徒刑或者无期徒刑，并处罚金或者没收财产；情节较轻的，处3年以下有期徒刑、拘役、管制或者剥夺政治权利，并处或者单处罚金。

（三十八）聚众淫乱罪

根据《刑法》第301条的规定，聚众淫乱罪是指为首聚集多人进行淫乱活动或者多次参加多人进行的淫乱活动的行为。所谓聚众淫乱，是指聚集男女三人以上，实施包括自然性交以及其他性行为的情况，聚众观看淫秽物品、数人在不同地点裸聊的，不构成本罪；参与者均属自愿，如果采取暴力、胁迫或者麻醉等方法强迫他人参与聚众淫乱活动，则成立其他相关犯罪。本罪的主体为自然人一般主体，具体而言是指组织聚众淫乱的首要分子和多次参加的人员，首要分子不限于一人，多次参加的次数应达到3次以上。犯本罪的，处5年以下有期徒刑、拘役或者管制。

（三十九）引诱未成年人聚众淫乱罪

根据《刑法》第301条第2款的规定，引诱未成年人聚众淫乱罪是指引诱未成年人参加聚众淫乱的活动。本罪侵犯的客体是国家对社会风尚的管理秩序和对未成年人的保护制度。这里的“引诱”不限方式，口头、文字、身体动作都可以。若对未成年人的淫乱活动具有主导和支配地位，则可能构成相关犯罪的间接正犯。犯本罪的，依照聚众淫乱罪的处罚规定，从重处罚，即在法理上，立法的如此规定并非为独立的罪名，而应是聚众淫乱罪的从重处罚法定量刑情节，可目前需按司法罪名的规定，在5年以下有期徒刑、拘役或者管制的量刑幅度内，从重处罚。

（四十）盗窃、侮辱、故意毁坏尸体、尸骨、骨灰罪

根据《刑法》第302条的规定，盗窃、侮辱、故意毁坏尸体、尸骨、骨灰罪是指盗窃、侮辱、故意毁坏尸体、尸骨、骨灰的行为。这里的“盗窃”，是指以非法占有为目的秘密窃取。动机在所不问。实践中有些地区出现的盗窃尸体进行“冥婚”，就涉嫌构成本罪。这里的“侮辱”，是指通过暴露、悬吊、践踏、奸淫、鞭打或者污染、混合等方法对尸体或者尸骨、骨灰进行贬损。所谓“毁坏”，是指对尸体、尸骨的完整性进行破坏或者采用火烧等方法使之消失，对骨灰进行抛洒等使之消失。本罪的主观方面是故意。违背本人生前意愿摘取其尸体器官，或者本人生前未表示同意，违反国家规定，违背其近亲属意愿摘取其尸体器官的，以本罪定罪处罚。犯本罪的，处3年以下有期徒刑、拘役或者管制。

（四十一）开设赌场罪

根据《刑法》第303条第2款的规定，开设赌场罪是指为赌博提供场所、设定赌博方式、提供赌具、筹码、资金等组织赌博的行为。提供棋牌室等娱乐场所只收取正常的场所和服务费用的经营行为，不属于开设赌场行为。利用互联网、移动通讯终端等传输赌博视频、数据，组织赌博活动，具有下列情形之一的，属于开设赌场的行为：（1）建立赌博网站并接受投注的；（2）建立赌博网站并提供给他人组织赌博的；（3）为赌博网站担任代理并接受投注的；（4）参与赌博网站利润分成的。犯本罪的，处5年以下有期徒刑、拘役或者管制，并处罚金；情节严重的，处5年以上10年以下有期徒刑，并处罚金。

（四十二）组织参与国（境）外赌博罪

根据《刑法》第303条第3款的规定，组织参与国（境）外赌博罪是指组织中华人民共和国公民参与国（境）外赌博，数额巨大或者有其他严重情节的行为。本罪中的“组织”，既包括直接组织中华人民共和国公民赴国（境）外赌博，也包括利用信息网络，通讯终端等传输赌博视频、数据，组织中国公民参与国（境）外赌博等。犯本罪的，处5年以下有期徒刑、拘役或者管制，并处罚金；情节严重的，处5年以上10年以下有期徒刑，并处罚金。

（四十三）故意延误投递邮件罪

根据《刑法》第304条的规定，故意延误投递邮件罪是指邮政工作人员严重不负责任，故意延误投递邮件，致使公共财产、国家和人民利益遭受重大损失的行为。犯本罪的，处2年以下有期徒刑或者拘役。

二、妨害司法罪的其他罪名

（一）辩护人、诉讼代理人毁灭证据、伪造证据、妨害作证罪

根据《刑法》第306条的规定，辩护人、诉讼代理人毁灭证据、伪造证据、妨害作证罪是指在刑事诉讼中，辩护人、诉讼代理人毁灭、伪造证据，帮助当事人毁灭、伪造证据，威胁、引诱证人违背事实改变证言或者作伪证的行为。本罪的客体是司法机关的正常刑事诉讼活动。本罪的主体为特殊主体，即只有辩护人、诉讼代理人才能构成本罪。

本罪的主观方面为故意。犯本罪的，处 3 年以下有期徒刑或者拘役；情节严重的，处 3 年以上 7 年以下有期徒刑。

（二）妨害作证罪

根据《刑法》第 307 条的规定，妨害作证罪是指以暴力、威胁、贿买等方法阻止证人作证或者指使他人作伪证的行为。这里的“证人”不应限于狭义的证人，而应包括被害人、鉴定人、翻译人（限于对证人证言、被害人陈述的翻译）。这里的“他人”，则包括除狭义证人以外的被害人、鉴定人、翻译人、勘验人等。本罪的发生领域应当限定在刑事诉讼领域，因为民事诉讼领域的伪证行为本身不是犯罪，若指使作伪证构成犯罪，则会造成法律间的不协调。犯本罪的，处 3 年以下有期徒刑或者拘役；情节严重的，处 3 年以上 7 年以下有期徒刑。司法工作人员犯本罪的，从重处罚。

（三）帮助毁灭、伪造证据罪

根据《刑法》第 307 条第 2 款、第 3 款的规定，帮助毁灭、伪造证据罪是指帮助当事人毁灭、伪造证据，情节严重的行为。这里的“证据”，还应当包括尚未经过程序认定的证据材料。对这里的“帮助”，不能狭隘地理解为共同犯罪中的帮助，而是应当理解为一种实行行为，因此，在当事人不知情的情况下，行为人单独毁灭、伪造证据，或者传授毁灭、伪造证据的方法，均可构成本罪。犯本罪的，处 3 年以下有期徒刑或者拘役。司法工作人员犯本罪的，从重处罚。

（四）打击报复证人罪

根据《刑法》第 308 条的规定，打击报复证人罪是指故意对证人进行打击报复的行为。本罪的客体是司法机关的正常活动和证人依法作证的权利。本罪的客观方面表现为行为人实施了对证人进行打击报复的行为。打击报复证人的行为如果同时触犯到其他罪名的，应按照想象竞合犯的处断原则处理。犯本罪的，处 3 年以下有期徒刑或者拘役；情节严重的，处 3 年以上 7 年以下有期徒刑。

（五）泄露不应公开的案件信息罪

根据《刑法》第 308 条之一的规定，泄露不应公开的案件信息罪是指司法工作人员、辩护人、诉讼代理人或者其他诉讼参与人，泄露依法不公开审理的案件中不应当公开的信息，造成信息公开传播或者其他严重后果的行为。本罪侵犯的客体是司法机关的正常活动。本罪的主体为特殊主体，只能是司法工作人员、辩护人、诉讼代理人或者其他诉讼参与人；单位也可以成为本罪的主体。犯本罪的，处 3 年以下有期徒刑、拘役或者管制，并处或者单处罚金。单位犯本罪的，对单位判处罚金，并对其直接负责的主管人员和其他直接责任人员，依照上述规定处罚。

（六）披露、报道不应公开的案件信息罪

根据《刑法》第 308 条之一的规定，披露、报道不应公开的案件信息罪是指行为人明知是依法不公开审理的案件中不应当公开的信息而公开披露、报道，情节严重的行为。本罪侵犯的客体是司法机关的正常活动。本罪的主体是自然人一般主体，单位也可构成本罪。犯本罪的，处 3 年以下有期徒刑、拘役或者管制，并处或者单处罚金；单位犯本罪的，对单位判处罚金，并对其直接负责的主管人员和其他直接责任人员，依照上述规定处罚。

（七）扰乱法庭秩序罪

根据《刑法》第309条的规定，扰乱法庭秩序罪是指采用聚众哄闹、冲击法庭，侵犯司法工作人员或者诉讼参与人人身权利等方式扰乱法庭秩序，情节严重的行为。本罪侵犯的客体是人民法院审理案件的正常秩序。犯本罪的，处3年以下有期徒刑、拘役、管制或者罚金。

（八）窝藏、包庇罪

根据《刑法》第310条的规定，窝藏、包庇罪是指明知是犯罪的人，而为其提供隐藏处所、财物，帮助其逃匿或者作假证明包庇的行为。本罪的客体是司法机关的正常活动，本罪的对象是犯罪的人。被窝藏、包庇的人实施的犯罪事实清楚，证据确实、充分，但尚未到案、尚未依法裁判或者因不具有刑事责任能力依法未予追究刑事责任的，不影响窝藏、包庇罪的认定。所谓“明知”，应当根据案件的客观事实，结合行为人的认知能力，接触被窝藏、包庇的犯罪人的情况，以及行为人和犯罪人的供述等主、客观因素进行认定。犯本罪的，处3年以下有期徒刑、拘役或者管制；情节严重的，处3年以上10年以下有期徒刑。

（九）拒绝提供间谍犯罪、恐怖主义犯罪、极端主义犯罪证据罪

根据《刑法》第311条的规定，拒绝提供间谍犯罪、恐怖主义犯罪、极端主义犯罪证据罪是指明知他人有间谍犯罪或者恐怖主义、极端主义犯罪行为，在司法机关向其调查有关情况、收集有关证据时，拒绝提供，情节严重的行为。本罪侵犯的客体是国家安全和司法机关打击相关犯罪的正常活动。犯本罪的，处3年以下有期徒刑、拘役或者管制。

（十）非法处置查封、扣押、冻结的财产罪

根据《刑法》第314条的规定，非法处置查封、扣押、冻结的财产罪是指隐藏、转移、变卖、故意毁损已被司法机关查封、扣押、冻结的财产，情节严重的行为。本罪的客体是国家司法机关的正常活动。犯本罪的，处3年以下有期徒刑、拘役或者罚金。

（十一）破坏监管秩序罪

根据《刑法》第315条的规定，破坏监管秩序罪是指依法被关押的罪犯，故意破坏监管秩序，情节严重的行为。本罪的客体是国家监管机关的监押管理秩序。危害行为必须达到情节严重才可构成本罪。本罪的主体为特殊主体，即只有依法被关押的罪犯才能成为本罪主体。犯本罪的，处3年以下有期徒刑。

（十二）脱逃罪

根据《刑法》第316条第1款的规定，脱逃罪是指依法被关押的罪犯、被告人、犯罪嫌疑人逃脱监管的行为。本罪的客体是监管机关对相关人员正常的监管秩序。值得注意的是，被判处拘役的犯罪分子被批准回家后不在规定时间返回的，也构成事实上的脱逃。本罪是特殊主体，即被依法关押的犯罪人、被告人和犯罪嫌疑人。被非法关押的人、未被关押的人（例如被监视居住或取保候审）以及被群众扭送的人脱逃的，不构成本罪。至于因为错抓、刑事责任能力欠缺或者证据不足等原因最终被判无罪的人，能否构成本

罪主体，理论上颇具争议。我们认为，本罪所保护的是国家监管秩序，有强烈犯罪嫌疑已被采取刑事强制措施的人脱逃的，可以构成对监管秩序的侵害，只是根据紧急避险可对其予以出罪或者减轻刑事责任，例如无罪的人被判处死刑立即执行，由此引发脱逃的，在未造成其他严重后果的情况下，不认为是犯罪。犯本罪的，处 5 年以下有期徒刑或者拘役。

（十三）劫夺被押解人员罪

根据《刑法》第 316 条第 2 款的规定，劫夺被押解人员罪是指劫夺押解途中的罪犯、被告人、犯罪嫌疑人的行为。本罪的客体是国家对被押解人员的监管秩序。本罪中的劫夺手段通常是使用暴力，例如拦劫车辆、船只，袭击押解人员等，但也不排除采取麻醉等其他使押解人员不能还击或不知还击的手段。犯本罪的，处 3 年以上 7 年以下有期徒刑；情节严重的，处 7 年以上有期徒刑。

（十四）组织越狱罪

根据《刑法》第 317 条第 1 款的规定，组织越狱罪是指依法被关押的罪犯、犯罪嫌疑人、被告人有组织地集体越狱的行为。本罪的客体是国家对在押人员的监管秩序。本罪的行为有两种，即组织越狱行为和积极参加有组织的越狱行为。须注意的是，本罪中的“狱”应当扩大理解为一切关押罪犯、犯罪嫌疑人、被告人的场所。本罪的主体是特殊主体，即依法被关押的罪犯、犯罪嫌疑人、被告人。犯本罪的，对首要分子和积极参加的，处 5 年以上有期徒刑；对其他参加的，处 5 年以下有期徒刑或者拘役。

（十五）暴动越狱罪

根据《刑法》第 317 条第 2 款的规定，暴动越狱罪是指在押的罪犯、犯罪嫌疑人、被告人相互勾结，使用暴力手段从羁押场所逃跑的行为。本罪的“狱”同样应当做广义理解，但主要是指监狱、看守所等拥有固定建筑的羁押场所。本罪的客体是国家对在押人员的正常监管秩序。本罪的主体是特殊主体，即在押的罪犯、犯罪嫌疑人、被告人。犯本罪的，对首要分子和积极参加的，处 10 年以上有期徒刑或者无期徒刑；情节特别严重的，处死刑；其他参加的，处 3 年以上 10 年以下有期徒刑。

（十六）聚众持械劫狱罪

根据《刑法》第 317 条第 2 款的规定，聚众持械劫狱罪是指聚集多人持械劫夺狱中在押人犯的行为。本罪的客体是国家对在押人员的监管秩序。本罪的主体为自然人一般主体。本罪的主观方面为故意。犯本罪的，对首要分子和积极参加的，处 10 年以上有期徒刑或者无期徒刑；情节特别严重的，处死刑；其他参加的，处 3 年以上 10 年以下有期徒刑。

三、妨害国（边）境管理罪的其他罪名

（一）骗取出境证件罪

根据《刑法》第 319 条的规定，骗取出境证件罪是指以劳务输出、经贸往来或者其他名义，弄虚作假，骗取护照、签证等出境证件，为组织他人偷越国（边）境使用的行为。本罪的客体是国家对出境证件的管理制度。犯本罪的，处 3 年以下有期徒刑，并处

罚金；情节严重的，处 3 年以上 10 年以下有期徒刑，并处罚金。单位犯本罪的，对单位判处罚金，并对其直接负责的主管人员和其他直接责任人员，依照自然人犯本罪的规定处罚。

（二）提供伪造、变造的出入境证件罪

根据《刑法》第 320 条的规定，提供伪造、变造的出入境证件罪是指为他人提供伪造、变造的护照、签证等出入境证件的行为。本罪的客体是国家出入境证件的管理制度。这里的出入境证件，包括护照或者代替护照使用的国际旅行证件，中华人民共和国海员证，中华人民共和国出入境通行证，中华人民共和国旅行证，中国公民往来香港、澳门、台湾地区证件，边境地区出入境通行证，签证、签注，出国（境）证明、名单，以及其他出入境时需要查验的资料。犯本罪的，处 5 年以下有期徒刑，并处罚金；情节严重的，处 5 年以上有期徒刑，并处罚金。

（三）出售出入境证件罪

根据《刑法》第 320 条的规定，出售出入境证件罪是指向他人出售护照、签证等出入境证件的行为。本罪的客体是国家出入境管理制度。犯本罪的，处 5 年以下有期徒刑，并处罚金；情节严重的，处 5 年以上有期徒刑，并处罚金。

（四）运送他人偷越国（边）境罪

根据《刑法》第 321 条的规定，运送他人偷越国（边）境罪是指违反国家国（边）境管理规定，运送他人偷越国（边）境的行为。本罪的客体是国家的国（边）境管理制度。犯本罪的，处 5 年以下有期徒刑、拘役或者管制，并处罚金。有下列情形之一的，处 5 年以上 10 年以下有期徒刑，并处罚金：（1）多次实施运送行为或者运送人数众多的；（2）所使用的船只、车辆等交通工具不具备必要的安全条件，足以造成严重后果的；（3）违法所得数额巨大的；（4）有其他特别严重情节的。在运送他人偷越国（边）境中造成被运送人重伤、死亡，或者以暴力、威胁方法抗拒检查的，处 7 年以上有期徒刑，并处罚金。犯本罪而对被运送人有杀害、伤害、强奸、拐卖等犯罪行为，或者对检查人员有杀害、伤害等犯罪行为的，依照数罪并罚的规定处罚。

（五）偷越国（边）境罪

根据《刑法》第 322 条的规定，偷越国（边）境罪是指违反国（边）境管理法规，偷越国（边）境，情节严重的行为。本罪的客体是国家对出入国（边）境的管理制度。偷越国（边）境行为，情节严重的才构成犯罪。犯本罪的，处 1 年以下有期徒刑、拘役或管制，并处罚金；为参加恐怖活动组织、接受恐怖活动培训或者实施恐怖活动，偷越国（边）境的，处 1 年以上 3 年以下有期徒刑，并处罚金。

（六）破坏界碑、界桩罪

根据《刑法》第 323 条的规定，破坏界碑、界桩罪是指明知是国家边境的界碑、界桩而故意进行破坏的行为。本罪的客体是国家对国（边）境界碑界桩的管理制度。破坏，其表现形式多种多样，如捣毁、拆除、损坏、盗窃、掩埋、移动等。犯本罪的，处 3 年以下有期徒刑或者拘役。

（七）破坏永久性测量标志罪

根据《刑法》第 323 条的规定，破坏永久性测量标志罪是指明知是永久性测量标志而故意进行破坏的行为。本罪的客体是国家对永久性测量标志的管理制度。所谓永久性测量标志，是指国家测量机关建造或埋设的各种永久性的测量标志，如各种等级的三角点、水准点、重力点、地形点、天文点、破解点、导线点、炮控点、海控点等。犯本罪的，处3年以下有期徒刑或者拘役。

四、妨害文物管理罪的其他罪名

（一）故意损毁文物罪

根据《刑法》第324条第1款的规定，故意损毁文物罪是指故意损毁国家保护的珍贵文物或者被确定为全国重点文物保护单位、省级文物保护单位的文物的行为。故意损害非珍贵文物或非全国重点保护单位、省级文物保护单位的文物的，不构成本罪。犯本罪的，处3年以下有期徒刑或者拘役，并处或者单处罚金；情节严重的，处3年以上10年以下有期徒刑，并处罚金。

（二）故意损毁名胜古迹罪

根据《刑法》第324条第2款的规定，故意损毁名胜古迹罪是指故意损毁国家保护的名胜古迹，情节严重的行为。本罪的客体是国家名胜古迹的管理制度。本罪的对象是名胜古迹，是指风景名胜区的核心景区以及未被确定为全国重点文物保护单位、省级文物保护单位的古文化遗址、古墓葬、古建筑、古窟寺、石刻、壁画、近现代重要史迹和代表性建筑等不可移动文物的本体。犯本罪的，处5年以下有期徒刑或者拘役，并处或者单处罚金。

（三）过失损毁文物罪

根据《刑法》第324条第3款的规定，过失损毁文物罪是指过失损毁国家保护的珍贵文物或被确定为全国重点文物保护单位、省级文物保护单位的文物，造成严重后果的行为。本罪的客体是国家的文物管理制度。犯本罪的，处3年以下有期徒刑或者拘役。

（四）非法向外国人出售、赠送珍贵文物罪

根据《刑法》第325条的规定，非法向外国人出售、赠送珍贵文物罪是指违反文物保护法规，将收藏的国家禁止出口的珍贵文物私自出售或者私自赠送给外国人的行为。本罪的客体是国家对珍贵文物的管理制度。行为人出售或者赠送的对象必须是外国人，包括无国籍人，否则不构成本罪。自然人犯本罪的，处5年以下有期徒刑或者拘役，可以并处罚金；单位犯本罪的，对单位判处罚金，并对其直接负责的主管人员和其他直接责任人员，依照自然人犯本罪的规定处罚。

（五）倒卖文物罪

根据《刑法》第326条的规定，倒卖文物罪是指以牟利为目的，倒卖国家禁止经营的文物，情节严重的行为。本罪的客体是国家的文物管理制度。犯本罪的，处5年以下有期徒刑或者拘役，并处罚金；情节特别严重的，处5年以上10年以下有期徒刑，并处罚金。单位犯本罪的，对单位判处罚金，并对其直接负责的主管人员和其他直接责任人员，依照自然人犯本罪的规定处罚。

（六）非法出售、私赠文物藏品罪

根据《刑法》第327条的规定，非法出售、私赠文物藏品罪是指国有博物馆、图书馆等单位，违反文物保护法规，将国家保护的文物藏品出售或私自赠送给非国有单位或者个人的行为。本罪的客体是国家文物保护管理制度和国有文物藏品的所有权。本罪的犯罪对象是国有馆藏文物。本罪的主体是特殊主体，即只能是国有博物馆、图书馆等国有单位，非国有单位和个人不能成为本罪的主体。本罪的主观方面为故意。至于行为人出于何种目的与动机，均不影响本罪的成立。如果行为人非法出售、赠送的文物藏品属于珍贵文物，且又非法出售、赠送给了外国人，应按法条竞合，以非法向外国人出售、赠送珍贵文物罪定罪处罚。犯本罪的，对单位判处罚金，并对其直接负责的主管人员和其他直接责任人员，处 3 年以下有期徒刑或者拘役。

（七）盗掘古文化遗址、古墓葬罪

根据《刑法》第 328 条第 1 款的规定，盗掘古文化遗址、古墓葬罪是指盗掘具有历史、艺术、科学价值的古文化遗址、古墓葬的行为。本罪的客体是国家对古文化遗址、古墓葬的管理制度和国家对古文化遗址、古墓葬的所有权。所谓古文化遗址、古墓葬，是指清代和清代以前的具有历史、艺术、科学价值的古文化遗址、古墓葬以及辛亥革命以后与著名历史事件有关的名人墓葬、遗址和纪念地。犯本罪的，处 3 年以上 10 年以下有期徒刑，并处罚金；情节较轻的，处 3 年以下有期徒刑、拘役或者管制，并处罚金。有下列情形之一的，处 10 年以上有期徒刑或者无期徒刑，并处罚金或者没收财产：（1）盗掘确定为全国重点文物保护单位和省级文物保护单位的古文化遗址、古墓葬的；（2）盗掘古文化遗址、古墓葬集团的首要分子；（3）多次盗掘古文化遗址、古墓葬的；（4）盗掘古文化遗址、古墓葬，并盗窃珍贵文物或者造成珍贵文物严重破坏的。

（八）盗掘古人类化石、古脊椎动物化石罪

根据《刑法》第 328 条第 2 款的规定，盗掘古人类化石、古脊椎动物化石罪是指盗掘国家保护的具有科学价值的古人类化石、古脊椎动物化石的行为。本罪的客体是国家文物保护管理制度和古人类化石、古脊椎动物化石的国家所有权。犯本罪的，处 3 年以上 10 年以下有期徒刑，并处罚金；情节较轻的，处 3 年以下有期徒刑、拘役或者管制，并处罚金。有下列情形之一的，处 10 年以上有期徒刑或者无期徒刑，并处罚金或者没收财产：（1）盗掘确定为全国重点文物保护单位和省级文物保护单位的古人类化石、古脊椎动物化石；（2）盗掘古人类化石、古脊椎动物化石集团的首要分子；（3）多次盗掘古人类化石、古脊椎动物化石的；（4）盗掘古人类化石、古脊椎动物化石，并盗窃珍贵化石或者造成珍贵化石严重破坏的。

（九）抢夺、窃取国有档案罪

根据《刑法》第 329 条的规定，抢夺、窃取国有档案罪是指抢夺、窃取国有档案的行为。本罪的客体是国家的档案管理制度和国有档案的所有权。犯罪对象是国有档案。根据我国《档案法》的规定，档案是指过去和现在的机关、团体、企业事业单位和其他组织以及个人从事经济、政治、文化、社会、生态文明、军事、外事、科技等方面活动直接形成的对国家和社会具有保存价值的各种文字、图表、声像等不同形式的历史记录。档案的复印件也属于档案的范畴。档案按照所有者的不同可以分为国家所有的档案、集体所有的档案和个人所有的档案三种，本罪所保护的仅是国家所有的档案。犯本罪的，处 5 年以下有期徒刑或者拘役。犯本罪同时又构成刑法规定的其他犯罪的，依照处罚较重的规定定罪处罚。

（十）擅自出卖、转让国有档案罪

根据《刑法》第329条的规定，擅自出卖、转让国有档案罪是指违反档案法的规定，擅自出卖、转让国有档案，情节严重的行为。本罪的客体是国家档案管理制度和档案的国家所有权。成立本罪必须是"情节严重"的行为。犯本罪的，处3年以下有期徒刑或者拘役，犯本罪同时又构成刑法规定的其他犯罪的，依照处罚较重的规定定罪处罚。

五、危害公共卫生罪的其他罪名

（一）妨害传染病防治罪

根据《刑法》第330条的规定，妨害传染病防治罪是指违反传染病防治法的规定，引起甲类传染病以及依法确定采取甲类传染病预防、控制措施的传染病传播或者有传播严重危险的行为。本罪的客体是犯罪行为所侵害的传染病管理制度和公共卫生安全。所谓甲类传染病，是指鼠疫、霍乱等。所谓依法确定采取甲类传染病预防、控制措施的传染病，主要是指传染性、传播速度、对人体危害程度与甲类传染病相当的其他严重传染病，例如乙类传染病中传染性非典型肺炎、炭疽中的肺炭疽、人感染高致病性禽流感等。需要采取甲类传染病的预防控制措施的严重传染病的种类，可由国务院卫生行政部门及时报经国务院批准后予以公布、实施。犯本罪的，处3年以下有期徒刑或者拘役；后果特别严重的，处3年以上7年以下有期徒刑。单位犯本罪的，对单位判处罚金，并对其直接负责的主管人员和其他直接责任人员，依照自然人犯本罪的规定处罚。

（二）传染病菌种、毒种扩散罪

根据《刑法》第331条的规定，传染病菌种、毒种扩散罪是指从事实验、保藏、携带、运输传染病菌种、毒种的人员，违反国务院卫生行政部门的有关规定，造成传染病菌种、毒种扩散，后果严重的行为。本罪的客体是国家关于传染病菌种、毒种实验、保藏、携带、运输的管理制度。犯本罪的，处3年以下有期徒刑或者拘役；后果特别严重的，处3年以上7年以下有期徒刑。

（三）妨害国境卫生检疫罪

根据《刑法》第332条的规定，妨害国境卫生检疫罪是指违反国境卫生检疫规定，引起检疫传染病传播或者有引起检疫传染病传播严重危险的行为。本罪的客体是国家的国境卫生检疫制度和公共卫生。自然人和单位均可构成本罪。犯本罪的，处3年以下有期徒刑或者拘役，并处或者单处罚金；单位犯本罪的，对单位判处罚金，并对其直接负责的主管人员和其直接责任人员，依照自然人犯本罪的规定处罚。

（四）非法组织卖血罪

根据《刑法》第333条的规定，非法组织卖血罪是指违反国家有关规定，组织他人出卖血液的行为。本罪的客体是国家血液采集、供应的管理秩序和公民的身体健康与生命安全。我国禁止血液买卖，血液交易本是违法行为，刑法对其中组织他人出卖血液的行为进行了规制，即采取引诱、雇佣、招募、纠集、串联、欺骗等手段，指挥、领导、安排、控制他人出卖血液的，均可构成本罪。犯本罪的，处5年以下有期徒刑，并处罚金。实施本罪行为而对他人造成伤害的，依照《刑法》第234条规定的故意伤害罪定罪处罚。[①]

（五）强迫卖血罪

根据《刑法》第333条的规定，强迫卖血罪是指以暴力、威胁方法强迫他人出卖血液的行为。本罪的客体是国家血液采集、供应的管理秩序和公民的身体健康与生命安全。犯本罪的，处5年以上10年以下有期徒刑，并处罚金。实施本罪行为而对他人造成伤害的，依照《刑法》第234条规定的故意伤害罪定罪处罚。

（六）非法采集、供应血液、制作、供应血液制品罪

根据《刑法》第334条第1款的规定，非法采集、供应血液、制作、供应血液制品罪是指非法采集、供应血液或者制作、供应血液制品，不符合国家规定的标准，足以危害人体健康的行为。本罪的客体是国家对血液的采集、供应和血液制品的制作、供应的管理制度以及公民的生命安全与身体健康。犯本罪的，处5年以下有期徒刑或者拘役，并处罚金；对人体健康造成严重危害的，处5年以上10年以下有期徒刑，并处罚金；造成特别严重后果的，处10年以上有期徒刑或者无期徒刑，并处罚金或者没收财产。

（七）采集、供应血液、制作、供应血液制品事故罪

根据《刑法》第334条第2款的规定，采集、供应血液、制作、供应血液制品事故罪是指经国家主管部门批准采集、供应血液或者制作、供应血液制品的部门，不依照规定进行检测或者违背其他操作规定，造成危害他人身体健康后果的行为。本罪的客体是国家对血液的采集、供应或血液制作、供应的管理制度和受血者的生命安全和身体健康。犯本罪的，对单位判处罚金，并对其直接负责的主管人员和其他直接责任人员，处5年以下有期徒刑或者拘役。

（八）非法采集人类遗传资源、走私人类遗传资源材料罪

根据《刑法》第334条之一的规定，非法采集人类遗传资源、走私人类遗传资源材料罪是指违反国家有关规定，非法采集我国人类遗传资源或者非法运送、邮寄、携带我国人类遗传资源材料出境，危害公众健康或者社会公共利益，情节严重的行为。本罪的客体是国家对人类遗传资源、人类遗传资源材料的管理制度。人类遗传资源，包括人类遗传资源材料和人类遗传资源信息。人类遗传资源材料是指含有人体基因组、基因等遗传物质的器官、组织、细胞等遗传材料。人类遗传资源信息是指利用人类遗传资源材料产生的数据等信息资料。犯本罪的，处3年以下有期徒刑、拘役或者管制，并处或者单处罚金；情节特别严重的，处3年以上7年以下有期徒刑，并处罚金。

（九）非法进行节育手术罪

根据《刑法》第336条第2款的规定，非法进行节育手术罪是指未取得医生执业资格的人擅自为他人进行节育复通手术、假节育手术、终止妊娠手术或者摘取宫内节育器，情节严重的行为。本罪的客体是国家计划生育制度和就诊人的身体健康、生命安全。犯

① 对《刑法》第333条第2款不能做机械性地适用，应当结合刑法基本原则和总则的相关规定，予以准确理解。由于非法组织卖血罪的法定刑重于故意伤害罪基本犯的法定刑，因此当非法组织卖血仅造成他人轻伤后果时，应当以本罪定罪论处。

本罪的，处3年以下有期徒刑、拘役或者管制，并处或者单处罚金；严重损害就诊人身体健康的，处3年以上10年以下有期徒刑，并处罚金；造成就诊人死亡的，处10年以上有期徒刑，并处罚金。

（十）非法植入基因编辑、克隆胚胎罪

根据《刑法》第336条之一的规定，非法植入基因编辑、克隆胚胎罪是指将基因编辑、克隆的人类胚胎植入人体或者动物体内，或者将基因编辑、克隆的动物胚胎植入人体内，情节严重的行为。本罪的客体是国家生物安全管理制度。本罪中的情节严重，是指行为严重违背科学伦理，基因编辑或克隆涉及人数多、影响大，产生恶劣社会影响，被基因编辑或克隆的人类胚胎实际出生等等。犯本罪的，处3年以下有期徒刑或者拘役，并处罚金；情节特别严重的，处3年以上7年以下有期徒刑，并处罚金。

（十一）妨害动植物防疫、检疫罪

根据《刑法》第337条的规定，妨害动植物防疫、检疫罪是指违反有关动植物防疫、检疫的国家规定，引起重大动植物疫情的，或者有引起重大动植物疫情危险，情节严重的行为。本罪的客体是国家对动植物的防疫、检疫秩序。犯本罪的，处3年以下有期徒刑或者拘役，并处或者单处罚金。单位犯本罪的，对单位判处罚金，并对其直接负责的主管人员和其他直接责任人员，依照上述规定处罚。

六、破坏环境资源保护罪的其他罪名

（一）非法处置进口的固体废物罪

根据《刑法》第339条第1款的规定，非法处置进口的固体废物罪是指违反国家规定，将境外的固体废物进境倾倒、堆放、处置的行为。本罪的客体是国家对固体废物进口利用的污染防治管理制度。根据我国《固体废物污染环境防治法》第124条的规定，固体废物，是指在生产、生活和其他活动中产生的丧失原有利用价值或者虽未丧失利用价值但被抛弃或者放弃的固态、半固态和置于容器中的气态的物品、物质以及法律、行政法规规定纳入固体废物管理的物品、物质。犯本罪的，处5年以下有期徒刑或者拘役，并处罚金；造成重大环境污染事故，致使公私财产遭受重大损失或者严重危害人体健康的，处5年以上10年以下有期徒刑，并处罚金；后果特别严重的，处10年以上有期徒刑，并处罚金。单位犯本罪的，对单位判处罚金，并对其直接负责的主管人员和其他直接责任人员，依照自然人犯本罪的规定处罚。

（二）擅自进口固体废物罪

根据《刑法》第339条第2款的规定，擅自进口固体废物罪是指未经国务院有关主管部门许可，擅自进口固体废物用作原料，造成重大环境污染事故，致使公私财产遭受重大损失或者严重危害人体健康的行为。本罪的客体是国家对固体废物进口利用的污染防治管理制度。犯本罪的，处5年以下有期徒刑或者拘役，并处罚金；后果特别严重的，处5年以上10年以下有期徒刑，并处罚金。单位犯本罪的，对单位判处罚金，对其直接负责的主管人员和其他直接责任人员，依照自然人犯本罪的规定处罚。

（三）非法捕捞水产品罪

根据《刑法》第340条的规定，非法捕捞水产品罪是指违反保护水产资源法规，在禁渔区、禁渔期或者使用禁用的工具、方法捕捞水产品，情节严重的行为。本罪的客体是国家保护水产资源的管理制度。犯本罪的，处3年以下有期徒刑、拘役、管制或者罚金。单位犯本罪的，对单位判处罚金，并对其直接负责的主管人员和其他直接责任人员，依照自然人犯本罪的规定处罚。

（四）危害珍贵、濒危野生动物罪

根据《刑法》第341条第1款的规定，危害珍贵、濒危野生动物罪是指非法猎捕、杀害国家重点保护的珍贵、濒危野生动物，或者非法收购、运输、出售国家重点保护的珍贵、濒危野生动物及其制品的行为。本罪的客体是国家珍贵、濒危野生动物保护制度。犯本罪的，处5年以下有期徒刑或者拘役，并处罚金；情节严重的，处5年以上10年以下有期徒刑，并处罚金；情节特别严重的，处10年以上有期徒刑，并处罚金或者没收财产。单位犯本罪的，对单位判处罚金，并对其直接负责的主管人员和其他直接责任人员，依照自然人犯本罪的规定处罚。

（五）非法狩猎罪

根据《刑法》第341条第2款的规定，非法狩猎罪是指违反狩猎法规，在禁猎区、禁猎期或者使用禁用的工具、方法进行狩猎，破坏野生动物资源，情节严重的行为。本罪的客体是国家对野生动物的保护制度。本罪的犯罪对象是珍贵、濒危野生动物以外的其他野生动物。非法狩猎行为同时触犯危害珍贵、濒危野生动物罪的，应根据行为性质与具体情况，以危害珍贵、濒危野生动物罪论处或者实行数罪并罚。犯本罪的，处3年以下有期徒刑、拘役、管制或者罚金。单位犯本罪的，对单位判处罚金，并对其直接负责的主管人员和其他直接责任人员，依照上述规定处罚。

（六）非法猎捕、收购、运输、出售陆生野生动物罪

根据《刑法》第341条第3款的规定，非法猎捕、收购、运输、出售陆生野生动物罪是指违反野生动物保护管理法规，以食用为目的非法猎捕、收购、运输、出售珍贵、濒危野生动物以外的在野外环境自然生长繁殖的陆生野生动物，情节严重的行为。本罪的客体是国家对陆生野生动物的保护制度。犯本罪的，处3年以下有期徒刑、拘役、管制或者罚金。单位犯本罪的，对单位判处罚金，并对其直接负责的主管人员和其他直接责任人员，依照上述规定处罚。

（七）非法占用农用地罪

根据《刑法》第342条的规定，非法占用农用地罪是指违反土地管理法规，非法占用耕地、林地等农用地，改变被占用土地用途，数量较大，造成耕地、林地等农用地大量毁坏的行为。本罪的客体是国家土地管理制度。犯本罪的，处5年以下有期徒刑或者拘役，并处或者单处罚金。单位犯本罪的，对单位判处罚金，并对其直接负责的主管人员和其他直接责任人，依照自然人犯本罪的规定处罚。

（八）破坏自然保护地罪

根据《刑法》第342条之一的规定，破坏自然保护地罪是指违反自然保护地管理法规，在国家公园、国家级自然保护区进行开垦、开发活动或者修建建筑物，造成严重后果或者有其他恶劣情节的行为。本罪的客体是国家对自然保护地的管理制度。犯本罪的，

处5年以下有期徒刑或者拘役，并处或者单处罚金。同时构成其他犯罪的，依照处罚较重的规定定罪处罚。单位犯本罪的，对单位判处罚金，并对其直接负责的主管人员和其他直接责任人，依照自然人犯本罪的规定处罚。

（九）非法采矿罪

根据《刑法》第343条第1款的规定，非法采矿罪是指违反矿产资源法的规定，未取得采矿许可证擅自采矿，擅自进入国家规划矿区、对国民经济具有重要价值的矿区和他人矿区范围采矿，或者擅自开采国家规定实行保护性开采的特定矿种，情节严重的行为。本罪的客体是国家的矿产资源保护制度。犯本罪的，处3年以下有期徒刑、拘役或者管制，并处或者单处罚金；情节特别严重的，处3年以上7年以下有期徒刑，并处罚金。单位犯本罪的，对单位判处罚金，并对其直接负责的主管人员和其他直接责任人员，依照上述规定处罚。

（十）破坏性采矿罪

根据《刑法》第343条第2款的规定，破坏性采矿罪是指违反矿产资源法的规定，采取破坏性的方法开采矿产资源，造成矿产资源严重破坏的行为。本罪的客体是国家的矿产资源保护制度。犯本罪的，处5年以下有期徒刑或者拘役，并处罚金。单位犯本罪的，对单位判处罚金，并对其直接负责的主管人员和其他直接责任人员，依照上述规定处罚。

（十一）危害国家重点保护植物罪

根据《刑法》第344条的规定，危害国家重点保护植物罪是指违反国家规定，非法采伐、毁坏珍贵树木或者国家重点保护的其他植物，或者非法收购、运输、加工、出售珍贵树木或者国家重点保护的其他植物及其制品的行为。本罪的客体是国家对重点植物的保护制度。犯本罪的，处3年以下有期徒刑、拘役或者管制，并处罚金；情节严重的，处3年以上7年以下有期徒刑，并处罚金。单位犯本罪的，对单位判处罚金，并对其直接负责的主管人员和其他直接责任人员，依照上述规定处罚。

（十二）非法引进、释放、丢弃外来入侵物种罪

根据《刑法》第344条之一的规定，非法引进、释放、丢弃外来入侵物种罪是指违反国家规定，非法引进、释放或者丢弃外来入侵物种，情节严重的行为。本罪的客体是我国对生物多样性和生态系统平衡的保护制度。犯本罪的，处3年以下有期徒刑或者拘役，并处或者单处罚金。单位犯本罪的，对单位判处罚金，并对其直接负责的主管人员和其他直接责任人员，依照上述规定处罚。

（十三）滥伐林木罪

根据《刑法》第345条第2款的规定，滥伐林木罪是指违反森林法的规定，滥伐森林或者其他林木，数量较大的行为。本罪的客体是国家的森林资源保护制度。本罪的犯罪对象是森林和其他林木。根据司法解释的规定，违反森林法的规定，在林木采伐许可证规定的地点以外采伐本单位或者本人所有的森林或者其他林木的，除农村居民采伐自留地和房前屋后个人所有的零星林木以外，数量较大的，应当以滥伐林木罪定罪处罚。犯本罪的，处3年以下有期徒刑、拘役或者管制，并处或者单处罚金；数量巨大的，处3

年以上 7 年以下有期徒刑，并处罚金。滥伐国家级自然保护区的森林或者其他林木的，从重处罚，即为本罪的从重处罚法定量刑情节。单位犯本罪的，对单位判处罚金，并对其直接负责的主管人员和其他直接责任人员，依照上述规定处罚。

（十四）非法收购、运输盗伐、滥伐的林木罪

根据《刑法》第 345 条第 3 款的规定，非法收购、运输盗伐、滥伐的林木罪是指非法收购、运输明知是盗伐、滥伐的林木，情节严重的行为。本罪的客体是国家的森林资源保护制度。犯本罪的，处 3 年以下有期徒刑、拘役或者管制，并处或者单处罚金；情节特别严重的，处 3 年以上 7 年以下有期徒刑，并处罚金。单位犯本罪的，对单位判处罚金，并对其直接负责的主管人员和其他直接责任人员，依照上述规定处罚。

七、走私、贩卖、运输、制造毒品罪的其他罪名

（一）非法持有毒品罪

根据《刑法》第 348 条的规定，非法持有毒品罪是指明知是毒品而非法持有且数量较大的行为。本罪的客体是犯罪所侵害的国家对毒品的管理制度和公民的身心健康。吸毒者在购买、运输、存储毒品过程中被查获的，如没有证据证明其是为了实施贩卖等其他毒品犯罪行为，毒品数量未超过本罪的数量最低标准的，一般不应定罪处罚；超过数量较大标准的，以本罪定罪处罚。非法持有鸦片 1 000 克以上、海洛因或者甲基苯丙胺 50 克以上或者其他毒品数量大的，处 7 年以上有期徒刑或者无期徒刑，并处罚金；非法持有鸦片 200 克以上不满 1 000 克、海洛因或者甲基苯丙胺 10 克以上不满 50 克或者其他毒品数量较大的，处 3 年以下有期徒刑、拘役或者管制，并处罚金；情节严重的，处 3 年以上 7 年以下有期徒刑，并处罚金。另外，根据《刑法》第 356 条的规定，因犯走私、贩卖、运输、制造毒品罪和本罪被判过刑，又犯本罪的，从重处罚，即为本罪的从重处罚法定量刑情节。

（二）包庇毒品犯罪分子罪

根据《刑法》第 349 条第 1 款的规定，包庇毒品犯罪分子罪是指明知是走私、贩卖、运输、制造毒品的犯罪分子而包庇的行为。本罪的客体是国家对毒品的管理秩序和司法秩序。本罪的对象仅限于走私、贩卖、运输、制造毒品的犯罪分子，其他毒品犯罪分子或者其他犯罪分子不是本罪包庇的对象。犯本罪的，处 3 年以下有期徒刑、拘役或者管制；情节严重的，处 3 年以上 10 年以下有期徒刑。另外，根据《刑法》第 349 条第 2 款、第 3 款与第 356 条的规定，缉毒人员或者其他国家机关工作人员掩护、包庇走私、贩卖、运输、制造毒品的犯罪分子的，依照本罪的规定从重处罚；犯本罪，事先通谋的，以走私、贩卖、运输、制造毒品罪的共犯论处；因走私、贩卖、运输、制造、非法持有毒品罪被判过刑，又犯本罪的，从重处罚，即为本罪的从重处罚法定量刑情节。

（三）窝藏、转移、隐瞒毒品、毒赃罪

根据《刑法》第 349 条第 1 款的规定，窝藏、转移、隐瞒毒品、毒赃罪是指明知是走私、贩卖、运输、制造毒品的犯罪分子的毒品或者犯罪所得的财物，而加以窝藏、转移、隐瞒的行为。本罪的客体是国家对毒品的管理秩序和司法秩序。窝藏，是指行为人

为犯罪分子藏匿毒品、毒赃；转移，是指行为人将犯罪分子的毒品、毒赃从一处运往另一处；隐瞒，是指明知是犯罪分子的毒品、毒赃而掩盖的行为。本罪的主观方面是故意，即行为人明知是走私、贩卖、运输、制造毒品的犯罪分子的毒品或者犯罪所得的财物，而加以窝藏、转移、隐瞒。根据《刑法》第349条第1款、第3款的规定，犯本罪的，处3年以下有期徒刑、拘役或者管制；情节严重的，处3年以上10年以下有期徒刑。犯本罪，事先通谋的，以走私、贩卖、运输、制造毒品罪的共犯论处。另外，《刑法》第356条规定，因走私、贩卖、运输、制造、非法持有毒品罪被判过刑，又犯本罪的，从重处罚，即为本罪的从重处罚法定量刑情节。

（四）非法生产、买卖、运输制毒物品、走私制毒物品罪

根据《刑法》第350条的规定，非法生产、买卖、运输制毒物品、走私制毒物品罪是指违反国家规定，非法生产、贩卖、运输醋酸酐、乙醚、三氯甲烷或者其他用于制造毒品的原料、配剂，或者携带上述物品进出境，情节较重的行为。本罪侵犯的客体是国家对制毒物品的管理制度。犯本罪的，处3年以下有期徒刑、拘役或者管制，并处罚金；情节严重的，处3年以上7年以下有期徒刑，并处罚金；情节特别严重的，处7年以上有期徒刑，并处罚金或者没收财产。明知他人制造毒品而为其生产、买卖、运输上述规定的物品的，以制造毒品罪的共犯论处。单位犯本罪的，对单位判处罚金，并对直接负责的主管人员和其他直接责任人员，依照上述规定处罚。因走私、贩卖、运输、制造、非法持有毒品罪被判过刑，又犯本罪的，从重处罚，即为本罪的从重处罚法定量刑情节。

（五）非法种植毒品原植物罪

根据《刑法》第351条的规定，非法种植毒品原植物罪是指违反国家毒品原植物种植管制法规，私自种植罂粟、大麻等毒品原植物，情节严重的行为。本罪的客体是国家毒品原植物种植管制制度。犯本罪的，处5年以下有期徒刑、拘役或者管制，并处罚金；非法种植罂粟3 000株以上或者其他毒品原植物数量大的，处5年以上有期徒刑，并处罚金或者没收财产。非法种植罂粟或者其他毒品原植物，在收获前自动铲除的，可以免除处罚。因走私、贩卖、运输、制造、非法持有毒品罪被判过刑，又犯本罪的，从重处罚，即为本罪的从重处罚法定量刑情节。

（六）非法买卖、运输、携带、持有毒品原植物种子、幼苗罪

根据《刑法》第352条的规定，非法买卖、运输、携带、持有毒品原植物种子、幼苗罪是指非法买卖、运输、携带、持有数量较大的未经灭活的罂粟等毒品原植物种子或者幼苗的行为。本罪的客体是国家对毒品原植物种子、幼苗的监管制度。犯本罪的，处3年以下有期徒刑、拘役或者管制，并处或者单处罚金。因走私、贩卖、运输、制造、非法持有毒品罪被判过刑，又犯本罪的，从重处罚，即为本罪的从重处罚法定量刑情节。

（七）引诱、教唆、欺骗他人吸毒罪

根据《刑法》第353条第1款的规定，引诱、教唆、欺骗他人吸毒罪是指引诱、教唆、欺骗他人吸食、注射毒品的行为。本罪的客体是国家对毒品的管制制度以及他人的身心健康权利。犯本罪的，处3年以下有期徒刑、拘役或者管制，并处罚金；情节严重的，处3年以上7年以下有期徒刑，并处罚金。引诱、教唆、欺骗未成年人吸食、注射

毒品的，从重处罚。因走私、贩卖、运输、制造、非法持有毒品罪被判过刑，又犯本罪的，从重处罚，即为本罪的从重处罚法定量刑情节。

（八）强迫他人吸毒罪

根据《刑法》第353条第2款的规定，强迫他人吸毒罪是指违背他人意志，以暴力、胁迫或者其他手段，迫使他人吸食、注射毒品的行为。本罪的客体是国家毒品的管制制度以及公民的身心健康。所谓强迫，即采用生理或心理的强制手段，迫使他人吸食、注射毒品的行为。如果强迫他人吸毒过程中意外造成他人重伤或死亡的结果，则属于过失致人重伤罪、过失致人死亡罪同本罪的想象竞合，应以本罪论处；若以伤害或杀人的故意实施强迫他人吸毒的行为，则构成故意伤害罪、故意杀人罪。犯本罪的，处3年以上10年以下有期徒刑，并处罚金。强迫未成年人吸食、注射毒品的，从重处罚。因走私、贩卖、运输、制造、非法持有毒品罪被判过刑，又犯本罪的，从重处罚，即为本罪的从重处罚法定量刑情节。

（九）容留他人吸毒罪

根据《刑法》第354条的规定，容留他人吸毒罪是指为他人吸食、注射毒品提供场所的行为。本罪的客体是国家对毒品的管制制度以及他人的身心健康权利。本罪的“场所”，泛指一切可供吸毒的空间。所谓容留，是指允许他人在自己管理的场所吸食、注射毒品或者为他人吸食、注射毒品提供场所的行为。犯本罪的，处3年以下有期徒刑、拘役或者管制，并处罚金。因走私、贩卖、运输、制造、非法持有毒品罪被判过刑，又犯本罪的，从重处罚，即为本罪的从重处罚法定量刑情节。

（十）非法提供麻醉药品、精神药品罪

根据《刑法》第355条的规定，非法提供麻醉药品、精神药品罪是指依法从事生产、运输、管理、使用国家管制的麻醉药品、精神药品的人员，违反国家规定，向吸食、注射毒品的人提供国家规定管制的能够使人形成瘾癖的麻醉药品、精神药品的行为。本罪的客体是国家对毒品的管制制度。犯本罪的，处3年以下有期徒刑或者拘役，并处罚金；情节严重的，处3年以上7年以下有期徒刑，并处罚金。向走私、贩卖毒品的犯罪分子或者以牟利为目的，向吸食、注射毒品的人提供国家规定管制的能够使人形成瘾癖的麻醉药品、精神药品的，依照《刑法》第347条的规定定罪处罚。单位犯本罪的，对单位判处罚金，并对其直接负责的主管人员和其他直接责任人员，依照自然人犯本罪的规定处罚。因走私、贩卖、运输、制造、非法持有毒品罪被判过刑，又犯本罪的，从重处罚，即为本罪的从重处罚法定量刑情节。

（十一）妨害兴奋剂管理罪

根据《刑法》第355条之一的规定，妨害兴奋剂管理罪是指引诱、教唆、欺骗运动员使用兴奋剂参加国内、国际重大体育竞赛，或者明知运动员参加上述竞赛而向其提供兴奋剂，情节严重的行为，或者组织、强迫运动员使用兴奋剂参加国内、国际重大体育竞赛的行为。本罪的客体是国家对兴奋剂的管理制度以及运动员的身心健康。兴奋剂目录由国务院体育主管部门会同国务院食品药品监督管理部门、国务院卫生主管部门、国务院商务主管部门和海关总署制定、调整并公布。国务院体育主管部门负责制定兴奋剂检测规则和兴奋剂检测计划并组织实施。需要注意，组织、强迫运动员使用兴奋剂参加国内、国际重大体育竞赛的行为的社会危害性更大，因此刑法没有对实施此类行为规定“情节严重”限制条件。犯本罪的，处3年以下有期徒刑或者拘役，并处罚金。组织、强迫运动员使用兴奋剂参加国内、国际重大体育竞赛的，从重处罚，即为本罪的从重处罚法定量刑情节。因走私、贩卖、运输、制造、非法持有毒品罪被判过刑，又犯本罪的，从重处罚，即为本罪的从重处罚法定量刑情节。

八、组织、强迫、引诱、容留、介绍卖淫罪的其他罪名

（一）协助组织卖淫罪

根据《刑法》第358条第4款的规定，协助组织卖淫罪是指为组织卖淫的人招募、运送人员或者有其他协助组织他人卖淫的行为。本罪的客体是国家对社会风尚的管理秩序。本罪的客观方面表现有二：一是为组织卖淫的人招募、运送人员，二是其他协助组织卖淫的行为。需要注意的是，招募、运送的人员不仅限于卖淫人员，还包括卖淫组织的管理者和其他参加者。所谓“其他协助组织他人卖淫的行为”，通常表现为充当保镖、打手、岗哨或居间介绍等行为。本罪是帮助行为实行化的典型立法，宗旨在于更加有效地打击组织、强迫卖淫的活动，因此为组织、强迫卖淫提供帮助的行为，不再认定为共犯，而应当以本罪论处。犯本罪的，处5年以下有期徒刑，并处罚金；情节严重的，处5年以上10年以下有期徒刑，并处罚金。

（二）引诱、容留、介绍卖淫罪

根据《刑法》第359条第1款的规定，引诱、容留、介绍卖淫罪是指以金钱、物质或其他利益诱使他人卖淫，或者为他人卖淫提供场所，或者为卖淫进行介绍的行为。本罪的客体是国家对社会风尚的管理秩序。本罪的对象既包括女性，也包括男性，但引诱行为的对象不包括幼女。本罪是选择性罪名，引诱、容留、介绍他人卖淫这三种行为，不论是同时实施还是只实施其中一种行为，均构成本罪。犯本罪的，处5年以下有期徒刑、拘役或者管制，并处罚金；情节严重的，处5年以上有期徒刑，并处罚金。另外，根据《刑法》第361条的规定，旅馆业、饮食服务业、文化娱乐业、出租汽车业等单位的人员，利用本单位的条件，引诱、容留、介绍他人卖淫的，依照自然人犯本罪的规定处罚。该单位的主要负责人犯本罪的，从重处罚，即为本罪的从重处罚法定量刑情节。

（三）引诱幼女卖淫罪

根据《刑法》第359条第2款的规定，引诱幼女卖淫罪是指引诱不满14周岁的幼女卖淫的行为。本罪的客体是国家对社会风尚的管理秩序和幼女的身心健康权利。本罪的犯罪对象限于不满14周岁的幼女。犯本罪的，处5年以上有期徒刑，并处罚金。

（四）传播性病罪

根据《刑法》第360条的规定，传播性病罪是指明知自己患有梅毒、淋病等严重性病而卖淫或者嫖娼的行为。本罪的客体是国家对社会风尚的管理秩序和公民的人身健康权利。本罪只要求行为人实施卖淫或者嫖娼的行为，至于实际是否已造成他人染上性病的结果，不影响本罪的成立。犯本罪的，处5年以下有期徒刑、拘役或者管制，并处罚金。

九、制作、贩卖、传播淫秽物品罪的其他罪名

（一）传播淫秽物品罪

根据《刑法》第 364 条第 1 款的规定，传播淫秽物品罪是指传播淫秽书刊、影片、音像、图片或者其他淫秽物品，情节严重的行为。本罪的客体是国家对与性道德风尚有关的文化市场的管理秩序。所谓情节严重，是指向他人传播淫秽的书刊、影片、音像、图片等出版物达 300 至 600 人次以上或者造成恶劣社会影响的。犯本罪的，处 2 年以下有期徒刑、拘役或者管制；向不满 18 周岁的未成年人传播淫秽物品的，从重处罚，即为本罪的从重处罚法定量刑情节。单位犯本罪的，对单位判处罚金，并对其直接负责的主管人员和其他直接责任人员，依照自然人犯本罪的规定处罚。

（二）组织播放淫秽音像制品罪

根据《刑法》第 364 条第 2 款的规定，组织播放淫秽音像制品罪是指组织播放淫秽的电影、录像等音像制品的行为。本罪的客体是国家对与性道德风尚有关的文化娱乐活动的管理秩序。犯本罪的，处 3 年以下有期徒刑、拘役或者管制，并处罚金；情节严重的，处 3 年以上 10 年以下有期徒刑，并处罚金；制作、复制淫秽的电影、录像等音像制品组织播放的，依照前述规定从重处罚，即为本罪的从重处罚法定量刑情节；向不满 18 周岁的未成年人传播淫秽物品的，从重处罚，即为本罪的从重处罚法定量刑情节。单位犯本罪的，对单位判处罚金，并对其直接负责的主管人员和其他直接责任人员，依照自然人犯本罪的规定处罚。

（三）为他人提供书号出版淫秽书刊罪

根据《刑法》第 363 条第 2 款的规定，为他人提供书号出版淫秽书刊罪是指违反国家书刊出版管理法规，为他人提供书号，出版淫秽书刊的行为。本罪的客体是国家书刊出版管理制度和国家对社会风尚的管理秩序。本罪是结果犯，必须发生了他人利用了行为人提供的书号出版淫秽书刊的结果。如果行为人故意为他人出版淫秽书刊提供书号，则应按《刑法》第 363 条第 1 款规定的出版淫秽物品牟利罪论处。犯本罪的，处 3 年以下有期徒刑、拘役或者管制，并处或者单处罚金。单位犯本罪的，对单位判处罚金，并对其直接负责的主管人员和其他直接责任人员，依照自然人犯本罪的规定处罚。

（四）组织淫秽表演罪

根据《刑法》第 365 条的规定，组织淫秽表演罪是指组织他人进行淫秽表演的行为。本罪的客体是社会风尚和国家对文艺演出活动的管理秩序。犯本罪的，处 3 年以下有期徒刑、拘役或者管制，并处罚金；情节严重的，处 3 年以上 10 年以下有期徒刑，并处罚金。单位犯本罪的，对单位判处罚金，并对其直接负责的主管人员和其他直接责任人员，依照自然人犯本罪的规定处罚。

所涉法律条文及司法文件

1. 最高人民法院、最高人民检察院、公安部《关于依法严肃查处拒不执行判决裁定

和暴力抗拒法院执行犯罪行为有关问题的通知》(2007年8月30日)

2. 最高人民法院、最高人民检察院《关于办理妨害预防、控制突发传染病疫情等灾害的刑事案件具体应用法律若干问题的解释》(2003年5月14日)

3. 公安部《关于公安机关处置信访活动中违法犯罪行为适用法律的指导意见》(2013年7月19日)

4. 最高人民法院、最高人民检察院、公安部《关于依法惩治妨害公共交通工具安全驾驶违法犯罪行为的指导意见》(2019年1月8日)

5. 最高人民法院《关于审理破坏森林资源刑事案件适用法律若干问题的解释》(2023年8月13日)

6. 最高人民法院、最高人民检察院《关于办理危害计算机信息系统安全刑事案件应用法律若干问题的解释》(2011年8月1日)

7. 最高人民法院、最高人民检察院、公安部《关于办理电信网络诈骗等刑事案件适用法律若干问题的意见》(2016年12月19日)

8. 最高人民法院、最高人民检察院、公安部、司法部、国家卫生和计划生育委员会《关于依法惩处涉医违法犯罪维护正常医疗秩序的意见》(2014年4月22日)

9. 最高人民法院《关于审理黑社会性质组织犯罪的案件具体应用法律若干问题的解释》(2000年12月5日)

10. 最高人民法院、最高人民检察院、公安部《办理黑社会性质组织犯罪案件座谈会纪要》(2009年12月9日)

11. 最高人民法院、最高人民检察院、公安部、司法部《关于办理黑社会性质组织犯罪案件若干问题的规定》(2012年9月11日)

12. 《全国部分法院审理黑社会性质组织犯罪案件工作座谈会纪要》(2015年10月13日)

13. 最高人民法院、最高人民检察院、公安部、司法部《关于办理黑恶势力犯罪案件若干问题的指导意见》(2018年1月16日)

14. 最高人民法院、最高人民检察院、公安部、司法部《关于办理恶势力刑事案件若干问题的意见》(2019年2月28日)

15. 最高人民法院、最高人民检察院、公安部《关于依法严肃查处拒不执行判决、裁定和暴力抗拒法院执行犯罪行为有关问题的通知》(2007年8月30日)

16. 最高人民法院、最高人民检察院《关于办理非法采供血液等刑事案件具体应用法律若干问题的解释》(2008年9月22日)

17. 最高人民法院、最高人民检察院《关于办理危害药品安全刑事案件适用法律若干问题的解释》(2022年3月3日)

18. 最高人民法院、最高人民检察院《关于办理环境污染刑事案件适用法律若干问题的解释》(2023年8月8日)

19. 最高人民法院、最高人民检察院、公安部、司法部、生态环境部《关于办理环境污染刑事案件有关问题座谈会纪要》(2019年2月20日)

20. 最高人民法院《关于审理破坏土地资源刑事案件具体应用法律若干问题的解释》

(2000年6月19日)

21. 最高人民法院《关于审理破坏森林资源刑事案件适用法律若干问题的解释》(2023年8月13日)

22. 最高人民法院、最高人民检察院、公安部《办理毒品犯罪案件适用法律若干问题的意见》(2007年12月18日)

23. 《全国部分法院审理毒品犯罪案件工作座谈会纪要》(2008年12月1日)

24. 《全国法院毒品犯罪审判工作座谈会纪要》(2015年5月18日)

25. 最高人民法院《关于审理毒品犯罪案件适用法律若干问题的解释》(2016年4月6日)

思考题

1. 妨害公务罪有哪些行为表现?妨害公务罪中公务活动的合法性如何认定?

2. 招摇撞骗罪与诈骗罪的关系是法条竞合还是想象竞合?如何区分招摇撞骗罪与诈骗罪?

3. 聚众扰乱社会秩序罪有哪些构成特征?

4. 如何区分聚众斗殴罪与故意伤害罪、故意杀人罪?

5. 如何界分寻衅滋事罪与违反《治安管理处罚法》的行为?如何理解寻衅滋事罪有哪些行为表现?

6. 如何理解黑社会性质组织的基本特征?黑社会性质组织犯罪与单位犯罪有何联系与区别?组织、领导、参加黑社会性质组织罪与其他犯罪数罪并罚时是否涉嫌重复评价?

7. 伪证罪的主体范围有哪些?犯罪人教唆同案犯在刑事诉讼过程中作伪证是否构成伪证罪的共犯?

8. 妨害传染病防治罪的主观罪过是故意还是过失?如何区分妨害传染病防治罪与妨害公务罪?

9. 如何区分医疗事故罪与过失致人重伤罪、过失致人死亡罪?如何认定医疗事故罪中的“严重不负责任”?

10. 污染环境罪有哪些行为表现?如何认定污染环境罪中的因果关系?

11. 如何区分走私、贩卖、运输、制造毒品罪与非法持有毒品罪?运输毒品罪与非法持有毒品罪是否为法条竞合关系?

12. 毒品犯罪中毒品数量应当如何计算?对定罪量刑会产生何种影响?毒品犯罪的再犯如何认定?如何看待毒品犯罪的死刑判决?

第四编

经济管理类犯罪

第十章 商品、知产类经济管理犯罪

内容导读

生产、销售伪劣商品罪与侵犯知识产权罪是两类关系较为密切的破坏社会主义市场经济秩序犯罪。生产、销售伪劣商品罪多属于法定犯（行政犯），存在与行政法规的衔接问题，对其罪名可以划分为抽象危险犯、具体危险犯和实害犯三种类型，在学习时要注意每个罪名所对应的具体类型。生产、销售伪劣产品罪与其他具体罪名之间是一般罪与特殊罪的法条竞合关系。知识产权本身所具有的内容丰富、种类多样和特质差异的特点，决定了依法合理确定刑事保护的尺度，严格区分知识产权刑事保护与知识产权民事、行政保护的界限至关重要。此外还需要正确把握犯罪数额在侵犯知识产权类犯罪定罪量刑中的重要作用，同时注意侵犯知识产权犯罪与生产、销售伪劣商品犯罪的联系。

第一节　生产、销售伪劣商品罪

一、生产、销售伪劣商品罪概述

（一）概念和特征

生产、销售伪劣商品罪，是指违反产品质量管理法律法规，故意生产、销售伪劣商品，扰乱社会主义市场经济秩序和侵犯消费者合法权益，依照刑法应受刑罚处罚的行为。

作为类罪名，生产、销售伪劣商品罪的犯罪构成具有以下共性特征：

本类犯罪侵犯的直接客体是我国刑法所保护的而为营利性非法生产、销售活动所扰乱的产品质量管理秩序和所侵犯的消费者合法权益。其中，前者是主要的同类客体，后者是次要的同类客体。

本类犯罪的客观方面表现为，违反产品质量管理法律法规，故意生产、销售伪劣商品，扰乱社会主义市场经济秩序和侵犯消费者合法权益，依照刑法应受刑罚处罚的行为。通常包括四种行为方式，即“在产品中掺杂、掺假”“以假充真”“以次充好”“以不合格产品冒充合格产品”。

根据最高人民法院、最高人民检察院《关于办理生产、销售伪劣商品刑事案件具体应用法律若干问题的解释》第 1 条的规定，“在产品中掺杂、掺假”，是指在产品中掺入杂质或者异物，致使产品质量不符合国家法律、法规或者产品明示质量标准规定的质量要求，降低、失去应有使用性能的行为。“以假充真”，是指以不具有某种使用性能的产品冒充具有该种使用性能的产品的行为。“以次充好”，是指以低等级、低档次产品冒充高等级、高档次产品，或者以残次、废旧零配件组合、拼装后冒充正品或者新产品的行为。“不合格产品”，是指不符合《产品质量法》第26条第2款规定的质量要求的产品。对本条规定的上述行为难以确定的，应当委托法律、行政法规规定的产品质量检验机构进行鉴定。

根据《产品质量法》第26条第2款的规定，产品质量应当符合下列要求：(1) 不存在危及人身、财产安全的不合理的危险，有保障人体健康和人身、财产安全的国家标准、行业标准的，应当符合该标准；(2) 具备产品应当具备的使用性能，但是，对产品存在使用性能的瑕疵作出说明的除外；(3) 符合在产品或者其包装上注明采用的产品标准，符合以产品说明、实物样品等方式表明的质量状况。根据《产品质量法》第2条第2款的规定，这里的“产品”是指经过加工、制作，用于销售的产品。又根据《产品质量法》第2条第3款的规定，建设工程不适用本法规定；但是，建设工程使用的建筑材料、建筑构配件和设备，属于前款规定的产品范围的，适用本法规定。在本类犯罪中，这里的“产品”等同于“商品”，二者并无本质区别。

本类犯罪的主体是自然人或单位，表现为生产者和销售者两类。生产者，即产品的制造者（含产品的加工者）；销售者，即产品的批量或零散经销售卖者（含产品的直销者）。根据《关于办理生产、销售伪劣商品刑事案件具体应用法律若干问题的解释》第12条的规定，国家机关工作人员参与生产、销售伪劣商品犯罪的，从重处罚。

本类犯罪的主观方面为故意，即行为人明知是伪劣商品而予以生产、销售。

（二）犯罪的种类

根据我国《刑法》分则第三章第一节的规定，生产、销售伪劣商品罪共有10个罪名，分别是生产、销售伪劣产品罪，生产、销售、提供假药罪，生产、销售、提供劣药罪，妨害药品管理罪，生产、销售不符合安全标准的食品罪，生产、销售有毒、有害食品罪，生产、销售不符合标准的医用器材罪，生产、销售不符合安全标准的产品罪，生产、销售伪劣农药、兽药、化肥、种子罪，生产、销售不符合卫生标准的化妆品罪。

具体可以分为以下三种类型：

抽象危险犯，包括生产、销售、提供假药罪，生产、销售有毒、有害食品罪。

具体危险犯，包括妨害药品管理罪，生产、销售不符合安全标准的食品罪，生产、销售不符合标准的医用器材罪。

实害犯，包括生产、销售伪劣产品罪，生产、销售、提供劣药罪，生产、销售不符合安全标准的产品罪，生产、销售伪劣农药、兽药、化肥、种子罪，生产、销售不符合卫生标准的化妆品罪。

（三）个罪关系

生产、销售伪劣商品罪中的10种具体犯罪，据《刑法》第149条的规定，它们是一般罪与特别罪的法条竞合关系。《刑法》第149条规定，生产、销售第141条至第148条所列产品，不构成各该条规定的犯罪，但是销售金额在5万元以上的，依照第140条的规定定罪处罚。生产、销售第141条至第148条所列产品，构成各该条规定的犯罪，同时又构成第140条规定之罪的，依照处罚较重的规定定罪处罚。由此可知，第140条规定的生产、销售伪劣产品罪是一般罪，第 141 条至第 148 条规定的犯罪是特别罪。

以上一般罪与特别罪关系的处理，原则上遵循“特别法优于一般法”的规则，即在生产、销售《刑法》第 141 条至第 148 条所列产品既符合特别罪要件又符合一般罪要件时，以特别罪处理。但基于罪责刑相适应原则，还须兼顾“重法优于轻法”的规则，即在生产、销售《刑法》第 141 条至第 148 条所列产品既符合特别罪要件又符合一般罪要件时，依照处罚较重的规定定罪处罚。

（四）罪数形态

根据最高人民法院、最高人民检察院《关于办理生产、销售伪劣商品刑事案件具体应用法律若干问题的解释》第 10 条的规定，实施生产、销售伪劣商品犯罪，同时构成侵犯知识产权、非法经营等其他犯罪的，依照处罚较重的规定定罪处罚。该解释第 11 条规定，实施《刑法》第 140 条至第 148 条规定的犯罪，又以暴力、威胁方法抗拒查处，构成其他犯罪的，依照数罪并罚的规定处罚。前者是想象竞合犯，择一重罪处断；后者是牵连犯，原则上从一重罪处断，刑法分则特别规定为数罪的，按数罪并罚的原则和方法予以并罚。

（五）共犯问题

根据最高人民法院、最高人民检察院《关于办理生产、销售伪劣商品刑事案件具体应用法律若干问题的解释》第 9 条的规定，知道或者应当知道他人实施生产、销售伪劣商品犯罪，而为其提供贷款、资金、账号、发票、证明、许可证件，或者提供生产、经营场所或者运输、仓储、保管、邮寄等便利条件，或者提供制假生产技术的，以生产、销售伪劣商品犯罪的共犯论处。

二、生产、销售伪劣商品罪的重点罪名

（一）生产、销售伪劣产品罪

1. 概念和特征

生产、销售伪劣产品罪，是指生产者、销售者故意在产品中掺杂、掺假，以假充真，以次充好或者以不合格产品冒充合格产品，销售金额在 5 万元以上的行为。

本罪侵犯的直接客体是我国刑法所保护的而为非法生产、销售伪劣产品行为所侵犯的产品质量管理秩序以及消费者的合法权益。

本罪在客观方面表现为生产者、销售者在产品中掺杂、掺假，以假充真，以次充好或者以不合格产品冒充合格产品，销售金额在 5 万元以上的行为。根据最高人民法院、最高人民检察院《关于办理生产、销售伪劣商品刑事案件具体应用法律若干问题的解释》第 2 条第 1 款的规定，《刑法》第 140 条、第 149 条规定的“销售金额”，是指生产者、销售者出售伪劣产品后所得和应得的全部违法收入。该解释第 2 条第 4 款规定，多次实施生产、销售伪劣产品行为，未经处理的，伪劣产品的销售金额或者货值金额累计计算。

本罪的主体是一般主体，自然人和单位都可以成为本罪的主体。

本罪的主观方面是故意，即行为人明知自己在生产、销售的产品中掺杂、掺假，以假充真，以次充好或者以不合格产品冒充合格产品的行为会发生扰乱产品质量管理秩序

和侵犯消费者合法权益的后果，仍然希望或放任该结果发生。

2. 犯罪认定

(1) 罪与非罪。

对于过失生产、销售伪劣产品的，以及没有扰乱产品质量管理秩序或者将侵犯消费者合法权益的劣质产品降价销售等行为，均不构成生产、销售伪劣产品罪。对于过失生产、销售伪劣产品并造成严重后果的行为，可以构成过失以危险方法危害公共安全罪。

根据最高人民法院、最高人民检察院《关于办理生产、销售伪劣商品刑事案件具体应用法律若干问题的解释》第2条第2款、第3款的规定，伪劣产品尚未销售，货值金额达到《刑法》第140条规定的销售金额3倍以上的，以生产、销售伪劣产品罪（未遂）定罪处罚。货值金额以违法生产、销售的伪劣产品的标价计算；没有标价的，按照同类合格产品的市场中间价格计算。货值金额难以确定的，按照1997年4月22日国家计划委员会、最高人民法院、最高人民检察院、公安部联合发布的《扣押、追缴、没收物品估价管理办法》的规定，委托指定的估价机构确定。

销售金额未达到5万元的生产、销售伪劣产品的行为是否构成犯罪？需要区分是否是特定产品以及间接故意与直接故意。若是属于《刑法》第141条至第148条规定的特定产品，则有可能构成这些特定犯罪。在不属于以上特定犯罪的情况下，若行为人主观上为间接故意，则不构成犯罪，按一般违法行为处理；若行为人主观上为直接故意，则对不属于《刑法》第13条“情节显著轻微危害不大”情形的，可以成立生产、销售伪劣产品罪的未遂。

(2) 罪数问题。

对于生产、销售伪劣产品罪同时触犯诈骗罪的，属想象竞合，择一重罪论处。

3. 处罚

据《刑法》第140条的规定，犯本罪，销售金额5万元以上不满20万元的，处2年以下有期徒刑或者拘役，并处或者单处销售金额50%以上2倍以下罚金；销售金额20万元以上不满50万元的，处2年以上7年以下有期徒刑，并处销售金额50%以上2倍以下罚金；销售金额50万元以上不满200万元的，处7年以上有期徒刑，并处销售金额50%以上2倍以下罚金；销售金额200万元以上的，处15年有期徒刑或者无期徒刑，并处销售金额50%以上2倍以下罚金或者没收财产。根据《刑法》第150条的规定，单位犯生产、销售伪劣产品罪的，对单位判处罚金，并对其直接负责的主管人员和其他直接责任人员，依照《刑法》第140条的规定处罚。

(二) 生产、销售、提供假药罪

1. 概念和特征

生产、销售、提供假药罪，是指生产者、销售者违反药品管理法律法规，故意生产、销售假药的行为以及药品使用单位的人员明知是假药而提供给他人使用的行为。

本罪的直接客体是我国刑法所保护的而为非法生产、销售、提供假药行为所扰乱的药品管理秩序以及患者的生命、健康等权益。

本罪在客观方面表现为生产者、销售者违反药品管理法律法规，故意生产、销售假药的行为以及药品使用单位的人员明知是假药而提供给他人使用的行为。

根据最高人民法院、最高人民检察院《关于办理危害药品安全刑事案件适用法律若干问题的解释》第 6 条第 1 款的规定，以生产、销售、提供假药、劣药为目的，合成、精制、提取、储存、加工炮制药品原料，或者在将药品原料、辅料、包装材料制成成品过程中，进行配料、混合、制剂、储存、包装的，应当认定为《刑法》第 141 条、第 142 条规定的“生产”。

本罪的主体是一般主体，自然人和单位都可以成为本罪的主体。

本罪在主观方面是故意，即行为人明知自己生产、销售、提供假药的行为会发生扰乱药品管理秩序和侵犯患者的生命、健康等权益的危险，仍然希望或放任该结果发生。

2. 犯罪认定

（1）“假药”的认定。

这里的“假药”，是依据《药品管理法》的规定而认定的假药。《药品管理法》第 98 条第 2 款规定：“有下列情形之一的，为假药：（一）药品所含成份与国家药品标准规定的成份不符；（二）以非药品冒充药品或者以他种药品冒充此种药品；（三）变质的药品；（四）药品所标明的适应症或者功能主治超出规定范围。”根据《药品管理法》的规定，依照药品管理法必须批准而未经批准进口的药物，不再认定为假药。对于是否属于假药难以确定的，可以根据地市级以上药品监督管理部门出具的认定意见等相关材料进行认定。必要时，可以委托省级以上药品监督管理部门设置或者确定的药品检验机构进行检验。

（2）罪与非罪。

本罪是行为犯，原则上只要实施了生产、销售、提供假药的行为就成立犯罪并且既遂，除非符合《刑法》第 13 条关于情节显著轻微危害不大的但书规定。根据最高人民检察院、公安部《关于公安机关管辖的刑事案件立案追诉标准的规定（一）的补充规定》的规定，生产、销售假药的，应予立案追诉。但销售少量根据民间传统配方私自加工的药品，或者销售少量未经批准进口的国外、境外药品，没有造成他人伤害后果或者延误诊治，情节显著轻微危害不大的除外。

对于过失生产、销售、提供假药的，不构成生产、销售、提供假药罪。对于过失生产、销售、提供假药并造成严重后果的行为，在危害公共安全的情况下，可以构成过失以危险方法危害公共安全罪。

（3）共犯问题。

根据最高人民法院、最高人民检察院《关于办理危害药品安全刑事案件适用法律若干问题的解释》第 9 条的规定，明知他人实施危害药品安全犯罪，而有下列情形之一的，以共同犯罪论处：1）提供资金、贷款、账号、发票、证明、许可证件的；2）提供生产、经营场所、设备或者运输、储存、保管、邮寄、销售渠道等便利条件的；3）提供生产技术或者原料、辅料、包装材料、标签、说明书的；4）提供虚假药物非临床研究报告、药物临床试验报告及相关材料的；5）提供广告宣传的；6）提供其他帮助的。

3. 处罚

《刑法》第 141 条规定，生产、销售假药的，处 3 年以下有期徒刑或者拘役，并处罚金；对人体健康造成严重危害或者有其他严重情节的，处 3 年以上 10 年以下有期徒刑，并处罚金；致人死亡或者有其他特别严重情节的，处10年以上有期徒刑、无期徒刑或者死刑，并处罚金或者没收财产。药品使用单位的人员明知是假药而提供给他人使用的，依照前款的规定处罚。

根据最高人民法院、最高人民检察院《关于办理危害药品安全刑事案件适用法律若干问题的解释》第1条的规定，生产、销售、提供假药，具有下列情形之一的，应当酌情从重处罚：（1）涉案药品以孕产妇、儿童或者危重病人为主要使用对象的；（2）涉案药品属于麻醉药品、精神药品、医疗用毒性药品、放射性药品、生物制品，或者以药品类易制毒化学品冒充其他药品的；（3）涉案药品属于注射剂药品、急救药品的；（4）涉案药品系用于应对自然灾害、事故灾难、公共卫生事件、社会安全事件等突发事件的；（5）药品使用单位及其工作人员生产、销售假药的；（6）其他应当酌情从重处罚的情形。

根据该解释第2条的规定，生产、销售、提供假药，具有下列情形之一的，应当认定为《刑法》第141条规定的“对人体健康造成严重危害”：（1）造成轻伤或者重伤的；（2）造成轻度残疾或者中度残疾的；（3）造成器官组织损伤导致一般功能障碍或者严重功能障碍的；（4）其他对人体健康造成严重危害的情形。

根据该解释第3条的规定，生产、销售、提供假药，具有下列情形之一的，应当认定为《刑法》第141条规定的“其他严重情节”：（1）引发较大突发公共卫生事件的；（2）生产、销售、提供假药的金额20万元以上不满50万元的；（3）生产、销售、提供假药的金额10万元以上不满20万元，并具有本解释第1条规定情形之一的；（4）根据生产、销售、提供的时间、数量、假药种类、对人体健康危害程度等，应当认定为情节严重的。

根据该解释第4条的规定，生产、销售、提供假药，具有下列情形之一的，应当认定为《刑法》第141条规定的“其他特别严重情节”：（1）致人重度残疾以上的；（2）造成3人以上重伤、中度残疾或者器官组织损伤导致严重功能障碍的；（3）造成5人以上轻度残疾或者器官组织损伤导致一般功能障碍的；（4）造成10人以上轻伤的；（5）引发重大、特别重大突发公共卫生事件的；（6）生产、销售、提供假药的金额50万元以上的；（7）生产、销售、提供假药的金额20万元以上不满50万元，并具有本解释第1条规定情形之一的；（8）根据生产、销售、提供的时间、数量、假药种类、对人体健康危害程度等，应当认定为情节特别严重的。根据该解释第20条的规定，对于生产、提供药品的金额，以药品的货值金额计算；销售药品的金额，以所得和可得的全部违法收入计算。

根据《刑法》第150条的规定，单位犯生产、销售、提供假药罪的，对单位判处罚金，并对其直接负责的主管人员和其他直接责任人员，依照《刑法》第141条的规定处罚。

（三）妨害药品管理罪

1. 概念和特征

妨害药品管理罪，是指行为人违反药品管理法规，生产、销售国务院药品监督管理部门禁止使用的药品，未取得药品相关批准证明文件生产、进口药品或者明知是上述药品而销售，在药品申请注册中提供虚假的证明、数据、资料、样品或者采取其他欺骗手段，以及编造生产、检验记录，足以严重危害人体健康的行为。

本罪的直接客体是我国刑法所保护的而为妨害药品管理的行为所扰乱的药品安全管理秩序。

本罪在客观方面表现为行为人违反药品管理法规，生产、销售国务院药品监督管理部门禁止使用的药品，未取得药品相关批准证明文件生产、进口药品或者明知是上述药品而销售，在药品申请注册中提供虚假的证明、数据、资料、样品或者采取其他欺骗手段，以及编造生产、检验记录，足以严重危害人体健康的行为。

本罪的主体是一般主体，自然人和单位都可成为本罪的主体。

本罪在主观方面是故意，即行为人明知自己妨害药品管理的行为会扰乱药品管理秩序，仍然希望或放任该结果发生。

2. 犯罪认定

（1）罪与非罪。

本罪为具体危险犯，以“足以严重危害人体健康”为客观方面的要件，如果行为人实施的妨害药品管理的行为不能达到足以严重危害人体健康的具体危险程度，就不能将其行为认定为犯罪。

（2）罪数形态。

根据《刑法》第 142 条之一的规定，有妨害药品管理的行为同时又构成《刑法》第 141 条、第 142 条规定之罪或者其他犯罪的，依照处罚较重的规定定罪处罚。

3. 处罚

根据《刑法》第 142 条之一的规定，违反药品管理法规，妨害药品管理的行为，足以严重危害人体健康的，处 3 年以下有期徒刑或者拘役，并处或者单处罚金；对人体健康造成严重危害或者有其他严重情节的，处 3 年以上 7 年以下有期徒刑，并处罚金。

（四）生产、销售有毒、有害食品罪

1. 概念和特征

生产、销售有毒、有害食品罪，是指生产者、销售者违反食品安全管理法律法规，在生产、销售的食品中掺入有毒、有害的非食品原料的，或者销售明知是掺入有毒、有害的非食品原料的食品的行为。

本罪的直接客体是我国刑法所保护的而为非法生产、销售有毒、有害食品行为所扰乱的食品安全管理秩序以及消费者的合法权益。

本罪在客观方面表现为生产者、销售者违反食品安全管理法律法规，在生产、销售的食品中掺入有毒、有害的非食品原料的，或者销售明知是掺入有毒、有害的非食品原料的食品的行为。根据最高人民法院、最高人民检察院《关于办理危害食品安全刑事案件适用法律若干问题的解释》第 11 条的规定，在食品生产、销售、运输、贮存等过程中，掺入有毒、有害的非食品原料，或者使用有毒、有害的非食品原料生产食品的，依照《刑法》第 144 条的规定以生产、销售有毒、有害食品罪定罪处罚。在食用农产品种植、养殖、销售、运输、贮存等过程中，使用禁用农药、食品动物中禁止使用的药品及其他化合物等有毒、有害的非食品原料，适用前款的规定定罪处罚。在保健食品或者其他食品中非法添加国家禁用药物等有毒、有害的非食品原料的，适用第 1 款的规定定罪

处罚。

本罪的主体是一般主体，自然人和单位都可成为本罪的主体。

本罪在主观方面是故意，即行为人明知生产、销售有毒、有害食品的行为会扰乱食品安全管理秩序以及侵害消费者的合法权益，仍然希望或放任该结果的发生。

2. 犯罪认定

(1)“有毒、有害的非食品原料”的认定。

根据最高人民法院、最高人民检察院《关于办理危害食品安全刑事案件适用法律若干问题的解释》第 9 条的规定，下列物质应当认定为“有毒、有害的非食品原料”：1）因危害人体健康，被法律、法规禁止在食品生产经营活动中添加、使用的物质；2）因危害人体健康，被国务院有关部门列入《食品中可能违法添加的非食用物质名单》《保健食品中可能非法添加的物质名单》和国务院有关部门公告的禁用农药、《食品动物中禁止使用的药品及其他化合物清单》等名单上的物质；3）其他有毒、有害的物质。

(2) 罪与非罪。

本罪是抽象危险犯，原则上只要“在生产、销售的食品中掺入有毒、有害的非食品原料的，或者销售明知掺有有毒、有害的非食品原料的食品”，就成立犯罪并且既遂，除非符合《刑法》第 13 条关于情节显著轻微危害不大的但书规定。根据最高人民检察院、公安部《关于公安机关管辖的刑事案件立案追诉标准的规定（一）的补充规定》，在生产、销售的食品中掺入有毒、有害的非食品原料的，或者销售明知掺有有毒、有害的非食品原料的食品的，应予立案追诉。

(3) 罪数形态。

根据最高人民法院、最高人民检察院《关于办理危害食品安全刑事案件适用法律若干问题的解释》第 13 条的规定，生产、销售有毒、有害食品，符合《刑法》第 144 条的规定的，以生产、销售有毒、有害食品罪定罪处罚。同时构成其他犯罪的，依照处罚较重的规定定罪处罚。

(4) 共犯问题。

根据最高人民法院、最高人民检察院《关于办理危害食品安全刑事案件适用法律若干问题的解释》第 14 条的规定，明知他人生产、销售不符合食品安全标准的食品，有毒、有害食品，具有下列情形之一的，以生产、销售不符合安全标准的食品罪或者生产、销售有毒、有害食品罪的共犯论处：1）提供资金、贷款、账号、发票、证明、许可证件的；2）提供生产、经营场所或者运输、贮存、保管、邮寄、销售渠道等便利条件的；3）提供生产技术或者食品原料、食品添加剂、食品相关产品或者有毒、有害的非食品原料的；4）提供广告宣传的；5）提供其他帮助行为的。

3. 处罚

《刑法》第 144 条规定：犯本罪的，处 5 年以下有期徒刑，并处罚金；对人体健康造成严重危害或者有其他严重情节的，处 5 年以上 10 年以下有期徒刑，并处罚金；致人死亡或者有其他特别严重情节的，依照本法第 141 条的规定处罚。

根据最高人民法院、最高人民检察院《关于办理危害食品安全刑事案件适用法律若干问题的解释》第 6 条的规定，生产、销售有毒、有害食品，具有本解释第 2 条规定情形之一的，即（1）造成轻伤以上伤害的；（2）造成轻度残疾或者中度残疾的；（3）造成器官组织损伤导致一般功能障碍或者严重功能障碍的；（4）造成10人以上严重食物中毒或者其他严重食源性疾病的；（5）其他对人体健康造成严重危害的情形，应当认定为《刑法》第144条规定的“对人体健康造成严重危害”。

根据该解释第7条的规定，生产、销售有毒、有害食品，具有下列情形之一的，应当认定为《刑法》第144条规定的“其他严重情节”：（1）生产、销售金额20万元以上不满50万元的；（2）生产、销售金额10万元以上不满20万元，有毒、有害食品数量较大或者生产、销售持续时间6个月以上的；（3）生产、销售金额10万元以上不满20万元，属于特殊医学用途配方食品、专供婴幼儿的主辅食品的；（4）生产、销售金额10万元以上不满20万元，且在中小学校园、托幼机构、养老机构及周边面向未成年人、老年人销售的；（5）生产、销售金额10万元以上不满20万元，曾因危害食品安全犯罪受过刑事处罚或者2年内因危害食品安全违法行为受过行政处罚的；（6）有毒、有害的非食品原料毒害性强或者含量高的；（7）其他情节严重的情形。

根据该解释第8条的规定，生产、销售有毒、有害食品，生产、销售金额50万元以上，或者具有本解释第4条第2项至第6项规定的情形之一的，即造成重度残疾以上的；造成3人以上重伤、中度残疾或者器官组织损伤导致严重功能障碍的；造成10人以上轻伤、5人以上轻度残疾或者器官组织损伤导致一般功能障碍的；造成30人以上严重食物中毒或者其他严重食源性疾病的；其他特别严重的后果，应当认定为《刑法》第144条规定的“其他特别严重情节”。

对于生产、销售有毒、有害食品行为，在致人死亡或者有其他特别严重情节时，依照《刑法》第141条的规定，处10年以上有期徒刑、无期徒刑或者死刑，并处罚金或者没收财产。本罪与《刑法》第141条规定的生产、销售、提供假药罪是本类犯罪中可选择适用死刑的两种犯罪。

根据《刑法》第150条的规定，单位犯生产、销售有毒、有害食品罪的，对单位判处罚金，并对其直接负责的主管人员和其他直接责任人员，依照《刑法》第144条的规定处罚。

三、生产、销售伪劣商品罪的其他罪名

（一）生产、销售、提供劣药罪

根据《刑法》第142条的规定，所谓生产、销售、提供劣药罪是指生产、销售、提供劣药，对人体健康造成严重危害的行为。犯本罪的，处3年以上10年以下有期徒刑，并处罚金；后果特别严重的，处10年以上有期徒刑或者无期徒刑，并处罚金或者没收财产。药品使用单位的人员明知是劣药而提供给他人使用的，依照前述规定处罚。

（二）生产、销售不符合安全标准的食品罪

根据《刑法》第143条的规定，生产、销售不符合食品安全标准的食品，足以造成严重食物中毒事故或者其他严重食源性疾病的行为。犯本罪的，处3年以下有期徒刑或者拘役，并处罚金；对人体健康造成严重危害或者有其他严重情节的，处3年以上7年

以下有期徒刑，并处罚金；后果特别严重的，处 7 年以上有期徒刑或者无期徒刑，并处罚金或者没收财产。

（三）生产、销售不符合标准的医用器材罪

根据《刑法》第 145 条的规定，生产不符合保障人体健康的国家标准、行业标准的医疗器械、医用卫生材料，或者销售明知是不符合保障人体健康的国家标准、行业标准的医疗器械、医用卫生材料，足以严重危害人体健康的行为。犯本罪的，处 3 年以下有期徒刑或者拘役，并处销售金额 50%以上 2 倍以下罚金；对人体健康造成严重危害的，处 3 年以上 10 年以下有期徒刑，并处销售金额 50%以上 2 倍以下罚金；后果特别严重的，处 10 年以上有期徒刑或者无期徒刑，并处销售金额 50%以上 2 倍以下罚金或者没收财产。

（四）生产、销售不符合安全标准的产品罪

根据《刑法》第 146 条的规定，生产不符合保障人身、财产安全的国家标准、行业标准的电器、压力容器、易燃易爆产品或者其他不符合保障人身、财产安全的国家标准、行业标准的产品，或者销售明知是以上不符合保障人身、财产安全的国家标准、行业标准的产品，造成严重后果的行为。犯本罪的，处 5 年以下有期徒刑，并处销售金额 50%以上 2 倍以下罚金；后果特别严重的，处 5 年以上有期徒刑，并处销售金额 50%以上 2 倍以下罚金。

（五）生产、销售伪劣农药、兽药、化肥、种子罪

根据《刑法》第 147 条的规定，生产假农药、假兽药、假化肥，销售明知是假的或者失去使用效能的农药、兽药、化肥、种子，或者生产者、销售者以不合格的农药、兽药、化肥、种子冒充合格的农药、兽药、化肥、种子，使生产遭受较大损失的行为。犯本罪的，处 3 年以下有期徒刑或者拘役，并处或者单处销售金额 50%以上 2 倍以下罚金；使生产遭受重大损失的，处 3 年以上 7 年以下有期徒刑，并处销售金额 50%以上 2 倍以下罚金；使生产遭受特别重大损失的，处 7 年以上有期徒刑或者无期徒刑，并处销售金额 50%以上 2 倍以下罚金或者没收财产。

（六）生产、销售不符合卫生标准的化妆品罪

根据《刑法》第 148 条的规定，生产不符合卫生标准的化妆品，或者销售明知是不符合卫生标准的化妆品，造成严重后果的行为。犯本罪的，处 3 年以下有期徒刑或者拘役，并处或者单处销售金额 50%以上 2 倍以下罚金。

第二节　侵犯知识产权罪

一、侵犯知识产权罪概述

（一）概念和特征

知识产权类经济管理犯罪，是指违反知识产权管理法规，故意侵犯他人知识产权，依照刑法应受刑罚处罚的行为。

本类犯罪的主要客体是刑法所保护而为各侵犯知识产权行为所侵害的国家知识产权管理秩序和知识产权权利人的知识产权；客观方面表现为违反国家知识产权保护法规，故意侵犯他人依法享有的知识产权，情节严重的行为；主体为一般主体，包括自然人和单位；主观方面均为故意，过失不构成该类犯罪。

（二）犯罪的种类

根据《刑法》分则第三章第七节的规定，本类犯罪包括八个具体罪名：假冒注册商标罪，销售假冒注册商标的商品罪，非法制造、销售非法制造的注册商标标识罪，假冒专利罪，侵犯著作权罪，销售侵权复制品罪，侵犯商业秘密罪，为境外窃取、刺探、收买、非法提供商业秘密罪。

二、侵犯知识产权罪的重点罪名

（一）假冒注册商标罪

1. 概念和特征

假冒注册商标罪，是指违反商标管理法规，未经注册商标所有人许可，在同一种商品、服务上使用与其注册商标相同的商标，情节严重的行为。

本罪的直接客体是刑法所保护而为假冒注册商标行为所侵害的复杂客体，即国家对商标的管理制度和他人的注册商标专用权。所谓商标专用权，是指商标所有人有排他的、独占的使用该商标的权利（专用权）；商标所有人有转让或出售该项商标的权利（转让权）；商标所有人的商标可以由他的继承人继承（继承权）；商标所有人可以在保留商标使用权时，通过许可协议，允许一方在一定条件下使用其商标（使用许可权）。国家正是通过商标法确认商标所有人的商标专用权。本罪的对象是他人已经注册的商标，包括商品商标与服务商标。

本罪在客观方面表现为行为人违反商标管理法规，未经注册商标所有人许可，在同一种商品、服务上使用与其注册商标相同的商标，情节严重的行为。

首先，行为人必须违反了商标法律、法规。具体而言，我国管理商标的法律、法规主要包括《中华人民共和国商标法》《中华人民共和国商标法实施条例》等。另外，我国已经加入了《建立世界知识产权组织公约》《保护工业产权巴黎公约》《商标国际注册马德里协定》等相关的国际公约，并且已经加入世界贸易组织，在司法实践中应注意这些公约与我国国内相关立法的协调适用。

其次，行为人必须是在同一种商品、服务上使用与他人注册商标相同的商标。“同一种商品”，是指与商标所有人所申请的商品类别相同的商品，即商品的性能、用途和原料等都相同的商品。根据 2011 年 1 月 10 日最高人民法院、最高人民检察院、公安部《关于办理侵犯知识产权刑事案件适用法律若干问题的意见》（以下简称《知识产权案件意见》），对名称相同的商品以及名称不同但指同一事物的商品，可以认定为“同一种商品”。“同一种服务”，是指服务名称相同，或者服务名称不同但在服务的目的、内容、方式、提供者、对象、场所等方面相同且相关公众一般认为是同种服务的服务。与民事侵权当中“同一种服务”不同的是，后者包含相同服务和类似服务，而前者仅包含相同服务，范围更窄。“名称”是指国家知识产权局在商标注册工作中对商品使用的名称，通常是指《商标注册用商品和服务国际分类》中规定的商品名称。“相同的商标”，是指与被假冒的注册商标完全相同，或者与被假冒的注册商标在视觉上基本无差别，足以对公众产生误导的商标。只有在“同一种商品”“相同商标”这两个相同的前提下，才能构成假冒注册商标罪。

再次，行为人未经注册商标所有人许可使用了他人的商标。注册商标的所有人有两种人：一种是商标权的原始主体，即符合商标申请人资格者，经法定程序取得商标注册证的人；二是继承的注册商标所有人，即按继承或合同转让而成为注册商标的新的所有人。根据商标法的规定，商标注册人可以通过签订商标使用许可合同的方式，许可他人使用其注册商标，如果是经许可使用他人的注册商标的，则不构成犯罪。

最后，构成本罪，必须达到“情节严重”的程度。假冒注册商标只有达到“情节严重”才能构成犯罪。而情节是否严重，既要看违法所得的数额，也要看有无其他情节严重的情况。

本罪的主体是一般主体，既可以是自然人也可以是单位。

本罪的主观方面是故意，即行为人明知自己使用的是他人的注册商标。行为人通常具有牟利的动机，但有时可能出于其他动机（如损害其信誉等），因此，是否牟利并非本罪的必要要件。

2. 犯罪认定

（1）本罪的罪与非罪的界限。

主要应当注意以下两个标准：第一，主观方面标准。本罪的主观方面是故意，如果是出于过失，如不知道某一商标已被他人注册，或者是自己首先使用的商标没有注册，却被他人抢先注册，自己在不知情的情况下仍继续使用的，都不构成假冒注册商标罪。第二，犯罪情节标准。1）假冒注册商标罪是情节犯。行为人具备本罪的主体、主观故意等要件并实施了“未经注册商标所有人许可，在同一种商品、服务上使用与其注册商标相同的商标”的行为，还须达到“情节严重”的程度，方可构成犯罪。如果行为人虽然有假冒行为，但是情节显著轻微危害不大的，不应认定为犯罪。如果构成民事侵权和符合行政处罚条件的，应当追究民事责任并给予行政处罚。2）擅自在类似商品、服务上使用与他人注册商标相同或者相似的商标的，以及在同一种商品、服务上使用与他人注册商标相似的商标的行为，不构成假冒注册商标罪。3）假冒他人没有注册的商标的，不构成假冒注册商标罪。4）《反不正当竞争法》第 6 条第 1 至 4 项规定了与假冒注册商标相关的不正当竞争行为：“擅自使用与他人有一定影响的商品名称、包装、装潢等相同或者近似的标识”；“擅自使用他人有一定影响的企业名称（包括简称、字号等）、社会组织名称（包括简称等）、姓名（包括笔名、艺名、译名等）”；“擅自使用他人有一定影响的域名主体部分、网站名称、网页等”；“其他足以引人误认为是他人商品或者与他人存在特定联系的混淆行为”。这四类行为虽然都是不正当竞争行为，但不是假冒注册商标的行为，故不构成假冒注册商标罪。

（2）本罪与其他犯罪的牵连和竞合问题。

如果在实施其他犯罪时使用了假冒注册商标的方法，行为同时触犯本罪与其他犯罪的，根据行为的个数，以牵连犯或者想象竞合犯，择一重罪论处。例如，在生产、销售伪劣商品时，往往会连带实施假冒他人注册商标行为。这时，如果生产、销售伪劣商品的行为不构成犯罪，而假冒注册商标行为情节严重的，可单独以本罪论处；如果生产、销售伪劣商品的行为也已构成犯罪的，应当择一重罪论处，按生产、销售伪劣商品罪定罪处罚。根据2004年最高人民法院、最高人民检察院《关于办理侵犯知识产权刑事案件具体应用法律若干问题的解释》（以下简称《知识产权案件解释》）第13条的规定，实施本罪又销售该假冒注册商标的商品构成犯罪的，应当以本罪定罪处罚；实施本罪又销售明知是他人的假冒注册商标的商品构成犯罪的，应当实行数罪并罚。

（3）本罪的共犯问题。

根据上述《知识产权案件解释》第16条的规定，明知他人实施侵犯知识产权犯罪，而为其提供贷款、资金、账号、发票、证明、许可证件，或者提供生产、经营场所或者运输、储存、代理进出口等便利条件、帮助的，以侵犯知识产权犯罪的共犯论处。

3. 处罚

根据《刑法》第213条的规定，犯本罪的，处3年以下有期徒刑，并处或者单处罚金；情节特别严重的，处3年以上10年以下有期徒刑，并处罚金。根据上述“两高”《知识产权案件解释》的规定，具有下列情形之一的，属情节特别严重：第一，非法经营数额在25万元以上或者违法所得数额在15万元以上的；第二，假冒两种以上注册商标，非法经营数额在15万元以上或者违法所得数额在10万元以上的；第三，其他情节特别严重的情形。根据《刑法》第220条及《知识产权案件解释》第15条的规定，单位犯本罪的，按自然人犯本罪认定标准的3倍认定犯罪和判处罚金，并对其直接负责的主管人员和其他直接责任人员，依照自然人犯本罪的规定处罚。

（二）侵犯著作权罪

1. 概念和特征

侵犯著作权罪，是指以营利为目的，违反国家著作权管理法规，侵犯他人著作权益，违法所得数额较大或者有其他严重情节的行为。

本罪的直接客体是刑法所保护而为侵犯著作权所侵害的他人著作权与著作权相关权益。著作权指行为人依法对文学、艺术和科学作品所享有的各种权利的总称，其中包括著作人身权和著作财产权。著作人身权指作者对其作品的权利和获得报酬的权利以及许可他人使用作品，并由此获得报酬的权利。与著作有关的权益，指传播作品的人对他赋予作品的传播形式所享有的权利，即著作邻接权，包括出版者、表演者、电台、电视台和录音录像者的权利。本罪的犯罪对象是他人依法享有著作权的作品。何谓作品？理论上和实践中尚有不同认识。网络作品、软件、ChatGPT、人工智能作品等的著作权保护问题，尚需理论进一步探讨及立法上的明确。

本罪在客观方面表现为违反著作权管理法规，有下列侵犯著作权情形之一，违法所得数额较大或者有其他严重情节的行为。具体表现为以下六种方式：（1）未经著作权人许可，复制发行、通过信息网络向公众传播其文字作品、音乐、美术、视听作品、计算机软件及法律、行政法规规定的其他作品的；（2）出版他人享有专有出版权的图书的；（3）未经录音录像制作者许可，复制发行、通过信息网络向公众传播其制作的录音录像的；（4）未经表演者许可，复制发行录有其表演的录音录像制品，或者通过信息网络向公众传播其表演的；（5）制作、出售假冒他人署名的美术作品的；（6）未经著作权人或者与著作权有关的权利人许可，故意避开或者破坏权利人为其作品、录音录像制品等采取的保护著作权或者与著作权有关的权利的技术措施的。

本罪主体是一般主体，既可以是自然人，也可以是单位。

本罪主观方面表现为故意，且必须以营利为目的。根据《知识产权案件意见》第10条的规定，除销售外，具有下列情形之一的，可以认定为“以营利为目的”：（1）以在他人作品中刊登收费广告、捆绑第三方作品等方式直接或者间接收取费用的；（2）通过信息网络传播他人作品，或者利用他人上传的侵权作品，在网站或者网页上提供刊登收费广告服务，直接或者间接收取费用的；（3）以会员制方式通过信息网络传播他人作品，收取会员注册费或者其他费用的；（4）其他利用他人作品牟利的情形。

2. 犯罪认定

（1）本罪的罪与非罪的界限。

区分本罪的罪与非罪的界限，应注意以下几点：1）行为人主观方面是否“以营利为目的”。如果行为人实施侵犯著作权行为是出于破坏他人名誉等其他目的，不构成本罪。2）注意违法所得数额和其他情节在区分罪与非罪中的作用。违法所得数额较大或者具有其他严重情节是区分侵犯著作权罪与一般违法行为的重要标准。不过需要指出的是，“违法所得数额较大”和“有其他严重情节”是选择性要件，只要符合其中之一即可构成本罪，无须同时齐备。行为人不符合二者之任何情形的，属于侵犯著作权之一般违法行为，不构成本罪。3）要看侵权行为是否属于《刑法》第217条明确规定的六种侵权行为，凡是不属于这六种行为的，一律不得以本罪论处。例如，《著作权法》第52条和第53条规定的剽窃他人作品等十多种行为，由于社会危害性较小，所以刑法没有将它们规定为犯罪。对这类侵权行为，只能追究行为人的民事责任或者给予行政处罚。

（2）本罪与制作、贩卖、传播淫秽物品犯罪的界限。

二者的主要区别在于犯罪对象不同：本罪侵犯的对象是受法律保护的他人依法享有著作权的作品，而后者的行为对象则是为法律所禁止的淫秽物品，不但不受法律的保护而且还要受到法律的制裁。如果行为人复制发行他人制作的淫秽物品，只能构成制作、贩卖、传播淫秽物品犯罪，不构成本罪。

（3）罪数形态问题。

根据《知识产权案件解释》第14条的规定，实施本罪又销售该侵权复制品，构成犯罪的，应以本罪定罪处罚；实施本罪又销售明知是他人的侵权复制品，构成犯罪的，应当实行数罪并罚。

（4）共犯问题。

根据《知识产权案件解释》第16条的规定，明知他人实施侵犯知识产权犯罪，而为其提供贷款、资金、账号、发票、证明、许可证件，或者提供生产、经营场所或者运输、储存、代理进出口等便利条件、帮助的，以侵犯知识产权犯罪的共犯论处。

（5）犯罪数额的计算问题。

根据《知识产权案件解释》第12条第2款的规定，多次实施侵犯知识产权行为，未经行政处理或者刑事处罚的，非法经营数额、违法所得数额或者销售金额累计计算。

3. 处罚

根据《刑法》第217条的规定，犯本罪的，处3年以下有期徒刑，并处或者单处罚金；违法所得数额巨大或者有其他特别严重情节的，处3年以上10年以下有期徒刑，并处罚金。根据《知识产权案件解释》第5条第2款的规定，所谓“违法所得数额巨大”，是指违法所得数额在15万元以上的情节；所谓“有其他特别严重情节”，是指具有下列情形之一：(1) 非法经营数额在25万元以上的；(2) 未经著作权人许可，复制发行其文字作品、音乐、电影、电视、录像作品、计算机软件及其他作品，复制品数量合计在5 000张（份）以上的；(3) 其他特别严重情节的情形。“非法经营数额”参见上文“假冒注册商标罪”中的解释。根据《刑法》第220条和《知识产权案件解释》第15条的规定，单位犯本罪的，按自然人犯本罪认定标准的3倍认定犯罪和判处罚金，并对其直接负责的主管人员和其他直接负责人员，依照自然人犯本罪的规定处罚。

（三）侵犯商业秘密罪

1. 概念和特征

侵犯商业秘密罪，是指违反国家商业秘密保护法规，以盗窃、贿赂、欺诈、胁迫、电子侵入披露、擅自使用等不正当手段，侵犯他人商业秘密，情节严重的行为。

本罪的直接客体为刑法所保护而为侵犯商业秘密行为所侵害的商业秘密专用权。商业秘密一经使用即可取得财产利益，因而商业秘密专用权是一种财产权，权利人对之具有占有、使用、收益和处分的权利。本罪侵犯的对象是他人的商业秘密。根据《反不正当竞争法》第9条第4款的规定，“商业秘密，是指不为公众所知悉、具有商业价值并经权利人采取相应保密措施的技术信息、经营信息等商业信息”。

本罪在客观上表现为实施了侵犯他人商业秘密的行为。这种危害行为表现为下列三种形式：(1) 以盗窃、贿赂、欺诈、胁迫、电子侵入或者其他不正当手段获取权利人的商业秘密。商业秘密权利人，是指商业秘密的所有人和经商业秘密所有人许可的商业秘密使用人。盗窃，一般是指通过窃取商业秘密的载体而获取商业秘密。贿赂，是指通过给予因工作关系等而实际知悉商业秘密的人以财物，以获取权利人的商业秘密。欺诈，是指通过隐瞒事实、告知虚假情况等方式使商业秘密所有人陷入错误认识而获取商业秘密。胁迫，即以人身、名誉、财产损害相威胁，使知悉商业秘密的人迫于压力被迫交出商业秘密。电子侵入，是指通过技术手段侵入计算机网络等信息系统，非法获取他人的商业秘密。其他不正当手段，是指除盗窃、胁迫以外的其他不正当手段，如抢夺载有商业秘密的图纸。(2) 披露、使用或者允许他人使用以前项手段获取的权利人的商业秘密。这种情况是行为人已经通过盗窃、胁迫或者其他不正当手段获取了权利人的商业秘密，又实施了披露、使用或者允许他人使用这些商业秘密的行为。披露，是指将其非法获得的商业秘密告知权利人的竞争对手或其他人，或者将商业秘密内容公布于众。使用，是指将自己非法获取的商业秘密用于生产或者经营。允许他人使用，包括有偿或无偿使用。(3) 违反保密义务或者违反权利人有关保守商业秘密的要求，披露、使用或者允许他人使用其所掌握的商业秘密。这是指合法知悉商业秘密内容的人，披露、使用或者允许他人使用商业秘密的行为，包括公司、企业内部的工作人员，曾在公司、企业内工作的调离人员、离退休人员以及与权利人订有保守商业秘密协议的有关人员。只要实施了上述一种行为，即可构成本罪。

本罪是情节犯，要求“情节严重”才构成犯罪。所谓“情节严重”，可以综合给商业秘密的权利人造成的损失、权利人公司因而发生经营困难、行为人是否多次实施上述侵犯商业秘密的行为、行为人侵权所得数额等情形，加以判断。“情节特别严重”包括给商业秘密的权利人造成的损失数额巨大，或者侵权人违法所得数额巨大等情形。

本罪的主体是一般主体，包括自然人和单位。

本罪在主观方面表现为故意，即行为人明知权利人已采取保密措施加以保护商业秘密，而故意实施该行为。

2. 犯罪认定

（1）共犯问题。

根据《知识产权案件解释》第 16 条的规定，明知他人实施侵犯知识产权犯罪，而为其提供贷款、资金、账号、发票、证明、许可证件，或者提供生产、经营场所或者运输、储存、代理进出口等便利条件、帮助的，以侵犯知识产权犯罪的共犯论处。

（2）犯罪数额的计算问题。

根据最高人民法院、最高人民检察院《关于办理侵犯知识产权刑事案件具体应用法律若干问题的解释（三）》第 5 条的规定，实施侵犯商业秘密行为造成的损失数额或者违法所得数额，可以按照下列方式认定：1）以不正当手段获取权利人的商业秘密，尚未披露、使用或者允许他人使用的，损失数额可以根据该项商业秘密的合理许可使用费确定；2）以不正当手段获取权利人的商业秘密后，披露、使用或者允许他人使用的，损失数额可以根据权利人因被侵权造成销售利润的损失确定，但该损失数额低于商业秘密合理许可使用费的，根据合理许可使用费确定；3）违反约定、权利人有关保守商业秘密的要求，披露、使用或者允许他人使用其所掌握的商业秘密的，损失数额可以根据权利人因被侵权造成销售利润的损失确定；4）明知商业秘密是不正当手段获取或者是违反约定、权利人有关保守商业秘密的要求披露、使用、允许使用，仍获取、使用或者披露的，损失数额可以根据权利人因被侵权造成销售利润的损失确定；5）因侵犯商业秘密行为导致商业秘密已为公众所知悉或者灭失的，损失数额可以根据该项商业秘密的商业价值确定。商业秘密的商业价值，可以根据该项商业秘密的研究开发成本、实施该项商业秘密的收益综合确定；6）因披露或者允许他人使用商业秘密而获得的财物或者其他财产性利益，应当认定为违法所得。

3. 处罚

根据《刑法》第 219 条的规定，犯本罪的，处 3 年以下有期徒刑，并处或者单处罚金；情节特别严重的，处 3 年以上 10 年以下有期徒刑，并处罚金。根据《知识产权案件解释》第 7 条第 2 款的规定，所谓“造成特别严重后果”，是指给商业秘密的权利人造成损失数额在 250 万元以上的情形。根据《刑法》第 220 条和《知识产权案件解释》第 15 条的规定，单位犯本罪的，按自然人犯本罪认定标准的 3 倍认定犯罪和判处罚金，并对其直接负责的主管人员和其他直接责任人员，依照自然人犯本罪的规定处罚。

三、侵犯知识产权罪的其他罪名

（一）销售假冒注册商标的商品罪

根据《刑法》第 214 条的规定，所谓销售假冒注册商标的商品罪，是指违反商标管理法规，明知是假冒注册商标的商品故意予以销售，依照刑法规定应受处罚的行为。本罪的主观方面表现为故意，即明知是假冒他人注册商标的商品而仍然予以销售。行为人将假冒的商品误认为是真正的商品予以销售的，不构成本罪。行为人销售假冒他人注册商标的商品一般是出于谋取非法经济利益的目的，但本罪的构成不要求该特定目的。犯本罪的，处 3 年以下有期徒刑，并处或者单处罚金；违法所得数额巨大或者有其他特别严重情节的，处 3 年以上 10 年以下有期徒刑，并处罚金。根据《刑法》第 220 条的规定，单位犯本罪的，对单位判处罚金，并对其直接负责的主管人员和其他直接责任人员，依本罪的规定处罚。

（二）非法制造、销售非法制造的注册商标标识罪

根据《刑法》第 215 条的规定，所谓非法制造、销售非法制造的注册商标标识罪，是指伪造、擅自制造他人注册商标标识，或者销售伪造、擅自制造他人注册商标标识，情节严重的行为。本罪的主观方面是故意，一般以牟取非法利益为目的。犯本罪的，处 3 年以下有期徒刑，并处或者单处罚金；情节特别严重的，处 3 年以上 10 年以下有期徒刑，并处罚金。根据《刑法》第 220 条的规定，单位犯本罪的，对单位判处罚金，并对其直接负责的主管人员和其他直接责任人员，依本罪的规定处罚。

（三）假冒专利罪

根据《刑法》第 216 条的规定，所谓假冒专利罪，是指违反国家专利法规，假冒他人专利，情节严重的行为。本罪的客体是复杂客体，既侵犯了国家的专利管理制度，又侵犯了他人的专利专用权。《刑法》规定假冒专利罪，不只是为了保护他人的专利权，还是为了保护市场竞争秩序。因此，只要行为在侵犯专利权的同时侵犯了市场竞争秩序，并且属于“假冒他人专利”用语范围之内的行为，就是本罪中的假冒他人专利。本罪的主体是一般主体，单位和自然人均可以构成。犯本罪的，处 3 年以下有期徒刑或者拘役，并处或者单处罚金。根据《刑法》第 220 条的规定，单位犯本罪的，对单位判处罚金，并对其直接负责的主管人员和其他直接责任人员，依本罪的规定处罚。

（四）销售侵权复制品罪

根据《刑法》第 218 条的规定，所谓销售侵权复制品罪，是指以营利为目的，销售明知是侵犯他人著作权的复制品，违法所得数额巨大或者有其他严重情节的行为。本罪的直接客体是刑法所保护而为犯罪行为所侵害的他人的著作权和与著作权有关的权利。所谓“违法所得数额巨大”，根据《知识产权案件解释》第 6 条的规定，是指违法所得数额在 10 万元以上的情形。所谓“其他严重情节”，可以包括非法经营数额巨大，销售金额巨大，销售的侵权复制品的数量多，给权利人造成很大的损失等情形，具体认定时，可以根据侵权行为持续的时间长短、销售能力和销售规模的大小、犯罪的组织化程度等综合进行判断。犯本罪的，处 5 年以下有期徒刑，并处或者单处罚金。根据《刑法》第

220条的规定，单位犯本罪的，对单位判处罚金，并对其直接负责的主管人员和其他直接责任人员，依本罪的规定处罚。

（五）为境外窃取、刺探、收买、非法提供商业秘密罪

根据《刑法》第219条之一的规定，所谓为境外窃取、刺探、收买、非法提供商业秘密罪，是指为境外的机构、组织、人员窃取、刺探、收买、非法提供商业秘密的行为。本罪的直接客体是刑法所保护而为犯罪行为所侵害的商业秘密的专用权。本罪的主观方面为故意，即行为人有意识地通过多种手段为境外的机构、组织、人员窃取、刺探、收买、非法提供商业秘密。犯本罪的，处5年以下有期徒刑，并处或者单处罚金；情节严重的，处5年以上有期徒刑，并处罚金。根据《刑法》第220条的规定，单位犯本罪的，对单位判处罚金，并对其直接负责的主管人员和其他直接责任人员，依本罪的规定处罚。

所涉法律条文及司法文件

1.《中华人民共和国产品质量法》(2018年12月29日)

2.《中华人民共和国药品管理法》(2019年8月26日)

3. 最高人民法院、最高人民检察院《关于办理生产、销售伪劣商品刑事案件具体应用法律若干问题的解释》(2001年4月9日)

4. 最高人民法院、最高人民检察院《关于办理危害药品安全刑事案件适用法律若干问题的解释》(2022年3月3日)

5. 最高人民法院、最高人民检察院《关于办理危害食品安全刑事案件适用法律若干问题的解释》(2021年12月30日)

6. 最高人民检察院、公安部《关于公安机关管辖的刑事案件立案追诉标准的规定(一)》(2008年6月25日)

7. 最高人民检察院、公安部《关于公安机关管辖的刑事案件立案追诉标准的规定(一)的补充规定》(2017年4月27日)

8.《中华人民共和国商标法》(2019年4月23日)

9.《中华人民共和国专利法》(2020年10月17日)

10.《中华人民共和国专利法实施细则》(2023年12月11日)

11.《中华人民共和国反不正当竞争法》(2019年4月23日)

12.《中华人民共和国著作权法》(2020年11月11日)

13.《商标印制管理办法》(2020年10月23日)

14. 最高人民法院、最高人民检察院、公安部《关于办理侵犯知识产权刑事案件适用法律若干问题的意见》(2011年1月10日)

15. 最高人民法院、最高人民检察院《关于办理非法生产、销售烟草专卖品等刑事案件具体应用法律若干问题的解释》(2010年3月2日)

16. 最高人民检察院、公安部《关于公安机关管辖的刑事案件立案追诉标准的规定(二)》(2022年4月6日)

17. 最高人民法院、最高人民检察院《关于办理侵犯知识产权刑事案件具体应用法律若干问题的解释（三）》(2020 年 9 月 12 日)

18. 最高人民法院、最高人民检察院《关于办理侵犯知识产权刑事案件具体应用法律若干问题的解释》(2004 年 12 月 8 日)

19. 最高人民法院、最高人民检察院、公安部《关于办理侵犯知识产权刑事案件适用法律若干问题的意见》(2011 年 1 月 10 日)

思考题

1. 生产、销售伪劣产品罪与诈骗罪的界限?

2. 生产、销售、提供假药罪与生产、销售、提供劣药罪的界限?

3. 生产、销售有毒、有害食品罪与生产、销售不符合安全标准的食品罪的界限?

4. 生产、销售有毒、有害食品罪与投放危险物质罪、以危险方法危害公共安全罪的关系?

5. 假冒注册商标罪的构成特征是什么? 该罪与生产、销售伪劣产品罪有什么区别和联系?

6. 侵犯著作权罪与非法经营罪的区别是什么?

7. 什么是商业秘密? 侵犯商业秘密罪的客观表现方式有哪些?

第十一章
走私、税收类经济管理犯罪

内容导读

走私罪和危害税收征管罪都涉及国家税收（含关税）管理。走私行为并不都是走私犯罪，对走私罪中的罪名可以划分为单向禁止（进口或出口）、双向禁止两种类型，注意各具体走私犯罪的禁止方向。武装掩护走私的，以其掩护的走私犯罪定罪，并在《刑法》第151条第1款规定的量刑幅度内从重处罚。以暴力、威胁方法抗拒缉私的，以走私罪和妨害公务罪或袭警罪进行数罪并罚。危害税收征管罪中不少个罪的构成以违反前置性的税收管理法律、法规为前提，需要注意税收类行政法律法规与刑法规范的衔接。不同种类发票所涉犯罪的定罪量刑均有所不同，注意区分增值税专用发票，用于骗取出口退税、抵扣税款发票和其他普通发票。本类犯罪在追诉标准上通常存在犯罪数额要求，进行罪与非罪的判断时需要注意犯罪数额是否达到追诉标准。

第一节　走私罪

一、走私罪概述

（一）概念和特征

走私罪，是指违反海关管理法律法规，进行走私，扰乱海关管理秩序，依照刑法应受刑罚处罚的行为。

作为类罪名，走私罪的犯罪构成具有以下共性特征：

本类犯罪的客体是为我国刑法所保护而为走私行为所破坏的国家对外贸易管理制度。对外贸易管理制度包括四个方面的内容：（1）对进出口货物、物品根据其对国民经济及社会影响大小程度实行准许、限制或者禁止进出口的制度；（2）对非贸易物品根据该物品的性质、种类实行限进、限出、限量、限值的制度；（3）对金融、外汇实行国家管理、控制、统一经营、禁止私下交易、兑换的制度；（4）对进出口的应税货物、物品实行征收关税的制度。[①]

本类犯罪的客观方面表现为，违反海关管理法律法规，进行走私，依法应受刑罚处罚的行为。所谓走私，是指逃避海关监管，非法携带、运输、邮寄国家禁止、限制进出

① 王作富．刑法分则实务研究：上．2版．北京：中国方正出版社，2013：337．

口的货物、物品或者依法应当如实申报纳税而未如实申报纳税的普通货物、物品进出国（边）境，或者变相从事上述活动的行为。走私的方式通常包括：

1. 通关走私，即通过设立海关的地点，以藏匿、伪装、瞒报、伪报、贿赂或其他手段，逃避海关监管，运输、携带、邮寄国家禁止或限制进出口的物品或者依法应当缴纳关税的货物进出境的走私方式。

2. 绕关走私，即从未设立海关的地点（包括陆上和海上），运输、携带国家禁止或限制进出口的物品进出境，或者运输、携带依法应当缴纳关税的货物进出境的走私方式。

3. 后续走私，即我国《刑法》第 154 条特别规定为走私的两种行为：（1）未经海关许可并且未补缴应缴税额，擅自将批准进口的来料加工、来件装配、补偿贸易的原材料、零件、制成品、设备等保税货物，在境内销售牟利的；（2）未经海关许可并且未补缴应缴税额，擅自将特定减税、免税进口的货物、物品，在境内销售牟利的。这里的“保税货物”，是指经海关批准，未办理纳税手续进境，在境内储存、加工、装配后应予复运出境的货物，包括通过加工贸易、补偿贸易等方式进口的货物，以及在保税仓库、保税工厂、保税区或者免税商店内等储存、加工、寄售的货物。这里的“特定减税、免税进口的货物、物品”，是指为了某个特定用途而进口，经海关批准，减免税额后进境的货物、物品。根据最高人民法院、最高人民检察院、海关总署《关于办理走私刑事案件适用法律若干问题的意见》的规定，这里的“销售牟利”，是指行为人主观上为了牟取非法利益而擅自销售海关监管的保税货物、特定减免税货物。该种行为是否构成犯罪，应当根据偷逃的应缴税额是否达到刑法第 153 条及相关司法解释规定的数额标准予以认定。实际获利与否或者获利多少并不影响其定罪。如果“保税货物”和“特定减税、免税进口的货物、物品”要在境内销售牟利，需经海关批准并补缴应缴税额，否则就是走私。

以上两种行为之所以被认定为“走私”，是因为依据《海关法》的规定，以上“保税货物”和“特定减税、免税进口的货物、物品”都在海关监管之列。它们之所以被称为“后续走私”，是因为“保税货物”和“特定减税、免税进口的货物、物品”在进境时不缴或者减免应缴税款的行为并不违法，只有后面逃避海关监管，在境内销售牟利才成立走私。这两种走私行为，如果偷逃应缴税额较大或者 1 年内曾因走私被给予 2 次行政处罚后又走私的，按《刑法》第 154 条的规定，构成走私普通货物、物品罪。

4. 间接走私，也称“准走私”，即我国《刑法》第 155 条特别规定为走私的两种行为：（1）直接向走私人非法收购国家禁止进口物品，或者直接向走私人非法收购走私进口的其他货物、物品，数额较大；（2）在内海、领海、界河、界湖运输、收购、贩卖国家禁止进出口物品，或者运输、收购、贩卖国家限制进出口货物、物品，数额较大，没有合法证明。这里的“内海”，包括内河的入海口水域。

以上两种情况本不在《海关法》规定的海关监管之列，但因它们分别是与直接走私者进行的“第一手交易”和在边境可航水域进行的“非法贸易”，是走私犯罪的重要环节，为了全面遏制走私犯罪行为，刑法特别把这些行为规定为以相应走私犯罪进行打击的走私行为。“间接走私”不是独立的罪名，根据《刑法》第 155 条的规定，需要根据以上间接走私的对象和有关条件，确定构成何种具体走私犯罪。

本类犯罪的主体是一般主体，包括自然人和单位，对单位实行双罚制。

本类犯罪的主观方面为故意，即明知其行为是逃避海关监管的行为而仍然实施。这里的“明知”是指行为人知道或者应当知道所从事的行为是走私行为。具有下列情形之一的，可以认定为“明知”，但有证据证明确属被蒙骗的除外：（1）逃避海关监管，运输、携带、邮寄国家禁止进出境的货物、物品的；（2）用特制的设备或者运输工具走私货物、物品的；（3）未经海关同意，在非设关的码头、海（河）岸、陆路边境等地点，运输（驳载）、收购或者贩卖非法进出境货物、物品的；（4）提供虚假的合同、发票、证明等商业单证委托他人办理通关手续的；（5）以明显低于货物正常进（出）口的应缴税额委托他人代理进（出）口业务的；（6）曾因同一种走私行为受过刑事处罚或者行政处罚的；（7）其他有证据证明的情形。

（二）犯罪种类

根据我国《刑法》分则第三章第二节的规定，走私罪共有10个罪名：走私武器、弹药罪，走私核材料罪，走私假币罪，走私文物罪，走私贵重金属罪，走私珍贵动物、珍贵动物制品罪，走私国家禁止进出口的货物、物品罪，走私淫秽物品罪，走私废物罪，走私普通货物、物品罪。

具体可以分为以下两种类型：

1. 单向禁止，具体包括走私废物罪（进口）、走私文物罪（出口）、走私贵重金属罪（出口）。

2. 双向禁止，具体包括走私武器、弹药罪，走私核材料罪，走私假币罪，走私珍贵动物、珍贵动物制品罪，走私国家禁止进出口的货物、物品罪，走私淫秽物品罪，走私普通货物、物品罪。

（三）个罪关系

各具体走私犯罪的行为对象与普通货物、物品之间存在包容评价关系，具体的禁止进出口的货物、物品可以被包容评价为普通货物、物品。一般情况下，走私方向不影响定性，但是走私文物罪、走私贵重金属罪仅限于走私“出口”，如果走私“进口”的，可以构成走私普通货物、物品罪。

（四）罪数形态

1. 武装掩护走私

《刑法》第157条第1款规定：“武装掩护走私的，依照本法第一百五十一条第一款的规定从重处罚。”这是对走私行为中的严重情形所作出的从重处罚规定，而不是独立罪名。也就是说，武装掩护走私的，以其所掩护的相应走私犯罪定罪，并根据其量刑情节，依照《刑法》第151条第1款规定的量刑幅度，在相应的量刑幅度内从重处罚。

“武装掩护走私”，是指行为人携带武器用以保护走私活动的行为。在实践中，有的走私分子在遇到缉私检查时，公然持武器进行抵抗，给缉私带来极大困难，因而立法对武装掩护走私行为进行从重打击。只要走私分子携带武器武装掩护走私，无论武器使用与否，不影响本从重处罚情节的成立。

“只要‘武装掩护走私的’，就要依照本法第151条第1款的规定从重处罚”的立法规定，导致武装掩护走私的数额犯（走私普通货物、物品罪）和情节犯（走私废物罪）转化为行为犯，即不要求偷逃税款数额较大和走私废物情节严重，就可构成相应的走私犯罪，并依照第151条第1款规定的量刑幅度从重处罚。

2. 抗拒缉私

《刑法》第157条第2款规定："以暴力、威胁方法抗拒缉私的，以走私罪和本法第二百七十七条规定的阻碍国家机关工作人员依法执行职务罪，依照数罪并罚的规定处罚。""以暴力、威胁方法抗拒缉私的"行为，原本是牵连犯，但是立法在这里特别规定为数罪并罚。

这里的"走私罪"，是指抗拒缉私的各相应走私犯罪，如走私行为不构成犯罪，则无法适用数罪并罚，而仅以《刑法》第277条规定的"阻碍国家机关工作人员依法执行职务罪"定罪处罚。这里的《刑法》第277条规定的"阻碍国家机关工作人员依法执行职务罪"，即妨害公务罪和袭警罪。另外，对于抗拒缉私的"暴力、威胁方法"，若是以"武装掩护"方式实施，则还要对构成的相应走私犯罪从重处罚。"暴力"，是指使用有形力作用于对方肢体的方法，如殴打、捆绑等；"威胁"，是指使用无形力作用于对方精神或心理以形成压力或恐惧的方法，如声称使用暴力报复对方家人等。

（五）共犯问题

《刑法》第156条规定：与走私罪犯通谋，为其提供贷款、资金、账号、发票、证明，或者为其提供运输、保管、邮寄或者其他方便的，以走私罪的共犯论处。这是一个注意性规定，意味着凡与走私罪犯通谋，为其提供贷款、资金、账号、发票、证明，或者为其提供运输、保管、邮寄或者其他方便的，均以相应走私犯罪的共同犯罪进行定罪处罚。在这里，"通谋"是指犯罪行为人之间事先或者事中形成的共同的走私故意；"提供贷款、资金"，是指为走私分子提供贷款、资金从事走私活动；"提供账号"，是指将本人或单位在金融机构中设立的账户供走私分子在走私中使用；"提供发票"，是指为走私分子提供可作为记账、纳税报销等凭证在走私中使用；"提供证明"，是指为走私分子提供运输、收购、销售走私的货物、物品所需要的有关证明；"提供运输方便"，是指为走私分子运输走私货物、物品提供各种运输工具；"提供保管方便"，是指为走私分子存放货物物品提供存放仓库、场所或代为储存、保管等；"提供邮寄便利"，是指海关、邮电工作人员明知是走私货物、物品而仍为走私分子办理邮寄的行为；"提供其他便利"，是指除上述所列情形以外的其他各种帮助，如为走私分子传递重要信息等。

二、走私罪的重点罪名

（一）走私武器、弹药罪

1. 概念和特征

走私武器、弹药罪，是指违反海关法规，逃避海关监管，运输、携带、邮寄武器、弹药进出国（边）境，或者直接向走私人非法收购以及在内海、领海、界河、界湖运输、收购、贩卖武器、弹药的行为。

本罪的直接客体是我国刑法所保护的而为走私武器、弹药行为所扰乱的国家对外贸易管理秩序。

本罪在客观方面表现为违反海关法规，逃避海关监管，运输、携带、邮寄武器、弹药进出国（边）境，或者直接向走私人非法收购以及在内海、领海、界河、界湖运输、收购、贩卖武器、弹药的行为。根据最高人民法院、最高人民检察院《关于办理走私刑事案件适用法律若干问题的解释》第 2 条的规定，这里的“武器、弹药”的种类，参照《中华人民共和国进口税则》及《中华人民共和国禁止进出境物品表》的有关规定确定，包括军用和非军用枪支、子弹以及其他武器、弹药，不包括仿真枪。依据最高人民法院、最高人民检察院《关于办理走私刑事案件适用法律若干问题的解释》第 3 条的规定，走私枪支散件，构成犯罪的，以走私武器罪定罪处罚。成套枪支散件以相应数量的枪支计，非成套枪支散件以每 30 件为 1 套枪支散件计。

本罪的主体是一般主体，自然人和单位都可以成为本罪的主体。

本罪的主观方面是故意。

2. 犯罪认定

（1）走私“弹头、弹壳”的性质认定。

依据最高人民法院、最高人民检察院《关于办理走私刑事案件适用法律若干问题的解释》第 4 条的规定，走私各种弹药的弹头、弹壳，构成犯罪的，以走私弹药罪定罪处罚。走私报废或者无法组装并使用的各种弹药的弹头、弹壳，构成犯罪的，以走私普通货物、物品罪定罪处罚；属于废物的，以走私废物罪定罪处罚。弹头、弹壳是否属于前述规定的“报废或者无法组装并使用”或者“废物”，由国家有关技术部门进行鉴定。

（2）走私“仿真枪”的性质认定。

依据最高人民法院、最高人民检察院《关于办理走私刑事案件适用法律若干问题的解释》第 5 条的规定，走私国家禁止或者限制进出口的仿真枪、管制刀具，构成犯罪的，以走私国家禁止进出口的货物、物品罪定罪处罚。走私的仿真枪经鉴定为枪支，构成犯罪的，以走私武器罪定罪处罚。不以牟利或者从事违法犯罪活动为目的，且无其他严重情节的，可以依法从轻处罚；情节轻微不需要判处刑罚的，可以免予刑事处罚。

（3）罪与非罪。

在立法上，本罪属于行为犯，只要行为人实施了走私武器、弹药的行为，原则上就构成本罪，但在司法上，走私武器、弹药需要达到一定数量才予以定罪量刑。

（4）罪数问题。

对于走私武器、弹药之后又进行贩卖的行为，由于侵害了数法益，应当数罪并罚。

3. 处罚

根据《刑法》第 151 条第 1 款的规定，走私武器、弹药、核材料或者伪造的货币的，处 7 年以上有期徒刑，并处罚金或者没收财产；情节特别严重的，处无期徒刑，并处没收财产；情节较轻的，处 3 年以上 7 年以下有期徒刑，并处罚金。根据《刑法》第 151 条第 4 款的规定，单位犯本罪的，对单位判处罚金，并对其直接负责的主管人员和其他直接责任人员，依照以上规定处罚。

根据最高人民法院、最高人民检察院《关于办理走私刑事案件适用法律若干问题的解释》第 1 条的规定，走私武器、弹药，具有下列情形之一的，可以认定为《刑法》第 151 条第 1 款规定的“情节较轻”：（1）走私以压缩气体等非火药为动力发射枪弹的枪支 2 支以上不满 5 支的；（2）走私气枪铅弹 500 发以上不满 2 500 发，或者其他子弹 10 发以上不满50发的；(3) 未达到上述数量标准，但属于犯罪集团的首要分子，使用特种车辆从事走私活动，或者走私的武器、弹药被用于实施犯罪等情形的；(4) 走私各种口径在60毫米以下常规炮弹、手榴弹或者枪榴弹等分别或者合计不满5枚的。具有下列情形之一的，依照《刑法》第151条第1款的规定处7年以上有期徒刑，并处罚金或者没收财产：(1) 走私以火药为动力发射枪弹的枪支1支，或者以压缩气体等非火药为动力发射枪弹的枪支5支以上不满10支的；(2) 走私第1款第2项规定的弹药，数量在该项规定的最高数量以上不满最高数量5倍的；(3) 走私各种口径在60毫米以下常规炮弹、手榴弹或者枪榴弹等分别或者合计达到5枚以上不满10枚，或者各种口径超过60毫米以上常规炮弹合计不满5枚的；(4) 达到第1款第1、2、4项规定的数量标准，且属于犯罪集团的首要分子，使用特种车辆从事走私活动，或者走私的武器、弹药被用于实施犯罪等情形的。具有下列情形之一的，应当认定为《刑法》第151条第1款规定的"情节特别严重"：(1) 走私第2款第1项规定的枪支，数量超过该项规定的数量标准的；(2) 走私第1款第2项规定的弹药，数量在该项规定的最高数量标准5倍以上的；(3) 走私第2款第3项规定的弹药，数量超过该项规定的数量标准，或者走私具有巨大杀伤力的非常规炮弹1枚以上的；(4) 达到第2款第1项至第3项规定的数量标准，且属于犯罪集团的首要分子，使用特种车辆从事走私活动，或者走私的武器、弹药被用于实施犯罪等情形的。走私其他武器、弹药，构成犯罪的，参照本条各款规定的标准处罚。

单位犯走私武器、弹药罪的，对单位判处罚金，并对其直接负责的主管人员和其他直接责任人员，依照走私武器、弹药罪的规定处罚。

（二）走私国家禁止进出口的货物、物品罪

1. 概念和特征

走私国家禁止进出口的货物、物品罪，是指违反海关法规，逃避海关监管，运输、携带、邮寄珍稀植物及其制品等国家禁止进出口的其他货物物品进出国（边）境，或者直接向走私人非法收购以及在内海、领海、界河、界湖运输、收购、贩卖珍稀植物及其制品等国家禁止进出口的其他货物物品的行为。

本罪的直接客体是我国刑法所保护的而为走私国家禁止进出口的货物、物品行为所扰乱的国家对外贸易管理秩序。

本罪在客观方面表现为违反海关法规，逃避海关监管，运输、携带、邮寄珍稀植物及其制品等国家禁止进出口的其他货物物品进出国（边）境，或者直接向走私人非法收购以及在内海、领海、界河、界湖运输、收购、贩卖珍稀植物及其制品等国家禁止进出口的其他货物物品的行为。根据最高人民法院、最高人民检察院《关于办理走私刑事案件适用法律若干问题的解释》第12条的规定，这里的"珍稀植物"，包括列入《国家重点保护野生植物名录》《国家重点保护野生药材物种名录》《国家珍贵树种名录》中的国家一、二级保护野生植物、国家重点保护的野生药材、珍贵树木，《濒危野生动植物种国际贸易公约》附录Ⅰ、附录Ⅱ中的野生植物，以及人工培育的上述植物。

本罪的主体是一般主体，自然人和单位都可以成为本罪的主体。

本罪的主观方面是故意。

2. 犯罪认定

在立法上，本罪属于行为犯，行为人只要实施了走私国家禁止进出口的货物、物品的行为，原则上就构成本罪，但在司法上，走私国家禁止进出口的货物、物品需要达到一定数量才予以定罪量刑。

3. 处罚

根据《刑法》第151条第3款的规定，走私珍稀植物及其制品等国家禁止进出口的其他货物、物品的，处5年以下有期徒刑或者拘役，并处或者单处罚金；情节严重的，处5年以上有期徒刑，并处罚金。根据《刑法》第151条第4款的规定，单位犯本罪的，对单位判处罚金，并对其直接负责的主管人员和其他直接责任人员，依照以上规定处罚。

根据最高人民法院、最高人民检察院《关于办理走私刑事案件适用法律若干问题的解释》第11条的规定，走私国家禁止进出口的货物、物品，具有下列情形之一的，依照《刑法》第151条第3款的规定处5年以下有期徒刑或者拘役，并处或者单处罚金：（1）走私国家一级保护野生植物5株以上不满25株，国家二级保护野生植物10株以上不满50株，或者珍稀植物、珍稀植物制品数额在20万元以上不满100万元的；（2）走私重点保护古生物化石或者未命名的古生物化石不满10件，或者一般保护古生物化石10件以上不满50件的；（3）走私禁止进出口的有毒物质1吨以上不满5吨，或者数额在2万元以上不满10万元的；（4）走私来自境外疫区的动植物及其产品5吨以上不满25吨，或者数额在5万元以上不满25万元的；（5）走私木炭、硅砂等妨害环境、资源保护的货物、物品10吨以上不满50吨，或者数额在10万元以上不满50万元的；（6）走私旧机动车、切割车、旧机电产品或者其他禁止进出口的货物、物品20吨以上不满100吨，或者数额在20万元以上不满100万元的；（7）数量或者数额未达到本款第1项至第6项规定的标准，但属于犯罪集团的首要分子，使用特种车辆从事走私活动，造成环境严重污染，或者引起甲类传染病传播、重大动植物疫情等情形的。具有下列情形之一的，应当认定为《刑法》第151条第3款规定的“情节严重”：（1）走私数量或者数额超过前款第1项至第6项规定的标准的；（2）达到前款第1项至第6项规定的标准，且属于犯罪集团的首要分子，使用特种车辆从事走私活动，造成环境严重污染，或者引起甲类传染病传播、重大动植物疫情等情形的。

单位犯走私国家禁止进出口的货物、物品罪的，对单位判处罚金，并对其直接负责的主管人员和其他直接责任人员，依照走私国家禁止进出口的货物、物品罪的规定处罚。

（三）走私普通货物、物品罪

1. 概念和特征

走私普通货物、物品罪是指违反海关法规，逃避海关监管，非法运输、携带、邮寄普通货物物品进出国（边）境，偷逃应缴税额较大或者1年内曾因走私被给予2次行政处罚后又走私的行为。

本罪的直接客体是我国刑法所保护的而为走私普通货物、物品行为所扰乱的国家对外贸易管理秩序。

本罪在客观方面表现为违反海关法规，逃避海关监督，非法运输携带、邮寄普通货物、物品进出国（边）境，偷逃应缴税额较大或者1年内曾因走私被给予2次行政处罚后又走私的行为。根据立法及相关司法解释的规定，本罪的客观方面行为还包括后续走私和间接走私行为。本罪的犯罪对象为普通货物、物品，即武器、弹药、核材料、假币、国家禁止出口的文物、黄金、白银和其他贵重金属、国家禁止进出口的珍贵动物及其制品、国家禁止进出口的珍稀植物及其制品、淫秽物品、国家禁止进口的固体废物、液态废物、气态废物、毒品等刑法已经做了特别规定以外的其他货物、物品。

根据最高人民法院、最高人民检察院《关于办理走私刑事案件适用法律若干问题的解释》第 17 条的规定，《刑法》第 153 条第 1 款规定的“一年内曾因走私被给予二次行政处罚后又走私”中的“一年内”，以因走私第一次受到行政处罚的生效之日与“又走私”行为实施之日的时间间隔计算确定；“被给予二次行政处罚”的走私行为，包括走私普通货物、物品以及其他货物、物品；“又走私”行为仅指走私普通货物、物品。该解释第 18 条第 1 款规定，这里的“应缴税额”，包括进出口货物、物品应当缴纳的进出口关税和进口环节海关代征税的税额。应缴税额以走私行为实施时的税则、税率、汇率和完税价格计算；多次走私的，以每次走私行为实施时的税则、税率、汇率和完税价格逐票计算；走私行为实施时间不能确定的，以案发时的税则、税率、汇率和完税价格计算。《刑法》第 153 条第 3 款规定，对多次走私未经处理的，按照累计走私货物、物品的偷逃应缴税额处罚。前述司法解释第 18 条第 2 款规定，“多次走私未经处理”，包括未经行政处理和刑事处理。

本罪的主体是一般主体，自然人和单位都可以成为本罪的主体。

本罪的主观方面是故意，并且一般具有非法牟利的目的。

2. 犯罪认定

只有走私偷逃应缴税额较大或者 1 年内曾因走私被给予 2 次行政处罚后又走私的行为，才构成本罪，否则属于一般走私违法行为。过失走私的行为，不构成本罪。

3. 处罚

根据《刑法》第 153 条的规定，走私普通货物、物品的，应根据情节轻重，分别依照下列规定处罚：（1）走私货物、物品偷逃应缴税额较大或者 1 年内曾因走私被给予 2 次行政处罚后又走私的，处 3 年以下有期徒刑或者拘役，并处偷逃应缴税额 1 倍以上 5 倍以下罚金。（2）走私货物、物品偷逃应缴税额巨大或者有其他严重情节的，处 3 年以上 10 年以下有期徒刑，并处偷逃应缴税额 1 倍以上 5 倍以下罚金。（3）走私货物、物品偷逃应缴税额特别巨大或者有其他特别严重情节的，处 10 年以上有期徒刑或者无期徒刑，并处偷逃应缴税额 1 倍以上 5 倍以下罚金或者没收财产。单位犯前款罪的，对单位判处罚金，并对其直接负责的主管人员和其他直接责任人员，处 3 年以下有期徒刑或者拘役；情节严重的，处 3 年以上 10 年以下有期徒刑；情节特别严重的，处 10 年以上有期徒刑。

根据最高人民法院、最高人民检察院《关于办理走私刑事案件适用法律若干问题的解释》第 16 条的规定，走私普通货物、物品，偷逃应缴税额在 10 万元以上不满 50 万元的，应当认定为《刑法》第 153 条第 1 款规定的“偷逃应缴税额较大”；偷逃应缴税额在 50 万元以上不满 250 万元的，应当认定为“偷逃应缴税额巨大”；偷逃应缴税额在 250 万元以上的，应当认定为“偷逃应缴税额特别巨大”。

走私普通货物、物品，具有下列情形之一，偷逃应缴税额在30万元以上不满50万元的，应当认定为《刑法》第153条第1款规定的“其他严重情节”；偷逃应缴税额在150万元以上不满250万元的，应当认定为“其他特别严重情节”：（1）犯罪集团的首要分子；（2）使用特种车辆从事走私活动的；（3）为实施走私犯罪，向国家机关工作人员行贿的；（4）教唆、利用未成年人、孕妇等特殊人群走私的；（5）聚众阻挠缉私的。

单位犯本罪的，对单位判处罚金，并对其直接负责的主管人员和其他直接责任人员，处3年以下有期徒刑或者拘役；情节严重的，处3年以上10年以下有期徒刑；情节特别严重的，处10年以上有期徒刑。

三、走私罪的其他罪名

（一）走私核材料罪

根据《刑法》第151条第1款的规定，所谓走私核材料罪，是指走私核材料的行为。犯本罪的，处7年以上有期徒刑，并处罚金或者没收财产；情节特别严重的，处无期徒刑，并处没收财产；情节较轻的，处3年以上7年以下有期徒刑，并处罚金。

（二）走私假币罪

根据《刑法》第151条第1款的规定，所谓走私假币罪，是指走私伪造货币的行为。犯本罪的，处7年以上有期徒刑，并处罚金或者没收财产；情节特别严重的，处无期徒刑，并处没收财产；情节较轻的，处3年以上7年以下有期徒刑，并处罚金。

（三）走私文物罪

根据《刑法》第151条第2款的规定，所谓走私文物罪，是指走私国家禁止出口的文物的行为。犯本罪的，处5年以上10年以下有期徒刑，并处罚金；情节特别严重的，处10年以上有期徒刑或者无期徒刑，并处没收财产；情节较轻的，处5年以下有期徒刑，并处罚金。

（四）走私贵重金属罪

根据《刑法》第151条第2款的规定，所谓走私贵重金属罪，是指走私国家禁止出口的黄金、白银和其他贵重金属的行为。犯本罪的，处5年以上10年以下有期徒刑，并处罚金；情节特别严重的，处10年以上有期徒刑或者无期徒刑，并处没收财产；情节较轻的，处5年以下有期徒刑，并处罚金。

（五）走私珍贵动物、珍贵动物制品罪

根据《刑法》第151条第2款的规定，所谓走私珍贵动物、珍贵动物制品罪，是指走私国家禁止进出口的珍贵动物及其制品的行为。犯本罪的，处5年以上10年以下有期徒刑，并处罚金；情节特别严重的，处10年以上有期徒刑或者无期徒刑，并处没收财产；情节较轻的，处5年以下有期徒刑，并处罚金。

（六）走私淫秽物品罪

根据《刑法》第152条第1款的规定，所谓走私淫秽物品罪，是指以牟利或者传播为目的，走私淫秽的影片、录像带、录音带、图片、书刊或者其他淫秽物品的行为。犯本罪的，处3年以上10年以下有期徒刑，并处罚金；情节严重的，处10年以上有期徒

刑或者无期徒刑，并处罚金或者没收财产；情节较轻的，处3年以下有期徒刑、拘役或者管制，并处罚金。

（七）走私废物罪

根据《刑法》第152条第2款的规定，所谓走私废物罪，是指逃避海关监管将境外固体废物、液态废物和气态废物运输进境，情节严重的行为。犯本罪的，处5年以下有期徒刑，并处或者单处罚金；情节特别严重的，处5年以上有期徒刑，并处罚金。

第二节　危害税收征管罪

一、危害税收征管罪概述

（一）概念与构成

危害税收征管罪，是指违反税收管理法律、法规，危害税收征管活动或者发票管理秩序，情节严重的行为。

本类犯罪的主要客体是刑法所保护而为各危害税收征管行为所侵害的国家税收征管秩序；客观方面表现为违反国家税收法规，妨害国家税收征收管理活动或者发票管理活动，情节严重的行为；主体多数为一般主体，除抗税罪以外，都可以由单位构成；主观方面均为故意，过失不构成本罪。

（二）犯罪的种类

根据我国《刑法》分则第三章第六节的规定，本类犯罪包括14个具体罪名：逃税罪，抗税罪，逃避缴纳欠税罪，骗取出口退税罪，虚开增值税专用发票、用于骗取出口退税、抵扣税款发票罪，虚开发票罪，伪造、出售伪造的增值税专用发票罪，非法出售增值税专用发票罪，非法购买增值税专用发票、购买伪造的增值税专用发票罪，非法制造、出售非法制造的用于骗取出口退税、抵扣税款发票罪，非法制造、出售非法制造的发票罪，非法出售用于骗取出口退税、抵扣税款发票罪，非法出售发票罪，持有伪造的发票罪。

二、危害税收征管罪的重点罪名

（一）逃税罪

1. 概念和特征

逃税罪，是指纳税人、扣缴义务人违反国家税收管理法律法规，采取欺骗、隐瞒手段进行虚假纳税申报或者不申报，不缴或者少缴应纳税款以及代扣、代收税款，情节严重的行为。

本罪的直接客体是刑法所保护而为逃税行为所侵害的复杂客体，即国家正常的税收征管秩序和国家的税收财产权。本罪的犯罪对象是应征税款和代扣、代收税款。

本罪在客观方面表现为违反国家税收管理法律、法规，采取欺骗、隐瞒手段进行虚假的纳税申报或者不申报，不缴或者少缴应纳税款以及代扣、代收税款，情节严重的行为。“虚假的纳税申报”，是指纳税人制造虚假材料进行申报。例如，不如实填写或者提供纳税申报表、财务会计报表及其他的纳税资料等。行为人为了达到虚假申报的目的，通常采用的欺骗和隐瞒手段主要包括设立虚假的账簿、记账凭证，或者对账簿、记账凭证进行挖补、涂改、变造甚至隐匿，或者未经税务主管机关批准而擅自将正在使用中或尚未过期的账簿、记账凭证销毁处理等。“不申报”，是指应依法办理纳税申报的纳税人，采取欺骗、隐瞒手段，不履行法律、行政法规规定的义务办理纳税申报的行为。

纳税人只有逃税数额和比例同时达到数额较大并且占应纳税额10%以上程度等要求的，才构成本罪。根据最高人民检察院、公安部《关于公安机关管辖的刑事案件立案追诉标准的规定（二）》第52条的规定，逃避缴纳税款，涉嫌下列情形之一的，应予立案追诉：（1）纳税人采取欺骗、隐瞒手段进行虚假纳税申报或者不申报，逃避缴纳税款，数额在10万元以上并且占各税种应纳税总额10%以上，经税务机关依法下达追缴通知后，不补缴应纳税款、不缴纳滞纳金或者不接受行政处罚的；（2）纳税人5年内因逃避缴纳税款受过刑事处罚或者被税务机关给予2次以上行政处罚，又逃避缴纳税款，数额在10万元以上并且占各税种应纳税总额10%以上的；（3）扣缴义务人采取欺骗、隐瞒手段，不缴或者少缴已扣、已收税款，数额在10万元以上的。纳税人在公安机关立案后再补缴应纳税款、缴纳滞纳金或者接受行政处罚的，不影响刑事责任的追究。

关于逃税罪犯罪数额的计算，《刑法》第201条第3款规定：“对多次实施前两款行为，未经处理的，按照累计数额计算。”这里的“未经处理”，是指纳税人或者扣缴义务人在5年内多次实施逃税行为，但每次逃税数额均未达到犯罪数额标准，且未受行政处罚的情形。

本罪主体是特殊主体，包括纳税人和扣缴义务人。纳税人，是指法律、行政法规规定负有纳税义务的单位和个人；扣缴义务人，是指法律、行政法规规定负有代扣代缴、代收代缴税款义务的单位和个人，其中又分为代扣代缴义务人和代扣代收义务人。

本罪的主观方面是故意，并以不缴或少缴应纳税款为目的。

2. 犯罪认定

（1）罪与非罪。

确定本罪罪与非罪的界限，主要把握：第一，看主观方面是否具有逃避缴纳税款的故意，过失行为不构成本罪。由此，逃税与漏税、欠税、避税不同。漏税是因不熟悉制度或财物制度不健全等而非故意发生的漏缴或少缴税款行为。欠税是在法定纳税期限内因客观无力缴纳税款而拖欠税款的行为。避税是纳税人利用税法漏洞通过资金转移、费用转移、利润转移等合法手段躲避纳税义务的行为。在法律上，漏税、欠税、避税行为都是不合法的，但都不是犯罪，都应通过如补税等手段解决。第二，看是否达到法定追诉标准，否则只应承担行政违法责任。按《刑法》第201条的规定，纳税人采取欺骗、隐瞒手段进行虚假纳税申报或者不申报，逃避缴纳税款，未达到“数额较大并且占应纳税额10%以上”标准，或者虽然达到“数额较大并且占应纳税额10%以上”标准，但“经税务机关依法下达追缴通知后，补缴应纳税款，缴纳滞纳金，已受行政处罚的”，都不予追究刑事责任，除非是5年内因逃避缴纳税款受过刑事处罚或者被税务机关给予2次以上行政处罚的。第三，对于扣缴义务人而言，不缴或者少缴已扣、已收税款，数额未占应缴税额的10%以上并且数额在1万元以上的，不构成逃税罪。同时，还应当从其行为性质上区分本罪与不履行代扣、代收义务的界限：只有当扣缴义务人故意向税务机关隐瞒不缴或者少缴已扣、已收税款（扣缴义务人书面承诺代纳税人支付税款的，应当认定扣缴义务人“已扣、已收税款”）的，才能构成本罪；如果只是没有履行代扣、代收的义务，则只属于违背扣缴义务的行为，不构成犯罪。

（2）逃税数额及其比例的确定。

根据最高人民法院《关于审理偷税抗税刑事案件具体应用法律若干问题的解释》的规定，逃税数额，是指在确定的纳税期间，不缴或者少缴各税种税款的总额。逃税数额占应纳税额的百分比，是指一个纳税年度中的各税种逃税总额与该纳税年度应纳税总额的比例。不按纳税年度确定纳税期的其他纳税人，逃税数额占应纳税额的百分比，按照行为人最后一次逃税行为发生之日前 1 年中各税种逃税总额与该年纳税总额的比例确定。纳税义务存续期间不足一个纳税年度的，逃税数额占应纳税额的百分比，按照各税种逃税总额与实际发生纳税义务期间应当缴纳税款总额的比例确定。逃税行为跨越若干个纳税年度，只要其中一个纳税年度的逃税数额及百分比达到《刑法》第 201 条第 1 款规定的标准，即构成逃税罪。各纳税年度的逃税数额应当累计计算，逃税百分比应当按照最高的百分比确定。注意，这个比例标准和数额标准必须同时具备。如果逃避纳税数额不够较大或所占比例不足应纳税税额的 10%以上的，属于一般违法行为。

（3）逃税与漏税的界限。

逃税与漏税虽然都是少征税款，但是性质完全不同。漏税，是指纳税单位或个人，由于不了解、不熟悉税法规定和财务制度或因工作粗心大意，错用税率、漏报应税项目，不计应税数量、销售金额和经营利润等原因，非故意地发生漏缴或少缴税款的行为。漏税属于一般的违法行为，其与逃税的区别在于：1）逃税行为是故意实施的，并且具有不缴或少缴税款的目的，而漏税是无意识实施的，不具有不缴或少缴税款的目的。2）逃税行为表现为采取欺骗、隐瞒等非法手段不缴或少缴税款，而漏税行为客观上并不存在弄虚作假等非法手段，行为也不具有欺骗性和逃避性的特点。

（4）逃税与避税的界限。

避税是指利用税法的漏洞或模糊之处，通过对经营活动和财务活动的安排，以达到免税或者少缴税款目的的行为。逃税与避税的区别在于：逃税利用违法手段；避税虽然是钻法律的空子，但并非“手段非法”，其手段不属于法律明文规定可做的范围，也不属于法律明文规定不可做的范围，而属于由于立法疏忽未被纳入法律调整的范围。对此只能通过完善税法来解决。

3. 处罚

根据《刑法》第 201 条、第 211 条及第 212 条的规定，自然人犯本罪的，处 3 年以下有期徒刑或者拘役，并处罚金；数额巨大并且占应纳税额 30%以上的，处 3 年以上 7 年以下有期徒刑，并处罚金。单位犯本罪的，对单位判处罚金，并对其直接负责的主管人员和其他直接责任人员，依照上述规定处罚。被判处罚金、没收财产的，在执行前，应当先由税务机关追缴其所逃避的税款。同时，对于有《刑法》第 201 条第 1 款行为，经税务机关依法下达追缴通知后，补缴应纳税款，缴纳滞纳金，已受行政处罚的，不予追究刑事责任；但是 5 年内因逃避缴纳税款受过刑事处罚或者被税务机关给予 2 次以上行政处罚的除外。

（二）抗税罪

1. 概念和特征

抗税罪，是指纳税人或者扣缴义务人违反税收管理法律、法规，以暴力、威胁方法拒不缴纳税款的行为。

本罪的直接客体是刑法所保护而为抗税行为所侵害的复杂客体，即国家的税收征管秩序、国家对应征税款的所有权以及税务机关工作人员的人身权利。

本罪在客观方面表现为使用暴力、威胁方法拒不缴纳税款的行为。所谓“暴力”，包括两种情况：一是对人暴力，即对履行税收职责的税务人员的人身不法行使暴力，如对征税人员实施殴打、伤害等。二是对物暴力，即冲击、打砸税务机关，使税务机关不能从事正常的税收活动。威胁方法，是指对履行税收职责的税务人员实行恐吓，使其不敢或者难以正常履行税收职责。暴力、威胁是手段行为，目的是拒绝缴纳税款。

本罪的主体是特殊主体，即纳税人和扣缴义务人，且只能是自然人，单位不能成为本罪的主体。不具备纳税身份或者扣缴义务人身份的其他人员，唆使、煽动纳税人、扣缴义务人抗税，或者在抗税现场为犯罪者提供实际帮助的，都构成本罪的共犯。

本罪的主观方面表现为故意，实施暴力或者对税务人员进行威胁是为了达到不缴纳税款的目的。纳税人在依法缴纳税款后对税务人员实施报复的，不构成本罪。

2. 犯罪认定

（1）罪与非罪的界限。

根据最高人民检察院、公安部《关于公安机关管辖的刑事案件立案追诉标准的规定（二）》第 53 条的规定，以暴力、威胁方法拒不缴纳税款，涉嫌下列情形之一的，应予立案追诉：1）造成税务工作人员轻微伤以上的；2）以给税务工作人员及其亲友的生命、健康、财产等造成损害为威胁，抗拒缴纳税款的；3）聚众抗拒缴纳税款的；4）以其他暴力、威胁方法拒不缴纳税款的。根据《中华人民共和国税收征收管理法》第 67 条的规定，抗税情节轻微，未构成犯罪的，由税务机关追缴其拒缴的税款、滞纳金，并处拒缴税款 1 倍以上 5 倍以下的罚款。由此可见，不能将所有抗税行为都作为抗税罪处理，在认定本罪时仍要考虑暴力、威胁程度，抗税的次数，所造成的后果影响等因素。对于抗税情节轻微的，不能以本罪论处。

（2）罪数关系问题。

1）转化犯问题。以暴力故意抗税致税务人员轻伤的，是抗税罪的加重犯，处 3 年以上 7 年以下有期徒刑，并处拒缴税款 1 倍以上 5 倍以下罚金，不需数罪并罚；但若致税务人员重伤、死亡，则属于转化犯，构成故意伤害罪、故意杀人罪的，分别依照《刑法》第 234 条第 2 款（故意伤害罪致人重伤或死亡）、第 232 条（故意杀人罪）的规定定罪处罚，也不数罪并罚。

2）抗税罪与妨害公务罪的竞合问题。妨害公务罪与抗税罪在客观方面都表现为以暴力、威胁方法的手段妨害公务，主观上都为故意。其不同之处在于：第一，主体要件不同。妨害公务罪的主体要件是一般主体，凡达到刑事责任年龄且具有刑事责任能力的自然人都可以构成；抗税罪的主体要件是特殊主体，只有负有纳税义务或者代扣代缴、代收代缴税款义务的个人或单位的直接责任人员才可以构成。第二，主观目的不同。妨害公务罪的目的在于使国家工作人员不能依法执行职务，抗税罪的目的在于逃避缴纳税款而非法获利。第三，犯罪对象的范围不同。抗税罪侵害的对象是履行税收征管职责的税务人员；而妨害公务罪侵害的对象是执行职务的国家工作人员。第四，侵犯的客体不同。妨害公务罪侵犯的是国家机关的公务活动；抗税罪侵犯的是国家的税收管理制度。基于以上关系，若是纳税人以暴力、威胁方法阻碍税务人员依法征税的，通常以抗税罪论处；若是不负有纳税义务的个人以暴力、威胁方法阻碍税务人员征税，且事先或事中与纳税人无通谋的，则构成妨害公务罪。

（3）共犯问题。

根据最高人民法院《关于审理偷税抗税刑事案件具体应用法律若干问题的解释》的规定，与纳税人或者扣缴义务人共同实施抗税行为的，以抗税罪的共犯依法处罚。

3. 处罚

根据《刑法》第 202 条的规定，犯本罪的，处 3 年以下有期徒刑或者拘役，并处拒缴税款 1 倍以上 5 倍以下罚金；情节严重的，处 3 年以上 7 年以下有期徒刑，并处拒缴税款 1 倍以上 5 倍以下罚金。根据最高人民法院《关于审理偷税抗税刑事案件具体应用法律若干问题的解释》的规定，实施抗税行为具有下列情形之一的，属于《刑法》第 202 条规定的“情节严重”：（1）聚众抗税的首要分子；（2）抗税数额在 10 万元以上的；（3）多次抗税的；（4）故意伤害致人轻伤的；（5）具有其他严重情节。根据《刑法》第 212 条的规定，被判处罚金、没收财产的，在执行前，应当先由税务机关追缴其所拒缴的税款。

（三）骗取出口退税罪

1. 概念和特征

骗取出口退税罪，是指违反国家税收管理法律、法规，以假报出口或者其他欺骗手段，骗取国家出口退税款，数额较大的行为。

本罪的直接客体为刑法所保护而为骗取出口退税行为所侵害的税收征管秩序和国家税收所有权。

本罪在客观上表现为违反国家税收管理法律、法规，以假报出口或者其他欺骗手段，骗取国家出口退税款，且数额较大的行为。根据最高人民法院《关于审理骗取出口退税刑事案件具体应用法律若干问题的解释》的规定，“假报出口”，是指以虚构已税货物出口事实为目的，具有下列情形之一的行为：（1）伪造或者签订虚假的买卖合同；（2）以伪造、变造或者其他非法手段取得出口货物报关单、出口收汇核销单、出口货物专用缴款书等有关出口退税单据、凭证；（3）虚开、伪造、非法购买增值税专用发票或者其他可以用于出口退税的发票；（4）其他虚构已税货物出口事实的行为。“其他欺骗手段”，是指下列情形之一：（1）骗取出口货物退税资格的；（2）将未纳税或者免税货物作为已税货物出口的；（3）虽有货物出口，但虚构该出口货物的品名、数量、单价等要素，骗取未实际纳税部分出口退税款的；（4）以其他手段骗取出口退税款的。根据最高人民检察院、公安部《关于公安机关管辖的刑事案件立案追诉标准的规定（二）》第 55 条的规定，以假报出口或者其他欺骗手段，骗取国家出口退税款，数额在10万元以上的，应予立案追诉。

本罪的主体是一般主体，包括自然人和单位。单位构成本罪时，有无出口经营权不影响罪的成立。

本罪在主观方面表现为故意，即行为人明知自己的行为会骗取国家出口退税款，而故意实施该行为，其目的在于非法获取国家出口退税款。

2. 犯罪认定

根据《刑法》第204条第2款的规定，纳税人缴纳税款后，采取假报出口或者其他欺骗手段，骗取所缴纳的税款的，依照逃税罪的规定定罪处罚；骗取税款超过所缴纳的税款部分，依照骗取出口退税罪的规定处罚。据此，纳税人采取假报出口等欺骗手段骗取国家出口退税款，若所骗取的税款等于或者小于所缴纳税款的，只应成立逃税罪；若所骗取的税款大于其所缴纳的税款的，应成立逃税罪和骗取出口退税罪，并实行数罪并罚。对于后者，属刑法理论中的想象竞合犯。在通常情况下，对一行为触犯数罪名的想象竞合犯应从一重罪处断，而此条属于想象竞合犯的特别规定。实施骗取出口退税犯罪，为实现骗取出口退税的目的而实施伪造税票、发票、报关单、虚开增值税专用发票等行为的，属刑法理论中的牵连犯，应从一重罪处断，不实行数罪并罚。

3. 处罚

根据《刑法》第204条、第211条和第212条的规定，犯本罪的，处5年以下有期徒刑或者拘役，并处骗取税款1倍以上5倍以下罚金；数额巨大或者有其他严重情节的，处5年以上10年以下有期徒刑，并处骗取税款1倍以上5倍以下罚金；数额特别巨大或者有其他特别严重情节的，处10年以上有期徒刑或者无期徒刑，并处骗取税款1倍以上5倍以下罚金或者没收财产。单位犯本罪的，对单位判处罚金，并对其直接负责的主管人员和其他直接责任人员，依照上述规定处罚。被判处罚金、没收财产的，在执行前，应当先由税务机关追缴其所骗取的税款。

（四）虚开增值税专用发票、用于骗取出口退税、抵扣税款发票罪

1. 概念和特征

虚开增值税专用发票、用于骗取出口退税、抵扣税款发票罪，是指违反发票管理法律、法规，虚开增值税专用发票或者虚开用于骗取出口退税、抵扣税款的其他发票的行为。

本罪的直接客体是刑法所保护而为虚开增值税专用发票、用于骗取出口退税、抵扣税款发票行为所侵害的国家正常的增值税专用发票、出口退税、抵扣税款发票管理秩序。本罪的犯罪对象是增值税专用发票和其他可以用于骗取出口退税、抵扣税款的发票。增值税专用发票，是指以商品或劳动增值额为征税对象，并具有直接抵扣税款功能的专门用于增值税的收付款凭证。出口退税、抵扣税款的其他发票，是指除增值税专用发票以外的普通发票中，具有出口退税、抵扣税款功能的收付款凭证或者完税凭证。

本罪在客观上表现为行为人虚开增值税专用发票、虚开用于骗取出口退税、抵扣税款的其他发票。虚开，通常包括下列情形：（1）没有货物购销或者没有提供或者接受应税劳务情况下开具专用发票；（2）有货物购销或者提供或接受了应税劳务但开具专用发

票数量或者金额不实。虚开，包括为他人虚开、为自己虚开、让他人为自己虚开、介绍他人虚开专用发票 4 种情况。最高人民检察院、公安部《关于公安机关管辖的刑事案件立案追诉标准的规定（二）》第 56 条的规定，虚开增值税专用发票或者虚开用于骗取出口退税、抵扣税款的其他发票，虚开的税款数额在 10 万元以上或者造成国家税款损失数额在 5 万元以上的，应予立案追诉。

本罪主体为一般主体，自然人和单位均可构成。

本罪在主观上表现为故意，即行为人明知虚开增值税专用发票或者用于骗取国家出口退税、抵扣税款的其他发票会造成国家税款的流失，而故意实施该行为。

2. 犯罪认定

本罪的实质仍是逃税，如果虚开、代开增值税等发票的行为不具有骗取国家税款的危险，那么就不宜认定构成该罪。例如，甲、乙双方以相同的数额相互为对方虚开增值税专用发票并且已按规定缴纳税款，不具有骗取国家税款的故意和现实危险的，不应认定为本罪。又如，行为人为了虚增公司业绩，所虚开的增值税专用发票没有抵扣联的，不应认定为本罪。再如，代开的发票有实际经营活动相对应，没有而且不可能骗取国家税款的，也不能认定为本罪。

3. 处罚

根据《刑法》第 205 条、第 212 条的规定，犯本罪的，处 3 年以下有期徒刑或者拘役，并处 2 万元以上 20 元以下罚金；虚开的税款数额较大或者有其他严重情节的，处 3 年以上 10 年以下有期徒刑，并处 5 万元以上 50 万元以下罚金；虚开的税款数额巨大或者有其他特别严重情节的，处 10 年以上有期徒刑或者无期徒刑，并处 5 万元以上 50 万元以下罚金或者没收财产。单位犯本罪的，对单位判处罚金，并对其直接负责的主管人员和其他直接责任人员，处 3 年以下有期徒刑或者拘役；虚开的税款数额较大或者有其他严重情节的，处 3 年以上 10 年以下有期徒刑；虚开的税款数额巨大或者有其他特别严重情节的，处 10 年以上有期徒刑或者无期徒刑。被判处罚金、没收财产的，在执行前，应当先由税务机关追缴税款和所骗取的税款。

三、危害税收征管罪的其他罪名

（一）逃避追缴欠税罪

根据《刑法》第 203 条的规定，所谓逃避追缴欠税罪，是指纳税人欠缴应纳税款，违反税收管理法律、法规，采取转移或者隐匿财产的手段，致使税务机关无法追缴欠缴的税款，数额较大的行为。本罪客观方面必须具备四个要素：（1）纳税人欠缴税款的事实已被税务机关确认。（2）纳税人实施转移或者隐匿财产的行为，即纳税人所实施的不是直接针对税务机关及其工作人员的积极对抗行为，而是消极对抗行为。（3）转移和隐匿财产的行为必须致使税务机关无法追缴税款。（4）造成税务机关无法追缴的欠缴税款数额较大。对负有纳税义务的行为人因实施逃税犯罪而受到税务机关查处，在税务机关、司法接管查缴应纳税款的过程中，采取转移、隐匿财产的方法逃避纳税义务，致使税务机关无法追缴所偷逃税款的，应以逃税罪和逃避追缴欠税罪实行数罪并罚。本罪的主体是纳税人，包括自然人和单位。本罪的主观方面是故意，即行为人明知转移、隐匿财产的行为会发生税务机关对于欠缴的税款追缴不能的后果，并且希望这种结果发生。根据《刑法》第203条、第211条和第212条的规定，犯本罪的，处3年以下有期徒刑或者拘役，并处或者单处欠缴税款1倍以上5倍以下罚金；数额在10万元以上的，处3年以上7年以下有期徒刑，并处欠缴税款1倍以上5倍以下罚金。单位犯本罪的，对单位判处罚金，并对其直接负责的主管人员和其他直接责任人员，依照上述规定处罚。被判处罚金、没收财产的，在执行前，应当先由税务机关追缴其所欠缴的税款。

（二）虚开发票罪

根据《刑法》第205条之一的规定，所谓虚开发票罪，是指违反发票管理法律、法规，虚开增值税专用发票、用于骗取出口退税、抵扣税款发票以外的其他普通发票，情节严重的行为。犯本罪的，处2年以下有期徒刑、拘役或者管制，并处罚金；情节特别严重的，处2年以上7年以下有期徒刑，并处罚金。单位犯本罪的，对单位判处罚金，并对其直接负责的主管人员和其他直接责任人员，依照前述的规定处罚。

（三）伪造、出售伪造的增值税专用发票罪

根据《刑法》第206条的规定，所谓伪造、出售伪造的增值税专用发票罪是指伪造或者出售伪造的增值税专用发票的行为。犯本罪的，处3年以下有期徒刑、拘役或者管制，并处2万元以上20元以下罚金；数量较大或者有其他严重情节的，处3年以上10年以下有期徒刑，并处5万元以上50元以下罚金；数量巨大或者有其他特别严重情节的，处10年以上有期徒刑或者无期徒刑，并处5万元以上50万元以下罚金或者没收财产。单位犯本罪的，对单位判处罚金，并对其直接负责的主管人员和其他直接责任人员，处3年以下有期徒刑、拘役或者管制；数量较大或者有其他严重情节的，处3年以上10年以下有期徒刑；数量巨大或者有其他特别严重情节的，处10年以上有期徒刑或者无期徒刑。

（四）非法出售增值税专用发票罪

根据《刑法》第207条的规定，所谓非法出售增值税专用发票罪，是指非法出售增值税专用发票的行为。根据《刑法》第207条和第211条的规定，犯本罪的，处3年以下有期徒刑、拘役或者管制，并处2万元以上20万元以下罚金；数量较大的，处3年以上10年以下有期徒刑，并处5万元以上50万元以下罚金；数量巨大的，处10年以上有期徒刑或者无期徒刑，并处5万元以上50万元以下罚金或者没收财产。单位犯本罪的，对单位判处罚金，并对其直接负责的主管人员和其他直接责任人员，依照前述规定处罚。

（五）非法购买增值税专用发票、购买伪造的增值税专用发票罪

根据《刑法》第208条的规定，所谓非法购买增值税专用发票、购买伪造的增值税专用发票罪，是指非法购买增值税专用发票或者购买伪造的增值税专用发票的行为。根据《刑法》第208条和第211条的规定，犯本罪的，处5年以下有期徒刑或者拘役，并处或者单处2万元以上20万元以下罚金。单位犯本罪的，对单位判处罚金，并对其直接负责的主管人员和其他直接责任人员，依照前述规定处罚。

（六）非法制造、出售非法制造的用于骗取出口退税、抵扣税款发票罪

根据《刑法》第 209 条第 1 款的规定，所谓非法制造、出售非法制造的用于骗取出口退税、抵扣税款发票罪，是指伪造、擅自制造或者出售伪造、擅自制造的可以用于骗取出口退税、抵扣税款的其他发票的行为。根据《刑法》第 209 条第 1 款和第 211 条的规定，犯本罪的，处 3 年以下有期徒刑、拘役或者管制，并处 2 万元以上 20 万元以下罚金；数量巨大的，处 3 年以上 7 年以下有期徒刑，并处 5 万元以上 50 万元以下罚金；数量特别巨大的，处 7 年以上有期徒刑，并处 5 万元以上 50 万元以下罚金或者没收财产。单位犯本罪的，对单位判处罚金，并对其直接负责的主管人员和其他直接责任人员，依照前述规定处罚。

（七）非法制造、出售非法制造的发票罪

根据《刑法》第 209 条第 2 款的规定，所谓非法制造、出售非法制造的发票罪，是指伪造、擅自制造或者出售伪造、擅自制造的除增值税专用发票、可以用于骗取出口退税、抵扣税款以外的其他发票的行为。根据《刑法》第 209 条第 2 款和第 211 条的规定，犯本罪的，处 2 年以下有期徒刑、拘役或者管制，并处或者单处 1 万元以上 5 万元以下罚金；情节严重的，处 2 年以上 7 年以下有期徒刑，并处 5 万元以上 50 万元以下罚金。单位犯本罪的，对单位判处罚金，并对其直接负责的主管人员和其他直接责任人员，依照前述规定处罚。

（八）非法出售用于骗取出口退税、抵扣税款发票罪

根据《刑法》第 209 条第 3 款的规定，所谓非法出售用于骗取出口退税、抵扣税款发票罪，是指非法出售可以用于骗取出口退税、抵扣税款的其他发票的行为。根据《刑法》第 209 条第 3 款和第 211 条的规定，犯本罪的，处 3 年以下有期徒刑、拘役或者管制，并处 2 万元以上 20 万元以下罚金；数量巨大的，处 3 年以上 7 年以下有期徒刑，并处 5 万元以上 50 万元以下罚金；数量特别巨大的，处 7 年以上有期徒刑，并处 5 万元以上 50 万元以下罚金或者没收财产。单位犯本罪的，对单位判处罚金，并对其直接负责的主管人员和其他直接责任人员，依照前述规定处罚。

（九）非法出售发票罪

根据《刑法》第 209 条第 4 款的规定，所谓非法出售发票罪，是指非法出售除增值税专用发票、可以用于骗取出口退税、抵扣税款以外的其他发票的行为。根据《刑法》第 209 条第 4 款和第 211 条的规定，犯本罪的，处 2 年以下有期徒刑、拘役或者管制，并处或者单处 1 万元以上 5 万元以下罚金；情节严重的，处 2 年以上 7 年以下有期徒刑，并处 5 万元以上 50 万元以下罚金。单位犯本罪的，对单位判处罚金，并对其直接负责的主管人员和其他直接责任人员，依照前述规定处罚。

（十）持有伪造的发票罪

根据《刑法》第 210 条之一的规定，所谓持有伪造的发票罪，是指明知是伪造的发票而持有，数量较大的行为。犯本罪的，处 2 年以下有期徒刑、拘役或者管制，并处罚金；数量巨大的，处 2 年以上 7 年以下有期徒刑，并处罚金。单位犯前款罪的，对单位判处罚金，并对其直接负责的主管人员和其他直接责任人员，依照前述规定处罚。

所涉法律条文及司法文件

1. 最高人民法院、最高人民检察院《关于办理走私刑事案件适用法律若干问题的解释》(2014 年 8 月 12 日)

2. 最高人民法院、最高人民检察院、海关总署《关于办理走私刑事案件适用法律若干问题的意见》(2002 年 7 月 8 日)

3. 最高人民检察院《关于擅自销售进料加工保税货物的行为法律适用问题的解释》(2000 年 10 月 16 日)

4. 全国人民代表大会常务委员会《关于惩治虚开、伪造和非法出售增值税专用发票犯罪的决定》(1995 年 10 月 30 日)

5. 最高人民法院《关于适用〈全国人民代表大会常务委员会关于惩治虚开、伪造和非法出售增值税专用发票犯罪的决定〉的若干问题的解释》(1996 年 10 月 17 日)

6. 最高人民法院《关于审理骗取出口退税刑事案件具体应用法律若干问题的解释》(2002 年 9 月 17 日)

7. 最高人民法院《关于审理偷税抗税刑事案件具体应用法律若干问题的解释》(2002 年 11 月 5 日)

8. 全国人民代表大会常务委员会《关于〈中华人民共和国刑法〉有关出口退税、抵扣税款的其他发票规定的解释》(2005 年 12 月 29 日)

9. 最高人民检察院、公安部《关于公安机关管辖的刑事案件立案追诉标准的规定(二)》(2022 年 4 月 6 日)

10. 最高人民法院《关于虚开增值税专用发票定罪量刑标准有关问题的通知》(2018 年 8 月 22 日)

思考题

1. 走私弹头、弹壳的性质认定问题。

2. 走私仿真枪的性质认定问题。

3. 在走私活动中发生对象认识错误时如何处理?

4. 逃税罪存在哪些处罚阻却事由?

5. 抗税罪中的暴力手段行为是指何种程度的暴力行为?

6. 如何区分骗取出口退税罪与以骗取出口退税为手段的逃税罪?

7. 以走私行为逃避缴纳应纳税款，同时符合走私类犯罪和逃税罪的构成要件的，应以何罪定罪处罚?

第十二章 金融类经济管理犯罪

内容导读

本章中货币类犯罪之间多存在手段与目的的牵连关系，需要认真研读法条和相关司法解释并结合总论的罪数理论厘清其中的罪数关系。本章八种金融诈骗罪的主观方面均以非法占有为目的，且这一主观目的往往成为此罪与彼罪区分的关键，因而需要借助多方面客观事实进行准确认定。本类罪名多为法定犯，以违反相关经济法律规范为前提，需要注意刑法规范与对应的经济法规之间的衔接。

金融类经济管理犯罪，包括破坏金融管理秩序罪与金融诈骗罪，具体是指行为人违反有关金融管理法律、法规，以伪造、变造、欺骗或其他方法严重危害金融管理秩序，依照刑法应受刑罚处罚的行为，以及行为人以非法占有为目的，采取虚构事实或者隐瞒真相的方法，实施集资、贷款、票据、金融凭证、有价证券、信用证、信用卡、保险诈骗活动，数额较大，侵害公私财产权益，破坏国家金融管理秩序，依照刑法应受刑罚处罚的行为。

第一节 破坏金融管理秩序罪

一、破坏金融管理秩序罪概述

破坏金融管理秩序罪，是指违反有关金融法律、法规，以伪造、变造、欺骗或其他方法严重危害金融管理秩序，依照法律应受刑罚处罚的行为。它具有如下共同构成特征：

1. 本类罪的直接客体是刑法所保护而为犯罪行为所侵害的金融管理秩序。金融是指货币资金的融通，这种融通必须是一个有序的流通过程。就破坏金融管理秩序罪而言，其最根本、最直接侵犯的客体便是国家对金融活动的监督管理秩序和金融运作的正常秩序。

2. 本类罪的客观方面表现为违反金融管理法规，以伪造、变造、欺骗或其他方法，严重破坏金融管理秩序，依照法律应受刑罚处罚的行为。所谓“金融管理法规”，即包括货币、银行、信贷、票据、证券、保险、外汇等各个金融领域的法律、法规。本类罪的犯罪手段一般表现为以下几种：（1）伪造或者变造，如伪造货币罪，变造货币罪，伪造、变造金融票证罪等；（2）欺骗手段，如诱骗投资者买卖证券、期货合约罪，骗购外汇罪等;(3)其他手段，这主要是指行为人利用职务上的便利作为犯罪手段以及其他形式的犯罪手段，如内幕交易、泄露内幕信息罪，违法发放贷款罪，违规出具金融票证罪，擅自设立金融机构罪，非法吸收公众存款罪，高利转贷罪，妨害信用卡管理罪，洗钱罪等。

3. 本类罪的主体既有一般主体，也有特殊主体。特殊主体主要是指银行或者其他金融机构的工作人员。此外，本类罪中，绝大多数犯罪的主体可以是单位，且这些单位主要是指银行或者其他金融机构。

4. 本类罪的主观方面均为故意。

二、破坏金融管理秩序罪的重点罪名

(一) 伪造货币罪

1. 概念和特征

伪造货币罪是指仿照人民币或者外币的面额、图案、色彩、质地、式样、规格等，使用各种方法，非法制造假货币、冒充真货币，依照刑法规定应受惩罚的行为。

本罪的直接客体为刑法所保护而为伪造货币行为所侵害的货币公共信用和货币发行权。所谓“货币”，是指正在流通的人民币与境外货币。

本罪在客观方面表现为仿照货币的图案、形状、色彩、防伪技术等特征，采用机制、人工等方法，非法制造假币冒充真币的行为。伪造货币的行为多种多样，但无论是哪种伪造行为，只要能使伪造的货币在外观上和形式上能够达到与真币相同或者形似的程度，使一般人误以为是货币，就可以视为伪造货币的行为。根据 2000 年 9 月 8 日最高人民法院《关于审理伪造货币等案件具体应用法律若干问题的解释》(以下简称《货币案件解释》)的规定，行为人制造货币版样或者与他人事前通谋，为他人伪造货币提供版样的，以本罪论处。

本罪的主体是年满 16 周岁、具有刑事责任能力的自然人，包括中国人和外国人。单位不能成为本罪的主体。

本罪的主观方面只能是故意，即明知是伪造货币行为而有意实施。

2. 犯罪认定

(1) 我国《刑法》对伪造货币罪并未明确规定数量要求，但最高人民法院 2000 年《货币案件解释》及 2022 年最高人民检察院、公安部印发的《关于公安机关管辖的刑事案件立案追诉标准的规定(二)》第 14 条明确规定，伪造货币，总面额在 2 000 元以上或币量在 200 张(枚)以上的，或者总面额在 1 000 元以上或币量在 100 张(枚)以上，2 年内因伪造货币受过行政处罚，又伪造货币的，或者制造货币版样或为他人伪造货币提供版样的，应予追究刑事责任。

(2) 成立本罪要求伪造货币行为有可能破坏货币管理秩序。伪造货币是一种破坏货币管理秩序的犯罪行为，只有伪造足以乱真的货币才可能对货币管理秩序造成破坏，如果行为人设计出一种并不存在的货币，如伪造面值 500 元人民币，该行为并不会侵犯到正在流通的人民币的管理秩序，不构成本罪。但是，若行为人借此实施诈骗行为，符合诈骗罪条件的，可以诈骗罪论处。同样，行为人使用伪造的停止流通的货币的，也可能成立诈骗罪。

3. 处罚

根据《刑法》第170条的规定，犯本罪的，处3年以上10年以下有期徒刑，并处罚金。有下列情形之一的，处10年以上有期徒刑或者无期徒刑，并处罚金或者没收财产：(1) 伪造货币集团的首要分子；(2) 伪造货币数额特别巨大的；(3) 有其他特别严重情节的。

（二）出售、购买、运输假币罪

1. 概念和特征

出售、购买、运输假币罪，是指违反货币管理法律法规，出售、购买伪造的货币，或者明知是伪造的货币而运输，数额较大的行为。

本罪的直接客体是刑法所保护而为出售、购买、运输假币行为所侵害的国家的货币管理制度，主要是货币流通秩序。

本罪在客观方面表现为出售、购买、运输伪造的货币，数额较大的行为。

所谓出售伪造的货币，是指以营利为目的，以各种方式，通过各种途径以一定的价格卖出伪造的货币的行为；所谓购买伪造的货币，是指行为人以一定的价格用货币换取伪造的货币的行为；运输伪造的货币，是指行为人主观上明知是伪造的货币，而使用汽车、航空器、火车、轮船等交通工具或者以其他方式将伪造的货币从一个地方转移到另一个地方的行为。

本罪的主体为自然人一般主体，但金融工作人员购买假币不构成本罪。

本罪的主观方面为故意。

2. 犯罪认定

(1) 成立本罪要求出售、购买、运输的假币达到数额较大。

关于"数额较大"的认定标准，2022年4月6日最高人民检察院、公安部印发的《关于公安机关管辖的刑事案件立案追诉标准的规定（二）》第15条明确规定，出售、购买伪造的货币或者明知是伪造的货币而运输，总面额在4 000元以上或币量在400张（枚）以上的，或者总面额在2 000元以上或币量在200张（枚）以上，2年内因出售、购买、运输假币受过行政处罚又出售、购买、运输假币的，应予立案追诉。在出售假币时被抓获的，除现场查获的假币应认定为出售假币的数额外，现场之外在行为人住所或者其他藏匿地查获的假币，也应认定为出售假币的数额。

(2) 本罪与伪造货币罪之间的罪数关系。

行为人伪造货币的目的往往是出售或者使用，通常也伴随着运输，因此，伪造货币后又出售、运输自己伪造的货币的行为，依照《刑法》第171条第3款的规定，应定伪造货币罪并从重处罚，不另成立出售、运输假币罪。但是，行为人伪造货币后又出售、运输他人伪造的货币的，应当实行数罪并罚。

3. 处罚

根据《刑法》第171条第1款的规定，犯本罪的，处3年以下有期徒刑或者拘役，并处2万元以上20万元以下罚金；数额巨大的，处3年以上10年以下有期徒刑，并处5万元以上50万元以下罚金；数额特别巨大的，处10年以上有期徒刑或者无期徒刑，并处5万元以上50万元以下罚金或者没收财产。其中，出售、购买或者运输假币总面额在

5 万元以上不满 20 万元的，属于“数额巨大”；出售、购买或者运输假币总面额在 20 万元以上的，属于“数额特别巨大”。

（三）持有、使用假币罪

1. 概念和特征

持有、使用假币罪，是指明知是伪造的货币而持有、使用，数额较大的行为。

本罪的直接客体是刑法所保护而为持有、使用假币行为所侵害的货币管理秩序。我国《人民币管理条例》规定，禁止持有、使用伪造的人民币。对伪造的人民币必须彻底收缴，并上交中国人民银行统一销毁。持有、使用假币的行为妨害了我国的货币金融管理制度，同时也破坏了货币的公信力。

本罪在客观上表现为持有、使用伪造的货币，数额较大的行为。所谓持有，是指将假币置于行为人事实上的支配之下，不要求行为人实际上握有假币。所谓使用，是将假币冒充真货币而使用，既可以是以外表合法的方式使用假币，如购买商品、兑换另一货币、存入银行等，或者将假币用于交纳罚金或者罚款等，也可以是以非法的方式使用假币，如将假币用于赌博。此外，将假币交付给不知情的他人使用的，以及向自动售货机中投入假币以取得商品的，均成立使用假币罪。

本罪的主体为自然人一般主体。

本罪的主观方面是故意，即明知是假币而非法持有或使用。

2. 犯罪认定

(1) 成立本罪要求持有、使用的假币达到数额较大。

关于“数额较大”的认定标准，2022 年 4 月 6 日修订的最高人民检察院、公安部《关于公安机关管辖的刑事案件立案追诉标准的规定（二）》第 17 条明确规定，明知是伪造的货币而持有、使用，涉嫌下列情形之一的，应予立案追诉：1）总面额在 4 000 元以上或者币量在 400 张（枚）以上的；2）总面额在 2 000 元以上或者币量在 200 张（枚）以上，2 年内因持有、使用假币受过行政处罚，又持有、使用假币的；3）其他持有、使用假币应予追究刑事责任的情形。

(2) 持有假币的认定。

持有假币的认定往往是在其他假币犯罪难以成立时予以考虑。根据 2000 年最高人民法院印发的《全国法院审理金融犯罪案件工作座谈会纪要》，明知是伪造的货币而持有，数额较大，根据现有证据不能认定行为人是为了进行其他假币犯罪的，以持有假币罪定罪处罚。如果有证据证明其持有的假币已构成其他假币犯罪的，应当以其他假币犯罪定罪处罚。

(3) 使用假币的认定。

首先，使用假币相比于出售假币具有欺诈性，因此，如果对方明知是假币而进行交易时，往往构成出售假币罪，反之，则可能构成使用假币罪。其次，由于使用假币往往伴随着欺诈行为，因而通常可能成立诈骗罪，但是当行为人对机器使用假币或者无偿赠与他人假币时，前者由于机器不能被骗，后者由于并未侵犯到他人的财产权，均不构成诈骗罪，仅以使用假币罪论处。最后，行为人伪造货币并出售或者运输伪造的货币的，依照《刑法》第 171 条第 3 款规定应定伪造货币罪并从重处罚，不另成立使用假币罪。

3. 处罚

根据《刑法》第 172 条的规定，犯本罪的，处 3 年以下有期徒刑或者拘役，并处或者单处 1 万元以上 10 万元以下罚金；数额巨大的，处 3 年以上 10 年以下有期徒刑，并处 2 万元以上 20 万元以下罚金；数额特别巨大的，处 10 年以上有期徒刑，并处 5 万元以上 50 万元以下罚金或者没收财产。依据 2000 年最高人民法院《货币案件解释》，这里的“数额较大”，是指总面额在 4 000 元以上不满 5 万元的；“数额巨大”，是指总面额在 5 万元以上不满 20 万元的；“数额特别巨大”，是指总面额在 20 万元以上的。

（四）非法吸收公众存款罪

1. 概念和特征

非法吸收公众存款罪，是指非法吸收公众存款或者变相吸收公众存款，扰乱金融秩序的行为。

本罪的直接客体是刑法所保护而为非法吸收公众存款行为所侵害的国家金融储存管理制度。

本罪在客观方面表现为非法吸收公众存款或者变相吸收公众存款，扰乱金融秩序的行为。所谓非法吸收公众存款或者变相吸收公众存款，是指违反国家金融管理法律法规，向社会公众（包括单位和个人）以存款的形式吸收资金，同时具备下列四个条件的行为：一是未经有关部门依法批准或者借用合法经营的形式吸收资金，二是通过网络、媒体、推介会、传单、手机信息等途径向社会公开宣传，三是承诺在一定期限内以货币、实物、股权等方式还本付息或者给付回报，四是向社会公众即不特定对象吸收资金的行为。有下列行为的，也应认定为向社会公众吸收资金：（1）在向亲友或者单位内部人员吸收资金的过程中，明知亲友或者单位内部人员向不特定对象吸收资金而予以放任的；（2）以吸收资金为目的，将社会人员吸收为单位内部人员，并向其吸收资金的；（3）向社会公开宣传，同时向不特定对象、亲友或者单位内部人员吸收资金的。

本罪主体是一般主体，包括自然人或单位。

本罪在主观方面是故意。

2. 犯罪认定

（1）成立本罪要求客观上扰乱了金融秩序。

2022 年 4 月 6 日修订的最高人民检察院、公安部《关于公安机关管辖的刑事案件立案追诉标准的规定（二）》第 23 条规定，非法吸收公众存款或者变相吸收公众存款，扰乱金融秩序，涉嫌下列情形之一的，应予立案追诉：1）非法吸收或者变相吸收公众存款数额在 100 万元以上的；2）非法吸收或者变相吸收公众存款对象 150 人以上的；3）非法吸收或者变相吸收公众存款，给集资参与人造成直接经济损失数额在 50 万元以上的。非法吸收或者变相吸收公众存款数额在 50 万元以上或者给集资参与人造成直接经济损失数额在 25 万元以上，同时涉嫌下列情形之一的，应予立案追诉：1）因非法集资受过刑事追究的；2）2 年内因非法集资受过行政处罚的；3）造成恶劣社会影响或者其他严重后果的。

（2）本罪的主要表现形式。

根据 2022 年 2 月 23 日施行的最高人民法院《关于审理非法集资刑事案件具体应用

法律若干问题的解释》第 2 条的规定，目前司法实践中非法吸收公众存款罪的主要表现形式有：1）不具有房产销售的真实内容或者不以房产销售为主要目的，以返本销售、售后包租、约定回购、销售房产份额等方式非法吸收资金的；2）以转让林权并代为管护等方式非法吸收资金的；3）以代种植（养殖）、租种植（养殖）、联合种植（养殖）等方式非法吸收资金的；4）不具有销售商品、提供服务的真实内容或者不以销售商品、提供服务为主要目的，以商品回购、寄存代售等方式非法吸收资金的；5）不具有发行股票、债券的真实内容，以虚假转让股权、发售虚构债券等方式非法吸收资金的；6）不具有募集基金的真实内容，以假借境外基金、发售虚构基金等方式非法吸收资金的；7）不具有销售保险的真实内容，以假冒保险公司、伪造保险单据等方式非法吸收资金的；8）以网络借贷、投资入股、虚拟币交易等方式非法吸收资金的；9）以委托理财、融资租赁等方式非法吸收资金的；10）以提供“养老服务”、投资“养老项目”、销售“老年产品”等方式非法吸收资金的；11）利用民间“会”“社”等组织非法吸收资金的；12）其他非法吸收资金的行为。

3. 处罚

根据《刑法》第 176 条的规定，个人犯本罪的，处 3 年以下有期徒刑或者拘役，并处或者单处罚金；数额巨大或者有其他严重情节的，处 3 年以上 10 年以下有期徒刑，并处罚金；数额特别巨大或者有其他特别严重情节的，处 10 年以上有期徒刑，并处罚金。单位犯本罪的，对单位判处罚金，并对其直接负责的主管人员和其他直接责任人员，依照个人犯罪的处罚标准处罚。有前述行为，在提起公诉前积极退赃退赔，减少损害结果发生的，可以从轻或者减轻处罚。

（五）内幕交易、泄露内幕信息罪

1. 概念和特征

内幕交易、泄露内幕信息罪，是指证券、期货交易内幕信息的知情人员或者非法获取证券、期货交易内幕信息的人员，在涉及证券的发行，证券、期货交易或者其他对证券、期货交易价格有重大影响的信息尚未公开前，买入或者卖出该证券，或者从事与该内幕信息有关的期货交易，或者泄露该信息，或者明示、暗示他人从事上述交易活动，情节严重的行为。

本罪的直接客体是刑法所保护而为内幕交易、泄露内幕信息行为所侵害的证券、期货市场的正常管理秩序和证券、期货投资人的合法利益。

本罪在客观上表现为行为人在涉及证券的发行，证券、期货交易或者其他对证券、期货交易价格有重大影响的信息尚未公开前，买入或者卖出该证券，或者从事与该内幕信息有关的期货交易，或者泄露该信息，或者明示、暗示他人从事上述交易活动，情节严重的行为。所谓“内幕信息”，是指为证券、期货交易内幕人员知悉的，尚未公开的而对证券、期货交易价格有重大影响的信息，不包括运用公开的信息资料，对证券、期货市场作出的预测和分析。

最高人民法院、最高人民检察院于 2012 年 3 月发布的《关于办理内幕交易、泄露内幕信息刑事案件具体应用法律若干问题的解释》第 4 条规定：“具有下列情形之一的，不属于刑法第一百八十条第一款规定的从事与内幕信息有关的证券、期货交易：（一）持有或者通过协议、其他安排与他人共同持有上市公司百分之五以上股份的自然人、法人或者其他组织收购该上市公司股份的；（二）按照事先订立的书面合同、指令、计划从事相关证券、期货交易的；（三）依据已被他人披露的信息而交易的；（四）交易具有其他正当理由或者正当信息来源的。”

本罪的主体是特殊主体，是内幕信息的知情人员和单位，或者非法获取内幕信息的人员和单位。

根据2019年修订的《证券法》第51条的规定，证券交易内幕信息的知情人包括：(1）发行人及其董事、监事、高级管理人员；（2）持有公司5%以上股份的股东及其董事、监事、高级管理人员，公司的实际控制人及其董事、监事、高级管理人员；（3）发行人控股或者实际控制的公司及其董事、监事、高级管理人员；（4）由于所任公司职务或者因与公司业务往来可以获取公司有关内幕信息的人员；（5）上市公司收购人或者重大资产交易方及其控股股东、实际控制人、董事、监事和高级管理人员；（6）因职务、工作可以获取内幕信息的证券交易场所、证券公司、证券登记结算机构、证券服务机构的有关人员；（7）因职责、工作可以获取内幕信息的证券监督管理机构工作人员；（8）因法定职责对证券的发行、交易或者对上市公司及其收购、重大资产交易进行管理可以获取内幕信息的有关主管部门、监管机构的工作人员；（9）国务院证券监督管理机构规定的可以获取内幕信息的其他人员。

本罪的主观方面为故意。

2. 犯罪认定

本罪是情节犯，成立本罪必须达到情节严重。

关于情节严重的认定标准，2022年4月6日修订的最高人民检察院、公安部《关于公安机关管辖的刑事案件立案追诉标准的规定（二）》第30条明确规定，证券、期货交易内幕信息的知情人员、单位或者非法获取证券、期货交易内幕信息的人员、单位，在涉及证券的发行，证券、期货交易或者其他对证券、期货交易价格有重大影响的信息尚未公开前，买入或者卖出该证券，或者从事与该内幕信息有关的期货交易，或者泄露该信息，或者明示、暗示他人从事上述交易活动，涉嫌下列情形之一的，应予立案追诉：(1）获利或者避免损失数额在50万元以上的；（2）证券交易成交额在200万元以上的；(3）期货交易占用保证金数额在100万元以上的；（4）2年内3次以上实施内幕交易、泄露内幕信息行为的；（5）明示、暗示3人以上从事与内幕信息相关的证券、期货交易活动的；（6）具有其他严重情节的。内幕交易获利或者避免损失数额在25万元以上，或者证券交易成交额在100万元以上，或者期货交易占用保证金数额在50万元以上，同时涉嫌下列情形之一的，应予立案追诉：（1）证券法规定的证券交易内幕信息的知情人实施或者与他人共同实施内幕交易行为的；（2）以出售或者变相出售内幕信息等方式，明示、暗示他人从事与该内幕信息相关的交易活动的；（3）因证券、期货犯罪行为受过刑事追究的；（4）2年内因证券、期货违法行为受过行政处罚的；(5）造成其他严重后果的。

3. 处罚

根据《刑法》第180条第1、2款的规定，犯本罪的，处5年以下有期徒刑或者拘役，并处或者单处违法所得1倍以上5倍以下罚金；情节特别严重的，处5年以上10年以下有期徒刑，并处违法所得1倍以上5倍以下罚金。单位犯本罪的，对单位判处罚金，并对其直接负责的主管人员和其他直接责任人员，处5年以下有期徒刑或者拘役。

（六）洗钱罪

1. 概念和特征

洗钱罪，是指明知是毒品犯罪、黑社会性质的组织犯罪、恐怖活动犯罪、走私犯罪、贪污贿赂犯罪、破坏金融管理秩序犯罪、金融诈骗犯罪的所得及其产生的收益，掩盖、隐瞒其来源和性质的行为。

本罪侵犯的直接客体为复杂客体，即刑法所保护而为洗钱行为所侵害的国家正常的金融管理秩序和司法机关的正常活动。

本罪在客观上表现为掩饰、隐瞒毒品犯罪、黑社会性质的组织犯罪、恐怖活动犯罪、走私犯罪、贪污贿赂犯罪、破坏金融管理秩序犯罪、金融诈骗犯罪的所得及其产生的收益的来源和性质的行为。根据《刑法》第191条的规定，洗钱罪的客观行为方式有以下五种：（1）提供资金账户，即行为人将自己拥有的合法账户提供给实行上述七类犯罪的犯罪分子，或者为其在金融机构开立账户，让其将犯罪所得及其产生的收益存入金融机构；（2）将财产转换为现金、金融票据、有价证券，即行为人采取各种方式，将上述七类犯罪所得及其收益通过交易等方式转换为现金或者本票、汇票、支票等金融票据或者股票、国库券、财政债券、国家建设债券等有价证券；（3）通过转账或者其他支付结算方式转移资金，即将上述七类犯罪所得及其产生收益通过银行等金融机构从一个账户转移到另一个账户，使其混入合法收入之中；（4）跨境转移资产，即通过各种方式将上述七类犯罪所得的资金汇往境外；（5）以其他方法掩饰、隐瞒犯罪所得及其收益的来源和性质。

据此，洗钱犯罪包括“自己犯罪自己清洗”，也就是，行为人自己为掩饰、隐瞒《刑法》第191条规定的七类上游犯罪的所得及其产生的收益的来源和性质，将财产转换为现金、金融票据、有价证券的行为。

本罪的主体为一般主体，自然人和单位均可成为本罪主体。

本罪的主观方面是直接故意，即行为人明知自己的行为是在为上述七类犯罪的所得及其收益掩饰、隐瞒来源和性质，并且希望这种结果发生。

2. 犯罪认定

（1）洗钱罪与“上游犯罪”共同犯罪的界限。

洗钱罪与“上游犯罪”共同犯罪的界限区分问题的关键是看事前有无通谋，即如果行为人事前与“上游犯罪”的犯罪分子有通谋，事后又实施了洗钱行为的，则仅构成“上游犯罪”的共同犯罪，而不单构成洗钱罪。如果与“上游”犯罪事前无通谋，只是事后为其提供账号、发票、证明，帮助掩饰、隐瞒其犯罪所得及其产生的收益的来源和性质，则应对行为人以洗钱罪论处。

（2）洗钱罪与窝藏、转移、隐瞒毒品、毒赃罪的区别。

两罪的共同之处：明知是毒品犯罪所得，而实施一系列掩盖犯罪的行为。其主要区别是：第一，客观方面不同。前者是对犯罪所得通过金融机构中转或者其他方式，使毒品犯罪、黑社会性质的组织犯罪、恐怖活动犯罪、走私犯罪、贪污贿赂犯罪、破坏金融管理秩序犯罪、金融诈骗犯罪所得的资金“合法化”，掩盖和隐瞒赃款的性质和来源。后者是窝藏、转移、隐瞒走私、贩卖、运输、制造毒品的犯罪分子的毒品或者其犯罪所得的财物，帮助其毁灭罪证，掩盖其罪行，以使其逃避法律制裁。第二，犯罪客体不同。前者破坏的主要是国家金融管理秩序，而后者侵犯的主要是社会管理秩序。第三，对象不同。前者的犯罪对象是七类犯罪的所得及其产生的收益，后者的犯罪对象只是走私、贩卖、运输、制造毒品的犯罪分子的毒品或者其犯罪所得的财物。

(3) 洗钱罪与窝藏、包庇罪的区别。

两罪的共同之处在于：两罪都是在明知犯罪人或者犯罪所得的情况下，以掩饰、隐瞒犯罪为目的，实施掩盖犯罪的一系列行为。其区别在于：第一，客观方面不同。洗钱罪是通过金融机构中转或者其他方式，使毒品犯罪、黑社会性质的组织犯罪、恐怖活动犯罪、走私犯罪、贪污贿赂犯罪、破坏金融管理秩序犯罪、金融诈骗犯罪所得的资金“合法化”，掩盖和隐瞒赃款的性质和来源的行为；窝藏、包庇罪是为各种犯罪的犯罪分子提供隐藏处所、财物，帮助其逃匿或者作假证明包庇的行为。第二，犯罪对象不同。洗钱罪的行为对象是七类犯罪的所得及其产生的收益；窝藏、包庇罪的对象是犯罪的人。第三，犯罪客体不同。洗钱罪侵犯的客体是国家关于金融活动的管理秩序、社会管理秩序以及司法机关查处犯罪的正常活动，且主要是破坏了国家的金融管理秩序。窝藏、包庇罪侵犯的客体是司法机关对罪犯的刑事追诉和刑罚执行活动。

(4) 洗钱罪与伪证罪的界限。

洗钱罪与伪证罪的界限在于：第一，犯罪的客体不完全相同。洗钱罪侵犯的客体是复杂客体，即国家关于金融活动的管理秩序、社会管理秩序以及司法机关查处犯罪的正常活动。伪证罪侵犯的客体是单一客体，即司法机关的正常活动。第二，犯罪主体不同。洗钱罪的主体是一般主体，包括自然人和单位。伪证罪的主体是特殊主体，必须是刑事诉讼中的证人、鉴定人、记录人、翻译人员，单位不能成为伪证罪的主体。第三，主观方面不同。洗钱罪的犯罪目的在于掩饰、隐瞒“上游犯罪”违法所得及其收益的性质和来源。伪证罪的犯罪目的是意图陷害他人或隐匿罪证，其行为表现为在刑事诉讼中就与案件有重要关系的情节作虚假的证明、鉴定、记录、翻译。

3. 处罚

根据《刑法》第 191 条的规定，犯本罪的，没收实施“上游犯罪”的犯罪所得及其产生的收益，处 5 年以下有期徒刑或者拘役，并处或者单处罚金；情节严重的，处 5 年以上 10 年以下有期徒刑，并处罚金。单位犯前款罪的，对单位判处罚金，并对其直接负责的主管人员和其他直接责任人员，依照前述自然人犯本罪的规定处罚。

三、破坏金融管理秩序罪的其他罪名

(一) 金融工作人员购买假币、以假币换取货币罪

根据《刑法》第 171 条第 2 款的规定，所谓金融工作人员购买假币、以假币换取货币罪，是指银行或者其他金融机构的工作人员购买伪造的货币或者利用职务上的便利，

以伪造的货币换取货币的行为。犯本罪的，处 3 年以上 10 年以下有期徒刑，并处 2 万元以上 20 万元以下罚金；数额巨大或者有其他严重情节的，处 10 年以上有期徒刑或者无期徒刑，并处 2 万元以上 20 万元以下罚金或者没收财产；情节较轻的，处 3 年以下有期徒刑或者拘役，并处或者单处 1 万元以上 10 万元以下罚金。

（二）变造货币罪

根据《刑法》第 173 条的规定，所谓变造货币，是指行为人在真币的基础上，或者以真币为基本材料，通过对其剪贴、挖补、拼凑、揭层、涂改等方法加工处理，致使原有的货币改变形态、数量、面值造成原货币升值，数额较大的行为，如将 50 元面额的人民币经过涂改变为 100 元面额的人民币，或将一张 50 元面额的人民币经过揭层加工后变为两张 50 元面额的人民币等。犯本罪的，处 3 年以下有期徒刑或者拘役，并处或者单处 1 万元以上 10 万元以下罚金；数额巨大的，处 3 年以上 10 年以下有期徒刑，并处 2 万元以上 20 万元以下罚金。

（三）擅自设立金融机构罪

根据《刑法》第 174 条第 1 款的规定，所谓擅自设立金融机构罪，是指未经国家有关主管部门批准，擅自设立商业银行、证券交易所、期货交易所、证券公司、期货经纪公司、保险公司或者其他金融机构的行为。犯本罪的，处 3 年以下有期徒刑或者拘役，并处或者单处 2 万元以上 20 万元以下罚金；情节严重的，处 3 年以上 10 年以下有期徒刑，并处 5 万元以上 50 万元以下罚金。单位犯本罪的，对单位判处罚金，并对其直接负责的主管人员和其他直接责任人员，依照以上规定处罚。

（四）伪造、变造、转让金融机构经营许可证、批准文件罪

根据《刑法》第 174 条第 2 款的规定，所谓伪造、变造、转让金融机构经营许可证、批准文件罪，是指伪造、变造、转让商业银行、证券交易所、期货交易所、证券公司、期货经纪公司、保险公司或者其他金融机构的经营许可证或者批准文件的行为。犯本罪的，处 3 年以下有期徒刑或者拘役，并处或者单处 2 万元以上 20 万元以下罚金；情节严重的，处 3 年以上 10 年以下有期徒刑，并处 5 万元以上 50 万元以下罚金。单位犯本罪的，对单位判处罚金，并对其直接负责的主管人员和其他直接责任人员，依照以上规定处罚。

（五）高利转贷罪

根据《刑法》第 175 条的规定，所谓高利转贷罪，是指以转贷牟利为目的，套取金融机构信贷资金高利转贷他人，违法所得数额较大的行为。犯本罪的，处 3 年以下有期徒刑或者拘役，并处违法所得 1 倍以上 5 倍以下罚金；数额巨大的，处 3 年以上 7 年以下有期徒刑，并处违法所得 1 倍以上 5 倍以下罚金。单位犯本罪的，对单位判处罚金，并对其直接负责的主管人员和其他直接责任人员，处 3 年以下有期徒刑或者拘役。

（六）骗取贷款、票据承兑、金融票证罪

根据《刑法》第 175 条之一的规定，所谓骗取贷款、票据承兑、金融票证罪，是指以欺骗手段取得银行或者其他金融机构贷款、票据承兑、信用证、保函等，给银行或者其他金融机构造成重大损失或者有其他严重情节的行为。犯本罪的，处 3 年以下有期徒

刑或者拘役，并处或者单处罚金；给银行或者其他金融机构造成特别重大损失或者有其他特别严重情节的，处 3 年以上 7 年以下有期徒刑，并处罚金。单位犯本罪的，对单位判处罚金，并对其直接负责的主管人员和其他直接责任人员，依照上述标准处罚。

（七）伪造、变造金融票证罪

根据《刑法》第 177 条的规定，所谓伪造、变造金融票证罪，是指伪造、变造汇票、本票、支票、委托收款凭证、汇款凭证、银行存单及其他银行结算凭证、信用证或者附随的单据、文件，以及伪造信用卡的行为。其行为方式包括：(1) 伪造、变造汇票、本票、支票的；(2) 伪造、变造委托收款凭证、汇款凭证、银行存单等其他银行结算凭证的；(3) 伪造、变造信用证或者附随的单据、文件的；(4) 伪造信用卡的。犯本罪的，处 5 年以下有期徒刑或者拘役，并处或者单处 2 万元以上 20 万元以下罚金；情节严重的，处 5 年以上 10 年以下有期徒刑，并处 5 万元以上 50 万元以下罚金；情节特别严重的，处 10 年以上有期徒刑或者无期徒刑，并处 5 万元以上 50 万元以下罚金或者没收财产。单位犯本罪的，对单位判处罚金，并对其直接负责的主管人员和其他直接责任人员，依照上述标准处罚。

（八）妨害信用卡管理罪

根据《刑法》第 177 条之一的规定，妨害信用卡管理罪，是指违反信用卡管理法规，妨害信用卡管理的行为。其行为具体表现为以下四个方面：(1) 明知是伪造的信用卡而持有、运输的，或者明知是伪造的空白信用卡而持有、运输，数量较大的；(2) 非法持有他人信用卡，数量较大的；(3) 使用虚假的身份证明骗领信用卡的；(4) 出售、购买、为他人提供伪造的信用卡或者以虚假的身份证明骗领的信用卡的行为。所谓“伪造的信用卡”，一是指从表现形式到具体内容完全模仿真实的信用卡，按照真实信用卡的图案、版块、模式及磁条密码非法制造一个新的信用卡；二是指在真实的信用卡基础上进行伪造，比如随意涂改真实信息、伪造信息，或在空白的信用卡上输入其他用户的真实信息，或输入虚假信息。所谓“伪造的空白信用卡”，即假冒某家商业银行或者其他金融机构的名义非法制作尚未写入个人信用卡磁条信息的还不具有支付功能的信用卡，其相比于伪造完毕的信用卡而言，尚不具有支付功能，社会危害程度显然较轻，因而法律对持有、运输伪造的空白信用卡要求必须达到“数量较大”，才能成立本罪。犯本罪的，处 3 年以下有期徒刑或者拘役，并处或者单处 1 万元以上 10 万元以下罚金；数量巨大或者有其他严重情节的，处 3 年以下 10 年以上有期徒刑，并处 2 万元以上 20 万元以下罚金。

（九）窃取、收买、非法提供信用卡信息罪

根据《刑法》第 177 条之一第 2、3 款的规定，所谓窃取、收买、非法提供信用卡信息罪，是指窃取、收买或者非法提供他人信用卡信息资料的行为。犯本罪的，处 3 年以下有期徒刑或者拘役，并处或者单处 1 万元以上 10 万元以下罚金；数量巨大或者有其他严重情节的，处 3 年以上 10 年以下有期徒刑，并处 2 万元以上 20 万元以下罚金。银行或者其他金融机构的工作人员利用职务上的便利，犯本罪的，从重处罚。

（十）伪造、变造国家有价证券罪

根据《刑法》第 178 条的规定，所谓伪造、变造国家有价证券罪，是指伪造、变造国库券或者国家发行的其他有价证券，数额较大的行为。犯本罪的，处 3 年以下有期徒刑或者拘役，并处或者单处2万元以上20万元以下罚金；数额巨大的，处3年以上10年以下有期徒刑，并处5万元以上50万元以下罚金；数额特别巨大的，处10年以上有期徒刑或者无期徒刑，并处5万元以上50万元以下罚金或者没收财产。单位犯本罪的，对单位判处罚金，并对其直接负责的主管人员和其他直接责任人员，依照前述规定处罚。

（十一）伪造、变造股票、公司、企业债券罪

根据《刑法》第178条的规定，所谓伪造、变造股票、公司、企业债券罪是指伪造、变造股票或者公司、企业债券，数额较大的行为。犯本罪的，处3年以下有期徒刑或者拘役，并处或者单处1万元以上10万元以下罚金；数额巨大的，处3年以上10年以下有期徒刑，并处2万元以上20万元以下罚金。单位犯本罪的，对单位判处罚金，并对其直接负责的主管人员和其他直接责任人员，依照前述规定处罚。

（十二）擅自发行股票、公司、企业债券罪

根据《刑法》第179条的规定，所谓擅自发行股票、公司、企业债券罪，是指未经国家有关主管部门批准，擅自发行股票或者公司、企业债券，数额巨大、后果严重或者有其他严重情节的行为。犯本罪的，处5年以下有期徒刑或者拘役，并处或者单处非法募集资金金额1%以上5%以下罚金。单位犯本罪的，对单位判处罚金，并对其直接负责的主管人员和其他直接责任人员，处5年以下有期徒刑或者拘役。

（十三）利用未公开信息交易罪

根据《刑法》第180条的规定，所谓利用未公开信息交易罪，是指证券交易所、期货交易所、证券公司、期货经纪公司、基金管理公司、商业银行、保险公司等金融机构的从业人员以及有关监管部门或者行业协会的工作人员，利用因职务便利获取的内幕信息以外的其他未公开的信息，违反规定，从事与该信息相关的证券、期货交易活动，或者明示、暗示他人从事相关交易活动，情节严重的行为。本罪的客观方面具体包括四个方面：第一，利用未公开信息，该信息属于内幕信息以外的其他信息，如果利用的是内幕信息，则按内幕交易罪处理；第二，该未公开信息是行为人因职务便利而获取的；第三，行为人利用该未公开信息从事或者明示、暗示他人从事与该未公开信息相关的证券、期货交易活动；第四，上述行为情节严重。犯本罪的，处5年以下有期徒刑或者拘役，并处或者单处违法所得1倍以上5倍以下罚金；情节特别严重的，处5年以上10年以下有期徒刑，并处违法所得1倍以上5倍以下罚金。

（十四）编造并传播证券、期货交易虚假信息罪

根据《刑法》第181条的规定，所谓编造并传播证券、期货交易虚假信息罪，是指编造并且传播影响证券、期货交易的虚假信息，扰乱证券、期货交易市场，造成严重后果的行为。自然人犯本罪的，处5年以下有期徒刑或者拘役，并处或者单处1万元以上10万元以下罚金。单位犯本罪的，对单位判处罚金，并对其直接负责的主管人员和其他直接责任人员，处5年以下有期徒刑或者拘役。

（十五）诱骗投资者买卖证券、期货合约罪

根据《刑法》第181条的规定，所谓诱骗投资者买卖证券、期货合约罪，是指证券交易所、期货交易所、证券公司、期货经纪公司的从业人员，证券业协会、期货业协会

或者证券期货监督管理部门的工作人员，故意提供虚假信息或者伪造、变造、销毁交易记录，诱骗投资者买卖证券、期货合约，造成严重后果的行为。自然人犯本罪的，处5年以下有期徒刑或者拘役，并处或者单处1万元以上10万元以下罚金；情节特别恶劣的，处5年以上10年以下有期徒刑，并处2万元以上20万元以下罚金。单位犯本罪的，对单位判处罚金，并对其直接负责的主管人员和其他直接责任人员，处5年以下有期徒刑或者拘役。

（十六）操纵证券、期货市场罪

根据《刑法》第182条的规定，所谓操纵证券、期货市场罪，是指在证券、期货活动中，以法律和法规禁止的方式，操纵证券、期货市场，情节严重的行为。其行为方式包括：（1）单独或者合谋，集中资金优势、持股或者持仓优势或者利用信息优势联合或者连续买卖的；（2）与他人串通，以事先约定的时间、价格和方式相互进行证券、期货交易的；（3）在自己实际控制的账户之间进行证券交易，或者以自己为交易对象，自买自卖期货合约的；（4）不以成交为目的，频繁或者大量申报买入、卖出证券、期货合约并撤销申报的；（5）利用虚假或者不确定的重大信息，诱导投资者进行证券、期货交易的；（6）对证券、证券发行人、期货交易标的公开作出评价、预测或者投资建议，同时进行反向证券交易或者相关期货交易的；（7）以其他方法操纵证券、期货市场的。犯本罪的，处5年以下有期徒刑或者拘役，并处或者单处罚金；情节特别严重的，处5年以上10年以下有期徒刑，并处罚金。单位犯本罪的，对单位判处罚金，并对其直接负责的主管人员和其他直接责任人员，依照前述规定处罚。

（十七）背信运用受托财产罪

根据《刑法》第185条之一的规定，所谓背信运用受托财产罪，是指商业银行、证券交易所、期货交易所、证券公司、期货经纪公司、保险公司或者其他金融机构，违背受托义务，擅自运用客户资金或者其他委托、信托的财产，情节严重的行为。犯本罪的，对单位判处罚金，并对其直接负责的主管人员和其他直接责任人员，处3年以下有期徒刑或者拘役，并处3万元以上30万元以下罚金；情节特别严重的，处3年以上10年以下有期徒刑，并处5万元以上50万元以下罚金。

（十八）违法运用资金罪

根据《刑法》第185条之一的规定，所谓违法运用资金罪，是指社会保障基金管理机构、住房公积金管理机构等公众资金管理机构，以及保险公司、保险资产管理公司、证券投资基金管理公司，违反国家规定运用资金的行为。犯本罪的，对单位判处罚金，并对其直接负责的主管人员和其他直接责任人员，处3年以下有期徒刑或者拘役，并处3万元以上30万元以下罚金；情节特别严重的，处3年以上10年以下有期徒刑，并处5万元以上50万元以下罚金。

（十九）吸收客户资金不入账罪

根据《刑法》第187条的规定，所谓吸收客户资金不入账罪，是指银行或者其他金融机构的工作人员吸收客户资金不入账，数额巨大或者造成重大损失的行为。犯本罪的，处5年以下有期徒刑或者拘役，并处2万元以上20万元以下罚金；数额特别巨大或者造成特别重大损失的，处5年以上有期徒刑，并处5万元以上50万元以下罚金。单位犯前款罪的，对单位判处罚金，并对其直接负责的主管人员和其他直接责任人员，依照前述规定处罚。

(二十）违法发放贷款罪

根据《刑法》第186条的规定，所谓违法发放贷款罪，是指银行或者其他金融机构的工作人员违反国家规定发放贷款，数额巨大或者造成重大损失的行为。犯本罪的，处5年以下有期徒刑或者拘役，并处1万元以上10万元以下罚金；数额特别巨大或者造成特别重大损失的，处5年以上有期徒刑，并处2万元以上20万元以下罚金。银行或者其他金融机构的工作人员违反国家规定，向关系人发放贷款的，依照前款的规定从重处罚。单位犯本罪的，对单位判处罚金，并对其直接负责的主管人员和其他直接责任人员，依照前述规定处罚。

(二十一）违规出具金融票证罪

根据《刑法》第188条的规定，所谓违规出具金融票证罪，是指银行或者其他金融机构的工作人员违反规定，为他人出具信用证或者其他保函、票据、存单、资信证明，情节严重的行为。犯本罪的，处5年以下有期徒刑或者拘役；情节特别严重的，处5年以上有期徒刑。单位犯本罪的，对单位判处罚金，并对其直接负责的主管人员和其他直接责任人员，依照前述规定处罚。

(二十二）对违法票据承兑、付款、保证罪

根据《刑法》第189条的规定，所谓对违法票据承兑、付款、保证罪，是指银行或者其他金融机构的工作人员在票据业务中，对违反票据法规定的票据予以承兑、付款或者保证，造成重大损失的行为。犯本罪的，处5年以下有期徒刑或者拘役；造成特别重大损失的，处5年以上有期徒刑。单位犯本罪的，对单位判处罚金，并对其直接负责的主管人员和其他直接责任人员，依照前述规定处罚。

(二十三）逃汇罪

根据《刑法》第190条的规定，所谓逃汇罪，是指公司、企业或者其他单位，违反国家规定，擅自将外汇存放境外，或者将境内的外汇非法转移到境外，数额较大的行为。犯本罪的，对单位判处逃汇数额5%以上30%以下罚金，并对其直接负责的主管人员和其他直接责任人员，处5年以下有期徒刑或者拘役；数额巨大或者有其他严重情节的，对单位判处逃汇数额5%以上30%以下罚金，并对其直接负责的主管人员和其他直接责任人员，处5年以上有期徒刑。

(二十四）骗购外汇罪

本罪是现有罪名中唯一不由刑法典规定的，其被规定在单行刑法《全国人民代表大会常务委员会关于惩治骗购外汇、逃汇和非法买卖外汇犯罪的决定》第1条之中。据此规定，所谓骗购外汇罪，是指使用伪造、变造购买外汇所需的凭证、单据，或者重复使用购买外汇所需的凭证、单据，以及用其他方式骗购外汇，数额较大的行为。其行为方式主要有：(1）使用伪造、变造的海关签发的报关单、进口证明、外汇管理部门核准件等凭证和单据；(2）重复使用海关签发的报关单、进口证明、外汇管理部门核准件等凭证和单据；(3）以其他方式骗购外汇。犯本罪的，处5年以下有期徒刑或者拘役，并处骗购外汇数额5%以上30%以下罚金；数额巨大的或者有其他严重情节的，处5年以上10年以下有期徒刑，并处骗购外汇数额5%以上30%以下罚金；数额特别巨大或者有其他特别严重情节的，处10年以上有期徒刑或者无期徒刑，并处骗购外汇数额5%以上30%以下罚金或者没收财产。伪造、变造海关签发的报关单、进口证明、外汇管理部门核准件等凭证和单据，并用于骗购外汇的，依上述标准从重处罚。单位犯本罪的，对单位依上述标准判处罚金，并对其直接负责的主管人员和其他直接责任人员，处5年以下有期徒刑或者拘役；单位骗购外汇数额巨大或者有其他严重情节的，处5年以上10年以下有期徒刑；数额特别巨大或者有其他特别严重情节的，处10年以上有期徒刑或者无期徒刑。

第二节　金融诈骗罪

一、金融诈骗罪概述

（一）概念和主要特征

金融诈骗罪是破坏社会主义市场经济秩序罪中一类重要的犯罪，是指行为人以非法占有为目的，采取虚构事实或者隐瞒真相的方法，实施集资、贷款、票据、金融凭证、有价证券、信用证、信用卡、保险诈骗活动，数额较大，侵害公私财产权益，破坏国家金融管理秩序，依照刑法应当受到刑罚处罚的行为。这类犯罪具有如下几个方面的构成特征：

1. 侵犯的直接客体是复杂客体，包括刑法所保护而为犯罪行为所侵害的金融管理秩序和公私财产所有权，且前者为主要客体。金融诈骗罪主要侵犯了金融管理秩序。各种金融诈骗犯罪行为违反金融管理法规，必然构成对国家金融管理秩序的侵犯。金融诈骗罪是以骗取财物为根本目的的，必然构成对公私财产所有权的侵犯。

2. 金融诈骗罪在客观方面表现为行为人采取虚构事实或隐瞒真相的行为方式，进行集资诈骗、贷款诈骗、票据诈骗、金融凭证诈骗、信用卡诈骗、信用证诈骗、有价证券诈骗、保险诈骗，骗取财产数额较大的行为。要构成本类犯罪，其基本应具备下面几个要素：（1）金融诈骗罪成立的前提是其行为违反了金融管理法规。金融管理法规是指有关调整金融关系和金融活动的各种法律法规的总称，如《商业银行法》《保险法》等。（2）行为人采取了虚构事实或者隐瞒真相的诈骗方法。（3）行为人实施了特定的诈骗行为，即在金融、保险、证券活动中的诈骗行为，也即由《刑法》第192条至第198条规定的具体行为。（4）骗取数额较大的公私财物。只有行为人实施了诈骗行为，并且骗取了数额较大的公私财物，才能构成相应的犯罪。最高人民检察院、公安部《关于公安机关管辖的刑事案件立案追诉标准的规定（二）》对此有比较具体和明确的规定。

3. 金融诈骗罪的主体较一般犯罪的主体复杂，有的是一般自然人犯罪主体，有的是特殊犯罪主体，有的犯罪只能由自然人构成，还有的犯罪既可以由自然人构成也可以由单位构成。关于集资诈骗罪、票据诈骗罪、金融凭证诈骗罪、信用证诈骗罪的主体，自然人和单位均可构成。保险诈骗罪的主体是由特殊主体构成，即必须是投保人、被保险人或者受益人，且自然人和单位都可以成为犯罪主体。而贷款诈骗罪、信用卡诈骗罪、有价证券诈骗罪则是自然人主体，单位不能构成此罪。

4. 金融诈骗罪在主观方面由直接故意构成，且具有非法占有他人财产的目的。一方面，金融诈骗犯罪是以非法占有他人财物为目的；另一方面，从金融诈骗行为方式来看，行为人必须实施掩盖事实、隐瞒真相等欺骗手段，积极追求达到非法占有他人财产的目的。因此，本类罪的主体都是明知自己的行为会发生危害社会的后果，并且积极追求和希望这种结果的产生，因此是直接故意。

（二）犯罪的种类

金融诈骗罪是一类犯罪的总称，共包括 8 个罪名，即集资诈骗罪、贷款诈骗罪、票据诈骗罪、金融凭证诈骗罪、信用证诈骗罪、信用卡诈骗罪、有价证券诈骗罪、保险诈骗罪。

二、金融诈骗罪的重点罪名

（一）集资诈骗罪

1. 概念和特征

集资诈骗罪，是指以非法占有为目的，违反有关金融法律、法规的规定，使用诈骗方法进行非法集资，扰乱国家正常金融秩序，侵犯公私财产所有权，且数额较大的行为。

本罪的直接客体是刑法所保护而为集资诈骗行为所侵害的公私财产所有权和国家金融管理制度。

本罪在客观方面表现为行为人实施了使用诈骗方法非法集资，数额较大的行为。构成本罪，行为人在客观方面应当符合以下条件：

第一，必须有违反相关法律和法规非法集资的行为。所谓集资，是指自然人或者法人、非法人组织为实现某种目的而募集资金或者集中资金的行为。依法进行的集资主要是指公司、企业或者其他个人、团体依照法律、法规规定的条件和程序向社会、公众发行有价证券或者利用融资租赁、联营、合资、企业集资等方式在资金市场上筹集所需资金的行为。所谓非法集资，是指违反相关法律、法规规定的条件和程序而向社会、公众发行有价证券或者利用融资租赁、联营、合资等方式在资金市场上筹集资金的行为。

第二，集资是通过使用诈骗方法实施的。此即行为人以非法占有为目的，编造谎言、捏造或者隐瞒事实真相，骗取他人资金的行为。在实践中，犯罪分子使用诈骗方法非法集资的行为主要是利用公众缺乏投资知识、盲目进行投资的心理，钻市场经济条件下经济活动纷繁复杂、投资法制不健全的空子进行的。例如，有的行为人谎称其集资得到政府领导和有关主管部门同意，有时甚至伪造有关批文，以骗取社会公众的信任；有的大肆登载虚假广告，引起社会公众投资盈利心理；有的打着举办集体企业或发展高科技的幌子等。其方法是多种多样的，但实质就是通过行骗的方式募集资金。只要行为人采用了隐瞒真相或虚构事实的方法进行集资的，均属于使用欺骗方法非法集资行为。根据最高人民法院于 2022 年 2 月修正的《关于审理非法集资刑事案件具体应用法律若干问题的解释》第 7 条的规定，以非法占有为目的，使用诈骗方法实施下列行为的，应当依照《刑法》第 192 条的规定，以集资诈骗罪定罪处罚：（1）不具有房产销售的真实内容或者不以房产销售为主要目的，以返本销售、售后包租、约定回购、销售房产份额等方式非法吸收资金的；（2）以转让林权并代为管护等方式非法吸收资金的；（3）以代种植（养殖）、租种植（养殖）、联合种植（养殖）等方式非法吸收资金的；（4）不具有销售商品、提供服务的真实内容或者不以销售商品、提供服务为主要目的，以商品回购、寄存代售等方式非法吸收资金的；（5）不具有发行股票、债券的真实内容，以虚假转让股权、发售虚构债券等方式非法吸收资金的；（6）不具有募集基金的真实内容，以假借境外基金、发售虚构基金等方式非法吸收资金的；（7）不具有销售保险的真实内容，以假冒保险公司、伪造保险单据等方式非法吸收资金的；（8）以网络借贷、投资入股、虚拟币交易等方式非法吸收资金的；（9）以委托理财、融资租赁等方式非法吸收资金的；（10）以提供"养老服务"、投资"养老项目"、销售"老年产品"等方式非法吸收资金的；（11）利用民间"会""社"等组织非法吸收资金的；（12）其他非法吸收资金的行为。

第三，使用诈骗方法非法集资必须达到数额较大，才构成犯罪，否则不构成犯罪。2022 年 4 月修订的最高人民检察院、公安部《关于公安机关管辖的刑事案件立案追诉标准的规定（二）》第 44 条规定，以非法占有为目的，使用诈骗方法非法集资，数额在 10 万元以上的，应当认定为数额较大。

本罪的主体为一般主体，自然人和单位都可以成为本罪的主体。

本罪的主观方面是故意，且以非法占有为目的。关于"以非法占有为目的"的认定标准，2022 年 2 月修订的最高人民法院《关于审理非法集资刑事案件具体应用法律若干问题的解释》第 7 条明确规定，具有下列情形之一的，可以认为"以非法占有为目的"：（1）集资后不用于生产经营活动或者用于生产经营活动与筹集资金规模明显不成比例，致使集资款不能返还的；（2）肆意挥霍集资款，致使集资款不能返还的；（3）携带集资款逃匿的；（4）将集资款用于违法犯罪活动的；（5）抽逃、转移资金、隐匿财产，逃避返还资金的；（6）隐匿、销毁账目，或者搞假破产、假倒闭，逃避返还资金的；（7）拒不交代资金去向，逃避返还资金的；（8）其他可以认定非法占有目的的情形。

2. 犯罪认定

（1）本罪与非法吸收公众存款罪的界限。

二者都具有非法募集资金的形式，但也有明显的区别：第一，侵犯的客体不同。前者侵犯的客体为国家的金融管理秩序和公私财产所有权，后者侵犯的客体为国家的金融管理秩序。第二，犯罪的客观方面不同。前者以使用诈骗方法为构成犯罪的必要条件，后者不以此为要件。第三，犯罪的目的不同。前者要求行为人必须具有非法占有集资款的目的，后者则不具有该目的。这是二者区分的关键所在。

（2）本罪与欺诈发行证券罪的界限。

二者都是在非法募集资金的活动中实施的犯罪行为，但也有明显的区别：第一，侵犯的客体不同。本罪侵犯的直接客体为国家的金融管理秩序和公私财产所有权，后者侵犯的客体是国家对证券市场的管理制度以及投资者的合法权益。第二，犯罪目的不同。本罪要求行为人必须具有非法占有集资款的目的，而后者则不以此为目的，这是二者区分的关键。

3. 处罚

根据《刑法》第192条的规定，以非法占有为目的，使用诈骗方法非法集资，数额较大的，处3年以上7年以下有期徒刑，并处罚金；数额巨大或者有其他严重情节的，处7年以上有期徒刑或者无期徒刑，并处罚金或者没收财产。单位犯前款罪的，对单位判处罚金，并对其直接负责的主管人员和其他直接责任人员，依照前款的规定处罚。

根据2022年2月修正的最高人民法院《关于审理非法集资刑事案件具体应用法律若干问题的解释》，集资诈骗数额在10万元以上的，应当认定为“数额较大”；数额在100万元以上的，应当认定为“数额巨大”。

（二）贷款诈骗罪

1. 概念和特征

贷款诈骗罪，是指以非法占有为目的，编造引进资金、项目等虚假理由，或者使用虚假的经济合同、证明文件，或者使用虚假的产权证明作担保、超出抵押物价值重复担保，或者以其他方法，诈骗银行或者其他金融机构的贷款，数额较大的行为。

本罪的直接客体是刑法所保护而为贷款诈骗行为所侵害的国家金融管理制度以及银行或者其他金融机构对贷款的所有权。

本罪在客观方面表现为采用虚构事实、隐瞒真相的方法诈骗银行或者其他金融机构的贷款，数额较大的行为。所谓虚构事实，是指编造客观上不存在的事实，以骗取银行或者其他金融机构的信任；所谓隐瞒真相，是指有意掩盖客观存在的某些事实，使银行或者其他金融机构产生错觉。

根据《刑法》第193条的规定，行为人诈骗贷款所使用的方法主要有以下几种表现形式：(1) 编造引进资金、项目等虚假理由骗取银行或者其他金融机构的贷款。(2) 使用虚假的经济合同诈骗银行或者其他金融机构的贷款。(3) 使用虚假的证明文件诈骗银行或其他金融机构的贷款。所谓证明文件，是指担保函、存款证明等向银行或其他金融机构申请贷款时所需要的文件。(4) 使用虚假的产权证明作担保或超出抵押物价值重复担保，骗取银行或其他金融机构贷款的。这里的产权证明，是指能够证明行为人对房屋等不动产或者汽车、货币、可随时兑付的票据等动产具有所有权的一切文件。(5) 以其他方法诈骗银行或其他金融机构贷款的。

本罪的主体为自然人一般主体，已满16周岁、具有刑事责任能力的自然人均可构成。

本罪的主观方面是故意，且以非法占有为目的。

2. 犯罪认定

(1) 成立本罪要求行为人给予的财物达到数额较大。

关于“数额较大”的认定标准，2022年4月修订的最高人民检察院、公安部《关于公安机关管辖的刑事案件立案追诉标准的规定（二）》第45条明确规定，以非法占有为目的，诈骗银行或者其他金融机构的贷款，数额在5万元以上的，应予立案追诉。

(2) 本罪与骗取贷款罪的界限。

二者在客观方面均使用了虚构事实、隐瞒真相的方法，区分的关键在于，本罪以非法占有目的为主观要件，而后者无此目的。对于具有下列情形之一的，应认定为具有非法占有目的：1）贷款后携款潜逃的；2）未将贷款按贷款用途使用，而是用于挥霍致使贷款无法偿还的；3）使用贷款进行违法犯罪活动的；4）隐匿贷款去向，贷款到期后拒不偿还的。

3. 处罚

根据《刑法》第193条的规定，犯本罪的，处5年以下有期徒刑或者拘役，并处2万元以上20万元以下罚金；数额巨大或者有其他严重情节的，处5年以上10年以下有期徒刑，并处5万元以上50万元以下罚金；数额特别巨大或者有其他特别严重情节的，处10年以上有期徒刑或者无期徒刑，并处5万元以上50万元以下罚金或者没收财产。

（三）信用卡诈骗罪

1. 概念和特征

信用卡诈骗罪，是指以非法占有为目的，违反信用卡管理法规，利用信用卡进行诈骗活动，骗取财物数额较大的行为。

本罪的直接客体是刑法所保护而为信用卡诈骗行为所侵害的国家正常的信用卡管理秩序和公私财产所有权。所谓信用卡，即由商业银行或者其他金融机构发行的具有消费支付、信用贷款、转账结算、存取现金等全部功能或者部分功能的电子支付卡。

本罪在客观方面表现为违反信用卡管理法规，利用信用卡进行诈骗活动，诈骗公私财物，数额较大的行为。

根据《刑法》第196条的规定，本罪客观方面具体行为包括：(1）使用伪造的信用卡，或者使用以虚假的身份证明骗领的信用卡的。所谓使用，包括用信用卡购买商品、在银行等进行支付、结算的各种服务。(2）使用作废的信用卡的。所谓作废的信用卡，是指使用因法定的原因失去效用的信用卡。(3）冒用他人的信用卡的。根据2018年最高人民法院、最高人民检察院《关于办理妨害信用卡管理刑事案件具体应用法律若干问题的解释》的规定，“冒用他人信用卡”包括：拾得他人信用卡并使用的；骗取他人信用卡并使用的；窃取、收买、骗取或者以其他非法方式获取他人信用卡信息资料，并通过互联网、通讯终端等使用的；以及其他冒用他人信用卡的情形。(4）使用信用卡进行恶意透支。“恶意透支”是指持卡人以非法占有为目的，超过规定限额或者规定期限透支，经发卡银行两次有效催收后超过三个月仍不归还的行为。

本罪的主体是自然人一般主体。

本罪的主观方面是故意，且具有非法占有公私财物的目的。对于是否以非法占有为目的，根据以上司法解释规定，应当综合持卡人信用记录、还款能力和意愿、申领和透支信用卡的状况、透支资金的用途、透支后的表现、未按规定还款的原因等情节作出判断，不得单纯依据持卡人未按规定还款的事实认定非法占有目的。具有以下情形之一的，应当认定为《刑法》第196条第2款规定的“以非法占有为目的”，但有证据证明持卡人确实不具有非法占有目的的除外：(1）明知没有还款能力而大量透支，无法归还的；(2）使用虚假资信证明申领信用卡后透支，无法归还的；(3）透支后通过逃匿、改变联系方式等手段，逃避银行催收的；(4）抽逃、转移资金，隐匿财产，逃避还款的；(5）使用透支的资金进行犯罪活动的；(6）其他非法占有资金，拒不归还的情形。

2. 犯罪认定

（1）成立本罪要求诈骗行为达到数额较大。

“数额较大”的认定标准，根据2018年最高人民法院、最高人民检察院《关于办理妨害信用卡管理刑事案件具体应用法律若干问题的解释》的规定，不同的信用卡诈骗行为，其数额较大的标准不完全一致。使用伪造的信用卡、以虚假的身份证明骗领的信用卡、作废的信用卡或者冒用他人信用卡，进行信用卡诈骗活动，数额在5 000元以上不满5万元的，应当认定为这里的“数额较大”；恶意透支，数额在5万元以上不满50万元的，应当认定为这里的“数额较大”。

（2）先伪造信用卡后又使用行为的定性。

如果行为人为实施信用卡诈骗行为，先伪造了信用卡而后进行使用，可能同时触犯本罪和伪造金融票证罪，由于伪造行为和使用行为之间系手段与目的行为，二者具有牵连关系，在两个行为分别构成伪造金融票证罪和信用卡诈骗罪的情况下，按照牵连犯论处，择一重罪从重处罚即可。

（3）行为人以诈骗、抢夺、抢劫等方式取得他人信用卡并加以使用行为的定性。

如果行为人是以信用卡为诈骗、抢夺、抢劫的直接对象（或直接对象之一），目的（目的之一）是取得信用卡内的钱款，就应当按诈骗罪、抢夺罪或抢劫罪一罪处理，而不应当数罪并罚。如果行为人在诈骗、抢夺、抢劫之后，发现信用卡并冒充持卡人取兑信用卡内的钱款的，则应当按信用卡诈骗罪与诈骗罪、抢夺罪或抢劫罪数罪并罚。

3. 处罚

根据《刑法》第196条的规定，犯本罪的，处5年以下有期徒刑或者拘役，并处2万元以上20万元以下罚金；数额巨大或者有其他严重情节的，处5年以上10年以下有期徒刑，并处5万元以上50万元以下罚金；数额特别巨大或者有其他特别严重情节的，处10年以上有期徒刑或者无期徒刑，并处5万元以上50万元以下罚金或者没收财产。

（四）保险诈骗罪

1. 概念和特征

保险诈骗罪，是指以非法获取保险金为目的，违反保险法律法规，采用虚构保险标的、编造事故原因，夸大损失，伪造保险事故或者制造保险事故等方法，骗取保险金，数额较大的行为。

本罪的直接客体为刑法所保护而为保险诈骗行为所侵害的国家保险管理制度和保险公司财产所有权。

本罪在客观上表现为采取虚构保险标的、保险事故或者制造保险事故等手段，进行保险诈骗活动，骗取保险金数额较大的行为。本罪的对象是保险金。根据《刑法》第198条的规定，具体表现为下列情形：（1）投保人故意虚构保险标的，骗取保险金。这种情形是指投保人为获取保险金，故意使用虚假的证明材料或虚构事实编造保险标的，发生保险事故后非法获取保险金的行为。所谓保险标的，是指作为保险对象的财产及其有关利益或者人的寿命和身体状况。（2）投保人、被保险人或者受益人对发生的保险事故编造虚假的原因或者夸大损失的程度，骗取保险金。所谓保险事故，是指保险合同约定的保险责任范围内的事故。根据《保险法》第22条第1款的规定，保险事故发生后，依照保险合同请求给付保险金时，投保人、被保险人或者受益人应当向保险人提供其所能提供的与确认保险事故的性质、原因、损失程度等有关的证明和资料。保险人只对保险责任范围内的保险事故承担赔偿责任或给付保险金。对于不属于保险责任范围的保险事故，行为人编造发生事故的虚假原因以骗取保险金，或者虽属保险责任范围的保险事故，但行为人伪造证据或夸大损失程度以扩大受益金额的，都属于诈骗保险金的行为。（3）投保人、被保险人或者受益人编造未曾发生的保险事故，骗取保险金。所谓编造未曾发生的保险事故，是指保险事故在实际没有发生的情况下，采取虚构、捏造事实的方法，欺骗保险人，谎称保险事故已发生而骗取保险金的行为，如谎称并没有丢失的参加保险的财产已经丢失，再如，并没有发生保险财产被毁的事件，却谎称该保险财产因为保险事故被毁等。（4）投保人、被保险人故意造成财产损失的保险事故，骗取保险金。例如，故意焚毁、损坏投保财产以骗取保险金。（5）投保人、受益人故意造成被保险人死亡、伤残或者疾病，骗取保险金。所谓故意造成被保险人死亡、伤残或者疾病，骗取保险金，是指投保人、受益人采取杀害、伤害、虐待、遗弃、爆炸、放火、投毒以及其他方法故意制造人身保险事故，致使被保险人死亡、伤害或疾病，骗取保险金的行为。

本罪的主体为特殊主体，即投保人、被保险人、受益人，单位或自然人都可以成为这里的投保人、被保险人、受益人。所谓投保人，是指与保险人订立保险合同，并按照保险合同负有支付保险费义务的人；所谓被保险人，是指其财产或者人身受保险合同保障，享有保险金请求权的人，投保人可以成为被保险人；所谓受益人，是指人身保险合同中由被保险人或者投保人指定的享有保险金请求权的人。另外，根据《刑法》第 198 条第 4 款的规定，保险事故的鉴定人、证明人、财产评估人故意提供虚假的证明文件，为他人诈骗提供条件的，以保险诈骗的共犯论处。

本罪的主观方面为故意，并且具有非法占有保险金的目的。

2. 犯罪认定

成立本罪要求骗取的保险金达到数额较大。2022 年修正的最高人民检察院、公安部《关于公安机关管辖的刑事案件立案追诉标准的规定（二）》第 51 条规定，进行保险诈骗活动，数额在 5 万元以上的，应予立案追诉。

根据《刑法》第 198 条第 2 款的规定，投保人、被保险人故意造成财产损失的保险事故，骗取保险金的或者投保人、受益人故意造成被保险人死亡、伤残或者疾病，骗取保险金的，可能同时构成放火罪、爆炸罪、故意毁坏财物罪、故意杀人罪、故意伤害罪等，应当依照数罪并罚的规定进行处罚。

3. 处罚

根据《刑法》第 198 条的规定，自然人犯本罪的，处 5 年以下有期徒刑或者拘役，并处 1 万元以上 10 万元以下罚金；数额巨大或者有其他严重情节的，处 5 年以上 10 年以下有期徒刑，并处 2 万元以上 20 万元以下罚金；数额特别巨大或者有其他特别严重情节的，处 10 年以上有期徒刑，并处 2 万元以上 20 万元以下罚金或者没收财产。

单位犯本罪的，对单位判处罚金，并对其直接负责的主管人员和其他直接责任人员，处 5 年以下有期徒刑或者拘役；数额巨大或者有其他严重情节的，处 5 年以上 10 年以下有期徒刑；数额特别巨大或者有其他特别严重情节的，处 10 年以上有期徒刑。

三、金融诈骗罪的其他罪名

（一）票据诈骗罪

根据《刑法》第 194 条的规定，所谓票据诈骗罪，是指以非法占有为目的，利用金融票据进行诈骗活动，骗取财物数额较大的行为。其行为方式包括：（1）明知是伪造、变造的汇票、本票、支票而使用。这种情形是指行为人以伪造、变造的金融票据冒充真票据进而骗取他人财物的行为。构成这种形式的犯罪要求行为人在使用票据时，“明知”是伪造、变造的。如果行为人在使用汇票、本票、支票时，确实不知道该票据是伪造、变造的，则不构成此项犯罪。（2）明知是作废的汇票、本票、支票而使用。这种情形是指利用已经作废的汇票、本票、支票进行诈骗行为。这里所说的“作废”的票据，是指根据法律和有关规定不能使用的票据，它包括《票据法》中所说的过期的票据，也包括无效的以及被依法宣布作废的票据，还包括银行根据国家有关规定予以作废的票据。同上述第一种情形一样，构成这种形式的犯罪，也要求行为人在使用票据时，“明知”是已经作废的。（3）冒用他人的汇票、本票、支票。这种情形是指行为人擅自以合法持票人的名义，支配、使用、转让自己不具备支配权利的他人的汇票、本票、支票，进行诈骗的行为。这里所说的“冒用”通常表现为以下几种情况：一是指行为人以非法手段获取的票据，如以欺诈、偷盗或者胁迫等手段取得的票据，或者明知是以上手段取得的票据而使用进行诈骗活动；二是指没有代理权而以代理人名义或者超越代理权限的行为；三是指用他人委托代为保管的或者捡拾他人遗失的票据进行使用，骗取财物的行为。（4）签发空头支票或者与其预留印鉴不符的支票，骗取财物的。（5）汇票、本票的出票人签发无资金保证的汇票、本票或者在出票时作虚假记载，骗取财物的。

犯本罪的，处 5 年以下有期徒刑或者拘役，并处 2 万元以上 20 万元以下罚金；数额巨大或者有其他严重情节的，处 5 年以上 10 年以下有期徒刑，并处 5 万元以上 50 万元以下罚金；数额特别巨大或者有其他特别严重情节的，处 10 年以上有期徒刑或者无期徒刑，并处 5 万元以上 50 万元以下罚金或者没收财产。根据《刑法》第 200 条的规定，单位犯本罪的，对单位判处罚金，并对其直接负责的主管人员和其他直接责任人员，处 5 年以下有期徒刑或者拘役，可以并处罚金；数额巨大或者有其他严重情节的，处 5 年以上 10 年以下有期徒刑，并处罚金；数额特别巨大或者有其他特别严重情节的，处 10 年以上有期徒刑或者无期徒刑，并处罚金。

（二）金融凭证诈骗罪

根据《刑法》第 194 条的规定，所谓金融凭证诈骗罪，是指使用伪造、变造的委托收款凭证、汇款凭证、银行存单等其他银行结算凭证，骗取他人财物，数额较大的行为。作为本罪行为对象的金融凭证，则仅是指委托收款凭证、汇款凭证、银行存单等其他银行结算凭证。使用伪造的、变造的汇票、本票、支票进行诈骗，构成犯罪的，不构成本罪，而是构成票据诈骗罪。要构成本罪，不仅需要使用伪造、变造的委托收款凭证、汇款凭证、银行存单等的行为，同时还必须骗取财物数额较大。最高人民检察院、公安部《关于公安机关管辖的刑事案件立案追诉标准的规定（二）》第 47 条规定，使用伪造、变造的委托收款凭证、汇款凭证、银行存单等其他银行结算凭证进行诈骗活动，数额在5万元以上的，应予立案追诉。

犯本罪的，处5年以下有期徒刑或者拘役，并处2万元以上20万元以下罚金；数额巨大或者有其他严重情节的，处5年以上10年以下有期徒刑，并处5万元以上50万元以下罚金；数额特别巨大或者有其他特别严重情节的，处10年以上有期徒刑或者无期徒刑，并处5万元以上50万元以下罚金或者没收财产。根据《刑法》第200条的规定，单位犯本罪的，对单位判处罚金，并对其直接负责的主管人员和其他直接责任人员，处5年以下有期徒刑或者拘役，可以并处罚金；数额巨大或者有其他严重情节的，处5年以上10年以下有期徒刑，并处罚金；数额特别巨大或者有其他特别严重情节的，处10年以上有期徒刑或者无期徒刑，并处罚金。

（三）信用证诈骗罪

根据《刑法》第195条的规定，所谓信用证诈骗罪，是指利用信用证进行诈骗的行为。信用证是指开证银行根据作为进口商的开证申请人的请求，开给受益人的一种在其具备了约定的条件以后，即可得到由开证银行或支付银行支付的约定的金额的保证付款的凭证。本罪在客观方面是行为人实施了利用信用证进行诈骗数额较大的行为。根据《刑法》第195条的规定，主要表现为以下四个方面：(1) 使用伪造、变造的信用证或者附随的单据、文件的。(2) 使用作废的信用证的。(3) 骗取信用证的。所谓骗取信用证，是指行为人编造虚假的事实或隐瞒事实真相，欺骗银行为其开具信用证的行为。(4) 以其他方法进行信用证诈骗活动的。

犯本罪的，处5年以下有期徒刑或者拘役，并处2万元以上20万元以下罚金；数额巨大或者有其他严重情节的，处5年以上10年以下有期徒刑，并处5万元以上50万元以下罚金；数额特别巨大或者有其他特别严重情节的，处10年以上有期徒刑或者无期徒刑，并处5万元以上50万元以下罚金或者没收财产。根据《刑法》第200条的规定，单位犯本罪的，对单位判处罚金，并对其直接负责的主管人员和其他直接责任人员，处5年以下有期徒刑或者拘役，可以并处罚金；数额巨大或者有其他严重情节的，处5年以上10年以下有期徒刑，并处罚金；数额特别巨大或者有其他特别严重情节的，处10年以上有期徒刑或者无期徒刑，并处罚金。

（四）有价证券诈骗罪

根据《刑法》第197条的规定，所谓有价证券诈骗罪，是指使用伪造、变造的国库券或者国家发行的其他有价证券，进行诈骗活动，数额较大的行为。犯本罪的，处5年以下有期徒刑或者拘役，并处2万元以上20万元以下罚金；数额巨大或者有其他严重情节的，处5年以上10年以下有期徒刑，并处5万元以上50万元以下罚金；数额特别巨大或者有其他特别严重情节的，处10年以上有期徒刑或者无期徒刑，并处5万元以上50万元以下罚金或者没收财产。

所涉法律条文及司法文件

1. 全国人民代表大会常务委员会《关于惩治骗购外汇、逃汇和非法买卖外汇犯罪的

决定》(1998 年 12 月 29 日)

2. 全国人民代表大会常务委员会《关于〈中华人民共和国刑法〉有关信用卡规定的解释》(2004 年 12 月 29 日)

3.《全国法院审理金融犯罪案件工作座谈会纪要》(2001 年 1 月 21 日)

4. 最高人民法院《关于审理伪造货币等案件具体应用法律若干问题的解释》(2000 年 9 月 8 日)

5. 最高人民法院《关于审理伪造货币等案件具体应用法律若干问题的解释(二)》(2010 年 10 月 20 日)

6. 最高人民法院、最高人民检察院、公安部《办理骗汇,逃汇犯罪案件联席会议纪要》(1999 年 3 月 16 日)

7. 最高人民法院《关于审理骗购外汇、非法买卖外汇刑事案件具体应用法律若干问题的解释》(1998 年 8 月 28 日)

8. 最高人民法院、最高人民检察院《关于办理妨害信用卡管理刑事案件具体应用法律若干问题的解释》(2018 年 11 月 28 日)

9. 最高人民法院《关于审理非法集资刑事案件具体应用法律若干问题的解释》(2022 年 2 月 23 日)

10. 最高人民检察院、公安部《关于公安机关管辖的刑事案件立案追诉标准的规定(二)》(2022 年 4 月 6 日)

思考题

1. 如何处理假币类犯罪之间的罪数关系?
2. 如何区分非法吸收公众存款罪与集资诈骗罪?
3. 对内幕信息与未公开信息应当如何理解?
4. 对洗钱罪与“上游犯罪”共同犯罪的界限如何把握?
5. 贷款诈骗罪与骗取贷款罪之间的关键区别是什么?如何认定?
6. 对行为人以诈骗、抢夺、抢劫等方式取得他人信用卡并使用的行为如何定性?

第十三章
企业、市场类经济管理犯罪

内容导读

妨害对公司、企业的管理秩序罪和扰乱市场秩序罪都是典型的市场管理秩序方面犯罪。妨害对公司、企业管理秩序罪侵犯的客体是我国对公司、企业的管理秩序，犯罪手段呈现出专业化、智能化、新型化特征，因此，需要从客体层面准确把握行为的实质内涵。本类犯罪的自然人主体一般具有特殊身份，如公司的发起人、股东、董事、经理等，单位主体则主要是指公司和企业。本类罪名多为法定犯，以违反相关经济法规为前提，需要注意刑法规范与对应的经济法规之间的衔接。扰乱市场秩序罪的同类客体比较复杂，在分析个罪的犯罪构成时需要注意对个罪所侵犯的直接客体进行合理解读。本类罪的客观行为通常比较复杂，需要结合司法解释等规定对客观行为进行合理解释。本类罪中不少个罪的构成以违反前置性的行政法规为前提，需要注意市场类法律法规与刑法规范的衔接。

第一节　妨害对公司、企业的管理秩序罪

一、妨害对公司、企业的管理秩序罪概述

妨害对公司、企业的管理秩序罪，是指公司、企业违反公司法、企业法或者其他法律、法规的规定，妨害国家对公司、企业的管理制度和管理活动，侵犯公司、企业及其投资者和债权人的合法权益，破坏社会主义市场经济秩序，严重危害市场经济发展的行为。为了充分体现对民营企业平等保护的精神，《刑法修正案（十二）》修改完善了非法经营同类营业罪等三个罪名，通过惩治民营企业内部人员侵害企业财产犯罪，实现保护民营企业产权和企业家合法权益。

作为类罪，妨害对公司、企业的管理秩序罪的犯罪构成具有如下共性特征：

本类犯罪的客体是社会主义市场经济秩序，具体来讲就是公司、企业的管理秩序。经济秩序是一种重要的社会秩序，公司、企业作为社会主义市场经济活动的主体，其经济行为必须遵守相应的法律、法规，维护对应的经济秩序，确保经济建设有序进行。

本类犯罪的客观方面主要是违反公司法、企业法及其他市场经济管理法规的规定，侵犯公司、企业及其投资者和债权人的合法权益，破坏社会主义市场经济秩序，危害市场经济发展，情节严重的行为。本类犯罪多为法定犯，以违反《公司法》等法律、法规

为前提，且很多时候须达到情节严重或者数额较大才构成犯罪。就具体行为而言，其表现为虚报注册资本、虚假出资、欺诈发行股票、妨害清算、非法经营、为亲友牟利、背信损害上市公司利益等。

本类犯罪的主体分为两种情况：一部分犯罪的主体只能是自然人；另一部分犯罪的主体既可以是自然人，也可以是单位。本类犯罪的自然人主体一般具有特殊的身份，如公司的发起人、股东、董事、经理等，单位主体则主要是指公司和企业。

本类大部分犯罪的主观方面为故意，即明知自己的行为会发生破坏公司、企业管理秩序的结果，并且希望或者放任这种结果的发生。个别犯罪由过失构成，如国有公司、企业、事业单位人员失职罪和签订、履行合同失职被骗罪。

二、妨害对公司、企业的管理秩序罪的重点罪名

（一）虚报注册资本罪

1. 概念和特征

虚报注册资本罪，是指申请公司登记的个人或者单位，使用虚假证明文件或者采取其他欺诈手段虚报注册资本，欺骗公司登记主管部门，取得公司登记，虚报注册资本数额巨大、后果严重或者有其他严重情节的行为。

本罪的直接客体为复杂客体，主要客体为刑法所保护而为虚报注册资本行为所侵害的公司登记管理制度，随机客体为刑法所保护而为虚报注册资本行为所侵害的公司股东和债权人的利益。

本罪在客观方面表现为适用虚假证明文件或者采用其他欺诈手段虚报注册资本，欺骗公司登记主管部门，取得公司登记，且虚报注册资本数额巨大、后果严重或者有其他严重情节的行为。

本罪的主体是特殊主体，即实行注册资本实缴登记制的申请公司登记的个人或者单位。

本罪的主观方面只能是故意。

2. 犯罪认定

依法实行注册资本认缴登记制的个人或者单位不能成为本罪的主体。

这一犯罪在我国立法上和司法实务中有较大变化。我国《公司法》原对公司注册资本实行实缴制，而 2013 年 12 月修改的《公司法》将公司注册资本实缴登记制改为认缴登记制，规定除对公司注册资本最低限额有另外规定的以外，取消了《公司法》原关于缴足出资的期限规定，采取公司股东自主约定缴纳出资额、出资方式、出资期限等并记载于公司章程的规定。此后，全国人大常委会于 2014 年 4 月 24 日通过了《关于〈中华人民共和国刑法〉第一百五十八条、第一百五十九条的解释》，根据该解释规定，本罪只适用于依法实行注册资本实缴登记制的公司。最高人民检察院、公安部也根据该解释规定，自 2014 年 3 月 1 日起，除依法实行注册资本实缴登记制的公司以外，对申请公司登记的单位和个人不得以虚报注册资本罪追究刑事责任。

3. 处罚

根据《刑法》第 158 条的规定，个人犯本罪的，处 3 年以下有期徒刑或者拘役，并

处或者单处虚报注册资本金额1%以上5%以下罚金。单位犯本罪的，对单位判处罚金，并对直接负责的主管人员和其他直接责任人员，处3年以下有期徒刑或者拘役。

（二）虚假出资、抽逃出资罪

1. 概念和特征

虚假出资、抽逃出资罪，是指公司发起人、股东违反公司法的规定未交付货币、实物或者未转移财产权，虚假出资，或者在公司成立后又抽逃其出资，数额巨大、后果严重或者有其他严重情节的行为。

本罪的直接客体是刑法所保护而为虚假出资、抽逃出资行为所侵害的国家对公司的资本管理秩序。

本罪在客观方面表现为违反公司法的规定，未交付货币、实物或者未转移财产权，虚假出资，或者在公司成立后又抽逃其出资，数额巨大、后果严重或者有其他严重情节的行为。所谓虚假出资，是指公司发起人、股东违反公司法规定，未交付应当认缴的出资额或者未办理出资额中的财产权转移手续。所谓抽逃出资，是指公司发起人、股东在公司成立时缴纳了所应认缴的出资，但在公司成立后又撤出其出资，使公司成立时的原有注册资本减少。

本罪的主体为特殊主体，即公司发起人或者股东。

本罪的主观方面为故意。

2. 犯罪认定

（1）依法实行注册资本认缴登记制的个人或者单位不能成为本罪的主体。

根据2014年4月24日全国人大常委会通过的《关于〈中华人民共和国刑法〉第一百五十八条、第一百五十九条的解释》，本罪只适用于依法实行注册资本实缴登记制的公司。

（2）成立本罪必须具备数额巨大、后果严重、其他严重情节三种情形之一。

关于"数额巨大、后果严重、其他严重情节"的认定标准，最高人民检察院、公安部《关于公安机关管辖的刑事案件立案追诉标准的规定（二）》第4条规定，公司发起人、股东违反公司法的规定未交付货币、实物或者未转移财产权，虚假出资，或者在公司成立后又抽逃其出资，涉嫌下列情形之一的，应予立案追诉：1）法定注册资本最低限额在600万元以下，虚假出资、抽逃出资数额占其应缴出资数额60%以上的。2）法定注册资本最低限额超过600万元，虚假出资、抽逃出资数额占其应缴出资数额30%以上的。3）造成公司、股东、债权人的直接经济损失累计数额在50万元以上的。4）虽未达到上述数额标准，但具有下列情形之一的：致使公司资不抵债或者无法正常经营的；公司发起人、股东合谋虚假出资、抽逃出资的；2年内因虚假出资、抽逃出资受过2次以上行政处罚，又虚假出资、抽逃出资的；利用虚假出资、抽逃出资所得资金进行违法活动的。5）其他后果严重或者有其他严重情节的情形。

3. 处罚

根据《刑法》第159条的规定，个人犯本罪的，处5年以下有期徒刑或者拘役，并处或者单处虚假出资金额或者抽逃出资金额2%以上10%以下罚金。单位犯本罪的，对单位判处罚金，并对直接负责的主管人员和其他直接责任人员，处5年以下有期徒刑或者拘役。

（三）违规披露、不披露重要信息罪

1. 概念和特征

违规披露、不披露重要信息罪，是指依法负有信息披露义务的公司、企业，向股东和社会公众提供虚假的或者隐瞒重要事实的财务会计报告，或者对依法应当披露的其他重要信息不按照规定披露，严重损害股东或者其他人的利益，或者有其他严重情节的行为。

本罪的直接客体是刑法所保护而为违规披露、不披露重要信息行为所侵害的国家对公司、企业的信息公开披露制度和股东、社会公众及其他利害关系人的合法权益。

本罪在客观方面表现为公司和企业向股东与社会公众提供虚假的或者隐瞒重要事实的财务会计报告，或者对依法应当披露的其他重要信息不披露或者进行虚假披露，严重损害股东或者其他人的利益，或者有其他严重情节的行为。所谓“重要事实的财务会计报告”，是指公司负债或经营亏损等情况的财物会计报告。所谓“其他重要信息”，是指财务会计报告以外的与公司、企业生产、经营有着重要关系的信息。

本罪主体为特殊主体，即依法负有信息披露义务的公司、企业。

本罪在主观方面只能是故意。

2. 犯罪认定

成立本罪必须严重损害了股东或者其他人的利益，或者有其他严重情节。

关于严重损害股东或者其他人的利益和其他严重情节的认定标准，2022 年 4 月 6 日修订的最高人民检察院、公安部《关于公安机关管辖的刑事案件立案追诉标准的规定（二）》第 6 条明确规定，依法负有信息披露义务的公司、企业向股东和社会公众提供虚假的或者隐瞒重要事实的财务会计报告，或者对依法应当披露的其他重要信息不按照规定披露，涉嫌下列情形之一的，应予立案追诉：（1）造成股东、债权人或者其他人直接经济损失数额累计在 100 万元以上的；（2）虚增或者虚减资产达到当期披露的资产总额 30%以上的；（3）虚增或者虚减营业收入达到当期披露的营业收入总额 30%以上的；（4）虚增或者虚减利润达到当期披露的利润总额 30%以上的；（5）未按照规定披露的重大诉讼、仲裁、担保、关联交易或者其他重大事项所涉及的数额或者连续 12 个月的累计数额达到最近一期披露的净资产 50%以上的；（6）致使不符合发行条件的公司、企业骗取发行核准或者注册并且上市交易的；（7）致使公司、企业发行的股票或者公司、企业债券、存托凭证或者国务院依法认定的其他证券被终止上市交易的；（8）在公司财务会计报告中将亏损披露为盈利，或者将盈利披露为亏损的；（9）多次提供虚假的或者隐瞒重要事实的财务会计报告，或者多次对依法应当披露的其他重要信息不按照规定披露的；（10）其他严重损害股东、债权人或者其他人利益，或者有其他严重情节的情形。

3. 处罚

根据《刑法》第 161 条的规定，犯本罪的，对其直接负责的主管人员和其他直接责任人员，处 5 年以下有期徒刑或者拘役，并处或者单处罚金；情节特别严重的，处 5 年以上 10 年以下有期徒刑，并处罚金。前述规定的公司、企业的控股股东、实际控制人实施或者组织、指使实施上述行为的，或者隐瞒相关事项导致前述规定的情形发生的，依照前述规定处罚。犯本罪的控股股东、实际控制人是单位的，对单位判处罚金，并对其直接负责的主管人员和其他直接责任人员，依照前述规定处罚。

（四）非国家工作人员受贿罪

1. 概念和特征

非国家工作人员受贿罪，是指公司、企业或者其他单位的工作人员利用职务上的便利，索取他人财物或者非法收受他人财物，为他人牟取利益，数额较大的行为。

本罪的直接客体是刑法所保护而为非国家工作人员受贿行为所侵害的公司、企业以及其他单位的工作人员的职务廉洁制度。

本罪在客观方面表现为利用职务上的便利，索取他人财物或非法收受他人财物，为他人谋取利益、数额较大的行为。所谓“索取”，即行为人以公开或者暗示的形式，主动向他人索要财物。所谓“非法收受”，即行为人违反法律法规被动接受他人主动送予的财物。所谓“为他人谋取利益”，即行为人利用本人职务上的便利，主动或者应他人要求为他人谋取某种利益。此外，《刑法》第163条第2款还规定：非国家工作人员在经济往来中，违反国家规定，收受各种名义的回扣、手续费，归个人所有的，也构成本罪。

本罪的主体为特殊主体，即公司、企业或者其他单位的非国家工作人员。这里的“其他单位”，既包括事业单位、社会团体、村民委员会、居民委员会、村民小组等常设性的组织，也包括为组织体育赛事、文艺演出或者其他正当活动而成立的组委会、筹委会、工程承包队等非常设性的组织。

本罪的主观方面是故意。

2. 犯罪认定

（1）成立本罪要求行为人实施了索取或者非法收受他人财物，为他人谋取利益的行为。不论成立索取型受贿罪还是非法收受型受贿罪，均要求“为他人谋取利益”。这里的“为他人谋取利益”并不要求行为人实际上已经完成了为他人谋取利益的行为，只要其有承诺、实行、完成为他人谋利的情形之一即可。谋取的利益既可以是非法的、不正当的利益，也可以是合法的、正当的利益。

（2）成立本罪要求行为人的上述行为是利用职务便利实施。所谓“利用职务便利”，即公司、企业或者其他单位的工作人员利用自己在本单位负责、主管或参与某项工作的职权范围内的条件。如果行为人利用的仅仅是自己对单位环境或单位人员的熟悉等工作便利，为他人谋取利益并索取或者非法收受他人财物的，不成立本罪。

（3）成立本罪要求行为人索取或者非法收受他人财物的数额较大。关于“数额较大”的认定标准，最高人民检察院、公安部《关于公安机关管辖的刑事案件立案追诉标准的规定（二）》第10条规定，公司、企业或者其他单位的工作人员利用职务上的便利，索取他人财物或者非法收受他人财物，为他人谋取利益，或者在经济往来中，利用职务上的便利，违反国家规定，收受各种名义的回扣、手续费，归个人所有，数额在3万元以上的，应予立案追诉。

（4）非国家工作人员与国家工作人员通谋，共同收受他人财物，构成共同犯罪的，根据双方利用职务便利的具体情形分别定罪追究刑事责任：1）利用国家工作人员的职务便利为他人谋取利益的，以受贿罪追究刑事责任；2）利用非国家工作人员的职务便利为他人谋取利益的，以非国家工作人员受贿罪追究刑事责任；3）分别利用各自的职务便利为他人谋取利益的，按照主犯的犯罪性质追究刑事责任，不能分清主从犯的，可以受贿罪追究刑事责任。

3. 处罚

根据《刑法》第 163 条的规定，犯本罪的，处 3 年以下有期徒刑或者拘役，并处罚金；数额巨大或者有其他严重情节的，处 3 年以上 10 年以下有期徒刑，并处罚金；数额特别巨大或者有其他特别严重情节的，处 10 年以上有期徒刑或者无期徒刑，并处罚金。

（五）对非国家工作人员行贿罪

1. 概念和特征

对非国家工作人员行贿罪，是指为谋取不正当利益，给予公司、企业或者其他单位的工作人员以财物，数额较大的行为。

本罪的直接客体是刑法所保护而为对非国家工作人员行贿行为所侵害的公司、企业以及其他单位的工作人员的职务廉洁制度和正常的市场竞争秩序。

本罪在客观方面表现为行为人为谋取不正当利益，给予公司、企业或者其他单位的工作人员以财物，数额较大的行为。给予公司、企业或者其他单位的工作人员以财物的行为，既包括直接给这些人员以财物，也包括以支付回扣、手续费的形式给予公司、企业或者其他单位的工作人员以财物。

本罪的主体为一般主体，包括自然人和单位。

本罪的主观方面是故意。行为人的目的是谋取不正当利益。所谓不正当利益，即行为人谋取违反法律、法规、规章或者政策规定的利益，或者要求对方违反法律、法规、规章、政策、待业规范的规定提供帮助或者方便条件。构成本罪只要求行为人具有谋取不正当利益的目的，并不要求其实际上谋取到了不正当利益。

2. 犯罪认定

成立本罪要求行为人给予的财物达到数额较大。

关于“数额较大”的认定标准，2022 年 4 月 6 日修订的最高人民检察院、公安部《关于公安机关管辖的刑事案件立案追诉标准的规定（二）》第 11 条明确规定，为谋取不正当利益，给予公司、企业或者其他单位的工作人员以财物，个人行贿数额在 3 万元以上的，单位行贿数额在 20 万元以上的，应予立案追诉。

3. 处罚

根据《刑法》第 164 条的规定，对本罪的处罚分为以下几种情形：(1) 个人犯本罪，数额较大的，处 3 年以下有期徒刑或者拘役，并处罚金；数额巨大的，处 3 年以上 10 年以下有期徒刑，并处罚金。(2) 单位犯本罪的，对单位判处罚金，并对其直接负责的主管人员和其他直接责任人员，依照上述规定处罚。(3) 行贿人在被追诉前主动交待行贿行为的，可以减轻或者免除处罚。

三、妨害对公司、企业的管理秩序罪的其他罪名

（一）欺诈发行证券罪

根据《刑法》第 160 条的规定，所谓欺诈发行证券罪，是指在招股说明书、认股书、

公司、企业债券募集办法等发行文件中隐瞒重要事实或者编造重大虚假内容，发行股票或者公司、企业债券、存托凭证或者国务院依法认定的其他证券，数额巨大、后果严重或者有其他严重情节的行为。成立本罪必须具备数额巨大、后果严重、其他严重情节三种情形之一。关于“数额巨大、后果严重、其他严重情节”的认定标准，最高人民检察院、公安部《关于公安机关管辖的刑事案件立案追诉标准的规定（二）》第5条规定，在招股说明书、认股书、公司、企业债券募集办法等发行文件中隐瞒重要事实或者编造重大虚假内容，发行股票或者公司、企业债券、存托凭证或者国务院依法认定的其他证券，涉嫌下列情形之一的，应予立案追诉：（1）非法募集资金金额在1 000万元以上的；（2）虚增或者虚减资产达到当期资产总额30%以上的；（3）虚增或者虚减营业收入达到当期营业收入总额30%以上的；（4）虚增或者虚减利润达到当期利润总额30%以上的；（5）隐瞒或者编造的重大诉讼、仲裁、担保、关联交易或者其他重大事项所涉及的数额或者连续12个月的累计数额达到最近一期披露的净资产50%以上的；（6）造成投资者直接经济损失数额累计在100万元以上的；（7）为欺诈发行证券而伪造、变造国家机关公文、有效证明文件或者相关凭证、单据的；（8）为欺诈发行证券向负有金融监督管理职责的单位或者人员行贿的；（9）募集的资金全部或者主要用于违法犯罪活动的；（10）其他后果严重或者有其他严重情节的情形。

犯本罪的，处5年以下有期徒刑或者拘役，并处或者单处罚金；数额特别巨大、后果特别严重或者有其他特别严重情节的，处5年以上有期徒刑，并处罚金。控股股东、实际控制人组织、指使实施前述行为的，处5年以下有期徒刑或者拘役，并处或者单处非法募集资金金额20%以上1倍以下罚金；数额特别巨大、后果特别严重或者有其他特别严重情节的，处5年以上有期徒刑，并处非法募集资金金额20%以上1倍以下罚金。单位犯本罪的，对单位判处非法募集资金金额20%以上1倍以下罚金，并对其直接负责的主管人员和其他直接责任人员，依照前述自然人犯本罪的规定处罚。

（二）妨害清算罪

根据《刑法》第162条的规定，妨害清算罪，是指公司、企业进行清算时，隐匿财产，对资产负债表或者财产清单作虚伪记载，或者在未清偿债务前分配公司、企业财产，严重损害债权人或者其他人利益的行为。本罪的行为方式有三种：第一，隐匿财产，即采取各种形式隐匿、转移、私藏公司、企业的财产，如将公司存款从甲银行转入乙银行另立账户，秘密隐藏。隐匿的既可以是资金，也可以是机器设备等实物。第二，对资产负债表或财产清单作虚伪记载。所谓资产负债表，是指会计定期核算时以货币形式反映，表示公司、企业一定时期内财产的总体构成状况即公司、企业资金的来源与运用的报表。第三，在未清偿债务前，分配公司、企业财产。我国《公司法》对公司财产的分配顺序和分配比例都进行了严格规定，如果在清偿债务之前就分配财产，必然会造成国家、职工、债权人利益的损害，由此造成严重后果的，应予追究刑事责任。本罪的犯罪主体为单位主体，在处罚上采用单罚制。犯本罪的，对其直接负责的主管人员和其他直接责任人员，处5年以下有期徒刑或者拘役，并处或者单处2万元以上20万元以下罚金。

（三）隐匿、故意销毁会计凭证、会计账簿、财务会计报告罪

根据《刑法》第162条之一的规定，隐匿、故意销毁会计凭证、会计账簿、财务会

计报告罪，是指隐匿或者故意销毁依法应当保存的会计凭证、会计账簿、财务会计报告，情节严重的行为。自然人犯本罪的，处5年以下有期徒刑或者拘役，并处或者单处2万元以上20万元以下罚金。单位犯本罪的，实行双罚制，即对单位判处罚金，并对其直接负责的主管人员和其他直接责任人员，处5年以下有期徒刑或者拘役，并处或者单处2万元以上20万元以下罚金。

（四）虚假破产罪

根据《刑法》第162条之二的规定，虚假破产罪，是指公司、企业通过隐匿财产、承担虚构的债务或者以其他方法转移财产、处分财产，实施虚假破产，严重损害债权人或其他人利益的行为。本罪侵犯的直接客体为复杂客体，包括刑法所保护而为犯罪行为所侵害的公司、企业的破产制度和债权人或者其他人的合法权益。其行为方式为：（1）公司、企业实施了隐匿财产、承担虚构的债务或其他转移财产、处分财产的行为；（2）公司、企业实施了虚假破产行为，即债务人在未发生破产原因的情况下，通过抽逃、隐匿或转移财产等手段，虚构、伪造破产原因，申请宣告破产，以逃避债权人的追索，从而侵占他人财产的行为。构成本罪，要求行为严重损害了债权人或者其他人的利益。本罪为单位犯罪，其主体是公司、企业，但只处罚公司、企业直接负责的主管人员和其他直接责任人员。犯本罪的，对其直接负责的主管人员和其他直接责任人员，处5年以下有期徒刑或者拘役，并处或者单处2万元以上20万元以下罚金。

（五）对外国公职人员、国际公共组织官员行贿罪

根据《刑法》第164条的规定，对外国公职人员、国际公共组织官员行贿罪，是指为谋取不正当商业利益，给予外国公职人员或者国际公共组织官员以财物，数额较大的行为。本罪的直接客体是刑法所保护而为犯罪行为所侵害的外国公职人员、国际公共组织官员职务活动的廉洁性和正常的市场竞争秩序。本罪的主体是一般主体，包括自然人和单位。无论是具有中国国籍的自然人或单位，还是外国国家或者无国籍的自然人或单位，只要其实施对外国公职人员、国际公共组织官员行贿的行为，又在我国刑事管辖范围内的，均可以成为本罪主体。本罪的主观方面是故意，并具有谋取不正当利益之目的。构成本罪只要求行为人具有谋取不正当利益的目的，并不要求其实际上谋取到了不正当利益。犯本罪的，处3年以下有期徒刑或者拘役，并处罚金；数额巨大的，处3年以上10年以下有期徒刑，并处罚金。

（六）非法经营同类营业罪

根据《刑法》第165条的规定，非法经营同类营业罪，是指国有公司、企业的董事、监事、高级管理人员，利用职务便利，自己经营或者为他人经营与其所任职公司、企业同类的营业，获得非法利益、数额巨大，或者其他公司、企业的董事、监事、高级管理人员违反法律、行政法规规定，实施前述行为，致使公司、企业利益遭受重大损失的行为。其行为方式包括：（1）自己经营或者为他人经营业务。所谓“自己经营”，有的是以私人名义另行注册公司经营，有的是以亲人名义但实际是公司、企业的董事、监事、高级管理人员自行经营，还有的是在他人经办的公司、企业中入股进行经营等。所谓“为他人经营”，包括为其他公司、企业进行经营，如暗中担任他人出资的公司、企业管理人员，从事该公司、企业的经营管理活动。（2）自己经营或为他人经营的营业与自己所任

职的国有公司、企业的营业属于同一种类。(3) 在为自己经营或为他人经营与自己所任职的国有公司、企业同类营业的过程中利用了职务便利。所谓“利用职务便利”，是指利用自己经营管理的职权或者职务有关的便利条件，既包括利用自己直接掌管的经营材料、物质、市场、计划、销售等职权而为自己经营或为他人经营的公司、企业谋取非法利益，也包括利用自己职务及有关的便利条件如人事权力、地位等指挥、控制他人利用职权而为自己经营或为他人经营的公司、企业谋取非法利益。本罪的主体为特殊主体，即国有公司、企业的董事、监事、高级管理人员，以及其他公司、企业的董事、监事、高级管理人员。与刑法原规定相比，《刑法修正案（十二）》将原犯罪主体中的“经理”改为了“高级管理人员”，并增加了“监事”和“其他公司、企业的董事、监事、高级管理人员”，也就是说，本罪的主体既包括国有公司、企业的，也包括民营企业等非国有公司、企业的，只是他们的行为构成本罪的其他条件有所区别。犯本罪的，处 3 年以下有期徒刑或者拘役，并处或者单处罚金；数额特别巨大的，处 3 年以上 7 年以下有期徒刑，并处罚金。

（七）为亲友非法牟利罪

根据《刑法》第 166 条的规定，为亲友非法牟利罪，是指国有公司、企业、事业单位的工作人员，利用职务便利，将本单位的盈利业务交由自己的亲友进行经营，或者以明显高于市场的价格从自己的亲友经营管理的单位采购商品、接受服务或者以明显低于市场的价格向自己的亲友经营管理的单位销售商品、提供服务，或者从自己的亲友经营管理的单位采购、接受不合格商品、服务，致使国家利益遭受重大损失的行为。《刑法修正案（十二）》的修改，包括将“提供服务”“接受不合格商品、服务”增加为本罪的行为方式，将犯罪主体从“国有公司、企业”扩展到民营企业等非国有公司、企业。修改后的具体手段分为以下三种：(1) 将本单位的盈利业务交由自己的亲友进行经营；(2) 以明显高于市场的价格从自己的亲友经营管理的单位采购商品、接受服务或者以明显低于市场的价格向自己的亲友经营管理的单位销售商品、提供服务；(3) 从自己的亲友经营管理的单位采购、接受不合格商品、服务。犯本罪的，处 3 年以下有期徒刑或者拘役，并处或者单处罚金；犯本罪，致使国家利益遭受特别重大损失的，处 3 年以上 7 年以下有期徒刑，并处罚金。

（八）签订、履行合同失职被骗罪

根据《刑法》第 167 条的规定，签订、履行合同失职被骗罪，是指国有公司、企业，事业单位直接负责的主管人员在签订、履行合同的过程中，因严重不负责任而被诈骗，或者金融机构、从事对外贸易经营活动的公司、企业的工作人员严重不负责任，造成大量外汇被骗购或者逃汇，致使国家利益遭受重大损失的行为。本罪在客观方面表现为：(1) 在签订、履行合同过程中，因严重不负责任被诈骗，致使国家利益遭受重大损失的行为；(2) 在外汇管理活动中，因严重不负责任，造成大量外汇被骗购或者逃汇，致使国家利益遭受重大损失的行为。本罪的主体为特殊主体，即国有公司、企业、事业单位的直接负责的主管人员，或者金融机构、从事对外贸易经营活动的公司、企业的工作人员。本罪的主观方面为过失，即行为人在签订、履行合同的过程中应当预见自己严重不负责任的行为可能会被诈骗，从而使国家利益遭受重大损失的结果，却因为疏忽大意而没有预见，或者行为人已经预见而轻信能够避免，以致发生国家利益遭受重大损失的结果。犯本罪的，致使国家利益遭受重大损失的，处3年以下有期徒刑或者拘役；致使国家利益遭受特别重大损失的，处3年以上7年以下有期徒刑。

（九）国有公司、企业、事业单位人员失职罪

根据《刑法》第168条的规定，国有公司、企业、事业单位人员失职罪，是指国有公司、企业、事业单位的工作人员由于严重不负责任，造成国有公司、企业、事业单位破产或者严重损失，致使国家利益遭受重大损失的行为。本罪的主观方面为过失，即行为人应当预见自己严重不负责任的行为可能会使国家利益遭受重大损失的结果，却因为疏忽大意而没有预见，或者行为人已经预见而轻信能够避免，以致发生国家利益遭受重大损失的结果。犯本罪的，处3年以下有期徒刑或者拘役；致使国家利益遭受特别重大损失的，处3年以上7年以下有期徒刑。

（十）国有公司、企业、事业单位人员滥用职权罪

根据《刑法》第168条的规定，国有公司、企业、事业单位人员滥用职权罪，是指国有公司、企业、事业单位的工作人员由于滥用职权，造成国有公司、企业、事业单位破产或者严重损失，致使国家利益遭受重大损失的行为。犯本罪的，处3年以下有期徒刑或者拘役；致使国家利益遭受特别重大损失的，处3年以上7年以下有期徒刑。国有公司、企业、事业单位工作人员，徇私舞弊，犯本罪的，从重处罚。

（十一）徇私舞弊低价折股、出售公司、企业资产罪

根据《刑法》第169条的规定，徇私舞弊低价折股、出售公司、企业资产罪，是指国有公司、企业或者其上级主管部门直接负责的主管人员以及其他公司、企业直接负责的主管人员徇私舞弊，将国有资产低价折股或者低价出售，致使国家利益遭受重大损失，或者其他公司、企业直接负责的主管人员，徇私舞弊，将公司、企业资产低价折股或者低价出售，致使公司、企业利益遭受重大损失的行为。所谓“低价折股”，是指将公司、企业的实物财产、工业产权、非专利技术或者土地使用权、故意低估作价，折合为股份作为出资。本罪的主体为特殊主体，即国有公司、企业直接负责的主管人员或者其上级主管部门直接负责的主管人员以及其他公司、企业直接负责的主管人员。《刑法修正案（十二）》扩大了本罪主体的范围，将国有公司、企业以外的其他公司、企业直接负责的主管人员增设为本罪犯罪主体。犯本罪的，处3年以下有期徒刑或者拘役；致使国家利益遭受特别重大损失的，处3年以上7年以下有期徒刑。

（十二）背信损害上市公司利益罪

根据《刑法》第169条之一的规定，背信损害上市公司利益罪，是指上市公司的董事、监事、高级管理人员违背对公司的忠实义务，利用职务便利，操纵上市公司，损害上市公司利益，或者上市公司的控股股东、实际控制人，指使上市公司的董事、监事、高级管理人员利用职务便利，操纵上市公司，实施损害上市公司利益，致使上市公司利益遭受重大损失的行为。本罪在客观方面表现为：（1）上市公司的董事、监事、高级管理人员违背对公司的忠实义务，利用职务便利，通过操纵上市公司从事不正当、不公平的关联交易等非法手段，致使上市公司利益遭受重大损失的行为。（2）上市公司的控股股东、实际控制人，指使上市公司的董事、监事、高级管理人员，利用职务便利，操纵

上市公司，实施损害上市公司利益，致使上市公司利益遭受重大损失的行为。所谓“背信行为”，即行为人破坏其与所任职的上市公司之间的法律确认的信任关系，违背对公司的忠实义务的行为。本罪的主体为特殊主体，即上市公司的董事、监事、高管人员以及上市公司的控股股东、实际控制人。当上市公司的控股股东或者实际控制人是单位时，单位也可以成为本罪主体。犯本罪的，处 3 年以下有期徒刑或者拘役，并处或者单处罚金；致使上市公司利益遭受特别重大损失的，处 3 年以下 7 年以上有期徒刑，并处罚金。单位犯本罪的，对单位判处罚金，并对其直接负责的主管人员和其他直接责任人员依照上述法定刑处罚。

第二节　扰乱市场秩序罪

一、扰乱市场秩序罪概述

（一）概念与构成

扰乱市场秩序罪，是指违反国家对市场监督管理的法律、法规，进行不正当竞争，从事非法经营贸易或者中介服务活动，以及强行进行交易，扰乱和破坏等价有偿、公平竞争和平等交易的市场秩序，情节严重的行为。

本类犯罪的同类客体比较复杂，对本节中的犯罪无法根据直接客体明确归入其他经济类犯罪之中，因此将其整合在本节当中。从这个意义来讲，扰乱市场秩序罪是“破坏社会主义市场经济秩序罪”这一章中带有“兜底”性质的犯罪。

本类犯罪的行为表现形式也比较复杂，既有损害他人商品声誉、商业信誉的行为，也有诈骗性质的行为，还有违反国家规定的非法经营行为以及非法出具证明文件的行为，等等。本类犯罪构成要件中一般要求“情节严重”“数额较大”。

本类犯罪的主体多数为一般主体。根据刑法的规定，个人和单位均可以成为本类犯罪的主体。少数犯罪为特殊主体，如提供虚假证明文件罪、出具证明文件重大失实罪等。

本类犯罪在主观方面除出具证明文件重大失实罪为过失外，都表现为故意，有的犯罪还是直接故意并且具有非法占有目的（如合同诈骗罪）。

（二）犯罪的种类

根据我国《刑法》分则第三章第八节的规定，本类犯罪包括 13 个具体罪名：损害商业信誉、商品声誉罪，虚假广告罪，串通投标罪，合同诈骗罪，组织、领导传销活动罪，非法经营罪，强迫交易罪，伪造、倒卖伪造的有价票证罪，倒卖车票、船票罪，非法转让、倒卖土地使用权罪，提供虚假证明文件罪，出具证明文件重大失实罪，逃避商检罪。

二、扰乱市场秩序罪的重点罪名

（一）损害商业信誉、商品声誉罪

1. 概念和特征

损害商业信誉、商品声誉罪，是指违反反不正当竞争法律、法规，捏造并散布虚伪事实，损害他人的商业信誉、商品声誉，给他人造成重大损失或者有其他严重情节的行为。本罪的构成要件如下：

本罪的直接客体是刑法所保护而为损害商业信誉、商品声誉行为所侵害的复杂客体，即市场竞争秩序和他人的商业信誉及商品声誉。

本罪在客观方面表现为捏造并散布虚伪事实，损害他人的商业信誉、商品声誉，给他人造成重大损失或者有其他严重情节的行为。具体包括以下内容：（1）行为人实施了捏造并散布虚伪事实的行为。捏造，是指虚构、编造不符合真实情况或并不存在的事实。散布，是指使不特定或多数人知悉行为人所捏造的虚伪事实。捏造和散布是并列的实行行为，必须同时具备才能成立本罪，只有捏造行为而没有散布行为，或只有散布行为而没有捏造行为的，均不能认定为本罪。（2）行为人损害了他人的商业信誉、商品声誉。“他人”，是指捏造并散布者以外的主体，并不限于竞争对手，也可以是非竞争对手。（3）给他人造成严重损失或者有其他严重情节。最高人民检察院、公安部《关于公安机关管辖的刑事案件立案追诉标准的规定（二）》第 66 条规定，捏造并散布虚伪事实，损害他人的商业信誉、商品声誉，涉嫌下列情形之一的，应予立案追诉：1）给他人造成直接经济损失数额在 50 万元以上的；2）虽未达到上述数额标准，但造成公司、企业等单位停业、停产 6 个月以上，或者破产的；3）其他给他人造成重大损失或者有其他严重情节的情形。

本罪主体是一般主体，包括自然人和单位。

本罪的主观方面是故意，即明知自己捏造并散布虚伪事实的行为会损害他人的商誉，并且希望或者放任这种结果的发生。

2. 犯罪认定

（1）本罪罪与非罪的界限。

区分本罪罪与非罪的界限，首先要区分合法与违法的界限。新闻工作人员对一些违反商业道德的行为予以披露、曝光、批评，一些消费者通过正当途径反映生产、经营者的商品质量或服务问题，都属于合法行为，不能将这些做法与损害商业信誉、商品声誉的行为混为一谈。其次，要区分一般违法与犯罪的界限。这要看行为人损害他人商业信誉、商品声誉的行为是否造成他人的重大损失或者具有其他严重情节，造成他人重大损失或者具有其他严重情节的，构成犯罪，反之，则属于一般违法行为。

（2）本罪与假冒注册商标罪的界限。

如果行为人为了损害他人商品的声誉，故意在自己生产的伪劣产品上假冒他人优质产品的注册商标，并且加以广泛宣传，致使他人的商品声誉受到损害，对此，应按本罪与假冒注册商标罪中的重罪定罪处罚。如果行为人在生产的伪劣产品上贴上他人同种产品的注册商标，但是没有散布损害他人商品声誉的信息，则只能按假冒注册商标罪处理。

3. 处罚

根据《刑法》第 221 条和第 231 条的规定，犯本罪的，处 2 年以下有期徒刑或者拘役，并处或者单处罚金。单位犯本罪的，对单位判处罚金，并对其直接负责的主管人员和其他直接责任人员，依照前述规定处罚。

（二）虚假广告罪

1. 概念和特征

虚假广告罪，是指广告主、广告经营者、广告发布者违反国家规定，利用广告对商品或者服务作虚假宣传，情节严重的行为。本罪的构成要件如下：

本罪的直接客体是刑法所保护而为虚假广告行为所侵害的市场竞争秩序和消费者的合法权益。

本罪的客观方面表现为违反国家规定，利用广告对商品或者服务作虚假宣传，情节严重的行为，具体包括：(1) 广告主利用广告，对自己生产、经营的商品的质量、制作成份、性能、用途、生产者、有效期限、产地或者自己所开展的服务的内容、作用、效果等作引人误解的虚假宣传的行为；(2) 广告经营者明知或者应知广告主要求代理、设计、制作的是虚假广告而为其代理、设计、制作的行为；(3) 广告发布者明知或者应知广告主要求发布的是虚假广告而为其发布的行为。

根据最高人民检察院、公安部《关于公安机关管辖的刑事案件立案追诉标准的规定（二）》第 67 条的规定，广告主、广告经营者、广告发布者违反国家规定，利用广告对商品或者服务作虚假宣传，涉嫌下列情形之一的，应予立案追诉：(1) 违法所得数额在 10 万元以上的；(2) 假借预防、控制突发事件、传染病防治的名义，利用广告作虚假宣传，致使多人上当受骗，违法所得数额在 3 万元以上的；(3) 利用广告对食品、药品作虚假宣传，违法所得数额在 3 万元以上的；(4) 虽未达到上述数额标准，但 2 年内因利用广告作虚假宣传受过 2 次以上行政处罚，又利用广告作虚假宣传的；(5) 造成严重危害后果或者恶劣社会影响的；(6) 其他情节严重的情形。

本罪的主体是特殊主体，即广告主、广告经营者和广告发布者。广告主，是指利用广告对自己生产、经营的商品或服务进行宣传的单位或者个人；广告经营者，是指经营广告业务的单位或者个人；广告发布者，是指刊播、设置、张贴广告的单位或者个人。

本罪的主观方面表现为故意，但不同主体的故意形式不完全相同。广告主为本罪的主体时，其犯罪故意只能是直接故意，其目的是牟取非法利益；而广告经营者、广告发布者为本罪的主体时，其犯罪故意既可以是直接故意，也可以是间接故意。

2. 犯罪认定

(1) 罪与非罪的界限。

区分本罪与虚假广告一般违法行为的界限在于情节是否严重。情节严重的，构成犯罪；情节尚未达到严重程度的，属于虚假广告一般违法行为。对于虚假广告一般违法行为，由市场监督管理部门给予行政处罚。

(2) 本罪与诈骗罪的界限。

二者区别的要点在于：本罪虽然利用广告对商品或者服务作虚假宣传，但广告中所宣传的商品或服务毕竟是真实存在的；而诈骗罪则是通过虚构事实、隐瞒真相的方法，骗取被害人的财物，行为人在广告中所宣传的商品和服务是根本不存在的。如果推销的商品或服务根本不存在，则利用虚假广告骗取财物的，以诈骗罪论处。

3. 处罚

根据《刑法》第 222 条和第 231 条的规定，犯本罪的，处 2 年以下有期徒刑或者拘役，并处或者单处罚金。单位犯本罪的，对单位判处罚金，并对其直接负责的主管人员和其他直接责任人员，依照前述规定处罚。

（三）串通投标罪

1. 概念和特征

串通投标罪，是指投标人相互串通投标报价，损害招标人或者其他投标人的利益，或者投标人与招标人串通投标，损害国家、集体、公民的合法权益的行为。本罪的构成要件如下：

本罪的直接客体是刑法所保护而为串通投标行为所侵害的公平竞争市场交易秩序。

本罪客观方面表现为投标人相互串通投标报价，损害招标人或者其他投标人的利益，或者投标人与招标人串通投标，损害国家、集体、公民的合法权益的行为。所谓投标人串通投标是指投标人在投标活动中恶意串通，故意共同压低标价以损害招标人的利益，或者共同抬高标价排挤竞争对手，以损害招标人或者其他投标人的利益等不正当竞争行为。投标人与招标人串通投标，是指招标人在招投标活动中，确定中标人时不是从价格、质量与工期保证、企业生产能力、技术水平、信誉等方面进行综合评定，而是以不正当手段与特定投标人私下串通，相互勾结，使招投标活动流于形式的行为。

根据最高人民检察院、公安部《关于公安机关管辖的刑事案件立案追诉标准的规定（二）》第 68 条的规定，串通投标，涉嫌下列情形之一的，应予立案追诉：（1）损害招标人、投标人或者国家、集体、公民的合法利益，造成直接经济损失数额在 50 万元以上的；（2）违法所得数额在 20 万元以上的；（3）中标项目金额在 400 万元以上的；（4）采取威胁、欺骗或者贿赂等非法手段的；（5）虽未达到上述数额标准，但 2 年内因串通投标受过 2 次以上行政处罚，又串通投标的；（6）其他情节严重的情形。

本罪的主体是特殊主体，只能由投标人和招标人两类特定单位或者自然人构成。本罪属于必要的共犯，即只有两个以上的主体之间相互串通投标时，才可能成立本罪。

本罪的主观方面是故意，至于犯罪目的如何，不影响本罪的成立。

2. 处罚

根据《刑法》第 223 条和第 231 条的规定，犯本罪的，处 3 年以下有期徒刑或者拘役，并处或者单处罚金。单位犯本罪的，对单位判处罚金，并对其直接负责的主管人员和其他直接责任人员，依照前述规定处罚。

（四）合同诈骗罪

1. 概念和特征

合同诈骗罪，是指以非法占有为目的，在签订、履行合同过程中，以虚构事实、隐瞒真相的手段，骗取对方当事人的财物，数额较大的行为。

本罪的直接客体是复杂客体，即刑法所保护而为合同诈骗行为所侵害的公私财物所有权和国家对合同的管理秩序。

本罪在客观上表现为在签订、履行合同过程中，以虚构事实、隐瞒真相的手段，骗取对方当事人的财物，数额较大的行为。具体包括下述五种情形：（1）以虚构的单位或者冒用他人名义签订合同的，即虚构合同主体的情形；（2）以伪造、变造、作废的票据或者其他虚假的产权证明作担保的，即虚构担保；（3）没有实际履行能力，以先履行小额合同或者部分履行合同的方法，诱骗对方当事人继续签订和履行合同的；(4) 收受对方当事人给付的货物、货款、预付款或者担保财产后逃匿的；(5) 以其他方法骗取对方当事人财物。

根据最高人民检察院、公安部《关于公安机关管辖的刑事案件立案追诉标准的规定(二)》第 69 条的规定，以非法占有为目的，在签订、履行合同过程中，骗取对方当事人财物，数额在 2 万元以上的，应予立案追诉。

本罪的主体是一般主体，包括自然人和单位。

本罪在主观上表现为故意，并且具有非法占有对方当事人财物的目的。

2. 犯罪认定

(1) 罪与非罪的界限。

区分合同诈骗罪与合同纠纷的关键在于判断行为人是否具有非法占有他人财物的目的。可以从两方面进行考察：1) 行为人是否采用刑法规定的欺骗手段。使用了所规定的欺骗手段的，一般可以认为具有非法占有他人财物的目的，将其认定为合同诈骗罪。2) 综合签订合同前后的各种表现及各种因素，认定是否具有非法占有目的。例如，根据行为人在签订合同时有无履约能力、在签订合同后有无履行合同的实际行动、未履行合同的原因等情况进行认定。

(2) 本罪与诈骗罪的界限。

区分本罪与诈骗罪不能简单以有无合同为标准。诈骗罪也可能以合同的方式实施，合同诈骗罪也可能不以书面合同的方式存在，如口头合同。二者区分的关键在于：合同诈骗罪中的“合同”，其内容事关市场经济活动，侵犯市场经济秩序和合同的信用。完全不调整平权主体之间财产流转关系的人身合同和行政合同，以及完全不反映市场交易关系平权主体之间的财产关系合同，如借用合同、雇佣合同，均不属于本罪中的“合同”。

(3) 本罪与金融诈骗罪的界限。

刑法上规定的各种金融诈骗罪，大多也会利用经济合同的形式。如保险诈骗罪事实上利用了保险合同，贷款诈骗罪事实上利用了贷款合同。但由于刑法对金融诈骗罪另有规定，所以，凡是符合金融诈骗罪的犯罪构成的，原则上应以金融诈骗罪论处。其中存在例外情形：单位以贷款合同的形式诈骗贷款时，如果符合合同诈骗罪要件，以合同诈骗罪论处。因为贷款诈骗罪的主体不包括单位，故欲追究单位贷款诈骗刑事责任的，不得不适用合同诈骗罪。

3. 处罚

根据《刑法》第 224 条和第 231 条的规定，犯本罪的，处 3 年以下有期徒刑或者拘役，并处或者单处罚金；数额巨大或者有其他严重情节的，处 3 年以上 10 年以下有期徒刑，并处罚金；数额特别巨大或者有其他特别严重情节的，处 10 年以上有期徒刑或者无期徒刑，并处罚金或者没收财产。单位犯本罪的，对单位判处罚金，并对其直接负责的主管人员和其他直接责任人员，依照前述规定处罚。

(五) 组织、领导传销活动罪

1. 概念和特征

组织、领导传销活动罪，是指组织、领导以推销商品、提供服务等经营活动为名，要求参加者以缴纳费用或者购买商品、服务等方式获得加入资格，并按照一定顺序组成层级，直接或者间接以发展人员的数量作为计酬或者返利依据，引诱、胁迫参加者继续发展他人参加，骗取财物，扰乱经济社会秩序的传销活动的行为。

本罪的直接客体是复杂客体，既包括刑法所保护而为组织、领导传销活动所侵犯的我国经济社会秩序，也包括公民的财产所有权。

本罪在客观上表现为组织、领导传销活动，严重扰乱经济社会秩序的行为。传销活动可以分为两大类：一类是原始型传销，其传销的是商品，以销售商品的数量作为计酬或者返利依据；另一类是诈骗型传销，其并不是真正传销商品，只是以发展人员的数量作为计酬或者返利的依据。本罪的传销活动，是指后一种传销活动。

传销活动具有以下特征：（1）以推销商品、提供服务等经营活动为名，要求参加者以缴纳费用或者购买商品、服务等方式获得加入资格，这是传销组织诱骗成员取得传销资格常采用的一种方式和必经程序。（2）按照一定的顺序组成层级，这是传销的组织结构特点。（3）直接或者间接以发展人员的数量作为计酬或者返利依据，引诱、胁迫参加者继续发展他人参加，这是传销组织的计酬方式特点。根据《关于办理组织领导传销活动刑事案件适用法律若干问题的意见》（以下简称《传销案件意见》），传销活动的组织者或者领导者通过发展人员，要求传销活动的被发展人员发展其他人员加入，形成上下线关系，并以下线的销售业绩为依据计算和给付上线报酬，牟取非法利益的，是“团队计酬”式传销活动。以销售商品为目的、以销售业绩为计酬依据的单纯的“团队计酬”式传销活动，不作为犯罪处理。（4）骗取财物，这是传销活动的本质特征。根据上述《传销案件意见》，传销活动的组织者、领导者采取编造、歪曲国家政策，虚构、夸大经营、投资、服务项目及盈利前景，掩饰计酬、返利真实来源或者其他欺诈手段，实施《刑法》第 224 条之一规定的行为，从参与传销活动人员缴纳的费用或者购买商品、服务的费用中非法获利的，应当认定为骗取财物。（5）扰乱经济社会秩序，这是传销活动的社会危害性特征。

本罪主体为一般主体，任何人实施组织、领导传销行为达到严重扰乱经济社会秩序程度的，都可以构成本罪。

本罪在主观上表现为故意，即行为人明知自己组织、领导诈骗型传销活动会扰乱经济社会秩序，并且希望或者放任这种结果的发生。

2. 犯罪认定

（1）立案标准。根据最高人民检察院、公安部《关于公安机关管辖的刑事案件立案追诉标准的规定（二）》第 70 条的规定，涉嫌组织、领导的传销活动人员在 30 人以上且层级在三级以上的，对组织者、领导者，应予立案追诉。根据《传销案件意见》，组织、领导多个传销组织，单个或者多个组织中的层级已达三级以上的，可将在各个组织中发展的人数合并计算。组织者、领导者形式上脱离原传销组织后，继续从原传销组织获取报酬或者返利的，原传销组织在其脱离后发展人员的层级数和人数，应当计算为其发展的层级数和人数。对传销组织内部人数和层级数的计算，以及对组织者、领导者直接或者间接发展参与传销活动人员人数和层级数的计算，包括组织者、领导者本人及其本层级在内。

（2）本罪仅处罚组织、领导传销活动的行为，一般参与行为不可能成立组织、领导传销活动罪。《传销案件意见》规定，下列人员可以认定为传销活动的组织者、领导者：1）在传销活动中起发起、策划、操纵作用的人员；2）在传销活动中承担管理、协调等职责的人员；3）在传销活动中承担宣传、培训等职责的人员；4）曾因组织、领导传销活动受过刑事处罚，或者1年以内因组织、领导传销活动受过行政处罚，又直接或者间接发展参与传销活动人员在15人以上且层级在三级以上的人员；5）其他对传销活动的实施、传销组织的建立、扩大等起关键作用的人员。

（3）以非法占有为目的，组织、领导传销活动，同时构成组织、领导传销活动罪和集资诈骗罪的，依照处罚较重的规定处罚。犯组织、领导传销活动罪，并实施故意伤害、非法拘禁、敲诈勒索、妨害公务、聚众扰乱社会秩序、聚众冲击国家机关、聚众扰乱公共场所秩序、交通秩序等行为，构成犯罪的，依照数罪并罚的规定处罚。

3. 处罚

根据《刑法》第224条之一的规定，犯本罪的，处5年以下有期徒刑或者拘役，并处罚金；情节严重的，处5年以上有期徒刑，并处罚金。《传销案件意见》规定，具有下列情形之一的，应当认定为“情节严重”：（1）组织、领导的参与传销活动人员累计达120人以上的；（2）直接或者间接收取参与传销活动人员缴纳的传销资金数额累计达250万元以上的；（3）曾因组织、领导传销活动受过刑事处罚，或者1年以内因组织、领导传销活动受过行政处罚，又直接或者间接发展参与传销活动人员累计达60人以上的；（4）造成参与传销活动人员精神失常、自杀等严重后果的；（5）造成其他严重后果或者恶劣社会影响的。

（六）非法经营罪

1. 概念和特征

非法经营罪，是指违反国家规定，进行非法经营活动，扰乱市场秩序，情节严重的行为。

本罪的直接客体是刑法所保护而为非法经营行为所侵害的市场管理秩序。

本罪在客观上表现为违反国家规定，进行非法经营活动，扰乱市场秩序，情节严重的行为。非法经营活动，是指《刑法》第225条规定的下列行为之一：（1）未经许可经营法律、行政法规规定的专营、专卖物品或者其他限制买卖的物品的；（2）买卖进出口许可证、进出口原产地证明以及其他法律、行政法规规定的经营许可证或者批准文件的；（3）未经国家有关主管部门批准非法经营证券、期货、保险业务的，或者非法从事资金支付结算业务的；（4）其他严重扰乱市场秩序的非法经营行为。

对于“其他严重扰乱市场秩序的非法经营行为”的解释，最高人民法院《关于准确理解和适用刑法中“国家规定”的有关问题的通知》指出，要依法严格把握《刑法》第225条第4项的适用范围。对被告人的行为是否属于《刑法》第225条第4项规定的“其他严重扰乱市场秩序的非法经营行为”，有关司法解释未作明确规定的，应当作为法律适用问题，逐级向最高人民法院请示。

本罪主体为一般主体，包括自然人和单位。

本罪在主观上表现为故意。

2. 犯罪认定

《刑法》第225条关于非法经营罪的条款，采取了列举非法经营行为类型和其他严重市场秩序行为的立法模式，其构成要件具有开放性强、适用范围广、司法解释空间大的特点，同时也产生了严格解释、适用的要求。因而，司法实务中形成了极为具体的定罪行为类型。根据最高人民检察院、公安部《关于公安机关管辖的刑事案件立案追诉标准的规定（二）》第71条的规定，违反国家规定，进行非法经营活动，扰乱市场秩序，涉嫌下列情形之一的，应予立案追诉：

（1）违反国家烟草专卖管理法律法规，未经烟草专卖行政主管部门许可，无烟草专卖生产企业许可证、烟草专卖批发企业许可证、特种烟草专卖经营企业许可证、烟草专卖零售许可证等许可证明，非法经营烟草专卖品，具有下列情形之一的：1）非法经营数额在5万元以上，或者违法所得数额在2万元以上的；2）非法经营卷烟20万支以上的；3）3年内因非法经营烟草专卖品受过2次以上行政处罚，又非法经营烟草专卖品且数额在3万元以上的。

（2）未经国家有关主管部门批准，非法经营证券、期货、保险业务，或者非法从事资金支付结算业务，具有下列情形之一的：1）非法经营证券、期货、保险业务，数额在100万元以上，或者违法所得数额在10万元以上的。2）非法从事资金支付结算业务，数额在500万元以上，或者违法所得数额在10万元以上的。3）非法从事资金支付结算业务，数额在250万元以上不满500万元，或者违法所得数额在5万元以上不满10万元，且具有下列情形之一的：因非法从事资金支付结算业务犯罪行为受过刑事追究的；2年内因非法从事资金支付结算业务违法行为受过行政处罚的；拒不交代涉案资金去向或者拒不配合追缴工作，致使赃款无法追缴的；造成其他严重后果的。4）使用销售点终端机具（POS机）等方法，以虚构交易、虚开价格、现金退货等方式向信用卡持卡人直接支付现金，数额在100万元以上的，或者造成金融机构资金20万元以上逾期未还的，或者造成金融机构经济损失10万元以上的。

（3）实施倒买倒卖外汇或者变相买卖外汇等非法买卖外汇行为，扰乱金融市场秩序，具有下列情形之一的：1）非法经营数额在500万元以上的，或者违法所得数额在10万元以上的。2）非法经营数额在250万元以上，或者违法所得数额在5万元以上，且具有下列情形之一的：因非法买卖外汇犯罪行为受过刑事追究的；2年内因非法买卖外汇违法行为受过行政处罚的；拒不交代涉案资金去向或者拒不配合追缴工作，致使赃款无法追缴的；造成其他严重后果的。3）公司、企业或者其他单位违反有关外贸代理业务的规定，采用非法手段，或者明知是伪造、变造的凭证、商业单据，为他人向外汇指定银行骗购外汇，数额在500万美元以上或者违法所得数额在50万元以上的。4）居间介绍骗购外汇，数额在100万美元以上或者违法所得数额在10万元以上的。

（4）出版、印刷、复制、发行严重危害社会秩序和扰乱市场秩序的非法出版物，具有下列情形之一的：1）个人非法经营数额在5万元以上的，单位非法经营数额在15万元以上的。2）个人违法所得数额在2万元以上的，单位违法所得数额在5万元以上的。3）个人非法经营报纸5 000份或者期刊5 000本或者图书2 000册或者音像制品、电子出版物500张（盒）以上的，单位非法经营报纸15 000份或者期刊15 000本或者图书

5 000 册或者音像制品、电子出版物 1 500 张（盒）以上的。4）虽未达到上述数额标准，但具有下列情形之一的：2 年内因出版、印刷、复制、发行非法出版物受过 2 次以上行政处罚，又出版、印刷、复制、发行非法出版物的；因出版、印刷、复制、发行非法出版物造成恶劣社会影响或者其他严重后果的。

（5）非法从事出版物的出版、印刷、复制、发行业务，严重扰乱市场秩序，具有下列情形之一的：1）个人非法经营数额在 15 万元以上的，单位非法经营数额在 50 万元以上的；2）个人违法所得数额在 5 万元以上的，单位违法所得数额在 15 万元以上的；3）个人非法经营报纸 15 000 份或者期刊 15 000 本或者图书 5 000 册或者音像制品、电子出版物 1 500 张（盒）以上的，单位非法经营报纸 5 万份或者期刊 5 万本或者图书 15 000 册或者音像制品、电子出版物 5 000 张（盒）以上的；4）虽未达到上述数额标准，2 年内因非法从事出版物的出版、印刷、复制、发行业务受过 2 次以上行政处罚，又非法从事出版物的出版、印刷、复制、发行业务的。

（6）采取租用国际专线、私设转接设备或者其他方法，擅自经营国际电信业务或者涉港澳台电信业务进行营利活动，扰乱电信市场管理秩序，具有下列情形之一的：1）经营去话业务数额在 100 万元以上的。2）经营来话业务造成电信资费损失数额在 100 万元以上的。3）虽未达到上述数额标准，但具有下列情形之一的：2 年内因非法经营国际电信业务或者涉港澳台电信业务行为受过 2 次以上行政处罚，又非法经营国际电信业务或者涉港澳台电信业务的；因非法经营国际电信业务或者涉港澳台电信业务行为造成其他严重后果的。

（7）以营利为目的，通过信息网络有偿提供删除信息服务，或者明知是虚假信息，通过信息网络有偿提供发布信息等服务，扰乱市场秩序，具有下列情形之一的：个人非法经营数额在 5 万元以上，或者违法所得数额在 2 万元以上的；单位非法经营数额在 15 万元以上，或者违法所得数额在 5 万元以上的。

（8）非法生产、销售“黑广播”“伪基站”、无线电干扰器等无线电设备，具有下列情形之一的：非法生产、销售无线电设备 3 套以上的；非法经营数额在 5 万元以上的；虽未达到上述数额标准，但 2 年内因非法生产、销售无线电设备受过 2 次以上行政处罚，又非法生产、销售无线电设备的。

（9）以提供给他人开设赌场为目的，违反国家规定，非法生产、销售具有退币、退分、退钢珠等赌博功能的电子游戏设施设备或者其专用软件，具有下列情形之一的：个人非法经营数额在 5 万元以上，或者违法所得数额在 1 万元以上的；单位非法经营数额在 50 万元以上，或者违法所得数额在 10 万元以上的；虽未达到上述数额标准，但 2 年内因非法生产、销售赌博机行为受过 2 次以上行政处罚，又进行同种非法经营行为的；其他情节严重的情形。

（10）实施下列危害食品安全行为，非法经营数额在 10 万元以上，或者违法所得数额在 5 万元以上的：1）以提供给他人生产、销售食品为目的，违反国家规定，生产、销售国家禁止用于食品生产、销售的非食品原料的；2）以提供给他人生产、销售食用农产品为目的，违反国家规定，生产、销售国家禁用农药、食品动物中禁止使用的药品及其他化合物等有毒、有害的非食品原料，或者生产、销售添加上述有毒、有害的非食品原料的农药、兽药、饲料、饲料添加剂、饲料原料的；3）违反国家规定，私设生猪屠宰厂（场），从事生猪屠宰、销售等经营活动的。

（11）未经监管部门批准，或者超越经营范围，以营利为目的，以超过36%的实际年利率经常性地向社会不特定对象发放贷款，具有下列情形之一的：1）个人非法放贷数额累计在200万元以上的，单位非法放贷数额累计在1 000万元以上的。2）个人违法所得数额累计在80万元以上的，单位违法所得数额累计在400万元以上的。3）个人非法放贷对象累计在50人以上的，单位非法放贷对象累计在150人以上的。4）造成借款人或者其近亲属自杀、死亡或者精神失常等严重后果的。5）虽未达到上述数额标准，但具有下列情形之一的：2年内因实施非法放贷行为受过2次以上行政处罚的；以超过72%的实际年利率实施非法放贷行为10次以上的。黑恶势力非法放贷的，按照第1、2、3项规定的相应数额、数量标准的50%确定。同时具有第5项规定情形的，按照相应数额、数量标准的40%确定。

（12）从事其他非法经营活动，具有下列情形之一的：1）个人非法经营数额在5万元以上，或者违法所得数额在1万元以上的；2）单位非法经营数额在50万元以上，或者违法所得数额在10万元以上的；3）虽未达到上述数额标准，但2年内因非法经营行为受过2次以上行政处罚，又从事同种非法经营行为的；4）其他情节严重的情形。法律、司法解释对非法经营罪的立案追诉标准另有规定的，依照其规定。

因为国家取消盐业专门许可制度，所以从事食盐经营行为不可能涉及非法经营罪。生产、销售伪劣产品，产品本身是法律、行政法规规定的专营、专卖物品或者其他限制买卖的物品的，构成生产、销售伪劣商品罪与本罪的想象竞合犯，应从一重罪处断。

3. 处罚

根据《刑法》第225条和第231条的规定，犯本罪的，处5年以下有期徒刑或者拘役，并处或者单处违法所得1倍以上5倍以下罚金；情节特别严重的，处5年以上有期徒刑，并处违法所得1倍以上5倍以下罚金或者没收财产。单位犯本罪的，对单位判处罚金，并对其直接负责的主管人员和其他直接责任人员，依照前述的规定处罚。

（七）强迫交易罪

1. 概念和特征

强迫交易罪，是指在商品交易中，以暴力、威胁手段强行和他人从事交易活动，情节严重的行为。

本罪的客体是公平自由的市场交易秩序和公民的合法权益。

本罪在客观方面表现为以暴力、威胁手段强行和他人从事交易活动的行为。本罪的手段是暴力、威胁。暴力，是指殴打、捆绑、强拉硬拽等损害他人人身健康安全的行为。由于本罪的法定最高刑为7年有期徒刑，因此，这里的暴力所造成的人身损害只能是轻伤以下。暴力强迫交易造成他人重伤的，按故意伤害罪定罪处罚。威胁，是指以实施暴力侵害相胁迫或者以其他方式进行要挟。强迫交易包括五种情形：（1）强买强卖商品；（2）强迫他人提供或者接受服务；（3）强迫他人参与或者退出投标、拍卖；（4）强迫他人转让或者收购公司、企业的股份、债券或者其他资产；（5）强迫他人参与或者退出特定的经营活动。

本罪的主体是一般主体，包括自然人和单位。犯罪主体或者强迫行为的对方至少有一方是从事市场交易活动的主体。

本罪在主观上表现为故意，并且是直接故意。

2. 犯罪认定

本罪与抢劫罪的区别。由于本罪的方法行为为"暴力、威胁"，且会直接侵害交易对方的财产权，因而本罪易与抢劫罪混淆，区分二者的关键在于：(1) 客观方面不同。二者不仅手段行为程度不同，而且最为重要的是发生的时空条件不同。本罪暴力程度的上限限于轻伤；而抢劫罪暴力的上限包括当场剥夺被害人的生命。本罪的成立以现实的交易为前提，暴力、威胁行为的目的是进行具有一定对价基础的交易，虽然可能表现为以"不公平的价格"进行交易，但只是略高于公平价格；而抢劫罪的成立根本不存在任何的交易行为。最高人民法院《关于审理抢劫、抢夺刑事案件适用法律若干问题的意见》第9条中关于"以暴力、胁迫手段索取超出正常交易价钱、费用的钱财的行为定性"的规定，从事正常商品买卖、交易或者劳动服务的人，以暴力、胁迫手段迫使他人交出与合理价钱、费用相差不大钱物，情节严重的，以强迫交易罪定罪处罚；以非法占有为目的，以买卖、交易、服务为幌子采用暴力、胁迫手段迫使他人交出与合理价钱、费用相差悬殊的钱物的，以抢劫罪定罪处刑。在具体认定时，既要考虑超出合理价钱、费用的绝对数额，还要考虑超出合理价钱、费用的比例，加以综合判断。(2) 犯罪主体不同。本罪属于破坏市场交易秩序的犯罪，犯罪主体或者被强迫交易的对方中至少有一方是从事市场经济活动的主体；而抢劫罪的主体则无须具备此项要求。(3) 主观方面不同。二者虽均为故意犯罪，且有一定的目的性，但本罪中并不存在犯罪构成要件层次上的目的，行为人实施强制行为的目的是交易；而抢劫罪的成立以具有非法占有目的为必要条件，缺乏此犯罪目的要件则难以成立抢劫罪。

3. 处罚

根据《刑法》第226条和第231条的规定，犯本罪的，处3年以下有期徒刑或者拘役，并处或者单处罚金；情节特别严重的，处3年以上7年以下有期徒刑，并处罚金。单位犯本罪的，对单位判处罚金，并对其直接负责的主管人员和其他直接责任人员，依照前述规定处罚。

三、扰乱市场秩序罪的其他罪名

（一）伪造、倒卖伪造的有价票证罪

根据《刑法》第227条第1款的规定，伪造、倒卖伪造的有价票证罪，是指伪造或者倒卖伪造的车票、船票、邮票或者其他有价票证，数额较大的行为。根据《刑法》第227条第1款和第231条的规定，犯本罪的，处2年以下有期徒刑、拘役或者管制，并处或者单处票证价额1倍以上5倍以下罚金；数额巨大的，处2年以上7年以下有期徒刑，并处票证价额1倍以上5倍以下罚金。单位犯本罪的，对单位判处罚金，并对其直接负责的主管人员和其他直接责任人员，依照前述规定处罚。

（二）倒卖车票、船票罪

根据《刑法》第227条第2款的规定，倒卖车票、船票罪是指倒卖车票、船票，情

节严重的行为。根据《刑法》第 227 条第 2 款和第 231 条的规定，犯本罪的，处 3 年以下有期徒刑、拘役或者管制，并处或者单处票证价额 1 倍以上 5 倍以下罚金。单位犯本罪的，对单位判处罚金，并对其直接负责的主管人员和其他直接责任人员，依照前述规定处罚。根据最高人民法院《关于审理倒卖车票刑事案件有关问题的解释》第 2 条的规定，对于铁路职工倒卖车票或者与其他人员勾结倒卖车票；组织倒卖车票的首要分子；曾因倒卖车票受过治安处罚两次以上或者被劳动教养 1 次以上[①]，2 年内又倒卖车票，构成倒卖车票罪的，依法从重处罚。

（三）非法转让、倒卖土地使用权罪

根据《刑法》第 228 条的规定，非法转让、倒卖土地使用权罪，是指以牟利为目的，违反土地管理法规，非法转让、倒卖土地使用权，情节严重的行为。根据《刑法》第 228 条和第 231 条的规定，犯本罪的，处 3 年以下有期徒刑或者拘役，并处或者单处非法转让、倒卖土地使用权价额 5%以上 20%以下罚金；情节特别严重的，处 3 年以上 7 年以下有期徒刑，并处非法转让、倒卖土地使用权价额 5%以上 20%以下罚金。单位犯本罪的，对单位判处罚金，并对其直接负责的主管人员和其他直接责任人员，依照前述规定处罚。

（四）提供虚假证明文件罪

根据《刑法》第 229 条第 1 款、第 2 款的规定，提供虚假证明文件罪，是指承担资产评估、验资、验证、会计、审计、法律服务、保荐、安全评价、环境影响评价、环境监测等职责的中介组织的人员故意提供虚假证明文件，情节严重的行为。根据《刑法》第 229 条第 1 款、第 2 款及第 231 条的规定，犯本罪的，处 5 年以下有期徒刑或者拘役，并处罚金。有下列情形之一的，处 5 年以上 10 年以下有期徒刑，并处罚金：（1）提供与证券发行相关的虚假的资产评估、会计、审计、法律服务、保荐等证明文件，情节特别严重的；（2）提供与重大资产交易相关的虚假的资产评估、会计、审计等证明文件，情节特别严重的；（3）在涉及公共安全的重大工程、项目中提供虚假的安全评价、环境影响评价等证明文件，致使公共财产、国家和人民利益遭受特别重大损失的。单位犯本罪的，对单位判处罚金，并对其直接负责的主管人员和其他直接责任人员，依照前述规定处罚。

（五）出具证明文件重大失实罪

根据《刑法》第 229 条第 3 款的规定，出具证明文件重大失实罪，是指承担资产评估、验资、验证、会计、审计、法律服务、保荐、安全评价、环境影响评价、环境监测等职责的中介组织的人员，严重不负责任，出具的证明文件有重大失实，造成严重后果的行为。根据《刑法》第 229 条第 3 款和第 231 条的规定，犯本罪的，处 3 年以下有期徒刑或者拘役，并处或者单处罚金。单位犯本罪的，对单位判处罚金，并对其直接负责的主管人员和其他直接责任人员，依照前述规定处罚。

---

① 该司法解释有效，但劳动教养已于 2013 年 12 月被全国人大常委会《关于废止有关劳动教养法律规定的决定》所废止。

（六）逃避商检罪

根据《刑法》第 230 条的规定，逃避商检罪，是指违反进出口商品检验法的规定，逃避商品检验，将必须经商检机构检验的进口商品未报经检验而擅自销售、使用，或者将必须经商检机构检验的出口商品未报经检验合格而擅自出口，情节严重的行为。根据《刑法》第 230 条和第 231 条的规定，犯本罪的，处 3 年以下有期徒刑或者拘役，并处或者单处罚金。单位犯本罪的，对单位判处罚金，并对其直接负责的主管人员和其他直接责任人员，依照前述规定处罚。

所涉法律条文及司法文件

1. 全国人民代表大会常务委员会《关于〈中华人民共和国刑法〉第一百五十八条、第一百五十九条的解释》（2014 年 4 月 24 日）

2. 2023 年 12 月 29 日第十四届全国人民代表大会常务委员会第七次会议通过的《刑法修正案（十二）》

3. 最高人民法院《关于如何认定国有控股、参股股份有限公司中的国有公司、企业人员的解释》（2005 年 8 月 1 日）

4. 最高人民检察院、公安部《关于严格依法办理虚报注册资本和虚假出资抽逃出资刑事案件的通知》（2014 年 5 月 20 日）

5. 最高人民法院、最高人民检察院《关于办理商业贿赂刑事案件适用法律若干问题的意见》（2008 年 11 月 20 日）

6. 《全国法院审理金融犯罪案件工作座谈会纪要》（2001 年 1 月 21 日）

7. 最高人民检察院、公安部《关于公安机关管辖的刑事案件立案追诉标准的规定（二）》（2022 年 4 月 6 日）

8. 最高人民法院《关于审理倒卖车票刑事案件有关问题的解释》（1996 年 9 月 14 日）

9. 全国人民代表大会常务委员会《关于惩治骗购外汇、逃汇和非法买卖外汇犯罪的决定》（1998 年 12 月 29 日）

10. 最高人民法院《关于审理抢劫、抢夺刑事案件适用法律若干问题的意见》（2005 年 6 月 8 日）

11. 最高人民检察院、公安部《关于公安机关管辖的刑事案件立案追诉标准的规定（一）》（2008 年 6 月 25 日）

12. 全国人民代表大会常务委员会《关于〈中华人民共和国刑法〉第二百二十八条、第三百四十二条、第四百一十条的解释》（2009 年 8 月 27 日）

13. 最高人民检察院、公安部《关于公安机关管辖的刑事案件立案追诉标准的规定（二）》（2022 年 4 月 6 日）

14. 最高人民法院《关于审理非法集资刑事案件具体应用法律若干问题的解释》（2022 年 2 月 23 日）

15. 最高人民法院《关于准确理解和适用刑法中“国家规定”的有关问题的通知》(2011年4月8日)

16. 最高人民法院、最高人民检察院《关于办理危害食品安全刑事案件适用法律若干问题的解释》(2022年1月1日)

17. 最高人民法院、最高人民检察院《关于办理利用信息网络实施诽谤等刑事案件适用法律若干问题的解释》(2013年9月10日)

18. 最高人民法院、最高人民检察院、公安部《关于办理组织领导传销活动刑事案件适用法律若干问题的意见》(2013年11月14日)

19. 最高人民法院、最高人民检察院、公安部《关于办理利用赌博机开设赌场案件适用法律若干问题的意见》(2014年3月26日)

20. 最高人民法院、最高人民检察院《关于办理妨害信用卡管理刑事案件具体应用法律若干问题的解释》(2018年12月1日)

思考题

1. 如何理解虚报注册资本罪与虚假出资、抽逃出资罪的主体?

2. 欺诈发行证券罪相比之前的欺诈发行股票、债券罪有何变化?

3. 如何理解违规披露、不披露重要信息罪中的“重要信息”?

4. 如何理解妨害清算罪的客观行为表现?

5. 非国家工作人员受贿罪的成立是否要求行为人实际完成了谋取利益的行为?

6. 对非国家工作人员受贿罪和非法经营同类营业罪中的“利用职务上的便利”应当如何理解?

7. 合同诈骗罪和诈骗罪均可以通过签订合同的方式实施,二者如何区分?

8. 对非法经营罪条款中的“其他严重扰乱市场秩序的非法经营行为”应当如何进行解释?

9. 强迫交易罪中的暴力行为是指何种程度的暴力行为?

第五编

公职职务类犯罪

第十四章 公职职务类犯罪概述

内容导读

职务犯罪有广义、狭义和中义之分。与《监察法》衔接的职务犯罪是中义上的，即基于行使国家公权力职务所实施的职务犯罪及其关联犯罪，包括《刑法》中的贪污贿赂罪、渎职罪、其他国家工作人员利用职务实施的其他犯罪和以上职务犯罪的非公职职务性关联犯罪如行贿罪等。在本类罪学习中，如何基于犯罪成立的本土规范评价体系来理解和适用刑法关于职务犯罪主体、职务犯罪行为方式、职务犯罪行为与危害结果间因果关系、相关犯罪形态等规定，以及如何根据刑罚裁量的本土规范评价体系和量刑的正当性即犯罪行为所具有的社会危害性和犯罪人所具有的人身危险性大小予以量刑，是其中的重点和难点内容。

第一节 公职职务类犯罪的概念与特征

一、公职职务类犯罪的概念

“公职职务类犯罪”或“公职类职务犯罪”的称谓是从2018年出台的《监察法》概括而来。在《监察法》出台之前，并没有法律直接使用“职务犯罪”的概念。这个时期理论上和实践中所说的职务犯罪，通常是指现行《刑法》中利用国家工作人员职务便利实施的“贪污贿赂罪”“渎职罪”等犯罪。《监察法》直接和广泛使用了“职务犯罪”的概念（据统计共有19处），并将职务犯罪主体界定为“行使公权力的公职人员”。据此规定，我们将《监察法》意义上的“职务犯罪”，称为公职职务类犯罪。

综观相关理论与实践，“职务犯罪”并非只是或就是公职职务类犯罪。理论上和实践中通常所说的职务犯罪，实际上有广义、狭义和中义之分。

广义的职务犯罪是指所有基于履行的“职务”所实施的犯罪。这里的“职务”，是广泛意义上的，按照现代汉语词典的解释，是人们在某一职位上所应完成的工作任务和所应具备的任职资格，可以简单地表述为“职位上的职权职责”。这种意义上的职务犯罪，并无“国家公职类”与“非国家公职类”的限定，只要是基于所履行的“职务”实施的行为所触犯的犯罪，就是职务犯罪。这实际上是将基于任何“职务”所实施的犯罪都定义为了职务犯罪。这个意义上的职务犯罪界定，虽然不对接刑事司法实践，但有利于对职务犯罪做实质判断，也就是，只有基于履行的“职务”所实施的犯罪才可能成立职务犯罪，那些不基于履行的“职务”所实施的犯罪不是职务犯罪。

狭义的职务犯罪是指仅基于履行国家工作人员职务所实施的犯罪，包括《刑法》分则第八章基于履行国家工作人员职务的贪污贿赂罪、第九章基于履行国家机关工作人员职务的渎职罪和基于履行其他国家工作人员职务的其他犯罪。这个意义上的职务犯罪，之所以被称为“狭义”上的，是因为其仅限于那些基于国家（机关）工作人员职务的人员所实施的。它们虽然也不是我国刑事司法实践中所对接的职务犯罪，但能够突显刑法严厉打击“国家工作人员”基于职权实施贪污贿赂犯罪和渎职犯罪的特殊意义。

中义的职务犯罪是指所有基于行使国家公权力的职务所实施的职务犯罪及其关联犯罪，是《监察法》和我们这里所称的公职职务类犯罪，包括《刑法》分则第八章基于履行国家工作人员职务实施的贪污贿赂罪、第九章基于履行国家机关工作人员职务实施的渎职罪、基于履行其他国家公职人员职务实施的其他犯罪和以上职务犯罪的关联犯罪（如对非国家工作人员行贿罪等）。这类职务犯罪，直接对接我国当前的刑事司法实践。以下所讨论的职务犯罪，都是这种意义上的。

为了贯彻党的二十大关于“以零容忍态度反腐惩恶，更加有力遏制增量，更加有效清除存量”“坚持受贿行贿一起查”的精神，完善腐败犯罪的刑法规定，2023 年 12 月 29 日通过的《刑法修正案（十二）》，在 2015 年《刑法修正案（九）》修改行贿犯罪的基础上，对行贿犯罪做了又一次重要修改，包括明确列举了严重行贿的七种“从重处罚”情形、调整提高单位行贿罪的刑罚和对其他贿赂犯罪的刑罚作出相应调整，以加大贿赂犯罪的刑事追责力度，进一步发挥刑法在一体推进不敢腐、不能腐、不想腐体制机制中的作用。

二、公职职务类犯罪的共同特征

公职职务类犯罪的共同构成特征主要表现在以下方面。

（一）客体特征

公职职务类犯罪的客体特征，表现为刑法所保护的而为公职职务类犯罪行为所侵害的社会关系。如按《刑法》分则第八章的规定，贪污贿赂类犯罪所侵害的犯罪客体是为刑法所保护而为贪污贿赂等犯罪行为所侵害的国家廉政建设制度；按《刑法》分则第九章的规定，渎职类犯罪所侵害的犯罪客体是为刑法所保护而为渎职犯罪行为所侵害的国家机关正常管理关系；按《刑法》分则其他章的规定，其他公职职务类犯罪所侵害的犯罪客体是为刑法所保护而为这些公职职务类犯罪行为所侵害的重大公私财产或公共利益的安全、公民的人身民主权利、公私财产权益等。

公职职务类犯罪所侵害的社会关系，相对于普通刑事犯罪而言，其社会危害性更大，是一种害国、害人、害己的犯罪。所谓害国，主要表现为职务犯罪会破坏政权的稳定，削弱党和政府的执政能力，危及法治建设，动摇国家政权的根基。所谓害人，主要表现为职务犯罪会侵犯公民的人身权利、民主权利和财产权利。所谓害己，主要表现为行为人不仅会因受到行政处罚或行政处分而使自己的职业成长付诸东流，而且还会因受到刑罚处罚而使自己被剥夺人身自由，丧失民主权利、物质财产甚至生命。因此，公职职务类犯罪在客体特征上所表现出的社会危害性，在总体上比普通刑事案件的要更大。

（二）主体特征

从刑法学总论在犯罪主体视角的犯罪分类来看，公职职务类犯罪属于刑法和监察法规定的特殊主体犯罪，这就意味着，这类犯罪在犯罪主体上具有特殊性。并且，刑法和监察法是在不同法治历史背景下出台的，因此它们对职务犯罪主体的表述是不同的。根据《刑法》的相应规定，对这个特殊主体应表述为履行某个国家工作人员职务的国家工作人员；根据《监察法》和《监察法实施条例》的规定，对这个特殊主体应表述为行使国家公权力的公职人员。由此，至少存在两个需要重点解决的问题：一是国家工作人员或公职人员是否都成立公职职务类犯罪的犯罪主体？二是这里的犯罪主体表述能否只用《刑法》上的或只用《监察法》上的？

显然，对以上两个问题的回答都是“否定”的。一方面，无论是国家工作人员还是公职人员，要成立职务犯罪的犯罪主体需要根据犯罪构成要件的“有机整体性”，也就是要结合其他构成要件予以认定；另一方面，作为基本法的《刑法》需要与作为宪法性法律和新法的《监察法》在公职职务类犯罪的犯罪主体上进行主动对接，也就是在《刑法》没有规定或其规定与《监察法》之规定相冲突时，以《监察法》的规定为准。根据如此两个基本立场，我们可以把公职职务类犯罪的犯罪主体特征的成立条件，概括为需同时具备如下四个方面。

1. 属于法定的“公职人员”

根据《监察法实施条例》第 38 条至第 43 条、第 52 条的规定，具体包括如下八种人：一是根据《公务员法》确定的公务员；二是有关单位中经批准参照《公务员法》进行管理的工作人员；三是法律、法规授权或者受国家机关依法委托管理公共事务的组织中，除参照《公务员法》管理的人员外，对公共事务履行组织、领导、管理、监督等职责的人员；四是国有企业管理人员；五是公办的教育、科研、文化、医疗卫生、体育等单位中从事管理的人员；六是基层群众性自治组织中从事管理的人员；七是其他依法履行公职的人员；八是其他关联涉案人员，如涉嫌行贿犯罪、介绍贿赂犯罪或者共同职务犯罪的涉案人员。

2. 实施了相应的法定犯罪行为并导致了相应的法定后果

这具体是指以上法定的“公职人员”实施了相应的行为，即属于以上所述公职职务类犯罪的相应法定行为，并且这些行为导致了相应犯罪规定的法定后果。

3. 法定的犯罪行为是基于行使公权力职务而实施

这是认定职务犯罪最为关键和最容易被忽视的条件。理论上和实践中的职务犯罪认定争议，很大一部分是对这个条件的忽视和理解不透彻所致。这个条件决定了，虽然具有国家（机关）工作人员的身份，也甚至在工作中实施了某个犯罪行为，但只要不是基于行使的职务实施的，就不是职务犯罪，行为人不能成为职务犯罪的犯罪主体。相反，即使是那些非国家工作人员或不具有国家机关工作人员身份者，在依法依规行使公权力时基于这个职务实施了刑法规定的相应犯罪，也成立相应的职务犯罪，也是相应职务犯罪的犯罪主体。

按《刑法》第 93 条的规定，国家工作人员具体包括四种情况：

一是“国家机关中从事公务的人员”，也就是我们通常所说的国家机关工作人员。这里的国家机关通常包括国家权力机关、行政机关、审判机关、检察机关、监察机关、军事机关。

二是“国有公司、企业、事业单位、人民团体中从事公务的人员”。这种人不是国家机关工作人员，但他们是在国有公司、国有事业单位等国有单位（如西南政法大学）中从事公务的国家工作人员。

三是“国家机关、国有公司、企业、事业单位委派到非国有公司、企业、事业单位、社会团体从事公务的人员”。这种人是在非国有单位中代表各国有单位从事公务的国家工作人员。

四是“其他依照法律从事公务的”“以国家工作人员论”的人员。这种人与前述三种人不同的是，这种人本没有国家工作人员身份，对他们之所以要“以国家工作人员论”，是因为他们“依照法律从事了国家公务”，在履行职务中，故意或过失地实施了相应职务犯罪行为，成立相应的职务犯罪。根据2000年全国人大常委会《关于〈中华人民共和国刑法〉第九十三条第二款的解释》，村民委员会等村基层组织人员协助人民政府从事“救灾、抢险、防汛、优抚、扶贫、移民、救济款物的管理”等行政管理工作时，就是这个“准国家工作人员”。根据有关司法解释，合同制民警、经人事部门任命的工人编制的乡（镇）工商所所长等不具有国家工作人员身份的人员，依法履行相应行政管理职责时，也都可以成立相应职务犯罪的犯罪主体。

“法定的犯罪行为是基于行使公权力职务而实施”这个条件表明，以上四种人，本身是否具有国家工作人员或其他公职人员身份并不是是否成立公职职务类犯罪主体的关键。这里的关键是法定的犯罪行为是否基于行使公权力职务而实施。

以上《监察法实施条例》规定的八种职务犯罪主体，实际上也都蕴含了“基于行使公权力职务而实施”的条件。例如，“对公共事务履行组织、领导、管理、监督等职责”“在国有独资、全资公司、企业中履行组织、领导、管理、监督等职责”“在国有控股、参股公司及其分支机构中履行组织、领导、管理、监督等职责”“从事救灾、防疫、抢险、防汛、优抚、帮扶、移民、救济款物的管理”“在依法组建的评标、谈判、询价等组织中代表国家机关，国有独资、全资公司、企业，事业单位，人民团体临时履行公共事务组织、领导、管理、监督等职责”，如此等等的这些表述，其实都表明，没有“基于行使公权力职务而实施”，不可能成立相应职务犯罪的主体。

另外，职务犯罪的共同犯罪认定在很大程度上也是依赖是否利用履行职务之便。如根据《刑法》第382条第3款关于贪污罪的“与前两款所列人员勾结，伙同贪污的，以共犯论处”规定，以及2000年最高人民法院《关于审理贪污、职务侵占案件如何认定共同犯罪几个问题的解释》，这种人的行为是否成立相应的职务犯罪，关键看是否利用了某个犯罪规定的国家工作人员的职务便利：若利用了，就成立；若没有利用，就不成立。若利用的是非国家工作人员的职务便利，如公司、企业或者其他单位人员的职务便利，共同将该单位财物非法占为己有，或挪用该单位资金，则双方共同成立的只是职务侵占罪或挪用资金罪。若双方分别利用各自的职务便利，共同将本单位财物非法占为己有，则是按照主犯的犯罪性质定罪。

4. 这里的行为及其后果是行为人故意或过失实施或导致的

从犯罪构成要件的内在关系来看，对包括职务犯罪在内的任何犯罪的主体的认定，都离不开对其犯罪主观方面的考察。这意味着，纵然行为人具有国家公职人员身份，并在客观上实施了损害国家或社会利益的行为，但若查明这个行为不是在行为人故意或过失的心理状态下导致的，则也不能将其认定为相应职务犯罪的犯罪主体。

综上，公职职务类犯罪的主体认定，需特别注意如下两点：一是要结合相应职务犯罪的所有相应犯罪构成要件，也就是在学习刑法学总论时所强调的，将它们作为一个有机整体予以认定，表现为“你中有我、我中有你”。二是行为人的自然身份并不是认定职务犯罪主体的关键。有国家工作人员等身份者，若没有基于这个身份的职务实施犯罪行为，也不能成为该职务犯罪的主体；相反，没有国家工作人员等身份者，若依法依规地履行某个具体个罪规定的国家工作人员职务，并基于这个职务故意或过失地实施了相应的职务犯罪行为，也构成相应的职务犯罪。

（三）客观方面特征

公职职务类犯罪的客观方面特征，具体包括行为、对象、结果、因果关系方面的内容。

公职职务类犯罪的行为，是行为人基于故意或过失的主观心理状态实施并侵害了国家关于公职职权职责规定的身体动静。这个行为作为犯罪成立的必要要件，也就是所有公职职务类犯罪成立都需具备的要件，是由刑法立法具体针对个罪设定的。《监察法实施条例》将这些行为划分为基于行使国家公权力实施的贪污贿赂行为、滥用职权行为、玩忽职守行为、徇私舞弊行为、重大责任事故行为、司法工作人员滥用职务与失职行为和其他公职职务类犯罪行为等七种，这些也都是根据并对接刑法立法规定的。根据刑法立法的特点，它们在刑法理论上可被归结为贪污贿赂类犯罪行为、渎职类犯罪行为和其他公职职务类犯罪行为三大类。其中，贪污贿赂类犯罪行为中，除了巨额财产来源不明罪和隐瞒境外存款罪是以不作为方式，其他基本上是以作为方式实施；渎职类犯罪行为和其他公职职务类犯罪行为中，“不履行职责”方面的行为大体属于不作为方式，“不正确履行职责”方面的行为大体属于作为方式。

公职职务类犯罪的对象，是为刑法所保护而为公职职务类犯罪行为所侵害的人或物。这个犯罪对象是犯罪成立的选择要件，也就是只是某些犯罪成立所必须具备的要件，是由《刑法》具体规定的。如按《刑法》分则第八章的规定，贪污贿赂类犯罪的对象是为刑法所保护而为贪污贿赂等犯罪行为所侵害的物（公共财产和其他财物）；按《刑法》分则第九章的规定，渎职类犯罪的对象是为刑法所保护而为渎职犯罪行为所侵害的国家机关所管理的人或物；按《刑法》分则其他章的规定，其他公职职务类犯罪的对象是为刑法所保护而为这些公职职务类犯罪行为所侵害的人或物。

公职职务类犯罪的结果，是为刑法所保护而为公职职务类犯罪行为侵害所造成的损害。这个危害结果是犯罪成立的选择要件，也就是只是某些犯罪成立所必须具备的要件，这也是由《刑法》具体规定的。根据《刑法》的各相应规定，公职职务类犯罪一般都需达到一定情节或造成一定后果才成立犯罪。如按《刑法》分则第八章的规定，贪污贿赂类犯罪的成立通常需要具有“较重情节”（如贪污罪、受贿罪）“数额较大”（如挪用公款罪)，否则不以犯罪论处；按《刑法》分则第九章的规定，渎职类犯罪的多数犯罪必须具有严重情节（如故意泄露国家秘密罪）或者造成严重后果（如滥用职权罪、玩忽职守罪)，否则不以犯罪论处；按《刑法》分则其他章的规定，其他公职职务类犯罪通常需要“发生重大伤亡事故或者造成其他严重后果”（如重大责任事故方面的犯罪）或“情节严重”（如虐待被监管人罪、破坏选举罪）或恶劣手段（如刑讯逼供罪)，否则不以犯罪论处。

公职职务类犯罪的因果关系，在犯罪认定上表现为职务犯罪行为及其结果是基于刑法规定的某个具体个罪的国家（机关）工作人员职务所实施。如按《刑法》分则第八章的规定，贪污贿赂类犯罪的因果关系在犯罪行为及其结果上表现为利用了某个犯罪规定的国家工作人员的职务之便（关联犯罪如行贿罪等其实也是利用了作为国家工作人员的对方职务之便)；按《刑法》分则第九章的规定，渎职类犯罪的因果关系在犯罪行为及其结果上表现为基于履行国家机关工作人员职务而实施；按《刑法》分则其他章的规定，其他公职职务类犯罪的因果关系在犯罪行为及其结果上也表现为是公职人员在行使公权力过程中滥用或不正当行使公权力所致。

（四）主观方面特征

公职职务类犯罪的主观方面特征，表现为支配行为人基于履行的公权力职务实施相应职务犯罪行为及造成相应危害结果的故意或过失。如按《刑法》分则第八章的规定，贪污贿赂类犯罪的主观方面只能是故意，基于过失所实施的行为不构成贪污贿赂类犯罪；按《刑法》分则第九章的规定，渎职类犯罪的主观方面既有故意也有过失（徇私舞弊类犯罪、滥用职权类犯罪一般为故意，玩忽职守类犯罪虽然对行为可能是故意但因对结果是过失而在主观方面一般为过失)；按《刑法》分则其他章的规定，其他公职职务类犯罪的主观方面也是既有故意也有过失（责任事故类犯罪都是过失，其他的一般为故意)。

需要特别注意的是，在对公职职务类犯罪的犯罪构成特征进行理解和适用时，不能孤立、片面地理解和适用，需要把它们作为一个有机整体予以体系化评价。否则，不仅脱离客观方面、客体和主观方面的职务犯罪主体无法认定，而且脱离主观方面、客体和主体的职务犯罪客观方面也无法认定。

第二节　公职职务类犯罪的种类

一、公职职务类犯罪的种类概览

根据2018年的《监察法》，国家监察机关享有对全部公职人员职务犯罪的侦办权。又根据国家监察委员会于2021年7月20日决定和自2021年9月20日起施行的《监察法实施条例》，这类职务犯罪，共涉及刑法上的102个罪名，包括由监察机关负责侦办的六大类93个罪名，以及监察机关和检察机关共管的14个罪名中除去5个重复罪名的9个罪名（这5个重复的罪名是非法拘禁罪、非法搜查罪、虐待被监管人罪、滥用职权罪、玩忽职守罪）。

以上意义上的公职职务类犯罪，属于中义上的公职职务类犯罪，具体可分为七类。

（一）贪污贿赂类犯罪

这类犯罪共有17个罪名，包括《刑法》分则第八章关于行使国家公权力的公职人员和国家机关、国有公司、企业、事业单位、人民团体实施的贪污贿赂罪以及相关联的犯罪，分别是贪污罪、挪用公款罪、受贿罪、单位受贿罪、利用影响力受贿罪、巨额财产来源不明罪、隐瞒境外存款罪、私分国有资产罪、私分罚没财物罪，以及行贿罪、对有影响力的人行贿罪、对单位行贿罪、介绍贿赂罪和单位行贿罪；《刑法》分则第三章第三节“妨害对公司、企业的管理秩序罪”中公职人员在行使公权力过程中实施的对外国公职人员、国际公共组织官员行贿罪，非国家工作人员受贿罪以及相关联的对非国家工作人员行贿罪。以上罪名中，与职务犯罪相关联的犯罪由监察机关侦办，原则上限定在基于国家公职人员职务实施的情形下。

（二）滥用职权类犯罪

这类犯罪共有15个罪名，包括滥用职权罪，滥用管理公司、证券职权罪，食品、药品监管渎职罪，故意泄露国家秘密罪，违法发放林木采伐许可证罪，办理偷越国（边）境人员出入境证件罪，放行偷越国（边）境人员罪，阻碍解救被拐卖、绑架妇女、儿童罪，帮助犯罪分子逃避处罚罪，国有公司、企业、事业单位人员滥用职权罪，非法剥夺公民宗教信仰自由罪，侵犯少数民族风俗习惯罪，打击报复会计、统计人员罪，报复陷害罪，挪用特定款物罪。以上罪名中，前9个罪名为《刑法》分则第九章“渎职罪”中规定的狭义职务犯罪，后6个罪名为中义的职务犯罪，具体包括《刑法》分则第三章规定的“妨害对公司、企业的管理秩序罪”、第四章规定的“侵犯公民人身权利、民主权利罪”和第五章规定的“侵犯财产罪”。

（三）玩忽职守类犯罪

这类犯罪共有11个罪名，包括《刑法》分则第三章第三节“妨害对公司、企业的管理秩序罪”中公职人员在行使公权力过程中实施的国有公司、企业、事业单位人员失职罪，签订、履行合同失职被骗罪；《刑法》分则第九章“渎职罪”中规定的狭义职务犯罪，包括玩忽职守罪，国家机关工作人员签订、履行合同失职被骗罪，环境监管失职罪，传染病防治失职罪，商检失职罪，动植物检疫失职罪，不解救被拐卖、绑架妇女、儿童罪，失职造成珍贵文物损毁、流失罪，过失泄露国家秘密罪。

（四）徇私舞弊类犯罪

这类犯罪共有14个罪名，包括《刑法》分则第三章第三节“妨害对公司、企业的管理秩序罪”中公职人员在行使公权力过程中实施的非法经营同类营业罪，为亲友非法牟利罪，徇私舞弊低价折股、出售公司、企业资产罪；《刑法》分则第九章“渎职罪”中规定的枉法仲裁罪，徇私舞弊发售发票、抵扣税款、出口退税罪，商检徇私舞弊罪，动植物检疫徇私舞弊罪，非法批准征收、征用、占用土地罪，放纵走私罪，放纵制售伪劣商品犯罪行为罪，招收公务员、学生徇私舞弊罪，徇私舞弊不移交刑事案件罪，违法提供出口退税凭证罪，徇私舞弊不征、少征税款罪。

（五）重大责任事故类犯罪

这类犯罪共有12个罪名，都是《刑法》分则第二章关于行使国家公权力的公职人员实施的危害公共安全犯罪，并不是重大责任事故类犯罪的全部罪名和所有案件，只是公职人员在行使公权力过程中发生的重大责任事故类犯罪，包括重大责任事故罪，教育设施重大安全事故罪，消防责任事故罪，重大劳动安全事故罪，强令、组织他人违章冒险作业罪，危险作业罪，不报、谎报安全事故罪，铁路运营安全事故罪，重大飞行事故罪，大型群众性活动重大安全事故罪，危险物品肇事罪，工程重大安全事故罪。

（六）司法人员职务类犯罪

这类犯罪共有 14 个罪名，具体包括《刑法》分则第四章“侵犯公民人身权利、民主权利罪”和《刑法》分则第九章“渎职罪”中行使国家公权力的公职人员实施的侵犯公民权利犯罪和损害司法公正犯罪。它们是非法拘禁罪，非法搜查罪，刑讯逼供罪，暴力取证罪，虐待被监管人罪，滥用职权罪，玩忽职守罪，徇私枉法罪，民事、行政枉法裁判罪，执行判决、裁定失职罪，执行判决、裁定滥用职权罪，私放在押人员罪，失职致使在押人员脱逃罪，徇私舞弊减刑、假释、暂予监外执行罪。以上罪名中，有滥用职权罪和玩忽职守罪 2 个罪名同时为监察机关侦办的滥用职权类犯罪和玩忽职守类犯罪，其余 12 个罪名所涉案件主要是由检察机关进行查办，体现了检察机关的法律监督职责。

（七）其他公职职务类犯罪

这是公职人员在行使公权力过程中发生的其他类犯罪，共有 19 个罪名，包括《刑法》分则第三章“破坏社会主义市场经济秩序罪”中的背信损害上市公司利益罪，金融工作人员购买假币、以假币换取货币罪，利用未公开信息交易罪，诱骗投资者买卖证券、期货合约罪，背信运用受托财产罪，违法运用资金罪，违法发放贷款罪，吸收客户资金不入账罪，违规出具金融票证罪，对违法票据承兑、付款、保证罪，非法转让、倒卖土地使用权罪；《刑法》分则第四章“侵犯公民人身权利、民主权利罪”中的破坏选举罪，私自开拆、隐匿、毁弃邮件、电报罪；《刑法》分则第五章“侵犯财产罪”中的职务侵占罪、挪用资金罪；《刑法》分则第六章“妨害社会管理秩序罪”中的故意延误投递邮件罪，泄露不应公开的案件信息罪，披露、报道不应公开的案件信息罪；《刑法》分则第七章“危害国防利益罪”中的接送不合格兵员罪。以上罪名作为职务犯罪的，也并非罪名所涉所有案件，也只是国家公职人员在履行行使国家公权力的职务中所涉的案件。

二、公职职务类犯罪的其他犯罪

（一）公职职务类犯罪的其他犯罪罪名

对中义上的公职职务类犯罪，根据刑法的立法特点，可以大体划分为贪污贿赂类犯罪、渎职类犯罪和其他类公职职务犯罪。其中，前两类为刑法规定的两个专门类别的特殊主体职务犯罪，第三类为国家工作人员或国家机关工作人员基于职务实施的公职职务类犯罪。就第三类职务犯罪而言，在通常情况下为普通犯罪，只是因公职人员在行使公权力中实施了涉公职职务类犯罪行为而成为这里的中义职务犯罪行为，是除传统贪污贿赂罪、渎职罪两类特殊主体职务犯罪以外的其他职务犯罪。按 2021 年国家监察委员会《监察法实施条例》，这些犯罪共有 47 个，包括：(1)《刑法》分则第四章“侵犯公民人身权利、民主权利罪”规定的国家（机关）工作人员主体实施的 11 个罪名：非法拘禁罪，非法搜查罪，刑讯逼供罪，暴力取证罪，虐待被监管人罪，破坏选举罪，私自开拆、隐匿、毁弃邮件、电报罪，非法剥夺公民宗教信仰自由罪，侵犯少数民族风俗习惯罪，打击报复会计、统计人员罪，报复陷害罪。(2)《刑法》分则第二章规定的“危害公共安全犯罪”中的12个罪名：重大责任事故罪，教育设施重大安全事故罪，消防责任事故罪，重大劳动安全事故罪，强令、组织他人违章冒险作业罪，危险作业罪，不报、谎报安全事故罪，铁路运营安全事故罪，重大飞行事故罪，大型群众性活动重大安全事故罪，危险物品肇事罪，工程重大安全事故罪。(3)《刑法》分则第三章“破坏社会主义市场经济秩序罪”中的17个罪名：对外国公职人员、国际公共组织官员行贿罪，非国家工作人员受贿罪，对非国家工作人员行贿罪，签订、履行合同失职被骗罪，国有公司、企业、事业单位人员失职罪，国有公司、企业、事业单位人员滥用职权罪，背信损害上市公司利益罪，金融工作人员购买假币、以假币换取货币罪，利用未公开信息交易罪，诱骗投资者买卖证券、期货合约罪，背信运用受托财产罪，违法运用资金罪，违法发放贷款罪，吸收客户资金不入账罪，违规出具金融票证罪，对违法票据承兑、付款、保证罪，非法转让、倒卖土地使用权罪。(4)《刑法》分则第五章“侵犯财产罪”中的3个罪名：职务侵占罪、挪用资金罪、挪用特定款物罪。(5)《刑法》分则第六章“妨害社会管理秩序罪”中的3个罪名：故意延误投递邮件罪，泄露不应公开的案件信息罪，披露、报道不应公开的案件信息罪。(6)《刑法》分则第七章“危害国防利益罪”中的1个罪名：接送不合格兵员罪。

（二）公职职务类犯罪的其他犯罪分类

对以上这些犯罪，又根据是否属于以国家（机关）工作人员为特殊主体的犯罪，分为公职职务类犯罪的个罪职务犯罪和公职职务类犯罪的涉职务性犯罪。

1. 公职职务类犯罪的个罪职务犯罪

公职职务类犯罪的个罪职务犯罪，是相对于贪污贿赂罪、渎职罪类罪的公职职务类犯罪而言的，是以国家（机关）工作人员为特殊主体的犯罪，包括签订、履行合同失职被骗罪，国有公司、企业、事业单位人员失职罪，国有公司、企业、事业单位人员滥用职权罪，徇私舞弊低价折股、出售公司、企业资产罪，刑讯逼供罪，暴力取证罪，虐待被监管人罪，非法剥夺公民宗教信仰自由罪，侵犯少数民族风俗习惯罪，报复陷害罪和接送不合格兵员罪共11个罪名。

2. 公职职务类犯罪的涉职务性犯罪

公职职务类犯罪的涉职务性犯罪，在通常情况下本不是职务犯罪，只是因这些犯罪在实践中可能因特殊情形涉职务性犯罪而被纳入中义职务犯罪中。按《监察法实施条例》，这些犯罪共有37个，包括重大责任事故罪，强令、组织他人违章冒险作业罪，危险作业罪，重大飞行事故罪，铁路运营安全事故罪，重大劳动安全事故罪，大型群众性活动重大安全事故罪，危险物品肇事罪，工程重大安全事故罪，教育设施重大安全事故罪，消防责任事故罪，不报、谎报安全事故罪，非国家工作人员受贿罪，对非国家工作人员行贿罪，对外国公职人员、国际公共组织官员行贿罪，背信损害上市公司利益罪，金融工作人员购买假币、以假币换取货币罪，利用未公开信息交易罪，诱骗投资者买卖证券、期货合约罪，背信运用受托财产罪，违法运用资金罪，违法发放贷款罪，吸收客户资金不入账罪，违规出具金融票证罪，对违法票据承兑、付款、保证罪，非法转让、倒卖土地使用权罪，非法拘禁罪，非法搜查罪，打击报复会计、统计人员罪，破坏选举罪，职务侵占罪，挪用资金罪，挪用特定款物罪，私自开拆、隐匿、毁弃邮件、电报罪，故意延误投递邮件罪，泄露不应公开的案件信息罪，披露、报道不应公开的案件信息罪。

公职职务类犯罪的涉职务性主要表现在，国家（机关）工作人员在行使公权力过程中涉及本罪时，其属于由监察机关管辖的涉公职职务类犯罪。以下以重大责任事故罪和职务侵占罪为例予以分析：

（1）重大责任事故罪的涉职务犯罪性表现。

其一，犯罪主体的涉职务犯罪性。犯罪主体既包括直接从事生产、作业的人员，也包括对生产、作业负有安全管理、监督职责的国家公职人员。根据最高人民法院、最高人民检察院《关于办理危害生产安全刑事案件适用法律若干问题的解释》（法释〔2015〕22号），本罪的主体包括对生产、作业负有组织、指挥或者管理职责的负责人、管理人员、实际控制人、投资人等人员，以及直接从事生产、作业的人员。根据最高人民法院《关于进一步加强危害生产安全刑事案件审判工作的意见》（法发〔2011〕20号），对于负有安全生产管理、监督职责的工作人员，应根据其岗位职责、履职依据、履职时间等，综合考察工作职责、监管条件、履职能力、履职情况等，合理确定罪责。

其二，相关行为的涉职务犯罪性。这主要表现在，重大责任事故关涉的相关公职职务类犯罪，包括滥用职权罪、玩忽职守罪、徇私舞弊不移交刑事案件罪。根据最高人民法院、最高人民检察院《关于办理危害生产安全刑事案件适用法律若干问题的解释》（法释〔2015〕22号）的规定，国家机关工作人员在履行安全监督管理职责时滥用职权、玩忽职守，致使公共财产、国家和人民利益遭受重大损失的，或者徇私舞弊，对发现的刑事案件依法应当移交司法机关追究刑事责任而不移交，情节严重的，分别以滥用职权罪、玩忽职守罪或者徇私舞弊不移交刑事案件罪定罪处罚。同时，根据最高人民法院、最高人民检察院《关于办理危害生产安全刑事案件适用法律若干问题的解释》（法释〔2015〕22号），采取弄虚作假、行贿等手段，故意逃避、阻挠负有安全监督管理职责的部门实施监督检查的，同时构成行贿罪的，依照数罪并罚的规定处罚。国家工作人员违反规定投资入股生产经营，构成有关犯罪的，或者国家工作人员的贪污、受贿犯罪行为与安全事故发生存在关联性的，从重处罚；同时构成贪污、受贿犯罪和危害生产安全犯罪的，依照数罪并罚的规定处罚。

其三，合理管辖的涉职务犯罪性。重大责任事故罪是我国《刑法》在“危害公共安全罪”一章中规定的犯罪，通常是由公安机关管辖和立案侦查。但在国家公职人员于履行职权职责过程中因违反有关安全管理的规定而发生重大伤亡事故或者造成其他严重后果的情况下，该罪就也构成由监察委员会管辖和立案调查的职务犯罪。

其四，实践需要的涉职务犯罪性。从实践中发生的重大责任事故的原因来看，将重大责任事故罪纳入职务犯罪确实很有必要。例如，2020年3月7日发生在福建省泉州市的泉州某酒店特大坍塌事故案，造成29人死亡、50人受伤以及近6 000万元的直接经济损失。虽然这个事故是违反安全生产规定，违法违规建设、改建钢结构大楼所直接导致的，但相关公职人员的形式主义、官僚主义工作作风、对监管、监督检查工作不认真不尽责、走过场，恰恰是导致事故发生的关键原因。据报道，在倒塌事故发生前不久，福建省委原常委、省政府原常务副省长张某，还曾到泉州市检查疫情防控工作，可他既没有到这个防疫隔离点检查，也没有就相关工作对当地作出任何布置、提醒。据他自己悔过时所作的检讨，平时下基层的所谓调研，基本上都是被安排、走过场。正是因为如此，围绕这起事故，纪检监察机关对 49 名相关公职人员追责问责。这些被追责问责的人中，收受过财物的只有少数几人，绝大多数人并没有利益关联，却由于工作不认真不尽责，共同造成了这起事故。这起惨烈的事故告诉我们，公职人员认真履行监管职责，是防控重大责任事故发生的关键。

（2）职务侵占罪的涉职务犯罪性表现。

根据《刑法》第 271 条等的规定，职务侵占罪是指公司、企业或其他单位的工作人员利用职务上的便利，将本单位财物非法占为己有，数额较大的行为。本罪本属于侵犯财产罪的个罪，也是从以前立法中的贪污罪中分离出来的犯罪。其涉职务犯罪性表现在，国家工作人员与非国家工作人员相勾结，利用了非国家工作人员职务之便将公司、企业或其他单位的财物非法占为己有。根据 2000 年最高人民法院《关于审理贪污、职务侵占案件如何认定共同犯罪几个问题的解释》（法释〔2000〕15 号），国家工作人员在以下两种情况下会构成职务侵占罪：一是行为人与公司、企业或者其他单位的人员勾结，利用公司、企业或者其他单位人员的职务便利，共同将该单位财物非法占为己有，数额较大的，以职务侵占罪共犯论处；二是公司、企业或者其他单位中，不具有国家工作人员身份的人与国家工作人员勾结，分别利用各自的职务便利，共同将本单位财物非法占为己有的，在主犯是不具有国家工作人员身份的人时，对国家工作人员以职务侵占罪论处。在这里，需注意的是，行为人与国家工作人员勾结，利用国家工作人员的职务便利，共同侵吞、窃取、骗取或者以其他手段非法占有公共财物的，以贪污罪共犯论处。

第三节　公职职务类犯罪的处罚

一、公职职务类犯罪的处罚概述

公职职务类犯罪的处罚取决于立法针对个罪的法定刑配置和司法基于量刑情节制度的裁处。根据罪刑相适应原则，对公职职务类犯罪的处罚，一方面，要区分犯罪行为的故意与过失所呈现的主观恶性与社会危害性和人身危险性大小，从而在立法上做轻重不同的法定刑配置；另一方面，虽然这类犯罪造成的后果往往很是严重，但其作为行使权力和履行职务中触犯的犯罪，往往事出有因，立法追究这些行为的责任，与其说是惩处所带来的严重后果，不如说是惩处和防范这个“事出有因”，是给公职人员认真、正当履行职务设下“底线”，由此，职务犯罪的刑罚立法配置理应比普通刑事犯罪的要轻些。但从 102 个职务犯罪罪名来看，不仅贪污罪和受贿罪设置了死刑和终身监禁执行制度，而且其他多个罪名也设置了无期徒刑。当然，立法也基于公职人员施行这类犯罪的社会危害和恶劣影响以及本类案件刑事追诉中案件破获、证据收集等的特殊性，设置了相应的从重处罚和从轻处罚的量刑情节制度，如司法工作人员滥用职权，非法搜查他人身体、住宅的，从重处罚；国家机关工作人员利用职权非法拘禁他人的，从重处罚；在提起公诉前如实供述自己罪行、真诚悔罪、积极退赃，避免、减少损害结果的发生，可以从轻、减轻或者免除处罚。同时，在司法上，职务犯罪的从宽处罚包括缓刑、减刑和假释的适用，比普通犯罪控制得相对严格些。

二、犯罪数额与刑事处罚的关系

立法往往将一定的犯罪数额（含非数额性的严重危害后果）作为定罪量刑时需重点考量的因素。然而，这并不是说，犯罪数额就是影响定罪量刑的决定性因素。对此，理论上和实践中往往有一个重大误区，就是将数额在量刑中简单化和绝对化，认为数额大的量刑肯定重些。其实，这种认知和做法是违背刑法关于量刑根据的规定和量刑机理的。量刑的轻重不是简单地根据“犯罪数额”大小，而是根据各量刑情节所具有的社会危害性大小和人身危险性大小。

事实上，判断犯罪数额对定罪量刑的影响，需纳入所有定罪情节和量刑情节中，并结合其他定罪情节或量刑情节，综合考量这个犯罪数额所承载的社会危害性大小或人身危险性大小。例如，给国家和社会带来严重后果的索贿10万元，因“索贿”比普通“接受贿赂”主观恶性更大，故其社会危害会比被动接受且没有带来社会危害后果的受贿100万元的大，其数额虽然相对较小但量刑结果可能会重些。据此，应当将数额与其他定罪量刑情节相结合，进行相互关联的主观与客观、形式与实质的有机统一评价，进而作出定罪量刑的结论。

基于以上机理，《刑法修正案（九）》修改了原刑法仅以犯罪数额为定罪根据的做法，将犯罪数额纳入犯罪情节中并作为其中的一个因素予以主客观相统一、形式与实质相统一的综合评价。具体表现在：根据《刑法修正案（九）》修订前的第383条、第386条，个人贪污受贿数额在10万元以上、5万元以上不满10万元、5 000元以上不满5万元的，分别处“十年以上有期徒刑……”“五年以上有期徒刑……”“一年以上七年以下有期徒刑……”；根据《刑法修正案（九）》修订后的第383条，一方面，立法不规定犯罪数额的具体标准（由司法解释规定），另一方面，纵然是立法类型化规定的“数额较大”“数额巨大”“数额特别巨大”，也被纳入相应的“较重情节”“严重情节”“特别严重情节”中，作为其中的一个因素予以主客观相统一、形式与实质相统一的综合评价，从而将犯罪行为/行为人认定为相应犯罪的基本犯、第一档加重犯和第二档加重犯，并适用“处三年以下有期徒刑……”“处三年以上十年以下有期徒刑……”“处十年以上有期徒刑……”的法定刑幅度。以上的综合评价，其实是评价犯罪行为/行为人所具有的社会危害性大小、人身危险性大小，并根据刑法关于定罪量刑的相应规定，认定为相应的基本犯、加重犯，并裁处相应的量刑结果。

三、“终身监禁”的理解与适用

终身监禁在世界各国立法上，大体有三种类型：(1) 绝对终身监禁，即对于某些犯罪在立法上规定了绝对终身监禁，司法上和执行中没有任何刑罚选择权。英国的谋杀罪立法即如此规定。(2) 裁量终身监禁，即对于某些犯罪在立法上规定了作为选择刑的终身监禁，司法上，法官根据案件情况可以选择适用。大部分国家立法即如此规定。(3) 无假释终身监禁，即对于某些犯罪在立法上规定了作为服刑制度的终身监禁，要求犯罪分子服刑终身，不得假释，但允许减刑或赦免。美国、澳大利亚等的一些地方立法即如此规定。

在我国，既有作为刑法种类的裁量终身监禁，也有作为服刑制度的无减刑、假释终身监禁。前者作为五种主刑之一的“无期徒刑”，既是可以与有期徒刑、死刑选择适用的刑罚种类，也因可以适用刑法规定的减刑、假释制度而在实践中实际上一般只执行 13～20 年。具体到公职职务类犯罪，后者为贪污罪、受贿罪的死缓执行制度。为加大对贪污受贿罪的惩罚力度，2015 年《刑法修正案（九）》在《刑法》第 383 条、第 386 条中规定：贪污受贿数额特别巨大，并使国家和人民利益遭受特别重大损失，被判处死刑缓期 2 年执行的罪犯，人民法院根据犯罪情节等情况可以同时决定在其死刑缓期执行 2 年期满依法减为无期徒刑后，终身监禁，不得减刑、假释。如此死缓执行制度的立法设置，一方面是要严惩贪污贿赂罪的那些“贪污、受贿数额特别巨大，犯罪情节特别严重、社会影响特别恶劣、给国家和人民利益造成特别重大损失”的犯罪者；另一方面是我国控制和减少死刑适用的重要措施，也是我国贯彻执行“保留死刑，但严格控制和慎重适用死刑”之死刑刑事政策的具体要求和立法体现。对此，2016 年最高人民法院《关于办理减刑、假释案件具体应用法律的规定》第 15 条进一步要求：“对被判处终身监禁的罪犯，在死刑缓期执行期满依法减为无期徒刑的裁定中，应当明确终身监禁，不得再减刑或者假释。”

作为死缓执行制度的终身监禁，其适用条件有三：(1) 它只适用于严重贪污、受贿犯罪被判处死刑缓期执行，法院根据犯罪情节等情况衡量应当适用终身监禁制度的罪犯；(2) 被判处死刑缓期执行 2 年，终身监禁，不得减刑、假释，死刑缓刑执行 2 年期满的罪犯，可依法减为无期徒刑；(3) 依法被减为无期徒刑后，终身监禁，不得减刑或假释。

四、公职职务类犯罪的从严处罚

基于职务犯罪的社会危害性，其在刑法立法和司法上总体是被严惩的对象。这个“严惩”，在方法上，除了立法上的保留死刑和设置终身监禁，还包括在司法实践中掌握职务犯罪的从严处罚标准。例如，2010 年最高人民法院《关于贯彻宽严相济刑事政策的若干意见》(法发〔2010〕9 号) 第 8 条就要求“严格掌握职务犯罪法定减轻处罚情节的认定标准与减轻处罚的幅度，严格控制依法减轻处罚后判处三年以下有期徒刑适用缓刑的范围，切实规范职务犯罪缓刑、免予刑事处罚的适用”，并且规定了需严惩的三种特别情况。

一是重点领域的职务犯罪，包括：对于国家工作人员贪污贿赂、滥用职权、失职渎职的严重犯罪，黑恶势力犯罪、重大安全责任事故、制售伪劣食品药品所涉及的国家工作人员职务犯罪，发生在社会保障、征地拆迁、灾后重建、企业改制、医疗、教育、就业等领域严重损害群众利益、社会影响恶劣、群众反映强烈的国家工作人员职务犯罪，发生在经济社会建设重点领域、重点行业的严重商业贿赂犯罪等，要依法从严惩处。

二是性质恶劣的职务犯罪，包括：对于国家工作人员职务犯罪和商业贿赂犯罪中性质恶劣、情节严重、涉案范围广、影响面大的，或者案发后隐瞒犯罪事实、毁灭证据、订立攻守同盟、负案潜逃等拒不认罪悔罪的，要坚决依法从严惩处。

三是后果严重的职务犯罪，包括：对于被告人犯罪所得数额不大，但对国家财产和人民群众利益造成重大损失、社会影响极其恶劣的职务犯罪和商业贿赂犯罪案件，也应依法从严惩处。

另外，为体现行贿受贿一起查和严惩贿赂犯罪的刑事政策，《刑法修正案（十二）》对行贿犯罪新增了七种从重处罚的法定量刑情节，具体是：（1）多次行贿或者向多人行贿的；（2）国家工作人员行贿的；（3）在国家重点工程、重大项目中行贿的；（4）为谋取职务、职级晋升、调整行贿的；（5）对监察、行政执法、司法工作人员行贿的；（6）在生态环境、财政金融、安全生产、食品药品、防灾救灾、社会保障、教育、医疗等领域行贿，实施违法犯罪活动的；（7）将违法所得用于行贿的。

五、公职职务类犯罪的从宽处罚

为贯彻宽严相济的刑事政策，刑法立法和司法对于职务犯罪也并非一味严惩，还有诸多鼓励职务犯罪人“悔过自新”“悬崖勒马”“重新做人”的措施。

（一）立法上的从宽方面

根据《刑法》第383条的规定，对犯贪污罪的，在提起公诉前如实供述自己罪行、真诚悔罪、积极退赃，避免、减少损害结果的发生，有贪污数额较大或者有其他较重情节情形的，可以从轻、减轻或者免除处罚；有贪污数额巨大或者有其他严重情节，或贪污数额特别巨大或者有其他特别严重情节情形的，可以从轻处罚。根据《刑法》第390条第3款的规定，行贿人在被追诉前主动交待行贿行为的，可以从轻或者减轻处罚。其中，犯罪较轻的，对调查突破、侦破重大案件起关键作用的，或者有重大立功表现的，可以减轻或者免除处罚。根据《刑法》第395条第2款的规定，犯隐瞒境外存款罪，情节较轻的，由其所在单位或者上级主管机关酌情给予行政处分。这里的“情节较轻”是指在境外存款数额较小，案发后主动坦白交待、认罪，态度好等情节。

（二）司法上的从宽方面

这在两个司法解释中有明确规定。

1.2016年最高人民法院和最高人民检察院联合发布了《关于办理贪污贿赂刑事案件适用法律若干问题的解释》。其中规定：对于“贪污、受贿数额特别巨大，犯罪情节特别严重、社会影响特别恶劣、给国家和人民利益造成特别重大损失的”的情形，“具有自首，立功，如实供述自己罪行、真诚悔罪、积极退赃，或者避免、减少损害结果的发生等情节，不是必须立即执行的，可以判处死刑缓期2年执行”（第4条）。

2.2010年最高人民法院《关于贯彻宽严相济刑事政策的若干意见》（法发〔2010〕9号）。其中规定，职务犯罪的犯罪人可因以下表现而得到从宽处罚：

（1）对于被告人的行为已经构成犯罪，但犯罪情节轻微，或者被告人具有犯罪预备、犯罪中止、从犯、胁从犯等情节，依法不需要判处刑罚的，可以免予刑事处罚（第15

条）。

（2）对于所犯罪行不重、主观恶性不深、人身危险性较小、有悔改表现、不致再危害社会的犯罪分子，要依法从宽处理。对于其中具备条件的，应当依法适用缓刑或者管制、单处罚金等非监禁刑（第 16 条）。

（3）对于自首的被告人，除了罪行极其严重、主观恶性极深、人身危险性极大，或者恶意地利用自首规避法律制裁者以外，一般均应当依法从宽处罚（第 17 条）。

（4）对于被告人检举揭发他人犯罪构成立功的，一般均应当依法从宽处罚。对于犯罪情节不是十分恶劣，犯罪后果不是十分严重的被告人立功的，从宽处罚的幅度应当更大（第 18 条）。

（5）对于较轻犯罪的初犯、偶犯，应当综合考虑其犯罪的动机、手段、情节、后果和犯罪时的主观状态，酌情予以从宽处罚。对于犯罪情节轻微的初犯、偶犯，可以免予刑事处罚；依法应当予以刑事处罚的，也应当尽量适用缓刑或者判处管制、单处罚金等非监禁刑（第 19 条）。

（6）对于过失犯罪，主要应当根据犯罪造成危害后果的严重程度、被告人主观罪过的大小以及被告人案发后的表现等，综合掌握处罚的宽严尺度。对于过失犯罪后积极抢救、挽回损失或者有效防止损失进一步扩大的，要依法从宽（第 32 条）。

第十五章 贪污贿赂罪

内容导读

贪污贿赂罪是我国《刑法》分则第八章所规定的一类特殊主体犯罪，是指国家工作人员、国有单位及其他有关个人或单位，违反国家廉政制度，贪污、挪用、私分公共财物，受贿以及其他损害国家公务活动的廉洁性、公正性，依法应受刑罚处罚的行为。学习本章需重点掌握贪污罪、受贿罪、行贿罪、利用影响力受贿罪、挪用公款罪等重点罪名的概念、构成特征、认定中应注意的问题，以及其他犯罪的基本概念和认定要点。其中需注意，职务犯罪主体认定是难点，需要同时结合利用职务便利等其他构成要件要素予以体系化有机认定，避免陷入行为人身份是否为国家工作人员的误区。

第一节　贪污贿赂罪概述

一、贪污贿赂罪的概念

贪污贿赂罪是指国家工作人员、国有单位及其他有关个人或单位，违反国家廉政制度，贪污、挪用、私分公共财物，受贿以及其他损害国家公务活动的廉洁性、公正性，依法应受刑罚处罚的行为。

这类犯罪主要是国家工作人员实施的贪利性职务犯罪。它不仅严重损害公务活动的廉洁性，严重损害公职人员的声誉和执政党及政府的威信，还往往侵犯公共财产的所有权。所以，这类犯罪具有严重的社会危害性，历来是我们国家打击的重点之一。

二、贪污贿赂罪的共同特征

（一）本类犯罪的同类客体

本类犯罪的同类客体是国家工作人员职务的廉洁性和公私财产所有权。贪污贿赂罪主要是国家工作人员实施的一种贪利性的渎职犯罪，其本质特征是以权谋私、权钱交易。贪污贿赂罪不仅严重侵害了公私财物的所有权，而且极大地破坏了国家机关的廉政建设，损害了国家和政府的威信。其中，国家工作人员职务行为的廉洁性是这类犯罪侵害的主要客体。

（二）本类犯罪的客观方面

本类犯罪的客观方面为违反国家廉政制度，贪污、挪用、私分公共财物，受贿以及其他损害国家公务活动的廉洁性，情节严重的行为。其具体表现包括利用职务便利贪污、挪用公款、受贿，利用影响力受贿，行贿，介绍贿赂，巨额财产来源不明，隐瞒境外存款，私分国有资产或罚没财物等行为。其行为的表现形式大多是作为，只有巨额财产来源不明罪、隐瞒境外存款罪是不作为方式。

（三）本类犯罪的主体

本类犯罪的主体多数为自然人主体，少数为单位犯罪主体，个别犯罪的主体既可以是自然人也可以是单位，如对单位行贿罪。在自然人犯罪主体中大多数是特殊主体，只能是国家工作人员或特定关系人；只有少数是一般主体。在单位犯罪主体中，有的属于特殊主体，只能是国有单位，如单位受贿罪；有的是一般主体，如单位行贿罪。

（四）本类犯罪的主观方面

本类犯罪的主观方面只能是故意，对行贿犯罪行为人还要求有“为谋取不正当利益”的故意内容。

三、贪污贿赂罪的种类

《刑法》分则第八章规定的贪污贿赂罪，从第 382 条至第 396 条，共 16 条，共有 14 个具体罪名。以犯罪行为内容的不同，大致可以将它们分为两类：一类为贪污犯罪，具体包括贪污罪、挪用公款罪、巨额财产来源不明罪、隐瞒境外存款罪、私分国有资产罪、私分罚没财物罪。另一类是贿赂犯罪，具体包括受贿罪、单位受贿罪、利用影响力受贿罪、行贿罪、对有影响力的人行贿罪、单位行贿罪、对单位行贿罪、介绍贿赂罪。

第二节 贪污贿赂罪的重点罪名

一、贪污罪

（一）概念与主要构成特征

根据《刑法》第 382 条等的规定，贪污罪是指国家工作人员，或者受国家机关、国有公司、企业、事业单位、人民团体委托管理、经营国有财产的人员，利用职务上的便利，侵吞、窃取、骗取或者以其他手段非法占有公共财物的行为。

本罪侵犯的直接客体为复杂客体，即为刑法所保护而为贪污犯罪行为所侵害的国家工作人员职务行为的廉洁性和公共财产的所有权。

本罪的客观方面为行为人利用职务上的便利，侵吞、窃取、骗取或者以其他手段非法占有公共财物的行为，涉及行为手段、行为条件、行为对象、行为目的四个方面的内容：

（1）行为手段为侵吞、窃取、骗取及其他手段。所谓侵吞，与狭义的侵占是同义语，是指利用职务之便，将自己合法管理、使用、经手的公共财物非法据为己有，如将自己合法掌握、管理的公共财物隐匿，应上交而不上交，收款不入账，应支付而不支付；所谓窃取，是指利用职务之便，将与他人共同占有、管理的公共财物非法据为己有，即所谓的“监守自盗”；所谓骗取，是指利用职务之便，采取虚构事实或隐瞒真相的欺骗方法将公共财物非法据为己有，如伪造、涂改单据，虚报冒领差旅费、公款等；所谓其他手段，是指利用职务之便，采用侵吞、窃取、骗取以外的手段将公共财物非法据为己有，如将公车登记为自己所有、将公物赠与他人、国有单位少数领导人秘密私分或者巧立名目变相私分公共财物等。

（2）行为条件为利用职务上的便利。这是贪污罪客观行为的关键特征，也是本罪与其他犯罪相区别的关键标志，是指利用自己主管、管理、经手，或受托管理、经营公共财物的权力及方便条件。所谓主管，是指依职权范围具有的调拨、处置或者以其他方式支配公共财物的权力；所谓管理，是指负责经营、保管、监管、处理公共财物的职权；所谓经手，是指领取、支出等经办公共财物的职权，经手人虽不负责管理、处置公共财物，但具有基于职务而产生的对公共财物的临时控制、使用的职权，如经手差旅费等。如果只是因为工作关系熟悉作案环境，了解公共财物的存放、保管情况，或能凭工作人员的身份便于出入作案场所、容易接近作案目标，或因劳务活动有条件接触公共财物等非职务上的便利条件的，都不能认定为这里的“利用职务上的便利”。

（3）行为对象为公共财产。所称公共财产，根据《刑法》第 91 条的规定，是指国有财产、劳动群众集体所有的财产、用于扶贫和其他公益事业的社会捐助或者专项基金的财产；在国家机关、国有公司、企业、集体企业和人民团体管理、使用或者运输中的私人财产，以公共财产论。根据以上和《刑法》第 382 条的规定，国有财产是公共财产的一种情形，在立法上，它们分别是自己主管、管理、经手职务的对象和受托管理、经营职务的对象。

（4）行为目的为非法占有公共财物。这是区分贪污罪与挪用公款罪的关键要素。

本罪主体是特殊主体，包括两类人员：一类为国家工作人员。其范围根据《刑法》第 93 条关于国家工作人员的规定以及根据全国人大常委会《关于〈中华人民共和国刑法〉第九十三条第二款的解释》等确定。另根据《刑法》的有关规定，国有保险公司工作人员、国有公司、企业或者其他国有事业单位中从事公务的人员，利用职务上的便利，骗取保险金或将本单位财物非法占为己有的，以贪污罪定罪处罚；国家工作人员在国内公务活动或者对外交往中接受礼物，依照国家规定应当交公而不交公，数额较大的，也以贪污罪论处。另一类是受国家机关、国有公司、企业、事业单位、人民团体委托管理、经营国有财产的人员。这类人员本来不属于国家工作人员，只是因为受国家机关、国有公司、企业、事业单位、人民团体委托而管理、经营国有财产。所谓“受委托管理、经营国有财产”，是指因承包、租赁、临时聘用等而管理、经营国有财产。另外，其他非国家工作人员也可能因为与以上人员共同实施贪污行为而成为本罪的犯罪主体。

本罪的主观方面为故意，并且以非法占有公共财物为目的。

（二）犯罪认定

在贪污罪的认定上，需要重点把握如下四个方面：

1. 本罪罪与非罪的界限

这主要是指贪污罪与一般贪污行为的界限。根据《刑法》第 383 条第 1 款第 1 项的规定，贪污罪的成立需要“贪污数额较大或者有其他较重情节”，这是区分贪污罪与一般贪污行为的界限。如果行为人贪污数额较大或者有其他较重情节的，一律应以犯罪论处。如果贪污数额虽未达到较大，但有其他较重情节的，也构成犯罪。只有当行为人贪污数额不够较大，同时也不具有其他较重情节的，则不以贪污罪论处，而作为一般贪污行为认定，由相应部门做非刑事性处理。

根据有关司法解释，这里的“数额较大”一般指 3 万元以上不满 20 万元；“较重情节”一般指贪污数额在 1 万元以上不满 3 万元，并具有贪污特定款物等恶劣情形的。符合入罪门槛的，成立贪污罪的基本犯，处 3 年以下有期徒刑或者拘役，并处罚金。

2. 把握法律拟制为本罪的情形

根据《刑法》第 183 条第 2 款的规定，国有保险公司工作人员和国有保险公司委派到非国有保险公司从事公务的人员，利用职务上的便利，故意编造未曾发生的保险事故进行虚假理赔，骗取保险金归自己所有的，以贪污罪论处；根据《刑法》第 271 条第 2 款的规定，国有公司、企业或者其他国有单位中从事公务的人员和国有公司、企业或者其他国有单位委派到非国有公司、企业以及其他单位从事公务的人员，利用职务上的便利，将本单位财物非法占为己有的，以贪污罪定罪处罚；根据《刑法》第 394 条的规定，国家工作人员在国内公务活动或者对外交往中接受礼物，依照国家规定应当交公而不交公，数额较大的，也以贪污罪论处。

3. 正确把握贪污数额与犯罪认定的关系

根据 2016 年最高人民法院、最高人民检察院《关于办理贪污贿赂刑事案件适用法律若干问题的解释》，贪污数额较大，一般指 3 万元以上不满 20 万元；贪污数额巨大，一般指 20 万元以上不满 300 万元；贪污数额特别巨大，一般指贪污数额 300 万元以上。以上数额并非认定本罪基本犯、第一档加重犯和第二档加重犯的唯一入罪标准，需要将各数额要求分别纳入“较重情节”“严重情节”“特别严重情节”中，结合所具有的社会危害性大小和人身危险性大小等予以综合考量，并据此考查是否符合相应的基本犯、第一档加重犯和第二档加重犯定罪要求。其中，根据以上解释，“较重情节”一般指贪污数额在 1 万元以上不满 3 万元，并具有下列情节之一的：(1) 贪污救灾、抢险、防汛、优抚、扶贫、移民、救济、防疫、社会捐助等特定款物的；(2) 曾因贪污、受贿、挪用公款受过党纪、行政处分的；(3) 曾因故意犯罪受过刑事追究的；(4) 赃款赃物用于非法活动的；(5) 拒不交待赃款赃物去向或者拒不配合追缴工作，致使无法追缴的；(6) 造成恶劣影响或者其他严重后果的。“严重情节”一般指贪污 10 万元以上不满 20 万元，并具有前述 6 种情形之一的情形。“特别严重情节”一般指贪污数额在 150 万元以上不满 300 万元，并具有前述 6 种情形之一的情形。

4. 本罪与侵占罪、盗窃罪、诈骗罪的界限

这四种犯罪在主观上都只能由故意构成，并且都以非法占有财物为目的，在客观方面又都可能采用非法侵占、秘密窃取或者虚构事实、隐瞒真相骗取财物等犯罪手段，因而容易发生混淆。但是，本罪与后三种罪毕竟又有很大的差异，其主要区别是：第一，犯罪主体不同。本罪的主体是特殊主体，即国家工作人员和受国家机关、国有公司、企业、事业单位、人民团体委托管理、经营国有财产的人员；其他三罪的主体都是一般主体。第二，犯罪对象不同。本罪的犯罪对象主要是公共财物，其他三罪的犯罪对象包括

所有公私财物。第三，客观方面实施犯罪行为的前提条件不同。本罪的客观方面表现为实施犯罪行为必须以利用职务上的便利为前提，其他三罪均不以此为前提条件。第四，犯罪客体不同。本罪的犯罪客体为国家的廉政制度，其他三罪的犯罪客体为公私财物的所有权等权利。

5. 本罪与职务侵占罪的界限

这两种犯罪在主观方面都只能由故意构成，且都是以非法占有为目的；在客观方面又都是以利用职务上的便利条件为前提和具有以侵吞、窃取、骗取或者其他手段非法占有财物的行为。两罪的不同点主要在于：第一，犯罪主体不同。本罪的主体是国家工作人员和受国家机关、国有公司、企业、事业单位、人民团体委托管理、经营国有财产的人员，职务侵占罪的主体是公司、企业或者其他单位的非国家工作人员。第二，犯罪对象不同。本罪的犯罪对象主要是公共财物；职务侵占罪的犯罪对象是行为人本单位的财物，它既可以是公共财产，也可以是私人的合法财产。第三，犯罪客体不同。本罪的客体是复杂客体，即国家工作人员职务行为的廉洁性和公共财产所有权；职务侵占罪的客体也是复杂客体，即公司、企业人员职务行为的廉洁性和本单位的财产所有权。

6. 关于贪污共犯的认定

依据《刑法》第 382 条第 3 款的规定，不具有贪污罪主体身份的人与具有贪污罪主体身份的人相勾结，伙同贪污的，以贪污罪的共犯论处。此即无身份者利用有身份者的职务便利，共同侵吞、窃取、骗取或以其他方法非法占有公共财物的，以贪污罪的共犯论处。根据 2000 年 6 月 30 日最高人民法院《关于审理贪污、职务侵占案件如何认定共同犯罪几个问题的解释》的规定，公司、企业或其他单位中，不具有贪污罪主体身份者与具有贪污罪主体身份者相勾结，分别利用各自的职务便利，共同将本单位财物非法占为己有的，按照主犯的犯罪性质定罪。在共同贪污犯罪中，个人贪污数额为个人所参与或者组织、指挥共同贪污的数额，而不是个人实际分赃所得的赃款数额。

（三）处罚

对犯贪污罪的，根据情节轻重，分别处 3 年以下有期徒刑或者拘役，并处罚金；处 3 年以上 10 年以下有期徒刑，并处罚金或者没收财产；处 10 年以上有期徒刑或者无期徒刑，并处罚金或者没收财产。数额特别巨大，并使国家和人民利益遭受特别重大损失的，处无期徒刑或者死刑，并处没收财产。其中，重点把握如下几点：

一是贪污罪的死刑适用条件。依据 2016 年《关于办理贪污贿赂刑事案件适用法律若干问题的解释》，贪污数额特别巨大，犯罪情节特别严重、社会影响特别恶劣、给国家和人民利益造成特别重大损失的，可以判处死刑。这个死刑是与无期徒刑选择适用的。

二是贪污罪的终身监禁制度适用条件。根据《刑法》第 383 条第 4 款的规定，在数额特别巨大，并使国家和人民利益遭受特别重大损失的情况下，犯罪人如果是被判处死刑缓期执行的，人民法院根据犯罪情节等情况可以同时决定在其死刑缓期执行 2 年期满依法减为无期徒刑后，适用终身监禁制度，即“终身监禁，不得减刑、假释”。这是立法针对贪污罪特别设置的终身监禁制度。

三是贪污数额的计算。根据《刑法》第 383 条第 2 款的规定，对多次贪污未经处理的，按照累计贪污数额处罚。

四是贪污罪的从宽处罚制度。根据《刑法》第383条的规定，犯贪污罪，在提起公诉前如实供述自己罪行、真诚悔罪、积极退赃，避免、减少损害结果的发生，属于贪污数额较大或者有其他较重情节的情形的，可以从轻、减轻或者免除处罚；属于贪污数额巨大或有其他严重情节的或者贪污数额特别巨大或有其他特别严重情节的情形的，可以从轻处罚。

二、受贿罪

（一）概念与主要构成特征

根据《刑法》第385条等的规定，受贿罪是指国家工作人员利用职务上的便利，出于“权财交易”而索取或收受他人财物的行为。

本罪的犯罪直接客体是为刑法所保护而为受贿行为所侵害的国家工作人员的职务廉洁性和国家机关的正常活动与声誉。这是国家公职人员通过“权钱交易”对依法履行的国家工作人员职务廉洁性的侵害，和对国家机关正常活动和声誉的损害，是决定是否为受贿罪的实质要件与方面。

本罪的犯罪客观方面为如下四类主客观相一致意义上的犯罪行为。

一是索取贿赂，即行为人利用职务上的便利主动向他人索要财物的行为。这种情况具有行为人索要财物的主动性与对方交付财物的被动性的突出特点，因其主观恶性最大，而不需要考查是否“为他人谋取利益”就可以认定为犯罪。这里的“利用职务上的便利”，是体现本罪犯罪客体和界分“人情往来”的关键要素，是指利用国家工作人员职务所具有的权力，包括行为人在履行职务中自己主管、负责或者承办某项公共事务的职权及其所形成的便利条件，对请托人所谋求的利益进行“交易”的主客观表现。这里的“贿赂”，在法律条文中的表述是“他人财物”，包括个人或单位的金钱、实物及具有经济性价值、可以用金钱计算数额的财产性利益如有价证券、期权、债权等。

二是收受贿赂，即行为人利用职务上的便利，非法接受他人财物，为他人谋取利益的行为。这种行为，具有行为人收受财物的一定被动性与他人给付财物的主动性和自愿性的突出特点，因而需以“为他人谋取利益”为犯罪成立的必要条件，至于为他人谋取的利益是何种利益，以及为他人谋取的利益是否已经实现，均不影响受贿罪的成立。

三是经济往来受贿，即《刑法》第385条第2款规定的“国家工作人员在经济往来中，违反国家规定，收受各种名义的回扣、手续费，归个人所有的”情形。这种行为，具有行为人收受财物与他人给付财物的交易性或补偿性的突出特点，是违反国家的法律法规、决定、命令等收受了不该收的回扣、手续费而需要被追诉为犯罪。这里的“违反国家规定”，根据《刑法》第96条的规定，仅是指违反国家的最高立法机关、最高行政机关制定的法律法规和决定、命令等的规定，具体是指违反全国人大及其常委会制定的法律和决定，国务院制定的行政法规、规定的行政措施、发布的决定和命令中，关于在经济往来中禁止收受回扣和各种名义的手续费的规定。这里的“回扣”是在商品交易中，卖方从收取的价款中扣出一部分回送给买方或者买方经办人的财物。所谓“手续费”，一般是指单位或者个人为了推销产品、购买原料、联系承包业务或者进行其他经济活动，给予对方或者对方推销人员、采购人员、业务人员等作为“酬劳”的金钱，包括所谓的“辛苦费”“好处费”“酬劳费”“活动费”“介绍费”“信息费”等。

四是间接受贿，也称斡旋受贿，即《刑法》第388条所规定的“国家工作人员利用本人职权或者地位形成的便利条件，通过其他国家工作人员职务上的行为，为请托人谋取不正当利益，索取请托人财物或者收受请托人财物的”情形。这种情形，是一种法律拟制上的受贿行为，表现为其本不是国家工作人员自己利用国家工作人员职务的受贿行为，但因在实质上利用了该职务形成的便利条件，故也能进行“权钱交易”。为了防止这种腐败行为的实施，立法也将其拟制为“以受贿罪论处”。这里的“利用本人职权或者地位形成的便利条件”，是间接利用职务之便，是利用其他国家工作人员的职务活动为请托人牟取利益的情形。

根据2007年7月8日最高人民法院、最高人民检察院发布的《关于办理受贿刑事案件适用法律若干问题的意见》的规定，对以下行为应以受贿行为论处：

一是以交易形式收受贿赂。国家工作人员利用职务上的便利为请托人谋取利益，以交易形式收受请托人财物的，具体包括：以明显低于市场的价格向请托人购买房屋、汽车等物品的；以明显高于市场的价格向请托人出售房屋、汽车等物品的；以其他交易形式非法收受请托人财物的。对这种情形的受贿数额按照交易时当地市场价格与实际支付价格的差额计算。这里所说的市场价格包括商品经营者事先设定的不针对特定人的最低优惠价格。如果是根据商品经营者事先设定的各种优惠交易条件，以优惠价格购买商品的，不属于受贿。

二是以收受干股的形式受贿。所谓“干股”，是指未出资而获得的股份。这种情形是指国家工作人员利用职务上的便利为请托人谋取利益，收受请托人提供的干股的，以受贿论处。进行了股权转让登记，或者相关证据证明股份发生了实际转让的，受贿数额按转让行为时股份价值计算，所分红利按受贿孳息处理。股份未实际转让，以股份分红名义获取利益的，实际获利数额应当认定为受贿数额。

三是以开办公司等合作投资名义收受贿赂。国家工作人员利用职务上的便利为请托人谋取利益，由请托人出资，“合作”开办公司或者进行其他“合作”投资的，以受贿论处。受贿数额为请托人给国家工作人员的出资额。国家工作人员利用职务上的便利为请托人谋取利益，以合作开办公司或者其他合作投资的名义获取“利润”，没有实际出资和参与管理、经营的，以受贿论处。

四是以委托请托人投资证券、期货或者其他委托理财的名义收受贿赂。国家工作人员利用职务上的便利为请托人谋取利益，以委托请托人投资证券、期货或者其他委托理财的名义，未实际出资而获取“收益”，或者虽然实际出资，但获取“收益”明显高于出资应得收益的，以受贿论处。受贿数额，前一情形，以“收益”额计算；后一情形，以“收益”额与出资应得收益额的差额计算。

五是以赌博形式收受贿赂。国家工作人员利用职务上的便利为请托人谋取利益，通过赌博方式收受请托人财物的，构成受贿。在具体认定时应注意区分贿赂与赌博活动、娱乐活动的界限，主要应当结合以下因素进行判断：赌博的背景、场合、时间、次数，赌资来源，其他赌博参与者有无事先通谋，输赢钱物的具体情况和金额大小。

六是以特定关系人"挂名"领取薪酬的形式受贿。国家工作人员利用职务上的便利为请托人谋取利益，要求或者接受请托人以给特定关系人安排工作为名，使特定关系人不实际工作却获取所谓薪酬的，以受贿论处。这里所说的"特定关系人"，是指与国家工作人员有近亲属、情妇（夫）以及其他共同利益关系的人。

犯罪主体为特殊主体，即国家工作人员。但这里的"国家工作人员"，并不一定是具有国家工作人员编制身份的人，实际上，凡是依法依规履行本罪关于国家工作人员职权职责的人，都可以成为这里的犯罪主体，包括2000年全国人大常委会《关于〈中华人民共和国刑法〉第九十三条第二款的解释》规定的，那些不具有国家工作人员身份的村民委员会等村基层自治组织的人员，在协助人民政府从事相应行政管理工作时，利用职务上的便利，索取或非法收受他人财物，同样构成受贿罪。

本罪的犯罪主观方面只能是故意，并且具有获取贿赂的目的。这是支配行为人利用职务之便实施各种受贿行为，并体现主观恶性大小的意识和意志因素，也是正确认定行为人是否构成受贿罪的法律评价体系中的有机组成部分。

（二）犯罪认定

结合本罪的以上犯罪构成特征，下面我们来看看本罪认定中的几个重要问题：

1. 受贿罪的四个轻重衔接的具体犯罪形态。具体有1个基本犯和3个档次的加重犯。基本犯的罪状是"受贿数额较大或者有其他较重情节的"，对应"处3年以下有期徒刑或者拘役，并处罚金"的法定刑幅度；第一档加重犯的罪状是"受贿数额巨大或者有其他严重情节的"，对应"处3年以上10年以下有期徒刑，并处罚金或者没收财产"的法定刑幅度；第二档加重犯的罪状是"受贿数额特别巨大或者有其他特别严重情节的"，对应"处10年以上有期徒刑或者无期徒刑，并处罚金或者没收财产"的法定刑幅度；第三档加重犯的罪状是"受贿数额特别巨大，并使国家和人民利益遭受特别重大损失的"，对应"处无期徒刑或者死刑，并处没收财产"的法定刑幅度。需要特别注意的是，这里的3个档次的加重犯，不是加重处罚或所谓升格刑的量刑情节（1997年《刑法》全面修订后不存在加重处罚的量刑情节），而是受贿罪的具体犯罪形态，各相应情节是定罪情节，是各相应基本犯、加重犯的罪状组成部分。

2. 作为受贿罪构成要件的"数额""情节"标准。根据《刑法》第383条、第386条的规定，受贿罪的1个基本犯和3个档次的加重犯所分别对应的"数额较大""数额巨大""数额特别巨大"，一般分别是指受贿数额在"3万元以上不满20万元""20万元以上不满300万元""300万元以上"。它们须分别被纳入"较重情节""严重情节""特别严重情节"中，与2016年《关于办理贪污贿赂刑事案件适用法律若干问题的解释》规定的各相应情节相结合，进行综合评价。其中，"较重情节"一般指贪污数额在1万元以上不满3万元，并具有下列情节之一的：（1）曾因贪污、受贿、挪用公款受过党纪、行政处分的；（2）曾因故意犯罪受过刑事追究的；（3）赃款赃物用于非法活动的；（4）拒不交待赃款赃物去向或者拒不配合追缴工作，致使无法追缴的；（5）造成恶劣影响或者其他严重后果的；（6）多次索贿的；（7）为他人谋取不正当利益，致使公共财产、国家和人民利益遭受损失的；（8）为他人谋取职务提拔、调整的。"严重情节"一般指贪污10万元以上不满20万元，并具有前述8种情形之一的情形。"特别严重情节"一般指贪污数额在 150 万元以上不满 300 万元，并具有前述 8 种情形之一的情形。同时，根据《刑法》第 383 条第 2 款的规定，对多次受贿未经处理的，按照累计受贿数额处罚。

3. 受贿罪的罪与非罪界限。重点关注如下四个方面：一是受贿与接受馈赠的界限。馈赠，是出于亲朋好友之间的情谊，无条件赠与的物品。赠与与受赠都是无偿、无条件的，都与其职务活动无关。接受馈赠没有权力与利益的交易，属于正常礼尚往来，不能以受贿论处。二是受贿与取得合法报酬的界限。合法报酬，是在法律、政策和组织纪律允许的范围内，利用业余、休假时间，用自己的劳动能力和技术，为他人临时进行某项工作或者提供咨询服务，而获得的劳动报酬。这是宪法赋予公民的劳动权的体现，作为公民的国家工作人员在合规范围内也应享有。属于合法收入的，不能以受贿论处。三是受贿与非职务性“回扣”“手续费”的界限。这是国家工作人员在没有利用职务上的便利而为他人联系业务、推销产品等时，以“酬谢费”“辛苦费”等名义索取、收受财物的行为。对于这些行为，可能是违反党纪、政纪和工作制度、工作纪律的，但因没有利用职务上的便利而不能以受贿论处，应由所在单位给予党纪、政纪处分。四是受贿罪与一般受贿行为的界限。刑法分则规定的所有行为要被评价为犯罪，都在客观上要接受《刑法》第 13 条关于犯罪成立条件的评价，在被评价为“情节显著轻微危害不大的，不认为是犯罪”时，就是一般违法或一般违纪行为，不以犯罪论处。对于受贿行为，根据其数额大小和情节是否严重评价其是受贿罪还是一般受贿行为。

4. 受贿罪的此罪与彼罪界限。重点关注受贿罪与贪污罪、非国家工作人员受贿罪、单位受贿罪、敲诈勒索罪的界限。

一是受贿罪与贪污罪的界限。二者因为都是特殊主体、都是直接故意犯罪、都具有贪利的动机、都利用了职务上的便利而容易混淆。二者的主要区别在于：(1) 侵犯的客体不同。前者只侵犯国家工作人员职务行为的廉洁性，以及国家机关的正常活动和声誉；后者除侵犯上述客体外，还侵犯公共财产的所有权。(2) 犯罪对象不同。前者侵犯的是他人财物，后者侵犯的是公共财产。(3) 客观方面的表现不同。前者客观方面为索取他人财物，或者非法收受他人财物，为他人谋取利益的行为；后者客观方面为侵吞、窃取、骗取或者以其他手段非法占有公共财物的行为。以上客观方面的不同也决定了两者中的“利用职务上的便利”的内涵、外延不同。(4) 犯罪目的不同。前者具有非法获取他人贿赂的目的，后者具有非法占有自己主管、经管、经手的公共财物的目的。(5) 主体范围并不完全一样，受贿罪的主体是国家工作人员，而贪污罪的主体除了国家工作人员，还包括受国家机关、国有公司、企业、事业单位、人民团体委托管理、经营国有财产的人员。

二是受贿罪与非国家工作人员受贿罪的界限。两者因都是广义上的受贿罪，都是自然人特殊主体而容易混淆。它们相区别的关键在于所利用的“职务”分别是“国家工作人员职务”与“非国家工作人员职务”。这个关键的不同决定了，两罪的犯罪主体身份、利用职务上的便利条件、犯罪客体都有所不同。对此应具体结合立法的规定予以体会和明确。

三是受贿罪与单位受贿罪的界限。两罪因都是广义的受贿罪且都是国家公职上的犯罪而容易混淆。它们相区分的关键在于犯罪主体的属性不同：受贿罪是自然人属性上的国家工作人员和其他依法依规履行国家工作人员职务的人员，单位受贿罪的主体是单位属性上的国家机关、国有公司、企业、事业单位、人民团体。与这个关键不同相关联，它们的构成要件也有相应不同，应注意结合法律条文予以体会和明确。

四是受贿罪与敲诈勒索罪的界限。两罪在通常情况下不易混淆，但在都存在索取他人财物的情形下可能发生混淆。在这种情况下，二者相区别的关键在于索取财物是否利用职务上的便利。结合犯罪的构成特征，被评价为是“利用了职务的便利”刁难、要挟他人，向他人索取财物或者迫使其交出财物的，是受贿罪；相反，不是利用为他人办理事务的职务条件，而是以杀、伤被害人及其亲属，或者以毁坏财产、揭露隐私等手段对被害人进行要挟、恐吓，给被害人造成精神上的恐惧，使他人不得不交出财物的，是敲诈勒索罪。

（三）处罚

对犯受贿罪的，根据情节轻重，分别处：3 年以下有期徒刑或者拘役，并处罚金；3 年以上 10 年以下有期徒刑，并处罚金或者没收财产；10 年以上有期徒刑或者无期徒刑，并处罚金或者没收财产。数额特别巨大，并使国家和人民利益遭受特别重大损失的，处无期徒刑或者死刑，并处没收财产。其中，重点把握如下四点。

1. 量刑情节。根据《刑法》第 383 条、第 386 条的规定，受贿罪有 2 个法定量刑情节：一是“索贿的从重处罚”，此为从重处罚的法定量刑情节；二是“犯受贿罪，在提起公诉前如实供述自己罪行、真诚悔罪、积极退赃，避免、减少损害结果的发生，属于受贿数额较大或者有其他较重情节的情形的，可以从轻、减轻或者免除处罚；属于受贿数额巨大或有其他严重情节的或者受贿数额特别巨大或有其他特别严重情节的情形的，可以从轻处罚”，此为从宽处罚的法定量刑情节。

2. 死刑适用条件。依据 2016 年《关于办理贪污贿赂刑事案件适用法律若干问题的解释》，受贿数额特别巨大，犯罪情节特别严重、社会影响特别恶劣、给国家和人民利益造成特别重大损失的，可以判处死刑。这个死刑是与无期徒刑选择适用的。

3. 终身监禁制度适用条件。根据《刑法》第 383 条第 4 款、第 386 条的规定，数额特别巨大，并使国家和人民利益遭受特别重大损失，犯罪人如果是被判处死刑缓期执行的，人民法院根据犯罪情节等情况可以同时决定在其死刑缓期执行 2 年期满依法减为无期徒刑后，要适用终身监禁制度，即“终身监禁，不得减刑、假释”。这是立法针对受贿罪特别设置的终身监禁制度。当前这个制度在适用中的主要问题是，作为分则性制度，其不能违背刑法基本原理而绝对排除关于重大立功等总则性规定的适用，需要基于犯罪者的人身危险性情况予以评价。

4. 受贿数额的计算。根据《刑法》第 383 条第 2 款、第 386 条的规定，对多次受贿未经处理的，按照累计受贿数额处罚。

三、利用影响力受贿罪

（一）概念与主要构成特征

根据《刑法》第 388 条之一的规定，利用影响力受贿罪，是指国家工作人员的“特定关系人"，利用该国家工作人员的"影响力"，索取或者收受请托人财物，为请托人谋取不正当利益的行为。

犯罪的直接客体是为刑法所保护而为利用影响力受贿行为所侵害的国家工作人员职务廉洁性和国家机关的正常活动与声誉。国家公职人员的"特定关系人"，利用该国家工作人员职务进行"权钱交易"，而侵害国家工作人员职务廉洁性和损害国家机关正常活动与声誉，这是决定是否构成本罪的实质要件与方面。

本罪的犯罪客观方面表现为如下三个方面：首先，行为人须利用了对国家工作人员的影响力。所谓影响力，一般是指一个人在与他人交往的过程中，影响或者改变他人心理和行为的能力。而这里所说的"影响力"，包括以下情形：行为人基于自己是现任国家工作人员的近亲属或者与之有其他密切关系而影响其职务行为；行为人基于自己是现任国家工作人员的近亲属或者与之有其他密切关系而利用其职权或者地位形成的便利条件，影响其他国家工作人员的职务行为；行为人利用自己离职前拥有的职权或者地位形成的便利条件影响现任的国家工作人员的职务行为；行为人基于自己是离职的国家工作人员的近亲属以及与之有其他密切关系，利用该离职的国家工作人员原职权或者地位形成的便利条件影响现任的国家工作人员的职务行为。其次，行为人利用对国家工作人员的影响力而为请托人谋取不正当利益。所谓"谋取不正当利益"，是指谋取违反法律、法规、国家政策和国务院各部门规章规定的利益，以及违反法律、法规、国家政策和国务院各部门规章规定的帮助或者方便条件。最后，行为人收受请托人财物数额较大或者有其他较重情节。

本罪的犯罪主体为特殊主体，具体是非国家工作人员或离职的国家工作人员，包括三种人：一是国家工作人员的近亲属。他们直接通过该国家工作人员职务上的行为，为请托人谋取不正当利益，索取请托人财物或者收受请托人财物。二是与该国家工作人员关系密切的其他人。他们利用该国家工作人员职权或者地位形成的便利条件，通过其他国家工作人员职务上的行为，为请托人谋取不正当利益，索取请托人财物或者收受请托人财物。三是离职的国家工作人员或者其近亲属或者其他与其关系密切的人。这里的"近亲属"，主要是指夫、妻、父、母、子、女、同胞兄弟姊妹、祖父母、外祖父母、孙子女、外孙子女。这里的"关系密切的人"，是指基于某种缘由而与现任的或离职的国家工作人员具有紧密关系，以致能够影响相应国家工作人员的职务行为的人，如与现任的或已离职的国家工作人员有前述近亲属之外的亲属关系，是老邻居、老朋友、老同学、老乡、战友、情人或其他共同利益关系的人等等。他们利用该离职的国家工作人员原职权或者地位形成的便利条件，为请托人谋取不正当利益，索取请托人财物或者收受请托人财物。以上三种人中，前两种本是"斡旋受贿"的主体，立法考虑到这些关系人的特殊性，将其从"斡旋受贿"型的受贿罪中独立出来，专门规定为犯罪，以体现犯罪的"行为规范"价值。第三种人本因为"离职"无"职务"可利用而不能成立受贿罪，但因行为人利用了原职权或者地位形成的便利条件的影响力而在实质上也能实现"权钱交易"，故立法也将这种人规定为利用影响力受贿罪的犯罪主体。

本罪的犯罪主观方面只能是故意。

（二）犯罪认定

结合本罪的以上犯罪构成特征，下面阐述本罪认定中的几个重要问题。

1. 利用影响力受贿罪的三个轻重衔接的犯罪形态。具体有 1 个基本犯和 2 个档次的加重犯。基本犯的罪状是基于本罪三类行为“数额较大或者有其他较重情节的”，对应着“处 3 年以下有期徒刑或者拘役，并处罚金”的法定刑幅度；第一档加重犯的罪状是基于本罪三类行为“数额巨大或者有其他严重情节的”，对应着“处 3 年以上 7 年以下有期徒刑，并处罚金”的法定刑幅度；第二档加重犯的罪状是基于本罪三类行为“数额特别巨大或者有其他特别严重情节的”，对应着“处 7 年以上有期徒刑，并处罚金或者没收财产”的法定刑幅度。应注意，相对于受贿罪而言，在相同数额和情节认定标准下，本罪立法设置的两档加重犯处罚不是受贿罪的“10 年”而是这里的“7 年”，并且最重的只是有期徒刑。

2. 本罪与受贿罪的界限。两者区分的关键在于是不是国家工作人员自己利用国家工作人员职务进行“权钱交易”。受贿罪原则上是国家工作人员自己利用国家工作人员职务进行“权钱交易”的行为；利用影响力受贿罪是国家工作人员的“特定关系人”，利用国家工作人员的“影响力”，索取或者收受请托人财物，为请托人谋取不正当利益的行为。与此区分关键相关联，两罪在犯罪主体、犯罪客观方面有所不同。在实践中要特别注意本罪与受贿罪的共犯的区别。如果是国家工作人员的近亲属或者其他与该国家工作人员关系密切的人，以及离职的国家工作人员或者其近亲属或者其他与其关系密切的人，与现任国家工作人员共谋，利用该现任国家工作人员职务上的便利，为请托人谋取利益而收受请托人财物的，则应是受贿罪的共犯。

3. 本罪与介绍贿赂罪的界限。两罪在通常情况下很容易区分，但因都可能是由现任或离任国家工作人员“特定关系人”实施而容易混淆。它们区别的关键在于，是利用自己对现任或离任国家工作人员的影响力，索取或者收受请托人财物，为请托人谋取不正当利益，还是为行贿、受贿者进行牵线搭桥。另外，它们的犯罪主体不同，前者是特殊主体，后者为一般主体。

（三）处罚

依照《刑法》第 388 条之一的规定，犯本罪的，处 3 年以下有期徒刑或者拘役，并处罚金；利用影响力受贿数额巨大或者有其他严重情节的，处 3 年以上 7 年以下有期徒刑，并处罚金；利用影响力受贿数额特别巨大或者有其他特别严重情节的，处 7 年以上有期徒刑，并处罚金或者没收财产。其数额标准和情节标准，与受贿罪的数额标准和情节标准大致相同。

四、行贿罪

（一）概念与主要构成特征

根据《刑法》第 389 条的规定，行贿罪是指为谋取不正当利益，给予国家工作人员以财物的行为。它是受贿罪的相对犯罪。行贿行为与受贿行为本是对应性共同犯罪行为，但因为涉及的情形非常复杂，立法对它们分别设置了独立的罪名并配置了不同的法定刑。

本罪的直接客体是为刑法所保护而为行贿行为所侵害的国家工作人员职务廉洁性和国家机关正常活动与声誉。这是指行为人为了一己私利而通过收买国家工作人员进行“钱权交易”，进而侵害国家工作人员职务廉洁性和损害国家机关正常活动与声誉，这是决定是否构成本罪的实质要件与方面。

本罪的犯罪客观方面为如下两类主客观相一致意义上的犯罪行为：一是为谋取不正当利益，给予国家工作人员以财物的行为。至于国家工作人员是否接受行为人给予的财物，不影响本罪的构成。二是在经济往来中，违反国家规定，给予国家工作人员以财物，数额较大的，或者违反国家规定，给予国家工作人员以各种名义的回扣、手续费的行为。这是“以行贿论处”的法律拟制规定。

本罪的犯罪主体是一般主体，即凡是达到刑事责任年龄、具有刑事责任能力的人，均可构成本罪。

本罪的犯罪主观方面是直接故意，并且具有为了谋取不正当利益而收买国家工作人员的目的。所谓“谋取不正当利益”，是指行贿人谋取违反法律、法规、规章或者政策规定的利益，或者要求对方违反法律、法规、规章、政策、行业规范的规定提供帮助或者方便条件。至于行为人的目的是否实现，则不影响本罪的构成。但是，行为人为谋取正当、合法利益而受到有关国家工作人员刁难、要挟，被迫送钱送物的，不构成犯罪。

（二）犯罪认定

结合本罪的以上犯罪构成特征，下面阐述本罪认定中的几个重要问题。

1. 行贿罪的三个轻重衔接的犯罪形态。具体有 1 个基本犯和 2 个档次的加重犯。基本犯的罪状是“犯行贿罪的”，对应着“处 3 年以下有期徒刑或者拘役，并处罚金”的法定刑幅度；第一档加重犯的罪状是“因行贿谋取不正当利益，情节严重的，或者使国家利益遭受重大损失的”，对应着“处 3 年以上 10 年以下有期徒刑，并处罚金”的法定刑幅度；第二档加重犯的罪状是“因行贿谋取不正当利益”，“情节特别严重的，或者使国家利益遭受特别重大损失的”，对应着“处 10 年以上有期徒刑或者无期徒刑，并处罚金或者没收财产”的法定刑幅度。其中，《刑法修正案（十二）》对以上基本犯和第一档加重犯的法定刑幅度做了修改，具体是将基本犯的最高法定刑由以前的 5 年改为了 3 年，将第一档加重犯的最低法定刑由以前的 5 年改为了 3 年，并针对以上三个法定刑幅度增设了七种从重处罚情节，从而体现了行贿受贿一起查和严惩贿赂犯罪的刑事政策。应注意，相对于受贿罪而言，在相同数额和情节认定标准下，本罪立法设置的处罚轻重有所不同。

2. 行贿罪的罪与非罪界限。需要重点关注如下四个问题：（1）行贿与馈赠的界限。一般馈赠行为，是亲朋好友、同事之间出于友谊、感情而无偿赠送一定的钱或物。区别二者的关键在于：一是目的、动机不同。行贿是为了谋取不正当利益而收买国家工作人员，进行权钱交易；馈赠是基于感情、友谊的礼尚往来。二是内容和方式不同。行贿的内容是财物，多借助一些掩人耳目的方式进行；馈赠的内容虽然也多是财物，但多表现为少量的、有特定纪念意义的财物或对方急需的一些财物，方式是公开的，不附加任何条件。（2）行贿人是否为了谋取不正当利益。如果行贿人的正当要求因受到刁难而长期得不到满足，或者为能尽快谋取正当利益，而给予国家工作人员以财物的，均不构成犯罪。(3) 行为人行贿的财物是否数额较大或情节严重。如果行为人行贿的财物数额不大,并且情节较轻的,也不构成犯罪,只能作为一般违法行为处理。(4) 因被勒索给予国家工作人员以财物,没有获得不正当利益的,不是行贿。

3. 行贿罪的此罪与彼罪的界限。重点关注行贿罪与对非国家工作人员行贿罪,对外国公职人员、国际公共组织官员行贿罪,对单位行贿罪,单位行贿罪,对有影响力的人行贿罪的界限。

一是行贿罪与对非国家工作人员行贿罪的界限。这两种犯罪在主观上都是故意,且均以谋取不正当利益为目的;在客观方面都表现为给予有关人员以财物的行为。它们之间的主要区别在于:(1) 行贿的对象不同。前者是向国家工作人员行贿,后者是向身为非国家工作人员的公司、企业或其他单位的工作人员行贿。(2) 构成犯罪的数额规定不同。于前者在法律条文中没有规定必须"数额较大"才能构成犯罪,于后者在法律条文中明文规定"数额较大"才能构成犯罪。(3) 犯罪客体不同。前者侵犯的是国家工作人员职务行为的公正性与不可收买性,后者侵犯的是对公司、企业的管理秩序和公司、企业工作廉洁制度。

二是行贿罪与对外国公职人员、国际公共组织官员行贿罪的界限。根据《刑法》第164条的规定,对外国公职人员、国际公共组织官员行贿罪是指为谋取不正当商业利益,给予外国公职人员或者国际公共组织官员以财物,数额较大的行为。这是基于《联合国反腐败公约》而规制的打击行为人为谋取不正当商业利益而实施的贿赂行为。它们相区别的关键在于行贿对象的不同。

三是行贿罪与对单位行贿罪的界限。二者区别的关键在于贿赂的对象不同:前者贿赂的对象是国家工作人员,后者贿赂的对象是国家机关、国有公司、企业、事业单位、人民团体。

四是行贿罪与单位行贿罪的界限。二者的主要区别在于:(1) 行贿行为的实施是否体现单位的意志,即是否得到单位的授权或允许。前者是个人的行贿行为,没有得到单位的授权或允许;后者是单位的行贿行为,行贿行为的实施得到单位的授权或允许。(2) 行贿取得的违法所得归谁所有不同。前者是为个人谋取不正当利益,行贿取得的违法所得归个人所有;后者是为单位谋取不正当利益,行贿取得的违法所得归单位所有。因此,对于行为人假借为单位谋取不正当利益,但将行贿所取得的违法所得归个人所有的,应以行贿罪论处。

五是行贿罪与对有影响力的人行贿罪的界限。对有影响力的人行贿罪是指为谋取不正当利益,向国家工作人员的近亲属或者其他与该国家工作人员关系密切的人,或者向离职的国家工作人员或者其近亲属以及其他与其关系密切的人行贿的行为。它们相区别的关键在于是向国家工作人员本人还是现职或离职的国家工作人员"特定关系人"行贿。

(三) 处罚

根据《刑法》第390条的规定,犯本罪的,处3年以下有期徒刑或者拘役,并处罚金;因行贿谋取不正当利益,情节严重的,或者使国家利益遭受重大损失的,处3年以上10年以下有期徒刑,并处罚金;情节特别严重的,或者使国家利益遭受特别重大损失的,处10年以上有期徒刑或者无期徒刑,并处罚金或者没收财产。其中,重点把握如下两点：

1. 从重处罚的法定量刑情节。根据《刑法修正案（十二）》的修正，本罪有如下7种针对以上三个量刑幅度都适用的从重处罚法定量刑情节：（1）多次行贿或者向多人行贿的；（2）国家工作人员行贿的；（3）在国家重点工程、重大项目中行贿的；（4）为谋取职务、职级晋升、调整行贿的；（5）对监察、行政执法、司法工作人员行贿的；（6）在生态环境、财政金融、安全生产、食品药品、防灾救灾、社会保障、教育、医疗等领域行贿，实施违法犯罪活动的；（7）将违法所得用于行贿的。以上新增规定体现了行贿受贿一起查和严惩贿赂犯罪的刑事政策。

2. 从宽处罚的法定量刑情节。根据《刑法》第390条的规定，本罪有针对三个量刑幅度都适用的从宽处罚法定量刑情节：行贿人在被追诉前主动交待行贿行为的，可以从轻或者减轻处罚。其中，犯罪较轻的，对调查突破、侦破重大案件起关键作用的，或者有重大立功表现的，可以减轻或者免除处罚。其中，对“调查突破”重大案件起关键作用的，可以减轻或者免除处罚，这是《刑法修正案（十二）》新增的。

五、挪用公款罪

（一）概念与主要构成特征

根据《刑法》第384条的规定，挪用公款罪是指国家工作人员利用职务上的便利，挪用公款归个人使用的行为。

犯罪的直接客体为复杂客体，表现为刑法所保护而为挪用公款行为所侵害的公款的使用、收益权和所损害的国家工作人员职务行为的廉洁性。这是决定是否构成本罪的实质要件与方面。

根据《刑法》第384条的规定，挪用公款罪的犯罪客观方面包括以下三种情况：

（1）挪用公款归个人使用，进行非法活动的。例如，将挪用的公款用于走私、赌博、嫖娼等违法犯罪活动。至于挪用公款的数额、挪用时间的长短、是否归还，法律未作限制。挪用公款归个人使用，进行非法活动，数额在3万元以上的，应作为犯罪处理。

（2）挪用公款归个人使用，数额较大，进行营利活动的。对此种挪用行为，不论挪用时间的长短，是否归还，均构成犯罪。所谓“营利”活动，是指将挪用的公款用于生产、经营、借贷等合法的活动，以从中谋取利益。如果其营利活动本身就是非法活动的，应适用前一种规定定罪处罚。挪用公款归个人使用，进行营利活动，数额在5万元以上的，应当追究刑事责任。

（3）挪用公款归个人使用，数额较大，超过3个月未还的。对此种挪用行为既要求数额较大，也要求必须具备一定的时间才构成犯罪。其数额较大的标准，一般以5万元作为起点。所谓“未还”，是指案发前，即被司法机关、主管部门或者有关单位发现前未还。如果挪用公款数额较大，超过3个月后但在案发前已全部归还本息的，或者挪用公款数额巨大，超过3个月，案发前全部归还的，也需认定为犯罪，只是可以酌情从宽处罚。

其中，这里的“公款”，是指国家和集体所有的货币资金以及由国家和集体管理、使用、汇兑、储存的私人所有的货币；根据《刑法》第 384 条第 2 款的规定，还包括用于救灾、抢险、防汛、优抚、扶贫、移民、救济的特定款物；以及国有金融机构的基金、非货币的金融证券、金融凭证等；根据 1997 年 10 月 13 日最高人民检察院《关于挪用国库券如何定性问题的批复》、2003 年 1 月 28 日最高人民检察院《关于挪用失业保险基金和下岗职工基本生活保障资金的行为适用法律问题的批复》、2003 年 11 月 13 日最高人民法院《全国法院审理经济犯罪案件工作座谈会纪要》的规定，还包括国库券、失业保险基金、下岗职工基本生活保障资金、有价证券、金融凭证等。可见，挪用公款罪的对象不仅仅是货币资金，还可以是上述特定物资、基金、非货币的金融证券、金融凭证，甚至可以不是行为人本单位的资金。这里的“利用职务上的便利”，是指与挪用公款相关的利用自己主管、管理、经手公款的方便条件。这里的“归个人使用”，根据全国人大常委会《关于〈中华人民共和国刑法〉第三百八十四条第一款的解释》，包括如下三种情形：(1) 将公款供本人、亲友或者其他自然人使用的；(2) 以个人名义将公款供其他单位使用的；(3) 个人决定以单位名义将公款供其他单位使用，谋取个人利益的。

犯罪主体是特殊主体，即国家工作人员。但这里的“国家工作人员”，并不一定是具有国家工作人员编制身份的人，实际上，凡是依法依规履行相应国家工作人员职权职责的人，都可以成为这里的犯罪主体。根据 2000 年全国人大常委会《关于〈中华人民共和国刑法〉第九十三条第二款的解释》，那些不具有国家工作人员身份的村民委员会等村基层自治组织的人员，在协助人民政府从事相应行政管理工作时，利用职务上的便利挪用公款，同样构成挪用公款罪。

本罪的犯罪主观方面只能由故意构成。这里所说的故意，除明知自己的行为属于挪用公款而故意为之以外，如果是挪用公款借给他人用于非法活动或者营利活动，还必须明知使用人对该项公款的真实用途。

（二）犯罪认定

结合本罪的以上犯罪构成特征，下面阐述本罪认定中的几个重要问题。

1. 挪用公款罪的三个轻重衔接的犯罪形态。具体有 1 个基本犯和 2 个档次的加重犯。基本犯的罪状是基于在犯罪客观方面梳理的本罪三类行为的，对应着“处 5 年以下有期徒刑或者拘役”的法定刑幅度；第一档加重犯的罪状是基于本罪三类行为“情节严重的”，对应着“处 5 年以上有期徒刑”的法定刑幅度；第二档加重犯的罪状是基于本罪三类行为“挪用公款数额巨大不退还的”，对应着“处 10 年以上有期徒刑或者无期徒刑”的法定刑幅度。应注意，相对于贪污罪而言，在相同数额和情节认定标准下，本罪立法设置的两档加重犯处罚相对要轻些。这主要是因为，行为人的行为目的不是“非法占有”而是“挪用”，在主观恶性上相对小些。另外，本罪规定了三个并列罪状，具体可以完整地表述为：国家工作人员利用职务上的便利，挪用公款归个人使用，进行非法活动的行为；国家工作人员利用职务上的便利，挪用公款归个人使用，数额较大、进行营利活动的行为；国家工作人员利用职务上的便利，挪用公款归个人使用，数额较大、超过 3 个月未还的行为。如此三个罪状，因它们在挪用的用途及其体现的主观恶性方面不同而在数额要件上有不同要求，具体是：挪用用于“进行非法活动”（如走私、赌博、嫖娼等）的，原则上不需要“数额较大”要件，但也需符合《刑法》第 13 条的犯罪成立条件的规定（实践中也通常是在 5 000 元至 1 万元以上的数额予以刑事追诉）；挪用用于“进行营利活动”（如生产、经营、借贷等）的，需要“数额较大”（3 万元以上）要件；挪用用于“进行正当活动”（如交房租、交孩子学费等）的，需要同时以“数额较大”（3 万元以上）和“超过 3 个月未还”为要件。

2. 挪用公款罪的罪与非罪的界限。根据《刑法》第 384 条的规定，不同的挪用公款行为，其构成犯罪的条件不同。因此，对于挪用公款归个人使用的行为，应分别视其挪用公款数额的多少、挪用时间的长短、是否归还，以及挪用后公款的使用情况，依照《刑法》的规定确定罪与非罪。对于多次挪用公款不还的，挪用公款的数额应累计计算；多次挪用公款，并以后次挪用的公款归还前次挪用的公款的，挪用公款的数额以案发时未还的实际数额认定。

3. 挪用公款罪的此罪与彼罪的界限。重点关注其与贪污罪、挪用特定款物罪、挪用资金罪、职务侵占罪的界限。

一是挪用公款罪与贪污罪的界限。二者在犯罪主体、犯罪客体、犯罪对象以及客观方面都有相同或相似之处。它们区别的关键为在主观目的上是非法占有还是挪用。与此相关联，它们在犯罪客体、犯罪对象、犯罪客观方面等方面都有所不同。在司法实践中，对于那些可以认定为挪用公款行为但行为人具有了非法占有公款目的的，需要转化认定为贪污罪，包括：行为人携带挪用的公款潜逃的；行为人挪用公款后采取虚假发票平账、销毁有关账目等手段，使挪用的公款已难以在单位财务账目上反映出来，且没有归还行为的；行为人截取单位收入不入账，非法占有，使所占有的公款难以在单位财务账目上反映出来，且没有归还行为的；有证据证明行为人有能力归还所挪用的公款而拒不归还，并隐瞒挪用的公款去向的。

二是挪用公款罪与挪用特定款物罪的界限。二者都包括了挪用救灾、抢险、防汛、优抚、扶贫、移民、救济款物，它们相区别的关键在是挪归个人使用还是挪作单位的其他用途。这个区别具体表现在：（1）侵犯的客体不同。前者侵犯国家工作人员职务行为的廉洁性和公款的使用、收益权，后者只侵犯专款专用的财经管理制度。（2）犯罪对象不同。前者的犯罪对象是公款，后者的犯罪对象是救灾、抢险、防汛、优抚、扶贫、移民、救济款物。（3）犯罪主体不同。于前者是国家工作人员，于后者是掌握、经管特定款物的直接责任人员。（4）主观故意的内容不同。前者的故意内容是谋取个人私利，后者故意的内容是谋取单位小团体的利益。（5）挪用的用途不同。于前者是将公款挪归个人使用，于后者是挪作单位的其他用途。

三是挪用公款罪与挪用资金罪的界限。二者在犯罪的客观方面和主观方面都有某些相似之处，二者区别的关键在于，前者的犯罪对象原则上是国有性质的公款，后者的犯罪对象为非国有性质的单位资金。这个区别具体表现在：（1）侵犯的客体有所不同。前者侵犯的是国家廉洁制度和公款的使用权、收益权，后者侵犯的是单位对资金的使用权、收益权。（2）犯罪对象不同。前者的犯罪对象原则上是国有性质的公款，后者的犯罪对象为非国有性质的单位资金。（3）犯罪主体不同。前者的犯罪主体是国家工作人员，后者的犯罪主体是公司、企业或者其他单位的非国家工作人员。

四是挪用公款罪与职务侵占罪的界限。二者区别的关键在于，前者只具有暂时挪用的目的，没有非法占有的目的；后者具有非法占有的目的。具体表现在：（1）侵犯的客体不同。前者侵犯了公款的使用权、收益权，后者侵犯了单位财物的所有权。（2）犯罪对象不同。于前者是公款，于后者是本单位的财物。（3）犯罪主体不同。于前者是国家工作人员，于后者是公司、企业或者其他单位的非国家工作人员。（4）犯罪目的不同。前者只具有暂时挪用的目的，没有非法占有的目的；后者具有非法占有的目的。（5）客观方面不同。前者的客观方面表现为利用职务上的便利，挪用公款归个人使用的行为；后者的客观方面表现为利用职务上的便利，将本单位财物非法占为已有，数额较大的行为。

4. 关于挪用公款罪共犯与罪数的认定。依据最高人民法院《关于审理挪用公款案件具体应用法律若干问题的解释》的规定，对于国家工作人员挪用公款给他人使用的，如果这是在使用人指使或者参与策划而取得挪用公款的，则双方应以挪用公款罪的共犯论处；如果行为人因挪用公款索取、收受贿赂构成犯罪的，依照数罪并罚的规定处罚；如果挪用公款进行非法活动构成其他犯罪的，依照数罪并罚的规定处罚。

（三）处罚

根据《刑法》第 384 条的规定，犯本罪的，处 5 年以下有期徒刑或者拘役；情节严重的，处 5 年以上有期徒刑；挪用公款数额巨大不退还的，处 10 年以上有期徒刑或者无期徒刑。同时，本罪在处罚上具有针对基本犯、第一档加重犯和第二档加重犯的三档法定刑幅度都适用的从重处罚的法定量刑情节，即“挪用用于救灾、抢险、防汛、优抚、扶贫、移民、救济款物归个人使用的，从重处罚”。对此，需注意与《刑法》第 273 条挪用特定款物罪相区分。

第三节　贪污贿赂罪的其他犯罪

一、单位受贿罪

根据《刑法》第 387 条的规定，单位受贿罪是指国家机关、国有公司、企业、事业单位、人民团体，索取、非法收受他人财物，为他人谋取利益，情节严重的行为，以及在经济往来中，在账外暗中收受各种名义的回扣、手续费的行为。本罪的主观方面是直接故意，并且具有获取贿赂的目的。本罪与受贿罪、非国家工作人员受贿罪都是特殊主体犯罪，区别的关键在于具体的犯罪主体不同，本罪的主体为国家机关、国有公司、企业、事业单位、人民团体，后二罪的主体分别是国家工作人员和公司、企业或者其他单位的非国家工作人员。《刑法修正案（十二）》将原刑法规定的自然人犯罪主体的一档法定刑即“处 5 年以下有期徒刑或者拘役”改为了两档：情节严重的，处 3 年以下有期徒刑或者拘役；情节特别严重的，处 3 年以上 10 年以下有期徒刑。

二、对有影响力的人行贿罪

根据《刑法》第 390 条之一的规定，对有影响力的人行贿罪是指为谋取不正当利益，向国家工作人员的近亲属或者其他与该国家工作人员关系密切的人，或者向离职的国家工作人员或者其近亲属以及其他与其关系密切的人行贿的行为。本罪主观方面是直接故意，并且具有为了谋取不正当利益而收买对国家工作人员有影响力的人员的目的。本罪与其他五个行贿罪，即行贿罪，单位行贿罪，对单位行贿罪，对非国家工作人员行贿罪，对外国公职人员、国际公共组织官员行贿罪相区别的关键在于，它们的行贿对象不同。本罪的行贿对象是有国家职权影响力的人，包括国家工作人员的近亲属、离职的国家工作人员或者其近亲属以及其他与他们关系密切的人、国家工作人员关系密切的人，其他五个行贿罪的行贿对象分别是国家工作人员，国家工作人员，国家单位（包括国家机关、国有公司、企业、事业单位、人民团体），公司、企业或者其他单位的非国家工作人员，外国公职人员或者国际公共组织官员。

犯本罪的，处 3 年以下有期徒刑或者拘役，并处罚金；情节严重的，或者使国家利益遭受重大损失的，处 3 年以上 7 年以下有期徒刑，并处罚金；情节特别严重的，或者使国家利益遭受特别重大损失的，处 7 年以上 10 年以下有期徒刑，并处罚金。单位犯本罪的，对单位判处罚金，并对其直接负责的主管人员和其他直接责任人员，处 3 年以下有期徒刑或者拘役，并处罚金。

三、对单位行贿罪

根据《刑法》第 391 条的规定，对单位行贿罪是指个人或者单位为谋取不正当利益，给予国家机关、国有公司、企业、事业单位、人民团体以财物的行为，或者在经济往来中，违反国家规定，给予各种名义的回扣、手续费的行为。本罪的主体既可以是具有刑事责任能力的自然人，也可以是单位。对于单位犯本罪的，采用双罚制。本罪主观方面是直接故意，并且具有为了谋取不正当利益而收买特定单位的目的。本罪与行贿罪相区别的关键在于贿赂的对象不同。本罪的贿赂对象是国家机关、国有公司、企业、事业单位、人民团体，而行贿罪的贿赂对象是国家工作人员。犯本罪的，处 3 年以下有期徒刑或者拘役，并处罚金；情节严重的，处 3 年以上 7 年以下有期徒刑，并处罚金。单位犯本罪的，对单位判处罚金，并对其直接负责的主管人员和其他直接责任人员，依照前述规定处罚。其中，“情节严重的，处三年以上七年以下有期徒刑，并处罚金”的加重犯规定，是《刑法修正案（十二）》新增的，体现了行贿受贿一起查和严惩贿赂犯罪的刑事政策。

四、介绍贿赂罪

根据《刑法》第 392 条的规定，介绍贿赂罪是指向国家工作人员介绍贿赂，也就是行为人在行贿人和国家工作人员之间实施了沟通、撮合，促使行贿与受贿得以实现，情节严重的行为。本罪与利用影响力受贿罪相区别的关键在于行为方式不同。本罪的行为方式是介绍贿赂，即为行贿者与受贿者牵线搭桥，予以介绍。利用影响力受贿罪的行为方式是行为人利用自己有关现任国家工作人员的影响力，通过该现任国家工作人员职务上的行为，为请托人谋取不正当利益，索取或者收受请托人财物。犯本罪的，处 3 年以下有期徒刑或者拘役，并处罚金。其中，具有从宽处罚的法定量刑情节，即介绍贿赂人在被追诉前主动交待介绍贿赂行为的，可以减轻处罚或者免除处罚。

五、单位行贿罪

根据《刑法》第393条的规定，单位行贿罪是指公司、企业、事业单位、机关、团体等单位，为谋取不正当利益而行贿，或者违反国家规定，给予国家工作人员以回扣、手续费，情节严重的行为。本罪的犯罪主体是单位，包括公司、企业、事业单位、机关、团体，但按照刑法的规定，单位因行贿取得的违法所得归个人所有的，以行贿罪定罪处罚。本罪的主观方面是故意，并且具有谋取不正当利益的目的。本罪与行贿罪相区别的关键在于行贿取得的违法所得归谁所有。本罪是为单位谋取不正当利益，行贿取得的违法所得归单位所有，而行贿罪是为个人谋取不正当利益，行贿取得的违法所得归个人所有。因此，对于行为人纵然以单位名义行贿，而只要其将行贿所取得的违法所得归个人所有，就要以行贿罪定罪处罚。犯本罪的，对单位判处罚金，并对其直接负责的主管人员和其他直接责任人员，情节严重的，处3年以下有期徒刑或者拘役，并处罚金；情节特别严重的，处3年以上10年以下有期徒刑，并处罚金。其中，《刑法修正案（十二）》将原自然人犯罪主体的基本犯最高法定刑由5年改为了3年。另“情节特别严重的，处三年以上十年以下有期徒刑，并处罚金”的加重犯规定，是《刑法修正案（十二）》新增的，体现了行贿受贿一起查和严惩贿赂犯罪的刑事政策。

六、巨额财产来源不明罪

根据《刑法》第395条的规定，巨额财产来源不明罪是指国家工作人员的财产或者支出明显超过合法收入，差额巨大，而本人不能说明差额来源合法的行为。本罪惩处的财产对象不是国家工作人员的所有财产，而是不能说明来源合法并由此以非法所得论的财产“差额”。贪污贿赂等腐败案件查处的最大困难是很多情况下证据难以收集。本罪所述的巨额财产来源不明，在一定意义上就是没有被查明证实的贪污、受贿。为严密法网，立法上设立本罪，就是通过把那些司法机关无法查清来源的巨额财产的部分举证责任转移给行为人，从而在一定程度上解决这类案件的证据收集难问题，使腐败官员难以逃避刑事追诉。本罪的主观方面是故意，并且具有非法占有公私财物的目的。认定本罪，只要求认定行为人拥有超过合法收入的巨额财产，而行为人又不能说明、司法机关又不能查明其来源即可。同时，这里的“说明”不等于“证明”，只要行为人说明财产来源的渠道、途径，并不要求行为人说明每一笔财产的具体来源。但若行为人具体说明了或司法机关查实了这些巨额财产的具体来源，则应按其行为性质认定行为人的违法犯罪如贪污罪、受贿罪等，不认定为本罪。根据1999年最高人民检察院《关于人民检察院直接受理立案侦查案件立案标准的规定（试行）》的有关规定，涉嫌巨额财产来源不明，数额在30万元以上的，应予立案。犯本罪的，处5年以下有期徒刑或者拘役；差额特别巨大的，处5年以上10年以下有期徒刑。同时，财产的差额部分予以追缴。

七、隐瞒境外存款罪

根据《刑法》第395条的规定，隐瞒境外存款罪是指国家工作人员在境外存款，应当依照国家规定申报而隐瞒不报，数额较大的行为。这里惩处的是不履行申报义务的行为。本罪的主观方面是故意，并且具有隐瞒境外存款的目的。根据1999年最高人民检察院《关于人民检察院直接受理立案侦查案件立案标准的规定（试行）》的有关规定，涉嫌隐瞒境外存款，折合人民币数额在30万元以上的，应予立案。犯本罪的，处2年以下有期徒刑或者拘役；情节较轻的，由其所在单位或者上级主管机关酌情给予行政处分。这意味着，隐瞒境外存款30万元以上的都以犯罪论处。

八、私分国有资产罪

根据《刑法》第396条的规定，私分国有资产罪是指国家机关、国有公司、企业、事业单位、人民团体，违反国家规定，以单位名义将国有资产集体私分给个人，数额较大的行为。这里的“以单位名义”和“私分给个人”，是指由单位负责人决定，或单位决策机构集体讨论决定，分给单位所有职工。如果不是分给单位所有职工，只是几个人暗中私分，则构成的就不是本罪，而是贪污罪。本罪的主体为特殊主体，即国家机关、国有公司、企业、事业单位、人民团体。本罪的主观方面是直接故意，并且具有非法集体私分国有资产的目的。根据1999年最高人民检察院《关于人民检察院直接受理立案侦查案件立案标准的规定（试行）》的有关规定，涉嫌私分国有资产，累计数额在10万元以上的，应予立案。在处罚上，本罪是采用单罚制的单位特殊主体犯罪，不处罚单位，只对其直接负责的主管人员和其他直接责任人员处刑，即处3年以下有期徒刑或者拘役，并处或者单处罚金；数额巨大的，处3年以上7年以下有期徒刑，并处罚金。

九、私分罚没财物罪

根据《刑法》第396条的规定，私分罚没财物罪是指司法机关、行政执法机关违反国家规定，将应上缴国家的罚没财物，以单位名义集体私分给个人的行为。这里的“罚没财物”，包括各种判处的罚金、没收的财产、给予的罚款、没收的金钱、物品和违法所得。本罪的主体为特殊主体，即司法机关、行政执法机关。本罪的主观方面是直接故意，并且具有非法私分罚没财物的目的。根据1999年最高人民检察院《关于人民检察院直接受理立案侦查案件立案标准的规定（试行）》的有关规定，涉嫌私分罚没财物，累计数额在10万元以上的，应予立案。在处罚上，本罪是采用单罚制的单位特殊主体犯罪，不处罚单位，只对其直接负责的主管人员和其他直接责任人员处刑，即处3年以下有期徒刑或者拘役，并处或者单处罚金；数额巨大的，处3年以上7年以下有期徒刑，并处罚金。

法律条文及司法解释

1.《刑法》第382～396条

2. 全国人民代表大会常务委员会《关于〈中华人民共和国刑法〉第三百八十四条第一款的解释》（2002年4月28日）

3.《全国法院审理经济犯罪案件工作座谈会纪要》（2003年11月13日发布）

4. 最高人民检察院《关于人民检察院直接受理立案侦查案件立案标准的规定（试行）》（1999 年 9 月 16 日）

5. 最高人民法院《关于审理贪污、职务侵占案件如何认定共同犯罪几个问题的解释》（2000 年 7 月 8 日）

6. 最高人民法院、最高人民检察院《关于办理妨害预防、控制突发传染病疫情等灾害的刑事案件具体应用法律若干问题的解释》（2003 年 5 月 15 日）

7. 最高人民法院《关于审理挪用公款案件具体应用法律若干问题的解释》（1998 年 4 月 29 日）

8. 最高人民检察院《关于国家工作人员挪用非特定公物能否定罪的请示的批复》（2000 年 3 月 6 日）

9. 最高人民法院、最高人民检察院《关于办理受贿刑事案件适用法律若干问题的意见》（2007 年 7 月 8 日）

10. 最高人民法院、最高人民检察院《关于办理商业贿赂刑事案件适用法律若干问题的意见》（2008 年 11 月 20 日）

11. 最高人民法院、最高人民检察院《关于办理职务犯罪案件认定自首、立功等量刑情节若干问题的意见》（2009 年 3 月 12 日）

12. 最高人民法院、最高人民检察院《关于办理国家出资企业中职务犯罪案件具体应用法律若干问题的意见》（2010 年 11 月 26 日）

13. 最高人民法院、最高人民检察院《关于办理行贿刑事案件具体应用法律若干问题的解释》（2012 年 12 月 26 日）

复习思考题

1. 贪污罪的特征及其与职务侵占罪、盗窃罪、诈骗罪、挪用公款罪的区别是什么？

2. 受贿罪与贪污罪、单位受贿罪、利用影响力受贿罪、非国家工作人员受贿罪的区别是什么？

3. 行贿罪的特征有哪些？它与单位行贿罪、对单位行贿罪有何区别？

第十六章 渎职罪

内容导读

渎职罪是我国《刑法》分则第九章所规定的一类特殊主体犯罪，是指国家机关工作人员不履行职责或不正确履行职责，妨害国家机关的正常活动，致使公共财产、国家和人民利益遭受重大损失的行为。需重点掌握滥用职权罪、玩忽职守罪、故意泄露国家秘密罪、过失泄露国家秘密罪和徇私枉法罪等重点罪名的概念、构成特征、认定中应注意的问题，以及其他犯罪的基本概念和认定要点。其中注意，滥用职权行为和玩忽职守行为在客观表现上并无本质区别，滥用职权罪和玩忽职守罪的区别重在主观方面。行为人受贿且已构成受贿罪的情况下，犯《刑法》分则第九章其他滥用职权型犯罪，除刑法明文规定要求按照处罚较重的犯罪论处的以外，都应实行数罪并罚。

第一节 渎职罪概述

一、渎职罪的概念

渎职意味着亵渎职责，表现为不履行职责或不正确履行职责，而职责往往与特定主体的工作相联系。因此，对渎职罪有广义和狭义两种理解。广义的渎职罪是特定主体亵渎工作职责犯罪的总称，其范围包括《刑法》分则第八章、第九章规定的犯罪，以及特定主体亵渎工作职责的其他犯罪，如刑讯逼供罪、重大责任事故罪等；狭义的渎职罪仅指《刑法》分则第九章规定的渎职罪，是指国家机关工作人员不履行职责或不正确履行职责，妨害国家机关的正常活动，致使公共财产、国家和人民利益遭受重大损失的行为。

《刑法》分则第九章用25个条文对渎职罪进行了规定，《刑法修正案（四）》补充了2种渎职犯罪，《刑法修正案（六）》和《刑法修正案（八）》又分别补充了1种渎职犯罪，共有37个具体的渎职犯罪。

二、渎职罪的共同特征

1. 本类犯罪的直接客体是为刑法所保护而为犯罪行为所侵害的国家机关的正常活动。

国家机关的正常活动，是指各级国家机关依法行使国家管理职权的活动。国家机关具有全面管理社会事务的职能，国家机关的正常活动关系着公共财产的安全、国家和人民利益，是这些权利和利益免受侵犯的保证。国家机关的活动有赖于国家机关工作人员具体实施，如果这些人员不依法履行职责或者行使职权，必然妨碍国家机关活动的正常开展。

2. 本类犯罪的客观方面为不履行职责或不正确履行职责，致使公共财产、国家和人民利益遭受重大损失的行为。

渎职罪是国家机关工作人员实施的与职责有关的行为，表现为不履行职责和不正确履行职责两种情况。职责是国家机关工作人员代表国家依法处理公务的责任，与职权的区别主要在于强调的角度不同：职责强调责任，职权重在权力。这里的“不履行职责”，是指不实施按照国家规定应当实施的职责要求的事项，是一种不作为的表现。这里的“不正确履行职责”，是指在履行职责过程中，超越职权范围行为或者在职权范围内不按照国家规定的方式、程序等违法行使职权，是一种作为的表现。渎职罪的成立通常还要求渎职行为造成公共财产、国家和人民的利益重大损失等危害后果，如渎职犯罪或其关联犯罪立案时已经实际造成的财产损失、为挽回渎职犯罪所造成损失而支付的各种开支、立案后至提起公诉前持续发生的经济损失、人员伤亡、国家机关的信誉受损等。

3. 本类犯罪的主体除了故意泄露国家秘密罪和过失泄露国家秘密罪既为特殊犯罪主体又为一般犯罪主体，其他的都是特殊主体即国家机关工作人员。

国家机关工作人员通常指在各级国家立法机关、行政机关、审判机关、检察机关、军队中从事公务的人员。2002年《全国人大常委会关于〈中华人民共和国刑法〉第九章渎职罪主体适用问题的解释》规定：“在依照法律、法规规定行使国家行政管理职权的组织中从事公务的人员，或者在受国家机关委托代表国家机关行使职权的组织中从事公务的人员，或者虽未列入国家机关人员编制但在国家机关中从事公务的人员，在代表国家机关行使职权时，有渎职行为，构成犯罪的，依照刑法关于渎职罪的规定追究刑事责任。”由此，国家机关工作人员的认定，并不在于是否属于国家机关工作人员编制，而在于是否在国家机关中从事公务。因此，那些受国家机关以合同等形式聘用、委派从事公务的人员，如合同制民警、法院合同工作人员等，也属于国家机关工作人员。同时，那些在依照法律、法规规定行使国家行政管理职权的组织中从事公务的人员，或者在受国家机关委托代表国家机关行使职权的组织中从事公务的人员，如（乡）镇财政所所长等，也被视为国家机关工作人员。

故意泄露国家秘密罪和过失泄露国家秘密罪的主体，包括国家机关工作人员和非国家机关工作人员。其中，国家机关工作人员故意或过失泄露国家秘密，情节严重的，属于渎职罪范畴；非国家机关工作人员故意或过失泄露国家秘密，情节严重的，则不属于渎职罪。之所以如此，是出于立法技术的考虑。此外，《刑法修正案（六）》增加的枉法仲裁罪的主体是依法承担仲裁职责的人员，不属于国家机关工作人员，立法者将此罪纳入本章中，只是出于立法技术的考虑。

国家机关负责人员违法决定，或者指使、授意、强令其他国家机关工作人员违法履行职务或者不履行职务，构成渎职犯罪的，应当依法追究刑事责任。以“集体研究”形式实施的渎职犯罪，应当追究国家机关负有责任的人员的刑事责任。对于具体执行人员，应当在综合认定其行为性质、是否提出反对意见、危害结果大小等情节的基础上决定是否追究刑事责任。

国家机关工作人员与他人共谋，利用其职务行为帮助他人实施其他犯罪行为，同时构成渎职犯罪和共谋实施的其他犯罪共犯的，依照处罚较重的规定定罪处罚。国家机关工作人员与他人共谋，既利用其职务行为帮助他人实施其他犯罪，又以非职务行为与他人共同实施该其他犯罪行为，同时构成渎职犯罪和其他犯罪的共犯的，依照数罪并罚的规定定罪处罚。

4. 本类犯罪的主观方面既有故意，也有过失。

渎职罪的大多数犯罪主观方面是故意，也有少数是过失。一般而言，滥用职权、徇私舞弊类的渎职罪的主观方面为故意；玩忽职守类渎职罪的主观方面为过失，具体表现为对待职责不认真，马虎草率，或者自以为是，恣意妄为，以致对危害后果没有预见或者已经预见而轻信能够避免的主观心理状态。

三、渎职罪的种类

1. 滥用职权类渎职罪。这类犯罪共有 12 个罪名，包括滥用职权罪，故意泄露国家秘密罪，执行判决、裁定滥用职权罪，私放在押人员罪，滥用管理公司、证券职权罪，违法发放林木采伐许可证罪，食品、药品监管渎职罪，办理偷越国（边）境人员出入境证件罪，放行偷越国（边）境人员罪，阻碍解救被拐卖、绑架妇女、儿童罪，帮助犯罪分子逃避处罚罪。

2. 玩忽职守类渎职罪。这类犯罪共有 11 个罪名，包括玩忽职守罪，过失泄露国家秘密罪，执行判决、裁定失职罪，失职致使在押人员脱逃罪，国家机关工作人员签订、履行合同失职被骗罪，环境监管失职罪，传染病防治失职罪，商检失职罪，动植物检疫失职罪，不解救被拐卖、绑架妇女儿童罪，失职造成珍贵文物损毁、流失罪。

3. 徇私舞弊类渎职罪。这类犯罪共有 15 个罪名，包括徇私枉法罪，民事、行政枉法裁判罪，枉法仲裁罪，徇私舞弊减刑、假释、暂予监外执行罪，徇私舞弊不移交刑事案件罪，徇私舞弊不征、少征税款罪，徇私舞弊发售发票、抵扣税款、出口退税罪，违法提供出口退税凭证罪，非法批准征收、征用、占用土地罪，非法低价出让国有土地使用权罪，放纵走私罪，商检徇私舞弊罪，动植物检疫徇私舞弊罪，放纵制售伪劣商品犯罪行为罪，招收公务员、学生徇私舞弊罪。

第二节　渎职罪的重点罪名

一、滥用职权罪

（一）概念与主要构成特征

根据《刑法》第 397 条的规定，滥用职权罪是指国家机关工作人员滥用职权，致使公共财产、国家和人民利益遭受重大损失的行为。

本罪的犯罪直接客体为复杂客体，表现为为刑法所保护的而为滥用职权行为所侵害的国家机关正常管理活动和公民权利或社会秩序。在这里，侵犯的国家机关正常管理活动，是为滥用职权行为所直接侵害的，为主要客体；侵犯的公民权利或社会秩序，是由滥用职权行为所造成的后果带来的，是次要客体，二者都是滥用职权罪成立的必要要件，且也都是决定本罪成立的实质要件与方面。

本罪的犯罪客观方面为行为人滥用职权或徇私舞弊，致使公共财产、国家和人民利益遭受重大损失的行为。所谓滥用职权，是指超越职权，违法决定、处理其无权决定、处理的事项，或者违反规定处理公务的行为。这主要表现为行为人违反国家规定决定、处理其无权决定、处理的事项，或者行为人具有处理某种公务的职权，但国家对该种职权的行使规定了必要的条件、方式、程序等，而行为人未遵守该种规定。所谓徇私舞弊，是指为个人私利或者亲友私情徇私的行为，是一种比普通滥用职权行为主观恶性更大和应给予更重刑罚处罚的行为。根据《刑法》的规定，滥用职权罪属于结果犯，即只有致使公共财产、国家和人民利益遭受重大损失的，才可能成立犯罪。根据最高人民法院、最高人民检察院《关于办理渎职刑事案件适用法律若干问题的解释（一）》的规定，具有下列情形之一的，应当认定为“致使公共财产、国家和人民利益遭受重大损失”：（1）造成死亡 1 人以上，或者重伤 3 人以上，或者轻伤 9 人以上，或者重伤 2 人、轻伤 3 人以上，或者重伤 1 人、轻伤 6 人以上的；（2）造成经济损失 30 万元以上的；（3）造成恶劣社会影响的；（4）其他致使公共财产、国家和人民利益遭受重大损失的情形。

本罪的犯罪主体是特殊主体，即国家机关工作人员。这种人是《刑法》第 93 条第 1 款规定的“国家机关中从事公务的人员”，这里的“国家机关”通常包括国家权力机关、行政机关、审判机关、检察机关、监察机关、军事机关。但这里的“国家机关工作人员”，并不一定是具有国家机关工作人员编制身份的人，其要成为滥用职权罪的犯罪主体，需是在依法依规履行国家机关中某个特定职务身份的职权职责时。同时，这意味着，滥用职权罪的犯罪主体与其说是“国家机关工作人员”这个身份，不如说是依法依规履行“国家机关工作人员”这个职务。实际上，凡是依法依规履行相应国家机关工作人员职权职责的人，都可以成为这里的犯罪主体。如对于属行政执法事业单位的镇财政所中按国家机关在编干部管理的工作人员，在履行政府行政公务活动中①，合同制民警在依法执行公务期间②，经人事部门任命的工人编制的乡（镇）工商所所长，依法履行工商行政管理职责时③，企业事业单位的公安机构在机构改革过程中虽尚未列入公安机关建制，其工作人员在行使侦查职责时④，海事局及其分支机构工作人员在行使国家水上安全监督和防止船舶污染及海上设施检验、航海保障的管理职权中⑤，都可以成为滥用职权罪的犯罪

① 参见 2000 年最高人民检察院《关于镇财政所所长是否适用国家机关工作人员的批复》。

② 参见 2000 年最高人民检察院《关于合同制民警能否成为玩忽职守罪主体问题的批复》。

③ 参见 2000 年最高人民检察院《关于属工人编制的乡（镇）工商所所长能否依照刑法第 397 条的规定追究刑事责任问题的批复》。

④ 参见 2002 年最高人民检察院《关于企业事业单位的公安机构在机构改革过程中其工作人员能否构成渎职侵权犯罪主体问题的批复》。

⑤ 参见 2003 年最高人民检察院《关于对海事局工作人员如何使用法律问题的答复》。

主体。2002年关于渎职罪主体适用问题的立法解释[①]，实际上也对此做了明确规定。

本罪的犯罪主观方面是故意，既可以是直接故意，也可以是间接故意。其故意的具体内容是国家机关工作人员明知自己滥用职权的行为会发生公共财产、国家和人民利益遭受重大损失的结果，而希望或放任该结果的发生。在司法实践中，滥用职权罪的主观方面多为间接故意，但不能否定直接故意的存在。例如，行政执法人员出于报复的动机，滥用职权，对私营企业主作出罚没财产、限制营业甚至吊销营业执照的处罚，从而导致其合法利益遭受重大损失，这就属于直接故意。

（二）犯罪认定

结合本罪的以上犯罪构成特征，下面阐述本罪认定中的几个重要问题：

1. 滥用职权罪的四个轻重相对衔接的犯罪形态，具体有1个基本犯和3个档次的加重犯。基本犯的罪状是“国家机关工作人员滥用职权”，“致使公共财产、国家和人民利益遭受重大损失的”，对应着“处3年以下有期徒刑或者拘役”的法定刑幅度；第一档加重犯的罪状是“国家机关工作人员滥用职权”“情节特别严重的”，对应着“处3年以上7年以下有期徒刑”的法定刑幅度；第二档加重犯的罪状是“国家机关工作人员徇私舞弊”，“致使公共财产、国家和人民利益遭受重大损失的”，对应着“处5年以下有期徒刑或者拘役”的法定刑幅度；第三档加重犯的罪状是“国家机关工作人员徇私舞弊”，“情节特别严重的”，对应着“处5年以上10年以下有期徒刑”的法定刑幅度。在以上情形中，因徇私舞弊是比普通滥用职权行为主观恶性更大的滥用职权行为，故立法给其配置的法定刑相比于普通滥用职权行为的要更重。

2. 滥用职权罪的罪与非罪界限。重点把握三点：一是滥用职权行为必须造成了“严重后果”才构成犯罪。也就是按《刑法》第397条的规定，要“致使公共财产、国家和人民利益遭受重大损失的”，才构成犯罪，否则就只是一般的违法违纪行为。按2012年最高人民法院、最高人民检察院《关于办理渎职刑事案件适用法律若干问题的解释（一）》，这个“严重后果”是指“造成死亡1人以上，或者重伤3人以上，或者轻伤9人以上，或者重伤2人、轻伤3人以上，或者重伤1人、轻伤6人以上的”，或“造成经济损失30万元以上的”，或“造成恶劣社会影响的”，或“其他致使公共财产、国家和人民利益遭受重大损失的情形”。二是以上严重后果一定是行为人滥用职权的行为直接带来的，若不是，就不能认定为滥用职权罪。据此，即使行为人滥用了其“权力”，但危害结果与其行为没有直接因果关系的，也不能认定为滥用职权罪。三是滥用职权的行为人手中有“权”。若行为人没有可滥用的“权力”，则不能由此追究行为人的滥用职权罪的刑事责任。

3. 滥用职权罪与《刑法》分则第九章其他滥用职权型犯罪的关系。《刑法》第397条规定：本法另有规定的，依照规定。这意味着，《刑法》第397条关于滥用职权罪的规定属于普通法条。同时，《刑法》还规定了其他一些特殊的滥用职权的犯罪，属于特别法条，例如第399条规定的徇私枉法罪和民事、行政枉法裁判罪，第400条第1款规定的私放在押人员罪等。国家机关工作人员滥用职权的行为触犯特别法条，同时触犯第397

① 即全国人大常委会《关于〈中华人民共和国刑法〉第九章渎职罪主体适用问题的解释》。

条的普通法条，在此种情形下，国家机关工作人员滥用职权，符合《刑法》第九章所规定的特殊渎职罪构成要件的，按照该特殊规定追究刑事责任；国家机关工作人员滥用职权，因不具备徇私舞弊等情形，不符合《刑法》第398条至第419条规定，但依法构成滥用职权罪的，以滥用职权罪定罪处罚。除了以上规定，还有《刑法》第168条规定的“国有公司、企业、事业单位人员滥用职权罪”，也应属于这里的特别法规定。

4. 滥用职权罪的罪数问题。这主要是因受贿而滥用职权的罪数认定问题。对于国家机关工作人员索取、收受他人贿赂而实施滥用职权行为，到底是仅按滥用职权罪处理还是以受贿罪与滥用职权罪数罪并罚，关键看这里的受贿是否符合受贿罪的追诉标准：符合的，除刑法明文规定要求按照处罚较重的犯罪论处的以外，都要数罪并罚。在司法实践中，对于国家机关工作人员索取、收受他人贿赂而犯滥用职权罪的罪数问题，应当具体分析：如果受贿数额不满3万元且无其他较重情节，不构成受贿罪，应只按滥用职权罪处理；如果受贿数额在3万元以上，构成受贿罪，同时又构成滥用职权罪的，应当数罪并罚。

（三）处罚

《刑法》第397条规定，犯本罪的，处3年以下有期徒刑或者拘役；情节特别严重的，处3年以上7年以下有期徒刑；徇私舞弊而犯滥用职权罪的，处5年以下有期徒刑或者拘役；情节特别严重的，处5年以上10年以下有期徒刑。根据最高人民法院、最高人民检察院《关于办理渎职刑事案件适用法律若干问题的解释（一）》第1条第2款的规定，具有下列情形之一的，应当认定为“情节特别严重”：（1）造成伤亡达到规定人数3倍以上的；（2）造成经济损失150万元以上的；（3）造成前款规定的损失后果，不报、迟报、谎报或者授意、指使、强令他人不报、迟报、谎报事故情况，致使损失后果持续、扩大或者抢救工作延误的；（4）造成特别恶劣社会影响的；（5）其他特别严重的情节。

二、玩忽职守罪

（一）概念与主要构成特征

根据《刑法》第397条的规定，玩忽职守罪是指国家机关工作人员玩忽职守，致使公共财产、国家和人民利益遭受重大损失的行为。

本罪与滥用职权罪的直接客体相同，为复杂客体，表现为为刑法所保护而为玩忽职守行为所侵害的国家机关正常管理活动和公民权利或社会秩序。在这里，侵犯的国家机关正常管理活动，是玩忽职守行为所直接侵害的，为主要客体；侵犯的公民权利或社会秩序，是玩忽职守行为所造成的后果带来的，是次要客体。二者都是玩忽职守罪成立的必要要件，且都是决定本罪成立的实质要件与方面。

本罪的犯罪客观方面为行为人玩忽职守，致使公共财产、国家和人民利益遭受重大损失的行为，具体包括两个方面：第一，行为人实施了玩忽职守的行为。所谓玩忽职守，在客观上表现为不履行、不正确履行或者放弃履行职责的行为。第二，造成了公共财产、国家和人民利益的重大损失。根据最高人民法院、最高人民检察院《关于办理渎职刑事案件适用法律若干问题的解释（一）》的规定，这个“重大损失”，包括“造成死亡1人以上，或者重伤3人以上”，或者“轻伤9人以上，或者重伤2人、轻伤3人以上”，或者“重伤1人、轻伤6人以上的”，或者“造成经济损失30万元以上”，“造成恶劣社会影响的”，或者“其他致使公共财产、国家和人民利益遭受重大损失的情形”。

本罪的犯罪主体是特殊主体，即国家机关工作人员。这个特殊主体的要求，并不是指“国家机关工作人员”这个身份，而是依法依规履行的“国家机关工作人员”的职务。按2002年关于渎职罪主体适用问题的立法解释①，“虽未列入国家机关人员编制但在国家机关中从事公务的人员，在代表国家机关行使职权时，有渎职行为，构成犯罪的，依照刑法关于渎职罪的规定追究刑事责任”，即凡是依法依规履行相应国家机关工作人员职权职责的人，都可以成为这里的犯罪主体。

本罪的犯罪主观方面是过失，即国家机关工作人员应当预见自己玩忽职守的行为可能造成公共财产、国家和人民利益遭受重大损失的危害后果，因为疏忽大意而没有预见，或者已经预见而轻信能够避免的一种心理态度。

（二）犯罪认定

结合本罪的以上犯罪构成特征，下面阐述本罪认定中的几个重要问题。

1. 玩忽职守罪的两个轻重衔接的犯罪形态，具体有1个基本犯和1个加重犯。基本犯的罪状是“国家机关工作人员玩忽职守”，“致使公共财产、国家和人民利益遭受重大损失的”，对应着“处3年以下有期徒刑或者拘役”的法定刑幅度；加重犯的罪状是“国家机关工作人员玩忽职守”“情节特别严重的”，对应着“处3年以上7年以下有期徒刑”的法定刑幅度。在这里，有诸多教材把“国家机关工作人员徇私舞弊”作为玩忽职守罪的加重犯情形。我们认为，从徇私舞弊的主观方面特征来看，因其只能为故意，故该情形不可能是作为具有过失主观心理特征的玩忽职守罪的情形。

2. 玩忽职守罪的罪与非罪界限。重点把握两点：一是玩忽职守行为必须造成了“严重后果”才构成犯罪。也就是按《刑法》第397条的规定，要“致使公共财产、国家和人民利益遭受重大损失的”，才构成犯罪，否则就只是一般的违法违纪行为。二是以上严重后果一定是行为人的玩忽职守行为直接带来的，若不是，就不能认定为玩忽职守罪。据此，即使行为人玩忽职守了，但危害结果与这个行为没有直接的因果关系，也不能认定为玩忽职守罪。

3. 玩忽职守罪与滥用职权罪的界限。玩忽职守罪和滥用职权罪在客观方面都可表现为不履行职责，或者在职权范围内不按照国家规定的方式、程序等认真履行职责，在主体上都是国家机关工作人员，在客体上都妨碍了国家机关的正常活动。二者的区别主要在于主观方面：玩忽职守罪只能是过失犯罪，而滥用职权罪属于故意犯罪。判断某一背职行为是构成玩忽职守罪还是滥用职权罪，关键在于考察行为人对危害结果的态度，从而区别故意和过失。

4. 玩忽职守罪与《刑法》分则第九章中其他玩忽职守型犯罪的关系。《刑法》第397条关于玩忽职守罪的规定属于普通法条。同时，《刑法》还规定了其他一些特殊的玩忽职守的犯罪，属于特别法条，如第399条第3款规定的执行判决、裁定失职罪，第406条

① 即全国人大常委会《关于〈中华人民共和国刑法〉第九章渎职罪主体适用问题的解释》。

规定的国家机关工作人员签订、履行合同失职被骗罪等。国家机关工作人员玩忽职守的行为触犯特别法条，同时触犯第397条的普通法条，若国家机关工作人员玩忽职守行为，符合《刑法》第九章所规定的特殊渎职罪构成要件，则按照该特殊规定追究刑事责任；若国家机关工作人员玩忽职守，因不具备徇私舞弊等情形，不符合《刑法》第398条至第419条的规定，但依法构成玩忽职守罪，则以玩忽职守罪定罪处罚。

5. 玩忽职守罪与重大责任事故罪的界限。玩忽职守罪与重大责任事故罪在主观方面都是过失，在客观方面都要求造成严重的危害结果。二者的区别在于：（1）客体不同。玩忽职守罪的客体是国家机关的正常活动，而重大责任事故罪的客体是生产、作业的安全。（2）主体不同。玩忽职守罪的主体是国家机关工作人员，而重大责任事故罪的主体是一般主体。（3）行为发生的场合不同。玩忽职守罪发生在国家机关工作人员的公务活动中，而重大责任事故罪发生在生产、作业过程中。

（三）处罚

《刑法》第397条规定，犯本罪的，处3年以下有期徒刑或者拘役；情节特别严重的，处3年以上7年以下有期徒刑；徇私舞弊而犯玩忽职守罪的，处5年以下有期徒刑或者拘役；情节特别严重的，处5年以上10年以下有期徒刑。根据最高人民法院、最高人民检察院《关于办理渎职刑事案件适用法律若干问题的解释（一）》第1条第2款的规定，具有下列情形之一的，应当认定为“情节特别严重”：（1）造成伤亡达到规定人数3倍以上的；（2）造成经济损失150万元以上的；（3）造成前款规定的损失后果，不报、迟报、谎报或者授意、指使、强令他人不报、迟报、谎报事故情况，致使损失后果持续、扩大或者抢救工作延误的；（4）造成特别恶劣社会影响的；（5）其他特别严重的情节。

三、故意泄露国家秘密罪

（一）概念与主要构成特征

根据《刑法》第398条的规定，故意泄露国家秘密罪是指违反保密法规，故意泄露国家秘密，情节严重的行为。

本罪的直接客体为为刑法所保护而为故意泄露国家秘密行为所侵害的国家保密制度。这是决定本罪成立与否的实质要件与方面。

本罪的犯罪客观方面为违反保守国家秘密法的规定，故意泄露国家秘密，情节严重的行为。按照我国《保守国家秘密法》的规定，国家秘密的密级分为“绝密”“机密”“秘密”三级。“绝密”是最重要的国家秘密，其泄露会使国家的安全和利益遭受特别严重的损害；“机密”是重要的国家秘密，其泄露会使国家的安全和利益遭受到严重损害；“秘密”是一般的国家秘密，其泄露会使国家的安全和利益遭受损害。泄露国家秘密的行为既可以是作为，如向不应知悉者主动告知国家秘密；也可以是不作为，如在携带国家秘密外出时，不按照规定采取保密措施，或者在他人窃取时不加阻拦等。泄露的方式可以是多种多样的，如口头、书面、摄影、通过互联网、为不应知悉者提供阅览秘密的机会等。故意泄露国家秘密罪或过失泄露国家秘密罪在客观上要求情节严重才能构成，情节是否严重，可从秘密的级别、数量，泄露的时间、地点、方法、动机，已经造成或可能造成的危害后果等方面进行综合分析，予以认定。

本罪的犯罪主体原则上是特殊主体，即国家机关工作人员。但是《刑法》第 398 条第 2 款规定，“非国家机关工作人员犯前款罪的，依照前款的规定酌情处罚”。这意味着，非国家机关工作人员构成本罪，并非“渎职罪”意义上的故意泄露国家秘密罪和过失泄露国家秘密罪。也就是说，我国刑法上的故意泄露国家秘密罪和过失泄露国家秘密罪，并非都属于渎职罪，或者说只有国家机关工作人员在履行职务中实施的故意泄露国家秘密罪和过失泄露国家秘密罪才是渎职罪，非国家机关工作人员故意或过失泄露国家秘密构成的故意泄露国家秘密罪与过失泄露国家秘密罪，在性质上并不属于渎职罪，立法者将其规定在渎职罪中，仅仅是出于立法技术上的考虑。

故意泄露国家秘密罪的犯罪主观方面为故意，即行为人明知是国家秘密而希望或放任被泄露的结果发生的主观心理状态。

（二）犯罪认定

结合本罪的以上犯罪构成特征，下面阐述本罪认定中的几个重要问题。

1. 故意泄露国家秘密罪的两个轻重衔接的犯罪形态，具体有 1 个基本犯和 1 个加重犯。基本犯的罪状是“国家机关工作人员违反保守国家秘密法的规定，故意泄露国家秘密，情节严重的”，对应着“处 3 年以下有期徒刑或者拘役”的法定刑幅度；加重犯的罪状是“国家机关工作人员违反保守国家秘密法的规定，故意泄露国家秘密”“情节特别严重的”，对应着“处 3 年以上 7 年以下有期徒刑”的法定刑幅度。

2. 故意泄露国家秘密罪的罪与非罪界限。这主要是指故意泄露国家秘密的行为，需要“情节严重的”才构成犯罪。根据《关于渎职侵权犯罪案件立案标准的规定》的规定，这个“情节严重”，包括如下情形：（1）泄露绝密级国家秘密 1 项（件）以上的；（2）泄露机密级国家秘密 2 项（件）以上的；（3）泄露秘密级国家秘密 3 项（件）以上的；（4）向非境外机构、组织、人员泄露国家秘密，造成或者可能造成危害社会稳定、经济发展、国防安全或者其他严重危害后果的；（5）通过口头、书面或者网络等方式向公众散布、传播国家秘密的；（6）利用职权指使或者强迫他人违反国家保守秘密法的规定泄露国家秘密的；（7）以牟取私利为目的泄露国家秘密的；（8）其他情节严重的情形。

3. 故意泄露国家秘密罪与为境外非法提供国家秘密、情报罪的界限。它们在客观方面、主体和主观方面具有相似性，二者的区别主要表现在：（1）客体不同。故意泄露国家秘密罪的客体是国家的保密制度，而为境外非法提供国家秘密、情报罪的客体是国家安全。（2）行为对象不同。故意泄露国家秘密罪仅以国家秘密为对象，而为境外非法提供国家秘密、情报罪的对象还包括情报。（3）构成犯罪的情节要求不同。故意泄露国家秘密罪要求情节严重才能构成，而为境外非法提供国家秘密、情报罪仅从《刑法》分则条文来看属于行为犯，只要实施了为境外机构、组织、人员非法提供国家秘密、情报的行为就可构成。此外，故意泄露国家秘密罪在主观方面可以是直接故意和间接故意，而为境外非法提供国家秘密、情报罪只能是直接故意；故意泄露国家秘密罪在客观方面可以是作为和不作为，而为境外非法提供国家秘密、情报罪只能是作为；故意泄露国家秘密罪的主体主要是国家机关工作人员，非国家机关工作人员只有在例外情况下才能构成，而为境外非法提供国家秘密、情报罪的主体可以是中国公民，也可以是外国公民或无国籍人。

在司法实践中，如果国家机关工作人员明知对方为境外的机构、组织或人员，而将其所掌握或知悉的国家秘密向它/他们非法提供，应按为境外非法提供国家秘密罪定罪处罚。

（三）处罚

犯本罪的，处3年以下有期徒刑或者拘役；情节特别严重的，处3年以上7年以下有期徒刑。其中，非国家机关工作人员犯本罪的，依照前述规定酌情处罚，具体是指根据行为人故意泄露国家秘密行为所具有的社会危害性和人身危险性大小进行犯罪认定和量刑裁处。

四、徇私枉法罪

（一）概念与构成特征

徇私枉法罪是指司法工作人员徇私枉法、徇情枉法，对明知是无罪的人而使他受追诉、对明知是有罪的人而故意包庇不使他受追诉，或者在刑事审判活动中故意违背事实和法律作枉法裁判的行为。

侵犯的直接客体是为刑法所保护而为犯罪行为所侵害的国家司法机关的正常活动。司法机关及其工作人员担负着代表国家实现司法公正的神圣职责。司法公正是国家司法机关的活动得以正常开展的保证，而司法机关的正常活动有利于使整个社会形成对法律的坚定信仰，有利于培养司法机关及其工作人员在社会公众心目中的形象和威信。司法工作人员的徇私枉法行为必然破坏司法机关的正常活动，从而极大地伤害了社会公众对法律的信仰，损害了司法机关及其工作人员的形象和威信。

犯罪客观方面为枉法追诉或枉法裁判的行为。这里的枉法追诉或枉法裁判的行为，具体有三种：（1）对明知是无罪的人而使他受追诉。无罪的人，包括根本没有实施危害行为的人和虽实施了危害行为但尚不构成犯罪的人。这里的追诉，是指对无罪的人采取伪造、隐匿、毁灭证据或者其他隐瞒事实、违背法律的手段，以追究刑事责任为目的进行立案、侦查、采取强制措施、起诉或者审判。（2）对明知是有罪的人而故意包庇不使他受追诉。明知是有罪的人，是指明知有证据证明有犯罪事实需要依法追究刑事责任的人。故意包庇不使他受追诉，是指采取伪造、隐匿、毁灭证据或者其他隐瞒事实、违背法律的手段，故意对其不进行立案、侦查、采取强制措施、起诉或者审判。故意包庇不使他受追诉的犯罪事实，既可以是全部犯罪事实，也可以是部分犯罪事实或情节。在司法实践中，司法工作人员故意违背事实真相，违法撤销、变更强制措施，或者虽然采取强制措施，但无正当理由中断侦查或者超过法定期限不采取任何措施，实际放任不管，致使犯罪嫌疑人、被告人实际脱离司法机关侦控的行为，也属于故意包庇不使他受追诉的行为。（3）在刑事审判活动中故意违背事实和法律作枉法裁判。这种行为只能发生在人民法院的刑事审判过程中。故意违背事实和法律的枉法裁判，包括不依据已经查清的客观事实和法律的明文规定进行判决或裁定，以及故意歪曲客观事实和法律的规定进行判决或裁定。刑事审判活动中的枉法裁判，表现为对有罪的人作无罪裁判，对无罪的人作有罪裁判，对罪重的人作轻刑裁判，对罪轻的人作重刑裁判。

犯罪主体是司法工作人员。这里的司法工作人员，是指那些负有侦查、检察、审判职责的工作人员，包括具体负责办理刑事案件的人员和主管刑事案件侦查、检察、审判的负责人员。即使某些人员并不属于司法机关的正式编制，但只要他们依法负有侦查、检察、审判职责，都可以成为本罪的主体。非司法工作人员虽然不能单独实施本罪，但可构成本罪的共犯。

犯罪主观方面是直接故意，并且有徇私或徇情的动机。徇私是指为了谋取个人利益，如贪图他人钱财等。徇情是指为了私情，如照顾朋友、袒护亲人或者泄愤报复等。

（二）犯罪认定

1. 徇私枉法罪与诬告陷害罪的界限。

徇私枉法罪中故意使无罪的人受追诉的行为，与诬告陷害罪有相似之处。两罪的主要区别在于：（1）主体不同。徇私枉法罪的主体是特殊主体，必须是司法工作人员；诬告陷害罪的主体是一般主体。（2）行为途径不同。徇私枉法罪中故意使无罪的人受追诉的行为是由行为人直接实施的；诬告陷害罪的行为人须利用司法机关追诉无罪的人。（3）行为方式不同。徇私枉法罪的行为人一般是利用办理刑事案件的便利条件而徇私枉法；诬告陷害罪的行为人是通过捏造他人犯罪事实并向有关机关告发来陷害他人。（4）情节要求不同。徇私枉法罪并不以情节严重作为构成犯罪的必要条件；诬告陷害罪则需要情节严重才能构成。（5）客体不同。徇私枉法罪主要侵犯了国家司法机关的正常活动；诬告陷害罪主要侵犯的是公民的人身权利。

2. 徇私枉法罪与报复陷害罪的界限。

徇私枉法罪中出于徇私目的的行为与报复陷害罪中假公济私的行为有相似之处。二者的区别在于：（1）主体不同。徇私枉法罪的主体是司法工作人员；报复陷害罪的主体是国家机关工作人员。（2）客观方面的表现不同。徇私枉法罪表现为对明知是无罪的人而使他受追诉、对明知是有罪的人而故意包庇不使他受追诉，或者在刑事审判活动中故意违背事实和法律作枉法裁判的行为；报复陷害罪表现为滥用职权、假公济私，对控告人、申诉人、批评人、举报人实行报复陷害的行为。（3）行为对象不同。徇私枉法罪的行为对象可以是任何人，报复陷害罪的对象仅限于控告人、申诉人、批评人、举报人。（4）客体不同。徇私枉法罪主要侵犯了国家司法机关的正常活动，报复陷害罪主要侵犯的是公民的民主权利。

3. 徇私枉法罪与包庇罪的界限。

徇私枉法罪中故意包庇有罪的人不使其受追诉的行为与包庇罪有相似之处。两罪的主要区别在于：（1）主体不同。徇私枉法罪的主体是司法工作人员，包庇罪的主体是一般主体。（2）行为途径不同。徇私枉法罪是利用司法职务之便包庇有罪人使其不受追诉，包庇罪是通过向司法机关作假证明实施包庇行为。（3）行为对象不同。徇私枉法罪所包庇的是未决犯，包庇罪所包庇的可能是已决犯。（4）行为发生的时间不同。徇私枉法罪发生在立案、侦查、采取强制措施、起诉或者审判过程中，包庇罪则没有时间上的限制。

4. 因受贿而犯徇私枉法罪的处理。

根据《刑法》第 399 条第 4 款的规定，司法工作人员收受贿赂，有徇私枉法行为，同时又构成受贿罪的，属于想象竞合犯，应当按处罚较重的规定定罪处罚，不能实行数罪并罚。

（三）处罚

《刑法》第 399 条第 1 款规定，犯本罪的，处 5 年以下有期徒刑或者拘役；情节严重的，处 5 年以上 10 年以下有期徒刑；情节特别严重的，处 10 年以上有期徒刑。

第三节　渎职罪的其他犯罪

一、滥用职权类其他渎职罪

（一）执行判决、裁定滥用职权罪

根据《刑法》第 399 条第 3 款的规定，执行判决、裁定滥用职权罪是指司法工作人员在执行判决、裁定活动中，滥用职权而不履行职责或者不认真履行职责，致使当事人或者其他人的利益遭受重大损失的行为。本罪与执行判决、裁定失职罪的区别主要表现在主观方面的故意与过失。司法工作人员收受贿赂，犯执行判决、裁定滥用职权罪，同时构成受贿罪的，按照处罚较重的罪定罪处罚。犯本罪的，处 5 年以下有期徒刑或者拘役；致使当事人或者其他人的利益遭受特别重大损失的，处 5 年以上 10 年以下有期徒刑。

（二）私放在押人员罪

根据《刑法》第 400 条第 1 款的规定，私放在押人员罪是指司法工作人员利用职务上的便利，私放在押的犯罪嫌疑人、被告人或者罪犯的行为。这里的“利用职务上的便利”包括利用自己看守、押解、拘留、逮捕、提审等职权或职责范围内的便利条件，可以是作为或不作为；既可以是被监禁在监管场所如监狱、看守所，也可以是在押解途中。本罪的既遂与未遂认定的关键是看被私放的人员是否摆脱司法机关的实际控制。犯本罪的，处 5 年以下有期徒刑或者拘役；情节严重的，处 5 年以上 10 年以下有期徒刑；情节特别严重的，处 10 年以上有期徒刑。

（三）滥用管理公司、证券职权罪

根据《刑法》第 403 条的规定，滥用管理公司、证券职权罪是指国家有关主管部门的国家机关工作人员，徇私舞弊，滥用职权，对不符合法律规定条件的公司设立、登记申请或者股票、债券发行、上市申请，予以批准或者登记，致使公共财产、国家和人民利益遭受重大损失的行为。犯本罪的，处 5 年以下有期徒刑或者拘役。上级部门强令登记机关及其工作人员实施前述行为的，对其直接负责的主管人员，依照前述规定处罚。

（四）违法发放林木采伐许可证罪

根据《刑法》第 407 条的规定，违法发放林木采伐许可证罪是指林业主管部门的工作人员违反森林法的规定，超过批准的年采伐限额发放林木采伐许可证或者违反规定滥发林木采伐许可证，情节严重，致使森林遭受严重破坏的行为。本罪的主观方面是故意，不要求有徇私利、徇私情的动机。犯本罪的，处 3 年以下有期徒刑或者拘役。

(五) 食品、药品监管渎职罪

根据《刑法》第408条之一的规定，食品、药品监管渎职罪是指负有食品药品安全监督管理职责的国家机关工作人员，滥用职权或者玩忽职守，导致发生重大食品安全事故、药品安全事件或者造成其他严重后果的行为。其行为方式包括：(1) 瞒报、谎报食品安全事故、药品安全事件；(2) 对发现的严重食品药品安全违法行为未按规定查处；(3) 在药品和特殊食品审批审评过程中，对不符合条件的申请准予许可；(4) 依法应当移交司法机关追究刑事责任不移交；(5) 有其他滥用职权或者玩忽职守行为。犯本罪的，处5年以下有期徒刑或者拘役；造成特别严重后果或者有其他特别严重情节的，处5年以上10年以下有期徒刑。其中，徇私舞弊犯本罪的，为从重处罚的法定量刑情节。

(六) 办理偷越国(边)境人员出入境证件罪

根据《刑法》第415条的规定，办理偷越国(边)境人员出入境证件罪是指负责办理护照、签证以及其他出入境证件的国家机关工作人员，对明知是偷越国(边)境的人员予以办理出入境证件的行为。本罪的主观方面为故意，不要求有徇私利、徇私情的动机。犯本罪的，处3年以下有期徒刑或者拘役；情节严重的，处3年以上7年以下有期徒刑。

(七) 放行偷越国(边)境人员罪

根据《刑法》第415条的规定，放行偷越国(边)境人员罪是指边防、海关等国家机关工作人员，对明知是偷越国(边)境的人员予以放行的行为。本罪的主观方面为故意，不要求有徇私利、徇私情的动机。犯本罪的，处3年以下有期徒刑或者拘役；情节严重的，处3年以上7年以下有期徒刑。

(八) 阻碍解救被拐卖、绑架妇女、儿童罪

根据《刑法》第416条第2款的规定，阻碍解救被拐卖、绑架妇女、儿童罪是指对被拐卖、绑架的妇女、儿童负有解救职责的国家机关工作人员，利用职务阻碍解救被拐卖、绑架的妇女、儿童的行为。本罪的主观方面为故意，不要求有徇私利、徇私情的动机。犯本罪的，处2年以上7年以下有期徒刑；情节较轻的，处2年以下有期徒刑或者拘役。

(九) 帮助犯罪分子逃避处罚罪

根据《刑法》第417条的规定，帮助犯罪分子逃避处罚罪是指有查禁犯罪活动职责的国家机关工作人员，向犯罪分子通风报信、提供便利，帮助犯罪分子逃避处罚的行为。本罪的主观方面为故意，不要求有徇私利、徇私情的动机。犯本罪的，处3年以下有期徒刑或者拘役；情节严重的，处3年以上10年以下有期徒刑。

二、玩忽职守类其他渎职罪

(一) 过失泄露国家秘密罪

根据《刑法》第398条的规定，过失泄露国家秘密罪是指违反保密法规，过失泄露国家秘密，或者遗失国家秘密载体，致使国家秘密被不应知悉者知悉或者超出了限定的接触范围，情节严重的行为。本罪的客观方面，可以是泄露国家秘密的行为，也可以是

在遗失国家秘密后不向有关机关如实提供情况的行为，从而造成国家秘密被不应知悉者知悉或者超出了限定的接触范围的后果发生；主观方面为过失，即行为人应当预见自己的行为会导致国家秘密被泄露的结果，因为疏忽大意而没有预见，或者已经预见而轻信能够避免的一种心理态度。

本罪与故意泄露国家秘密罪在客体、主体方面完全相同，只有主观方面和客观方面存在区别。同时，二罪放在一个条款中且共用了法定刑，属于并列罪名，即像作为故意的滥用职权罪与作为过失的玩忽职守罪一样，把过失犯罪与故意犯罪放在同一条款共用同一法定刑，但在量刑上应有所区别。

犯本罪的，处 3 年以下有期徒刑或者拘役；情节特别严重的，处 3 年以上 7 年以下有期徒刑。其中，非国家机关工作人员犯本罪的，依照前述规定酌情处罚，具体是指根据行为人故意或者过失泄露国家秘密行为所具有的社会危害性和人身危险性大小进行犯罪认定和量刑裁处。

（二）执行判决、裁定失职罪

根据《刑法》第 399 条第 3 款的规定，执行判决、裁定失职罪是指司法工作人员在执行判决、裁定活动中，因严重不负责任不履行职责或者不认真履行职责，致使当事人或者其他人的利益遭受重大损失的行为。这里的利益损失，既包括自然人当事人利益的损失，又包括单位当事人利益的损失，以及其他单位或个人利益的损失。按《刑法》第 399 条第 4 款的规定，司法工作人员收受贿赂，有本罪行为同时又构成受贿罪的，依照处罚较重的规定定罪处罚。犯本罪的，处 5 年以下有期徒刑或者拘役；致使当事人或者其他人的利益遭受特别重大损失的，处 5 年以上 10 年以下有期徒刑。

（三）国家机关工作人员签订、履行合同失职被骗罪

根据《刑法》第 406 条的规定，国家机关工作人员签订、履行合同失职被骗罪是指国家机关工作人员在签订、履行合同过程中，因严重不负责任，不履行或不认真履行职责被诈骗，致使国家利益遭受重大损失的行为。这里的重大损失，既包括物质性损失，如大量财物被骗，也包括非物质性损失，如给国家机关的正常活动和信誉造成严重损害或者其他恶劣的政治、社会影响。犯本罪的，处 3 年以下有期徒刑或者拘役；致使国家利益遭受特别重大损失的，处 3 年以上 7 年以下有期徒刑。

（四）环境监管失职罪

根据《刑法》第 408 条的规定，环境监管失职罪是指负有环境保护监督管理职责的国家机关工作人员严重不负责任，导致发生重大环境污染事故，致使公私财产遭受重大损失或者造成人身伤亡的严重后果的行为。犯本罪的，处 3 年以下有期徒刑或者拘役。

（五）传染病防治失职罪

根据《刑法》第 409 条的规定，传染病防治失职罪是指从事传染病防治的政府卫生行政部门的工作人员严重不负责任，导致传染病传播或者流行，情节严重的行为。犯本罪的，处 3 年以下有期徒刑或者拘役。

（六）商检失职罪

根据《刑法》第 412 条第 2 款的规定，商检失职罪是指《刑法》第 412 条第 1 款所

列人员严重不负责任，对应当检验的物品不检验，或者延误检验出证、错误出证，致使国家利益遭受重大损失的行为。犯本罪的，处3年以下有期徒刑或者拘役。

（七）失职致使在押人员脱逃罪

根据《刑法》第400条第2款的规定，失职致使在押人员脱逃罪是指司法工作人员严重不负责任，不履行职责或者不认真履行职责，致使在押的犯罪嫌疑人、被告人或者罪犯脱逃，造成严重后果的行为。本罪的构成，除了在主观方面为过失、在客观方面要求造成严重后果，其他方面与私放在押人员罪的相同。犯本罪的，处3年以下有期徒刑或者拘役；造成特别严重后果的，处3年以上10年以下有期徒刑。

（八）动植物检疫失职罪

根据《刑法》第413条第2款的规定，动植物检疫失职罪是指《刑法》第413条第1款所列人员严重不负责任，对应当检疫的检疫物不检疫，或者延误检疫出证、错误出证，致使国家利益遭受重大损失的行为。犯本罪的，处3年以下有期徒刑或者拘役。

（九）不解救被拐卖、绑架妇女、儿童罪

根据《刑法》第416条第1款的规定，不解救被拐卖、绑架妇女、儿童罪是指对被拐卖、绑架的妇女、儿童负有解救职责的国家机关工作人员，接到被拐卖、绑架的妇女、儿童及其家属的解救要求或者接到其他人的举报，而对被拐卖、绑架的妇女、儿童不进行解救，造成严重后果的行为。本罪的主观方面为故意，不要求有徇私利、徇私情的动机。犯本罪的，处5年以下有期徒刑或者拘役。

（十）失职造成珍贵文物损毁、流失罪

根据《刑法》第419条的规定，失职造成珍贵文物损毁、流失罪是指国家机关工作人员严重不负责任，造成珍贵文物损毁或者流失，后果严重的行为。犯本罪的，处3年以下有期徒刑或者拘役。

三、徇私舞弊类其他渎职罪

（一）民事、行政枉法裁判罪

根据《刑法》第399条第2款的规定，民事、行政枉法裁判罪是指审判人员在民事、行政审判活动中，故意违背事实和法律进行枉法裁判，情节严重的行为。书记员、司法警察、行政工作人员等不担负审判工作的人员，只能因共犯而成为本罪的主体。按《刑法》本条的规定，审判人员收受贿赂枉法裁判同时又构成受贿罪的，应当按处罚较重的规定定罪处罚，不实行数罪并罚。犯本罪的，处5年以下有期徒刑或者拘役；情节特别严重的，处5年以上10年以下有期徒刑。

（二）枉法仲裁罪

根据《刑法》第399条之一的规定，枉法仲裁罪是指依法承担仲裁职责的人员，在仲裁活动中故意违反事实和法律作枉法裁决，情节严重的行为。判断情节是否严重，应当综合考虑枉法仲裁的动机和目的、枉法仲裁行为实施的方式和手段、枉法仲裁的后果、仲裁人员的一贯表现等情节。犯本罪的，处3年以下有期徒刑或者拘役；情节特别严重的，处3年以上7年以下有期徒刑。

（三）徇私舞弊减刑、假释、暂予监外执行罪

根据《刑法》第 401 条的规定，徇私舞弊减刑、假释、暂予监外执行罪是指司法工作人员徇私舞弊，对不符合减刑、假释、暂予监外执行条件的罪犯予以减刑、假释、暂予监外执行的行为。这里的徇私，既包括徇私情，如照顾朋友等，也包括徇私利，如贪图钱财等。如果司法工作人员因欠缺经验、对法律理解存在偏差等而错误地对罪犯予以减刑、假释、暂予监外执行，由于其主观方面不具有故意，故不能按本罪处理。犯本罪的，处 3 年以下有期徒刑或者拘役；情节严重的，处 3 年以上 7 年以下有期徒刑。

（四）徇私舞弊不移交刑事案件罪

根据《刑法》第 402 条的规定，徇私舞弊不移交刑事案件罪是指行政执法人员在行政执法活动中徇私情、徇私利，对依法应当移交司法机关追究刑事责任的刑事案件不移交司法机关处理，情节严重的行为。这里的徇私情、徇私利，既包括贪图个人利益、碍于私人情面等，也包括为了本单位、部门的利益等。对于不是故意或属于情节尚未达到严重程度的，都可以不认定为本罪。犯本罪的，处 3 年以下有期徒刑或者拘役；造成严重后果的，处 3 年以上 7 年以下有期徒刑。

（五）徇私舞弊不征、少征税款罪

根据《刑法》第 404 条的规定，徇私舞弊不征、少征税款罪是指税务机关的工作人员徇私舞弊，不征或者少征应征税款，致使国家税收遭受重大损失的行为。犯本罪的，处 5 年以下有期徒刑或者拘役；造成特别重大损失的，处 5 年以上有期徒刑。

（六）徇私舞弊发售发票、抵扣税款、出口退税罪

根据《刑法》第 405 条第 1 款的规定，徇私舞弊发售发票、抵扣税款、出口退税罪是指税务机关的工作人员违反法律、行政法规的规定，在办理发售发票、抵扣税款、出口退税工作中，徇私舞弊，致使国家利益遭受重大损失的行为。犯本罪的，处 5 年以下有期徒刑或者拘役；致使国家利益遭受特别重大损失的，处 5 年以上有期徒刑。

（七）违法提供出口退税凭证罪

根据《刑法》第 405 条第 2 款的规定，违法提供出口退税凭证罪是指其他国家机关工作人员违反国家规定，在提供出口货物报关单、出口收汇核销单等出口退税凭证的工作中，徇私舞弊，致使国家利益遭受重大损失的行为。犯本罪的，处 5 年以下有期徒刑或者拘役；致使国家利益遭受特别重大损失的，处 5 年以上有期徒刑。

（八）非法批准征收征用、占用土地罪

根据《刑法》第 410 条的规定，国家机关工作人员徇私舞弊，违反土地管理法规，滥用职权，非法批准征收、征用、占用土地，情节严重的行为。犯本罪的，处 3 年以下有期徒刑或者拘役；致使国家或者集体利益遭受特别重大损失的，处 3 年以上 7 年以下有期徒刑。

（九）非法低价出让国有土地使用权罪

根据《刑法》第 410 条的规定，国家机关工作人员徇私舞弊，违反土地管理法规，非法低价出让国有土地使用权，情节严重的行为。犯本罪的，处 3 年以下有期徒刑或者拘役；致使国家或者集体利益遭受特别重大损失的，处 3 年以上 7 年以下有期徒刑。

（十）放纵走私罪

根据《刑法》第411条的规定，放纵走私罪是指海关工作人员徇私舞弊，放纵走私，情节严重的行为。所谓放纵走私，包括放纵走私活动和走私活动的行为人，既包括一般走私活动及其行为人，也包括放纵走私犯罪活动及其行为人。本罪的主观方面表现为故意，并有徇私利、徇私情的动机。犯本罪的，处5年以下有期徒刑或者拘役；情节特别严重的，处5年以上有期徒刑。

（十一）商检徇私舞弊罪

根据《刑法》第412条第1款的规定，商检徇私舞弊罪是指国家商检部门、商检机构的工作人员徇私舞弊，伪造检验结果的行为。犯本罪的，处5年以下有期徒刑或者拘役；造成严重后果的，处5年以上10年以下有期徒刑。

（十二）动植物检疫徇私舞弊罪

根据《刑法》第413条第1款的规定，动植物检疫徇私舞弊罪是指动植物检疫机关的检疫人员徇私舞弊，伪造检疫结果的行为。犯本罪的，处5年以下有期徒刑或者拘役；造成严重后果的，处5年以上10年以下有期徒刑。

（十三）放纵制售伪劣商品犯罪行为罪

根据《刑法》第414条的规定，放纵制售伪劣商品犯罪行为罪是指对生产、销售伪劣商品犯罪行为负有追究责任的国家机关工作人员，徇私舞弊，不履行法律规定的追究职责，情节严重的行为。犯本罪的，处5年以下有期徒刑或者拘役。

（十四）招收公务员、学生徇私舞弊罪

根据《刑法》第418条的规定，招收公务员、学生徇私舞弊罪是指国家机关工作人员在招收公务员、学生工作中，徇私舞弊，情节严重的行为。本罪的主观方面为故意，并有徇私利、徇私情的动机。犯本罪的，处3年以下有期徒刑或者拘役。

所涉法律条文及司法文件

1.《刑法》第397～419条

2.《全国人民代表大会常务委员会关于〈中华人民共和国刑法〉第九章渎职罪主体适用问题的解释》（2002年12月28日）

3.《人民检察院直接受理立案侦查的渎职侵权重特大案件标准（试行）》（2001年8月24日）

4.最高人民检察院《关于渎职侵权犯罪案件立案标准的规定》（2006年7月26日）

5.最高人民检察院《关于合同制民警能否成为玩忽职守罪主体问题的批复》（2000年10月9日）

6.最高人民检察院《关于属工人编制的乡（镇）工商所所长能否依照刑法第397条规定追究刑事责任问题的批复》（2000年10月31日）

7.最高人民检察院《关于企业事业单位的公安机构在机构改革过程中其工作人员能否构成渎职侵权犯罪主体问题的批复》（2002年4月29日）

8. 最高人民检察院《关于对林业主管部门工作人员在发放林木采伐许可证之外滥用职权玩忽职守致使森林遭受严重破坏的行为适用法律问题的批复》(2007年5月16日)

思考题

1. 如何理解《刑法》第397条与渎职罪一章其他犯罪之间的关系?
2. 如何认定渎职罪的犯罪主体?
3. 如何理解滥用职权罪的主观要件?
4. 如何理解徇私枉法罪的构成要件?
5. 如何处理因受贿而徇私枉法，民事、行政枉法裁判行为?
6. 如何理解徇私舞弊不移交刑事案件罪的构成要件?

图书在版编目（CIP）数据

中国刑法学分论/林维，石经海主编．--北京：中国人民大学出版社，2024.4

21世纪普通高等教育法学系列教材

ISBN 978-7-300-32745-7

Ⅰ.①中… Ⅱ.①林… ②石… Ⅲ.①刑法-法学-中国-高等学校-教材 Ⅳ.①D924.01

中国国家版本馆CIP数据核字（2024）第082597号

21世纪普通高等教育法学系列教材

中国刑法学分论

主　编　林　维　石经海

副主编　陈小彪　张武举

Zhongguo Xingfaxue Fenlun

出版发行	中国人民大学出版社		
社　　址	北京中关村大街31号	**邮政编码**	100080
电　　话	010－62511242（总编室）		010－62511770（质管部）
	010－82501766（邮购部）		010－62514148（门市部）
	010－62515195（发行公司）		010－62515275（盗版举报）
网　　址	http：//www.crup.com.cn		
经　　销	新华书店		
印　　刷	北京市鑫霸印务有限公司		
开　　本	787 mm×1092 mm　1/16	**版　　次**	2024年4月第1版
印　　张	24.25 插页1	**印　　次**	2024年4月第1次印刷
字　　数	536 000	**定　　价**	68.00元

《　　　　　　》※任课教师调查问卷

为了能更好地为您提供优秀的教材及良好的服务，也为了进一步提高我社法学教材出版的质量，希望您能协助我们完成本次小问卷，完成后您可以在我社网站中选择与您教学相关的 1 本教材作为今后的备选教材，我们会及时为您邮寄送达！如果您不方便邮寄，也可以申请加入我社的**法学教师 QQ 群：436438859（申请时请注明法学教师）**，然后下载本问卷填写，并发往我们指定的邮箱（cruplaw@163.com）。

邮寄地址：北京市海淀区中关村大街甲 59 号中国人民大学出版社 1202 室收

邮　　编：100080

再次感谢您在百忙中抽出时间为我们填写这份调查问卷，您的举手之劳，将使我们获益匪浅！

基本信息及联系方式：※

姓名：＿＿＿＿＿＿ 性别：＿＿＿＿＿＿ 课程：＿＿＿＿＿＿＿＿＿＿

任教学校：＿＿＿＿＿＿＿＿＿＿＿＿＿ 院系（所）：＿＿＿＿＿＿＿＿

邮寄地址：＿＿＿＿＿＿＿＿＿＿＿＿＿ 邮编：＿＿＿＿＿＿＿＿＿＿

电话（办公）：＿＿＿＿＿＿ 手机：＿＿＿＿＿＿ 电子邮件：＿＿＿＿＿＿＿

调查问卷：※

1. 您认为图书的哪类特性对您使用教材最有影响力？（　　）（可多选，按重要性排序）
   A. 各级规划教材、获奖教材　　B. 知名作者教材
   C. 完善的配套资源　　D. 自编教材
   E. 行政命令
2. 在教材配套资源中，您最需要哪些？（　　）（可多选，按重要性排序）
   A. 电子教案　　B. 教学案例
   C. 教学视频　　D. 配套习题、模拟试卷
3. 您对于本书的评价如何？（　　）
   A. 该书目前仍符合教学要求，表现不错将继续采用。
   B. 该书的配套资源需要改进，才会继续使用。
   C. 该书需要在内容或实例更新再版后才能满足我的教学，才会继续使用。
   D. 该书与同类教材差距很大，不准备继续采用了。
4. 从您的教学出发，谈谈对本书的改进建议：＿＿＿＿＿＿＿＿＿＿＿＿＿＿

＿＿＿＿＿＿＿＿＿＿＿＿＿＿＿＿＿＿＿＿＿＿＿＿＿＿＿＿＿＿＿＿＿＿＿＿

＿＿＿＿＿＿＿＿＿＿＿＿＿＿＿＿＿＿＿＿＿＿＿＿＿＿＿＿＿＿＿＿＿＿＿＿

选题征集：如果您有好的选题或出版需求，欢迎您联系我们：

联系人：黄　强　联系电话：010-62515955

索取样书：书名：＿＿＿＿＿＿＿＿＿＿＿＿＿＿＿＿＿＿＿＿＿＿＿＿＿＿

书号：＿＿＿＿＿＿＿＿＿＿＿＿＿＿＿＿＿＿＿＿＿＿＿＿＿＿＿＿＿＿＿＿

备注：※ 为必填项。